Samuel Johnson

Escritos Políticos

Samuel Johnson

Escritos Políticos

ORGANIZADO POR
Donald J. Greene

TRADUÇÃO
Vera Lucia Joscelyne

© 2011 Liberty Fund, Inc.
Political writings was originally published by Yale University Press as volume 10
of *The Yale Edition of the Works of Samuel Johnson.* © 1977 by Yale University Press.
Paperbound edition published 2000 by Liberty Fund, Inc.
Publicado originalmente em 1977 pela Yale University Press como volume 10
da edição Yale das *Obras de Samuel Johnson.* © 1977 Yale University Press.
Editado em 2000 pelo Liberty Fund, Inc.
© 2011 Topbooks para a edição em língua portuguesa
1ª edição brasileira: fevereiro de 2011

Editor
José Mario Pereira

Editora assistente
Christine Ajuz

Projeto gráfico e capa
Victor Burton

Revisão
Maria Alice Paes Barretto
Fernanda Pedrosa

Índice
Joubert Brizida

Editoração e fotolitos
Arte das Letras

*Gerente do programa editorial em
português do Liberty Fund, Inc.*
Leônidas Zelmanovitz

Todos os direitos reservados pela
TOPBOOKS EDITORA E DISTRIBUIDORA DE LIVROS LTDA.
Rua Visconde de Inhaúma, 58 / gr. 203 — Rio de Janeiro — RJ
CEP: 20091-000 Telefax: (21) 2233-8718 e 2283-1039
www.topbooks.com.br / topbooks@topbooks.com.br

Impresso no Brasil

Prefácio

Uma explicação sobre a estrutura desta coleção dos escritos políticos de Johnson foi incluída no final da segunda parte da "Introdução" e, portanto, não há necessidade de repeti-la aqui. O que deve ser acrescentado, no entanto, é que o comentário histórico bastante detalhado que forneci foi escrito há um bom tempo, e circunstâncias imprevistas (principalmente econômicas) atrasaram a impressão do livro. Nesse ínterim, várias obras de alta qualidade foram escritas sobre a história política da Grã-Bretanha durante a vida de Johnson. Se essas obras estivessem disponíveis quando escrevi, eu teria tido grande prazer em utilizar livros como (entre outros) *King George III*, de John Brooke (1972), e *The Duke of Newcastle*, de Reed Browning (1975), para dar apoio a algumas das generalizações que me permiti fazer sobre os eventos políticos da época. Como, por ironia, a consequência do atraso foi que a publicação do livro ocorreu durante a comemoração do bicentenário da Declaração da Independência dos Estados Unidos da América, teria sido tentador discutir "Tributação, não tirania" à luz da afirmação de Brooke de que a "Revolução americana" não foi uma revolução no sentido em que as revoluções francesa e russa o foram, e sim uma rebelião, como a dos holandeses contra o rei da Espanha no século XVI; que ela foi "a primeira grande revolta nacionalista dos tempos modernos... A Declaração da Independência marca o surgimento do nacionalismo como uma força na história moderna"; que "os fundadores da República americana foram os herdeiros da tradição conservadora (*tory*) na política britânica, e talvez os únicos conservadores verdadeiros no mundo de hoje só possam ser encontrados nos Estados Unidos". Que eu saiba, no entanto, por mais valiosos que esses recentes escritos históricos sejam para o preenchimento mais detalhado de certas lacunas, houve poucas modificações no arcabouço básico do cenário político nos reinados de George II e George III no qual me baseei – ou seja, os esboços feitos por Sir Lewis Namier, John B. Owen e outros, todos incluídos na primeira nota de rodapé da "Introdução" – e, portanto, se continuarmos a considerá-las dentro desse arcabouço, não creio que haja aqui nenhuma distorção séria das declarações políticas de Johnson.

Deixo aqui meus agradecimentos a todos aqueles que leram o livro antes da publicação e ofereceram sugestões valiosas: James L. Clifford, Robert Halsband, Allen T. Hazen, Frederick W. Hilles (já falecido), Matthew Hodgart, Gwin J. Kolb, Herman W. Liebert e John H. Middendorf, o editor-geral da série, e às assistentes editoriais do professor Middendorf, Barbara Jetton e Marjorie David. Como grande parte do trabalho editorial foi realizada quando eu era beneficiário de uma bolsa de estudos sênior do Conselho do Canadá, desejo também expressar minha gratidão a esse organismo.

D. J. G.

As seguintes organizações e indivíduos contribuíram generosamente para a publicação do presente volume: The American Society for Eighteenth-Century Studies, the Edwin J. Beinecke Trust, John M. Bullitt, Terence Carmody, Chester F. Chapin, James L. Clifford, Paul Fussell Jr., Robert Halsband, Raymond E. Hartz, Miss Joyce Hemlow, Frederick W. Hilles, C. Beecher Hogan, Mrs. Donald F. Hyde, Gwin J. Kolb, Louis A. Landa, Wilmarth S. Lewis, Herman W. Liebert, N. Floyd McGowin, Dr. Lawrence McHenry, John H. Middendorf, Arthur G. Rippey, Roland Sawyer, William K. Wimsatt.

Várias mudanças ocorreram no Comitê Editorial desde a publicação do volume anterior. Registramos nosso pesar pela morte dos seguintes membros, que lembraremos com carinho: Frederick W. Hilles, Robert F. Metzdorf, L. F. Powell e William K. Wimsatt. Lamentamos a saída de M. J. C. Hodgar. É um prazer registrar a nomeação para o Comitê Editorial de James Gray, Arthur G. Rippey, Gwin J. Kolb e Albrecht B. Strauss, que foi eleito secretário do Comitê. Nas últimas fases da preparação deste volume, o editor geral recebeu a ajuda de uma bolsa da National Endowment for the Humanities. Por esse apoio o Comitê Editorial está sinceramente agradecido.

Índice

Índice das Ilustrações 13
Introdução 15
Notas sobre o texto 49
Tabela cronológica 51
Títulos abreviados 59

Escritos Políticos 61
"Pânfilo" sobre a condolência (1738) 63
"Eubulo" sobre os costumes chineses e ingleses (1738) 81
"O mármore de Norfolk" (1739) 89
Uma defesa conclusiva dos censores do teatro (1739) 135
Um debate entre o Comitê da Câmara dos Comuns
   e Oliver Cromwell (1741) 167
"O. N." Sobre os fogos de artifício pela paz
   de Aix-la-Chapelle (1749) 219
Outras ideias sobre a agricultura (1756) 227
Uma introdução à situação política da Grã-Bretanha (1756) 243
Comentários sobre o projeto de lei da Milícia (1756) 281
Observações sobre uma carta de um refugiado
   francês na América (1756) 307

Observações sobre os tratados russo e hessiano (1756)..........323
Observações sobre a situação atual (1756)................................335
Resenha de *Analysis of a general map of the Middle Britist
Colonies in America*, de Lewis Evans (1756).....................353
Resenhas de panfletos sobre o caso do
   Almirante Byng (1756)...377
   – Resenha de uma carta para um membro
   do Parlamento e um apelo ao povo (1756)......................387
   – Resenha de alguns outros detalhes a
   respeito de Almirante Byng (1756).................................419
Resenha de *The Conduct of the Ministry
Impartially Examined* (1756) 435
Discurso sobre a expedição Rochefort (1757) 449
"Observações" e correspondência na
   Universal Chronicle (1758)...457
A bravura dos soldados rasos ingleses (1760?).......................475
Introdução aos procedimentos do Comitê
   sobre prisioneiros franceses (1760)..................................487
Reflexões sobre a coroação (1761)...495
Considerações sobre o trigo (1766?)......................................511
O alarme falso (1770)...529
Reflexões sobre as recentes transações
   com respeito às Ilhas Falkland (1771).............................577
O patriota (1774)..635
Tributação, não tirania (1775)..655

Índice Remissivo..735

Índice de Ilustrações

Página de "O mármore de Norfolk", com uma correção feita à mão pelo próprio Johnson.   118-A

Primeira página do primeiro número (maio de 1756) da *Literary Magazine*, mostrando o início de uma das várias contribuições de Johnson sobre temas políticos.   251-A

Uma página do manuscrito de "Considerações sobre o trigo", com correções à mão pelo próprio Johnson e alterações feitas por Malone.   518-A

Retrato de George Grenville como ministro das Finanças, por Sir Joshua Reynolds.   673-A

Página das provas tipográficas de "Tributação, não tirania" com correções feitas à mão pelo próprio Johnson.   734

Introdução

A erudição histórica das quatro últimas décadas, a partir da obra de Sir Lewis Namier,[1] destruiu, sem nenhuma possibilidade de conserto, o mito vitoriano da estrutura política da Inglaterra durante o século XVIII e com ele a imagem vitoriana da posição política de várias figuras daquele século, inclusive a de Samuel Johnson. Esse mito, popular porque

---

[1] Há mais ou menos uma década, uma bibliografia razoavelmente completa da historiografia posterior à interpretação liberal (interpretação *whig*) da Grã-Bretanha do século XVIII abrangeria aproximadamente uma dúzia de títulos (cf. D. J. Greene, *The Politics of Samuel Johnson*, 1960, p. 288, n. 7). Hoje vai muito além do que poderia ser incluído em uma nota de rodapé. Um guia excelente para as obras recentes sobre aquele século pode ser encontrado nos ensaios bibliográficos de William A. Bultmann, "Early Hanoverian England", e J. Jean Hecht, "The Reign of George III" *in* Elizabeth C. Furber, org. *Changing Views on British History: Essays on Historical Writing Since 1939* (1966). Alguns títulos especificamente úteis para o estudante do contexto político de Johnson são "Monarchy and the Party System" e "Country Gentlemen in Parliament", no livro *Personalities and Powers* de Sir Lewis Namier (1955); *English Politics in the Early Eighteenth Century*, de Robert Walcott (1956); *The Rise of the Pelhams* de John B. Owen (1957); *Sir Robert Walpole* de J. H. Plumb (1956-) (2 volumes publicados de um estudo para o qual foram planejados 3 volumes); *King George III and the Politicians* de Richard Pares (1953); *Letters from George III to Lord Bute, 1756-1766*, org. Romney Sedgwick (1939) (a introdução de Sedgwick é importante); *His Majesty's Opposition, 1714-1830*, de Archibald S. Foord. (1964).

era fácil de entender e porque podia ser facilmente usado por propagandistas para ajudar a interesses partidários, predominou na historiografia britânica por cerca de um século, da época de Lord Macaulay, nas décadas de 1830 e 1840, até a época de seu sobrinho-neto, George Macaulay Trevelyan, nas décadas de 1920 e 1930. Embora a probabilidade de que esse mito ainda possa subsistir por muito tempo seja mínima, já que foi unanimemente abandonado por acadêmicos históricos sérios, a verdade é que ele está relutando muito em morrer. E como ele ainda influencia a atitude que o século XX tem com relação a Johnson, é uma boa ideia perder algum tempo examinando-o.

A própria interpretação vitoriana ou "liberal" (*whig*) da história britânica do século XVIII teve sua origem na política britânica do século XVIII.[2] Popularizada no século XIX por Macaulay, J. R. Green, Lecky e outros, ela obteve sua inspiração nas alusões encontradas nos escritos de Burke a favor da facção liberal Rockingham nas décadas de 1760 e 1770 e em outras propagandas políticas da época. O grupo Rockingham, sucessores dos *whigs* que obedeciam à liderança de Sir Robert Walpole e dos Pelhams (Henry Pelham e seu irmão, o duque de Newcastle) no início do século XVIII, e antecessores daqueles que seguiram Charles James

---

[2] A frase "a interpretação *whig* da história" vem da importante monografia de Herbert Butterfield com o mesmo título (1931). Não deve ser interpretada simplesmente no sentido de que Macaulay e os demais eram a favor dos *whigs*; segundo Butterfield, significa o método de interpretação histórica que considera louvável qualquer coisa que contribua para tornar realidade a situação que, na verdade, veio a ocorrer, e considera deplorável qualquer coisa que militasse contra esse resultado – "a ratificação do presente", como ele o chama.

Fox e conde Grey no começo do XIX, após desfrutarem muitos anos de poder nos reinados de George I e II, viram-se fora dele com a acessão de George III em 1760. Como o jovem George não tinha feito nenhum segredo de sua lealdade à política de seu pai, Frederick, príncipe de Gales, um dos líderes mais persistentes da oposição a Walpole, os seguidores de Rockingham não poderiam ter ficado muito surpresos quando o novo monarca, decidido a preservar o direito tradicional de independência do Executivo, selecionou seus ministros entre os *whigs* que não fossem sucessores do grupo Walpole-Pelham-Rockingham: o tutor de sua infância e conselheiro político do príncipe Frederick, o escocês conde de Bute; William Pitt, mais tarde conde de Chatham, que havia começado sua carreira na década de 1730 como um dos patriotas *whigs* mais veementes em sua oposição a Walpole; George Grenville, cunhado de Pitt, embora seu adversário político naquele momento. Tampouco deveria ter sido surpresa para os rockinghamitas quando jovens politicamente ambiciosos como Lord North, Lord Shelburne e o duque de Grafton começaram a se afastar lentamente deles e a aceitar posições patrocinadas por outras pessoas. No resto do século, por certo, o marquês de Rockingham e seu sucessor, Charles James Fox, chefiaram ministérios apenas durante períodos curtos, em 1765 e uma vez mais em 1782-83, e, no final, em coalizão com seu antigo inimigo, Lord North, que por seu cinismo exagerado repugnava o eleitorado.

Esses desenvolvimentos eram bem naturais em um contexto político no qual existiam poucas divisões ideológicas importantes, como era normalmente a situação na Grã-Bretanha do século XVIII (e como ocorreu durante uma grande parte da história dos Estados Unidos), no qual a luta política era principalmente uma série de manobras pelo poder, em um cenário de alianças e agrupamentos em constante transformação. No entanto, eles causaram mágoas profundas nos rockinghamitas, desalojados após tantas décadas no poder; e em seu teórico e propagandista Edmund Burke,[3] que, em seu *Thoughts on the Cause of the Present Discontents*, 1770, desenvolveu uma "linha" elaborada para justificar essa mágoa. Com aquele toque de paranoia que caracteriza grande parte dos escritos políticos de Burke, a obra aludia às atividades conspiratórias de George III e a um "Gabinete Interno" dos "Amigos do Rei" que queria subverter a Constituição e restaurar o absolutismo real. Um corolário disso é que os rockinghamitas eram os únicos transmissores do "whiggismo" puro e impoluto, aqueles que preservavam a tradição autêntica da Revolução Gloriosa de 1688, enquanto os outros políticos *whigs*, que colaboravam com George III, eram ambiciosos traidores daquela tradição e, portanto, não mais que conservadores (*tories*)

---

[3] Não podemos defender seriamente a noção de que Burke e Johnson, por terem sido descritos como "conservadores", tinham as mesmas simpatias políticas. A evidência normalmente citada para apoiar essa tese está relacionada com o elogio que Johnson faz dos poderes intelectuais e da eloquência de Burke. Mas para Burke como político, no entanto, Johnson só tinha as acusações mais severas, como por exemplo: "Na vida privada ele é um cavalheiro honesto; mas não lhe permito sê-lo na vida pública. As pessoas *podem* ser honestas, embora estejam fazendo as coisas erradas: isso é lá entre o Criador deles e eles próprios. Mas *nós*, que sofremos por conta de seu comportamento pernicioso, temos que destruí-los. Temos certeza de que ——— age por interesse. Sabemos quais são seus princípios verdadeiros. Aqueles que permitem que suas paixões desbaratem as diferenças entre o certo e o errado são criminosos. Podem ser convencidos; mas não agem honestamente segundo sua convicção" (*Life*, III.45 f.; veja também II. 222 f., 348).

disfarçados.⁴ Os historiadores do século XIX seguiram sua orientação e, sem ironia, deram o rótulo de *tories* a Bute, a Grafton, a North e até ao jovem Pitt, uma designação que teria surpreendido a eles próprios e a muito de seus contemporâneos.

No século XVIII, os *tories* eram, em sua maioria, os "cavalheiros rurais", os "fidalgos rurais por herança", a "gente bem-nascida",⁵ donos, também por herança, das propriedades nobres rurais relativamente pequenas no campo inglês. Contribuíam com um quarto ou um quinto dos membros da Câmara dos Comuns (tinham menor representatividade na Câmara dos Lordes, já que, tanto naquela época como posteriormente, o título de par do reino era outorgado aos que apoiavam lealmente o ministério do momento). Na Câmara dos Comuns, na maior parte das vezes eram apenas *backbenchers*, ocupando os assentos não destinados a ministros do governo ou do Gabinete paralelo e que pouco se manifestavam. Esporadicamente davam seus votos a algum ministro – a Harley, a North ou ao jovem Pitt – de quem gostavam. Mas basicamente não

---

⁴ Os *tories* mantinham, com considerável justificativa, que isso também era calúnia contra eles: "Em 1688, os *tories* contribuíram – e extraordinariamente – para que a Revolução ocorresse, e portanto têm tanto direito aos frutos dela quanto qualquer outro grupo de homens na Grã-Bretanha, por mais que alguns deles possam alegar o contrário" (*The Sentiments of a Tory in Respect to a Late Important Transaction*, 1741 citado em Greene, *Politics*, p. 275).

⁵ Recentemente, a posição política da "gente bem-nascida" no século XVII foi objeto de muitas pesquisas e debates. H. R. Trevor-Roper afirmou: "Ela [a Grande Rebelião da década de 1640] foi a revolta cega da gente bem-nascida contra a Corte, das províncias contra a capital" ("The Country-House Radicals," no livro de Trevor-Roper *Men and Events*, 1958, p. 179). A história subsequente dos *tories* no século XVIII sugere uma continuação da resistência das comunidades provincianas ao *Establishment* (grupo sociopolítico dominante) em Westminster.

tinham grande interesse em desempenhar um papel significativo no cenário político nacional, embora fossem bastante ativos na política local; estavam mais interessados em apoiar a agricultura e em manter a tributação rural em níveis baixos, e em que o governo interferisse o mínimo possível em suas vidas. Eram geralmente "isolacionistas", "habitantes da pequena Inglaterra", desconfiados de interferências estrangeiras que pudessem levar a guerras ou a impostos mais altos. Tinham orgulho de sua independência política, e com frequência seu voto se dividia igualmente entre os dois polos opostos de uma medida polêmica — com efeito, eram chamados, algumas vezes, de "os membros independentes". *Squire Western*, de Henry Fielding, é uma caricatura desse tipo humano, feita por um *whig* urbano "patriota", certamente difamatória com relação ao nível educacional, à linguagem e às maneiras da média dos fidalgos *tories*, ela é razoavelmente precisa com relação a suas atitudes políticas. Após 1714, nunca mais tiveram a força ou a coesão parlamentar suficiente para formar algo que pudesse ser chamado de administração *tory*, embora seus votos, que mantinham o equilíbrio do poder entre facções *whigs* conflitantes, pudessem influenciar a permanência de ministérios — foi sua deserção que provocou a queda do ministério de North em 1782.

Os *whigs*, por outro lado, eram militantes na política nacional, ansiosos para que a administração central empurrasse o futuro do país em uma direção adequada aos interesses de seu próprio grupo econômico. As grandes empresas, na *Cidade* de Londres ou de Bristol, eram normalmente *whigs*; *whigs* eram também as camadas superiores dos pares do reino, com suas grandes propriedades rurais (sob as quais, mais tarde no mesmo século, muitas vezes foram descobertas jazidas de carvão muito lucrativas) — os duques e marqueses que

Burke admirava e a quem servia tão lealmente, com a justificativa de que o que fosse bom para os Rockinghams e para os Richmonds era bom para a Grã-Bretanha. Naturalmente, nem todos os *whigs* queriam impelir o país exatamente na mesma direção ou obter o poder governamental para o mesmo grupo de indivíduos: todas as grandes lutas políticas do século travaram-se entre grupos de *whigs* que brigavam entre si, com *tories* ocasionalmente desempenhando o papel de aliados mornos e intermitentes de um dos grupos ou do outro.

Para identificar todos esses inconstantes agrupamentos *whig* e classificar seus objetivos teríamos necessidade de um volume inteiro, embora muitas vezes esses objetivos pudessem ser nada mais que a mera aquisição de cargos públicos e de patrocínio. É possível distinguir, no entanto, uma oposição sumamente importante em questões de política nacional de alto nível. Os pittitas eram claramente os porta-vozes da comunidade empresarial, e as políticas que defendiam tendiam a apoiar a agressão comercial e a expansão imperial que contribuísse para fornecer uma base ainda mais ampla para os empreendimentos comerciais e industriais britânicos. O grupo Walpole-Pelham-Rockingham, por outro lado, representando os interesses mais diversificados e seguros dos grandes magnatas territoriais — "dinheiro antigo" em contraste com o "dinheiro novo" do mundo de negócios —, eram normalmente mais cautelosos e conservadores. Em 1739, Pitt e seus aliados conseguiram convencer Walpole a começar uma guerra com a Espanha a fim de forçar uma abertura para a Grã-Bretanha no monopólio espanhol do comércio sul-americano e do Pacífico. Essa guerra terminou por causar a queda de Walpole. A vitória obtida mostrou ser apenas temporária: os herdeiros políticos de Walpole, Henry Pelham e

Newcastle, continuaram controlando o governo nas décadas de 1740 e 1750. Mas, em 1756, com o começo da Guerra dos Sete Anos – a Grande Guerra para o Império, como Lawrence Gipson a chama[6] –, Pitt ganhou o jogo. A Grã-Bretanha saiu da guerra com um enorme império além-mar, e seu futuro como o grande poder mundial comercial do século XIX estava garantido. É importante observar que o papel do atual Partido Conservador na Grã-Bretanha como partido dos interesses industriais, comerciais e financeiros do país é uma herança do jovem Pitt e seus sucessores – e não dos *tories* do século XVIII. Esses, como era de se esperar, geralmente preferiam o mal menor representado pelos walpolianos do que os pittitas; quando Walpole lutava por sua vida política, em 1741, eles o apoiaram com seus votos na Câmara dos Comuns, em vez de apoiarem a oposição *whig*.[7] Johnson, depois de atacar Walpole violentamente por um curto período no final da década de 1730, acabou por defendê-lo; o horror que ele tinha dos pitts e do que eles representavam não se alterou durante os últimos anos de sua vida.

Burke, Junius e outros propagandistas contra o ministério nas décadas de 1760 e 1770, no entanto, conseguiram alterar o nome do partido para o século XIX, ainda que não para seu

---

[6] Em sua história em vários volumes, *The British Empire Before the American Revolution* (1936-70). Em um ensaio, "Samuel Johnson and the Great War for Empire," em *English Writers of the Eighteenth Century*, org. John H. Middendorf (1971), tento reunir indícios para a postura de SJ com relação à guerra, suas origens e suas consequências.

[7] Em 13 de fevereiro de 1741, na votação da Câmara dos Comuns sobre a moção de Sandys para tirar Walpole do cargo, 20 *tories* votaram contra a moção e outros 35 se abstiveram. Johnson (presumivelmente) defende sua ação em uma nota anexada à reportagem da *Gentleman's Magazine* sobre a divisão (*GM*, xiii [abril 1743], 181).

próprio século; embora o início da mudança possa ser percebida no final do século XVIII, quando encontramos Boswell, a Sra. Thrale e outros jovens contemporâneos de Johnson usando a palavra *"tory"* mais ou menos como veio a ser usada na historiografia vitoriana — isto é, para designar alguém que apoiava o governo de Grenville, Grafton e North. A designação *"whig"* passou então a ser monopolizada pelos rockinghamitas, em uma oposição quase permanente. (Fica claro que não é dessa maneira que Johnson e sua geração utilizavam os termos quando vemos Johnson, em *O alarme falso*, 1770, defendendo calorosamente as ações do ministério Grafton-North no caso Wilkes e ao mesmo tempo condenando "a neutralidade frígida" "dos *tories*" sobre o assunto.)[8] Mais tarde Macaulay transformou essa novidade terminológica em uma filosofia grandiosa, embora extraordinariamente simples, da história e da ciência política. A história é o registro do "progresso" inevitável do povo britânico no decorrer dos séculos; durante todo esse tempo, todas as pessoas politicamente conscientes podem ser divididas em duas categorias: aquelas que procuram colaborar para aquele progresso (os *whigs*) e, portanto, devem ter nossa aprovação, e aqueles que buscam interrompê-lo ou até obrigá-lo a retroceder (os *tories*) e, portanto, devem ser condenados. Nas palavras do próprio Macaulay,

> A História da Inglaterra é enfaticamente a história do progresso. É a história de um movimento constante da opinião pública, de uma mudança constante nas instituições de uma grande sociedade... Muitas vezes pensamos que o movimento da opinião pública em nosso país parece com o movimento do mar quando a maré está subindo. Cada onda sucessiva avança,

---
[8] P. 574 adiante.

> rompe-se e retrocede lentamente; mas o grande fluxo de água vem vindo pouco a pouco.⁹
>
> Durante todo aquele grande movimento (a partir da Magna Carta, 1215 até o Ato da Reforma, 1832) tem havido, sob um ou outro nome, dois grupos de homens, aqueles que estavam à frente de sua época, e aqueles que estavam atrás dela... Embora um *tory* possa agora ser muito parecido com aquilo que um *whig* era uns cento e vinte anos atrás, o *whig* está tão à frente do *tory* como sempre esteve.¹⁰

É difícil saber o que é mais comovedor, se a audácia ou se a ingenuidade dessas afirmações. (No entanto, em defesa da sagacidade de Macaulay, é preciso dizer que, em tudo isso, ele está construindo uma base para a glorificação de seu próprio partido, os *whigs* de Lord Grey, sucessores de Burke e de Rockingham, e para o apoio à ferozmente questionada Lei da Reforma que eles aprovaram em 1832; por fazer isso, Macaulay foi altamente premiado pelo partido, e sua nomeação como Membro do Conselho para a Índia o tornou rico e financeiramente independente pelo resto de sua vida.) Porém a ideia de que toda a história política desde o início dos tempos pode ser explicada em termos de uma dicotomia como essa – *whig* versus *tory*, ou progressista versus reacionário, ou "esquerda" versus "direita"¹¹ – parece exercer uma atração quase irresistível para a mente moderna. Quando observamos que o torismo de Johnson não era muito parecido

---

[9] Resenha de Sir James Mackintosh, *History of the Revolution*, in F. C. Montague, org., *Critical and Historical Essays* (1903), II. 72-74.

[10] Resenha de *War of the Spanish Succession*, de Lord Mahon, ibid., I. 531.

[11] A história dessa metáfora, supostamente originária dos assentos colocados em forma semicircular da Assembléia Nacional Francesa revolucionária, daria um estudo interessante. Podemos perceber como esses termos são arbitrários

com aquilo que o século XX chama de "torismo", uma das respostas mais frequentes é: "Oh, você quer dizer que ele era mais *whig* do que pensávamos?" A resposta, é claro, é que ele não era um *whig*, nem de longe, era completamente *tory*; mas o fato é que um *tory* do século XVIII era tão diferente daquilo que chamamos de *tory* no século XX quanto um "liberal" no reinado da rainha Vitória (que acreditava que a liberdade da iniciativa individual de acumular riqueza não deveria ser tolhida por nenhum tipo de interferência dos governos) é diferente de um "liberal" americano da metade do século XX (que crê precisamente o oposto); em suma, que a dicotomia macaulayana é um erro e tentar interpretar um pensamento político tão sutil e tão complexo quanto o de Johnson em termos dessa dicotomia irá inevitavelmente produzir distorções flagrantes.

II

Para entender a visão política de Johnson, então, precisamos resistir fortemente à tentação de impor sobre os eventos, atitudes e vocabulário políticos da Grã-Bretanha do século XVIII

---

examinando um uso anterior deles feitos por Sir Adolphus Ward em *The Electress Sophia and the Hanoverian Succession*, 2ª edição (1909), p. 550. Ward fala de clérigos episcopais dissidentes na Escócia após a Revolução de 1688. "A tendência era para que esses homens aceitassem o Presbitério, mas eles formavam uma 'esquerda diferente'." Hoje em dia, os estudantes instintivamente classificariam os episcopalianos escoceses, muitos deles jacobitas, como "direita" e os presbiterianos, seguidores fiéis da Revolução, como "esquerda", embora (e isso é presumivelmente o argumento de Ward) na Escócia da época o presbiterianismo fosse ortodoxo, oficial, parte do *Establishment*, e os episcopalianos fossem uma minoria dissidente.

qualquer padrão do tipo "esquerda-versus-direita", como aquele inventado por Macaulay e teóricos posteriores: isso simplesmente não é aplicável nesse caso. Também devemos, é claro, livrar nossas mentes das várias lendas sobre o próprio Johnson, que historiadores literários construíram assiduamente e propagaram durante os dois últimos séculos, e estar dispostos a examinar a evidência de seus próprios escritos políticos com olhos límpidos e ver o que eles dizem realmente.

Uma das lendas mais duradouras é aquela que afirma que Johnson na verdade não estava interessado em política e que seus escritos escassos e insignificantes sobre assuntos políticos podem ser ignorados sem problema. A origem dessa lenda pode ser encontrada nas páginas de Boswell. Mas é preciso lembrar que Boswell só conheceu Johnson durante o terceiro e último período de forte envolvimento político de Johnson, e não durante os dois primeiros períodos, que foram relacionados com o ataque a Walpole no final da década de 1730 e começo da década de 1740 e com a Guerra dos Sete Anos, duas décadas mais tarde. Com efeito, Boswell teve poucas oportunidades, pelo menos durante a vida de Johnson, de se familiarizar totalmente com os escritos de Johnson que resultaram daqueles envolvimentos, pois muitos deles permaneceram praticamente desconhecidos até bem mais tarde. O terceiro período, aquele em que Johnson faz a defesa de certas ações das administrações do duque de Grafton e de Lord North no início da década de 1770, realmente coincide com a época em que Boswell o conheceu. Boswell faz bastante publicidade por ter cumprido sua obrigação e estudado os quatro panfletos de Johnson dessa época, mas claramente ele estava menos interessado neles do que em algo assim como *Journey to the Western Islands of Scotland*, que não só exibe com mais clareza aquilo que Boswell provavelmente considerava o "verdadeiro" Johnson – a "personalidade", em vez de o pensador e escritor – mas também trata de assuntos mais familiares para Boswell do que as complexidades do cenário político inglês. Além disso, com respeito aos temas de duas daquelas obras, "O alarme falso" e "Tributação, não tirania", as opiniões de Boswell são o oposto das de Johnson: ele simpatiza com seu amigo Wilkes e com os colonos americanos rebeldes, e em seu comentário sobre os panfletos em *Life* não hesita em contestar sua validade com veemência. Basicamente, no entanto, Boswell não está muito interessado em explorar questões políticas em profundidade.[12] Embora ele não deixe de mencionar o lado político de Johnson, é correto afirmar que lhe dá um tratamento perfunctório e superficial; e elementos dessa impressão de superficialidade – como tantas coisas em *Life* – tendem a ser transferidos pelo leitor de Boswell para a própria imagem de Johnson.

Mesmo não sendo simpático às ideias políticas de Johnson, Boswell pelo menos dá a impressão de que as leva a sério. O mesmo não ocorre com Macaulay, cuja influência em formular e perpetuar o mito de Johnson no século XIX e subsequentemente foi – e continua sendo – enorme. Ou melhor, é constitucionalmente impossível para Macaulay, com uma visão política estabelecida

---

[12] *Boswell's Political Career*, de Frank Brady (1965), mostra que Boswell estava disposto a dedicar muita atenção a certos assuntos políticos – em particular, à tentativa de obter um lugar no Parlamento para si mesmo –, mas o livro confirma a declaração acima. "Ele não tinha nenhuma pretensão (de saber) teoria política ou mesmo de ter uma visão ampla dos temas, como Burke," diz Brady (p. 2).

rigidamente no padrão da "interpretação *whig*" do século XIX, dar qualquer tratamento objetivo a uma pessoa que se recusa tão obstinadamente a seguir aquele padrão; o que ele faz, então, é adotar o simples expediente de negar que o pensamento político de Johnson possa sequer ser chamado de pensamento – para ele, as atitudes políticas johnsonianas são apenas as reações irracionais e cegamente instintivas de um *tory* reacionário e intolerante. Macaulay tinha um conhecimento mínimo dos escritos políticos de Johnson, tendo passado os olhos apenas pelos panfletos da década de 1770 – que, sendo ataques diretos contra as posições adotadas pelo partido do próprio Macaulay referentes à sucessão *whig* Rockingham-Fox-Grey, eram anátemas[13] – e os debates parlamentares, que ele parece não ter estudado com mais cuidado do que tinha feito Boswell. Se Macaulay realmente estivesse tentando entender as ideias políticas de Johnson, é possível que as tivesse achado extremamente perturbadoras, em virtude de seus próprios preconceitos rígidos; é possível também que o fato de estar vagamente consciente disso o tenha impedido de considerar seriamente aquele aspecto de Johnson. Macaulay, como político atuante, com seus próprios objetivos importantes, talvez possa ser perdoado por essas táticas. É mais preocupante vê-las serem continuamente utilizadas por gerações sucessivas de estudiosos literários que provavelmente não têm uma justificativa semelhante à de Macaulay. Uma declaração representativa – ainda que essa expressão possa parecer estranha – pode ser encontrada em uma recente monografia sobre Johnson, altamente respeitada e

---

[13] Podemos calcular a violência com que foram recebidas pela reação de Burke, relatada por Boswelll, a "Reflexão sobre as Ilhas Falkland" (1771). Veja n. 7, p. 346 adiante.

de grande influência: "Ele nunca dedicou muitos pensamentos ao tema da política, pelo menos na forma escrita."

Esperamos que o presente volume mostre como essa avaliação é totalmente errônea. E, conhecendo os valores de Johnson, seus interesses e modos de pensar em geral, *a priori* acharíamos muito estranho que ela fosse verdadeira. Johnson escreveu uma vez: "Se supomos que a origem do mal moral foi descoberta, a explicação do mal político realmente não é difícil, sendo a política apenas o comportamento de homens imorais nos negócios públicos".[14] Em virtude da enorme preocupação que Johnson teve, durante toda sua vida, com os problemas da moralidade humana, e de sua dedicação como escritor para expô-los para o benefício de seus leitores, seria surpreendente descobrir que ele abandonou essa tarefa arbitrariamente naquele limite obscuro entre a moralidade privada e a pública. Na verdade, ele não fez nada parecido. Ele era tão político quanto qualquer escritor moral dedicado pode e deve ser: "político" naquele mesmo sentido em que, segundo George Orwell, todos os seus próprios escritos essencialmente o são, motivados por

> "um desejo de empurrar o mundo em uma certa direção, de mudar as ideias que outras pessoas têm do tipo de sociedade pela qual deveriam lutar... Meu ponto de partida é sempre um sentimento de partidarismo, uma sensação de injustiça... Eu escrevo... porque há alguma mentira que quero expor, algum fato para o qual quero chamar atenção".[15]

---

[14] Resenha de Soame Jenyns, *A Free Enquiry into the Nature and Origin of Evil*, *Literary Magazine* (1757).
[15] "Why I Write" em *Collected Essays, Journalism, and Letters*, org. Sonia Orwell e Ian Angus (1968), I.4,6.

No século XVIII foram poucas as mentiras políticas e sociais que Johnson tentou incansavelmente expor em algum lugar de seus escritos ou de suas conversas registradas.

Mesmo no sentido mais restrito da palavra "política" houve poucas fases na vida de Johnson em que ele não estivesse próximo à vida política daquele momento.[16] Staffordshire, quando ele era jovem, era um ninho de atividade política, algumas vezes violenta. Oxford, tanto durante a época em que ele viveu no campus como estudante universitário e mais tarde, no mesmo século, quando ele a revisitou com frequência e onde manteve muitas amizades íntimas, era politicamente muito ativa.[17] Londres, quando ele lá chegou, com vinte e sete anos, estava em meio a alguns dos tumultos políticos mais intensos de sua história, que duraram por vários anos até a queda de Walpole, em 1742. O jovem escritor assalariado mergulhou imediatamente no auge da confusão, não só produzindo uma série de críticas políticas, mordazes e irônicas, mas, durante alguns anos, desempenhando também o papel de repórter semi-oficial dos procedimentos parlamentares que levaram à queda de Walpole. A violência é a marca desses escritos iniciais — mesmo nas reportagens sobre o parlamento, a campanha contra Walpole lhe deu várias oportunidades de praticar a retórica da invectiva; e dadas as circunstâncias de sua juventude — um intelectual pobre, vendo a recompensa de privilégios ser distribuída entre contemporâneos com menos inteligência e conhecimento que ele, mas que tinham amigos nos lugares certos (i.e., eram

---

[16] Para um relato mais completo daquilo que está sintetizado nos quatro parágrafos seguintes, veja Greene, *Politics*.

[17] Veja W. R. Ward, *Georgian Oxford: University Politics in the Eighteenth Century* (1958).

relacionados com os *whigs*) – é fácil compreender por que essa violência tinha que estar presente.

Mas não podemos dizer que a idade, a fama e a segurança financeira tenham suavizado apreciavelmente sua linguagem política: já era quase um velho quando escandalizou um grupo de tranquilos membros da Universidade de Oxford ao fazer um brinde à próxima insurreição dos negros nas Índias Ocidentais. É bem verdade que mais ou menos por uma década após a queda de Walpole o cenário político esteve relativamente sossegado – o mesmo ocorrendo com o lado político de Johnson, então ocupado com o *Dictionary* e com *The Rambler* (nos quais, entretanto, as alusões políticas não estão, de forma alguma, ausentes).[18] Mas com a chegada da enorme luta pelo império de além-mar entre a França e a Inglaterra, que culminou na Guerra dos Sete Anos de 1756 a 1763, vemos Johnson, uma vez mais, mergulhando com vontade nas polêmicas políticas, desta feita como editor e jornalista, opondo-se ferozmente à política nacional de belicismo agressivo, expansionismo, francofobia e "patriotismo", e aparentemente conseguindo ser despedido de pelo menos dois empregos pela intransigência de sua oposição a essas medidas populares.

O início da década de 1760 foi também o momento da "revolução" na estrutura do poder político na Grã-Bretanha, acentuada pela subida ao trono do jovem George III, que tinha herdado a tradição

---

[18] Tanto quanto as conhecidas definições de *imposto de consumo* (*excise*) e de *aposentadoria* (*pension*) que Boswell divulgou (ambas representando atitudes comuns de oposição) e de "*Renegado*... Às vezes dizemos um *Gower*," que foi retirada na gráfica, há uma definição menos conhecida: "*Ironia*. Uma forma de linguagem na qual o significado é o contrário das palavras, como em '*Bolingbroke era um homem santo*.'"

de seu pai, Frederick, Príncipe de Gales, de hostilidade à autoridade aparentemente entrincheirada de Walpole e seus sucessores, os pelhams e rockinghamitas. Johnson, como outros oposicionistas do reinado anterior, tinha, a princípio, esperança de algo assim como um *"New Deal"* nas mãos desse jovem monarca que ainda não tinha sido "corrompido"; sua esperança, no entanto, foi expressa com cautela ("Há muito tempo que ele está nas mãos dos escoceses") e rapidamente desapareceu. Esse é um dos períodos mais obscuros da biografia de Johnson, mas dela emergem indicações fascinantes de sua íntima conexão com políticos ativos à época: Gerard Hamilton, para quem (aparentemente) ele escreveu "Consideração sobre o trigo"; Robert Chambers, os Vansittarts, George Dempster, Lord Elibank, alguns dos quais estavam envolvidos na defesa da Companhia das Índias Orientais contra os ataques da administração Chatham (Johnson parece ter sido responsável por um texto relacionado com esse caso),[19] Bute e seus aliados, Wedderburn

---

[19] Veja *Letters* 187.2 (11 dez. 1766): Se você [Chambers] puder me conseguir qualquer informação sobre as questões da Índia Oriental, você pode prometer que se por acaso ela for utilizada, será a favor da Companhia," e *Letters* 187.3 (22 jan. 1767) pedindo documentos apresentados na Câmara dos Comuns: "Nós pagaremos para transcrevê-los se isso apresenta alguma dificuldade. Sejam quais forem os outros documentos que forem colocados em nossas mãos serão usados, se o forem, na defesa da Companhia." Quem é esse "nós" não sabemos, e tampouco sabemos se algum dos escritos de Johnson teve qualquer resultado. Sobre um projeto anterior e obscuro, Johnson realmente escreveu cinco folhas – 80 páginas de oitavo – pelas quais exigiu pagamento de Cave. Isso foi um "projeto histórico" substancial que seria "o relato mais completo sobre os procedimentos do Parlamento que [podem] ser arquitetados," teria um total de 35 folhas (560 páginas de oitavo ou 280 páginas de quarto) e aparentemente trataria (pelo menos) do reinado de George I (veja *Letters* 15,16,17). O documento não foi identificado ou recuperado.

e Charles Jenkinson. Há muita coisa que não ficou — e talvez nunca fique — clara sobre as circunstâncias da aposentadoria dada pelo governo de Bute a Johnson — Jenkinson, pelo menos, parece ter acreditado que os termos dessa aposentadoria obrigavam Johnson a ajudá-lo a compor um panfleto defendendo a Paz de Paris.[20]

Mais tarde Johnson foi, por muitos anos, amigo íntimo de Henry Thrale, Membro do Parlamento para Southwark, para cuja eleição ele escreveu muitos textos publicitários,[21] e também de William Strahan, M.P., o tipógrafo, que chegou a recomendar Johnson ao ministério como um possível membro, potencialmente valioso, da Câmara dos Comuns. (Será que ele estaria mais deslocado, perguntamo-nos, do que Burke, cujas habilidades, todos concordavam, eram literárias, ou talvez teatrais e não parlamentares?) Parece claro que uma vida pública ativa exerce certa atração para Johnson; basta lembrar a emoção que ele demonstrou quando um amigo lhe sugeriu que, se ele tivesse tido uma carreira jurídica ainda jovem, talvez pudesse ter se tornado ministro das Finanças, com o título de Lord Lichfield. Embora seu refreado entusiasmo por aquilo que George III pudesse vir a realizar não tivesse durado muito tempo,

---

[20] Veja D. J. Greene, "Johnson, Jenkinson and the Peace of Paris," *Johnsonian News Letter*, XI (setembro 1951), 8-11. Numa lista governamental de aposentados da década de 1780 (Public Record Office 30/8/229, f.77), Johnson foi incluído em uma categoria denominada "Escritores Políticos", que também contêm Shebbeare, Cawthorne ("um autor prolífico nos jornais"), a viúva de Hugh Kelly e as irmãs e filhas de "Mr. Lind, autor de várias obras políticas," e não na próxima classificação, denominada meramente "Literários" e incluindo "Dr. Kennicott: a contribuição do rei para sua tradução da Bíblia," a nora do "famoso Dr. Bentley," a Sra. Lloyd, "viúva do professor já falecido da Escola de Westminster,", e, interessantemente, Baretti.

[21] Veja J. D. Fleeman, "Dr. Johnson and Henry Thrale, M.P.," em *Johnson, Boswell and Their Circle: Essays Presented to L. F. Powell* (1965).

e embora, em particular, ele se expressasse com bastante vigor a respeito da incompetência de Lord North, Johnson parece ter sentido que era sua obrigação apoiar os ministérios Grafton e North – talvez como o menor de uma série de males – e em seus quatro panfletos da década de 1770 se expôs a uma quantidade enorme de acusações da oposição (muitas das quais direcionadas à sua aposentadoria) ao defender veementemente as políticas ministeriais que aprovava. Mas seus tristes comentários particulares na última década de sua vida, sobre o curso de desastres para o qual a Grã-Bretanha parecia estar se dirigindo, indicam que, no fim de sua vida política, ele não era – nem um pouco mais do que tinha sido no começo daquela vida – um admirador complacente do *status quo* político.

Quanto aos escritos políticos de Johnson, uma lista realmente abrangente incluiria muito mais do que aparece neste presente volume. Incluiria *London*, uma versificação exageradamente política das frases e atitudes polêmicas, típicas da oposição "patriota" a Walpole; *State of Affairs in Lilliput*, uma sátira exuberante, no estilo de Swift, sobre a situação política do momento, publicada como introdução a uma série de reportagens da *Gentleman's Magazine* sobre os debates no Parlamento de 1739 a 1744 e incluída com as reportagens naquele número; sua contribuição maciça para os próprios debates; ensaios em *The Idler* (p. ex., números 10 e 20) e *The Weekly Correspondent*; resenhas importantes – por exemplo, as das memórias políticas de Sarah, duquesa de Marlborough, do livro de Tytler sobre Mary, rainha dos escoceses, e as *Casket Letters*; a vida de Frederico, o Grande, e partes importantes das vidas de Blake, Drake e Milton; inúmeras contribuições editoriais para periódicos – prefácio para os anuários da *Gentleman's Magazine*,[22] porções substanciais de colunas regulares tais como as "Memórias Históricas" na *Literary Magazine* e a "História Estrangeira" na *Gentleman's Magazine*, que eram sinopses mensais das notícias atuais na Grã-Bretanha e no exterior. Declarações altamente importantes relacionadas com as bases teóricas da visão política de Johnson podem ser encontradas em algumas das "dissertações" que ele ditou a pedido de Boswell, suas contribuições para as conferências jurídicas (Vinerian) de Robert Chambers e — talvez a mais importante de todas suas declarações políticas — os dois sermões normalmente numerados 23 e 24.

Todos esses, no entanto, terão que ser consultados nos volumes da edição que imprimiu os sermões de Johnson, suas resenhas e assim por diante. A ideia do presente volume foi meramente incluir escritos com ênfase política que não podem ser facilmente classificados como um ou outro desses gêneros. Eles incluem: (a) as publicações que nas edições do século XVIII e XIX de *Johnson's Works* foram publicadas sob o título "Political Tracts" — os quatro panfletos da década de 1770, que Johnson reimprimiu juntos, sob o mesmo título, em 1776, e ao qual futuros editores de *Works* acrescentaram "O mármore de Norfolk" e alguns dos ensaios políticos da *Literary Magazine* de 1756; (b) outros artigos políticos da *Literary Magazine*, que não foram republicados até agora; (c) "Uma defesa conclusiva dos censores do teatro", que editores anteriores parecem não ter reconhecido como um "tratado político" tão violento quanto "O mármore de Norfolk", publicado somente duas semanas antes; (d) vários textos breves que foram

---

[22] E. L. McAdam, Jr., "Johnson, Walpole, and Public Order," *in Johnson, Boswell and Their Circle*, chama atenção para o conteúdo político do prefácio escrito por Johnson para o primeiro Índice da *Gentleman's Magazine* (1753).

publicados primeiramente na *Gentleman's Magazine, Universal Visiter* e *British Magazine*, ou como publicações individuais ("Reflexões sobre a coroação", a *Introdução aos procedimentos do Comitê sobre os prisioneiros franceses*); e um ("Considerações sobre o trigo") que não foi publicado durante a vida de Johnson e aqui foi editado diretamente do manuscrito. Em vários desses textos – especialmente em "Reflexões sobre a coroação" –, o conteúdo político pode parecer insignificante; ainda assim, é interessante observar como era fácil para Johnson descobrir implicações políticas em assuntos aparentemente tão apolíticos como o itinerário de um desfile de coroação.

Forneci anotações explicativas bastante densas para esses textos, partindo do princípio, que, para entender o texto de Johnson, na maioria dos casos, o leitor precisa estar totalmente familiarizado com o contexto da história política da época. Além disso, aproveitei-me do fato de os itens no livro serem espaçados de uma maneira mais ou menos uniforme pela vida toda de Johnson para tentar fornecer, nas notas introdutórias aos textos individuais, *flashes* sucessivos, por assim dizer, da "vida política" de Johnson. É provável que o leitor ache que essa disposição, na qual a narrativa é entremeada com exemplos dos escritos políticos do próprio Johnson em cada fase de suas atividades políticas, é um pouco menos fria do que um relato longo e detalhado isolado na Introdução ao livro.

III

Sobre duas questões relacionadas com a política de Johnson já não pode haver nenhuma dúvida: ele realmente escreveu muita coisa sobre temas políticos e pensou muito sobre eles. A terceira questão, ou grupo de questões, pode ser mais polêmica: quais são a natureza e a qualidade de seu pensamento político? Qual é seu nível de rigor e de competência? Quão satisfatório é para o leitor moderno? Em que princípios básicos de teoria política e social ele se fundamenta? Quanto a mim, desde a primeira vez que me deparei com a maneira como Johnson aborda as questões políticas, achei essa abordagem profundamente refrescante, estimulante, instigante, e é extremamente valiosa pela maneira como passa por toda a fraseologia herdada do passado, os clichês imprecisos e mal examinados da maior parte da discussão política, para chegar à pergunta fundamental: que formas de ação política (se é que existem) têm probabilidade de fazer com que a vida de um indivíduo nesta terra seja mais uma fonte de prazer do que uma fonte de sofrimento? Os métodos pragmáticos, até "existenciais", da análise política de Johnson me parecem tão "modernos", incisivos e sólidos quanto, na visão de muitos estudantes atuais, sua abordagem (aliás não muito diferente da abordagem política) à crítica literária, ou seja, nas palavras de F. R. Leavis, "cheia de vida e geradora de vida".[23]

Hesitamos em fixar um rótulo elegante a qualquer aspecto da vida intelectual tão diversa e complexa de Johnson. É mais fácil dizer o que ele não é politicamente do que o que ele é. Ele não é um *whig* seguidor de Locke – nem tampouco –, e isso talvez seja mais ou menos a mesma coisa – um burkeano da "direita prescritiva", um liberal do *laissez-faire* vitoriano, um neoconservador do século XX; ele não atribui nenhuma santidade mística à possessão

---

[23] "Johnson as Critic," *Scrutiny*, XII (verão 1944), 187.

de propriedade ou à noção de que a função principal do governo é garantir "àqueles que têm" o desfrute constante de suas riquezas e a liberdade ilimitada para usá-las e para explorar "aqueles que não têm" (embora ele certamente concorde com Locke sobre a conveniência de uma "lei de direito" e de um governo por consentimento e contra qualquer forma de despotismo). Ele não é um "liberal idealista" moderno que acredita que, usando alguma fórmula mágica – sufrágio universal, a organização da Liga das Nações, a divisão igualitária da riqueza, a "dessegregação" –, a Utopia pode ser obtida mais ou menos em uma geração:

> BOSWELL: Então, Senhor, o senhor ri dos projetos para melhorias políticas?
> JOHNSON: Ora, Senhor, a maioria dos projetos para melhorias políticas são coisas muito divertidas.[24]

(Embora seja aconselhável observar que Johnson diz "a maioria" e não "todos.") Ele tampouco é um conservador "idealista" ou "romântico", como Sir Walter Scott ou o visconde de Bonald ou Disraeli ou Carlyle (em *Past and Present*), tecendo fantasias de um retorno à mística Idade Média em que, sob um autoritarismo benevolente, os ricos amavam os pobres e os pobres amavam os ricos. Em outro trabalho sugeri[25] que pode ser útil entender o pensamento político de Johnson se o considerarmos parte da tradição daquilo que poderíamos chamar de conservadorismo "cético" (ou "radical", ou "empírico"), cuja característica essencial é a desconfiança

---

[24] *Life*, II.102.
[25] *Politics*, pp. 252-58.

da teoria e de dogmas grandiosos e *a priori* como base para a ação política, embora esse conservadorismo não negue, de forma alguma, que a ação política apropriada deve ser realizada para corrigir abusos e injustiças e para melhorar a condição humana até aquele ponto em que a ação política possa realmente melhorá-la.

Algumas pessoas não gostaram dessa caracterização: seu raciocínio parece ser que, como *sabemos* que Johnson foi um anglicano praticante da "Alta Igreja Anglicana" e um *tory*, seu pensamento político deve ter basicamente seguido a linha atribuída ao estereótipo da "Alta Igreja" ou do católico conservador ao norte dos Alpes do século XX – veneração pela autoridade prescritiva, adesão dogmática ao *status quo*, desconfiança de qualquer tipo de mudança – e qualquer descrição de sua posição política que não dê ênfase a esses assuntos deve ser incorreta. É verdade que Johnson acreditava, como Hooker, que "toda mudança é por si só um mal ao qual não devemos nos arriscar, a não ser que a vantagem seja evidente",[26] e em virtude dessa crença não podemos negar-lhe o rótulo de "conservador". Mas as últimas quatro palavras do *dictum* não devem ser ignoradas: quando a vantagem é evidente, a mudança é justificável. Pode ser útil recapitular aqui algumas das posições mais significativas que Johnson adota em seus escritos políticos, e considerar como será o somatório delas. Ele ataca a censura do teatro e os esforços do governo para asfixiar a vida intelectual de um país ("Defesa dos censores"). Ele mantém seu "monarquismo" paralelamente a uma extraordinária falta de respeito para com monarcas e a uma opinião de que a teoria do "direito divino"

---

[26] *Works* (1787), IX. 173 ("Plan of a Dictionary").

é "pura bobagem";[27] sua crença autodeclarada na "subordinação" não exclui uma inclinação para lançar insultos violentos a algum Lord Chesterfield, Lord Bolingbroke ou Lord Lyttelton. Ele defende a estrita regulamentação governamental da economia agrícola por meio de controles das exportações e subsídios a produtores ("Outras ideias sobre agricultura," "Considerações sobre o trigo"). Ele deplora as atividades colonizadoras e missionárias dos europeus, inclusive a dos ingleses, na América e na África (prefácio a *Lobo*, vida de Drake, prefácio a *The World Displayed*). Ele censura a escravidão negra, especialmente como era praticada pelos plantadores de açúcar nas Índias Ocidentais – "uma raça de homens com quem, suponho, nenhum outro homem quer se parecer" –, e tem um desprezo mor-

---

[27] Veja as referências indexadas "Monarchs and Monarchy: SJ and" em *Politics*. G. B. Hill *(Miscellanies,* II.466) observa um relato de Robert Forbes, bispo de Ross e Caithness, segundo o qual, em um jantar em Edimburgo em 1773, Johnson comentou: "George I foi um ladrão, George II um tolo e George III é um idiota." Hill tem dúvidas sobre isso porque Boswell disse sobre a mesma noite: "Devo lamentar que eu estava tão indolente que deixei quase tudo que ocorreu evaporar-se no esquecimento," e que, se Johnson tivesse feito um comentário daquele tipo sobre George III, Boswell certamente teria lembrado. Isso é um argumento duvidoso: o esquecimento de Boswell pode ter sido, como em outras ocasiões, devido ao álcool. O relato de Thomas Cooper é significativo: "Em uma conversa política que tive com o Dr. Johnson ele disse: 'Não acredito nessa coisa que chamam de *jure divino* dos reis. Não tenho essa crença; mas acredito que a monarquia é o caminho melhor para a felicidade e segurança do povo de todas as nações e, portanto, sou um monarquista, mas, quanto ao direito divino, isso é pura bobagem. Acho que todas as pessoas têm o direito de estabelecer o tipo de governo que segundo elas é mais conducente a seu interesse e à sua felicidade." (E. A e G. L. Duyckinck, *Cyclopaedia of American Literature,* 1855, II.333). Cooper, um radical britânico que migrou para a América, tornou-se presidente da Universidade de South Carolina.

daz por aqueles patriotas americanos que emitem "ganidos altos" pela liberdade e ao mesmo tempo negam essa liberdade aos escravos negros ("Tributação, não tirania"). Acusa os colonos de ascendência inglesa na América de terem enganado os índios e roubado suas terras e, portanto, de não terem o direito de adotar uma atitude moralista sobre seus próprios "direitos" à propriedade; considera a disputa entre eles e os franceses pelo território americano – a disputa que veio a transformar-se na Grande Guerra pelo Império – como nada mais do que "a briga entre dois ladrões pelos bens de um passageiro", e, de um modo geral, acha que os franceses têm mais justificativa moral, já que trataram os índios com um pouco mais de decência que os ingleses o fizeram ("Uma introdução à situação política da Grã-Bretanha", "Observações sobre a situação atual"). No caso Wilkes, defendeu o direito da Câmara dos Comuns de excluir de seu meio os membros que considerasse indesejáveis, sem a interferência de nenhum outro organismo ("O alarme falso") – um direito pelo qual tanto a câmara representativa britânica quanto a americana continuam a lutar. Ataca o chauvinismo interessado que iria mergulhar a Inglaterra na guerra contra a Espanha por um pedaço de um território improdutivo em nome da "honra nacional" e pelo capital político e monetário que poderia ser acumulado pelos fomentadores da guerra ("Reflexões sobre as Ilhas Falkland"). Embora lamente o despovoamento das Terras Altas da Escócia em virtude da emigração, e, ocasionalmente, possa sentir a atração romântica da vida feudal tão fortemente consolidada do sistema de clãs, no final, seu veredicto sobre aquela vida é: "O sistema de subordinação insular... não pode proporcionar muito prazer quando examinado com mais cuidado... É possível que durante muito tempo os habitantes não estivessem infelizes, mas seu contentamento era uma turva mistura de orgulho e ignorância, uma indiferença pelos prazeres que não conheciam... e uma forte convicção de sua própria importância" (*Journey to the Western Islands*). Sobre a questão de se as colônias americanas deveriam ter permissão para estabelecer sua independência do governo central em Londres, ele acha que os argumentos "secessionistas" são falsos e que a unidade política do Império e a soberania do governo central deveriam ser mantidas, pela força se necessário ("Tributação, não tirania"). É bastante claro que uma série de posições como essas não é muito compatível com o estereótipo moderno de um *tory*.

Inúmeras polêmicas foram levantadas pela afirmação de que Johnson decididamente se recusava a basear seu pensamento sobre questões políticas em qualquer conceito metafísico ou sobrenatural como o "compacto original" de Locke ou a "prescrição sagrada" de Burke ou ainda a "lei natural" dos teóricos renascentistas e medievais.[28] No entanto, a evidência que obtemos por meio dos escritos de Johnson não deixa nenhuma dúvida sobre isso. Para ele, o governo é um negócio puramente pragmático e utilitário: os seres humanos estão mais felizes em uma sociedade organizada do que em um estado de anarquia; para que a lei e a ordem sejam mantidas, o poder de usar a força deve ser colocado nas mãos de alguém, e nenhuma outra sanção divina ou metafísica é necessária para justificar esse poder além do mero fato de sua necessidade. As declarações-chave na "teoria" política de Johnson são: "No final,

---

[28] Veja D. J. Greene, "Samuel Johnson and 'Natural Law'," *Journal of British Studies*, II (maio 1963), 59-75, e os intercâmbios de Greene com Peter J. Stanlis em números subsequentes do mesmo periódico.

todo governo é basicamente absolutista" e "As primeiras leis não tinham nenhuma lei que as obrigasse a ser cumpridas, a primeira autoridade constituiu-se por si mesma".[29] Podemos pensar que essas afirmações – feitas não em conversas casuais, ou na juventude, mas impressas, em dissertações profundamente sérias sobre política escritas para o consumo público no auge da maturidade de Johnson – seriam conclusivas: "No final, todo governo é basicamente absolutista" parece totalmente incompatível com "todo governo encontra sua sanção na lei natural ou no direito prescritivo ou no compacto original". Ainda assim, muitos leitores, atuais ou na própria época de Johnson, ficam muito pouco à vontade com isso e acham que de alguma forma essas declarações devem ser invalidadas por alguma explicação.

Não há necessidade de fazer tal coisa. Estudantes também se preocuparam com a semelhança que o empirismo e o pragmatismo resoluto dessa posição têm com aqueles de filósofos tão profundamente seculares quanto Hobbes e Bentham.[30] É, no entanto, uma

---

[29] Veja adiante, pp. 422 e 545.
[30] Afirmar essa semelhança não é, como muitos acreditaram, o mesmo que dizer que Johnson era "um discípulo de Hobbes" (veja Robert Shackleton, "Johnson and the Enlightenment," em *Johnson, Boswell, and Their Circle*, p. 82); aparentemente, é preciso deixar claro que ideias podem ser transmitidas tanto por canais colaterais como por canais diretos. Isso não quer dizer que todos os cristãos sinceros necessariamente detestam a ideia de que possa ser possível aprender algo com Hobbes. As semelhanças, e até mesmo a dívida direta, que Pascal tem com Hobbes foram um lugar-comum da crítica a Pascal, a partir de Fontenelle até Sainte-Beuve e mais além. Gilbert Chinard (*En lisant Pascal*, Lille-Genève, 1948, p. 36) fala de "les affinités intellectuelles, le parallélisme des vues scientifiques et les ressemblances des vues politiques que l'on peut constater entre l'auteur du *De Cive* e l'auteur des *Pensées*... En plusieurs circonstances et sur des points fort différents, Hobbes a fortement influencé la

posição que foi defendida por um grande número de cristãos devotos e de boa formação no decorrer dos séculos, embora – é preciso admitir – não por aqueles instruídos nas doutrinas teocráticas de além dos Alpes que dominaram o ensino católico romano entre a Revolução Francesa e o Segundo Concílio Vaticano. Tentar aqui até mesmo começar a sintetizar a quantidade enorme de debates que ocorreram, desde a época de Santo Agostinho até a de Karl Barth e mais além, sobre a complexa questão da relação entre o Reino de Deus e o reino deste mundo seria impossível. Mas podemos pelo menos afirmar que uma ampla parte da opinião cristã defendeu que como "a Política é somente a conduta de homens imorais em negócios públicos", um artefato de seres humanos pecadores em um mundo perdido, está errado considerar as atividades de um homem político como algum tipo de veículo da revelação divina. Uma declaração sucinta dessa posição pode ser encontrada nas *F.D. Maurice Lectures* de Charles Davis, de 1966:

> A implicação da nova posição da Igreja Católica Romana [desde a Declaração sobre Liberdade Religiosa do Segundo Concílio Vaticano] é que o Estado é uma realidade secular... O Estado, então, para os cristãos, não é sagrado. A autoridade política vem somente de Deus no sentido em que o mundo inteiro, inclusive

---

pensée pascalienne et lui a servi de point de départ". Além disso, a atitude ingênua e antiga de que qualquer coisa que tenha sido escrita pelo "Sr. Hobbs, o Ateu" deve necessariamente estar errada ou ser depravada está sendo modificada drasticamente em virtude de estudos recentes e cuidadosos de seu pensamento.
Sobre as afinidades entre Johnson e o "utilitarismo," veja Robert Voitle, *Samuel Johnson the Moralist* (1961). Para uma interpretação do pensamento de Johnson que é radicalmente diferente daquela que os defensores modernos da "lei natural" lhe atribuem, veja Paul K. Alkon, *Samuel Johnson and Moral Discipline* (1967).

o homem como um ser social, vem de Deus. Mas nenhum Estado tem um mandato divino imediato. Todos os sistemas políticos são relativos e mutantes. Eles estão incluídos na esfera do entendimento humano em desenvolvimento e estão sujeitos à modificação e ao controle de sua inteligência.[31]

Pascal, que Johnson lia e admirava, tinha dito mais ou menos a mesma coisa três séculos antes, só que com mais ênfase:

> Os homens afirmam que a justiça não se resume a... costumes, e sim que ela reside em leis naturais, comuns a todos os países... O cômico é que a veleidade humana tem tantas extravagâncias que não existe uma lei assim... As únicas leis universais são as leis do país... De onde elas vêm? Da força que está nelas... A força é o soberano do mundo e não a opinião... Os costumes, por si sós, geram imparcialidade, e por essa única razão eles são aceitos: que são a base mística de sua autoridade.[32]

É claro que é possível que a crença cristã persista ao lado de uma abordagem rigidamente secular à teoria política.

A base teológica da simpatia de Johnson pela visão "secularista" da teoria política e não pela posição que diz que através de uma investigação da história humana podemos detectar "leis naturais" universais, sancionadas por Deus, nas quais deveríamos basear a ação política, está implícita em sua resenha de *Free Enquiry into the Nature and Origin of Evil*, de Soame Jenyns, 1757: tentar encontrar normas morais no comportamento do homem sublapsariano corrupto, e depois imaginar que aquilo que se encontrou de alguma

---

[31] Charles Davis, *God's Grace in History* (1966), pp. 29 f.
[32] Blaise Pascal, *Oeuvres complètes* (1954) org. Jacques Chevalier, Seções. 230, 238, 242. Em edições mais antigas, são encontradas naquilo que normalmente vem intitulado "Capítulo V" dos *Pensées*. Tradução minha.

forma define a Vontade Divina, acaba sendo, segundo Johnson, "limitações dogmáticas de Onipotência". A base pragmática de sua posição é o fato observado de que em toda a história humana a "facção interessada" raramente teve dificuldade de encontrar meios para apelar para "as leis da natureza" para justificar suas próprias ações egoístas.[33]

Essa última consideração muito importante – e não "o preconceito cego" – está no cerne do trecho sobre política mais longo e com a argumentação mais elaborada de Johnson, "Tributação, não tirania": a hipocrisia com a qual os propagandistas da Revolução americana apelam para a "lei universal" divina e natural, para apoiar sua exigência de "liberdade" para eles próprios, ao mesmo tempo em que a negam a seus escravos negros, e para apoiar sua alegação de que "sua" propriedade deveria estar imune à alienação por meio de tributação governamental, uma propriedade que eles roubaram de seus donos, os índios, sem qualquer dor na consciência, parece-lhe repulsiva, e, se não questionada, extremamente perigosa em suas implicações para o futuro. São poucos os estudiosos que concordam comigo[34] quando considero "Tributação, não tirania" como uma resposta bem-sucedida, ou até mesmo magistral, para aquilo que Johnson diz ser uma reação às resoluções do Congresso Continental de 1774 e ao pensamento político incorporado nele ou que dele

---

[33] "As leis da natureza, os direitos da humanidade, a fé de cartas régias, o perigo para a liberdade, os abusos da usurpação têm soado como trovão em nossos ouvidos, às vezes pela facção interessada, e às vezes pela estupidez honesta." "Tributação, não tirania" (p. 684 adiante).

[34] Embora um admirador da obra – talvez surpreendentemente, dada a baixa opinião que, de um modo geral, tinha de Johnson – foi Coleridge. Veja mais adiante, p. 670.

resulta (embora não seja necessariamente a resposta final à questão prática de o que fazer sobre as colônias rebeldes, o que, aliás, não afirma ser em nenhuma parte do texto). A discussão dessa obra ainda está coberta pelo nevoeiro do reconhecido manual escolar da história *whig* e americana; futuramente, quando o trabalho da atual geração de historiadores do século XVIII for mais conhecido, talvez seja possível abordar o argumento de Johnson com uma visão mais objetiva. Mas o problema de como ter acesso à natureza e à qualidade do pensamento político de Johnson é o tipo de problema que pode continuar a ser debatido produtivamente durante muito tempo; e este volume tenta fornecer aquilo que até agora esteve faltando, ou seja, uma fonte conveniente em que consultar uma grande parte – ainda que certamente não toda ela – da expressão desse pensamento escrita pelo próprio Johnson.

Notas sobre o texto

No início de cada item deste volume discute-se qualquer problema textual desse mesmo item. Um item ("Considerações sobre o trigo", p. 511) foi editado do manuscrito holográfico, os demais das primeiras edições impressas, ocasionalmente com a ajuda do próprio Johnson, em virtude das correções que fazia à mão nas provas tipográficas ("Tributação, não tirania") ou de uma cópia publicada da obra ("O mármore de Norfolk"). Ao editar a partir do texto impresso, o texto foi o da primeira edição autorizada conhecida, as mudanças substantivas efetuadas por Johnson em edições posteriores foram incorporadas ao texto e leituras iniciais incluídas nas notas. Para a maioria das peças neste livro, há apenas uma edição de qualquer autoridade – a primeira. As quatro últimas, no entanto, "O alarme falso", "Reflexões sobre... as Ilhas Falkland", "O patriota" e "Tributação, não tirania", foram alvo de revisões consideráveis feitas por Johnson. O objetivo da edição é reproduzir as intenções finais de Johnson, com a maior precisão possível. Todas as variantes que tenham algum interesse substantivo foram registradas em notas.*

---

* As notas referentes a essas variantes assinaladas no texto original não foram colocadas na tradução por se referirem ao texto em inglês (N. do Editor).

Com o objetivo de manter a prática textual geral da edição, a forma de escrever e a separação de sílabas dos textos originais foram mantidas, embora possa haver inconsistências no texto. O uso de letras maiúsculas foi modernizado com cautela; isto é, se alguma gradação do significado pudesse tornar-se menos clara ao transformar uma maiúscula em minúscula, a maiúscula foi mantida. A pontuação segue a do texto original, a não ser que algum erro de composição ou alguma discrepância importante entre o uso do século XVIII e o atual pudesse prejudicar a compreensão que o leitor moderno iria ter do sentido de Johnson; nesses casos, a pontuação foi alterada e a mudança indicada. Um princípio que foi seguido em volumes anteriores da Edição Yale foi utilizado aqui com grande cautela. Trata-se de usar o itálico com aspas para diálogos, ênfase ou citações, em vez do redondo com aspas usado nas primeiras edições. Há muito pouco nesses trechos políticos que possa ser classificado estritamente como diálogo. Mas há muitas citações — passagens extraídas *verbatim* de um panfleto que Johnson está examinando e criticando; palavras atribuídas a um oponente; comentários reais ou imaginários por autores anteriores a ele; passagens de poesia, máximas, provérbios, etc. Às vezes não se tem certeza se o itálico está sendo usado para indicar uma citação ou meramente para dar ênfase; por isso, pareceu-nos mais prudente não prejudicar a interpretação do leitor interferindo com o uso do itálico. Com efeito, poderíamos argumentar que a prática de Johnson (ou de seus tipógrafos) de usar o itálico em uma peça de prosa polêmica tem as duas funções, ênfase e indicação de citação, ao mesmo tempo; e que colocar essas passagens em redondo — embora possa facilitar minimamente a rapidez da leitura para o estudante moderno — poderia significar uma importante perda de sentido.

Tabela Cronológica

FLT — Primeiro Lord (Membro de uma Comissão) do Tesouro (depois de 1714 normalmente, embora nem sempre, o principal ministro do rei) — Ch. Ex. — *Chancellor of the Exchequer* = ministro das Finanças (membro de segundo nível da Comissão do Tesouro).

HISTÓRIA BRITÂNICA		SAMUEL JOHNSON
Morre George I; George II é rei.	1727	
	1728	Vai para o Pembroke College, Oxford (outubro).
Frederick Lewis investido Príncipe de Gales.	1729	Volta a Lichfield (dezembro).
Townshend briga com Walpole e se demite.	1730	
	1731	Morre o pai, Michael Johnson.
	1732	Professor assistente na escola Market Bosworth. Brigas com Sir Wolstan Dixie.
Walpole obrigado a retirar a Lei do Imposto. Chesterfield perde o posto de Lord Steward por opor-se à lei.	1733	Em Birmingham. Traduz *A Voyage to Abyssinia*.
Sir William Yonge, Secretário de Defesa (até 1746).	1735	Casa-se com Elizabeth (Jervis) Porter.
	1736	Na escola Edial. Começa *Irene*.

O ato de Autorização Teatral é aprovado. Morre a rainha Carolina (novembro).
Investigação sobre tratamento que a Espanha dá a marinheiros britânicos. Nascimento e batismo do príncipe George de Gales (mais tarde George III) (junho).
Grã-Bretanha declara guerra à Espanha. (out.).

Morre Sir William Wyndham. Anson começa viagem ao redor do mundo.

Moção no Parlamento para depor Walpole (fev.). Começa a Guerra da Sucessão austríaca. Eleições gerais; o apoio a Walpole diminui.

Walpole renuncia; investido duque de Oxford (fev.). Carteret, Newcastle, secretários de estado. Sandys, Min. Finanças, Gower, Lord Privy Seal (Guardião do Grande Selo). Pulteney investido Duque de Bath.

1737 Morre o irmão, Nathaniel Johnson. Vai para Londres (março). Começa a trabalhar para *Cave*.

1738 *London; Life of Sarpi; State of Affairs in Lilliput* (intro. para *Debates*); Cartas de Eubulo e Pânfilo.

1739 "O mármore de Norfolk"; *Uma defesa conclusiva dos censores do teatro*; trad. do *Commentary* sobre Pope de Crousaz. Visita prolongada às Midlands.

1740 Vidas de Blake, Drake, Barretier. Provavelmente ajudando Guthrie com *Debates*.

1741 Único escritor de *Debates*. Versão abreviada de *Monarchy Asserted*. Provavelmente contribui para "Foreign History" e para o debate de exportadores de lã na *Gentleman's Magazine*.

1742 Continua com *Debates* e "Foreign History." Resenha de *Conduct of Duchess of Marlborough*.

Batalha de Dettingen. Polêmica sobre o uso de tropas de Hanover no exército britânico.	1743	Morre Savage. Continua com *Debates*. Trabalha na biblioteca harleiana. "Historical Account of Parliament" (perdido).
Carteret (Granville) obrigado a renunciar em virtude da guerra e política externa. Henry Pelham, FLT; Newcastle, sec. de Estado; Hardwicke, chanceler; Lyttleton, George Grenville, ministros juniores.	1744	*Life of Savage*; *Harleian Miscellany*; "Essay on Small Tracts and Fugitive Pieces"; (talvez) relatório do debate sobre tropas de Hanover.
Invasão por Charles Edward (O Jovem Pretendente).	1745	*Observations on Macbeth*; sermão para Henry Hervey Aston.
Granville, Bath, ministros por dois dias. Pelhams volta ao cargo. Chesterfield, sec. de Estado (até 1748) Pitt, Tesoureiro Geral.	1746	Assina contrato para o *Dictionary*.
Eleições gerais; Grupo Gower-Anson ganha os assentos de Lichfield.	1747	*Plan of Dictionary* (dedicado a Chesterfield).
Paz de Aix-la-Chapelle.	1748	Prefácio de *Preceptor*.
	1749	Carta sobre fogos de artifício; *Vanity of Human Wishes*. *Irene* (epílogo de Sir William Yonge).
	1750	Começa *Rambler* (até 1752).
Morre Frederico, Príncipe de Gales.	1751	*Life of Cheynel*.
	1752	Morre a esposa, Elizabeth Johnson.
Hostilidades entre franceses e ingleses na Índia e na América; os franceses avançam para o vale do Ohio.	1753	Começa a tomar conta de Frank Barber. Contribui para *Adventurer* (até 1754).

ESCRITOS POLÍTICOS

Morre Henry Pelham. Newcastle, FLT; Henry Fox, min. da Guerra, depois sec de Estado; Anson ministro da Marinha. Os franceses tomam o Forte Duquesne.

1754 *Life of Cave*

Braddock vencido pelos franceses. Tratados sobre subsídios russos e hessianos combatidos por Pitt. Pitt e Grenville exonerados. Lyttelton, Ch.Ex.

1755 Carta a Chesterfield. Mestrado em Oxford. *Dictionary* é publicado.

Tratado de Westminster (jan.)-, Grã-Bretanha e Prússia aliam-se contra a França. Guerra à França é declarada (maio) (Guerra dos Sete Anos). A primeira lei da Milícia (Militia Bill) vencida na Câmara dos Lords. O Almirante Byng não consegue evitar que os franceses tomem Minorca; é submetido a conselho de guerra e executado. Newcastle renuncia (nov.) Pitt, sec. de Estado.

1756 Prefácio para *Dictionary of Commerce* de Rolt; "Further Thoughts on Agriculture". Editor da *Literary Magazine* (abril): "Uma introdução à situação política da Grã-Bretanha"; "Observações" sobre a situação atual, o projeto de lei da Milícia, os tratados russo e hessiano, carta de Gallo-Anglus; resenha de *Middle Colonies*, de Evans, panfletos sobre Byng, *History of Minorca*. Vida de Frederico, o Grande.

Pitt exonerado (abril). Ministério de coalizão (junho): Newcastle, FLT; Pitt sec. de Estado, Anson, Ministério da Marinha; Halifax, Conselho de Comércio e Plantações. Clive vence a Batalha de Plassey (junho). Expedição de Rochefort fracassada (set.).

1757 Resenha de *Origin of Evil* de Soame Jenyns; introdução à *London Chronicle*; "discurso" sobre a expedição Rochefort.

Louisbourg é tomada (julho). O Forte Duquesne também, renomeado Forte Pitt (hoje Pittsburgh).	1758	Começa *Idler* (até 1760). Observações sobre a guerra na *Universal Chronicle*; "Of the Duty of a Journalist" (*Univ. Chron.*).
Batalha de Minden (agosto). Quebec é tomada. Marinha francesa vencida em Quiberon (nov.).	1759	Morre Sarah Johnson (mãe). *Rasselas*; introdução para *The World Displayed*.
Montreal é tomada. Morre George II (aos 77 anos) (out.); George III (22 anos) é coroado. Bute no gabinete.	1760	"Bravery of English Common Soldiers"; *Introdução aos procedimentos do Comitê sobre os prisioneiros franceses*; resenha de *Inquiry into Mary, Queen of Scots*, de Tytler.
Pondicherry (Índia) é tomada. Os franceses começam negociações de paz. Bute, sec. de Estado (março). Pitt renuncia (out.) sobre a questão da guerra com a Espanha.	1761	Ajuda a Gwynn com "Reflexões sobre a coroação", de Gwynn.
Newcastle renuncia (maio); Bute FLT; Grenville, Egremont, secs. de Estado; Dashwood, Ch.Ex. Charles Jenkinson, secretário particular de Bute.	1762	Concedem-lhe pensão de 300 libras (julho).
Paz de Paris (fev.). Bute renuncia. Grenville FLT; inicia política de economia para pagar os gastos com a guerra. Egremont, Halifax, secs. de Estado.	1763	Conhece Boswell. Jenkinson envia documentos sobre Paz de Paris (devolvidos em 1765).
Wilkes é preso com um mandado geral sobre *North Briton* nº 45; libertado pelo presidente do Supremo Pratt (Camden); expulso da Câmara dos Comuns.	1764	Algumas linhas em *The Traveller* de Goldsmith.

A Lei do Selo (Stamp Act) é aprovada (março) Grenville exonerado (julho); Rockingham, FLT; Grafton, sec. de Estado; Newcastle, Guardião do Selo (Privy Seal) (morre em 1768). Burke é secretário particular de Rockingham.

Lei do Selo é revogada (março); ato declaratório afirmando o direito de tributar as colônias é aprovado. Rockingham exonerado (julho). Pitt (Chatham), Guardião do Selo (Privy Seal); Shelburne, sec. de Estado; Grafton FLT; Camden, Lord Chanceler; Charles Townshend, Ch. Ex. Tumultos sobre preço do pão; embargo sobre a exportação de trigo.

Investigação sobre a Companhia das Índias Orientais. Chatham incapacitado (renuncia em 1768). Townshend patrocina impostos sobre chá, etc., na América. Grafton, FLT; North, Ch.Ex; Shelburne (renuncia em 1768) Sec. de Estado.

Eleições gerais. Wilkes vencido em Londres, eleito em Middlesex. Cartas de Junius começam.

Wilkes expulso pela Câmara dos Comuns; reeleito duas vezes por Middlesex; a Câmara declara seu oponente eleito. Carta de Junius ao Rei (dez.).

1765 Conhece os Thrales. Oração sobre "Engaging in politicks with Hamilton". Escreve propaganda eleitoral para Thrale. Sua edição de Shakespeare é publicada. LL.D. (Doutorado em Direito), Dublin.

1766 Contribui para as conferências Vinerianas de Chambers. "Considerações sobre o trigo" (?).

1767 Correspondência com Chambers sobre a defesa da Companhia das Índias Orientais.

1768 Propaganda eleitoral para Thrale.

1769 Parágrafo na *Gentleman's Magazine* relacionado a Sir Joseph Mawbey, colega de Thrale como M.P. para Southwark.

Grafton renuncia (jan.). North, FLT. Lei de Eleições Impugnadas (Contested Elections Act) é aprovada. Os espanhóis ocupam as Ilhas Falkland.	1770	"O alarme falso" (jan.); linhas finais de *The Deserted Village*.
Após negociações diplomáticas, os espanhóis concordam em evacuar as Ilhas Falkland.	1771	"Reflexões sobre as Ilhas Falkland" (março). Recomendado por Straham ao gover-no como candidato ao Parlamento.
	1772	Prefácio para *Present State of East India Company's Affairs* (?), de Hoole.
Lei autorizando a exportação de chá para a América pela Companhia das Índias Orientais. "A festa do chá de Boston" (*Boston tea party*) (dez.).	1773	Viagem pela Escócia com Boswell.
Porto de Boston é fechado. Lei de Quebec é aprovada. Primeiro Congresso Continental, Filadélfia. Eleições gerais (nov.). C.J. Fox exonerado do posto de ministro júnior.	1774	*O patriota* (nov.) Propaganda eleitoral para Thrale.
Discurso de Burke sobre conciliação (março). Ações em Lexington e Concord (abril). Batalha de Bunker Hill (junho).	1775	*Journey to Western Islands of Scotland* (jan.); "Tributação, não tirania" (mar.). Visita à França com os Thrales (outono). D.C.L., Oxford.
Os ingleses evacuam Boston (março). Declaração de Independência americana (julho).	1776	

Títulos Abreviados

Chapman-Hazen – R.W. Chapman e Allen T. Hazen, *Johnsonian Bibliography: A Supplement to Courtney*, 1939 (Oxford Bibliographical Society Proceedings and Papers, v).

Dictionary – *Dictionary of the English Language* de Johnson, 4ª edição, 1773.

GM – *Gentleman's Magazine.*

Letters – *The Letters of Samuel Johnson*, ed. R.W. Chapman, 3 vols. 1952; referências são feitas ao número do volume.

Life – *Life of Johnson*, de Boswell, org. G. B. Hill, revisto e ampliado por L. F. Powell, 6 vols. 1934-50; Vols. v e vi (2ª edição), 1964.

Lives – *Lives of the English Poets*, ed. G. B. Hill, 3 vols. 1905.

LM – *Literary Magazine: or Universal Review*, 1756-58.

Miscellanies – *Johnsonian Miscellanies*, ed. G. B. Hill, 2 vols. 1897.

Politics – *The Politics of Samuel Johnson*, de Donald J. Greene, 1960 (reeditado em 1973).

ESCRITOS POLÍTICOS

"Pânfilo" sobre a condolência (1738)

Embora Boswell e outros biógrafos de Johnson tenham se empenhado bastante em fazer conjecturas sobre o desenvolvimento inicial do "torysmo" de Johnson, de fato sabe-se muito pouco sobre suas possíveis inclinações políticas antes de sua chegada a Londres em 1737. Para dizer a verdade, um de seus primeiros escritos em prosa que ainda sobrevive, escrito quando ele tinha dezesseis anos, tem uma inclinação claramente política. Trata-se de um dever de latim, baseado nas *Odes* I.2 de Horácio, criticando a expansão imperialista moderna inspirada no comércio: "*Avaritia adeo est insatiabilis, ut quasi pars mundi jam nata vix satis auri gemmarumque contineret... amor auri nostras naves inpulit qua nunquam Romani sig-*[1]" — aqui o fragmento publicado é interrompido. É um tema que continua sendo central ao pensamento político de Johnson por toda sua vida, recorrente em obras tão antigas quanto o "State of Affairs in Lilliput" (1738) e tão recentes quanto *A Journey to the Western Islands of Scotland* (1775), e que explica, entre outras coisas, sua aversão a William Pitt e aos colonialistas americanos. Nunca é demais enfatizar que a queixa principal de Johnson contra os americanos era precisamente aquele mesmo

---

[1] *Letters*, Vol. I, página de rosto do livro. Veja *Politics*, p. 259.

"imperialismo" de que, mais tarde, os americanos gostavam de acusar os europeus: ou seja, que, impulsionados pelo desejo de ganhos, *"novae regiones atavis incognitae quaeruntur illarumque incolae"* – neste caso, os índios e negros – *"subjuguntur"*. Na opinião de Johnson há pouca diferença, moralmente falando, entre as atividades dos colonizadores espanhóis nas Américas do Sul e Central e a dos colonizadores ingleses nas Índias Ocidentais e nas Treze Colônias; ele acha que todo aquele negócio sórdido da expansão europeia nos séculos XVI e XVII é uma mancha nos registros da civilização moderna.

Mas além dessa pequena, ainda que significativa, peça de *juvenilia*, talvez a única evidência verdadeira do interesse que Johnson tinha por política antes de 1738 é seu comentário, já bem mais tarde em sua vida, que a "diferença de opinião" entre ele e Gilbert Walmesley, um sólido *whig* walpoliano, não os separava,[2] e algumas passagens em *Irene*, provavelmente ponderadas já em 1736, que tratam mais de teoria política geral do que de eventos específicos da época.[3]

Quando Johnson chegou a Londres, no entanto, viu-se envolvido na atividade política febril que cercou os anos finais do governo de Sir Robert Walpole, e, durante 1738 e 1739, não houve uma pena a serviço da oposição a Walpole que fosse mais cáustica que a dele. Essa oposição era uma combinação de uma série de elementos diversos, temporariamente unidos em sua determinação de tirar o ministro do poder, mas que, em termos de aspirações políticas, estavam em polos extremos. A fim de compreender os escritos de Johnson daquela época, é preciso tentar distinguir alguns dos agrupamentos políticos mais im-

---

[2] "Smith," *Lives*, II.21 (par. 73).
[3] Veja *Politics*, cap. III.

portantes do fim da década de 1730 e início da de 1740.[4] Em primeiro lugar, é claro, havia o próprio Walpole, – a partir de 1721 Primeiro Lord do Tesouro – e seus aliados, sobretudo seu irmão, o "Velho Horace" Walpole; Henry Pelham e seu irmão, o duque de Newcastle; Philip Yorke, conde de Hardwicke, ministro da Fazenda; John, Lord Hervey, confidente da rainha Carolina e, após 1740, Lord do Selo Privado; e os mais importantes de todos, George II e, até sua morte em 1737, a brilhante rainha Carolina. Walpole obteve sua posição depois de anos seguidos de uma luta acirrada entre os *whigs* que ocuparam o poder depois da acessão de George I em 1714, triunfando sobre políticos tão poderosos como Sunderland e Stanhope; é bom lembrar que Walpole nunca foi líder "*do* partido *whig*" do início do século XVIII, e sim líder de um grupo instável – de um modo geral, a ala mais cautelosa, conservadora e menos doutrinária – daqueles que se davam esse nome.

Na oposição, o grupo mais poderoso, decidido e articulado compreendia os *whigs* dissidentes a quem Walpole havia negado aquilo que acreditavam ser a porção de poder a que tinham direito; eram liderados, no final da década de 1730, por William Pulteney e John, Lord Carteret, homens astutos e oponentes perigosos. À margem desse grupo eram encontrados outros magnatas *whigs* importantes, que tinham se separado de Walpole – seu cunhado Lord Townshend (que morreu

---

[4] John B. Owen, *The Rise of the Pelhams* (1957), faz uma boa análise do período 1741-44. A biografia de Sir Robert Walpole por J. H. Plumb, quando finalizada, será inestimável para os estudiosos do período. Para os *tories*, veja Owen, pp. 66-75, e Sir Lewis Namier, "Country Gentlemen in Parliament," em *Personalities and Powers* (1955), pp. 59-77. O que é considerado torysmo nos relatos típicos do século XIX e no começo do século XX sobre a época é, na maior parte das vezes, fictício. Sobre a Oposição, C. B. Realey, *The Early Opposition to Sir Robert Walpole, 1720-1727* (1931), e A. S. Foord, *His Majesty's Opposition, 1714-1830* (1964), são bastante úteis.

em 1738); o prestigiado Lord Chesterfield; o duque de Bedford e "sua gangue de Bloomsbury", que de um modo geral era considerado mais interessado em princípios do que em espólios. Um grupo mais jovem de *whigs*, os "rapazes Patriotas" ou "os primos", composto por William Pitt e seus parentes Lord Temple, George Grenville e George Lyttelton (apoiado pelo velho Lord Cobham), clamavam por uma política externa e comercial mais empreendedora do que aquela patrocinada por Walpole. A seguir havia os *tories* do Parlamento – "os cavalheiros do campo", donos de propriedades rurais menores que as dos grandes aristocratas *whigs* como Newcastle, que nem estavam muito interessados em postos executivos nem eram muito ativos na política nacional, preocupados com qualquer aumento de poder por parte do governo central, silenciosa e obstinadamente opostos a envolvimentos externos e aos impostos para estabelecimentos militares que resultavam desses envolvimentos, permanentemente em oposição a quase todos os governos no século XVIII; mas, quando chegava o momento de colocar as cartas na mesa, geralmente apoiavam Walpole contra seus oponentes *whigs*. Fora do Parlamento havia Frederick, príncipe de Gales, e Henry St. John, visconde de Bolingbroke, em um dado momento líder de um governo *tory* sob a rainha Anne. Mais tarde, Bolingbroke foi proscrito e exilado; durante algum tempo foi ministro principal do pretendente Stuart, mais tarde recebendo a permissão para voltar à Inglaterra, mas não para retomar seu assento na Câmara dos Lordes. Ele professava, então, altivamente, uma superioridade filosófica com relação a todos os partidos. Os dois homens eram o núcleo de pequenos círculos sociais que continham uma alta proporção de "intelectuais". As alianças em constante mutação entre todos esses grupos e indivíduos da oposição eram extremamente complexas e ainda precisavam ser trabalhadas mais cuidadosamente.

Nos doze meses entre maio de 1738 e maio de 1739, Johnson contribuiu com quatro textos substanciais para o dilúvio de propaganda oposicionista – o poema *London*, o "State of Affairs in Lilliput" (a introdução aos *Debates in the Senate of Lilliput* e, nessa edição, impresso com eles), "O mármore de Norfolk" e "Uma defesa conclusiva dos censores de teatro", bem assim como alguns textos menores, tais como as duas cartas impressas a seguir. Nessas, vemos Johnson envolvido em algumas atividades e associações estranhas – cultivando certo chauvinismo contra a Espanha, elogiando Lyttelton e Pitt, usando sua pena para elogiar o príncipe Frederick, reivindicando o direito de aquele profissional liberal Henry Brooke fazer discursos bombásticos contra o *status quo* na Igreja e no Estado. Mas a oposição política cria colaboradores estranhos, ainda que temporários, e é razoável supor que basicamente durante todo esse período Johnson continuou sendo um *tory*. Quando a posição de Walpole ficou seriamente em perigo em fevereiro de 1741, Johnson defendeu que os *tories* do Parlamento viessem em seu resgate mantendo Pulteney e Pitt longe do poder.[5] Ele parece não ter escrito nada contra Walpole depois de 1739, e, no fim da vida, chegou a elogiá-lo verbalmente. Por menos que Johnson gostasse do walpolianismo, no momento decisivo gostava ainda menos das alternativas a Walpole – Pulteney, Pitt, Bolingbroke.[6] Nisso ele concordava com os *tories* parlamentares.

---

[5] Veja a nota editorial anexada ao relatório de Johnson sobre o debate na Câmara dos Comuns de 13 de fevereiro de 1741 (reeditada em *Politics*, p. 130).

[6] Existem interpretações errôneas que acham que Bolingbroke representava o torismo nessa época. Para o ódio que Johnson tinha dele, veja sua definição de ironia no *Dictionary*, e *Life* de Boswell, *passim*. Para a antipatia por outros *tories*, veja o panfleto *The Sentiments of a Tory* (1741), citado minuciosamente em *Politics*, pp. 272-79.

Além da competência de sua prosa – e como sátira cortante, amarga e incitadora ela é muito competente –, não há muita coisa que distinga esses primeiros trechos políticos de Johnson do resto da torrente de invectivas contra Walpole que surgia à época. As acusações de autoritarismo e corrupção, de degeneração política, moral e intelectual que Johnson lança contra o regime não são muito diferentes daquelas feitas no *Craftsman* e no *Common Sense* por Pulteney, Bolingbroke e Chesterfield, ou por Pope, Swift, Fielding e inúmeros escritores menos conhecidos nas sátiras em verso ou em prosa da época. Talvez nos seja permitida uma generalização: os escritos de Johnson se distinguem da maioria dos outros por uma tendência a se aventurar mais além de Walpole e entregar-se a insinuações pessoais contra o próprio rei. É bem verdade que a vida doméstica de George era visivelmente vulnerável a tais ataques. Mesmo durante a vida de Carolina, suas visitas anuais à sua amante em Hanover, Amalie von Wallmoden, haviam causado escândalo ("A menos que faltem meios na primavera tentadora/para preparar outro comboio para o r...i") [*London*, II. 246-47]; essa é apenas uma de uma série de alusões à vida sexual de George, outras sendo a conclusão da carta "Pânfilo" a seguir e um verso em "*Post-Genitis*" em "O mármore de Norfolk", "*Jam feret ignavus/Vetitâque libidine pravus*," que Johnson a seguir traduz como "Enquanto ele está deitado derretendo-se em um abraço lascivo".

Carolina morreu em novembro de 1737. Em janeiro de 1738, as duas Câmaras do Parlamento apresentaram a George discursos de pêsames exagerados. Em junho de 1738, George trouxe Wallmoden para a Inglaterra, instalou-a como *maîtresse en titre* e mais tarde a fez condessa de Yarmouth. A "história íntima" extraordinariamente humana dessas negociações ainda não eram conhecidas por Johnson e pelo público em geral: só no século XIX é que as *Memórias de Hervey* (1733-37) foram publicadas, com sua história clássica do intercâmbio entre George, que soluçava, e Carolina que morria e que o encorajava a que se casasse outra vez "Non, j'aurai des maîtresses!" "Mon Dieu, cela n'empêche pas." [7] Isso deu a Johnson a oportunidade para um de seus textos breves mais eficazes daquela época.

Esse texto é uma de duas cartas assinadas "Pânfilo" que foram publicadas na *Gentleman's Magazine* em 1738. A segunda, no número de outubro, é um protesto contra a impropriedade de permitir que as linhas "*Life is a jest, and all things show it;/ I thought so once, but now I know it*" (A vida é uma piada e tudo demonstra isso; Antes eu achava que era assim, agora tenho certeza disso) aparecessem no monumento a Gay na Abadia de Westminster. Como ela não tem nenhuma referência política (embora, como trata de monumentos aos mortos, tenha alguma relação com a carta anterior) foi impressa em um outro volume dessa edição da obra de Johnson. A segunda carta foi atribuída a Johnson por evidência interna de A. A. McLeod em *Notes and Queries* (20 janeiro 1951, p. 32). Em 1957, Jacob Leed (*Modern Philology*, LIV [maio], 221-29) atribuiu as duas cartas de Pânfilo a Johnson, observando a conexão da carta anterior com duas passagens em uma das cartas de Johnson de 1783 para Cave (*Letters* 9), "Uma resposta a uma outra Pergunta que estou bastante disposto a escrever," e "[eu] desejo que você proponha a Questão para a qual quer uma resposta." Outros argumentos para a atribuição das duas cartas foram mencionados por

---

[7] J. H. Plumb, *The First Four Georges* (1956), também nos dá um relato do relacionamento de George e Carolina bastante favorável e com muita percepção.

D. J. Greene (*PMLA*, LXXIV [março 1959] 75-84) e F. V. Bernard (*Modern Philology*, LXII [agosto 1964], 42-44).

A "Pergunta" a que Johnson se refere na carta é uma de dezesseis "Perguntas Políticas" publicadas no número de junho de 1738 da *Gentleman's Magazine* (pp. 310-11) que os leitores são encorajados a discutir. São estruturadas de uma maneira inteligente e divertida a fim de incorporar muitas das questões que eram, naquele momento, tema de debate entre os walpolitas e a oposição. Como elas foram feitas de uma maneira tão inteligente, e como a resposta de Johnson para a Pergunta I apareceu rapidamente no número seguinte da revista, é tentador especular que o próprio Johnson, tão intimamente envolvido com Cave na edição da revista, participou de sua elaboração. De qualquer forma, elas fornecem o pano de fundo para uma compreensão da primeira carta de Pânfilo e do clima político geral da época, e por isso pode ser útil reproduzi-las aqui.

> Como nos solicitaram que publicássemos algumas *perguntas políticas* para a consideração de nossos leitores e assinantes, tomamos a liberdade de aumentar a lista; e se os engenhosos quiserem nos favorecer com qualquer argumento, comentário, carta, diálogo, conversa ou discurso pertinentes, interna ou externamente, sobre esses assuntos, ficaremos gratos pelo recebimento e os publicaremos com ou sem o nome do autor, como este desejar:
>
> Pergunta I
> Se o muito elegante discurso de Sua Majestade na abertura da última sessão do Parlamento foi tratado com delicadeza adequada nos discursos das duas Câmaras? Veja p. 50.

Pergunta II
Se o fato de o Parlamento continuar a manter as forças terrestres ano após ano não é a mesma coisa que manter um exército permanente?

Pergunta III
Se os eleitores para [um exército de] 12 mil, ou os eleitores para 18 mil a serem mantidos este ano estiveram principalmente a favor da liberdade? Ou os melhores patriotas?

Pergunta IV
Se a Câmara dos Comuns não poderia formular um juízo verdadeiro sobre se a corte da Espanha dá aprovação a seus Guardas Costeiros para que saqueiem nossos mercadores, ou se foi feita uma aplicação apropriada em seu nome pelos ministros; sem ter todos os documentos individuais relacionados a isso colocados diante deles?

Pergunta V
Se no dia 2 de fevereiro parecia que 10 mil marinheiros era o número necessário para o ano 1738, o que é que fez com que fosse votado um número duas vezes maior do que aquele no dia 10 de abril?

Pergunta VI
Se as formas enfadonhas nas assembleias nacionais não são um grande obstáculo às proezas heroicas ou bem-sucedidas?

Pergunta VII
Se é uma política real no Parlamento da Grã-Bretanha dar apoio à colônia de Geórgia?

Pergunta VIII
Se aquela colônia está sendo preservada por quaisquer medidas lá tomadas?

Pergunta IX
Se a ponte nova deve ser construída na Horse-Ferry ou em Palace-yard?

Pergunta X
Se os botões em funcionamento em um tear devem ser suprimidos por uma lei do Parlamento, já que a mesma quantidade de pelo de cabra angorá é utilizada quando o trabalho é feito por esse método ou com uma agulha?

Pergunta XI
Se o povo deve saber os motivos que levam seus representantes a votarem a favor ou contra uma lei?[8]

Pergunta XII
Se os membros da comissão para o Hospital de Greenwich devem ser autorizados a vender qualquer parte da propriedade de Derwentwater?

Pergunta XIII
Até que ponto a importação de ferro da América deve ser proibida?

Pergunta XIV
Se o dinheiro arrecadado por meio de um imposto geral sobre todo o país deve ser utilizado para restaurar ou aprimorar as igrejas de St. Peter e St. Margaret, em Westminster?

---

[8] Uma pergunta significativa quando a *Gentleman's Magazine*, no mesmo número, começou a publicar (ilegalmente) relatos dos debates parlamentares.

Pergunta XV

Houve algum arranjo para aumentar o preço do carvão de Newcastle? E quais eram os meios adequados para evitar os efeitos ruins disso?

Pergunta XVI

Se é vantagem para o comércio em geral que seja reduzida a inconveniência de roupas de cama e mesa importadas de países estrangeiros?

Os "discursos de pêsames" tratados com tanto sarcasmo por "Pânfilo" eram os discursos feitos pelas duas Câmaras do Parlamento ao rei, em agradecimento pelo discurso do monarca na abertura do Parlamento, que, em 1738, tinha ocorrido em 24 de janeiro. Como a rainha Carolina tinha morrido apenas dois meses antes, esses discursos continham muita "condolência" em frases altamente elaboradas. Por exemplo, de um dos discursos da Câmaras dos Lordes:

> É com a maior humildade que aproveitamos esta primeira oportunidade de abordar sua Pessoa Real para lamentar a irreparável perda sofrida por Sua Majestade e esses Reinos, na morte daquela excelente Princesa, nossa muito bondosa falecida Rainha; e com os corações cobertos de tristeza, condoermo-nos de Vossa Majestade, nessa ocasião melancólica e solene.

e do discurso da Câmara dos Comuns:

> Falar de nosso sentimento extremo pela grande perda que Vossa Majestade e estes reinos sofreram seria reviver e agravar aquilo que desejamos aliviar e fazer desaparecer; mas esperamos que Vossa Majestade perdoe a intrusão de nossa sincera condolência, quando Vossa Majestade refletir sobre o dever duplo a que somos

obrigados, como súditos carinhosos de Vossa Majestade e como representantes do povo da Grã-Bretanha, de não deixar passar em silêncio esse objeto de sua tristeza e seu luto universal. [9]

O discurso da Câmara dos Comuns continua então com dois parágrafos de um elogio exagerado às virtudes de Carolina e conclui com o desejo de "que a conhecida resolução de Vossa Majestade possa vir a ajudar o tempo, aliviando sua tristeza por aquela perda que nada pode reparar, e devolvendo a Vossa Majestade ... tranquilidade mental". O discurso dos Lordes foi igualmente laudatório. É verdade que a linguagem aduladora e subserviente que tanto irrita Johnson é ainda mantida nos discursos parlamentares para o soberano, e não são nada mais do que uma tradição histórica. Ainda assim, Johnson aproveita bem a oportunidade para apresentar uma moralidade muito bem pensada sobre um tema que o emocionava profundamente – a atitude adequada dos vivos para com a morte – e, ao mesmo tempo, ganhar algum capital político para a oposição a Walpole e à Corte.

O texto que se segue é o da *Gentleman's Magazine*, VIII (julho 1738), 347-49, o único conhecido.

Exame de uma pergunta proposta na revista de junho, p. 310

Sr. URBAN,

Os críticos que nos convenceriam de que fizeram investigações profundas sobre a mente humana e encontraram seus preceitos, não sobre veleidades, mas sobre a natureza, determinaram como uma regra

---

[9] Os discursos foram publicados na *Gentleman's Magazine*, VIII (1738), 50-51.

incontestes que um escritor, cuja intenção é alegrar, nunca deve exaurir o tema de que trata, mostrando-o em toda sua luz, ou expandindo-o para todos os seus ramos, e sim deve dar ao leitor a satisfação de acrescentar algo que ele possa chamar de seu, e assim prender sua atenção, lisonjeando sua vaidade.

Embora eu não seja um especialista na ciência da crítica, e tampouco um defensor da autoridade que reivindicam aqueles que a professam, de garantir bom gosto e estabelecer limites à fantasia, deixarei essa regra passar sem examiná-la, tanto porque poucos autores são capazes de transgredi-la como porque creio que ela é baseada em um princípio verdadeiro, aquele que diz que o amor natural que temos por nós mesmos nos faz obter mais prazer de um pensamento justo a que chegamos por nossa própria conta do que de um que nos foi comunicado por um autor.

É talvez por essa razão que me diverti mais com as perguntas no último número de sua revista do que com qualquer outra parte do livro; pois, ao voltar meus pensamentos para uma grande variedade de temas, tive a oportunidade de desfrutar do prazer apropriado a um ser racional, de conversar com sua própria mente, fazendo um apelo de cada vez às faculdades diferentes de memória, julgamento e imaginação.

Dessas questões, nenhuma me ocupou por mais tempo, ou me estimulou a ter uma amplitude maior de ideias do que a primeira, talvez por nenhuma outra razão que o fato de ela ter a vantagem de causar uma primeira impressão, pois ela tem muito menos importância para o público do que muitas das demais e a meu ver não está muito intimamente ligada a nenhum interesse privado. É possível também que minha atenção possa ter sido despertada pelo conjunto imponente de sons tão horríveis como os que estão apinhados naquele breve interrogatório.

Um súdito fiel e britânico verdadeiro sente uma espécie de horror reverencial, uma mistura de zelo, admiração e submissão que toma conta de sua alma inteira à menção do *Rei* e das *Câmaras do Parlamento*.

Sobre essas últimas ele não pode refletir sem despertar as concepções sublimes de nossas liberdades, nossa constituição, nossa virtude, nossa independência, nossas leis e nosso comércio; tampouco pode ouvir o nome do primeiro sem agregar a ele as ideias de majestade, generosidade, magnanimidade, circunspecção, conservação de nossos direitos religiosos e civis, proteção contra a escravidão e o poder arbitrário e todas as outras virtudes e glórias que estão inseparavelmente unidas à coroa da Grã-Bretanha.

Seja qual for a causa, não pude facilmente abster-me de considerar essa questão e entregar-me a tais pensamentos como os que surgiram sobre ela, que talvez fossem algumas vezes ridículos demais para o tema e outras sérios demais para a maioria de seus leitores.

Condolência, que implica, em seu significado original, uma simpatia na tristeza, ou solidariedade no luto, é uma ação agradável de um temperamento conciliatório e benevolente e sempre foi considerada uma parte essencial do caráter de um homem bom; como dizem os gregos, homens bons têm tendência a chorar;[10] ἀγαθοὶ ἀριδάκρυες ἄνδρες, dizem os gregos; e *Lachrymae nostri pars optima sensus*[11] é o conhecido sentimento de um poeta latino. Mas a condolência se degenerou e, de sua intenção original, como honestidade, amizade, espírito público e mil outros sons

---

[10] "Homens bons têm tendência a chorar": citado como um provérbio em uma nota de Eustácio na *Ilíada*, I. 349. A nota foi dada na versão de Pope de Homero, onde SJ provavelmente a encontrou. A GM não reproduz as aspirações e os acentos do grego.

[11] Juvenal, XV. 133-34: [*Natura*] *lacrimas dedit; /Haec nostri pars optima sensus.*"

agradáveis, mantém somente a sombra de seu significado original; hoje ela não mais implica nenhuma virtude, e sim um cerimonial vazio, uma parecença de virtude, e não é nada mais que uma das inúmeras apelações que a hipocrisia adotou para recomendar-se à humanidade.

A *Condolência* é hoje apenas parte da farsa que é o grande ato para fazer rir aos mais sábios, uma espécie de ônus sobre a afluência e uma situação privilegiada, para atenuar a inveja que o brilho de sua fortuna possa estimular naqueles que estão abaixo deles, que estariam tentados a reclamar de sua própria situação se não vissem que a felicidade é distribuída mais igualitariamente que a riqueza e que, embora eles às vezes estejam expostos à insolência ou à malícia de seus inimigos, têm, no entanto, este consolo, de que não são obrigados a parabenizá-los por seu progresso ou compadecer-se por suas perdas.

Se considerarmos a *Condolência* não como uma mera forma, mas como uma expressão de verdadeira piedade, de solicitude generosa, ela exige, como qualquer outro ato de virtude, um grau de prudência que oriente sua prática, para que a boa intenção não seja vencida por falta de uma devida consideração a circunstâncias particulares, e que a tristeza seja aumentada em vez de ser atenuada por uma bondade e insensata fora de hora.

Estou agora considerando a *Condolência* um dos deveres da vida e desse ponto de vista ela deve necessariamente implicar algum grau de consolo, pois não pode haver um dever social que não seja benéfico para a sociedade; e qual é a vantagem de tal benevolência que tende apenas a enfraquecer e deprimir a alma, aumentando suas emoções, ou a imprimir mais fortemente a sensação de um infortúnio ao recontar as vantagens e os prazeres que ele levou embora? É apenas a condolência de um amigo que encoraja e estimula, que faz com que a tristeza se disperse e limpa a alma, que mostra um infortúnio a uma luz mais positiva e faz com que uma calamidade pareça menos pesada.

Para obter esse fim, é preciso que administremos nossos conselhos em um momento adequado; nem cedo demais, quando a mente está ardendo com uma ferida recente e não pode pensar em outra coisa que não sejam suas próprias dores; nesses momentos de impaciência e emoção, mesmo as exortações mais sábias terão muito pouco efeito. E muito menos deixar que os conselhos cheguem tarde demais, quando a alma, de tão exausta, descansou, ou, para ter algum alívio, dedicou-se ao trabalho ou à diversão. Nesse caso, o consolo é no mínimo uma ajuda impertinente quando o perigo já passou e pode ter um efeito ainda pior, pode fazer a mente recordar com demasiada força aquelas ideias que durante tanto tempo ela vinha tentando expulsar.

Porém, mais que tudo, para fazer com que nosso conselho seja eficaz, devemos convencer à pessoa afligida que nossa preocupação é sincera; pois devemos lembrar que nessas horas a paixão reina absoluta no seio da pessoa e que todos os nossos argumentos não são recebidos como ditados da razão, mas sim como afeição. Para despertar e cultivar essa opinião de nossa sinceridade, devemos cuidadosamente evitar todo tipo de afetação de linguagem ou de discurso, não podemos exagerar na exuberância da elocução, pontuar nossas frases ou aperfeiçoar demais nossos períodos; a tristeza é inimiga das metáforas e alusões, e a piedade não desempenha com naturalidade o papel de um orador profissional.[12] Nenhum homem que acabou um romance foi jamais consolado ao ouvir "as virtudes inesquecíveis" de um amigo falecido, ou muito influenciado pela ternura de um conhecido que expressa sua

---

[12] Leed, Greene e Bernard (veja nota principal) todos observam como essa passagem parece com os comentários de SJ sobre *Lycidas*.

preocupação com a possibilidade de que "ele possa fazer aquelas feridas sangrarem outra vez, feridas que é de seu interesse curar – e vai fazer todo o esforço para que isso ocorra".[13] Se esse tipo de consolo fornece algum remédio para a tristeza, deve ser porque a converte em raiva.

Tal é a intenção, e tais são as regras da condolência privada e amigável; quanto aos pronunciamentos públicos desse tipo, como não sei que motivos eles perseguem, ou com que intenção são apresentados, não tenho intenção de julgar sua propriedade. O estilo de alguns deles foi muito extraordinário; mas como as Câmaras estão, em algumas ocasiões, acima das formas da lei, é bem possível que estejam também acima das formas do cerimonial. Em um discurso para a rainha Anne na morte do príncipe George da Dinamarca, uma das Câmaras declarou sua esperança de que "sua tristeza não a impedisse de pensar em outro marido",[14] o que, por mais que fosse apropriado para a rainha, deve ter sido aprovado como um conselho não impróprio para a viúva; no entanto, ele recebeu, usando a frase da rainha Elizabeth em uma ocasião parecida, uma "resposta sem resposta".[15] Os discursos ora em consideração parecem, em minha pobre opinião, ter sido elaborados em oposição direta às máximas que foram estabelecidas pelas melhores

---

[13] Ambas as citações nessa frase são do discurso para o rei, feito pela Câmara dos Lordes (*Gentleman's Magazine*, viii [1738], 50)

[14] Veja (de Cobbett) *Parliamentary History*, vi. 777 (28 de janeiro de 1709). O pronunciamento das duas Câmaras diz: "Nós muito humildemente imploramos... que Vossa Majestade não se entregue de tal forma à sua justa tristeza que rejeite ideias de um segundo casamento". O discurso se originou na Câmara dos Comuns, e a primeira versão foi expressa ainda com mais força. A resposta lacônica de Anne conclui: "O tema desse discurso é de tal natureza, que estou segura de que os senhores não esperam uma resposta específica."

[15] Essa frase, muitas vezes usada para descrever as respostas de Elizabeth às representações do Parlamento insistindo para que ela casasse outra vez, en-

autoridades. Pois qual poderia ser o resultado desses longos panegíricos, que certamente não tinham a intenção de informar o rei sobre qualquer coisa que ele já não soubesse, e sim* de reviver aquela tristeza que sua majestade tinha até então subjugado para assegurar-lhes de que ela não deveria interromper ou atrasar os negócios públicos? Que necessidade havia de enumerar as excelências com as quais ele estava bem familiarizado, ou pressioná-lo a exercer sua força quando ele estava dando provas evidentes dela? Aqui existe abundância de tristeza, mas nenhum consolo; os Comuns realmente prometem dinheiro,[16] que deve ter permitido (um momento) de revigorante estímulo; no entanto, talvez esse estímulo precisasse de poder para dissolver uma melancolia tão profunda, se Sua Majestade, em sua prudência de príncipe, e em virtude de sua terna afeição por seu povo e consideração paternal por seus direitos civis e religiosos, não tivesse descoberto a tempo um remédio mais eficaz.[17]

Cordialmente, Pânfilo

---

contra-se, segundo o *OED* (s.v. "sem resposta"), em uma carta de Elizabeth para Leicester, 1586.

* Que essa foi a consequência do pronunciamento é o que parece pela resposta extremamente generosa de Sua Majestade, ainda não publicada em sua revista[18]: "Senhores, eu lhes envio meus agradecimentos por seu pronunciamento zeloso e muito afetuoso. É tão forte a emoção por essa prova tão convincente de sua consideração particular por mim, que não sou *capaz*, nesta tristeza, de me controlar o suficiente para expressar o justo sentimento que tenho de sua afeição e interesse por mim nesta ocasião".

[16] SJ injustamente distorce o fato de que uma parte normal do pronunciamento do trono na abertura da sessão do Parlamento é um aviso por parte da Coroa de que ela irá pedir provisões; e na resposta da Câmaras dos Comuns é normalmente dada uma garantia de que essas provisões serão concedidas.

[17] Madame von Wallmoden.

[18] A resposta do rei ao pronunciamento dos Lordes havia sido publicada na *Gentleman's Magazine*, em janeiro de 1738, p. 50, mas não esta sua resposta aos Comuns.

Eubulo sobre costumes chineses e ingleses (1738)

No mesmo número da *Gentleman's Magazine* em que havia sido publicado "Pânfilo" sobre a condolência, há uma outra carta assinada com um pseudônimo grego, "Eubulo" (prudente, judicioso),[1] que também contém um ataque pessoal a George II. Essa carta foi originalmente atribuída (abertamente) a Johnson por John Nichols na *Gentleman's Magazine* de janeiro de 1785 (p. 6); a atribuição foi repetida em "The Autobiography of Sylvanus Urban", *Gentleman's Magazine*, 1856 (p. 272). A carta foi reeditada pela primeira vez nas obras compiladas de Johnson em 1788 (xiv.552), e continuou a ser reeditada em edições subsequentes. L. F. Powell (*Life*, II.483) tem toda a razão quando julga que ela "pode ter sido retocada por Johnson, mas não é, eu acho, totalmente sua". Os parágrafos segundo ao quinto parecem muito com o estilo de Johnson; o parágrafo inicial poderia concebivelmente ser seu; mas o último longo parágrafo foi quase que certamente escrito por outra mão. É possível que esse último parágrafo tenha sido uma contribuição de algum sequaz do príncipe de Gales e que Johnson, em sua condição de subedi-

---

[1] SJ usou também "Eubulo" como nome do escritor de *Ramblers* 26 e 27.

tor da *Gentleman's Magazine*, engenhosamente expandiu essa pequena peça de propaganda a favor de Frederico, transformando-a em uma publicidade para a tradução da *History of China* de Du Halde (então sendo publicada pela Cave) e, também, em uma outra série de insultos a George II.

A ocasião a que se refere o último parágrafo da carta foi o batismo[2] do infante príncipe George de Gales (mais tarde rei George III) dia 21 de junho (O.S.) 1738. O sensível marquês do domicílio de Frederick era Henry Brydges, marquês de Carnarvon, mais tarde segundo duque de Chandos. Não sei quem era o candidato ducal para o posto de procurador. O título "Letter on Du Halde's *History of China*" que dá uma impressão diferente, foi dado ao texto pelo editor de *Works* (1788), Vol. xiv, e repetido em coleções subsequentes. Não há nenhum título na *Gentleman's Magazine*; no entanto, na revista, ele aparece com uma manchete de página "Exemplo extraordinário em um príncipe e súdito" – uma abreviação inepta da expressão no texto "um exemplo tão extra-

---

[2] Um procedimento um tanto não-canônico, já que o principezinho já tinha sido batizado em cerimônia íntima no dia de seu nascimento, 24 de maio (O.S.) porque havia alguma dúvida de que ele sobrevivesse. Talvez o bispo Secker, que celebrou ambas as ocasiões, usou para a segunda a forma de serviço no Livro de Orações intitulado "The publick receiving of such as have been privately baptized". Mas Lord Egmont relata: "Queriam que o rei fosse o padrinho, mas ele disse que como o príncipe tinha feito com que a criança fosse batizada em particular (embora tenha sido porque os médicos acharam que ele poderia morrer naquele mesmo dia) ele não queria ter nada a ver com o assunto" (Hist. MSS Comm., *Diary of the Earl of Egmont*, 1923, II.496). Tinha havido uma desavença ainda pior entre o príncipe de Gales e seus pais com respeito ao nascimento de sua primeira filha, a princesa Augusta, no ano anterior (Hervey, *Memoirs, sub anno* 1737).

ordinário de coragem e firmeza em um assunto, e de convicção e condescendência em um príncipe".

O único texto autorizado é o da *Gentleman's Magazine*, viii (julho 1738), 365-66, que vem a seguir.

["Eubulo" sobre os costumes chineses e ingleses]

Sr. Urban

Há poucas nações no mundo de que se fale mais ou que sejam menos conhecidas que a dos chineses.[3] Os relatos confusos e imperfeitos que os viajantes fizeram de sua magnificência, de suas ciências e de sua política têm, até o momento, despertado admiração, mas não foram suficientes para satisfazer mesmo uma curiosidade superficial. Portanto, envio-lhe meus agradecimentos por ter se incumbido, a um custo tão grande, de transmitir aos leitores ingleses o relato mais detalhado e preciso[4] jamais publicado, daquele povo distante e famoso cuja antiguidade, magnificência, poder, sabedoria, costumes peculiares e constituição excelente merecem, sem nenhuma dúvida, a atenção do público.

Como a satisfação na leitura das descrições de países distantes surge da comparação que todos os leitores normalmente fazem

---

[3] Um bom relato da atitude dos ingleses do século XVIII em geral e de SJ em particular com relação à China pode ser encontrado em *A Cycle of Cathay* (1951), de William W. Appleton. Anteriormente, em seu prefácio ao *A Voyage to Abyssinia* (1735) SJ tinha expressado mais ceticismo com relação aos relatos entusiasmados sobre a "cortesia" chinesa.

[4] A tradução de J. B. Du Halde, *Description... de la Chine* (Paris, 1735) feita pelo colega de SJ na *Gentleman's Magazine*, William Guthrie, e alguém chamado Green, e foi publicada por Edward Cave, 1738-41 (*Life*, II.483).

entre as ideias que ele recebe dessa relação e aquelas que já lhe eram familiares anteriormente; ou, em outras palavras, entre os países que ele já conhece e aquele que o autor exibe diante de sua imaginação; portanto, a satisfação varia de acordo com a semelhança ou a dessemelhança dos costumes das duas nações. Qualquer costume ou lei sobre os quais não ouvimos falar ou sobre os quais não pensamos antes infundem-nos aquela *surpresa* que é resultado da novidade; mas uma prática que se conforme com nosso próprio [país] nos satisfaz, porque lisonjeia nosso amor próprio, mostrando-nos que nossas opiniões são aprovadas consensualmente pela humanidade. Desses dois prazeres o primeiro é mais violento, o segundo mais duradouro; o primeiro parece participar mais do instinto do que da razão e não é facilmente explicado ou definido; o segundo tem sua base no bom senso e na reflexão, e evidentemente depende dos mesmos princípios que a maioria das paixões humanas.

Um leitor atento sentirá muitas vezes cada uma dessas emoções agradáveis na leitura cuidadosa de Du Halde. Ele encontrará uma satisfação calma e tranquila quando ler os preceitos morais e as instruções sábias dos chineses eruditos; ele olhará com um desprezo renovado para aqueles pensadores extravagantes[5] que afirmam que a moralidade é puramente ideal e que as diferenças entre o bem e o mal são inteiramente quiméricas.

Mas ele desfrutará de todo o prazer que a novidade pode proporcionar quando se familiarizar com o governo e a Constituição chineses; ficará surpreso ao descobrir que existe um país onde a

---

[5] Talvez Shaftesbury e seus seguidores.

nobreza e o conhecimento são a mesma coisa, onde os homens progridem em suas condições sociais à medida que progridem em seu conhecimento e onde a promoção é resultado da diligência virtuosa,⁶ onde nenhum homem acha que a ignorância é sinal de grandeza, ou que a preguiça é o privilégio de um berço de ouro.

Sua surpresa será ainda maior pelos conhecimentos que ele lá fizer com ministros honestos, que, por mais incrível que pareça, foram vistos mais que uma vez naquela monarquia e aventuraram-se a repreender os imperadores por algum desvio nas leis de seu país, ou por qualquer erro em sua conduta que tenha posto em perigo ou sua própria segurança ou a felicidade de seu povo. Ele lerá sobre imperadores que, quando foram repreendidos dessa forma, não explodiram, nem ameaçaram, nem expulsaram seus ministros, nem pensaram que era uma atitude própria da realeza ser obstinada em seus erros;⁷ ao contrário, com a grandeza de espírito digna de um monarca chinês, expuseram suas ações voluntariamente ao teste da razão, da lei e da moralidade e não se dignaram a exercer seu poder em defesa daquilo que não podiam sustentar por meio de argumentos.

Devo confessar que meu espanto diante dessas relações foi enorme e teria sido ainda maior se eu não tivesse muitas vezes ocupado minha imaginação com um exemplo da conduta semelhante em um príncipe da Inglaterra, em uma ocasião que ocorreu há pouco menos de um século, e que eu irei contar, para que um exemplo tão extraordinário de coragem e firmeza em um assunto, e de convicção e condescendência em um príncipe nunca seja es-

---

⁶ Isso se refere ao sofisticado sistema de exames para o serviço público na China.
⁷ A irascibilidade e a teimosia de George II eram notórias; veja Hervey, *Memoirs, passim*.

quecido. E espero que o senhor veja nesta carta uma intenção de prestar homenagem a meu país, e não de servir a seus interesses beneficiando seu empreendimento.

O príncipe, no batizado de seu primeiro filho, tinha nomeado um nobre duque para ficar no lugar do pai da princesa[8] sem considerar a reivindicação de um marquês (herdeiro aparente de um título maior) a quem, como lord do quarto real, então em serviço, aquela honra apropriadamente pertencia. – O marquês não tinha noção do que estava sucedendo até que ouviu no jantar que alguém fez um brinde ao duque usando o nome do príncipe que, naquela noite, ele iria representar. Depois do jantar, o marquês aproveitou uma oportunidade para investigar o motivo para aquele brinde e foi informado pelo tesoureiro do príncipe[9] da intenção de sua alteza. O marquês imediatamente declarou que achava que seu direito tinha sido invadido, sua honra ferida, coisas que ele não poderia suportar sem exigir uma satisfação do usurpador de seus privilégios; tampouco iria ele continuar a servir um príncipe que não tinha consideração por suas pretensões legais. O tesoureiro não pôde negar que a reivindicação do marquês era incontestável e, com sua permissão, informou o príncipe de sua decisão. O príncipe mandou chamar o marquês imediatamente, e perguntou, com um ar ressentido e arrogante, como ele poderia contrariar suas ordens e o que lhe dava a autoridade para ter a pre-

---

[8] Na verdade, para Frederico III, duque de Saxe-Gotha-Altenburg, e irmão de Augusta, princesa de Gales. Seu pai, Frederico II tinha morrido em 1732. Muitos dos jornais e revistas londrinas cometeram esse erro nas reportagens sobre a cerimônia; o *Daily Advertiser* (23 junho de 1738), no entanto, publicou corretamente o relacionamento.

[9] Henry Arthur Herbert, mais tarde conde de Powis.

sunção de controlá-lo na administração de sua própria família, e no batismo de seu próprio filho. O marquês respondeu que não estava invadindo o direito do príncipe, mas apenas defendendo os seus próprios: que achava que sua honra tinha sido ofendida e que, como jovem que era, não ia entrar no mundo com sua reputação perdida. O príncipe, extremamente exasperado, repetiu suas ordens; mas o marquês, com uma coragem e uma firmeza que não seriam depreciadas ou abaladas, persistiu em sua determinação de fazer valer sua reivindicação e concluiu declarando que ele próprio faria a justiça que lhe tinha sido negada e que nenhum príncipe poderia menosprezar seu caráter. O príncipe ordenou-lhe então que se retirasse, e o duque, que o foi procurar, garantiu-lhe que a homenagem lhe tinha sido oferecida sem que ele a requisitasse; que, quando a aceitou, não havia sido informado do direito de sua senhoria, e que agora estava disposto a renunciar à homenagem. O marquês, elegantemente, agradeceu a civilidade das expressões do duque e se declarou satisfeito com a conduta de sua graça; mas que ainda achava inconsistente com sua honra aceitar a representação como uma concessão do duque ou em quaisquer outros termos que não fossem como seu próprio direito reconhecido. O príncipe, tendo sido informado de toda a conversa, e, depois de alguma investigação, tendo descoberto todos os precedentes a favor do marquês, achou que seria abaixo de sua dignidade persistir no erro e, devolvendo ao marquês seu direito segundo suas próprias condições, manteve-o em seu serviço, acreditando que poderia com segurança confiar seus negócios nas mãos de um homem que tinha um sentido de honra tão grande e tanta coragem para fazer valer seus direitos.

EUBULO

O mármore de Norfolk (1739)

O fato de Johnson ser o autor desta peça já era conhecido pelos iniciados logo após sua publicação: vemos que Pope escreve para Jonathan Richardson que "O Senhor Johnson publicou depois [i.e. depois de *London*] outro poema em latim com notas e o conjunto foi – com muito humor – chamado de Profecia de Norfolk". A versão em inglês do poema parece ter levado uma existência clandestina por algumas décadas. Uma adaptação do mesmo poema publicada no *London Evening Post*, 29 de junho-1º de julho, 1762, foi introduzida por seu colaborador como "uma profecia encontrada em uma pedra em Ridley-Poole, Cheshire, anunciada por NIXON, que escreveu a profecia de Cheshire... que me foi dada no ano de 1747 por um amigo". Como Johnson, o poema lamenta a fragilidade da Grã-Bretanha, e, sem dúvida, a intenção era fazer uma propaganda a favor de Pitt e contra as negociações de paz de Bute com a França e a Espanha. Uma outra adaptação surgiu no *The New Foundling Hospital for Wit* (1769), III, 29, intitulada "Inscrição encontrada sobre uma pedra que foi arrancada pelo arado em um campo em Devonshire, que antes era um lago", e é igualmente um ataque a Bute: "um guerreiro escocês vai triunfar nesta terra/ e súditos ingleses morrerão sob seu comando".[1]

Mas só em 1775 é que "O mármore de Norfolk" [*Marmor Norfolciense*] foi publicamente atribuída a Johnson. Naquele ano, como uma reação aos panfletos de Johnson da época, um oponente político que se intitulava "Tribunus"[2] o reeditou com uma dedicação irônica a Johnson, expressando sua admiração pelo fato de alguém ter achado que um pensionista defensor resoluto do *status quo* poderia ter sido o autor de um tratado de um "Republicano" ou "Jacobita sangrento" tão inflamatório (os adjetivos são extraídos do próprio "O mármore de Norfolk"). Foi incluído no Volume XIV (1788) suplementar das obras completas de Johnson (reproduzidas da versão de 1775) e continuou a aparecer em edições subsequentes de *Works*, com o acréscimo normal de erros textuais.

---

[1] Agradeço à professora Helen Louise McGuffie por chamar minha atenção para a versão de 1762. Embora ela tivesse surgido pouco antes de a aposentadoria de Johnson ser anunciada, não parece conter nenhuma zombaria contra ele. Com efeito, um dístico, "Nas costas da Bélgica os anfitriões ingleses irão se espalhar/ mortos em lutas e querelas que não são suas próprias", faz com que pareça provável que o texto realmente foi uma produção de 1747, quando as forças britânicas e aliadas foram desastrosamente vencidas na Batalha de Laffeldt na Bélgica (como dois anos antes em Fontenoy). Nenhuma tropa britânica esteve envolvida em operações militares nos Países Baixos em 1762, ou na verdade em nenhum momento durante a Guerra dos Sete Anos. Robert Nixon, fl. 1620?, "o profeta de Cheshire" foi, como o *Concise DNB* expressou, "um idiota que ocasionalmente decidia fazer profecias de oráculo", que foram publicadas por John Oldmixon em 1714. A versão de 1769 parece anacrônica, pois Bute havia deixado o governo em 1763, para nunca mais voltar, embora se ouvissem insinuações frequentes de que ele continuava no poder por trás do trono. É claro, essa versão pode ter sido reproduzida no *Foundling Hospital* após publicada anteriormente em algum jornal.
[2] Francis Webb (*DNB*).

O panfleto foi posto à venda pela primeira vez em 11 de maio de 1739 (*Daily Advertiser*). Nada se sabe sobre como Johnson veio a escrevê-lo ou as circunstâncias de sua composição. Embora algumas estocadas incluídas nele pareçam estar ultrapassadas para a primavera de 1739 – a ópera italiana (p. 31) havia finalmente falido em Londres nos primeiros meses de 1738 e a rainha Carolina (p. 31) havia morrido em novembro de 1737 – referências à força naval sob Haddock no Mediterrâneo (p. 41) e à convenção do Pardo, ardentemente discutida no Parlamento em março de 1739 (p. 31), indicam que o texto deve ter sido escrito, ou pelo menos revisto, pouco antes da data da publicação. A famosa história sobre o governo enraivecido expedindo um mandado de prisão para Johnson, forçando-o a "viver na clandestinidade" em Lambeth por algum tempo é relatada por Hawkins (*Life*, p. 72) mas infelizmente sem nenhuma indicação de sua fonte. Apesar de muitas pesquisas, nada foi ainda descoberto que dê apoio a essa versão. Como observa J. L. Clifford (*Young Sam Johnson*, 1955, pp. 215-16), Brett, o editor de "O mármore de Norfolk", era também o impressor do jornal da oposição, *Common Sense*, e foi preso por causa de uma passagem no jornal dois meses antes do aparecimento do panfleto de Johnson.

A profecia política, séria e satírica, tem uma longa história na Inglaterra que vem da Idade Média (veja Rupert Taylor, *The Political Prophecy in England*, 1911). O mesmo artifício que Johnson usou, o de uma inscrição antiga e misteriosa em rima que só recentemente vem à luz, foi usada por Swift em *The Windsor Prophecy* (1711) para punir alguns de seus antagonistas políticos da época. Tanto Swift quanto Johnson podem bem ter obtido um pouco de sua inspiração na canção familiar de Wharton, a *Marseillaise* da Revolução de 1688:

> Havia uma profecia encontrada em um pântano,
>   Lilliburlero, bullen a la!
> Que seríamos governados por um burro e um porco,
>   Lilliburlero, bullen a la!

Johnson torna o texto ainda mais cômico colocando no poema um antiquário pedante que fala sem parar, um walpolita ortodoxo, que tenta explicar os versos proféticos – basicamente uma técnica de Swift, a de assumir a máscara de um defensor aparentemente bem intencionado mas não muito inteligente sobre aquilo que o autor deseja atacar. A sátira de antiquários e de acadêmicos clássicos era um esporte popular à época – veja *The Dunciad, passim* e, do próprio Johnson, *Rambler* 82. O estudo sério de epigrafia havia começado a florescer: o *Philosophical Transactions* da Royal Society e até mesmo a *Gentleman's Magazine* estavam publicando muitas reportagens sobre descobertas e interpretações de inscrições antigas em pedras, e publicações como os clássicos *Marmora Arundelliana* (1628), *Marmor Maffeianum* (1715) e *Marmora Pisaurensia* (1738) de Selden deram a Johnson o título deste ensaio.

As opiniões quanto à eficácia da peça variam. Como vimos, Pope a achou "cheia de humor"; Hawkins, Hill e outros não tanto. Certamente, quando comparado com os grandes ensaios satíricos de Swift (e o fato de Johnson obviamente copiar Swift – a impessoalidade, a falsa lógica, as longas listas – faz com que a comparação seja inevitável), "O mármore de Norfolk" não é certamente o mesmo tipo de coisa: onde Swift usa uma área comparativamente pequena de enfermidade, e incansavelmente, com grande *expertise*, investiga cada fissura dela com sua agulha escarificadora, Johnson lascivamente ataca tudo à sua volta com um cacete. Politicamente, "O mármore de Norfolk" não é muito interessante; seus alvos são os lugares-comuns da propaganda da oposição da época (embora Johnson vá mais além do que a maioria dos seus contemporâneos em seus insultos ao rei e, na verdade, a reis de um modo geral). O que mantém o texto e lhe dá um mérito satírico verdadeiro é o maravilhoso retrato psicológico do comentarista, um tipo de mente fechada, o hipócrita presunçoso e que engana a si próprio sobre seu academicismo, o pseudo-intelectual que é na verdade um anti-intelectual, apologista e beneficiário do autoritarismo. Convinha a Johnson, como convinha a Pope e a Swift, compará-lo a um walpolita, mas ele é o inimigo universal e eterno da verdade e da virtude. Não há nada superficial ou desgracioso na ironia de comentários (os do comentarista) como "aquela sobriedade e modéstia com a qual convém a todos os homens cultos tratarem um súdito de tal importância", "com que lutas trabalhosas contra o preconceito e o viés, com que esforços de raciocínio e pertinácia de auto-sacrifício, eu me persuadi a sacrificar a homenagem deste monumento pelo amor da verdade", "que os grandes empreendimentos só podem ser executados por um grande número de mãos é evidente demais para exigir qualquer prova", Johnson, na sua maneira seca típica, pode se sair tão bem quanto Pope e Swift em seus estilos, com esse burro solene e judicioso, o eterno hierofante da grande deusa Estupidez.

A autoridade principal para o texto é a edição de 1739 que seguimos aqui, exceto pela correção silenciosa de um número de impressões obviamente erradas. O estilo compositivo de 1739 é um tanto fora de moda: muitas maneiras de escrever (ex. "meer," "lyed," "remembred", "wast" em vez de *waste*, "born" em vez de *borne*) parecem mais com o século XVII que com o XVIII, e o mesmo acontece com a inconsistência frequente em casos como o uso de *–ed* ou *–'d* no passado dos verbos e de *–ic* ou *–ick*. Mantendo a política editorial geral desta edição, essas variações de modos de escrever foram preservadas.

Alguns anos atrás, o Dr. J. D. Fleeman descobriu, na Biblioteca Central de Manchester, uma cópia da edição de 1739 com algumas correções feitas com a letra do jovem Johnson às margens do texto. Na página do título está inscrito, em outra letra, "O Presente do Autor, Sr. S.J^n." Segundo os registros da Biblioteca Pública de Manchester, a cópia foi comprada em 1864 ou 1865 em um leilão da biblioteca de Charles Bradbury, que morava em The Crescent, Salford, e foi descrito como "um eminente colecionador de antiguidades e obras de arte". A obra não está listada separadamente no catálogo do leilão, e ninguém ainda descobriu proprietários anteriores do livro. A maioria da meia dúzia de correções marginais são de erros evidentes de impressão, algumas das quais foram corrigidas nas edições do século XVIII e XIX. Uma correção, no entanto, ("interpretation" em vez de "inscription", p. 118-A), embora pareça óbvia quando chamamos a atenção para ela, não foi vista pelos editores anteriores; e é possível que uma outra ("calcatos" em vez de "calceatos," pp. 98/120) seja um erro do próprio Johnson e não da gráfica, pois aparece duas vezes no texto. Talvez o erro tenha sido mostrado a Johnson após a publicação por algum amigo melhor especialista nos clássicos. As correções feitas nas margens por Johnson foram incorporadas ao texto e assinaladas nas notas textuais.

"O MÁRMORE DE NORFOLK": OU UM ENSAIO SOBRE UMA INSCRIÇÃO PROFÉTICA ANTIGA, EM RIMA MONÁSTICA, DESCOBERTA RECENTEMENTE PERTO DE LYNN EM NORFOLK. POR PROBUS BRITANICUS

Em Norfolk, perto da cidade de Lynn,[3] em um campo onde a antiga tradição do país afirma que antes havia um lago ou lagoa profunda e que parece, segundo registros autênticos, ter sido chamada, cerca de duzentos anos atrás, de *Palus* ou o Pântano, foi descoberta, não há muito tempo, uma grande pedra quadrada que, após uma inspeção mais precisa, se descobriu ser uma espécie de mármore rústico, de uma substância que não era dura o suficiente para poder ser polida, mas que era mais dura que as pedras de nossas pedreiras, e não facilmente suscetível a danos causados pelo clima ou por acidentes externos.

Foi trazida à luz por um fazendeiro que, ao notar que seu arado estava sendo obstruído por alguma coisa pela qual não era possível passar, mandou que seus empregados a removessem. Isso não foi realizado sem alguma dificuldade, já que a pedra tinha um metro de profundidade e 1,20 m² nas superfícies e, portanto, era

---

[3] Exceto por um curto intervalo após sua expulsão da Câmara dos Comuns em 1712, Robert Walpole foi M.P. por Lynn Regis (King's Lynn) de 1702 a 1742, praticamente durante toda a sua longa vida política. A região de East Anglia normalmente tinha uma tradição parlamentar *whig* de muitos anos, e Norfolk era uma reserva especial dos Walpoles e dos Townshends.

de um peso não facilmente manipulável. No entanto, com o uso de alavancas, a pedra foi finalmente erguida e levada para um canto do terreno, onde ficou por alguns meses sem que ninguém lhe desse atenção; é possível até que nós nunca tivéssemos chegado a conhecer essa relíquia venerável da antiguidade se nossa boa sorte não tivesse sido maior que nossa curiosidade.

Um senhor,[4] conhecido no mundo acadêmico e distinguido pelo patrocínio do Mecenas de Norfolk,[5] cujo nome, se me fosse permitido mencioná-lo, iria estimular a atenção do leitor, e acrescentar bastante autoridade às minhas conjecturas, observando, quando por ali passava, que as nuvens começavam a se congregar e a ameaçá-lo com uma chuvarada, buscou abrigo nas árvores sob as quais a pedra estava, e sentou-se sobre ela à espera de um tempo melhor. Em seu aprisionamento, ele finalmente começou a se distrair limpando a terra que estava sobre seu assento com a ponta da bengala; e tendo continuado essa tarefa durante algum tempo, observou vários traços de letras antigas e irregulares que, por terem sido gravadas muito profundamente, ainda podiam ser facilmente distinguidas.

Essa descoberta despertou-lhe de tal forma a curiosidade que, indo para casa imediatamente, buscou um instrumento adequado para escavar o barro que tapava os espaços das letras e com muito pouco esforço conseguiu tornar legível a inscrição, que aqui está exibida ao público:

---

[4] Talvez se dê uma olhada no grande Richard Bentley – um bom *whig*, e professor de colégio mais importante de Cambridge, que ficava perto dali e também era bastante *whig*.

[5] A suposta incapacidade de Walpole de estimular o aprendizado e as artes era uma acusação feita com frequência por seus críticos. "Cujo nome" acompanha "gentleman" e não "Mecenas" – a última palavra seria uma forma satírica de atacar Walpole.

Post-Geneva.

Cum lapidem hunc, magni
Qui nunc jacet incola stagni,

Vel pede equus tanget,
Vel arator vomere franget,

Sentiet aegra metus,
Effundet patria fletus,

Littoraque ut fluctu,
Resonabunt oppida luctu:

Nam foecunda rubri
Serpent per prata colubri,

Gramina vastantes,
Flores fructusque vorantes,

Omnia foedantes,
Vitiantes, et spoliantes;

Quanquam haud pugnaces,
Ibunt per cuncta minaces,

Fures absque timore,
Et pingues absque labore.

Horrida dementes
Rapiet discordia gentes,

Plurima tunc leges
Mutabit, plurima reges

Natio, conversâ
In rabiem tunc contremet ursâ

*Cynthia, tunic latis
Florebunt lilia pratis,*

*Nec fremere audebit
Leo, sed violare timebit,*

*Omnia consuetus
Populari pascua laetus.*

*Ante oculos natos
Calcatos[6] et cruciatos*

*Jam feret ignavus,
Vetitâque libidine pravus.*

*En quoque quod mirum,
Quod dicas denique dirum,*

*Sanguinem equus sugit,
Neque bellua victa remugit.*

Essas linhas ele copiou cuidadosamente, e em sua carta de 19 de julho acompanhou-as com a seguinte tradução:

---

[6] Publicado *calceatos* in 1739; na cópia de Manchester *cea* está sublinhado e *ca* está escrito à margem com a letra de SJ. Nichol Smith e McAdam (*Poems of Samuel Johnson*, 1941, p. 110) trocaram "*calceatos*" por "*calcatos*", supondo que o último era o correto. No latim clássico, *calceatos* só pode significar "calçados", não "pisados". Isso, no entanto, é latim "monástico", e talvez seja possível argumentar que houve uma contaminação medieval de *calco* por *calceo*. Gildas, *De Excidio Britanniae*, que SJ pode ter lido, parece usar *calciant* com o sentido do clássico *calcant* (Migne, *Patrologia Latina*, LXXIX.363). Os editores do Vol. VI na Edição Yale de *Works* de Johnson foram persuadidos (ironicamente, pelo editor atual) a voltar para *calceatos*. No entanto, agora parece que alguém tinha persuadido o próprio SJ a mudar de ideia. Veja também p. 94 e p. 120.

SAMUEL JOHNSON

Para a Posteridade.

Sempre que esta pedra, agora escondida sob o lago
For pisada por um cavalo, ou quebrada por um arado
Então, Oh meu país! tu gemerás com o infortúnio
A tristeza inchará teus olhos e o terror esfriará seu seio,
Tuas ruas soarão com a violência do desgosto
Tão alto quanto as ondas arrebentando no chão.
Então, através de seus campos, répteis vermelhos passearão
E a rapina e a poluição marcarão teu caminho.
Teus enxames famintos amedrontarão o vale tranquilo
Ainda ferozes para ameaçar, ainda com medo de lutar;
A produção inteira de um ano irão devorar
Insaciáveis arrancarão o fruto, e colherão a flor:
Gulosamente devorarão o espólio dos camponeses[7] trabalhadores,
Roubarão sem medo e engordarão sem dificuldade.
Então sobre o mundo a Discórdia abrirá suas asas
Os Reis mudam suas leis, e os reinos mudam seus reis,
O urso enraivecido terá medo da lua amedrontada;
Os lírios se espalharão triunfantes sobre os vales
Tampouco irá o leão, há muito acostumado a reinar
Despótico sobre a planície desolada,
Daí em diante invadir a inviolável floração
Ou ousar murmurar na clareira florida;

---

[7] Quando essa linha é repetida na p. 113 a seguir, lê-se "peasant's". Mas "peasants" (sem o apóstrofo) é, em SJ, a forma do plural possessivo normal, talvez invariável, e é difícil dizer quais das duas variantes ele quis usar. Nas reedições dos versos na *Gentleman's Magazine*, ix (maio 1739), 269 e junho, p. 324, e na *London Magazine*, ix (1739), 244, lê-se "peasant's."

Seus filhos torturados morrerão diante de seu rosto,
Enquanto ele fica deitado se derretendo em um abraço lascivo;
E, ainda mais estranho! Um cavalo irá drenar suas veias,
Tampouco irá o passivo covarde reclamar uma única vez.

Não tenho a menor dúvida de que essa pessoa erudita nos deu, como uma peça de antiquário, uma representação verdadeira e indiscutível daquilo que o escritor quis dizer, e tenho certeza de que ele pode confirmá-lo através de inúmeras citações de autores medievais, se por acaso for chamado publicamente por qualquer homem de alta categoria na república das letras; nem ele irá negar ao mundo essa satisfação, contanto que o observador prossiga com aquela sobriedade e modéstia que são apropriadas quando um homem muito culto lida com um assunto de tal importância.

Ainda assim, com toda a deferência adequada a uma pessoa não tão justamente elogiada, tomarei a liberdade de observar que ele teve mais sucesso como acadêmico que como poeta, tendo ficado abaixo de seu autor em termos de energia, de concisão e ao mesmo tempo de perspicácia. Não vou indicar as passagens específicas nas quais essa disparidade é facilmente perceptível, mas me contentarei em dizer, de um modo geral, que as críticas, para as quais há bastante espaço nesta tradução, podem ser quase um estímulo para que algum advogado, estudioso da antiguidade, aprenda o latim.

A inscrição que agora começarei a considerar não precisa de argumentos para provar sua antiguidade àquelas, entre as pessoas cultas, que são versadas nos escritores das eras mais obscuras e que sabem que a poesia latina daquelas épocas era de tipo e estilo

Samuel Johnson

peculiares, não muito fáceis de serem entendidos e muito difíceis de imitar. Tampouco é concebível que um homem possa apresentar suas habilidades em um modo de escrever que, embora obtido com muito estudo, não lhe daria nenhuma reputação, e gravar suas quimeras em uma pedra para surpreender a posteridade.

Sua antiguidade, portanto, não é disputável, mas quanto ao grau de antiguidade que iremos lhe atribuir há mais espaço para investigação que para determinação. Os críticos ainda não decidiram qual foi a primeira vez que as rimas latinas surgiram no mundo. Versos desse tipo eram chamados leoninos; mas o culto Camden confessa ignorar a razão pela qual são chamados assim,[8] portanto o estilo não contém marcas específicas de sua época. Só observarei mais adiante neste texto que os caracteres são quase da mesma forma que os do caixão do rei Artur,[9] mas se, pela sua semelhança podemos arriscar-nos a dizer que são da mesma data, terei que deixar a decisão para juízes melhores.

Nossa incapacidade de determinar a idade dessa inscrição necessariamente infere nossa ignorância de seu autor, com relação ao qual é possível iniciar muitas polêmicas merecedoras do aprendizado mais profundo e da diligência mais incansável.

A primeira pergunta que surge naturalmente é se ele era um britânico ou um saxão. A princípio eu havia tido alguma esperança de que nessa questão, na qual está envolvida não só a curiosidade ociosa de virtuosos mas a honra de duas poderosas nações, algu-

---

[8] *1788* refer-se a *Remains* (1614) p. 337.
[9] Camden, *Remains* (1674, 0. 479, seção sobre "Epitáfios") conta a história do desenterramento acidental, em Glastonbury, durante a Idade Média, de um caixão que tinha uma inscrição em latim.

ma informação pudesse ser obtida pela palavra *patria* (meu país) na terceira linha; a Inglaterra não sendo propriamente o país dos saxões; pelo menos não logo que eles chegaram. Mas depois de novas reflexões esse argumento não pareceu conclusivo, já que, em todas as épocas, encontramos estrangeiros que preferiam chamar a Inglaterra de seu país, mesmo quando, como os saxões de antigamente, vieram apenas para saqueá-la.

Um argumento em favor dos britânicos pode ser realmente deduzido pela ternura com a qual o autor parece lamentar seu país e a compaixão que ele demonstra pelas calamidades que se aproximam. Eu, que sou um descendente dos saxões e, portanto, não tenho vontade de dizer qualquer coisa derrogatória da reputação de meus ancestrais, preciso no entanto dar a esse argumento sua força total: pois só raramente, *muito* raramente, soubemos que estrangeiros, por mais bem tratados, acariciados, enriquecidos, lisonjeados ou enaltecidos que tenham sido, consideraram este país com a menor gratidão ou afeto[10] até que a raça tenha sido naturalizada e assimilada, por muita continuidade e depois de muitas gerações.

Em todas as ocasiões, eles estiveram prontos a preferir os pequenos interesses de seus próprios países, embora esses fossem apenas algum canto isolado e sem nenhum mérito do mundo.[11] Eles usaram a riqueza da Inglaterra para pagar tropas para defender cidades com muros de barro e rochedos inabitáveis, e para

---

[10] Uma reclamação tradicional da Oposição. Veja Macaulay, *History of England*, ch. XI e em outras passagens, com relação aos clamores contra Guilherme III como holandês. Os dois primeiros Georges também foram muitas vezes considerados estrangeiros.

[11] A descrição típica que a Oposição fazia de Hanover.

comprar barreiras[12] para territórios cuja esterilidade natural já impedia que fossem invadidos.

Esse argumento, que não precisa de exemplos específicos para confirmá-lo, é, eu admito, da maior importância nessa questão e me leva fortemente a acreditar que o benevolente autor dessa predição deve ter *nascido britânico*.[13]

O erudito descobridor da inscrição teve prazer em insistir calorosamente com relação à etimologia da palavra *patria*, que, significando, diz ele, "a terra de meu pai," não poderia ter sido usada por nenhuma outra pessoa a não ser aquelas cujos antecessores tivessem residido aqui; mas em resposta a essa demonstração, como ele a chamou, eu apenas gostaria que ele houvesse observado como é comum que os intrusos de ontem finjam ter o mesmo título que os proprietários antigos, e, tendo acabado de receber uma propriedade por cessão voluntária, reivindiquem "um direito hereditário".[14]

---

[12] Em 1715, George I, como Eleitor de Hanover, comprou da Dinamarca os ducados de Bremen e Verden a fim de melhorar as defesas do eleitorado. O fato de Hanover manter a possessão desses territórios era um elemento na sua diplomacia e na de seu filho, e os exércitos britânicos foram usados para reforçar a autoridade de George I. Veja W. Michael, *Englische Geschichte im achtzehnten Jahrhundert* (5 vols. 1896-1955) Vol I, Ch. XI, e John J. Murray, *George I, the Baltic, and the Whig Split of 1717* (1969).

[13] Uma palavra polêmica, parte do vocabulário "patriota". Cf. "Os britânicos nunca serão escravos", de Thomson (1740), e o discurso de acessão de George III, "Nascido e educado neste país, eu me regozijo em nome da Grã-Bretanha [britânico]". O pseudônimo de SJ, "Probus Britannicus", é politicamente significativo.

[14] O "direito hereditário" da dinastia hanoveriana era imperfeito, já que não só os descendentes de James II mas também os de Charles I (através de sua filha Henrietta, duquesa de Orléans) e dos irmãos e irmãs mais velhos da

Tampouco é menos difícil estabelecer alguma hipótese satisfatória com relação à condição social ou à categoria do escritor que, contente com a boa consciência de ter cumprido seu dever, ao deixar esse aviso solene a seu país, parece ter evitado cuidadosamente essa veneração, a qual seu conhecimento da posteridade certamente lhe daria direito. E também as honras que sua memória poderia reivindicar com justiça da gratidão da posteridade e, portanto, não deixou nenhum traço através do qual o investigador mais sagaz e diligente possa ter a esperança de descobri-lo.

Basta esse comportamento para nos convencer de que a importância da predição para a humanidade não é assim tão pequena, já que seu autor parece não ter sido influenciado por nenhum outro motivo que a filantropia nobre e gloriosa que está acima das ideias estreitas de recompensa e aplauso.

Que o interesse não teve nenhuma participação nessa inscrição é indisputavelmente evidente, já que, à época em que viveu, o autor não recebeu nem satisfação nem reconhecimento por causa dela. Tampouco é menos aparente, em virtude de ele ter ocultado seu nome, que ele fosse igualmente estranho àquele desejo impetuoso de fama, que algumas vezes apaixona as mentes mais nobres.

Sua modéstia, no entanto, não conseguiu totalmente extinguir aquela curiosidade que tão naturalmente nos leva, quando admiramos o desempenho de alguém, a pesquisar sobre o autor. Aqueles

---

Eleitora Sophia tinham sido transmitidos em virtude de seu Catolicismo Romano. Quando George I subiu ao trono, em 1714, "foi em detrimento de uns 57 parentes com títulos hereditários melhores" (Michael, I. I). Portanto, os hanoverianos deviam sua possessão do trono, estritamente falando, à "cessão voluntária" do Ato de Doação (Act of Settlement) de 1701.

a quem consultei nessa ocasião – e meu zelo pela honra desse benfeitor de meu país não me deixou esquecer um único antiquário de boa reputação – concluíram quase que unanimemente que foi escrito por um rei. Pois onde mais, disseram eles, podemos esperar essa grandeza de espírito, essa dignidade de expressão, tão altamente conspícua nessa inscrição?

Foi com uma sensação apropriada da fragilidade de minhas habilidades que me arrisquei a colocar diante do público as razões que me impedem de concordar com essa opinião, que estou inclinado a apoiar pelo meu respeito a seus autores, mas também por uma afeição natural à monarquia e por uma inclinação atual a acreditar que toda excelência é inerente a um rei.

Condenar uma opinião que se enquadra tão bem com a reverência devida à dignidade real, e que é sustentada por autoridades tão importantes, sem uma discussão longa e precisa, seria uma temeridade muito justamente sujeita às censuras mais severas. Não há nenhuma dúvida de que uma decisão altiva e arrogante sobre uma polêmica de tal importância seria tratada pelos justos e honestos com a maior indignação.

Mas, como tenho em alta conta a cultura de meus contemporâneos, em vez de empurrar noções grosseiras apressadas ou mal digeridas sobre o público, agi com o maior grau de timidez e de cautela, revi com frequência todos os meus argumentos, segui seu rastro até encontrar os princípios originais e usei todos os métodos de análise para descobrir se todas as deduções eram naturais e justas, e se eu não havia sido influenciado por algum tipo de falácia ilusória. Mas quanto mais longe eu levava minhas investigações, e quanto mais tempo eu me dedicava a esse ponto importante, mais convencido ia ficando, apesar de todos os meus preconceitos, de que essa predição maravilhosa não havia sido escrita por um rei.

Pois após um exame trabalhoso e minucioso de histórias, memórias, crônicas, biografias, personagens, vindicações, panegíricas e epitáfios, não pude encontrar autoridade suficiente para atribuir a nenhum de nossos monarcas ingleses, por mais bondoso ou glorioso que fosse,[15] qualquer conhecimento profético ou presciência de acontecimento futuro. O que, se considerarmos como é raro que as virtudes reais sejam esquecidas, como são descobertas muito rapidamente e como são comemoradas ruidosamente, nos dá um argumento pelo menos provável de que nenhum deles reivindicou a autoria. Pois por que os historiadores teriam deixado de embelezar seus relatos com uma circunstância tão admirável, ou, se as histórias daquela época se perderam com o passar do tempo, por que não era tão incomum que uma qualidade fosse transmitida à posteridade nas cores mais duradouras da poesia? Será que aquela época infeliz não teve um laureado? Não havia então nenhum Young ou Philips? Nenhum

---

[15] Provavelmente é apenas uma coincidência cômica que a fraseologia desse escárnio ecoe a do texto moderno do Hino Nacional; os dois adjetivos são usados continuamente em panegíricas reais – p. ex., nas odes oficiais de Cibber. Ainda assim, a história original de "Deus Salve o Rei" é obscura, e o último editor dos poemas de Henry Carey (Frederick T. Wood, 1930, p. 253) aventura-se a sugerir que "foi composto por Carey no calor de um fervor antiespanhol em 1739". Em versões antigas impressas a primeira linha é "Deus salve o grande George, nosso Rei"; a origem da variante "nosso Rei bondoso" parece desconhecida, mas é concebível que fosse muito antiga. Durante as primeiras décadas de sua vida, a canção foi considerada propaganda governamental. O "Rule, Britannia" de Thomson (1740) era a canção "patriota" em oposição.

Ward ou Mitchel[16] para resgatar tais maravilhas do esquecimento e imortalizar um príncipe com tais habilidades? Se isso realmente foi assim, devemos nos parabenizar por termos tido melhores dias reservados para nós, dias tão produtivos de escritores felizes, que nenhuma virtude principesca pode brilhar em vão. Nossos monarcas estão rodeados de mentes refinadas, tão perspicazes que frequentemente descobrem em seus mestres grandes qualidades invisíveis aos olhos comuns e que, se eles não as publicassem para a humanidade, teriam sido ignoradas para sempre.

Tampouco é fácil encontrar nas vidas de nossos monarcas muitos exemplos daquela consideração pela posteridade que parece ter sido a característica predominante nesse homem venerável. Raramente, em nenhum dos discursos bondosos que foram feitos pelos ocupantes do trono, recebidos com a maior gratidão e satisfação por ambas as Câmaras do Parlamento, eu descobri qualquer outra preocupação que não fosse voltada para aquele ano corrente, para o qual suprimentos são geralmente exigidos em termos muito urgentes e às vezes de tal forma que pareciam não demonstrar nenhuma solicitude fora do comum para com a posteridade.[17]

---

[16] *1788* identifica Edward Young, Ambrose Philips, Edward Ward e Joseph Mitchell. Talvez só Mitchell, conhecido como "o poeta de Sir Robert Walpole", seja realmente uma escolha feliz. Young e Philips, cujas vidas SJ incluiu mais tarde em sua coleção, não eram desprezíveis, de modo algum, apesar de seu sólido apoio a Walpole; e "Ned Ward de Grub Street" era, pelo menos no começo de sua carreira, violentamente anti-*whig*.

[17] O Discurso anual do Trono, no qual o governo anuncia seus planos legislativos para a sessão do Parlamento que irá começar, continua a ser escrito com um estilo seco e formal, que diz menos do que deveria dizer. É talvez um sinal da inexperiência política de SJ que ele falasse tanto a respeito dessas limitações

Nada, na verdade, pode ser mais irracional e absurdo que exigir que um monarca, preocupado com cuidados e rodeado por inimigos, deva se envolver com ansiedades supérfluas resultantes de uma preocupação desnecessária com as gerações futuras. Não são os pretendentes, os falsos-patriotas, os mascarados, as óperas, os aniversários, os tratados, as convenções, as revistas, as salas de estar, o nascimento de herdeiros, e a morte de rainhas[18] suficientes para soterrar qualquer capacidade senão a de um rei? Certamente aquele que se ocupa com o sucesso de tais negócios pode se contentar com a glória que adquire e deixar a posteridade para seus sucessores.

---

tradicionais. A linguagem pomposa dos Discursos formais de Agradecimento, pelo discurso, também é convencional.

[18] Bailes de máscara públicos, uma moda na época, eram muito acusados de contribuir para a imoralidade (veja *London*, I.29) A ópera estava envolvida com a política, com o rei apoiando a companhia de Handel e o príncipe de Gales apoiando a de Porpora (mais tarde de Hasse), mas o gracejo de SJ está atrasado, pois os dois projetos haviam falido um ou dois anos antes; a maior parte dos ingleses, como o próprio SJ, ainda considerava a ópera "exotick" (isto é, estrangeira) e "irracional". Noites de aniversário (na noite do aniversário do rei) e salas de estar eram recepções reais formais. A Convenção do Pardo, assinada em 14 de janeiro de 1739, entre a Inglaterra e a Espanha, foi tema para muitos debates dentro e fora do Parlamento. Houve um grande escândalo quando, em 31 de julho de 1737, o príncipe de Gales meteu sua esposa grávida em uma carruagem e escapou dos cuidados de seu pai em Hampton Court para o St. James's Palace, onde a princesa deu à luz rapidamente a seu primeiro filho. Lord Hervey, *Memoirs*, dá todos os detalhes políticos e obstétricos. A referência à morte da rainha Carolina (20 novembro de 1737) parece insensível; mas é possível que estivesse sendo dirigida à grosseria de George de trazer sua amante hanoveriana, Amalie Wallmoden, para a Inglaterra em junho de 1738 (veja p. 68, anteriormente). Talvez a inclusão de pretendentes e falsos patriotas nessa lista de trivialidades possa indicar que SJ não considerava nem os jacobitas nem os pittitas merecedores de séria consideração.

Que essa tem sido a conduta da maioria dos príncipes é evidente pelos relatos de todas as épocas e de todas as nações,[19] e, portanto, espero que ninguém vá pensar que eu, sem motivos justos, privei essa inscrição da veneração que ela deveria exigir como trabalho de um rei.

Com que lutas trabalhosas contra o preconceito e o viés, com que esforços de raciocínio e pertinácia de abnegação eu me obriguei a sacrificar a honra desse monumento pelo amor à verdade, ninguém que não esteja familiarizado com o apego de um comentarista será capaz de conceber. Mas esse instante será, espero eu, suficiente para convencer o público de que escrevo com sinceridade e que, seja qual for o sucesso que eu tenha, minhas intenções são boas.

Onde vamos procurar nosso autor ainda precisa ser considerado, se será na estrada dos empregos públicos ou nos desvios da vida particular.

Sempre se notou, naqueles que frequentam a corte, que logo, por uma espécie de contágio, eles adquirem a mentalidade real de negligenciar o futuro. O ministro elabora um recurso para suspender ou desviar um inquérito sobre suas medidas por uns poucos meses,[20] e aplaude e triunfa em sua própria destreza. O par adia o

---

[19] Esse sarcasmo abrangente, aliado a outros comentários em seus escritos posteriores, poderia ser citado para demonstrar que SJ não era de jeito nenhum aquele devoto da monarquia que a lenda diz que era. Veja, por exemplo as "Memoirs of the King of Prussia" (1756-57) e o verbete "Kings" em *Life*, no índice remissivo.

[20] O exemplo mais notório relaciona-se com a moção de Lord Bathurst (fevereiro de 1733) para que se fizesse uma investigação nos negócios da Companhia do Mar do Sul. A moção foi na verdade aprovada pela Câmara dos Lordes, contra os desejos do governo; mas Walpole e Newcastle habilmente manobraram a fim de evitar qualquer investigação real. Um incidente mais

pagamento a seu credor naquele dia e esquece que um dia vai ter que vê-lo outra vez. Foi descoberto que a carranca de um príncipe ou a perda de uma pensão são de uma eficiência maravilhosa para desviar os pensamentos dos homens do momento atual e enchê-los com o zelo pela liberdade e pelo bem-estar de épocas que virão.[21] Mas estou inclinado a ter mais simpatia pelo autor dessa profecia, achando que ele se tornou um patriota por desapontamento ou repulsa. Se é que ele jamais viu a corte, estou disposto a acreditar que ele não deve sua preocupação com a posteridade à má recepção que teve lá e sim que a má recepção foi resultado de sua preocupação com a posteridade.

No entanto, como a verdade é a mesma na boca de um eremita ou de um príncipe, e já que não é a razão mais a fraqueza que nos faz avaliar o conselho pela estima que temos pelo conselheiro, vamos desistir dessa investigação, tão inútil e na qual temos espaço para esperar uma satisfação muito pequena. Demonstremos nossa gratidão ao autor, respondendo a suas intenções, considerando minuciosamente as linhas que ele nos deixou e examinando o que expressa sem ardor, precipitação ou partidarismo, tentemos man-

---

recente foi a moção de Samuel Sandy em 1738 para a apresentação à Câmara dos Comuns das instruções secretas do governo aos governadores, comandantes militares e agentes diplomáticos relacionados com as alegadas depredações espanholas. Foi vencida.

[21] A maioria dos líderes da oposição a Walpole havia tido algum cargo público ou empreguinho anteriormente e haviam sido despedidos: ex. o nome de Pulteney foi riscado da lista de Conselheiros Privados em 1731, Chesterfield foi exonerado como Lord Steward (Administrador) em 1733, Pitt perdeu sua comissão do exército em 1736. Esse sarcasmo contra os falsos-patriotas *whigs* deve ser notado: SJ está se opondo a Walpole não como um *whig* insatisfeito e sim como um *tory*.

ter-nos na média justa, entre uma busca ambiciosa de interpretações sofisticadas e a admissão de um significado tão inferior e um sentido tão óbvio que seriam incoerentes com aquelas ideias tão grandes e amplas que é razoável atribuir a esse homem excelente.

Podemos nos perguntar ainda se essa inscrição, que na pedra parece ser original, e não uma versão de alguma predição tradicional na língua inglesa, que o zelo de algum homem erudito estimulou a traduzir e a gravar em uma linguagem mais conhecida para a informação de épocas futuras, mas como as linhas levam, já à primeira vista, a uma referência tanto à própria pedra e – extraordinariamente – ao lugar onde foi encontrada, não posso ver nenhuma base para uma suspeição desse tipo.

Resta-nos então examinar o sentido e o que expressa essa inscrição, que, após ter lhe dedicado a atenção mais detalhada e mais trabalhosa, devo confessar que ainda não fui capaz de compreender totalmente. As explicações que se seguem, portanto, não são, de jeito algum, colocadas como verdades certas e indubitáveis, e sim como conjecturas nem sempre totalmente satisfatórias até mesmo para mim próprio, e que eu não tinha ousado propor a uma época tão iluminada, uma época que está repleta daqueles grandes ornamentos da natureza humana, céticos, antimoralistas e infiéis, e sim com esperança de que essas conjecturas viessem a estimular alguma pessoa de grandes habilidades, que pudesse penetrar ainda mais a obscuridade oracular dessa predição maravilhosa.

Nem mesmo as primeiras quatro linhas deixam de ter suas dificuldades, já que a época da descoberta da pedra parece ser a mesma época designada para os eventos que ela prediz.

Cum lapidem hunc, magni
Qui nunc jacet incola stagni,

Vel pede equus tanget,
Vel arator vomere franget,

Sentiet aegra metus,
Effundet patria fletus,

Littoraque ut fluctu,
Resonabunt oppida luctu.

Sempre que esta pedra, agora escondida sob o lago
For pisada por um cavalo, ou quebrada por um arado
Então, Oh meu país! tu gemerás com o infortúnio
A tristeza inchará teus olhos e o terror esfriará teu seio,
Tuas ruas soarão com a violência do desgosto
Tão alto quanto as ondas arrebentando no chão.

"Quando esta pedra" diz ele, "que agora está escondida sob as águas de um lago profundo, for golpeada por um cavalo, ou quebrada por uma arado, então tu, meu país, serás surpreendido por terrores e afogado em lágrimas, e então tuas cidades soarão com lamentações como tuas praias soam com o roncar das ondas". Estas são as palavras apresentadas literalmente, mas como podem ser verificadas? O lago está seco, a pedra virada para cima, mas não há nenhum indício desse cenário sinistro. Em nosso país, tudo não é satisfação e tranquilidade? E no estrangeiro, submissão e concordância? Por acaso há algum príncipe ou estado interessado ou inclinado a puxar a espada contra nós? E não estamos apesar disso garantidos por um exército numeroso, e por um rei que é, ele próprio, um exército? Nossas tropas têm alguma outra obrigação que não seja marchar para serem revistas? Nossas frotas encontram qualquer outra coisa que não sejam ventos e vermes? Para mim, o estado atual da nação parece tão distante de qualquer semelhança com o ruído e a agitação de um mar tempestuoso, que pode muito mais apropriadamente ser comparado à calmaria total das ondas antes de uma tempestade.

Nam foecunda rubri
Serpent per prata colubri

Gramina vastantes,
Flores fructusque vorantes,

Omnia foedantes,
Vitiantes, et spoliantes;

Quanquam haud pugnaces,
Ibunt per cuncta minaces,

Fures absque timore,
Et pingues absque labore.

Então através de seus campos répteis vermelhos passearão
E a rapina e a poluição marcarão seu caminho.
Seus enxames famintos amedrontarão o vale tranquilo
Ainda ferozes para ameaçar, ainda com medo de lutar;
A produção inteira de um ano irão devorar
Insaciáveis arrancarão o fruto, e colherão a flor
Gulosamente devorarão o espólio dos camponeses trabalhadores
Roubarão sem medo e engordarão sem dificuldade.

Nesses versos ele parece descer a um relato específico dessa calamidade terrível; mas sua descrição pode ter vários sentidos com quase igual probabilidade.

"Serpentes vermelhas", diz ele (*rubri colubri* são as palavras em latim, que o tradutor poético transformou em "répteis vermelhos", usando um termo geral para um particular, a meu ver com muita liberalidade). "Serpentes vermelhas passearão sobre suas planícies e saquearão e poluirão" etc. A menção específica da cor dessa víbora destrutiva pode nos dar alguma orientação nesse labirinto, dentro do qual, tenho que admitir, não posso ainda encontrar nenhuma trilha segura. Confesso que, uns poucos dias depois de ter examinado cuidadosamente essa passagem, ouvi falar da multidão de joaninhas[22] que apareceram em Kent e comecei a imaginar que esses eram os insetos fatais, pelos quais a ilha seria destruída, e portanto examinei todas as informações sobre elas com um interesse pouco comum. Mas quando meus primeiros terrores começaram a diminuir, lembrei-me logo de que essas criaturas, tendo tanto asas quanto pés, não poderiam exatamente ser chamadas de serpentes; e rapidamente me convenci, quando elas abandonaram o país sem causar nenhum dano, que não tinham outras qualidades em comum com os devastadores aqui descritos, a não ser a cor.

Como não consigo decidir nada sobre essa questão, me contentarei em juntar, em uma única ideia, as várias propriedades dessa raça perniciosa,[23] com a qual estamos ameaçados, como indícios

---

[22] Ou *lady-bugs* nos EUA, ou seja, insetos com uma capa vermelha. Não encontrei nenhuma outra referência a esse fenômeno.
[23] Os soldados de casacos vermelhos do exército regular – objeto do ódio dos *tories* desde a época de Cromwell. Em fevereiro de 1738, William

para leitores mais sagazes e de maior sorte. Que, quando encontrarem qualquer "animal vermelho" que vagueia descontrolado pelo país e devora os produtos do comerciante e do agricultor; que leva consigo a corrupção, a pilhagem, a poluição e a devastação; que ameaça sem coragem, rouba sem medo e é mimado sem trabalhar para isso, eles[24] possam saber que a profecia se realizou. Deixem-me apenas observar, além disso, que se o estilo dessa profecia, como de todas as outras profecias, for figurativo, a serpente, o animal miserável que rasteja sobre a terra, é um emblema adequado para ideias desprezíveis, egoísmo e submissão servil,[25] bem assim como crueldade, maldade e malevolência.

Não posso deixar de observar neste lugar que, como não é nenhuma vantagem para a humanidade que lhe predigam infelicidades inevitáveis e insuperáveis, o autor provavelmente tinha a intenção de dar indicações a seus compatriotas sobre os remédios para os males que ele descreve. Nessa calamidade sobre a qual ele se estende mais, e que ele parece lamentar com a tristeza mais profunda, ele indica uma circunstância que pode ser muito útil para afastar nossas apreensões e nos desperte daquele pânico que o leitor deve necessariamente sentir à primeira breve visão dessa descrição horrível. Essas serpentes, diz o original, são *haud pugnaces* "de raças não-lutadoras"; elas ameaça-

---

Shippen tinha proposto, com o apoio de Pulteney, a redução do número de tropas autorizadas de 17.400 para 12.000 (*Parliamentary History*, ix. 375-467).

[24] No original, a gramática exigiria a não-inclusão do pronome.

[25] Em 1739 a frase era (ideias baixas e submissão servil ao egoísmo"; isso foi corrigido com a letra de SJ na cópia de Manchester; a correção foi feita também pelo editor de *1788*.

rão, com efeito, e sibilarão, e aterrorizarão o fraco e o receoso e o imprevidente, mas não têm coragem ou força verdadeiras. Portanto, o mal que causam, sua destruição, devastação e pilhagens devem ser apenas consequência da covardia dos sofredores, que são atormentados e oprimidos somente porque sofrem sem resistir. Assim, devemos nos lembrar de que sempre que a peste aqui ameaçada nos invadir, a submissão e a docilidade serão ruína certa, e que nada a não ser a coragem, a vigilância, a atividade e a oposição podem nos preservar da miséria mais odiada e censurável, a de ser saqueado, morto de fome, e devorado por vermes e répteis.

Horrida dementes
Rapiet discordia gentes,

Plurima tunc leges
Mutabit, plurima reges

Natio,

Então sobre o mundo a Discórdia abrirá suas asas
Os Reis mudam suas leis, e os reinos mudam seus reis

Aqui o autor faz uma revisão geral da situação do mundo e das mudanças que estariam por acontecer à época da descoberta desse monumento em muitas nações. Como é provável que ele não tivesse a intenção de se intrometer nos negócios de outros países a não ser naquilo que fosse necessário para beneficiar o seu próprio, podemos justificavelmente supor que ele tinha uma visão total e diferente de todas as negociações, tratados, confederações, de todas as alianças tríplices e quádruplas,²⁶ de todas as ligas ofensivas e defensivas, nas quais nós teríamos de participar, como dirigentes, auxiliares, ou seguranças,²⁷ seja através de políticas, por esperança ou medo, ou por nossa preocupação em preservar o *Equilíbrio de Poder*,²⁸ ou nossa ternura pelas liberdades da Europa. Ele sabia que nossos negociadores nos iriam interessar nos negócios de toda a terra e que nenhum estado poderia ganhar ou perder poder, ampliar ou perder seus domínios, sem afetar nossas políticas e influenciar nossos conselhos.

Essa passagem pode ser fácil e naturalmente aplicável ao momento atual, em que tantas revoluções aconteceram, tantas nações mudaram seus mestres²⁹ e tantas disputas e agitações estão envolvendo quase todas as partes do mundo.

Que quase todos os estados na Europa e na Ásia, isto é, quase todos os países então conhecidos estão incluídos nessa profecia pode ser facilmente concebível, mas deixem que expositores mais capazes ou mais ousados decidam se ela se estende às regiões que

---

²⁶ A Tríplice Aliança, 1717, da Inglaterra, França e Holanda (aumentada com a adição da Áustria em 1718) foi a base da política externa britânica no início do século XVIII.
²⁷ No original, *1775* e *1788* emendam para "guarantees". Mas essa é uma maneira antiga de escrever a palavra: veja *OED* ("guarantee," sb 1).
²⁸ Mantive o itálico sarcástico de *1739*. A expressão era comparativamente nova e de tendência *whig*. Smollett diz (*History of England*, 1757-58, Livro II, Cap. 3) que "o velho Horace" Walpole, o embaixador de Sir Robert em Paris e em Haia, era "chamado, derrogatoriamente, 'o mestre do equilíbrio'".
²⁹ No intervalo de cinquenta anos a Europa envolveu-se nas Guerras de Sucessão dos tronos da Espanha, da Polônia e da Áustria. Também parte das negociações na diplomacia da época foram as mudanças nas dinastias que governavam Lorraine, Toscana, Parma e as duas Sicílias, bem como a deposição de James II e de seus herdeiros do trono inglês.

naquela época ainda não haviam sido descobertas, e pressagia qualquer alteração no governo da Carolina e da Geórgia.[30]

— *Conversâ*
In rabiem tunc contremet ursâ

Cynthia,

O urso enraivecido terá medo da lua amedrontada;

O terror que a raiva do urso provocou na lua é uma expressão estranha, mas pode talvez relacionar-se com apreensões que surgiram no império turco, cujo símbolo imperial é uma lua crescente ou nova, em virtude do poder crescente da imperatriz da Rússia,[31] cujos domínios ficam sob a constelação do norte conhecida como Urso.

— *Tunc latis*
Florebunt lilia pratis,

Os lírios se espalharão triunfantes sobre os vales;

---

[30] A insinuação sediciosa na escolha desses dois nomes é facilmente descoberta. Sua sagacidade é um tanto diminuída pelo fato de a rainha Carolina ter morrido um ano e meio antes. A situação das colônias de Geórgia e Carolina estavam, no entanto, sendo discutidas no começo de 1739, já que isso foi influenciado pela Convenção do Pardo (veja Lord Egmont, *Diary*, fev. e março 1739).

[31] Anna Ivanovna (reinou de 1730 a 1740) sobrinha de Pedro, o Grande. Em junho de 1737, os russos infligiram uma séria derrota aos turcos em Ochakov, e a paz começou a ser negociada. SJ provavelmente traz esse fato puramente para satirizar a abrangência (e, a seu ver, a pouca importância) das vastas "alianças emaranhadas" da Grã-Bretanha. Mais tarde ele zombou da preocupação que a Sra. Salusbury tinha com relação aos negócios poloneses, russos e turcos (*Miscellanies*, I. 235; II. 391-2).

Apprehenfions raifed in the *Turkifh* Empire, of which a Crefcent or new Moon is the imperial Standard, by the increafing Power of the Emprefs of *Ruffia*, whofe Dominions lie under the Northern Conftellation called the *Bear*.

—— *Tunc latis*
Florebunt Lilia Pratis,

The Lilies o'er the Vales triumphant
 fpread;

The Lillies borne by the Kings of *France* are an apt Reprefentation of that Country; and their flourifhing over wide extended Valleys, feems to regard the new Increafe of the *French* Power, Wealth and Dominions, by the Advancement of their Trade, and the Acceffion of *Lorain*. This is at the firft View an obvious, but perhaps for that very Reafon not the true Infcription. How can we reconcile it with the following Paffage.

Nec fremere audebit
Leo, fed violare timebit,
Omnia confuetus
Populari Pafcua lætus.

Nor

Uma página de "O mármore de Norfolk" com correção feita à mão por Johnson. Cortesia de The Manchester Public Libraries.

Os lírios transportados pelos reis da França são uma representação adequada daquele país; e o fato de florescerem sobre vales extensos e amplos parece referir-se ao novo aumento do poder, da riqueza e dos territórios franceses, através do progresso de seu comércio e a acessão de Lorraine.[32] À primeira vista essa é a interpretação mais óbvia e talvez por essa mesma razão não seja a verdadeira. Como podemos reconciliá-la com a seguinte passagem:

Nec fremere audebit
Leo, sed violare timebit,

Omnia consuetus
Populari pascua laetus.

Tampouco irá o leão, há muito acostumado a reinar
Despótico sobre a planície desolada
Daí em diante invadir a inviolável floração
Ou ousar murmurar na clareira florida;

Na qual o leão, que estava acostumado a deitar nos pastos à vontade, é representado como quem já não ousa tocar os lírios ou fazer comentários sobre seu crescimento; o leão, é bem verdade, é uma das figuras nas armas da Inglaterra, e pode, portanto, representar nossos conterrâneos, que, em outras épocas, fez da França um deserto. Mas se poderá dizer que o leão não ousa murmurar ou enraivecer-se (pois *fremere* pode significar os dois) quando é evidente que por muitos anos esse reino inteiro não faz outra coisa

---

[32] Cedida à França em 1735 em troca da Toscana, por Francisco, duque de Lorraine, mais tarde imperador Francisco I, marido de Maria Theresa.

senão murmurar! No entanto, no momento ele pode estar calmo e seguro, pela confiança na sabedoria de nossos políticos e na habilidade de nossos negociadores.

Ante oculos natos
Calcatos et cruciatos

Jam feret ignavus
Vetitâque libidine pravus.

Seus filhos torturados morrerão diante de seu rosto,
Enquanto ele fica deitado se derretendo em um abraço lascivo;

Aqui são mencionadas outras coisas sobre o leão igualmente ininteligíveis, se supomos que estão sendo ditas para nossa nação, ou seja, que ele está deitado, indolente e depravado com luxúrias ilegais[33] enquanto seus filhos estão sendo pisados e torturados diante de seus olhos.[34] Mas em que lugar podemos dizer que os ingleses estão sendo pisados ou torturados? Onde estão sendo tratados com injustiça ou desprezo? Que nação existe de um polo a outro que não reverencie o cumprimento do rei inglês? Nosso comércio não é incontrolável? As riquezas do mundo não são nossas? Nossos navios não navegam sem serem importunados, e nos-

---

[33] A ligação de George II com Amalie von Wallmoden, mais tarde nomeada condessa de Yarmouth, causou muito escândalo (veja p. 68 anteriormente).
[34] O capitão Robert Jenkins, do navio *Rebecca*, depôs diante da Comissão de Investigação da Câmara dos Comuns, em março de 1738, que seu barco havia sido atacado e sua orelha cortada pela guarda costeira espanhola em 1731. Havia inúmeras outras histórias de atrocidades semelhantes, amplamente divulgadas pela oposição.

sos mercadores trafegam em segurança total? O próprio nome da Inglaterra não é tratado pelos estrangeiros de uma maneira nunca conhecida antes? Ou, quando algumas pequenas injúrias nos foram feitas, se alguns de nossos pequenos comerciantes foram parados, nossas propriedades ameaçadas, aquilo que conquistamos confiscado, nossa bandeira insultada, ou nossas orelhas cortadas, por acaso ficamos deitados indolentes e inativos? Nossas frotas não foram vistas triunfantes em Spithead? Hosier não visitou os Bastimentos, e Haddock não está posicionado em Porto Mahon?[35]

En quoque quod mirum,
Quod dicas denique dirum,

Sanguinem equus sugit,
Neque bellua victa remugit.

E, ainda mais estranho! Um cavalo irá drenar suas veias
Tampouco irá o passivo covarde reclamar uma única vez.

---

[35] Spithead, perto de Portsmouth, é o cenário normal para exibições e revistas navais. Em março de 1726 o vice-almirante Francis Hosier comandou uma expedição naval até o Caribe, para bloquear a fortaleza espanhola de Portobello no Panamá. Em dois anos, uns quatro mil marinheiros britânicos, inclusive o próprio Hosier, foram vitimados por doenças. Richard ("Leonidas") Glover, um poeta "patriota" intransigente, lamentou o desastre e deplorou a má administração do governo na balada popular conhecida como "O Fantasma de Hosier". O almirante Nicholas Haddock foi enviado, na metade de 1738, para patrulhar a costa da Espanha com um esquadrão naval – uma ação ineficaz, na opinião da Oposição. A ilha de Bastimentos fica perto do Panamá. Porto Mahon, em Minorca, então uma possessão britânica, era a principal base naval britânica no Mediterrâneo.

Afirma-se mais, nas linhas finais, que o cavalo chupará o sangue do leão. Isso é ainda mais obscuro que todo o resto, e realmente as dificuldades com que me deparei desde a primeira menção do leão são tantas e tão grandes, que, uma vez, no desespero de não poder superá-las, quase desisti de meu projeto de publicar qualquer coisa sobre o tema; mas fui convencido pela persistência de alguns amigos, a quem não consigo negar nada, a retornar a meu projeto; e tenho que admitir que nada me animou tanto quanto a esperança com que me lisonjearam, de que meu ensaio poderia ser publicado no *Gazetteer*,[36] e com isso prestar um serviço a meu país.

Que um animal mais frágil possa chupar o sangue de um outro mais forte sem que este resista é totalmente improvável e incoerente com a preocupação com a autopreservação, tão observável em toda ordem e espécie de seres. Precisamos, portanto, necessariamente buscar algum outro sentido figurado que não esteja sujeito a uma objeção tão insuperável.

Se eu prosseguir no mesmo teor de interpretação que utilizei para explicar a lua e os lírios, é possível observar que existe um cavalo nas armas de H____.[37] Mas como é então que o cavalo chupa o sangue do leão? O dinheiro é o sangue do corpo político – Mas meu interesse em estabelecer a verdade não me obrigará a

---

[36] O *Daily Gazetteer*, que começou a ser publicado em 1735, seguia uma linha estritamente a favor do governo. A Oposição garantia que ele fosse distribuído de graça, à custa do governo, para disseminar a propaganda governamental. Veja *London*, I. 72, e a *Uma defesa conclusiva dos censores do teatro*, p. 135 adiante.

[37] O cavalo branco, a insígnia da grande casa guelfa da Saxônia, da qual descendiam os eleitores hanoverianos, era proeminente nas armas de Hanover e, portanto, apareceu nas armas reais britânicas entre a acessão de George I e a de Vitória, quando Hanover foi separada da Grã-Bretanha.

perseguir uma linha de pensamento que possa levar a conclusões tão indecorosas. A ideia é detestável, e, como está, só pode residir na mente de algum republicano virulento ou de um jacobita sangrento. Não há um só homem honesto na nação que não esteja convencido de que a tentativa de provar essa insinuação seria muito frágil. Uma insinuação que nenhum partido apoiaria e de uma tendência tão fatal e destrutiva que pode ser igualmente perigosa para o autor se for verdadeira ou se for falsa.

Como, portanto, não posso formular nenhuma hipótese sobre a qual uma interpretação coerente possa ser construída, devo deixar essas insinuações soltas e desconexas inteiramente para a honestidade do leitor e confessar que não acho que meu esquema de explicação seja justo, já que não posso aplicá-lo a todo o conjunto da inscrição sem me envolver em dificuldades, das quais até um intérprete mais capaz não acharia assim tão fácil libertar-se.

Estando, portanto, convencido da necessidade de uma revisão cuidadosa e deliberada dessas observações e de uma consulta com amigos, por cujas habilidades tenho o maior respeito e cuja imparcialidade, sinceridade e probidade conheço há muito tempo e experimentei com frequência, que minhas conjecturas são em geral muito incertas, muitas vezes até improváveis, e às vezes pouco menos do que aparentemente falsas, estive durante muito tempo em dúvida se devia ou não suprimi-las inteiramente e me contentar com a publicação no *Gazetteer* da inscrição, como está, gravada na pedra, sem tradução ou comentário, a menos que aquela sociedade criativa e erudita queira beneficiar o mundo com seus próprios comentários.

A esse esquema, que achei extremamente apropriado para o bem do público e sobre o qual me comuniquei ansiosamente com meus conhecidos e condiscípulos, foram levantadas algumas objeções, que, como não as tinha previsto, fui incapaz de responder.

Observou-se, primeiramente, que as *Daily Dissertations* publicadas por aquela fraternidade estavam escritas com tal profundidade de sentimentos e repletas de modos de expressão tão pouco comuns, que chegavam a ser suficientemente ininteligíveis para os leitores comuns e que, portanto, a obscuridade venerável dessa predição iria despertar a curiosidade e a atenção da humanidade muito menos do que se fosse exposta em qualquer outro jornal e colocada ao lado do estilo claro e fácil de um autor normalmente compreensível.

A esse argumento, por mais terrível que fosse, eu respondi, depois de uma breve pausa, com toda a deferência adequada à grande sagacidade e idade avançada daquele que levantava as objeções, que eu não podia senão conceber que sua posição se negava a si própria e que um leitor do *Gazetteer*, sendo, por sua própria confissão, acostumado a encontrar dificuldades, e procurar significados quando esses não fossem encontrados facilmente, deve estar mais preparado que qualquer outro homem para a leitura dessas expressões ambíguas. E que, além disso, a explicação dessa pedra, sendo uma tarefa que nada pode superar a não ser a mais aguda perspicácia aliada à paciência incansável, parecia na verdade reservada para aqueles que tinham dado provas de ambas no seu mais alto grau por lerem e entenderem o *Gazetteer*.

Essa resposta satisfez a todos menos àquele que havia levantado as objeções, que, com uma teimosia não muito incomum, agarrou-se à sua própria opinião, embora não a pudesse defender; e, não sendo capaz de dar qualquer resposta, tentou afogar meu argumento em riso, mas descobriu que o resto de meus amigos estava tão pouco disposto a gracejar sobre essa questão importante, que foi obrigado a conter sua alegria e a contentar-se com um silêncio mal-humorado e desdenhoso.

Outro de meus amigos, que também tinha se juntado a nós nessa ocasião, tendo reconhecido a solidez de minha resposta à primeira objeção, ofereceu uma segunda que, em sua opinião, não poderia ser vencida tão facilmente.

"Eu notei", disse ele, "que os ensaios no *Gazetteer*, embora escritos sobre assuntos muito importantes pelas mãos mais hábeis que a ambição pode inspirar, a amizade garantir ou o dinheiro conseguir, nunca, embora circulando por todo o reino com a maior assiduidade, tiveram nenhuma influência notável sobre o povo. Conheço muitas pessoas de capacidade incomum que acham que é suficiente ler esse jornal quatro vezes ao ano;[38] e outras que o recebem regularmente e, sem sequer olhá-lo, enterram-no como um tesouro sob o chão[39] para benefício da posteridade. De modo que, se inserida naquele jornal, a inscrição poderá afundar uma vez mais na escuridão e no esquecimento, em vez de informar nossa época e ajudar nosso atual ministério na regulamentação de suas medidas".

Um outro observou que nada era mais irracional que minha esperança de que quaisquer comentários ou elucidações seriam elaborados por aquela fraternidade, já que seus empregos não lhes

---

[38] Presume-se que em gratidão pelo pagamento trimestral de seus estipêndios pelo governo.
[39] A alusão familiar àquilo que Pope [*The Dunciad*, I] chamou de "o martírio dos simplórios". Será essa a única incursão de SJ na escatologia?

permitiam nenhum tempo livre para essas tentativas. Todos sabem que o panegírico não é, por sua própria natureza, uma tarefa fácil e que defender é muito mais difícil que atacar; considere então, disse ele, que trabalho, que assiduidade serão necessários para elogiar e defender um ministério como o nosso.

Outro insinuou que uma inscrição que não tinha nenhuma relação com nenhum grupo específico entre nós, e que tinha sido composta muitas épocas antes de os partidos que agora dividem a nação[40] existirem, não poderia ser transmitida adequadamente por meio de um jornal, dedicado a debates políticos.

Outro a quem eu havia comunicado minhas próprias observações de uma forma mais privada, e que havia inserido alguns de seus próprios argumentos, declarou, como sua opinião, que, embora bastante polêmicos e insatisfatórios, eles eram valiosos demais para serem perdidos. E que, embora inserir a inscrição em um jornal cujos números são distribuídos diariamente à custa do público seria certamente muito agradável para a intenção generosa do autor, ele, no entanto, esperava que, como todos os estudantes, de política ou de antiguidades, iriam receber tanta satisfação e tanto progresso da dissertação que acompanha a inscrição que nenhum deles lamentaria ter que pagar por uma diversão tão agradável.

É bastante óbvio que eu tenha cedido, finalmente, a motivos tão importantes e a tais insinuações de cumprimentos e decidido acei-

---

[40] A oposição, seguindo a orientação de Bolingbroke em sua *Dissertation on Parties*, 1733, achou útil deplorar o "espírito de partido" na política. (O mesmo fez o governo; a clássica resposta teórica a Bolingbroke, o *Thoughts on the Present Discontents*, de Burke, não foi publicado até 1770).

tar de uma vez os desejos de meus amigos e lisonjear a vaidade de um autor. Ainda assim, acho que eu teria quitado meu dever para com meu país de uma maneira muito imperfeita se não avisasse a todos aqueles a quem o interesse ou a curiosidade possam estimular a ler cuidadosamente este tratado que não deem demasiada importância a minhas explicações.

Não é fácil dizer como uma interpretação mais completa e indiscutível poderá ser obtida. Suponho que será aceito imediatamente que não se pode esperar que esse seja um trabalho para uma única mão, e sim resultado das investigações e trabalhos conjuntos de uma sociedade numerosa de homens capazes, instituída pela autoridade, selecionada com grande discernimento e imparcialidade e financiada pela nação.

Estou muito longe de ficar apreensivo, achando que qualquer proposta para a obtenção de um fim tão desejável será rejeitada por essa época tão inquisitiva e iluminada, e, portanto, colocarei diante do público o projeto que formulei e amadureci por longa consideração, para a instituição de uma sociedade de comentaristas sobre essa inscrição.

Humildemente proponho que trinta dos gênios mais renomados sejam escolhidos para essa função, metade deles das sociedades legais que inscrevem os advogados (os *Inns of Court*) e metade do exército, e sejam incorporados em uma sociedade durante cinco anos sob o nome de *Sociedade de Comentaristas*.

Que grandes empreendimentos só podem ser realizados por um grande número de mãos é evidente demais para que seja necessária qualquer prova; e temo que todos que lerem este projeto irão pensar que ele tem um grande defeito com relação a isso e que quando eles refletirem sobre quantos comissários foram considerados necessários em Sevilha[41] e que até suas negociações foram totalmente abortadas, provavelmente pela necessidade de mais membros, concluirão que propus coisas impossíveis e que os fins da instituição serão derrotados por uma frugalidade imprudente e inoportuna.

Mas se for considerado que as pessoas que recomendei são bem qualificadas por sua educação e profissão para as tarefas que lhes atribuí, a objeção virá a ser menos importante do que parece. Sabe-se bem que é um objeto permanente de estudo dos advogados descobrirem nos atos do Parlamento significados que não foram notados pelas comissões que os elaboraram e pelos senados que os aprovaram como leis e explicar testamentos com um sentido que é totalmente contrário à intenção do testador. Como será fácil para um adepto dessas artes admiráveis e úteis penetrar no significado mais oculto dessa predição! Um homem acostumado a se contentar com o sentido óbvio e natural de uma frase não abandona esse hábito facilmente, mas um advogado de alta estirpe nunca se contentará com um sentido quando há um outro a ser descoberto.

Tampouco as consequências benéficas desse projeto terminarão com a elucidação desse monumento; elas se estenderão até muito

---

[41] Talvez um erro de SJ, confundindo com "Soissons", onde um "congresso" com inúmeros representantes de poderes europeus se reuniram em 1728 e se dispersaram dois anos mais tarde sem terem obtido nenhum resultado concreto. As negociações britânico-espanholas em Sevilha tiveram como resultado o Tratado de Sevilha, assinado em 9 de novembro de 1729, e foram conduzidas por dois únicos plenipotenciários britânicos, William Stanhope (mais tarde Lord Harrington) e Benjamin Keene.

mais longe: pois os comentaristas, tendo aguçado e aprimorado sua sagacidade por esse curso de estudo longo e difícil, quando voltarem à vida pública prestarão serviços maravilhosos ao governo, examinando panfletos, canções e periódicos e preparando informação, indiciações e instruções para jurados especiais.[42] Eles serão maravilhosamente adequados para os postos de procurador e advogado gerais,[43] mas serão ainda melhores como censores para peças de teatro.

Os cavalheiros do exército[44] igualmente enriquecerão a esfera de ação que lhes atribuí, de conseguir solucionar as descobertas e os sentimentos de seus colegas em uma luz clara e agradável. Sabe-se

---

[42] Um jurado especial é sorteado de um painel restrito a pessoas de qualificações financeiras e sociais substancialmente mais altas que as de um jurado ordinário. Em *Rex vs. Francklin*, 1731, o editor de *Craftsman* foi julgado (por libelo sedicioso) por um jurado especial e não por um jurado comum, a pedido da acusação, e os funcionários legais de Walpole foram acusados de fazer do jurado especial um instrumento para ajudá-los a conseguir condenações em casos semelhantes (veja *London*, I. 252). As implicações políticas do uso do jurado especial – alega-se que eles devem ser necessariamente mais amigáveis para com o *status quo* do que os jurados ordinários – foram enfatizadas ainda em 1947, no caso amplamente divulgado de *Laski vs. The Newark Advertiser* (veja Kingsley Martin, *Harold Laski, 1893-1950*, 1953).

[43] Os principais funcionários do Judiciário da Coroa, responsáveis pela Promotoria Pública. Em 1739 eram Dudley Ryder e John Strange.

[44] Para sátiras posteriores de SJ sobre o caráter do soldado profissional, veja *Idler* 5, 21 ("A mais desprezível das situações humanas, a de um soldado em tempo de paz") e 30. É claro (p. ex. em "Remarks on the Militia Bill,", 1756) que SJ compartilhava da desconfiança que os *tories* tradicionais tinham de um exército permanente e profissional (sob o controle da Coroa), preferindo a ideia de uma milícia nacional de soldados de meio expediente (sob o controle do Parlamento). Quando o nome de SJ foi sorteado para servir com os *train-bands* (a milícia de Londres), ele respondeu com grande alegria e até providenciou para si próprio uma espada e um mosquete (*Life*, iv, 319).

que os advogados não gostam muito de expressar suas ideias, já que, na maioria das vezes, são capazes de se fazer entender unicamente por sua própria fraternidade. Mas os gênios do exército têm oportunidades suficientes por seu livre acesso às recepções masculinas e à toalete,[45] seu comparecimento constante a bailes e assembleias, e aquele lazer abundante de que eles desfrutam mais do que qualquer outro grupo de homens, de se familiarizarem com todas as palavras novas e modos de expressão correntes e de atingirem a maior simpatia e a delicadeza mais refinada da linguagem.

Será necessário que, durante seu comparecimento às festas sociais, fiquem isentos de qualquer obrigação de aparecer no Hyde Park; e que não sejam afastados de seus estudos nem em caso de uma emergência, por mais premente que essa seja, a não ser que a nação esteja em perigo imediato em virtude de uma insurreição de tecelões, mineiros ou contrabandistas.[46]

É possível que não se possa encontrar no exército um número de homens assim, que se dignaram a passar pelos trabalhos e pelas formas de educação cansativas que são usadas nas classes inferiores, ou que se submeteram a aprender as artes mercantis e plebéias de escrever e ler: Devo admitir que, embora eu concorde totalmente com a ideia de que tais realizações triviais são inúteis na profissão militar e de sua incoerência com realizações mais valiosas, embora

---

[45] Ocasiões para recepção formal de visitantes pelo rei.
[46] O Discurso do Trono na abertura do Parlamento em 1735 lamentava inúmeros tumultos como esses que haviam ocorrido recentemente, particularmente o conhecido caso Porteous em Edimburgo. A Oposição aproveitou a oportunidade para acusar o governo de má administração, e Carteret propôs uma moção para uma investigação parlamentar (*Parliamentary History*, ix. 1274-1311).

eu esteja convencido de que um homem que pode ler e escrever torna-se, pelo menos, uma companhia muito desagradável para seus colegas, os demais soldados; se ele não evitar totalmente conhecê-los, é provável que esteja propenso a absorver de seus livros estranhas noções de liberdade e independência, e até às vezes de moralidade e virtude, que são absolutamente incoerentes com o caráter desejável em um cavalheiro fino: embora escrever muitas vezes manche o dedo mais branco, e a leitura tem uma tendência natural a anuviar a aparência, e deprimir aquela vivacidade leve e despreocupada que é a característica distintiva de um guerreiro moderno, no entanto, nessa única ocasião, eu não posso senão desejar ardentemente que por uma busca estrita seja possível descobrir no exército quinze homens que saibam ler e escrever.

Sei que o conhecimento do alfabeto é tão mal afamado entre esses senhores, que aqueles que por má sorte o aprenderam anteriormente esqueceram-no parcialmente por falta de uso e parcialmente escondem o fato do mundo para evitar as zombarias e os insultos aos quais sua educação pode sujeitá-los: proponho, portanto, que todos os oficiais do exército possam ser examinados sob juramento,[47] um por um, e que, se não for possível selecionar quinze que estejam naquele momento assim qualificados, a falta possa ser suprida com aqueles que, tendo um dia aprendido a

---

[47] Parte da sátira. Para o que SJ tem a dizer sobre a loucura e a imoralidade dos inúmeros juramentos administrativos, veja "Cometários sobre o projeto de lei da Milícia" e *Life, passim*. A atitude era *tory*, originando-se da multiplicidade de "juramentos de lealdade" de um tipo ou de outro exigidos pelos regimes de Guilherme III e George I.

ler, possam, talvez, com a ajuda do mestre, em um breve período, refrescar suas memórias.

À primeira vista dessa proposta, poderíamos pensar que não seria impróprio atribuir a todos os comentaristas um leitor e secretário; mas pode ser facilmente imaginado não só que o público possa começar a murmurar sobre esse aumento das despesas, mas que pela deslealdade ou negligência de seus empregados as descobertas da sociedade possam ser levadas a cortes estrangeiras e aproveitadas em detrimento de nosso próprio país.

Para a residência dessa sociedade, não consigo pensar em um lugar mais adequado que o Hospital de Greenwich,[48] no qual podem ter trinta apartamentos arrumados para eles, para que possam fazer suas observações em particular e reunir-se uma vez por dia no *hall* pintado para compará-las.

Se acharem que o estabelecimento dessa sociedade é uma questão importante demais para ser adiada até que os novos prédios estejam terminados, será necessário criar espaço para sua recepção expulsando dali marinheiros que não têm outras justificativas para se estabelecerem ali a não ser membros fraturados, perda de olhos ou constituições deterioradas, que foram aceitos ultimamente em tais números que agora é quase impossível acomodar o cavalariço, o lacaio ou o mensageiro de um nobre de uma maneira apropriada à dignidade de sua profissão e ao projeto original da fundação.

---

[48] Fundado em 1694 por Guilherme e Mary como um asilo para veteranos da Marinha deficientes. Não sei nada sobre a ocasião que provocou as insinuações de SJ de que os marinheiros estavam sendo vitimados a fim de prover para os dependentes dos nobres. SJ morou em Greenwich na primeira vez que veio para Londres em 1737.

A situação de Greenwich naturalmente lhes dará disposição para a reflexão e para o estudo; e um cuidado particular deve ser tomado para que nenhuma interrupção vá fazer divagar sua atenção, ou distrair suas meditações; por esse motivo, todas as visitas e cartas de senhoritas estão estritamente proibidas; e se algum dos membros for apanhado com um cachorrinho, um baralho de cartas, uma caixa de dados, um tabuleiro de damas, uma caixinha de rapé ou um espelho, pela primeira ofensa ele será confinado por três meses a mingau feito com água e pela segunda, será expulso da sociedade.

Nada mais resta do que preparar um orçamento dos gastos necessários para levar a cabo esse projeto nobre e generoso. O salário permitido a cada professor não pode ser menos de duas mil libras por ano, que é, com efeito, mais que o estipêndio normal de um fiscal de impostos;[49] mas deve ser lembrado que os comentaristas têm um emprego muito mais importante e difícil e podem esperar que seus salários durem apenas pelo curto intervalo de cinco anos; enquanto um diretor (a não ser que ele imprudentemente se deixe

---

[49] Para uma referência cáustica anterior aos impostos, veja *London* I.29; há inúmeras outras mais tarde. Os impostos, a partir de sua introdução na Inglaterra em 1643, parecem ter sido mais geralmente associados com as administrações *whig* que com as *tories*, embora tenha sido um estatuto introduzido pelo *tory* Harley (9 Anne, c.11) que fez com que a cutelaria de Michael Johnson fosse considerada culpada em 1725. A conhecida definição de SJ no *Dictionary* não precisa ser justificada por animosidade pessoal: o que os polêmicos *tories* criticavam principalmente com relação às leis sobre impostos era o fato de atribuírem poderes quase judiciais ao comissários ou fiscais de impostos, nomeados e despedidos pelo executivo – a extensão do *droit admnistratif*. CF. Blackstone, *Commentaries*, 2ª edição, 1769, I.318 ("O rigor e os procedimentos arbitrários das leis de impostos parecem quase não ser compatíveis com a situação de um país livre"); iv. 278.

arrebatar por uma ternura extravagante por seu país) tem um emprego para toda a vida.

Será necessário planejar para a sociedade em geral trinta mil libras por ano para o apoio das despesas reais e quarenta mil para o serviço secreto.[50]

Assim o ministério terá uma boa perspectiva de obter o pleno sentido e a importância da predição, sem incomodar o público com mais de 65 mil libras que poderão ser pagas do fundo de amortização;[52] ou, se não for considerado adequado violar aquele tesouro sagrado convertendo qualquer parte dele para usos que não os planejados inicialmente, o dinheiro pode ser levantado facilmente por um imposto individual, ou uma taxa sobre o pão.

Tendo completado meu projeto, um projeto calculado para o benefício público, sem consideração com nenhum partido, eu pediria a todas as seitas, facções e diferenças humanas entre nós para deixarem de lado por algum tempo suas inimizades partidárias e pequenas animosidades e, com uma concorrência especial nessa ocasião urgente, ensinarem à posteridade a sacrificar todos os interesses particulares em benefício de seu país.

Finis

---

[50] Supunha-se que a "corrupção" de Walpole era realizada através do "dinheiro do serviço secreto" — uma parte da lista de receitas civis do rei para a qual não se fazia nenhuma contabilidade pública. A oposição falou muito sobre isso durante o debate, em 1736, da moção de Pulteney no sentido de que solicitassem ao rei que estabelecesse a quantia de cem mil libras por ano para o príncipe de Gales, fora da lista civil. "Apoio à mesa pública" pode talvez ser interpretado como um ataque ao alvo permanente dos oposicionistas ingleses, os gastos da casa real.

[51] Em 1717, Walpole foi instrumental no estabelecimento do Fundo de Amortização [Sinking Fund] "inviolável", por meio do qual a dívida nacional seria pouco a pouco eliminada. Mais tarde, no entanto, ele o usou para criar *déficits* na receita pública corrente.

Uma defesa conclusiva dos censores do teatro (1739)

Henry Brooke é uma figura de alguma importância na história da literatura inglesa e do pensamento político do século XVIII. De um modo geral, é mais associado com o fim do que com o princípio do século: seu livro mais famoso, *The Fool of Quality*, foi publicado em 1766-70 e ganhou nova reputação quando foi reeditado por John Wesley em 1781, como *The History of Henry Earl of Morland*. Brooke é também associado com a Revolução Francesa e o movimento romântico; C. E. Vaughan, em *Cambridge History of English Literature* (Vol. X, cap. 3), diz sobre ele:

> "Brooke captou uma parte maior daquilo que Rousseau veio ensinar ao mundo, e sentiu-o também com muito mais intensidade que [Henry] Mackenzie. Para poder encontrar qualquer coisa que se aproxime da intensidade de seu sentimento e de sua revolta contra os erros do sistema social, temos que ir um pouco adiante, aos anos que se seguiram imediatamente à erupção da Revolução Francesa, em particular de 1790 a 1797 – os anos de Paine e Godwin, da 'trombeta de um *penny* de sedição'..."

Caroline Spurgeon, em outro capítulo do mesmo livro (Vol. IX, cap. 12), comenta sobre a dívida de Brooke para com William Law e Jakob Böhme e a apreciação de seu trabalho pelos metodistas. "Ele [o livro *Henry Earl of Morland*] tornou-se", disse ela, "a leitura favorita de gerações de wesleyanos devotos e, dessa maneira, passou por muitas edições". A primeira reação de quem estuda Johnson quando descobre que um *tory* extremado como ele foi um aliado de Brooke no começo das carreiras de ambos, pode achar graça dessa associação e não lhe dar muita importância, considerando-a uma dessas estranhas ironias da história. No entanto, como Brooke e Wesley, Johnson também foi profundamente influenciado pelo direito; além disso, sofreu intensamente com os erros do sistema social, não só na década de 1730, mas durante toda a sua vida. Como, exatamente, podemos definir o *"torismo"* de Johnson e em que realmente consistia, de um modo geral, a ideologia básica do torismo na Inglaterra do século XVIII — essas são perguntas que ainda esperam uma investigação competente por historiadores sérios.

De qualquer forma, o governo de Walpole em 1739 não tinha a menor dúvida de que a peça de Brooke, *Gustavus Vasa*, era uma "trombeta de um *penny* de sedição" — e se sedição significa incitação à rebelião, o leitor moderno que abre seu caminho através dessa precisa alegoria da queda de um primeiro-ministro corrupto (e da expulsão do rei estrangeiro que o apoiava) pode estar inclinado a concordar com o governo, por mais que Brooke pudesse protestar contra essa opinião. Dizer que o herói Gustavus tinha um direito hereditário ao trono sueco mais válido do que o do usurpador dinamarquês também pode ser considerado propaganda jacobita. Se a peça tivesse sido suprimida silenciosamente sob os antigos poderes, vagamente definidos, do Camareiro-mor (*) (que sucedeu ao Mestre

---

(*) No original, "Lord Chamberlain", chefe da administração do domicílio real, e antes o censor de peças a serem representadas. (N. T.)

das Festividades), como foi feito no caso da peça *Polly*, de Gay, dez anos antes, é possível que a reação do público não tivesse sido tão forte. Infelizmente, em 1737, o governo, exasperado por algumas sátiras teatrais da época, havia tido o trabalho de codificar esses poderes de supressão em um estatuto, 10 Geo. II, c28. (O ato foi revogado em 1843, mas as cláusulas sobre censura foram repetidas nas Leis da Censura nos Teatros 6 & 7, Vict. C.68.) Pelo que parece sem nenhuma oposição, a não ser a de Lord Chesterfield, o ato foi rapidamente aprovado no Parlamento. O argumento para que fosse aceito foi que o ato estava apenas colocando nos livros do estatuto poderes que há muito eram praticados por prescrição. Mas, ao torná-lo oficial, eles o divulgaram e o fizeram objeto do escrutínio de críticos tão intensos quanto Samuel Johnson e, mais tarde, Bernard Shaw. Por mais surpreendente que pareça, a censura de peças de teatro pelo Camareiro-mor só foi abolida depois de 1968.

Para assisti-lo no trabalho de censura, o Camareiro-mor foi autorizado a nomear um examinador e um examinador-assistente de peças, com salários anuais de 400 e 200 libras, respectivamente. Todos os três postos eram políticos; em 1739 estavam ocupados, respectivamente, pelo duque de Grafton, Walter Chetwynd e Edward Capell. No caso de *Gustavus Vasa* — a primeira proibição de uma peça sob o ato de 1737 —, tanto Grafton (o segundo duque), um antigo e inofensivo burro de carga do regime, quanto Capell, um escritor pouco conhecido e mais tarde rival de Johnson como editor de Shakespeare, provavelmente tiveram menos importância do que Chetwynd, que parece ter agido em nome de Walpole nesse assunto. Ao examinar a participação de Johnson nesse caso, pode ser significativo lembrar que os Chetwynds eram uma das famílias politicamente mais ativas e influentes do condado de Staffordshire, tendo sido *tories* e mais tarde walpolitas. Em 1739, os dois membros principais da família, John, visconde de Chetwynd, e William Richard Chetwynd, ambos membros do Parlamento por Stafford, estavam, uma vez mais, na oposição. William Chetwynd de Brocton, o examinador das peças, ainda era, no entanto, um seguidor de Walpole, e, sem dúvida, devia sua nomeação ao desejo de Walpole de manter ou reconquistar tudo que pudesse em termos da influência da família. Johnson certamente conhecia a história dos Chetwynds: um outro Walter Chetwynd, de Grendon, havia sido membro do Parlamento *whig* por Lichfield, de 1715 a 1731, e a mãe do examinador era uma das Sneyds, de Keele, uma antiga família *tory* de Lichfield que Johnson conhecia (veja H. E. Chetwynd-Stapylton, *The Chetwynds of Ingestre*, 1892). As políticas auto-interessadas dos Chetwynds no começo do século XVIII lembram aquela de seus vizinhos e associados políticos, os Leveson Gowers, de Trentham: sabemos o que Johnson pensava *deles ("renegado...* às vezes dizemos um *Gower"*). Não é inconcebível que o ressentimento pela deslealdade dos Chetwynds para com os *tories* do condado de Stafford tivesse sido uma das razões para a virulência do panfleto de Johnson e talvez até a causa principal para que o panfleto tivesse sido escrito.

No anúncio de 17 de março de 1739 (*Daily Advertiser*), Brooke entregou a história ao público:

> Enquanto no dia 24 de fevereiro próximo passado a cópia de uma peça intitulada *Gustavus Vasa, o Salvador de seu País* (então em ensaios no Teatro Drury-Lane) foi entregue ao Sr. Chetwin, o censor-assistente, de acordo com um estatuto feito e fornecido

em tal caso; e embora o autor da dita peça tenha, de quando em quando e com a frequência que uma indisposição violenta de cujos efeitos ainda sofre, permitisse, esperado e ansiosamente solicitado ao dito Sr. Chetwin para liberar a encenação de dita peça: mas, ainda mais enquanto o dito Sr. Chetwin, por meio de vários atrasos, e sob vários pretextos, vem deferindo liberar a dita peça por vinte e um dias, sendo sete dias além do tempo expresso limitado e indicado pelo estatuto, e tem, sem exceção de uma única linha ou sentimento na dita peça, ou determinando qualquer causa pública ou aparente, ou razão por recusar-se a liberar ou conseguir uma licença para a mesma, embora o autor tenha frequentemente insistido para que lhe seja mostrada ou atribuída tal causa ou razão; esse autor, entendendo que está sendo altamente prejudicado, a fim de reparar os danos que por isso vem sofrendo, propõe imprimir a dita peça por assinatura em papel real a cinco xelins cada cópia e humildemente espera o encorajamento de todos os amantes imparciais da virtude e da liberdade.

Henry Brooke

Maiores detalhes foram dados no prefácio-dedicatória aos assinantes, na versão impressa da peça: "Esta peça foi ensaiada por cinco semanas, o dia estava marcado para a estreia e muitas centenas de bilhetes tinham sido vendidos, e eu imaginei que não tinha nada a temer a não ser possíveis fragilidades do desempenho." As assinaturas tiveram uma recepção entusiástica; entre os assinantes (quase mil) aparecem Johnson, Chesterfield e Swift (dez cópias). A peça foi finalmente publicada no dia 5 de maio de 1739, depois de um atraso em virtude da doença de Brooke.

Uma defesa conclusiva dos censores foi anunciada para venda pela primeira vez no dia 25 de maio. O fato de Johnson só ter começado a escrevê-la depois de ter visto a peça de Brooke impressa mostra a rapidez com que ele escrevia. Não há evidência de que Johnson, durante sua vida, tivesse sido conhecido como autor da peça. A única fonte a favor de sua autoria parece ser a declaração em "An Account of the Writings of Dr. Samuel Johnson", na *European Magazine*, janeiro 1785, p. 9. "Esse panfleto é atribuído ao Dr. Johnson, e a fonte dessa informação foi um velho livreiro que se lembra de tê-lo publicado." No entanto, essa atribuição de autoria nunca foi questionada e não é provável que o seja.

A *Defesa* deve ser lida junto com "O mármore de Norfolk", que a precedeu no prelo por uns quinze dias apenas. As acusações contra os walpolianos são as mesmas; a técnica, a de uma máscara irônica de um defensor daquilo que o autor deseja condenar, é a mesma. O leitor sensível pode, no entanto, descobrir uma maior sagacidade no retrato do "defensor" se comparado ao do comentarista de "O mármore de Norfolk". O defensor do partido em "O mármore de Norfolk" é um idiota, e fala tantas bobagens que é difícil levá-lo muito a sério. O narrador na *Defesa* é mais intensamente dedicado à causa ruim do obscurantismo autoritário, mais cruel, mais perigoso. O argumento contra a censura por lei do Executivo, contra o abuso do poder do Executivo em geral, é formulado de uma maneira irrefutável, até brilhante: em comentários como "Que é o poder senão a liberdade de agir sem ser responsabilizado?" e "Nossa intenção era ... dar-lhe poder (ao Camareiro-mor) para fazer sem motivo aquilo que ele podia fazer antes *com motivo*", Johnson vai diretamente ao cerne de questões importantes de teoria política. Durante toda a peça sente-se algo da paixão libertária de um Swift ou de um Orwell. Como um manifesto da liberdade do teatro e da imprensa, como uma ação na defesa eterna da mente humana contra as forças que controlam as ideias, a *Defesa* de Johnson merece ser mencionada na mesma categoria que seu arquétipo, a *Areopagitica* de Milton.

O texto aqui acompanha o de 1739, a única edição autorizada. O panfleto foi reeditado nas obras completas (*Works*, 1788, vol. XIV), e coleções subsequentes.

Uma Defesa Conclusiva dos Censores do Teatro contra as calúnias maliciosas e escandalosas do Sr. Brooke, autor de Gustavus Vasa. Com uma proposta para dar mais amplitude ao posto de censor e torná-lo mais eficaz. Por uma mão imparcial

Em geral, todos os escritores, de todos os partidos, concordam que, quando se trata de grau de culpa, poucos crimes são iguais ao de caluniar uma administração boa e tolerante ou de defender uma que seja má e opressora.[1]

É, portanto, com a maior satisfação mental que reflito sobre o número de vezes que usei minha pena para defender o atual ministério e seus dependentes e partidários, com que frequência detectei os erros enganadores dos advogados da independência e quantas vezes suavizei a obstinação do patriotismo e quantas vezes triunfei por sobre o clamor da oposição.

---

[1] Cf. "To Mr. Urban," *Gentleman's Magazine*, janeiro 1739, pp. 3-4: "Para limpar o caráter de um bom rei das calúnias da dissensão, ou das representações errôneas causadas pela inveja, é a obrigação de todos os homens que tiverem uma oportunidade de abrir os olhos dos iludidos; mas é ainda muito mais sua obrigação avisar as pessoas a respeito de quaisquer invasões planejadas de seus direitos e liberdades, já que a felicidade de vinte mil é de vinte mil vezes mais valor que a felicidade de uma pessoa." Essa peça foi atribuída a SJ (sem dúvida corretamente) por Hill, *Life*, I.139, n. 2.

Com efeito, tenho observado um único grupo de homens em quem todos os meus argumentos são desperdiçados, que nem a lisonja pode atrair para um acordo, nem as ameaças levar à submissão, e que têm, apesar de todos os expedientes que a invenção ou a experiência poderiam sugerir, continuado a exercer suas habilidades em uma oposição vigorosa e permanente a todas as nossas medidas.

O comportamento irresponsável desses homens, a determinação entusiasta com a qual, após uma centena de derrotas sucessivas, ainda renovam seus ataques, o espírito com o qual continuaram a repetir seus argumentos no Senado, embora tivessem encontrado uma maioria decidida a condená-los e a inflexibilidade com a qual rejeitaram todas as ofertas de postos e promoções[2] finalmente tanto estimularam minha curiosidade que comecei a investigar com grande diligência para descobrir quais seriam os motivos reais para sua conduta, e que princípio era esse que tinha força para inspirar um zelo assim tão inextinguível e para animar esforços tão incansáveis.

Por esse motivo, tentei cultivar um conhecimento mais próximo com alguns dos chefes daquele partido e imaginei que seria necessário durante algum tempo simular meus sentimentos para poder conhecer os deles.

Para um político verdadeiro a dissimulação não é difícil, e, com isso, rapidamente assumi a personalidade de um prosélito, mas descobri que seu princípio de ação era nenhum outro a não ser aquele

---

[2] Como muitos outros, SJ ficou desiludido quando, após a queda de Walpole em 1742, Carteret, Sandys e outros "patriotas" *whigs* aceitaram "postos" (e Pulteney um condado) com uma alacridade indecorosa. Lyttelton e Pitt tiveram que esperar uns poucos anos mais para as recompensas tangíveis por seu patriotismo.

que eles não tinham nenhum escrúpulo em confessar da maneira mais pública possível, apesar do desprezo e ridículo a que isso os expõe todos os dias, e a perda daquelas homenagens e lucros dos quais os excluem.

Essa paixão selvagem, ou princípio, é uma espécie de fanatismo pelo qual eles distinguem aqueles de seu próprio partido, que eles consideram como sendo uma certa indicação de uma grande mente. Não temos nenhum nome específico para isso *na corte*,[3] mas entre eles usam uma espécie de jargão profissional para denominá-lo, *consideração pela posteridade*.

Essa paixão parece predominar em todo seu comportamento, regulamentar todas as ações de suas vidas e sentimentos de suas mentes. Eu ouvi L___ e P____,[4] quando tinham feito uma oposição vigorosa ou arruinado a fina flor de algum esquema ministerial, gritar no auge de seu júbilo: "Isso merecerá o agradecimento da posteridade!" E quando seus adversários, como ocorre com muito mais frequência, forem mais numerosos e os vencerem, eles irão dizer com um ar de vingança e uma espécie de triunfo sombrio: "A posteridade os amaldiçoará por isso".[5]

---

[3] *"At court"* significa mais ou menos "no governo".

[4] *1788* fornece uma nota de rodapé "Lyttelton e Pit". O bispo Percy se refere à amizade de infância que SJ tinha com George Lyttelton, "com quem, tendo tido algumas brigas familiares, ele supostamente desenvolveu aquele preconceito que tão impropriamente fez com que ele se intrometesse na vida daquele ilustre nobre" (*Miscellanies*, II. 208). Em virtude do elogio de Lyttelton feito por SJ aqui, pode ficar alguma dúvida sobre a precisão da análise psicológica de Percy.

[5] A ocasião mais conhecida em que ocorreram acusações contra Walpole por desrespeito à posteridade foi em 1736, quando ele colocou no orçamento um gasto de 600 mil libras esterlinas para uso corrente, tirando o dinheiro do fundo de amortização.

É comum entre homens sob a influência de algum tipo de exaltação a crença de que o mundo inteiro tem as mesmas noções estranhas que confundem suas próprias imaginações. Se esses pobres homens, esses patriotas iludidos, soubessem como estamos pouco interessados na posteridade, jamais tentariam nos amedrontar com suas maldições, ou nos tentar para que abandonássemos nossos próprios interesses na expectativa de sua gratidão.

Mas sua paixão é tão forte que eles parecem ter esquecido até as leis básicas de autopreservação, pois sacrificam sem escrúpulo qualquer esperança favorável, qualquer divertimento predileto e qualquer satisfação na vida a essa "paixão dominante" e, a cada passo, parecem levar mais em consideração a vantagem que aquilo tem para a *posteridade* do que para eles próprios.

Ilusão estranha! que pode fazer todos os seus pensamentos se voltarem para uma raça de homens que eles nem conhecem, nem podem conhecer; de quem não se pode temer nada, nem esperar qualquer coisa; que não podem nem mesmo subornar um jurado especial,[6] nem têm sequer uma única fita[7] para doar.

Essa afeição pela posteridade é uma espécie de loucura que em Roma foi uma vez quase epidêmica e infectou até mesmo mulheres e crianças. Lá ela reinou até a destruição total de Cartago, tendo,

---

[6] Veja nota 42, p. 129 anteriormente.
[7] As fitas largas das Ordens dos Cavaleiros, da Jarreteira, do Cardo e do Banho – os fios de seda azul, verde e vermelha das *Viagens de Gulliver*, Livro I. Walpole foi distinguido durante seu mandato com a concessão da Ordem da Jarreteira, um dos raríssimos membros da Câmara dos Comuns a receber essa homenagem. A Ordem do Banho tinha sido "revivida" por Walpole e George I em 1725, principalmente para recompensar aliados políticos; essa ação foi objeto de muita sátira à época.

SAMUEL JOHNSON

depois disso, se tornado menos generalizada. Poucos anos mais tarde foi descoberto um remédio graças ao qual ela foi quase totalmente eliminada.[8]

Na Inglaterra ela nunca prevaleceu em um grau assim tão alto, mas uns poucos dos antigos barões[9] parecem realmente ter sido

---

[8] O fato de o sucesso de Roma sobre sua rival Cartago ter marcado o começo da decadência da "primitiva virtude romana" era um lugar-comum repetido com frequência. A afirmação é encontrada nos próprios historiadores romanos Salústio, *De Bello Catilinario* (que SJ traduziu – veja *Life*, iv. 383, n. e Yale *Works* I.367): "*Carthago aemula imperi Romani ab stirpe interiit, cuncta maria terraeque patebant: saevire fortuna ac miscere omnia coepit... Igitur primo pecuniae, deinde imperi cupido crevit; ea quasi materies omnium malorum fuere*" (Cap. X). Salústio continua expondo essa tese com algum detalhe. Entre as mulheres "patriotas" romanas, vem à mente, especialmente, Cornélia, a mãe dos Gracos, cujas atividades foram consideradas um marco nas últimas lutas do patriotismo primitivo romano. O "remédio" a que se refere SJ pode ser o surgimento de ditadores como Sila (a analogia moderna seria Walpole).

É bastante provável que SJ tenha lido Montesquieu, *Considérations sur les causes de la grandeur des Romains e de leur décadence* (1734): "Roma não era mais uma cidade cujo povo possuía o mesmo espírito, o mesmo amor da liberdade, o mesmo ódio à tirania; na qual a inveja do poder do Senado e as prerrogativas dos grandes – sempre misturada com o respeito – era na verdade nada mais que um amor à igualdade" (trad. J. Baker 1882, Cap. ix). A visão interessante de Montesquieu sobre o que é que torna uma constituição nacional saudável não se diferencia muito daquela que encontramos em *The Sentimentos of a Tory* (1741); veja n. 4 p. 19 anteriormente.

Em 1756, SJ já havia abrandado sua admiração pelos primeiros romanos – "um povo que, enquanto era pobre, roubava a humanidade, e assim que ficou rico, roubava uns aos outros" (resenha *de Memoirs of the Court of Augustus*, de Thomas Blackwell).

[9] P. ex. os barões do tempo da Magna Carta. É tão surpreendente ver SJ propagando a lenda *whig* (a que Burke deu um ímpeto novo) da aristocracia inglesa como fundadores e protetores da liberdade do país quanto vê-lo exaltando as virtudes primitivas da república romana. Nada parecido irá ser encontrado no Johnson posterior.

confundidos por ela, mas o contágio foi, na maioria dos casos, evitado a tempo, e nossas senhoras ficaram geralmente livres.

Mas em todas as épocas sempre houve um grupo de homens muito admirados e reverenciados, que tinham predileção por estar sempre falando da posteridade e dedicaram suas vidas à composição de poemas com o objetivo de serem aplaudidos por essa geração imaginária.

A meu ver, os poetas atuais estão entre os inimigos mais inexoráveis de nosso digníssimo ministério, e duvido muito que qualquer método possa obter a cura de uma perturbação que nessa classe de homens não pode ser denominada uma doença acidental e sim um defeito em sua estrutura e constituição originais.

O Sr. Brooke, um nome que menciono com todo o ódio adequado a meu caráter,[10] não podia abster-se de descobrir essa depravação de sua mente no seu próprio prólogo, que está repleto de sentimentos tão selvagens, e tão pouco conhecidos entre aqueles que freqüentam recepções formais e cortes, que duvido muito que o censor cuidadoso tenha ido adiante no exame de seu desempenho.

Ele poderia facilmente perceber que um homem,

Que proclamou sua radiância moral através de todas as épocas,[11]

era intolerante demais com relação a noções falsas, para compor uma peça que ele (o censor) pudesse autorizar sem risco evidente

---

[10] O caráter de "uma mão imparcial" presumivelmente.
[11] *Gustavus Vasa*, prólogo, II. 29-30: "He ['our bard'] to no state, no climate, bounds his page/ But bids his moral beam thro' every age." (Ele [nosso bardo] cuja página não é ligada a nenhum estado ou clima, mas que anuncia sua radiância moral por todas as épocas.)

Samuel Johnson

para sua posição, um risco em que nenhum homem iria incorrer sem comprometer o amor à posteridade.

Não podemos, portanto, estranhar que um autor, totalmente possuído por essa paixão, devesse dar vazão a seu ressentimento pela recusa justa do censor, por meio de anúncios virulentos, reclamações insolentes e afirmações obscenas de seus direitos e privilégios e, desafiando a autoridade, continuar exigindo uma aprovação.

Esse temperamento que venho descrevendo é quase sempre relacionado com ideias sobre as altas prerrogativas da natureza humana, de um direito natural inalienável, que nenhum homem nos conferiu e que nenhum rei pode subtrair, nem os senados distribuir,[12] e que podemos justamente fazer valer sempre que ele for atacado e por quem quer que seja, e que, se por acaso acontecer de ele ser perdido, poderemos tentar recuperá-lo na primeira oportunidade.

A consequência natural dessas quimeras é o desprezo pela autoridade, e uma irreverência por qualquer superioridade que não seja baseada no mérito, e suas noções de mérito são muito peculiares, pois, entre eles, não é grande prova de mérito ser rico e poderoso,

---

[12] A doutrina da inalienabilidade do direito individual à vida, à liberdade e à propriedade que Locke havia transformado no axioma básico de sua teoria política e sobre a qual se insistia muito no século XVIII, por exemplo, na Declaração da Independência americana. Em 1775, SJ já estava numa situação em que podia desferir-lhe um golpe contundente: "Se eles [os colonos americanos] tivessem direito aos privilégios ingleses, fossem responsáveis perante as leis inglesas, e aquilo que deve afligir o amante da liberdade ao descobrir, tivessem cedido ao rei e ao parlamento, se o direito ou não, pelo menos o poder de dispor, *sem seu consentimento, de suas vidas, liberdades e propriedades* [itálico de SJ]" ("Tributação, não tirania" p. 698 adiante).

ter recebido uma ordem ou uma estrela, comandar um regimento ou um senado, ser ouvido pelo ministro ou pelo rei, ou possuir qualquer dessas virtudes e excelências que entre nós dão a um homem o direito a pouco menos que adoração e submissão.

Podemos, portanto, facilmente imaginar que o Sr. Brooke se julgou com direito a insistir persistentemente em uma autorização, porque, em sua própria opinião, ele a merecia, e a queixar-se enfaticamente da rejeição que recebeu.

Suas reclamações, espero, terão pouca influência sobre o público, já que as opiniões da seita em que ele está registrado são visíveis e mostraram ser claramente e demonstravelmente opostas àquele sistema de subordinação e dependência ao qual devemos a presente tranquilidade da nação, e pela jovialidade e prontidão com que as duas Câmaras concordam com todos os nossos projetos.

No entanto, para silenciá-lo completamente, ou pelo menos para mostrar àqueles de nosso partido que ele deve ser silenciado, irei examinar individualmente cada caso ilustrativo de privação e opressão que ele ousou publicar nos jornais e publicá-lo de tal forma que espero que ninguém vá me condenar por falta de honestidade por ter me tornado um defensor do ministério, se posso considerar seus anúncios como nada menos que *um apelo a seu país*.

Que eu seja perdoado se não posso falar com tranquilidade de uma insolência como esta: será que um homem sem título, pensão, ou posição pode suspeitar da imparcialidade ou do juízo daqueles que estão incumbidos da administração dos negócios públicos? Quando a lei não é estritamente observada com relação a ele, será que ele deve se sentir "prejudicado",[13] falar de seus sentimentos

---

[13] Citação do anúncio de Brooke de 17 de março de 1739, p. 139 anteriormente.

na imprensa, afirmar seu direito a um tratamento melhor, e correr em busca de reparação em outro tribunal?

Se tais práticas forem permitidas, não me arriscarei a predizer seus efeitos, o ministério pode se convencer de que tais sofredores irão encontrar compaixão, e que é mais seguro não os tratar com severidade do que permitir que se queixem.

Com relação ao poder da censura em geral, que foi firmemente estabelecida por um Ato de Parlamento, nosso poeta não tentou questionar, mas se contentou em censurar a maneira na qual esse poder foi exercido. Portanto, meu compromisso aqui não é afirmar a autoridade do censor e sim defender sua conduta.

O poeta parece se sentir prejudicado porque o censor guardou sua tragédia durante vinte e um dias enquanto a lei permite que ele a mantenha apenas por quatorze dias.

Onde terminará a insolência dos descontentes? Como é possível que expectativas tão absurdas sejam satisfeitas? Já se ouviu dizer alguma vez que um homem enaltecido por sua alta posição tenha dispensado um suplicante no tempo estabelecido pela lei? Será que o Sr. Brooke não deveria estar contente porque sua peça não ficou detida por ainda mais tempo? Se ele tivesse ficado na expectativa durante um ano, que reparação poderia ter obtido? Deixe que os poetas lembrem, quando eles se apresentam diante do censor, ou de seu assistente, que eles estão em um tipo de tribunal em que recursos não são permitidos[14] e em que nada lhes será mais adequado do que a reverência e a submissão.

---

[14] A objeção de SJ à Lei da Censura, como sua objeção aos regulamentos sobre impostos, não é sem importância e vai ser ouvida ainda com maior frequência no século XX que no século XVIII. É a objeção permanente ao *droit*

O Sr. Brooke menciona em seu prefácio seu conhecimento das leis de seu próprio país,[15] mas se ele tivesse estendido suas investigações às leis civis, teria encontrado uma justificação plena para a conduta do censor, *Boni judicis est ampliare suam auctoritatem*.[16]

Se é "a função de um bom juiz expandir sua autoridade," não teria sido um gesto de máxima clemência e de paciência, por parte do censor, prolongar quatorze dias apenas até vinte e um dias?

Suponho que a inclinação desse grande homem de desempenhar pelo menos essa obrigação de um bom juiz não é questionada por ninguém, por seus amigos ou inimigos, e, portanto, posso me arriscar a esperar que ele irá ampliar seu poder em níveis adequados e que viverei para ver um escritor descontente requisitando ansiosamente a cópia de uma peça que havia entregue ao censor vinte anos antes.

"Esperei", diz ele, "com frequência pelo censor, e com a maior persistência solicitei uma resposta".[17] Deixemos que o Sr. Brooke considere se essa própria persistência não foi razão suficiente para seu

---

administratif, à concessão de poderes jurídicos a departamentos executivos sem que se preservem as garantias providas nos processos regulares dos tribunais de justiça – o direito de confrontar nossos acusadores, o direito de ser ouvido em defesa própria, o direito a recurso etc.

[15] "Quando escrevi as páginas que se seguem, tinha estudado as leis antigas de meu país": *Gustavus Vasa*, Dedicatória em forma de Prefácio aos Assinantes.

[16] Uma versão de uma máxima jurídica antiga. "Sir Joseph Jekyll disse, era o pronunciamento de um grande homem, *boni judicis est ampliare jurisdictionem*" (Precedentes in Chancery, 1771, p. 329). "Lord Mansfield disse: A máxima verdadeira é '*Boni judicis ampliare justitiam*,' não '*ampliare jurisdictionem*.'" (Lord Campbell, *Lives of the Chief Justices of England*, 1858, cap. xxxiv).

[17] Presume-se que seja uma paráfrase do anúncio de Brooke (p. 138, anteriormente).

desapontamento. Deixemos que reflita quão mais decente teria sido ter esperado o momento de lazer de um grande homem[18] do que ficar importunando-o com repetidas petições, e ter-se intrometido naqueles momentos preciosos que ele dedica ao serviço de seu país.

Sem dúvida o Sr. Brooke foi levado a essa maneira imprópria de agir pela noção errônea de que a concessão de uma autorização não era um ato de favor e sim de justiça, um erro no qual não deveria ter incorrido, não fosse a indolente falta de atenção ao propósito do estatuto, que era apenas o de levar os poetas à subjeção e à dependência, não para estimular bons escritores, mas para desencorajá-los a todos.

O censor não tem nenhuma obrigação de sancionar uma peça, por mais excelente que seja, nem o Sr. Brooke pode pedir qualquer retratação, seja qual for o aplauso que seu desempenho venha a receber.

Outra queixa é que o censor não deu nenhum motivo para sua recusa. Esse é um tipo de insolência ainda maior que qualquer uma dos anteriores. Cabe a um poeta exigir o motivo que o censor tenha para seu procedimento? Não é seu dever concordar com a decisão da autoridade e concluir que existem motivos que ele não pode compreender?

Seria uma infelicidade se os homens no poder tivessem sempre que trazer a público os motivos de sua conduta. O que é poder se não a liberdade de agir sem ter que se explicar? Os defensores do ato de censura alegaram que o Camareiro-mor sempre teve a

---

[18] Uma conhecida frase satírica para Walpole; sobre suas implicações, veja Fielding, *Jonathan Wild*. Como aqui refere-se ao obscuro William Chetwynd, ela produz efeito.

autoridade para proibir a representação de uma peça por razões justas. Por que, então, unimos nossas forças para obter um Ato de Parlamento? Não terá sido para permitir com que ele faça o que sempre fez, para confirmar uma autoridade que nenhum homem tentou prejudicar ou teve intenção de contestar? Certamente não: Nossa intenção foi investi-lo com novos privilégios, e dar-lhe poder para fazer *sem* motivo aquilo que, antes, ele só podia fazer *com* motivo.

Graças à nossa longa experiência, descobrimos que estar submetido à necessidade de atribuir motivos é algo bastante complicado e que muitos projetos excelentes não deram certo em virtude do tempo gasto desnecessariamente para examinar motivos.

Sempre pedir motivos e sempre rejeitá-los mostra um grau estranho de perversão. No entanto, é assim o comportamento cotidiano de nossos adversários, que nunca ficaram satisfeitos com quaisquer motivos que nos foram oferecidos.

Eles adotaram a prática de exigir, uma vez por ano, os motivos pelos quais mantemos um exército permanente.[19]

Um ano lhe dissemos que era necessário porque todas as nações à nossa volta estavam envolvidas em guerras; isso não teve nenhum efeito, e, portanto, decidindo fazer tudo que podíamos para lhes satisfazer, no ano seguinte lhes dissemos que era necessário porque todas as nações à nossa volta estavam em paz.

---

[19] A autoridade da Coroa (o Executivo) para manter um exército regular tinha que ser renovada anualmente pelo Parlamento na Lei do Motim. Na década de 1730, a passagem do ato era muitas vezes ocasião para que oradores da oposição (com frequência *tories*) questionassem o próprio princípio de exércitos permanentes, um ponto sensível para os tories desde os dias de Cromwell.

Como esse motivo não teve uma recepção melhor que o anterior, tivemos que recorrer à nossa apreensão com relação a uma invasão do Pretendente, de uma insurreição a favor do *gim* e de uma insatisfação geral da população.[20]

Mas como eles continuam impenetráveis, e ainda nos obrigam a nomear nossos motivos anuais, não pouparemos esforços para conseguir razões que sejam mais satisfatórias que qualquer uma das antecedentes.

O motivo que demos uma vez para construir quartéis[21] foi o temor à peste, e, no ano que vem, é nossa intenção propor o aumento das tropas por temor à fome.

O comitê que elaborou o ato de censura teatral[22] já sabia, há muito tempo, a inconveniência de dar motivos e estava bastante familiarizado com os caracteres de grandes homens para que submetessem o Camareiro-mor, ou seu assistente, a essa obrigação torturante.

---

[20] Veja, por exemplo, o Discurso do Trono na abertura do Parlamento de 1º de fevereiro de 1739 (*Parliamentary History*, x. 874) e uma proclamação real (*London Gazette*, Nº 7683, 11-14 de março de 1737/8): "Pessoas cruéis e mal-intencionadas... vêm, nos últimos tempos, estimulando e encorajando várias rebeliões e tumultos na ocasião da prisão e processos contra infratores do dito ato (a Lei do Gim de 1736, uma tentativa muito malsucedida de fazer cumprir uma proibição quase total de bebidas alcoólicas]."

[21] Houve muita oposição na Inglaterra do século XVIII à ideia de abrigar as tropas em quartéis permanentes (veja Sir John Fortescue em *Johnson's England*, 1933, I. 66 e, mais minuciosamente, em sua *History of the British Army*, 1899-1930). Os quartéis eram considerados símbolo da dominação militar da população por um "exército permanente" subserviente à vontade de um ditador do tipo de Cromwell. Veja p. 36 n. 3, p. 282 n. 5.

[22] Consistia em Henry Pelham (presidente), Bubb Dodington, Sir Joseph Jekyll (juiz da Corte de Apelação e arquivista-mor) Dudley Ryder (procurador-geral) e John Strange (assistente do procurador-geral da Coroa) (*Commons Journals*, 20 de maio de 1737).

No entanto, para que o Sr. Brooke não imagine que a autorização lhe foi recusada sem motivos justos, terei a condescendência de tratá-lo com mais consideração do que aquela que ele pode razoavelmente esperar, e indicarei os sentimentos que não só o expuseram justamente a essa recusa, mas que teriam provocado qualquer ministério menos piedoso que o atual a lhe ter infligido algumas punições mais fortes.

Seu prólogo está repleto de insinuações tais que nenhum amigo de nosso excelente governo pode lê-lo sem indignação e repulsa, e não pode deixar de ser considerado uma introdução adequada ao tipo de cena que parece destinada a acender, no público, a chama da oposição, do patriotismo, do espírito público e da independência, justamente aquele espírito que temos feito tantos esforços para suprimir e que não pode ser revivido sem uma subversão total de todos os nossos planos.

Esse poeta insubordinado, não satisfeito de nos atacar abertamente declarando sem rodeios que acha que a liberdade é a única fonte da felicidade pública e da segurança nacional, tentou, com uma sutileza só igual à sua malícia, fazer com que suspeitássemos de nossos amigos mais sólidos, envenenar nossos conselhos com desconfiança e destruir-nos através de nossa desunião.[23]

Na verdade, isso não vai ser facilmente realizado, pois uma união com base no interesse e cimentada pela dependência é naturalmente duradoura. Mas confederações que devem seu surgimento à virtude ou à mera conformidade de sentimentos são rapidamente dissolvidas, já que nenhum indivíduo tem qualquer coisa a esperar ou

---

[23] Para apreciar os comentários de SJ nesses parágrafos, o Prólogo de Brooke para *Gustavus Vasa* deve ser consultado.

a temer para si próprio, e o espírito público é normalmente fraco demais para ser combatido com paixões privadas.

No entanto, o poeta vem tentando enfraquecer nossa cooperação por meio de uma alegação ardilosa e astuciosa, que, tentando permanecer irrefutável, pode ir pouco a pouco influenciando nossas mentes nos dias de lazer e isolamento que estão se aproximando e talvez nos encher de dúvidas tais que possam, pelo menos, envolver nossos negócios em dificuldades.

A lei pela qual os suecos justificam sua oposição às interferências do rei da Dinamarca ele não só chama de

> Grande lei da Natureza, a lei dentro do coração

mas continua para nos dizer que ela é

> ———Gravada pelos Céus na mente iletrada.[24]

Com isso ele pretende evidentemente insinuar um aforismo que é, espero eu, tão falso quanto pernicioso, que os homens são naturalmente afeitos à liberdade até que aquelas ideias e desejos ainda não despertos sejam apagados pela literatura.

O autor, se não for um homem escondido em seu estúdio solitário e com um desconhecimento total da conduta do atual ministério, deve saber que, até aqui, atuamos com base em princípios diferentes. Nós sempre consideramos as *letras* como grandes obstruções a nosso projeto de subordinação, e, portanto, quando ouvimos falar de algum homem extraordinariamente *iletrado*, cuidadosamente tomamos nota de seu nome como a pessoa mais indicada para qualquer emprego de

---

[24] *Gustavus Vasa*, Prólogo, II. 18, 20.

confiança ou de honra, e o consideramos um homem em quem podemos depositar nossos segredos mais importantes com segurança.

Dentre os incultos e *iletrados* escolhemos não só nossos embaixadores[25] e outros negociadores, mas até mesmo nossos jornalistas e autores de panfletos, e tampouco tivemos qualquer motivo para mudar essas medidas ou para nos arrepender pela confiança que depositamos na ignorância.

E agora nos dizem que essa lei está

> Gravada na mente iletrada?

Devemos então suspeitar que nossos afilhados de políticos, nossos pensionistas, nossos generais, nossos advogados, nossos melhores amigos nas duas Câmaras, todos os nossos aliados, entre ateístas e infiéis, e nossos próprios jornalistas, funcionários e pajens da corte são amigos da independência? Sem dúvida essa é a tendência de sua afirmação, mas nós conhecemos essas pessoas há tempo demais para que nos influenciem dessa forma, os *iletrados* foram nossos defensores mais calorosos e mais constantes, nem deixamos de fazer qualquer coisa para merecer sua boa vontade, mas sempre nos esforçamos para melhorar sua reputação, ampliar sua influência e aumentar seu número.[26]

---

[25] O suposto analfabetismo e vulgaridade do "velho Horace" Walpole, embaixador na França e na Holanda era objeto de sátiras frequentes. J. H. Plumb (*Sir Robert Walpole: The Making of a Statesman*, 1956, pp. 122-23) cita as acusações contra ele e empreende sua defesa.

[26] Esse parágrafo é um claro exemplo de sofisma por SJ. Brooke, obviamente louva o analfabetismo e a ignorância como baluartes do sentimento libertário. SJ, que nunca teria apoiado esse tipo de posição rousseauniana, engenhosamente distorce o texto para fazer com que o defensor de Walpole se queixe: "Isso é injusto – os analfabetos estão do *nosso* lado."

Em seu primeiro ato, ele se excede em sentimentos muito incoerentes com os fins para os quais o poder de censura foi concedido; enumerá-los significaria transcrever grande parte de sua peça, uma tarefa que eu prazerosamente deixo para outros que, embora amigos verdadeiros do governo, não estão inflamados com um ardor tão causticante e impaciente como o meu e portanto não sentem as mesmas emoções de raiva e ressentimento à vista dessas passagens abomináveis nas quais venalidade e dependência são representadas como meios em si mesmas e causadoras de remorso e infelicidade.

Uma linha que, a meu ver, deve ser apagada de todas as cópias por um Ato de Parlamento especial é mencionada por Anderson[27] como sendo pronunciada pelo herói em seu sono,

Oh Suécia, Oh meu país, eu ainda irei te salvar.[28]

Tenho motivos para acreditar que essa linha foi lançada como uma espécie de senha para a facção oposta. Foi observado que esta, quando se reúne nas assembleias insurgentes, coloca as mãos sobre o peito e grita com grande veemência em sua pronúncia,

Oh B____,[29] Oh meu país, eu ainda irei te salvar.

---

[27] Descrito na lista dos personagens como "lord superior de Dalecarlia," na Suécia ocidental, e aliado de Gustavus. Quando a peça começa, Gustavus está trabalhando clandestinamente nas minas de Dalecarlia. Com a ajuda de Anderson organiza uma rebelião entre os mineiros e camponeses dalercalianos e por fim derruba o regime do usurpador dinamarquês, Cristiern.

[28] *Gustavus Vasa*, Ato I, cena I.

[29] Isso é, "Britain". "Glorificar o nome da Grã-Bretanha" era parte do jargão "patriota" (veja n. 13, p. 103, anteriormente).

Na segunda cena, ele tenta estabelecer epítetos de desprezo para com aquelas paixões e desejos que sempre foram considerados muito úteis ao ministério, e mais contrários ao espírito de independência.

> Medo primitivo, a preguiça da luxúria, apetites exagerados
> Esses são os degraus e o rastejante banquinho
> De onde se ergue o tirano ——
> Seguro e investido no servilismo da alma[30]
> Ele zombou do gênio de nosso país
> E cavalga em triunfo enquanto seus filhos cativos
> Esperam sua aprovação, escravos sedosos de prazer,
> Ou agrilhoados em seus temores. –

Assim é que a submissão decente para com nossos superiores, e aquele respeito adequado para com a autoridade que nos ensinam nos tribunais, são denominados "medo primitivo" e "servilismo da alma". Assim é que aquelas alegrias e divertimentos, e aqueles elegantes entretenimentos e os prazeres tranquilos com que são benditos os seguidores de uma corte, como recompensas justas por seu serviço e sua submissão, são degradados para "luxúria" "vulgaridade" e "devassidão". Deveriam dizer ao autor que não se devem mencionar as cortes com tão pouca cerimônia, e que, embora as galanterias e os amores sejam lá admitidos,[31] é quase traição supor que elas estão infectadas com devassidão ou luxúria.

Nota-se que quando esse odioso escritor concebeu qualquer pensamento de uma malignidade incomum, um pensamento que

---

[30] *Gustavus Vasa* (Ato I, cena 2) tem um ponto depois de "servilismo". A mudança na pontuação faz pouca diferença para o sentido.
[31] Sobre algumas das "galanterias" e "amores" de George II, veja p. 68, anteriormente.

se inclina de uma forma mais específica a estimular o amor à liberdade, animar o calor do patriotismo ou degradar a majestade dos reis, ele toma cuidado para colocar esses pensamentos na boca de seu herói, para que mais facilmente impressione seu leitor. Assim, Gustavus, falando de seus farrapos, grita:

> —— Sim, minha Arvida,
> Mais além do majestoso movimento da cauda mais orgulhosa
> Que esconde o salto do sapato do monarca, eu aprecio essas ervas daninhas
> Pois elas são sagradas para a liberdade de meu país.[32]

Aqui esse filho da liberdade, abandonado, descobre totalmente que seus princípios execráveis, os farrapos de Gustavus, a vestimenta normal para os que reivindicam essas doutrinas, têm mais divindade porque são mais sagrados para a liberdade que os mantos magníficos da própria realeza. Sentimentos assim são verdadeiramente detestáveis, nem qualquer coisa poderia aumentar ainda mais a culpa do autor do que essa maneira ridícula de mencionar um monarca.

O "salto do sapato do monarca" ou até a pegada de seu "salto" é uma coisa venerável e sagrada demais para ser tratada com tanta leviandade e contrastada com andrajos e pobreza. Aquele que fala com desprezo do salto do sapato de um monarca irá falar, sempre que puder fazê-lo sem perigo, com desprezo de sua cabeça.[33]

Essas são as passagens mais evidentes que ocorreram no exame das primeiras páginas; minha indignação não me permite ir mais

---

[32] Ato I, cena 3. Arvida é "do sangue real da Suécia, amigo e primo de Gustavus".

[33] Por exemplo, a de Charles I? É claro que, seja qual for a natureza do torismo de SJ, incluía muito pouca veneração pelo rei Charles, o Mártir.

adiante, e tenho admiração suficiente pelo censor para crer que ele tenha ido tão longe.³⁴

Nos poucos comentários que apresentei, o leitor facilmente observará que não distorci nenhuma expressão modificando o original, e que me despojei de qualquer emoção, parcialidade e preconceito.

Portanto, o Sr. Brooke está tão longe de ter recebido qualquer tratamento mesquinho ou injustificado, que o censor só agiu em obediência àquela lei que lhe dá seu poder, uma lei que todos os admiradores da administração devem considerar muito necessária e achar que produziu muitos efeitos benéficos.

Estou realmente surpreso que esse excelente posto não seja ampliado, sendo dividido em uma série maior de representantes, já que isso pode gerar empregos lucrativos e respeitáveis para um grande número de amigos do governo; e acho que, em vez de ter recurso imediato ao próprio assistente do censor, poderia ser uma honra suficiente para qualquer poeta, a não ser o Laureado,³⁵ tirar seu chapéu na presença do assistente do assistente do assistente numa linha de subordinação que atinge o número dezenove.³⁶

Um número assim não pode deixar de ser considerado necessário se levarmos em consideração a trabalheira que é elaborar um *Index*

---

³⁴ E assim SJ também se exime do trabalho de examinar mais trechos da dramaturgia insípida de Brooke.

³⁵ Colley Cibber. Ironicamente, no elenco anunciado no *Gustavus Vasa* (presumivelmente o que ensaiou a peça no Drury-Lane), o papel do vil primeiro-ministro Trollio, representando Walpole, foi desempenhado por "Sr. Cibber". Mas esse Cibber provavelmente era o filho de Colley, Theophilus. O papel de Gustavus foi dado a Quin.

³⁶ A nomeação de Capell como assistente de Chetwynd, que por sua vez era assistente de Grafton, provocou um número de sátiras.

Expurgatorius para todas as peças antigas; o que, espero, já foi feito, ou, se, infelizmente, tal tarefa foi até agora negligenciada, aproveito a oportunidade para recomendar que seja feita.

As produções de nossos poetas antigos estão repletas de passagens muito pouco adequadas para os ouvidos de um público inglês e que não podem ser pronunciadas sem irritar a mente das pessoas.

Essa censura não se limita àquelas linhas em que a liberdade, a igualdade natural, os ministros malvados, os reis enganados, artes de negociar mesquinhas, senados venais, tropas mercenárias, oficiais opressores, impostos servis e exorbitantes, corrupção geral, os luxos de uma corte, a miséria do povo, o declínio do comércio ou a felicidade da independência são mencionados diretamente. Essas são passagens tão óbvias que não podemos deixá-las passar em branco sem incorrer na negligência mais indolente e criminosa. Espero que a vigilância dos censores se estenda a todos os discursos e solilóquios que tendem a recomendar os prazeres da virtude, a tranquilidade de uma cabeça* incorrupta,[37] e as satisfações de uma consciência inocente; pois, embora aos olhos das pessoas comuns golpes como esses possam não parecer uma ameaça de perigo para o governo, os observadores mais perspicazes sabem muito bem que eles têm conseqüências tais que a presteza em preveni-los ou a cautela para evitá-los nunca serão demasiadas.

Um homem que uma vez se enamorou dos encantos da virtude tende a estar muito pouco interessado na aquisição de riqueza ou

---

* No original, *head* (N. T.). Daí, a nota de rodapé que se segue:
[37] Será que SJ escreveu "coração"? (*heart*) Não há nada de especial em ter uma cabeça tranquila. Nove parágrafos adiante, SJ faz com que o escritor elogie a "tranquilidade da ignorância".

de títulos e, portanto, não será facilmente induzido a agir de uma maneira contrária a seus verdadeiros sentimentos, ou a votar sob coação; reduzindo seus desejos e regulando seus apetites, ele quer muito menos que os outros homens, e todos aqueles versados nas artes de governar podem lhe dizer que os homens são mais facilmente influenciados na medida em que são mais necessitados.

Esse não é o único motivo pelo qual a virtude não deve receber muito apoio moral de um palco autorizado,[38] seus admiradores e seguidores são não só naturalmente independentes, mas aprendem uma maneira de falar e de atuar tão uniforme e coerente que, com frequência, pela mera força da honestidade natural, superam todos os obstáculos que a sutileza e a política podem lançar em seu caminho e conseguem atingir seus fins a despeito do mais profundo e sagaz dos ministérios.

Essas são, portanto, as passagens a serem eliminadas pelos censores: em muitas partes as falas serão imperfeitas e a ação parecerá não ser conduzida com regularidade, mas o Poeta Laureado pode facilmente suprir essas lacunas inserindo alguns de seus próprios versos em louvor à riqueza, à luxúria e à venalidade.

Mas, ai de mim! Todos esses sentimentos perniciosos que baniremos do palco serão publicados pela imprensa e lidos com mais atenção justamente porque são proibidos.

Eu não posso senão implorar ansiosamente aos amigos do governo que não deixem nenhuma arte sem julgamento para que

---

[38] Cf. *London*, I. 59: "E eunucos gorjeadores enchem um palco autorizado" (edições posteriores). Essa pode bem ter sido a versão original de SJ: a outra leitura é "palco silencioso", mas um palco em que eunucos gorjeiam dificilmente pode ser chamado de silencioso.

possamos ter esperança de sucesso em nossos planos de ampliar o poder do censor também para a imprensa e de fazer com que seja crime publicar qualquer coisa sem um *imprimatur*.

Quanto essa única lei não poderia diminuir a pesada carga dos negócios do estado? Com quanto mais segurança nossos ministros não poderiam desfrutar de suas homenagens, de seus postos, de suas reputações e de seus admiradores, se pudessem suprimir de uma vez por todas essas invectivas maliciosas que no momento são propagadas com tanta diligência e lidas com tanta ansiedade, e se pudessem evitar que quaisquer argumentos que não fossem os seus próprios chegassem aos ouvidos do povo, e pôr um fim, de uma vez por todas, às objeções e investigações capciosas.

Eu próprio não posso deixar de me entregar um pouco ao prazer de imaginar essa cena agradável, e imaginar aqueles dias tranquilos em que nenhuma política será lida a não ser aquela publicada pelo *Gazeteer*, e nenhuma poesia a não ser a do Laureado; quando não ouvirmos nada mais que não sejam as negociações bem-sucedidas de nossos ministros e as ações grandiosas do ——.[39]

Quão mais feliz este estado seria sem aquelas invejas e disputas permanentes que são inseparáveis do conhecimento e da liberdade e que por muitos anos mantiveram esta nação em perpétua agitação.

Mas esses são tempos a serem desejados mais do que esperados, pois tal é a natureza de nossos inquietos conterrâneos que se

---

[39] Preencha com "o rei". A competência de George como soldado nunca foi desprezível, embora seu grande momento de triunfo ainda estivesse para acontecer, quando ele pessoalmente conduziu seu exército para aquilo que foi chamado de uma vitória na Batalha de Dettingen, 1743. Veja n. 37, p. 122, anteriormente.

eles não tiverem acesso à informação sobre o que ocorre estarão sempre suspeitando de seus governantes, de terem planos prejudiciais a seus interesses; eles não têm a menor noção da prazerosa tranquilidade da ignorância, nem podem ser levados a imaginar que se são mantidos no escuro é porque muita luz prejudicaria seus olhos. Há muito eles reivindicam o direito de comandar seus superiores e se exasperam à menor menção de segredos de estado.[40]

Esse temperamento faz com que eles estejam prontos a encorajar qualquer escritor ou editor que, com risco de sua vida ou de sua fortuna, lhes dê qualquer informação; e enquanto essa disposição de espírito prevalecer nunca faltarão algum aventureiro ousado que escreva em defesa da liberdade e algum editor zeloso ou ambicioso que divulgue seus escritos.

Até hoje não foi descoberto nenhum poder, por mais vigilante e despótico, que tenha sido capaz de evitar a publicação dos seguintes

---

[40] Cf. "Essay on the Origin and Importance of Small Tracts and Fugitive Pieces" do próprio SJ (a introdução a *Harleian Miscellany*), 1744: "A forma de nosso governo que dá a cada homem que tenha lazer ou curiosidade ou vaidade, o direito de investigar sobre a correção de medidas públicas e, por conseguinte, força àqueles que são responsáveis pela administração dos negócios nacionais a dar um relato de sua conduta a quase todos os homens que o exijam, pode, com bastante razão, levar à ideia de que ocasionou inúmeros panfletos que nunca teriam surgido sob governos arbitrários, em que todos os homens se tranquilizam indolentemente sob calamidades que eles próprios não podem remediar, ou acham mais prudente esconder o desconforto sobre o qual não podem reclamar sem se arriscar." Afirmações igualmente diretas de SJ sobre o direito do cidadão inglês de saber o que seu governo está fazendo e fazer com que sua opinião sobre esse governo seja livremente conhecida podem ser vistas no seu prefácio à *Gentleman's Magazine*, 1743, no prefácio a *The Preceptor*, 1748 e em outros textos.

jornais, baladas, ensaios e dissertações sediciosos, *Considerations on the present State of Affairs* e *Enquiries into the Conduct of the Administration*.⁴¹

No entanto, devo confessar que, considerando o sucesso com que o atual ministério prosseguiu até agora em seus esforços para expulsar do mundo os antigos preconceitos de patriotismo e espírito público, não posso senão nutrir algumas esperanças de que aquilo que tantas vezes foi tentado por seus antecessores esteja reservado para ser realizado por suas habilidades superiores.

Se eu me atrevesse a lhes aconselhar sobre esse assunto tão imenso, tentaria dissuadi-los de qualquer tentativa direta de restringir a liberdade da imprensa, que é a queridinha das pessoas comuns e, portanto, não pode ser atacada sem perigo imediato. Eles podem proceder de uma maneira mais segura e silenciosa e obter o fim desejado sem barulho, detração ou oposição.

Espalhados por todo este reino existem vários pequenos seminários nos quais as pessoas de categorias inferiores e os filhos mais jovens de nossa nobreza e pessoas bem-nascidas aprendem,⁴² desde a mais tenra idade, as artes perniciosas de escrever e ler, que mais tarde eles continuam a praticar muito para transtorno de sua própria tranquilidade e para a interrupção de medidas ministeriais.

---

⁴¹ Cf. *Considerations upon the Present State of Our Affairs, at Home and Abroad* (T. Cooper [jan.] 1739), atribuído a George Lyttelton por *1788* e *An Enquiry into the Conduct of Our Domestick Affairs, from the Year 1721 to the Present Time* (1734) por William Pulteney. Existiam muitos outros panfletos com títulos semelhantes.

⁴² As chamadas "Grammar Schools" como a de Lichfield? Ou mesmo instituições mais elementares, como as da Dama Oliver e Tom Browne, que SJ frequentou? O fato de SJ especificar os filhos *mais jovens* da nobreza é interessante; provavelmente os filhos mais velhos eram enviados a Eton ou Westminster.

Esses seminários podem, por um Ato de Parlamento, ser suprimidos de um só golpe, e, para que nossa posteridade seja privada de todos os meios de restaurar esse método corrupto de educação, poderia ser considerado delito grave ensinar a ler sem uma autorização do Camareiro-mor.

Esse expediente que, espero, será cuidadosamente encoberto do povo, deve ser uma resposta infalível para o grande fim por ele proposto, e colocar o poder da corte não só longe do alcance dos insultos dos poetas, mas, em breve, acima da necessidade de se precaver contra eles. Se tiver sua autoridade assim ampliada o censor irá, eventualmente, desfrutar do título e do salário sem a preocupação de exercer seu poder, e a nação irá finalmente descansar na ignorância e na paz.

Finis.

Um debate entre o Comitê da Câmara dos Comuns e Oliver Cromwell (1741)

A fonte para esta peça foi um panfleto de 112 páginas de um oitavo da página normal, publicado em 1660 ("Impresso por John Redmayne para Philip Chetwind") e intitulado *Monarchy Asserted, To be the best, most Ancient and legall form of Government, in a conference had at Whitehall, with OLIVER late Lord Protector & a Committee of Parliament: Made good by the Arguments of* [dez nomes] *Members of that Committee.* (É afirmado que a monarquia é a forma de governo mais antiga e mais legal, em uma conferência no Whitehall, com OLIVER, ex-Lord Protetor e um Comitê do Parlamento: Validado pelos argumentos de [dez nomes] Membros deste Comitê.)[1] Pelo uso desse título, bem assim como em um breve prefácio ("By a Lover of his King and Countrey") os patrocinadores da edição de 1660 deixaram claro que a peça foi publicada nessa época como propaganda monárquica, cuja intenção era apoiar a causa da restau-

---
[1] Wood, *Athenae Oxonienses* (1691-92), inclui este livro entre as obras de Nathaniel Fiennes que era um dos participantes principais no debate. Mas se a teoria de Johnson é correta e isso é simplesmente uma transcrição taquigráfica, praticamente sem revisões, não se pode bem dizer que ela teve um autor. O partidarismo violento do prefácio não é muito do estilo de Fiennes, que ocupava um posto importante durante a época dos "tristes efeitos de nossa Guerra Civil".

ração de Charles II. "Quando uma vez a espada subjugou o cetro", começa o prefácio, "e a política (embora encoberta com o véu da compaixão) tinha elevado os militares acima do poder civil: você não podia (se fosse um nativo) ficar ignorante dos tristes efeitos de nossa Guerra Civil. A Magistratura e os ministérios desprezados, a lei e os evangelhos menosprezados, a propriedade [isto é, propriedade[*]] invadida, os parlamentos mutilados, e obrigados a serem subservientes à grandeza ambiciosa", e assim por diante. A seguir, argumenta-se que até o Parlamento da década de 1650 chegou a compreender que a instituição tradicional da monarquia inglesa era um controle salutar ao despotismo de Cromwell e que os "discursos aprendidos" dos principais membros do Parlamento impressos na obra têm essa função.

O panfleto foi reimpresso em 1679, sem alterações substanciais, talvez em conexão com a polêmica que surgiu sobre a Lei da Exclusão. Por que Cave decidiu reimprimi-lo em 1742 e publicar o seguinte "resumo" dele na *Gentleman's Magazine* em 1741 só pode ser motivo de especulação. Talvez eles esperassem que seus leitores fossem inferir que havia um claro paralelo entre a "tirania" de Cromwell e a de Walpole: certamente acusações como essas são convincentemente feitas nos debates parlamentares sobre as moções de Carteret e de Sandy para demitir Walpole que ocorreram em fevereiro de 1741, no mesmo mês em que o "resumo" apareceu na *Gentleman's Magazine*, debates esses que foram brilhantemente "relatados" por Johnson.

(*) No original, "the propriety" (propriedade no sentido de decoro, decência) e depois, a correção, (that is, property"), que é propriedade no sentido de bens imóveis (N. T.).

A reimpressão do *Monarchy Asserted* feita por Cave não foi publicada até mais que um ano mais tarde, em maio de 1742. A essa altura Walpole já havia se demitido, um fato que talvez explique a escassez de cópias da obra: como a excitação política tinha amainado, Cave pode ter decidido que provavelmente a venda não seria muito boa e ordenou que fossem impressas poucas cópias. Allen Hazen sugeriu (*Johnson's Prefaces and Dedications*, 1937, p. 249) que Johnson revisasse a reimpressão de 1742: isto parece bastante plausível, uma vez que ele já tinha realizado a árdua tarefa de resumir a obra para a *Gentleman's Magazine* em 1741.[2] O panfleto de 1742 é uma reimpressão total do texto de 1660, mas a comparação dos dois revela uma certa quantidade de revisões inteligentes: como Johnson diz, na introdução do "resumo" na *Gentleman's Magazine*, o texto de 1660 é terrivelmente "cheio de erros gramaticais, complicado e difícil de entender", seja por culpa do gráfico, do taquígrafo a quem Johnson culpa, ou da incoerência de alguns dos próprios oradores, sobretudo de Cromwell. Pode ser interessante, especialmente para estudiosos da obra de Johnson como editor textual de Shakespeare, observar um pouco do trabalho editorial que é claramente destinado a tentar fazer sentido, para o leitor moderno, de passagens que, em 1660, eram obscuras ou continham uma fraseologia obsoleta. Por exemplo, o título de 1660 diz "uma conferência tida" (*had*); 1742 troca por "uma conferência realizada" (*held*). O prefácio "Ao leitor" em 1660 diz: "Embora nossos grandes políticos...tivessem

---

[2] Hazen nunca tinha visto uma cópia da edição de oitavo de página que havia sido anunciada e observou apenas uma listagem dessa edição, em um catálogo de venda de 1822. Como ele indica, a cópia Yale do fólio tem inscrito na página do título: "O editor, Doutor Samuel Johnson".

construído, para nós, muitos modelos de governo... no entanto nenhum deles "*quadrare*" (itálico no original); 1742 troca "quadrare" por "quadrate" (ou seja, enquadrar, ser adequado). Os discursos de Cromwell em 1660 divagam de uma forma totalmente desconcertante. O editor de 1742 luta galantemente para repontuá-los, muitas vezes por meio do uso abundante de travessões, para fazer com que sejam mais legíveis. Por exemplo: "Proceder dessa maneira será um benefício para mim, senão serei franco com você: realmente isso me afasta do método de minhas próprias concepções" (1660, pp. 5-6) torna-se, em 1742: "Proceder dessa maneira será um benefício para mim. Senão — serei franco com você — isso realmente me afasta do método de minhas próprias concepções". O primeiro discurso de Cromwell começa, em 1660: "Senhor, acho que nem o senhor nem eu encontramos um coração bom o bastante para chegar a alguma questão desse grande negócio; e isso é tão verdadeiro que não posso lhe garantir". *1742* permite que acompanhemos melhor a linha do pensamento mudando "e isso é tão verdadeiro" para "mas isso é tão verdadeiro" e depois colocando em uma nota de rodapé "que o próximo 'that' deve ser substituído por 'what' como em outros lugares". A página 13 de *1660* termina com a afirmação "É melhor e mais seguro para o Juiz superior manter aquilo que não tem dúvida então". A página 14 continua com "O Parlamento estendendo seu interesse e sua consideração para vocês juntos, e lhes dando esse conselho, isso é *vox populi*". O editor de *1742* troca a ordem da frase da seguinte maneira: "...manter aquilo que não é duvidoso. E então (ou seja, "além disso") o Parlamento estendendo seu interesse..." À longa lista de nomes dos membros do comitê, *1742* acrescenta uma boa quantidade de anotações históricas bastante úteis: o "Presidente do Supremo Tribunal" de *1660* é ampliado para — e corretamente, já que ambos participaram das discussões — "Oliver St. John, Presidente do Supremo Tribunal de Justiça", e "Presidente do Supremo Tribunal de Justiça Glynn, presidente da bancada superior"; "Lord Howard" passa a ser "Charles, Lord Visconde Howard", e assim por diante. Seja quem for que tenha feito essa revisão, ela é conscienciosa.[3]

---

[3] Como a edição de 1742 de *Monarchy Asserted* é rara, e como é bastante provável que as notas de rodapé sejam de SJ, pode ser útil reproduzi-las aqui (o "Advertisement" foi apresentado em *Johnson's Prefaces and Dedications*, de Allen T. Hazen, 1937, p. 150).

Texto 1742	Nota de rodapé
p. [I] Sua Alteza está contente de * mencionar o governo.	* Parece, pela referência ao que Cromwell tinha dito, que parte dessa conferência foi omitida; ou pode referir-se a seu discurso de 8 de abril.
E isso é tão verdadeiro que [NT – that]** não posso lhe garantir.	** Em vez de que [NT- *what*] como em outros lugares.
Fiz essa moção*** disso para mim mesmo.	*** Talvez *noção*.
p. 2 Confesso que não examinei estritamente aquela ordem de *referência.	* Talvez *Conferência*.
p. 3 *Para aquela coisa particular para a qual sua Alteza (nos) intimou anteriormente.	* ou seja, com respeito a, quanto a.
p. 4 O Presidente do Supremo Tribunal, se ele se mostrar *outro.	*Isto é, *outro que não Deus*.
p. 8 Uma lei feita muito tempo antes de nossas recentes diferenças ocorreram, no II* Henrique VII.	* Veja Suplemento da *Gentleman's Magazine* para 1741, x. 702.

A outra tarefa editorial, a de reduzir o amplo relatório para um terço de seu tamanho original para que pudesse caber em dois números da *Gentleman's Magazine* em 1741, foi muito mais difícil do que apenas retocar e fazer anotações no texto de 1660 para a

p. 11 está em seu poder dispor e estabelecer, e antes* temos confiança de que aquilo que você realmente estabelecer, será tão autêntico como aquelas coisas que ocorreram antes (especialmente com relação à coisa individual, o nome ou título) sobre a responsabilidade do Parlamento.	* Ou seja, antes do Acordo.
p. 14 A alteração destrói a fundação, que é prescrição, e o * acrescenta a um nome que a lei do país não conhece.	* Isto é, o posto.
p. 15	À margem do discurso estavam as seguintes frases desconexas; se eram pessoas com quem se tinha falado, e que não tinham sido anotadas em sua totalidade pelo taquígrafo ou sugestões na letra do próprio Sr. Lenthall que ele tinha tido a intenção de ampliar, não fica claro.
p. 26 Você deve bem lembrar qual foi a questão na última reunião que tive com você e qual foi o emperramento (*stick* (N. T.))* então.	* Dificuldade *ou* Obstrução.
Coisas que nos foram reveladas (e tais coisas são o tema deste instrumento seu) são, até o ponto em que podem estar relacionadas comigo, * que (N. T. – *that*) você e eu podemos considerar o que possa ser para o bem público, para que eles possam receber tal impressão como lhes pode ser dada humanamente.	* que (*what* (N. T.)) ou de modo.

reimpressão de 1742. Boswell, que foi o primeiro a atribuir a versão da revista a Johnson (por "evidência interna"), referiu-se a ela em seu *Life* (I.150) como um "Debate sobre a Proposta do Parlamento a Cromwell, para assumir o Título de Rei, resumida, sistematizada [em edições posteriores de *Life*, 'modificada'] e compilada". Ela é tudo isso, e até mais. Confrontando-se com a confusão do original, parece que Johnson, com bastante razão, decidiu que era inviável tentar acompanhar o texto de 1660 em detalhe, e, anotando as ideias mais importantes expressas nos discursos de Cromwell e dos representantes do Parlamento, reformulou-os em suas próprias palavras, compondo assim o que era praticamente uma obra nova e original. Para eliminar a grande quantidade de repetições e de coisas irrelevantes dos discursos dos representantes, ele os juntou, transformando-os em um argumento contínuo e razoavelmente lúcido, apenas imprimindo nas margens os nomes dos oradores que, ocasionalmente, haviam expressado aqueles argumentos específicos encontrados naquele lugar de seu texto.

Como observa Hill (*Life*, I.150 n. 2), o trabalho é interessante "ao demonstrar o método que [Johnson] normalmente seguia quando escrevia os Debates Parlamentares" da década de 1740. Hill dá um breve exemplo de como Johnson une uma série de comentários desconexos de Cromwell, transformando-os em uma frase concisa e aprimorada. Aqui temos um outro exemplo: em *1660* o seguinte texto,

> Foi dito que a realeza não é um título e sim um posto, tão entretecido com as leis básicas desta nação, como se não pudesse, ou não pudesse ser bem executada e exercida sem, parcialmente

> (se posso dizer isso) sob uma suposta ignorância da lei que ela tinha de qualquer outro título, ela não conhece qualquer outro, nem ninguém mais o conhece, a reciprocidade de este dito [*sic*] título, ou nome, ou posto, como você queira, é compreendido nas dimensões dela, em seu poder e prerrogativas, que são feitas corretas pela lei, e a lei pode dizer quando ela se mantém dentro do compasso, e quando ela excede seus limites e a lei, sabendo disso, o povo também o pode saber, e as pessoas amam realmente aquilo que sabem e não será nem *pro salute populi*, nem para nossa própria segurança bloquear esses nomes que eles não entendem nem podem entender

passa a ser o seguinte, na versão da *Gentleman's Magazine*,

> Foi alegado enfaticamente, com grande aparência de força, que o título de Rei é o único título pelo qual as leis reconhecem o chefe supremo desta nação, que o título não pode ser modificado sem que isso implique uma mudança no posto, e que uma mudança no posto seria uma novidade perigosa, que produziria debates, inveja e suspeita; que os limites dessa nova autoridade erigida não seriam conhecidos pelo povo, por não serem estabelecidos pela lei; que as pessoas ficam mais satisfeitas com as instituições que conhecem há muito tempo e que, portanto, não contribuiria para a felicidade da população nem para a nossa própria segurança impor à nação títulos e postos novos ou na realidade ou em aparência.

Há também muitas passagens no "Debate" que não correspondem a nada no original — passagens cuja intenção é amenizar uma transição imperfeita, dar ênfase a uma conclusão, explicitar um ponto crucial no argumento que, no original, tinha sido apenas sugerido não muito claramente. Porém, até o ponto em que é possível dizer sem fazer um estudo comparativo extenuantemente minucioso das duas peças, Johnson parece estar tentando apresentar de uma maneira razoável o sentido da obra original, sem impor suas próprias ideias e preconceitos (é importante notar que ele omite totalmente o prefácio tendencioso de 1660, embora seja provável que esse prefácio expresse muito de sua própria atitude com relação à Guerra Civil). Esse "Debate", portanto, será interessante para os que estudam Johnson mais ou menos da mesma maneira que os debates parlamentares contemporâneos que ele estava relatando ao mesmo tempo em que escrevia isso.[4]

O único texto do "Debate" de Cromwell – parece não ter sido reimpresso até hoje – é o que aparece nos números de fevereiro e março de 1741 da *Gentleman's Magazine* (xi. 93-100, 148-154). O texto da parte publicada em fevereiro existe em duas versões, uma delas (encontrada nas cópias da *Gentleman's Magazine* na Biblioteca Central da Universidade de Toronto, na coleção Griffith da Universidade do Texas e na Biblioteca Henry E. Huntington, em San Marino) muito mais adulterada do que a outra, a mais comum. Provavelmente a adulterada é a posterior, resultado de uma recomposição apressada e sem supervisão, em virtude de algum acidente com o tipo armazenado à espera da reimpressão desse número da revista (essa última composição será chamada de 1741ª nas anotações textuais a seguir, e a composição anterior de 1741).[5] Mesmo a primeira composição, no entanto (bem assim

---

[4] Agradeço ao professor Arthur Sherbo por ter permitido que eu usasse a análise comparativa que ele fez do conteúdo de *Monarchy Asserted* e do "Debate" na *Gentleman's Magazine*.

[5] Meus agradecimentos ao professor William B. Todd, da Universidade do Texas, pelos resultados de um estudo cuidadoso das versões diferentes da parte do "Debate" de fevereiro. Em apoio à hipótese de que a composição

como a parte de março, que parece existir em uma única versão), contém um número considerável de erros de imprensa. A maioria das correções está registrada a seguir, embora alguns erros menos importantes tenham sido corrigidos silenciosamente.

No original, os nomes dos oradores estão impressos na margem; na edição atual estão impressos em notas de rodapé conectadas com a primeira palavra da linha no original ao lado da qual aparece o nome.

Um debate entre o Comitê da Câmara dos Comuns em 1657, e O. Cromwell, sobre a humilde petição e a opinião do Parlamento, pela qual era desejado que ele assumisse o título de Rei

O debate que se segue irá, sem dúvida, atrair a atenção de nossos leitores, não só pela importância da questão, mas também pela reputação daqueles que foram delegados para discuti-la bem assim como a força dos argumentos por eles utilizados que, espero, não tenha sido prejudicada por nosso método de expressão.

A dificuldade de obter este debate que foi publicado em 1660 e, acreditamos, nunca mais foi reimpresso[6] nos levou a inseri-lo

---

mais adulterada é a condição posterior e não a anterior, o professor Todd indica que o grupo de folhas N, bem assim como o M (que contém o "Debate") foi recomposto nas cópias de Toronto e da Griffith, e que a numeração da primeira página do caderno M como 93 (é precedida pela página 88), o que parece indicar que as páginas foram compostas apressadamente desde o começo, é na verdade uma *correção* de uma numeração errônea das páginas que tinha começado no número de janeiro da revista.

[6] Foi reimpresso em Londres, em 1679.

em nossa revista sem alterações; mas, depois de um exame mais cuidadoso, achamos que de forma alguma ele se adaptaria ao gosto daqueles que esperam divertimento e instrução ao mesmo tempo; ou que exigem, pelo menos, ser aprimorados sem esforços desnecessários; pois os discursos, tendo sido tomados, provavelmente, em taquigrafia, com omissões de passagens menos importantes e de palavras que o autor se imaginava capaz de suprir pelo sentido geral da frase e tendência do discurso, algo que é praticado com frequência por taquígrafos, são, seja por falta de memória ou de cuidado do copista, tão cheios de erros gramaticais, e tão complicados e difíceis de entender, tão cheios de sugestões interrompidas, frases imperfeitas e expressões rudes, que muito poucos (leitores) teriam a determinação ou a curiosidade suficiente para esforçar-se em busca de conhecimento através de tantos obstáculos. Tampouco teríamos tentado fazê-lo, se não tivéssemos sido estimulados pela esperança de preservar os demais de uma tarefa tão abominável.

Os vários argumentos utilizados por vários membros do Comitê, nós resumimos, para evitar repetição, em uma série ou discurso, e anexamos a cada argumento, à margem, os nomes daqueles por quem foram produzidos.

Dia 11 de abril, [segundo Whitlocke, dia 4][7] o Protetor foi recebido pelo Comitê nomeado pelo Parlamento para receber e responder a suas dúvidas e escrúpulos relacionados com seu pedido e opinião de que ele assumiria o título de Rei, mas o Protetor não

---

[7] Aqui e mais tarde SJ refere-se ao relato da conferência feito em *Memorials of the English Affairs*, de Bulstrode Whitelocke (1682, reimpresso em 1732).

estando disposto a revelar seus próprios sentimentos, até que fosse informado dos motivos pelos quais o Parlamento tinha sido determinado, os seguintes argumentos foram oferecidos pelo Comitê, que continha 100 membros, aqueles que tinham sido delegados para cuidar desse assunto, sendo

>Oliver St. John, Presidente do Supremo Tribunal de Justiça
>Presidente do Supremo Tribunal de Justiça Glynne
>Sr. Whitlocke, um dos Comissários do Tesouro
>Sr. Lisle e Sr. Fines – Comissários do Grande Selo
>Sr. Lord Broghill
>Sr. Lenthall, Juiz da Corte de Apelação e Arquivista-Mor
>Sir Charles Wolseley
>Sir Richard Onslow
>Coronel Jones

Que isso satisfaça Vossa Alteza,

É com grande satisfação que nos vemos delegados pelo Parlamento para conferenciar com Vossa Alteza sobre o estabelecimento da tranquilidade pública e de uma forma de governo que possa melhor promover os grandes objetivos para os quais o governo foi instituído, pelos quais temos trabalhado há tanto tempo e pelos quais temos arriscado nossas fortunas e nossas vidas. Não temos dúvida de que encontraremos Vossa Alteza disposto a cooperar por meio de quaisquer medidas legais que possam contribuir para a felicidade da população, para a pacificação daquelas diferenças que a têm dividido tanto, e para a perpetuidade daquela liberdade que foi comprada a um preço tão alto e defendida com tanto sucesso. E não podemos deixar de informar a Vossa Alteza que, em nossa opinião, na opinião do Parlamento e das pessoas que são por ele representadas, esses objetivos não poderão ser efetivamente realizados por Vossa Alteza sem assumir não apenas o posto, mas também o título de Rei.

Vossa Alteza pode se perguntar por que, já tendo[8] feito Vossa Alteza Protetor, investido com o posto de chefe do Executivo, e lhe confiado o cuidado de nossas liberdades, de nosso comércio e de nossa honra, agora cansamos de nossa instituição e desejamos restaurar o título que uma longa série de governos perversos fez com que fosse apropriado abolir? A isso podemos facilmente responder que nosso pedido é o pedido do povo, o povo cujo interesse deve ser considerado mais do que nada, e de quem[9] é vossa maior honra ser um servidor fiel. Que eles têm o direito de julgar por si próprios, de promover sua própria felicidade por seus próprios meios, e de distinguir seus servidores pelo nome ou títulos que julgarem mais adequados, não pode ser negado. A monarquia sempre foi considerada a forma mais aceitável de governo por esta nação, e o título de Rei sempre foi considerado por eles essencial para ela. Nunca se reclamou do posto[10] nem nunca se mudou o título, mesmo no caso daqueles parlamentos que fizeram as investigações mais estritas a respeito dos defeitos de nossa Constituição e tiveram poder para reformar fosse o que fosse de que não gostassem. O posto em geral foi sempre considerado útil e necessário e o título reverenciado, mesmo quando o comportamento daquele que o ocupava era condenável. Nunca é prudente fazer alterações desnecessárias, porque já estamos familiarizados com todas as conseqüências de

---

[8] *Margem:* Presidente do Supremo Tribunal de Justiça Glynne.
[9] *Margem:* Sir Charles Wolseley.
[10] *Margem:* Sir Charles Wolseley, Presidente do Supremo Tribunal de Justiça Glynne.

estabelecimentos conhecidos e formas antigas; mas os novos métodos administrativos podem produzir males que nem a pessoa[11] mais prudente pode prever, nem a mais diligente corrigir. Mas pior de tudo seriam os tipos de mudança que atraem depois de si a necessidade de modificações intermináveis, e estendem seus efeitos por toda a estrutura do governo.

É evidente, mesmo com um exame mais superficial e apressado das leis e costumes da nação, que a mudança do título de Rei para a de Protetor, ou qualquer outra, viria a afetar os elos mais remotos de subordinação e a modificar a Constituição inteira. Todos os oficiais de justiça[12] atuam em nome do Rei e pela autoridade do Rei, uma autoridade que dá vida e eficácia à lei e faz com que todas as sentenças sejam válidas e obrigatórias. Em todos os casos penais a lei não conhece outro promotor se não o Rei, nem pode infligir qualquer punição a não ser em seu nome.

Se for exigido, os juízes já receberam[13] suas comissões em nome do Lord Protetor e, supondo-se que sua autoridade e a do Rei sejam a mesma, lembremo-nos de que os próprios juízes estavam muito longe de concordar em suas opiniões, eles cuja competência é justificar perante o povo os procedimentos do governo, não estavam satisfeitos eles próprios, e mesmo aqueles que aquiesceram com menos relutância alegaram em seu favor a força irresistível da necessidade e não a autoridade da lei ou a evidência da razão; e não influenciemos nossos juízes a dizer, quando aqueles que perguntarem – porque gostam de levantar objeções ou porque são

---

[11] *Margem:* Whitlocke.
[12] *Margem:* Whitlocke Lenthal Glynne Fines Broghill.
[13] *Margem:* Glynne.

conscienciosos – as razões de sua conduta, que eles agem não como *devem* e sim como os *obrigam* a agir.

Ao desejar que Vossa Alteza assuma esse título, o Parlamento está considerando não só a consciência mas também a prudência, não só a felicidade do povo mas sua segurança. O posto de Protetor é novo e desconhecido até agora e, por conseguinte, desconhecido[14] aos olhos da lei, nem compreendido com respeito à sua relação com outras partes da Constituição; de forma que nem os deveres do Protetor são conhecidos pelo povo, nem os do povo pelo Protetor; tais ignorância e incerteza só podem levar a disputas, rumores e confusão.

O conhecimento de nosso dever é necessariamente anterior à sua prática, e como pode qualquer homem conhecer seu dever para com um Executivo diante de cuja autoridade ele é um estranho?[15] Os limites da obediência ao Protetor não estão estabelecidos por qualquer lei, nem existe nenhum estatuto válido que condene qualquer tentativa de livrar-se de sua autoridade. Por esse motivo não é sem muita hesitação e insistente persuasão que os juízes são levados a chamar de traição e estabelecer a culpa correspondente a qualquer[16] conspiração contra sua vida ou governo. A autoridade do Rei tem base na lei e a sua pessoa está livre de violação; mas o posto de Protetor não tem tal sanção, e seu poder pode ser, se não justamente, pelo menos legalmente, rechaçado; sua pessoa tampouco está protegida por um tipo de segurança diferente daquela que protege o mais ínfimo dos súditos.

---

[14] *Margem:* Whitlocke Glynne Lisle Broghill.
[15] *Margem:* Wolseley.
[16] *Margem:* Wolseley.

O Protetor está, realmente, em uma situação de maior dificuldade e constrangimento que qualquer outro membro da comunidade; ele é obrigado a obedecer às leis mas, com respeito a seu posto, não é protegido[17] por elas; ele é coibido pela lei de exercer qualquer poder mais anômalo, mas não tem seu apoio para o devido exercício de sua autoridade. Esse defeito na magistratura suprema deve afetar todas as autoridades subordinadas; aqueles que atuam por ordem do Protetor não podem receber dele qualquer outro poder que não seja aquele com que ele próprio está investido, um poder que as leis da nação, aquelas leis às quais, em todas as ocasiões, todos os homens devem recorrer, repudiam e rejeitam. De tal forma que nenhum homem pode ser obrigado por lei a aceitar as determinações dos tribunais como sendo obrigatórias e conclusivas, e Vossa Alteza nem precisa saber como é grande o número daqueles que negam ter qualquer motivo moral ou de consciência para obedecer ao atual governo. Esses homens, por mais que no momento estejam contidos, são temíveis por sua quantidade, e é sempre mais aceitável obter uma obediência alegre e voluntária do que uma que é involuntária e relutante. Todos esses homens aceitam a autoridade do governo real[18] e professam sua disposição de se submeterem a ela; de tal forma que todas as opiniões se unem nesse ponto, e todos os partidos concordam em submeter esse pedido necessário a Vossa Alteza.

Tampouco é unicamente em seu próprio benefício que insistimos tão entusiasticamente[19] nesse desejo, mas também para a segurança

---

[17] *Margem:* Wolseley.
[18] *Margem:* Broghill.
[19] *Margem:* Broghill.

daqueles cujos esforços contribuíram para estabelecer o atual governo ou que daqui em diante agirão com sua autoridade. Todos aqueles comissionados pelo Rei, seja por que meios elevado ao trono, estão a salvo de processos e punições em qualquer mudança da situação, pelo estatuto do ano onze de Henrique VII;[20] mas o nome de Protetor não pode conferir qualquer tipo de segurança semelhante, e portanto os cautelosos e vigilantes sempre recusarão seu serviço, ou realizarão seus negócios com desconfiança e timidez, e mesmo os honestos e escrupulosos terão medo de se envolver onde não terão nada a não ser sua própria opinião para neutralizar o peso da lei; e os astuciosos e avarentos, os descontentes e turbulentos, nunca deixarão de tramar alguma revolução, com a qual poderão se vingar das afrontas que imaginam ter recebido e levar uma vida desregrada com o espólio de seus inimigos.

A atual alienação da Coroa desses domínios por parte daquele que pretende reivindicá-los por seu berço pode ser comparada a um divórcio que, pelo consentimento mútuo de ambas as partes, pode ser deixado de lado. É, portanto, necessário, para evitar qualquer associação futura, que a Coroa seja entregue a outro.

Se as razões para que Vossa Alteza adotasse esse título fossem menos importantes do que parecem, o desejo do Parlamento deveria aumentar[21] sua eficiência. Não é concebível que sejamos capazes de deixar de lado todos os argumentos que possam ser formulados pelo saber concomitante e consensual de uma assembleia tão numerosa e perspicaz, uma assembleia escolhida por todo o povo para julgar

---

[20] Cap. I [1494] "Ninguém que servir ao Rei e lhe prestar serviço verdadeiro será condenado ou perderá o direito a qualquer coisa."
[21] Margem: Glynne.

e agir por eles. Os desejos de um Parlamento nunca devem ser considerados impulsos súbitos[22] da imaginação ou ser rejeitados como insignificantes, ou não-merecedores de consideração; o desejo do Parlamento é a voz do povo; tampouco ela pode, na verdade, ser agora desconsiderada sem que isso signifique o rompimento de todas as regras da política e a negligência da primeira oportunidade de restabelecer a tranquilidade na nação.[23] O Parlamento, a única autoridade que a nação reverencia, tentou pela primeira vez agora estabelecer um governo legal e duradouro, conferindo a Vossa Alteza o título de Rei, um título que, portanto, Vossa Alteza não pode recusar sem encorajar os inimigos de seu governo, mostrando-lhes[24] que o chefe executivo da nação tem um título desconhecido pela lei, e mais ainda, desaprovado pelo Parlamento, aquele Parlamento que ele mesmo convocou.

Mas o Parlamento nem de longe deseja que só por sua autoridade venha a impor sua vontade, uma vontade para a qual eles têm tantos motivos e motivos tão fortes para justificar; nem são só suas próprias razões que devem ser consideradas e sim a autoridade de todos os parlamentos anteriores, que sempre foram extremamente cautelosos em admitir a menor mudança em qualquer coisa relacionada com a parte constituinte de nosso governo.

Quando o rei James, depois de sua acessão[25] à Coroa da Inglaterra, quis mudar seu título para o de rei da Grã-Bretanha, o Parlamento recusou-se a aceitar qualquer alteração no estilo real;

---

[22] *Margem:* Wolseley.
[23] *Margem:* Glynne.
[24] *Margem:* Broghill.
[25] *Margem:* Lenthal.

não que tivessem descoberto quaisquer consequências más que pudessem resultar disso, mas porque não sabiam quanto a mudança poderia afetar a Constituição, nem que outras alterações futuras ela poderia provocar.

No último Parlamento, quando foi proposto que o nome do Parlamento deveria[26] ser mudado para Representante do Povo, a proposta não foi aprovada, pela mesma razão. *Nolumus leges Angliae mutari* era um princípio estabelecido dos antigos barões, e certamente nada pode demonstrar maior fraqueza que mudar sem perspectiva de ganho. O uso intermitente é argumento suficiente a favor de uma prática contra a qual nada pode ser alegado; nem é suficiente afirmar que a mudança pode ser feita sem transtorno, pois a própria mudança é um mal e deve ser equilibrada por alguma vantagem,[27] e as más consequências podem surgir mesmo que não as tenhamos previsto.

Mas as consequências da mudança agora proposta não são nem remotas nem duvidosas; colocando o nome e o posto de Protetor no lugar daqueles do Rei, iremos imediatamente assustar o povo, despertar a inveja dos sábios e os temores dos tímidos, haverá[28] realmente algumas razões[29] para apreensão e suspeita, de que

---

[26] *Margem:* Lenthal.
[27] "Toda mudança é por si só um mal que não deve ser arriscado a não ser com uma vantagem evidente" (*Plan of a Dictionary*, 1747); " 'A mudança' , diz Hooker, 'não é feita sem inconveniência, mesmo do pior para o melhor.' Há na constância e na estabilidade uma vantagem geral e duradoura que sempre terá mais influência que as melhorias lentas da correção gradual" (Prefácio do *Dictionary*). Essa observação, tão cara a SJ, é aparentemente sua única contribuição para o debate; parece não haver nenhuma passagem correspondente a ela em *Monarchy Asserted*.
[28] *Margem:* Fines.
[29] *Margem:* Lisle.

homens interessados não deixarão de exagerar para seus próprios fins. A primeira pergunta que naturalmente surgirá é: "O que é esse novo posto de Protetor, em que lei é baseado, e quais são os limites de sua autoridade?" A essas perguntas que resposta será dada? Diremos que sua autoridade é independente, despótica e ilimitada? Onde então está a liberdade pela qual os homens melhores e mais sábios desta nação vêm lutando há tanto tempo? Qual é a vantagem de todas as nossas batalhas e todas as nossas vitórias? Se dissermos que a autoridade do Protetor é limitada pelas leis, como provaremos[30] essa afirmação? Que lei seremos capazes de citar, pelas quais estão definidos os deveres do Protetor para com o povo ou os do povo para com o Protetor?

Esse então é o grande motivo pelo qual o Parlamento fez seu pedido. O povo deve ser governado[31] segundo a lei, e a lei não reconhece nenhum magistrado supremo a não ser o Rei. É necessário para a boa administração do Estado que o dever tanto dos governantes como dos súditos seja conhecido, limitado[32] e declarado, para que nem os governantes possam oprimir o povo, nem o povo rebelar-se contra os governantes; o Parlamento, portanto, deseja que o posto e o título de Rei possam ser restaurados como são compreendidos em toda a sua extensão e em todas as suas relações; todos sabem exatamente quando o Rei age em conformidade com a lei e quando ele transgride os limites de sua autoridade. Mas do poder do Protetor não sabem nada, e, portanto, irão suspeitar de tudo;[33] e sequer podemos censurar suas suspeitas com alguma justificativa, pois, até

---

[30] *Margem:* Whitlocke Glynne Fines Broghill.
[31] *Margem:* Glynne.
[32] *Margem:* Wolseley Whilocke Broghill Glynne.
[33] *Margem:* Fines Lisle Broghill.

que eles sejam informados de quais são as reivindicações desse novo magistrado, como poderão saber seus próprios direitos?

Se Vossa Alteza ofender ou oprimir[34] algum homem, a que lei ele poderá recorrer? É possível, realmente, que ele descubra que o Rei não poderia ter sua propriedade atacada, mas nunca será capaz de provar que o Protetor está sujeito à mesma restrição; portanto Vossa Alteza nem está protegido pela lei quando faz as coisas certas, nem o súdito será recompensado se Vossa Alteza fizer algo errado.

O objetivo pelo qual a monarquia foi,[35] por algum tempo, suspensa, é a felicidade do povo, e esse objetivo só pode ser concretizado revivendo-a. Na verdade, a questão pode ser levada a um rápido desfecho, pois ou o posto de Protetor[36] é a mesma coisa que o posto de Rei, ou algo diferente dele; se for o mesmo, não sejamos fracos o bastante para impor a nós mesmos, ou desonestos o suficiente para tentar enganar os demais, rejeitando o nome enquanto mantemos a coisa: não deixemos que uma aversão[37] a um som vazio, a um nome reverenciado pelo povo e aprovado pelo Parlamento, o encoraje a rejeitar a petição da nação inteira, criar dificuldades na distribuição da justiça e despertar-se[38] nas mentes de todos aqueles que dão mais importância a nomes do que a coisas,[39] que sempre irão ser em maior número, e cuja satisfação deve, portanto, ser buscada por meio de todos os expedientes legais.

---

[34] *Margem:* Glynne.
[35] *Margem:* Broghill.
[36] *Margem:* Fines.
[37] *Margem:* Fines Lisle Glynne.
[38] O texto de *Monarchy Asserted* não faz nenhuma sugestão sobre como essa frase mal formulada deve ser corrigida. (no original, a frase mal formulada é: *awaken themselves.* (N. T.))
[39] "Não estou assim tão perdido em lexicografia para que esqueça que 'as palavras são as filhas da terra e as coisas são os filhos do céu!' A linguagem é

É um pouco verdade que as instituições antigas,[40] simplesmente porque são antigas, são preferíveis a novos planos e em sua natureza igualmente boas porque só uma parte muito pequena da humanidade baseia seus julgamentos em qualquer outro princípio que não seja o costume, e muito tempo irá passar até que títulos novos atraiam sua consideração, estima e veneração.

Mas se o posto de Protetor é absolutamente novo, não somente em sua denominação, mas também em sua natureza, então ainda estamos em um estado de incerteza, confusão e tristeza; temos que estabelecer os limites de sua autoridade, declarar os direitos do Parlamento, adaptar nossas leis ao novo modelo, e[41] reconstituir todo o nosso sistema de governo. Uma tarefa infinita e insuperável, da qual imploramos a Vossa Alteza que nos exima, assumindo, segundo o conselho do Parlamento, o posto e o título de Rei.

O Protetor, tendo pedido algum tempo para examinar os argumentos que lhe haviam sido oferecidos, mandou sua resposta dia 13 de abril (ou 7 de abril segundo Whitlocke) com referência a eles.

Meu Senhor,[42]

Embora eu esteja longe de me imaginar qualificado o suficiente para entrar em controvérsia sobre uma questão de tão grande

---

apenas o instrumento da ciência, e as palavras não são nada mais do que os símbolos das ideias" (Prefácio ao *Dictionary*).

[40] *Margem:* Broghill Fines Wolseley.

[41] *Margem:* Fines.

[42] Impresso "Lordes" em 1741ª; à primeira vista, o plural parece mais adequado ao contexto, e talvez seja isso que o tipógrafo da recomposição tenha

importância com os cultos membros deste Comitê, sobretudo porque os argumentos foram baseados principalmente nas leis e na antiga Constituição desta nação, com as quais ainda não tive a oportunidade de estar bem familiarizado, no entanto, como pode ser justificavelmente exigido de mim que, ou reconheça suas razões ou nomeie as dificuldades e objeções que me impedem de reconhecê-las, tentarei examiná-las e discuti-las com perseverança e clareza.

Foi enfaticamente alegado, com grande aparência de força, que o título de Rei é o único título pelo qual as leis reconhecem o chefe executivo desta nação, que o título não pode ser mudado sem que isso suponha uma mudança no próprio posto e que uma mudança no posto seria uma novidade perigosa, que produziria debates, inveja e suspeita; que os limites dessa autoridade recém-erigida seriam desconhecidos pelo povo, e não estabelecidos pela lei; que as pessoas gostam mais das instituições que conhecem há muito tempo e que, portanto, impor à nação títulos e postos novos ou na realidade ou em aparência não contribuiria para a felicidade pública, nem para a nossa própria segurança.

A apreensão que os parlamentos sempre expressaram com relação a mudanças e inovações ficou clara em duas ocasiões extraordinárias, e para demonstrar a necessidade de restaurar o título de Rei foi alegado não só que os perigos e as insatisfações que a novidade

---

imaginado na versão 1741. Mas tanto as edições de 1660 e de 1742 de *Monarchy Asserted* e a primeira composição de 1741 usam o singular; além disso, o singular é usado também no começo do segundo discurso de Cromwell, p. 213 a seguir; e parece seguro presumir que essa era a intenção de SJ. Cromwell pode ter pensado que estava se dirigindo ao presidente, ou ao membro mais antigo do comitê.

produza não serão percebidos mas também que tanto o chefe do executivo quanto os que atuam sob sua autoridade estarão mais eficazmente protegidos pelas leis da nação.

Esses são os principais argumentos que guardei na memória. Sem dúvida alguma, argumentos convincentes e, como tais, que não admitem uma fácil refutação, mas que, no entanto, a meu ver, provam mais a conveniência do que a necessidade de reviver a monarquia sob seu título antigo, e é assim que eu os irei considerar, pois quando se luta por uma necessidade inevitável e absoluta, a polêmica será muito breve; necessidade absoluta aparece rapidamente quando há impossibilidade de mostrar qualquer método para evitá-la, mas nos casos em que qualquer expediente possa ser proposto capaz de provavelmente produzir os mesmos resultados, a necessidade desaparece rapidamente. Muito poucas ações são realmente necessárias, a maioria delas é apenas expediente, ou comparativamente preferível a outras medidas que possam ser tomadas. Onde haja lugar para comparações, há também lugar para diversidade de opiniões.

Que o título de Rei não é necessário, por mais tempo que tenha sido usado, ou por maior que seja a consideração que lhe tenham prestado, é óbvio pela própria natureza da linguagem: a importância das palavras não advém do poder natural de combinações específicas de caracteres, ou da eficácia real de certos sons, e sim da anuência daqueles que as usam e arbitrariamente agregam-lhes certas idéias que poderiam ter sido expressas com igual propriedade por qualquer outra.[43] Seja quem for que originalmente distinguiu o

---

[43] Veja n. 39, p. 187 anteriormente. Esta talvez seja a mais explícita das muitas declarações de SJ sobre sua visão "nominalista" da linguagem. Embora o argumento de que "rei" é apenas um nome seja exposto com frequência em

chefe do Executivo com o nome de Rei, poderia ter-lhe atribuído qualquer outra denominação e o poder do povo poderia nunca ter sido perdido ou prejudicado. Se isso pôde ter sido feito uma vez, pode ser feito agora; pois, sem dúvida, as palavras não têm qualquer outro valor senão o de seus significados, e o nome de Rei não pode ter nenhum outro uso que qualquer outra palavra da mesma importância.

Que a lei possa ser executada normalmente, e obedecida com alegria, embora o nome de Rei tenha sido inteiramente rejeitado, é, a meu ver, óbvio, de acordo com a experiência que adquiri tanto durante o tempo em que venho administrando o governo, e durante o tempo em que a execução das leis foi confiada aos (*Custodes Libertatis Angliae*) Guardadores das Liberdades da Inglaterra, tempo no qual a justiça tem sido distribuída tão regularmente, tão igualitariamente e com tanto desembaraço quanto nos dias mais felizes dos reis mais famosos. Os juízes realmente hesitaram durante algum tempo com respeito à legalidade de suas comissões, mas uma breve deliberação os libertou de suas dúvidas e certamente sua autoridade deve ser considerada importante, já que nenhum de seus antecessores conseguiu superá-los em erudição ou habilidades.

Que eu nunca interrompi o curso da justiça, isso todos os juízes podem confirmar e, creio eu, afirmar com igual confiança que ela não foi mais obstruída por qualquer outro impedimento do que em épocas anteriores; de modo que o título de Rei não parece ser de modo algum necessário para a eficácia da lei.

Monarchy Asserted, não há nenhuma exposição como essa, com um estilo semelhante ao de Locke ou de Berkeley.

Essa obediência foi prestada à magistratura suprema sob duas denominações distintas, nenhuma das quais estabelecidas por uma sanção parlamentar; e por que deveríamos imaginar que qualquer outro título receberia menos consideração quando confirmado pelo poder ao qual o título que vocês agora contestam deve sua validade?

Houve uma época em que todos os postos e o título agregado àquele posto eram simplesmente inventados e introduzidos; de onde, então, vinham sua legalidade e sua importância nessa primeira introdução se não do consentimento geral? A grande lei, obrigatória e inviolável, é a anuência do povo; sem ela nada está certo, e com seu apoio nada pode estar errado. A antiguidade não acrescenta nada a essa grande sanção, nem a novidade pode retirar sua autoridade. Aquilo que for determinado agora pelo povo, ou por seus representantes apropriados, tem a mesma validade que as primeiras instituições e se elas forem governadas por um magistrado supremo sob o nome de Rei, ou qualquer outro nome, o governo é igualmente legal.

Como, portanto, nem a razão nem a experiência podem provar que esse título é absolutamente essencial para a devida administração da justiça, seria apropriado investigar até que ponto ele pode ser conveniente, e que porcentagens de vantagem ou de detrimento resultarão dele. Nessa investigação espero que a honestidade de minhas intenções e a pureza de meu coração não estejam enganadas. Espero que ninguém atribua hipocrisia ou estratagemas às minhas declarações abertas e às minhas profissões sinceras; declarações e profissões que não faço apressada ou negligentemente e sim com cuidado, reflexão e cautela deliberada, na presença do Todo-Poderoso, por cuja providência tenho sido guiado, e em cuja presença me posto. Espero que ninguém imagine que rejeito o título de Rei por gostar do de Protetor, um nome e um posto aos quais eu estava longe de aspirar, e que não recusei apenas porque me foram oferecidos; que nem tampouco então aceitei imaginando-me qualificado o suficiente para governar outros, eu que acho difícil o bastante regular minha própria conduta, nem mesmo por uma confiança de que eu seria capaz de beneficiar muito a nação; o único motivo pelo qual fui convencido a envolver-me em um emprego tão árduo e que causa tanta hostilidade foi o desejo de evitar aqueles males que vi suspensos sobre a nação e prevenir a renovação daquelas disputas nas quais tanto sangue já havia sido derramado, e que inevitavelmente nos envolveriam em um caos sem fim.

Tendo essas perspectivas à minha frente, achei que seria ilegal rejeitar uma oportunidade de evitar calamidades, mesmo quando não houvesse esperança de promover a felicidade: portanto, não pude deixar de aceitar aquilo que ao mesmo tempo não podia desejar ardentemente. Pois nenhuma outra coisa merece ser perseguida com mais ansiedade e assiduidade que o poder de fazer o bem, de conceder benefícios reais e sólidos à humanidade. E certamente, no momento em que o único objetivo para o qual desejamos grandeza e autoridade é o bem público, esses desejos são pelo menos legais e talvez merecedores de aplauso; certamente são legais se aquele que os nutrir conseguiu, por meio de um exame cuidadoso de seu próprio coração, um exame sério e sincero, sem quaisquer das artes enganosas com as quais a consciência é muitas vezes enganada, assegurar-se de que suas ideias mais importantes não são sua própria honra ou interesse, e sim o bem-estar da humanidade e a promoção da virtude, e que seu progresso irá contribuir para eles.

Tendo lhes informado por que meios fui promovido ao Protetorado e por quais motivos o aceitei, posso agora prosseguir apropriadamente apresentando meus próprios sentimentos sobre o posto no qual me envolvi, para que possa ficar claro, pelas minhas próprias noções da minha situação atual, quão menos esse posto pode ser preferido por mim, por conta de algumas visões pessoais, do que aquele posto que o Parlamento agora oferece, e que, sejam quais forem os argumentos que eu usar nesta questão, eles não são ditados por interesse particular e sim por um respeito sincero e genuíno pela felicidade da nação.

Muitas vezes examinei, com um grau de atenção adequado para a importância da investigação, qual é a natureza de meu posto atual, e principalmente qual é o objetivo que ele deve ter em vista, e nunca consegui chegar mais longe do que a decisão de que sou o Chefe da Polícia da nação e me confiaram o cuidado da paz pública. Essa confiança tenho me esforçado fielmente para retribuir, e até agora fui bem-sucedido, já que a paz nunca passou tanto tempo sem ser interrompida, e, sejam quais forem as tristezas que foram temidas ou sentidas, desfrutamos a bênção de tranquilidade, uma bênção que, em minha opinião, é preciosa demais para ser arriscada em quaisquer inovações desnecessárias ou precipitadas e em nome das quais eu acho, portanto, necessário recusar o título que agora me oferecem.

Esse argumento talvez não seja entendido imediatamente, e tampouco me é fácil torná-lo inteligível sem antes fazer um relato de algumas transações passadas, longas demais para serem relevadas não fosse a importância do tema.

SAMUEL JOHNSON

No começo da última guerra entre o Rei e o Parlamento, observei que em todos os encontros os monarquistas saíam ganhando e que nossos homens, embora em número superior, ou com outras vantagens, eram vergonhosamente desbaratados, dispersos e massacrados; e conversando sobre esse assunto com meu digno amigo Sr. John Hampden, um nome lembrado pela maior parte de vocês com reverência, eu lhe disse que essa calamidade, por mais terrível que fosse, ainda tinha, em minha opinião, um remédio, e que com uma escolha adequada de soldados a situação da guerra deveria mudar brevemente. É preciso, disse eu, que, ao comparar nossas forças com aquelas do inimigo, examinemos, em primeiro lugar, a diferença entre sua educação e sentimentos habituais. Nossos seguidores, na maior parte das vezes, são recrutados das categorias inferiores do povo, antigos soldados descartados, mecânicos desempregados, homens acostumados a insultos e à servidão desde o berço, sem quaisquer princípios de honra, ou estímulos que os façam superar a sensação de perigo imediato. O exército deles, ao contrário, está repleto de homens cuja profissão é a coragem e que, por sua educação, foram fortalecidos contra a covardia e foram apreciados a vida inteira de acordo com sua bravura. Todos os seus oficiais são homens de qualidade, e seus soldados, filhos de cavalheiros, homens estimulados por um sentido de reputação, e que prefeririam morrer a aguentar a ignomínia de ter virado as costas para fugir; será que é possível supor que a educação não tem força e que os princípios não exercem influência sobre as ações? Será que homens que lutam só pelo pagamento, sem se sentirem honrados com a vitória, ou envergonhados por terem sido vencidos, podem resistir ao ataque de cavalheiros, de homens que agem sob princípios de honra e reforçam suas próprias resoluções e a dos outros por meio da razão e da reflexão? A motivos como esses, que obstáculos nossos homens podem colocar que os elevem ao mesmo grau de bravura, e os animem com o mesmo desprezo pelo perigo e pela morte? O entusiasmo pela religião é o único motivo mais vigoroso e poderoso que esses, e que está em nosso poder inculcar. Escolhamos homens cheios de ardor e respeito por sua religião, homens que considerem que é um alto grau de impiedade fugir diante do cruel e do profano, abandonar a causa do céu e preferir segurança à verdade, e nossos inimigos serão rapidamente subjugados.

Esse conselho não foi desaprovado por quaisquer razões, a não ser a dificuldade de pô-lo em execução: essa dificuldade eu mesmo imaginei que seria capaz de superar até certo ponto e utilizei toda a minha diligência para recrutar homens assim, entusiasmados com o ardor da religião, e acender ainda mais seu fervor; tampouco o resultado desapontou minhas expectativas, pois, quando esses homens foram levados ao campo de batalha, não houve *Veteranos* que os detivessem, nem obstruções que os impedissem, ou perigo que os atemorizasse; e a esses homens devem ser atribuídas as vitórias que obtivemos e a paz que desfrutamos.

Este relato pode ter muitas utilidades: ele pode contribuir para reafirmar-nos em nossa perseverança nessa causa, que até aqui teve sucesso graças aos esforços de homens bons; ele pode tender a confirmar homens religiosos em seus propósitos de uma vida santa, que esses princípios são mais eficientes e poderosos que quaisquer outros, mas, com respeito à atual disputa, quero apenas observar como devemos valorizar esses homens, como eles têm direito de reivindicar nossa consideração e como seria frágil de nossa parte aliená-los de nós revivendo um título que os ensinamos a detestar.

Pode ser alegado que recusar obediência a uma autoridade legal, seja qual for o seu nome, não é coerente com o caráter de piedade; e que odiar o título e o posto de Rei, o título conferido legalmente, e o posto administrado de forma justa não é religião e sim preconceito e mais idiotice do que uma questão de consciência. Tampouco posso negar nenhuma dessas duas afirmações, estou longe de achar que é legal desobedecer a um governo legal, e confesso abertamente que reverenciar ou detestar um simples nome é igualmente uma fragilidade. E estou confiante de que esses bons homens sobre quem estive falando obedecerão ao Poder Legislativo seja qual for o título posto em prática; e com relação a seus escrúpulos, por mais exorbitantes, é minha opinião que eles, que fizeram e sofreram tanto, merecem que lhes demonstremos alguma tolerância, mesmo com suas fraquezas, e que eles não sejam afligidos com dificuldades imaginárias, ou confundidos com escrúpulos que os atormentem sem necessidade; a sua disposição para obedecer à autoridade é um apelo por delicadeza e consideração, que irá contribuir para unir seus esforços com os nossos, para a supressão daqueles que parecem considerar sua obrigação opor-se a qualquer governo e cujas opiniões os levam a imaginar que toda autoridade humana é ímpia e detestável.

O motivo pelo qual esses homens ficarão ofendidos com a restauração do título e do posto de Rei, um motivo que, devo confessar, tem alguma importância para mim, e pode, talvez mais fortemente, afetar mentes mais frágeis, se porventura as houver, é o seguinte: nós devemos, principalmente, consultar as Escrituras como regra de nossas consciências, mas temos também que ter consideração para com a mão visível de Deus e as prescrições da Providência, pelas quais a Escritura pode muitas vezes ser explicada claramente e com utilidade; nessas explicações, na verdade, podemos ser facilmente enganados; e portanto não devemos depender delas com um presumido grau de confiança e sim usá-las com cautela, modéstia e uma atenção cuidadosa a todas as circunstâncias que possam corrigir nossos erros, mas certamente não devemos aprovar grandes eventos sem reflexão, observação ou consideração.

Quando, em conformidade com essa regra, eu considero a última revolução que ocorreu nesta nação, e vejo que não só a família real foi subjugada e exilada, mas que também o nome e o título foram erradicados pela providência de Deus, parece-me nada menos que presunção tentar restaurá-lo. Não irei discutir quão justos foram esses procedimentos com relação àqueles que os conduziram, nem preciso dizer como eu agiria se as mesmas circunstâncias ocorressem outra vez; só desejo que vocês lembrem que o título não foi abolido nem por mim, nem por aqueles que me investiram com essa autoridade, e sim pelo longo Parlamento. É suficiente para meu objetivo observar que o título não foi descartado por capricho, ou por alguma repugnância acidental, mas após dez anos de guerra, por meio de uma deliberação longa e sensata, e será isso menos que a mão de Deus? Quando vejo que por esses instrumentos de vingança ele não só expulsou a família, mas acabou com o título; será que uma tentativa de restaurá-lo não será como um esforço para construir Jericó, vencer os desígnios da Providência e opor-se ao grande Soberano do Universo?

Essas são as razões pelas quais eu acho que o posto e título de Rei não são nem necessários nem convenientes; se elas irão convencê-los não sou capaz de determinar, nem desejar que elas devam ter qualquer força que não lhes seja dada pelo seu próprio peso. Ao desejar uma forma de governo firme e estabelecida, o grande objetivo para o qual essa proposta é feita, eu concordo com o Parlamento e espero que nenhuma das minhas razões ou resolução tendam a obstruí-la no mínimo detalhe. Pois um estabelecimento sólido e legal, como é o único método pelo qual a felicidade e a liberdade podem ser garantidas, é igualmente a preocupação de qualquer homem honesto e sábio, e seja quem for que se oponha a isso merece nada menos que ser considerado um inimigo de seu país. Eu não desejaria que esse grande projeto fosse frustrado por anuência com minhas inclinações, pois acordo e ordem são certamente necessários, mesmo que a monarquia possa não o ser; eu lhe suplico que se esforce com perseverança para conseguir seja o que for que possa contribuir para isso; nem tampouco devo aconselhar que não apele para os preconceitos e paixões de homens particulares se essa for a única maneira de conseguir sua cooperação para o progresso desse projeto. De minha parte, se eu pudesse multiplicar minha pessoa, ou ampliar meu poder, dedicar-me-ia inteiramente a esse grande objetivo, para cuja realização implorarei a bênção de Deus sobre suas deliberações e esforços.[44]

Dia 13 de abril (segundo Whitlock) o Comitê procurou o Protetor e ofereceu-lhe a seguinte resposta.

Como o pedido do Parlamento é importante demais para ser ou consentido ou recusado sem uma longa deliberação, julgamos

---

[44] A parte de fevereiro termina aqui.

necessário procurar Vossa Alteza uma segunda vez, para que essa grande questão, depois de ter sido considerada cuidadosamente por ambas as partes, possa finalmente ser discutida diligentemente e decidida com aquela cautela que deve sempre ser usada nos casos que envolvem, evidentemente, a felicidade e a tranquilidade da população.

Que o título de Rei não é absoluta e fisicamente necessário para o governo será admitido de boa vontade; pois, se o governo pode subsistir uma hora, ou um dia, sem ele, nenhum homem pode afirmar que é absolutamente necessário. Necessidade nesse sentido não tem lugar em transações políticas. As próprias leis[45] não são absolutamente necessárias, a vontade de um príncipe pode compensá-las e a sabedoria e vigilância de um bom príncipe fazer um povo feliz sem elas. A necessidade natural não dá lugar a disputas, sendo sempre evidente demais para admitir controvérsia e poderosa demais para admitir resistência. Portanto, em todos os debates desse tipo, por necessidade entende-se necessidade moral, que nada mais é que um alto grau de conveniência ou razões incontestáveis de preferência.

Que o título do Rei é nesse sentido necessário para o governo dessas nações talvez possa ser provado, mas uma tentativa de prová-lo parece, no atual estado das coisas, supérfluo, porque a solicitação do Parlamento é, por si só, razão suficiente para superar tudo que foi alegado em oposição a ela. E pode ser, portanto, exigido de Vossa Alteza que prove a necessidade de rejeitar esse título que toda a população da Inglaterra lhe suplica que aceite.

---

[45] *Margem:* Fines.

Pois nada menos que necessidade deve ser[46] comparada com os desejos de toda a população legalmente representada. Mas como é que essa necessidade pode ser demonstrada? Ou de onde pode ela surgir? Não podemos pretender que a monarquia ou qualquer outra forma de governo seja contrária à vontade de Deus revelada. Nenhum tipo de governo é ilegal em sua própria natureza, nem um deles foi honrado com um grau mais alto da aprovação divina do que outros;[47] as instituições políticas são como outros contratos, nos quais estipulações devem ser feitas de acordo com aquilo que as partes contratantes julguem conducente à sua felicidade, e elas devem portanto variar de acordo com as várias opiniões daqueles que as fazem; mas quando[48] são feitas, elas são todas obrigatórias e invioláveis. Portanto, não há necessidade vinda de comandos divinos para aceitar o título ou recusá-lo; não há nada no nome de um Rei que seja ou *sagrado*, como alguns tiveram a fraqueza de afirmar, ou *profano*, como outros imaginaram sem nenhum motivo melhor. A necessidade de qualquer dos lados deve, portanto, ser acidental e surgir de circunstâncias e relações. E certamente a prescrição de muitas centenas de anos, a autoridade da lei, e a aprovação do povo, são circunstâncias que constituirão o mais alto grau de necessidade política.

Que a monarquia sob o título de Rei tem[49] toda a sanção que a antiguidade pode dar é evidente demais para que seja motivo de controvérsia, mas talvez possa ser questionado até que ponto a sanção da antiguidade merece ser considerada. A longa continuidade

---

[46] *Margem:* Fines.
[47] *Margem:* Lenthal.
[48] *Margem:* Fines.
[49] *Margem:* Glynne Fines.

de alguma prática que poderia ter sido alterada ou abandonada à vontade é pelo menos uma prova de que não foram encontrados inconvenientes que dela resultassem, e um costume que não seja prejudicial em si mesmo fica a cada dia mais estabelecido, porque a outra parte da vida será regulada com relação a ele, até que aquilo que era apenas arbitrário no começo, com o tempo parece ser essencial e indispensável. Não há dúvida de que, quando o governo foi instituído pela primeira vez aqui, a nação poderia ter escolhido qualquer outra Constituição não menos legal que a da monarquia, mas, por deliberação ou por chance, a monarquia foi estabelecida e as leis foram todas feitas como consequência desse estabelecimento, e tão fortemente ligadas a ele que podem ficar de pé ou cair juntas. O Rei está obrigado a agir em conformidade com as leis, e a lei só pode agir pela comissão do Rei. A prerrogativa de nossos monarcas e a autoridade de[50] nossas leis, que já foram a tarefa de várias épocas regulamentar e garantir, se o magistrado supremo tiver outro título, serão uma tarefa a ser recomeçada.

Se for alegado que o trabalho pode ser poupado por meio de um ato geral que declare o poder do Protetor igual[51] ao de nossos antigos reis, então por que estamos lutando? Apenas um nome! Um som vazio! No entanto, um som de tal importância a ser preferido à voz de toda a população. Mas isso certamente não será proposto, porque, se um ato assim for conhecido pelo público, todos deverão ser imediatamente convencidos de que estão sendo governados como antes por um Rei e que, portanto, todas as objeções à nossa antiga Constituição continuam em plena força.

---

[50] *Margem:* Fines Glynne Broghill.
[51] *Margem:* Fines Broghill.

Mas realmente a longa continuidade da monarquia é uma prova incontestável de que, na opinião do povo, até aqui não surgiram calamidades sérias ou duradouras por causa dela, e que portanto não há razão para temer que qualquer coisa possa acontecer se a revivermos, pelo menos nada parecido com a insatisfação que será produzida por uma mudança total de nossa Constituição, e as apreensões que um novo poder, ou um novo título, certamente deverá criar; um título cuja origem é desconhecida e um poder cujos limites não são estabelecidos.

A antiguidade, que, para os sábios e curiosos, é muitas vezes só uma prova de aprovação geral, para a pessoa comum é uma base para reverência. As instituições e os costumes existem há muito tempo porque são bons e são reverenciados porque existem há muito tempo. Com isso o perigo de mudá-los aumenta a cada dia, pois como a utilidade prática é sempre a mesma, o respeito acidental por eles vai aumentando sempre. Demonstrar até que ponto essa consideração pela antiguidade contribui para a boa ordem do mundo, e como ela surge inevitavelmente da atual situação, não é necessário no momento; como a experiência pode nos convencer de sua influência, e a experiência de nossa própria época mais do que qualquer outra, em que quase todos os dias estivemos mudando[52] a forma de governo sem termos sido capazes de satisfazer nem a nós mesmos nem ao povo. Se qualquer dos esquemas tentados foi, por si próprio, preferível à monarquia, é difícil de dizer, mas isso pelo menos é óbvio: se eles não foram preferíveis, a monarquia deve ser restaurada, e se o foram, não há necessidade de nenhuma outra

---

[52] *Margem:* Jones.

prova da afeição do povo para com a antiga Constituição, já que eles não ficaram satisfeitos com nenhuma outra, mesmo que fosse de melhor qualidade;[53] e após anos gastos em experimentos infrutíferos, retornaram para a monarquia com avidez ainda maior.

Tampouco a desaprovação dessas novas formas foi uma coisa apenas popular. Ela foi resultado[54] de longas deliberações e investigações cuidadosas junto àqueles cujas opiniões devem ser principalmente consideradas em questões desse tipo. Alguns dos próprios juízes, mesmo aqueles cuja erudição e integridade estão acima de qualquer desconfiança, recusaram-se a atuar sob nenhuma outra autoridade que não a do Rei, e, como foi observado em nossa última conferência, aqueles que aquiesceram não deram nenhum outro motivo[55] para sua conduta a não ser a necessidade, um motivo que não pode durar mais, já que a necessidade agora está chegando ao fim.

Tampouco podemos deixar de imaginar que aqueles cujas vidas foram dedicadas ao estudo das leis foram os que tiveram as ideias mais drásticas sobre a necessidade desse título; um título que a lei supõe tão essencial para a nossa Constituição que a cessação de sua influência, ainda que por uns poucos dias, poderia subverter ou pôr em perigo essa mesma Constituição, como se a destruição de um de seus elementos pudesse lançar o mundo natural em uma grande confusão. Por esse motivo,[56] é um princípio estabelecido que *o Rei nunca morre*, que a autoridade real não se extingue nunca, e que há na verdade não mais que um único Rei desde o estabelecimento

---

[53] *Margem:* Jones Lenthal.
[54] *Margem:* Lenthal.
[55] *Margem:* Broghill.
[56] *Margem:* Lenthal.

da monarquia. Pois durante o tempo em que a autoridade real fosse suspensa, a lei deveria cessar suas operações; nenhum crime poderia ser punido, nem nenhuma questão de propriedade ser decidida; todo o poder de punir, e toda a autoridade para decidir, sendo originária diretamente do Rei, cujo posto, portanto, não pode ser abolido; pois nenhuma autoridade pode ser retirada a não ser por um poder superior, e esta nação nunca conheceu ou admitiu qualquer poder que fosse independente do poder do Rei. A autoridade do Parlamento e os direitos do povo não podem se vangloriar de uma base mais profunda, nem de um estabelecimento mais sólido. O poder do Parlamento não tem nenhuma eficácia a não ser em cooperação com o poder real, e tampouco um deles pode destruir o outro sem uma dissolução geral do nosso governo: esses dois poderes concomitantes são partes essenciais de nossa Constituição, que, quando qualquer um deles deixar de existir, será igualmente destruída.

Essas considerações certamente são suficientes para defender os juízes, a quem seria extremamente injustificável culpar por seu apego constante às leis cuja manutenção é função de seu posto. Mas não devemos imaginar que os mesmos motivos influenciaram a maioria das pessoas a ter esse desejo geral que é aparentemente tão predominante em toda a nação. Efeitos gerais devem ter causas gerais, e nada pode influenciar a nação inteira a exigir a restauração da monarquia, a não ser a experiência universal dos males produzidos se ela for rejeitada; males evidentes demais para serem ocultados e pesados demais para serem suportados. Um deles, e talvez não o menor, é a interrupção[57] da justiça, que não tem sido

---

[57] *Margem:* Lenthal Fines.

administrada a não ser pela ajuda do exército, o último expediente a que deveríamos recorrer.

Na verdade, o fato de as leis não terem perdido mais de sua autoridade[58] e de a justiça não ter sido mais evadida não deve ser atribuído às formas de governo que esses anos de desordem produziram e sim ao cuidado, à integridade e à reputação daqueles homens em cujas mãos os altos postos foram entregues; que eram reverenciados pelo povo por seu próprio caráter e não por qualquer consideração aos poderes que lhes davam autoridade. Poderes que ontem produziram e que, esperava-se, iriam perecer amanhã. Pois todos os títulos, exceto o do Rei, que a antiguidade tornou venerável, são considerados apenas uma questão de capricho momentâneo, e sujeitos a serem mudados pela inconstância que os fez surgirem,[59] tão logo se descubra alguma inconveniência que resulte deles; porque o que é erguido por um ato do Parlamento pode ser destruído por outro, e é razoável que esperemos tais mudanças; pois nenhuma forma de governo é livre de defeitos, enquanto continua sendo parte do direito de todos os homens propor um novo esquema, que eles sempre julgarão mais benéfico que qualquer outro, todos os homens que têm qualquer emenda verdadeira ou de seu gosto pessoal a oferecer, ficarão impacientes até que ela seja experimentada e farão todo o esforço para facilitar a recepção a essas emendas, exagerando as desvantagens do plano vigente e aumentando as insatisfações que surgem por virtude dele. Assim iremos de mudança em mudança, de expediente em expediente. Assim tentaremos retirar um mal introduzindo outro, e não ganharemos

---

[58] *Margem:* Jones.
[59] *Margem:* Lenthal.

nada em troca de nossos esforços, perplexidades e sofrimentos a não ser uma nova convicção da necessidade de obedecer às leis e ao povo.

Na verdade, não é grande prova de consideração para com a nação rejeitar qualquer solicitação legal; talvez mais possa ser dito sem o menor[60] desvio da verdade e da justiça. O povo em cujo único benefício o governo é constituído tem o direito de estabelecer as formas de governo, e essa petição é apenas um exercício daquele privilégio natural que não pode ser perdido. Todos os governos devem obter essa legalidade ou pela escolha do povo por quem ele foi estabelecido ou por seu consentimento após sua instituição; o governo atual foi montado sem a contribuição do povo e deve ser investigado se agora não será dissolvido por sua solicitação.

Mas se essa petição pode ou não ser recusada legalmente, a prudência pelo menos exige que seja respeitada; pois é sempre absolutamente necessário para a felicidade de qualquer administração que o povo ame e respeite seus governantes. O chefe do Executivo[61] deve portanto adotar o título de Rei, pois nenhum título que não tenha a sanção do Parlamento e que, portanto, seja sujeito a uma mudança imediata pode ser igualmente reverenciado,[62] com aquilo que foi estabelecido pela aprovação de muitas gerações, a autoridade de muitos parlamentos, e que a experiência de toda[63] a nação provou ser sem aqueles perigos que podem ser justificadamente esperados em

---

[60] *Margem:* Fines.
[61] *Margem:* Fines.
[62] *Margem:* Fines Whitlock Lental ("Whitlock" é uma correção the "Whiihouse" 1741).
[63] *Margem:* Jones Glynne Broghill ("Broghill" é uma correção de "Bright"

qualquer instituição nova, que nunca podem ser examinados em toda a sua extensão, ou realizados com todas as suas consequências.

Tampouco a nação pode, nessa demanda, ser acusada de inconstância em suas resoluções ou incoerência em sua conduta; pois o fato de a guerra ter começado não contra o[64] posto de Rei e sim contra a pessoa daquele que o estava ocupando e que atuou nele de uma maneira contrária ao objetivo para o qual[65] esse posto lhe foi confiado, é aparente em quatro declarações do Parlamento; nem é menos conhecido que a primeira quebra da unanimidade entre os[66] amigos da liberdade foi produzida pela abolição desse título, e pode, portanto, ser provavelmente reparada com sua restauração.

Se for alegado que a questão, que se relaciona apenas a um nome, é insignificante e pouco importante, poderemos contestar que quanto menor for a exigência, maior será o desprezo mostrado por uma recusa. O fato de títulos serem mais que sons vazios pode ser provado não apenas em virtude da atual disputa, mas por meio de constituições antigas e pelas determinações de parlamentos anteriores[67] pelos quais o título de Rei foi declarado essencial para a Constituição, nos reinados de Eduardo IV e Henrique VII; e uma prova ainda maior da consideração por títulos foi dada ao Parlamento de Henrique VIII no qual foi decretado que o título[68] de Lord da Irlanda deveria ser mudado para o de Rei, para que as dificuldades que surgiam com a ambiguidade do título pudessem

---

[64] *Margem:* Lenthal.
[65] *Margem:* Jones.
[66] *Margem:* Broghil.
[67] *Margem:* Onslow.
[68] *Margem:* Whitlock.

ser eliminadas. Mesmo a última convenção convocada sem a escolha ou a participação do povo achou que o preconceito que surge de meros títulos tem uma força tão grande que foi obrigada a adotar o nome de Parlamento para que suas determinações não fossem menosprezadas.

Assim a solicitação do Parlamento parece não só razoável, como também necessária; não só coerente com o presente estado de espírito do povo, mas também de acordo com os sentimentos de todos os atos anteriores; e certamente nada deve produzir uma recusa para tal solicitação a não ser a impossibilidade de concedê-la.

Mas as objeções levantadas por Vossa Alteza parecem estar longe de implicar qualquer necessidade de recusar o título que com tal unanimidade lhe foi oferecido e com tanta convicção solicitado de Vossa Alteza, já que são baseadas em suposições meramente conjecturais. Pois sua primeira afirmação, de que o posto não necessariamente exige o mesmo título, já foi examinada e foi demonstrado que não haverá motivo para modificar o título se o poder vai ser o mesmo; e que o chefe do Executivo não pode ser investido com novos poderes sem uma confusão desnecessária e invejas desmedidas. Portanto, a objeção de que muitos homens bons ficarão insatisfeitos com a restauração do título não tem muita força; pois embora deva ser admitido que aqueles que nos ajudaram a livrar-nos da opressão têm direito à nossa gratidão e que a piedade, embora errônea, merece indulgência, tanto a gratidão quanto a indulgência devem ser limitadas pela[69] razão. Em coisas indiferentes,[70] considerações

---

[69] *Margem:* Jones.
[70] ἀδιάϕopα, um termo grego importante nas controvérsias religiosas do século XVII.

de delicadeza e respeito podem inclinar a balança; mas nós não temos o direito de consultar a satisfação de uns poucos, por maiores que sejam seus méritos, em detrimento da tranquilidade pública e da felicidade das[71] gerações que virão. A satisfação de indivíduos pode ser lograda por provisões particulares; mas se, nas questões de importância universal, considerarmos qualquer outra coisa que não seja o bem universal, e as grandes leis da razão e da justiça, seremos lançados em uma incerteza infinita. "Aquele que observar o vento[72] nunca semeará e aquele que considerar as nuvens nunca colherá."[73] Aquele que leva em consideração as circunstâncias mutáveis e espera até que nada se oponha à sua intenção ficará planejando para sempre sem executar nada. Quando é que vamos esperar um acordo, se é preciso que a unanimidade total o introduza? Seja o que for que se decida,[74] multidões ainda ficarão insatisfeitas, porque as opiniões dos homens sempre serão diferentes.[75] Não foi com aprovação universal que o título de Protetor foi adotado, ou que qualquer mudança tenha sido feita até hoje; mas já que sempre haverá algum descontentamento, sejam quais forem[76] as medidas a serem tomadas, não deixemos que a satisfação de homens privados[77] seja preferida em detrimento da do Parlamento, a cuja decisão[78] todos os homens bons se submeterão prontamente.

---

[71] *Margem:* Jones.
[72] *Margem:* Jones.
[73] Eclesiastes xi. 4.
[74] *Margem:* Fines Onslow.
[75] *Margem:* Fines.
[76] *Margem:* Broghil.
[77] *Margem:* Whitlock.
[78] *Margem:* Broghil.

Ainda menos peso tem a objeção que Vossa Alteza extraiu[79] das dispensas visíveis da Providência, das quais sabemos pouco demais para orientar nossas ações por elas, em oposição à razão óbvia, a certos fatos e a preceitos revelados; luzes que sempre nos ordenam que usemos, e entre as quais a duas primeiras só raramente poderão nos enganar e a última nunca nos enganará. Se considerarmos essa posição, que, porque a Providência uma certa vez acabou com o título de Rei ou permitiu que ele fosse eliminado, ele nunca mais deve ser restaurado, logo parecerá que nós não poderemos admiti-lo em toda sua extensão e buscar realizá-lo com todas as suas consequências, sem envolver-nos em dificuldades infinitas e sem condenar nossa própria conduta.

Se a Providência eliminou o posto de Rei,[80] como pode ser provado que o poder supremo, em qualquer cabeça, sob seja lá que título for, mesmo o poder que Vossa Alteza agora possui, não está igualmente interditado?[81] Os atos do Parlamento se estendem igualmente a todos os títulos e se declaram contra a monarquia sob todos os nomes.

Mas as consequências dessa proposição não terminarão nessa incoerência de comportamento, e se estendem igualmente a todas as decisões;[82] pois se aquilo que foi uma vez destruído pela Providência está para sempre interditado, o que permanecerá cujo uso é legal? Existe alguma coisa da qual não fomos, em alguma época, privados pela Providência ou a qual a Providência não transformou

---

[79] *Margem:* Fines Onslow.
[80] *Margem:* Jones Onslow Fines Broghil.
[81] *Margem:* Fines Broghil.
[82] *Margem:* Fines Jones.

alguma vez em instrumento de nossa punição?[83] Não é possível que a dissolução do Parlamento longo seja interpretada como uma explosão do céu, com igual justiça, e que o povo já não deva ser representado? Mas, na realidade, os procedimentos da Providência não têm a intenção de ser regras de ação, somos responsáveis pelo governo de nossas próprias vidas pela virtude e pela prudência; quando uma forma de governo é destruída,[84] e por razões justas é eliminada pela Providência, ela perde sua eficiência; quando, por igual razão, ela é restaurada, então a Providência sorri para ela outra vez, e a sanção dos céus renova sua validade. Se a realeza foi destruída[85] pela Providência, quem pode negar que a mesma Providência a está conduzindo para ser restaurada? Não é a resolução do Parlamento uma prova tanto de um lado quanto de outro? Ou temos quaisquer argumentos que provem que as pessoas cooperam menos com a Providência quando elas precisam de um Rei do que quando o rejeitam? Deixemos de lado esses argumentos inconclusivos e essas conjecturas dúbias, e deixemo-nos guiar pela luz estável da religião, da razão e da experiência. Que uma exigência justa não deve ser recusada, a religião[86] nos informará; a razão nos ensinará que o magistrado deve obedecer às leis e não as leis se submeterem ao magistrado: e a experiência[87] de muitas épocas nos ensinará que o Rei não tem nada a temer da aquiescência com o Parlamento. Pelo menos se algum perigo vier a surgir das medidas ora propostas, surgirá em virtude do desempenho

---

[83] *Margem:* Broghil Fines.
[84] *Margem:* Fines.
[85] *Margem:* Onslow Broghil Fines.
[86] *Margem:* Broghil.
[87] *Margem:* Broghil.

de nossa obrigação e não da negligência dela; e podemos, portanto, enfrentá-la com aquela determinação que a consciência da aprovação de Deus deve inspirar.

A RESPOSTA DO PROTETOR

[A resposta é, em muitas partes, extraordinariamente obscura, tanto pela negligência[88] e ignorância de copistas e tipógrafos como pelas alusões frequentes a ocorrências só conhecidas das pessoas com quem Cromwell estava conversando, mas que não foram mencionadas em nenhuma história que temos agora em nosso poder para consultar; portanto, juntamos os argumentos cujo significado pleno pudemos entender e omitimos algumas passagens ininteligíveis, e outras que se relacionam com outros artigos na petição.]

No dia 26 de abril (e em outra conferência em 11 de maio) o Protetor deu a seguinte resposta.

Meu Senhor,
Tendo refletido seriamente a respeito da solicitação do Parlamento e dos cultos argumentos produzidos pelo Comitê para apoiá-los, acho que seria pouco razoável postergar por mais tempo a resposta que está em meu poder lhes dar, porque ela é tanto devida ao grande organismo que os nomeou e necessária para a expedição dos negócios públicos que parecem estar totalmente suspensos à espera da decisão dessa questão; uma questão que eu não acho

---
[88] *Margem:* Broghil.

assim tão importante como poderia parecer pela maneira como é apresentada e entendida.

Não perderei tempo repetindo os argumentos apresentados na última conferência porque foram pouco diferentes daqueles produzidos anteriormente, apenas embelezados com novos adornos e reforçados com alguns exemplos novos. Com respeito à razão principal, a conhecida natureza do título de Rei, o limite da autoridade estabelecida e declarada que ele implica, sua propriedade com relação às leis, e a veneração que o povo lhe tem, não tenho nada a acrescentar, nem acho que haja qualquer coisa necessária além daquilo que já ofereci. Estou convencido de que sua autoridade é suficiente para dar validade a qualquer governo e para acrescentar dignidade a qualquer título, sem a concorrência de formas antigas, ou a sanção de preconceitos hereditários.

Todo o governo almeja o bem do povo, e esse governo é, portanto melhor, de acordo com a sua eficiência na promoção desse bem; portanto, ao estabelecer a magistratura principal desses reinos, desejamos principalmente investigar que forma ou que título terá maior aceitação, e, uma vez que essa descoberta for feita, ela poderá ser facilmente estabelecida por um único Ato de Parlamento, em concordância com a vontade geral do povo.

É possível que seja alegado que, ao rejeitar o título de Rei, estou rejeitando o pedido do Parlamento e tratando os representantes do povo com um grau de desconsideração que nenhum Rei da Inglaterra jamais revelou. Mas consideremos em quanto minha situação difere daquela de um Rei legal, que reivindicou a coroa por herança, ou foi elevado à autoridade suprema pelo Parlamento e governa segundo leis instituídas por um sistema estabelecido. Eu tenho o poder supremo em virtude de nenhum outro título a não ser o da necessidade. Assumi a autoridade com a qual estou hoje investido em um momento em que a ruína imediata estava caindo sobre nós, uma ruína que nenhum outro homem ousou tentar evitar, quando facções contrárias estavam se lançando à guerra, porque nenhum homem ousava intervir e ordenar a paz. Pode não ser este o momento adequado para explicar quais eram os perigos que então nos ameaçavam e sob que princípios os membros dessas facções e os rebeldes tentavam interromper a tranquilidade pública.

O Parlamento, que havia tão vigorosamente resistido aos avanços do poder real, tornou-se, ele próprio, desejoso de autoridade absoluta e não só tomou as funções do Legislativo como usurpou o poder do Executivo. Todas as causas, civis e penais, todas as questões de propriedade e de direitos, eram decididas pelos comitês, que, como eram, eles próprios, a legislatura, não eram responsáveis perante nenhuma lei; e por essa razão seus decretos eram arbitrários e seus procedimentos violentos; a opressão não tinha reparação e uma sentença injusta não permitia recursos; todos os negócios de todos os tribunais de Westminster eram resolvidos dessa forma, e as dificuldades eram ainda mais lamentáveis porque não havia perspectiva ou de um fim ou de uma pausa. Pois o Parlamento estava tão longe de pretender abrir mão dessa autoridade ilimitada que haviam formulado uma resolução para perpetuar sua tirania; e compreendendo que não havia possibilidade de ser dissolvido por qualquer outro poder, decidiu nunca dissolver-se a si próprio.

Tão opressivo era o governo que havia sido planejado para nós, e para nossa posteridade, e sob essas calamidades poderíamos ainda ter-nos enlanguescido, se o mesmo exército que havia reprimido a insolência da monarquia não nos tivesse livrado, com o mesmo espírito, da tirania de um Parlamento perpétuo, uma tirania que era igualmente ilegal e opressiva.

Quando, depois de seus perigos e esforços, suas batalhas e suas feridas, eles tiveram o lazer suficiente para observar o governo que haviam estabelecido a tanto custo, logo perceberam que, a não ser que criassem mais um regulamento, e vencessem essa tirania de muitas cabeças, teriam arriscado suas vidas por um objetivo muito pequeno, e, em vez de garantir sua própria liberdade e a liberdade do povo, teriam apenas trocado um tipo de escravidão por outro.

Portanto, eles dissolveram o Parlamento que vocês mesmos nunca teriam dissolvido, e, para que a nação não caísse naquela confusa situação anterior, insistiram para que eu assumisse a autoridade suprema, sob o título de Protetor; um título que não implica nenhum poder legal em que eu possa governar por minha conta, e sim uma confiança que me foi consignada para o benefício de outros; essa confiança a que eu tenho lealmente retribuído, e, quando os meios de tranquilizar o público forem encontrados, estou disposto a prestar contas do meu posto e a demitir-me.

A necessidade que me obrigou a aceitá-lo não foi, na verdade, totalmente produzida pelas resoluções ilegais do Parlamento, mas foi muito aumentada pela fúria ingovernável de fanáticos selvagens e facções rebeldes que, para estabelecer seus novos esquemas, teriam espalhado a matança e a desolação por todo o reino sem poupar nada, por mais cruel ou injusto que isso fosse, a fim de propagar suas próprias opiniões.

Entre esses grupos, alguns eram a favor de revogar todos os nossos estatutos e abolir todos os nossos costumes e de introduzir a lei judicial de Moisés como regra única de julgamento e padrão de equidade. Dessa lei, cada homem seria seu próprio intérprete, e em consequência lhe seria permitido julgar de acordo com suas paixões, preconceitos ou ignorância, sem recursos. Todos os homens então começariam a ser legisladores: pois fazer as leis e interpretá-las para seu próprio uso é quase a mesma coisa.

Havia também outro grupo de homens que estava ainda mais inclinado a investir cada homem com o poder de decidir suas próprias reivindicações e de julgar suas próprias ações; pois, entre eles havia um princípio fixo e imutável, pelo qual toda a magistratura era proibida por Deus e, portanto, ilegal e abominável.

É desnecessário dizer em que condições estaria esta nação se qualquer um desses dois partidos tivesse subido ao poder e como foi útil empregar aquele homem que, rapidamente escalando o assento do poder, teve o espírito para controlá-los e o poder para subjugá-los.

Ouço, algumas vezes, acusações feitas à minha conduta pelos ignorantes ou desafetos, mas as ouço com a indiferença e o desprezo que merecem; sou absolvido pela minha própria consciência e, espero, pelos homens melhores e mais sábios; estou convencido de que fui chamado pela Providência para o poder que hoje possuo, e sei que não o desejo por mais tempo do que aquele que seja necessário para a preservação da paz e a segurança da liberdade, aquela liberdade que nunca violei e aquela paz que, entre rumores, insatisfações, ameaças e reclamações, nunca permiti que fosse rompida. Que eu almejo a autoridade ilimitada e, portanto, assumo um título desconhecido pela nação, é uma acusação fácil de ser feita, mas igualmente fácil de ser desconsiderada; meu poder foi fruto da necessidade e sua extensão foi limitada unicamente às ocasiões em que é preciso exercê-lo. Se agora estão propondo um acordo, e antes disso, uma legalização de minha autoridade, esse poder pode ser restringido por vocês, sob seja qual título for a mim conferido, título esse que então será válido, e esses limites não poderão ser transgredidos.

11 de maio. Com relação ao título específico que vocês tão ardorosamente me recomendaram, não consigo ainda convencer-me a aceitá-lo, quando examino seus argumentos não posso achar que sejam inevitavelmente conclusivos; e quando examino minha própria consciência na solidão, encontro-a ainda insatisfeita. O desejo do Parlamento é realmente um motivo poderoso, mas o desejo do Parlamento não pode alterar a natureza das coisas; pode decidir por mim em coisas que me são indiferentes, para que eu escolha uma em vez de outra; mas não pode tornar legais aquelas ações que Deus proibiu, nem me obrigar a fazer aquilo que, embora talvez legal em si mesmo, não é legal segundo meu juízo privado.

Depois da reflexão mais tranquila, estou convencido de que não posso, sem cometer um crime, aceitar seu pedido; e, portanto, como estou longe de acreditar que aqueles que ocupam seus assentos, por nenhum outro objetivo que o de preservar a liberdade da nação, podem apontar qualquer infração de minha parte, *declaro que não posso aceitar a administração do governo sob o título de Rei.*

N.B. O debate por inteiro, como foi impresso em 1660, de onde foi extraído[89] esse prefácio, será publicado brevemente com alguns comentários e as necessárias ilustrações.

---

[89] O *Dictionary* define *extract* (s. de f. 2) como "as passagens principais extraídas de um livro; uma síntese; uma epítome".

"O. N." Sobre os fogos de artifício pela paz de Aix-la-Chapelle. (1749)

Depois da queda de Walpole em 1742 e de sua substituição por uma coalizão de seus aliados com os inimigos que tinham estado latindo em seus calcanhares, Johnson e a maioria dos ingleses, pelo menos por algum tempo, haviam ficado saturados de política.[1] Macaulay descreve essa repugnância em termos que parecem mais com os de Johnson – o Johnson maduro – do que com o próprio Macaulay:

> A Oposição colheu o que havia semeado... Falando sem parar em uma linguagem magnífica sobre tirania, corrupção, ministros perversos, cortesãos servis, a liberdade dos ingleses, a Grande Carta, os direitos pelos quais sangraram nossos pais, Timoleon, Brutus, Hampden, Sydney, não tinha nada em absoluto a propor que pudesse significar uma melhoria em nossas instituições. Em vez de orientar a mente pública para reformas específicas... estimularam uma vaga ânsia de mudança com a qual lucraram por um único momento e da qual, como bem mereciam, logo se tornaram vítimas... O nome patriota tinha se tornado um cognome para escárnio.
> [Resenha de *Letters to Mann*, de Horace Walpole (1833)]

---

[1] Descrições interessantes da história política da época podem ser encontradas em John B. Owen, *The Rise of the Pelhams* (1957), que trata do período entre 1741 e 1747, e em John W. Wilkes, *A Whig in Power: The Political Career of Henry Pelham* (1964), que vai até 1754.

Johnson, é claro, tinha sido, durante algum tempo, um desses "patriotas", e parece não haver dúvida de que isso o deixou profundamente irritado com aqueles que o tinham enganado dessa maneira,[2] uma raiva que, aliás, perdurou durante toda a sua vida. Mais tarde, quando o termo "patriótico" começou a ser ouvido por aquelas terras outra vez, nos lábios de Pitt e Wilkes e, sobretudo, dos publicistas da Revolução americana, ele se dedicou a tentar abrir os olhos daqueles que provavelmente seriam enganados, como ele próprio havia sido, por conversas desse tipo.

A despedida (temporária) do próprio Johnson dos escritos políticos sérios pode ser encontrada em seu prefácio à *Gentleman's Magazine* de 1743 (publicada no começo de 1744):

> Lamentou-se durante muitos anos... que as lutas de partidos opostos absorvessem a atenção do público e que todos os tópicos de conversa e todos os tipos de educação cedessem seu espaço para a política.... A vida exige muitas outras considerações e... podemos dizer que a política usurpa a mente quando não deixa espaço para quaisquer outros temas.

Portanto, como a revista, Johnson dedicou-se durante algum tempo a outras considerações — trabalhando com a biblioteca harleiana, começando, mas depois abandonando, uma revisão de Shakespeare, e mais tarde, de 1747 em diante, compilando seu *Dictionary of the English Language*. Até 1755, quando terminou o dicionário, Johnson raramente utilizou sua pena para falar de temas políticos, embora, mesmo durante esse período, tenha

---

[2] Em outros textos (*Politics*, cap. 5) eu sugiro que o curioso tom ambivalente de *Life of Savage* (1744) — Savage foi claramente o primeiro mentor de SJ em patriotismo — pode ter sido resultado dessa repugnância.

encontrado oportunidades ocasionais para *obiter dicta* breves e às vezes perspicazes sobre política: nos prefácios que escreveu para várias publicações periódicas; na excelente introdução para aquela coleção muito política, o *Harleian Miscellany*, e algumas breves notas editoriais na mesma coleção;[3] e até mesmo no material preliminar para o próprio *Dictionary*, onde ele cita Hooker – "Não se faz mudança sem transtorno, mesmo se for do pior para melhor" – e faz comentários sobre o inevitável crescimento da complexidade econômica e social do mundo moderno.

Dos escritos de Johnson nessa década, apenas uma peça isolada é primordialmente política, a carta para a *Gentleman's Magazine* impressa logo a seguir. Foi atribuída a ele (por "evidência interna") por Alexander Chalmers, em sua edição de *Life* de Boswell (1882) i.xxxv, e reimpressa em sua edição de *Works* de Johnson (1823). Embora fosse interessante ter uma confirmação mais segura de que Johnson foi o autor da peça, essa autoria não foi questionada. Tanto o estilo quanto os sentimentos são bastante convincentes.[4] A assinatura, "O.N.", é composta pelas duas últimas letras do nome de Johnson. Embora esse fato não possa exatamente ser considerado evidência, métodos igualmente criativos para inventar pseudônimos eram bastante comuns naquela época.

---

[3] Veja D. J. Greene, "Johnson and *the Harleian Miscellany*," *Notes & Queries*, cciii (julho 1958), 304.

[4] A peça foi composta especificamente para a *Gentleman's Magazine*. Isso fica claro por uma passagem no Prefácio do volume de 1749, onde a revista denuncia com veemência o fato de outros jornais terem copiado seu material. "Um engenhoso colecionador, para escondê-lo completamente, finge que extraiu os comentários pirotécnicos da *Hague Gazette*, embora eles não pudessem ser encontrados nela, e de termos o manuscrito original como prova."

O Tratado de Aix-la-Chapelle, que interrompeu temporariamente a Guerra da Sucessão Austríaca antes que esta recomeçasse uma vez mais e se transformasse no que veio a ser a Guerra dos Sete Anos, foi assinado no final de 1748, para insatisfação geral (diz-se que "Bête comme la paix" é um provérbio francês conhecido). Por algum motivo, decidiu-se que as comemorações oficiais do tratado, em Londres, teriam a forma de uma queima de fogos de artifício no Green Park. É o desempenho pirotécnico mais conhecido da história. O projeto conseguiu estimular vários aspectos exuberantes das fantasias do londrino do século XVIII. O grande Handel preparou-se para fazer o gênio pacífico de George II ressoar da cúpula do céu noturno de Londres; armando-se com uma orquestra de 24 oboés, 12 fagotes, nove trombetas, nove cornetas e um número equivalente de cordas e tímpanos (além de uma bateria de 101 canhões para preencher o silêncio inevitável durante os intervalos), ele compôs para ela a esplêndida e ainda merecidamente popular *Musick for the Royal Fireworks*. O cenógrafo francês Servandoni foi encarregado de erguer no parque um Templo da Paz, de onde os fogos seriam lançados; e, sem dúvida, ele o fez com toda a profusão da imaginação barroca liberada para utilizar alegorias. Um grande baile de máscaras à fantasia foi realizado em Ranelagh, e a ele compareceram todos os seguidores da moda, a começar pelo próprio George II, fantasiado de "inglês antigo", sem dúvida simbolizando a primitiva virtude patriótica. O ensaio atraiu multidões, criando um engarrafamento de três horas na London Bridge e causando danos e confusões incalculáveis. O gênio epistolar de Horace Walpole mostrou-se à altura da situação e até a inspiração da incrivelmente correta Sra. Montagu foi estimulada:

ela relatou que, no baile de máscaras, a conhecida Sr^ta Chudleigh (mais tarde duplamente duquesa de Kingston e Condessa de Bristol) tinha vindo fantasiada de "Efigênia para o sacrifício, mas tão desnuda que o alto sacerdote poderia facilmente ter examinado as entranhas da vítima", e que Sua Reverendíssima não conseguia desviar seu olhar lascivo do espetáculo.

No dia 27 de abril de 1749, após quatro meses de expectativa e de preparação desordenada, chegou a grande noite, e a *fête* ocorreu de uma forma que não poderia ser superada nem em um dos filmes dos irmãos Marx. Todos os horários saíram totalmente errados; um dos atiradores morreu preparando o canhão; a princípio não conseguiam sequer fazer com que os fogos de artifício se acendessem, e, quando finalmente lograram acendê-los, a explosão foi tão poderosa que incendiou o Templo da Paz. A multidão de espectadores, que mal podia se mexer, fugiu histericamente, pisoteando-se uns aos outros. O único consolo foi a notícia de que, em Paris, uma exibição do mesmo tipo e de maiores dimensões havia sido um fiasco ainda maior. De um modo geral o evento transformou-se em uma orgia maravilhosamente satisfatória, e deve ter tido um efeito catártico na mente do público, tão útil quanto uma dúzia daqueles enforcamentos públicos que Johnson costumava louvar.

É agradável saber que o evento que inspirou o talento artístico de Handel, de Horace Walpole e de outros estimulou também uma resposta — embora inesperada — de Johnson. Com as denúncias mordazes de um Catão (ou de Milton), ele sacudiu a cabeça ameaçadoramente contra uma frivolidade assim tão esbanjadora. Doze anos mais tarde, em sua introdução a *Thoughts on the Coronation*, de Gwynn, ele veio a se expressar com mais tolerância sobre exibições daquele tipo – pois o rei em questão agora era George III e não George II –, embora sem deixar de insistir sobre o princípio sólido que havia estabelecido em 1749, ou seja, que aqueles que pagam por um espetáculo devem ter a oportunidade de presenciá-lo. Não há muito a dizer sobre a carta propriamente dita, exceto que o ceticismo sobre guerras estrangeiras, especialmente guerras lideradas por George II, é coerente com "o velho torysmo" de Johnson. Coerente também é a preferência expressa por administrações locais em vez de administrações centralizadas, e a solidariedade para com marinheiros (embora não para com soldados) famintos; tudo isso e o fato de serem, como sempre, muito bem escritas, faz com que as imagens, elaboradas de uma maneira divertida, sejam a evidência de que Johnson não estava de forma alguma imune à atração por uma idéia extravagante, típica dos metafísicos.

O texto é o da publicação original na Gentleman's Magazine, xix (janeiro 1749), 8.

["O. N." SOBRE OS FOGOS DE ARTIFÍCIO PARA A PAZ DE AIX-LA-CHAPELLE]

SR. URBANO

Entre os principais temas de conversa que hoje em dia divertem as pessoas nos pontos de reunião, podem ser enumerados, aliás com justiça, os fogos de artifício, que estão em progresso, tão lentamente e com uma preparação tão custosa.

A primeira reflexão que naturalmente surge tem a ver com a desigualdade entre o efeito e a causa. Aqui estão vastas somas de dinheiro gastas, muitas mãos e algumas cabeças empregadas, dia a dia e mês a mês, e a nação inteira está cheia de expectativas por causa dos planos e dos relatos. E em que vai dar tudo isso? Em um edifício que irá atrair a admiração de várias épocas? Em uma ponte, que pode facilitar o comércio de gerações futuras? Em um trabalho de qualquer tipo que possa ficar como um modelo de beleza ou um padrão de virtude? Se fosse para mostrar, por meio de algum monumento desse tipo, os benefícios da última mudança de nosso estado, seria um projeto digno não só de riqueza e poder e grandeza mas também de erudição, sabedoria e virtude. Mas nada desse tipo foi planejado, nada mais foi projetado a não ser uma multidão, um grito e um fogaréu; o poderoso trabalho de engenhosidade e planejamento vai ser incendiado por nenhum outro objetivo visível a não ser mostrar como os virtuosos da pirotécnica — normalmente preguiçosos — têm andado ocupados. Durante horas o sol irá brilhar e depois cair de sua órbita, e perder sua memória e seu brilho ao mesmo tempo, os espectadores se dispersarão para onde lhes der vontade, e se perguntarão que estranha fascinação foi essa que os atraiu para essa reunião. A única coisa que será adequada nesse show temporário será o fato de ele parecer com a guerra cujo período comemora. Os poderes desta parte do mundo, depois de longas preparações, intrigas profundas e esquemas sutis, incendiaram a Europa e, após terem olhado durante algum tempo para seus fogos de artifício, estabeleceram-se outra vez onde haviam se erguido para se perguntar por que motivo tinham estado brigando.

Comenta-se também que, quando parar de brilhar, esse fogaréu, tão transitório e tão inútil, terá que ser pago; e muitos não podem deixar de observar quantos benefícios duradouros poderiam ser adquiridos, quantos acres de terra poderiam ser drenados, quantas estradas consertadas, quantos devedores libertados, quantas viúvas e órfãos, que a guerra arruinou, poderiam ser consolados, com os gastos que estão agora a ponto de se evaporarem em fumaça, e a serem dispersos em foguetes; e há alguns que acham que não só a razão mas que também a humanidade está sendo injuriada por uma prodigalidade tão fútil, quando tantos marinheiros estão morrendo de fome e tantas igrejas caindo em pedaços.

Uma investigação sobre quem está arcando com essas despesas no final não é inadequada; pois certamente nada pode ser mais absurdo do que cobrar impostos da nação para pagar um fogaréu, que será extinto antes que muitos deles saibam sequer que ele foi aceso; tampouco será coerente com a prática comum, que define que benefício local será obtido à custa do distrito que irá se beneficiar dele. Nunca encontrei em qualquer registro que alguma cidade tivesse solicitado ao Parlamento aquele mastro enfeitado para o dia I º de maio, uma praça de touros ou um salão de boliche; e, portanto, acho que fogos de artifício, que são ainda menos duradouros, e menos úteis, têm tanto ou menos direito ao erário público.

Suponho que os fogos já estejam preparados e, portanto, é tarde demais para evitar o projeto; mas espero que a generosidade dos grandes não esteja assim tão extinta a ponto de fazer com que, para sua diversão, eles drenem uma nação já exausta e nos façam pagar por fogos desenhados que ninguém mais terá o triste prazer de observar a não ser eles próprios.

O. N.

Outras ideias sobre a agricultura (1756)

Ninguém que pense seriamente em assuntos políticos consegue ir muito longe sem ter que enfrentar algumas questões básicas de teoria econômica. Embora a economia política não fosse reconhecida como uma disciplina separada na época de Johnson – era uma época em que, como já foi dito, cada homem era seu próprio economista – Johnson tinha bastante consciência dos problemas econômicos importantes implícitos em muitas das questões políticas com as quais ele se preocupava, embora isso possa parecer um tanto surpreendente. O leitor do século XX que se vangloria de que a interpretação econômica da história é algo de invenção recente, que surgiu a partir de Karl Marx, ficará surpreso com o óbvio determinismo econômico de alguns dos ensaios históricos de Johnson de 1756 (pp. 235-275 a seguir). Parte da explicação para que Johnson adotasse essa posição pode ter sido sua reação ao idealismo exagerado mas superficial dos escritores "patriotas" da época, um desejo dele de trazer essas questões das nuvens da retórica – onde Bolingbroke, Pitt e outros as colocavam – para a realidade do chão. Ao mesmo tempo, Johnson não foi, de forma alguma, o primeiro a exibir uma atitude não-sentimental com relação aos materiais da história política;

encontramos o mesmo tom de "objetividade" nos escritos de seus contemporâneos franceses, tais como Raynal; e, realmente, toda a tradição da historiografia da *Realpolitisch*, de Maquiavel a Charles Beard, é provavelmente uma manifestação contínua do espírito empírico do Renascimento, uma refutação ao moralismo insípido de um Livy, assim como a teoria de biografia de Johnson (um ramo da história), sua insistência em obter os fatos, por mais deselegantes que fossem, e deixar que eles falassem por si mesmos, é uma refutação ao objetivo cruamente propagandista da escola plutarquiana.

Johnson presta certa homenagem ao estudo da economia (como deveríamos chamá-la agora) em seu prefácio a *The Preceptor*, 1748.

> É... necessário que entre nós seja universalmente conhecido quando mudanças de propriedade são vantajosas ou quando a balança comercial está a nosso favor; quais são os produtos ou manufaturas de outros países; e até que ponto uma nação pode, em qualquer tipo de tráfico, obter ou manter a superioridade sobre outra. A teoria do comércio é ainda muito pouco compreendida e, portanto, a prática muitas vezes não traz vantagens reais para a população; mas o comércio poderia ser realizado com mais sucesso geral se seus princípios fossem mais bem examinados.

Os termos que Johnson usa nesse relato são os do "mercantilismo" do século XVII, e os livros que recomenda a seguir para que sejam estudados são os dos autores mercantilistas padrão – Child, Mun, Davenant, Gee. É possível que o próprio Johnson tenha contribuído anteriormente para a literatura sobre comércio. Por vários anos, de mais ou menos 1739 a 1744, a *Gentleman's Magazine* tinha feito questão de acompanhar as controvérsias que existiam à época sobre se a legislação que tinha o objetivo de proteger os produtores e fabricantes de lã estava realmente cumprindo esse objetivo ou se deveria ser modificada. O tema era vasto e complexo: durante séculos, o comércio da lã havia sido considerado a pedra fundamental da vida econômica inglesa (simbolizada pela almofada em que se senta o presidente da Câmara dos Pares^(*)) e as críticas feitas sobre os métodos tradicionais da regulamentação governamental desse comércio eram sintomáticas das novas ideias de "livre comércio" (como vieram a ser chamadas mais tarde) que estavam começando a circular. Johnson, em seu Prefácio de 1743, faz com que a *Gentleman's Magazine* se parabenize por esse empreendimento; provavelmente o próprio Johnson, que tinha bastante autoridade na direção da revista naquele momento, foi responsável pelo empreendimento; e há passagens de comentário editorial nas séries que estão escritas com um estilo bem semelhante ao de Johnson. Esse comentário muitas vezes acompanha os argumentos da controvérsia com considerável competência técnica e geralmente parece adotar uma atitude "protecionista" — isto é, parece ser favorável a embargos, subsídios e outras formas de controle governamental e a opor sugestões que relaxem essas medidas. Um comentário também do estilo johnsoniano aparece na *Gentleman's Magazine* em 1741, refutando um ataque sobre o princípio de controle governamental do comércio de grãos.[1]

A questão da amplitude da intervenção governamental nas questões econômicas — a questão entre a escola de Manchester do

---

(*) No original, "Lord Chancellor" — o funcionário mais graduado do judiciário, Presidente da Câmara dos Pares, do Tribunal Especial e do Tribunal de Recursos. (N. T.)

[1] D. J. Greene, "Some Notes on Johnson and the *Gentleman's Magazine*," PMLA LXXIV (março 1959), 75-84.

laissez-faire, o conceito "livre empresa" da função do governo e a escola de pensamento mais antiga (e mais nova) que dá ao governo de um país responsabilidades mais sérias sobre a supervisão do bem-estar econômico do estado e dos indivíduos que nele habitam[2] – é essencial na história política da Grã-Bretanha do século XVIII, e Johnson pressentia essa importância fundamental. A situação merece ser mais estudada do que tem sido; mas um sumário possível é o seguinte: A questão subjacente à controvérsia política nos meados do século XVIII era que tipo de país a Grã-Bretanha iria ser no mundo moderno, um mundo cujo esboço estava começando vagamente a ser percebido. Ela deveria continuar a ser um pequeno estado economicamente autossuficiente com o equilíbrio entre a manufatura, o comércio e a agricultura mantidos pela ação do governo para que sua população continuasse a se alimentar e a se vestir, se necessário, sem dependência dos suprimentos incertos de países estrangeiros? Ou deveria aproveitar-se de sua atual superioridade sobre o resto do mundo em tecnologia e navegação, e arriscar todas as suas opções em uma única coisa, a expansão comercial irrestrita (e, se necessário, imperial)? Johnson e os pequenos proprietários rurais acreditavam que o primeiro caminho era o correto. E a corrente principal do whigismo, a "conexão" Walpole-Newcastle-Rockingham-Fox-Burke, parecia, em geral, achar a mesma coisa; embora intimamente ligados às grandes corporações comerciais por concessão, à Companhia da Índia Oriental, à Companhia do Mar

---

[2] A questão ainda está, é claro, muito viva. Aqui, pareceu-me preferível fazer um relato francamente favorável à atitude de Johnson com relação a ela, do que adotar uma fachada de "imparcialidade" que inevitavelmente ocultaria um viés em uma direção ou em outra.

do Sul, ao Banco da Inglaterra, à Companhia da Baía de Hudson, esse mesmo fato os colocava ao lado de uma economia nacional controlada, pois esses eram monopólios autorizados pelo governo, e suas concessões sujeitas à revisão ou ao cancelamento por meio da legislação a qualquer momento.

    Do outro lado da questão estavam os Pitts, o mais velho e o mais jovem, seus aliados, os dissidentes *whigs*, e os interesses do comércio independente de Londres e Bristol. Esses estavam imbuídos com a total convicção da certeza da livre empresa econômica. É significativo que Thomas Pitt tenha constituído a fortuna da família como um "intruso" no comércio da Índia Oriental e obrigado a grande Companhia a chegar a um acordo com ele. Em 1739, o irmão mais velho, William Pitt, estava à frente do clamor público que obrigou Walpole a declarar guerra à Espanha a fim de facilitar a expansão do comércio britânico nos Mares do Sul: "inimigo do comércio" era uma crítica frequente que Pitt, Sandys e os demais faziam contra Walpole. Em 1757, uma vez mais, foi Pitt que tirou a liderança da Guerra dos Sete Anos das mãos do não-empreendedor Newcastle, e conduziu-a para a conclusão gloriosa que foi a abertura de quase toda a América do Norte e do subcontinente da Índia à expansão livre do poder comercial britânico e colonial americano. O jovem William Pitt, subindo ao poder em 1783 e mantendo-o pelo resto do século, era um admirador de Adam Smith e deu os primeiros passos para introduzir aquelas políticas econômicas que culminaram em 1846 com o fim do controle governamental da economia por meio de tarifas protecionistas. Em suma, a batalha foi ganha decisivamente pelas forças pittitas; e o resultado de sua vitória foi a Grã-Bretanha do século XIX — um espetáculo magnífico, pelo menos na superfície. No século XIX, o Pitt mais velho recebeu seu quinhão de aplausos pela façanha;³ e zombou-se muito dos idiotas fora de moda e de visão acanhada, como Johnson, que tentavam obstruir a marcha do progresso.

No século XX, talvez não estejamos assim tão certos de onde se encontra a visão acanhada. No século XX, a predição feita por Johnson na passagem que vem imediatamente a seguir finalmente se realizou: "os nativos da Lombardia" (ou seu equivalente) tendo alcançado e, em alguns casos, ultrapassado a superioridade tecnológica que tinha dado à Grã-Bretanha a vantagem entre 1750 a 1850 mais ou menos, *realmente* "decidiram manter sua seda em seu país e empregar operários próprios para tecê-la", em vez de vender matéria-prima para os tecelões ingleses e comprar o produto final de volta a um preço alto o bastante para sustentar os operários ingleses. Poucos anos após a morte de Johnson, em uma época em que o Presidente do Tesouro Britânico, o Pitt mais jovem, estava começando a "liberar" o comércio britânico, o secretário do Tesouro dos Estados Unidos, Alexander Hamilton, submeteu ao Congresso seu famoso "Relatório sobre Manufaturas", que recomendava que a jovem república adotasse o princípio básico de política econômica que Johnson aqui recomenda – o princípio de manter, por meio da ação governamental, uma economia diversificada e autossuficiente, independente dos caprichos do resto do mundo.⁴ O conselho de Hamilton foi seguido. Sem dúvida seria uma pergunta simplória demais perguntar qual das duas políti-

---

³ "Pitt, o primeiro verdadeiro imperialista na história inglesa moderna, foi a mente condutora da expansão de seu país, e com ele é corretamente associado o começo do império" ("Chatham", *Encyclopaedia Britannica*, 11ª edição, 1910).

⁴ Hamilton defende que as manufaturas sejam estimuladas em uma nação até então quase totalmente agrícola, assim como Johnson argumenta em defesa do estímulo à agricultura em uma nação onde (ele acha) a manufatura e o

cas foi justificada pelos resultados observados nos meados do século XX. Mas é difícil evitar pelo menos refletir sobre essa questão. De qualquer forma, depois de oitenta anos, a Grã-Bretanha finalmente abandonou a doutrina do livre comércio, com a reimposição, em 1931, de tarifas substanciais; e governos subseqüentes, socialistas ou conservadores, não mostraram nenhum indício de que desejavam retornar a ela. Até o que sobrou do Partido Liberal britânico, cuja glória, em um determinado momento, foi aquela doutrina, mantém-se bastante calado com respeito a ela.

Em seu pensamento econômico, Johnson seria sem dúvida classificado como um partidário do "mercantilismo", aquele termo que é como um saco no qual cabe a maior parte das ideias econômicas antes de Adam Smith. Em relação à passagem que se segue, no entanto, a distinção feita por C. R. Fay[5] entre "mercantilismo" propriamente dito e colbertismo (um termo inventado por William Cunningham) pode ser observada: o mercantilismo simples, acha Fay,

---

comércio estão se tornando relativamente importantes demais. (*Papers on Public Credit, Commerce and Finance* de Alexander Hamilton, org. Samuel McKee, Jr., 1957, pp. 197-8, 200-202.)

[5] *English Economic History, Mainly Since 1700* (1948) p. 13. *The Growth of English Industry and Commerce in Modern Times*, de William Cunningham (Cambridge-Inglaterra, 1882; 3a. ed., 1896-1903) ainda é provavelmente o melhor texto para o estudioso de Johnson. O arquidiácono Cunningham era um crítico vigoroso e perspicaz do *laissez-faire*, embora sua discussão fique um pouco confusa às vezes em virtude do uso que ele faz do conceito mais antigo da estrutura partidária no século XVIII. A escassa lista de estudos das perspectivas econômicas de Johnson inclui "Dr. Johnson, Mandeville and 'Publick Benefits'," de Earl R. Miner, *Huntington Library Quarterly*, XXI (1958), 159-66; "Dr. Johnson and Mercantilism," de John H. Middendorf, *Journal of the History of Ideas*, XXI (1960), 66-83, e "Johnson on Wealth and Commerce" in *Johnson, Boswell and Their Circle* (1965); e *Politics* de Greene, pp. 280-84.

não elimina o "intrusismo" – ou seja o livre-comércio. O colbertismo, por outro lado, significa nacionalismo econômico – a aceitação por parte de governos nacionais da responsabilidade de garantir que os recursos econômicos do país sejam aplicados da maneira mais vantajosa possível. A admiração que Johnson expressou por Colbert como administrador – Johnson raramente expressa admiração por homens de estado – é provavelmente significativa. Se gostamos ou não do som da expressão "nacionalismo econômico" é o que prevalece no mundo de hoje. Como Johnson percebeu claramente, enquanto houver nacionalismo haverá economias nacionais, e o máximo que cada país pode fazer é tornar a sua própria economia o mais eficiente e segura o possível. Não é de forma alguma claro se Johnson gostava do nacionalismo moderno propriamente dito; mas ele percebeu bastante bem, na década de 1750, que esse tipo de nacionalismo estava ali para ficar por algum tempo. Mesmo que Johnson jamais tivesse escrito uma única frase sobre assuntos especificamente econômicos, a partir de suas outras opiniões poderia ter sido previsto que a doutrina de um *laissez-faire* rígido, como foi, mais tarde, transformada em ética pela escola de Manchester, não o teria atraído muito. A doutrina está fortemente associada com *slogans* como "O que existe está correto", ou "Um mal parcial é um bem universal", e com outros provérbios enfadonhos do otimismo do século XVIII, dos quais, com efeito, o cobdenismo pode ser o descendente intelectual direto.

"Outras ideias sobre agricultura" foi uma das contribuições de Johnson para a *Universal Visiter* de Christopher Smart e Richard Rolt. Tem a intenção de ser uma continuação de um ensaio sem nenhum mérito de Rolt, intitulado "Some Thoughts on Agriculture", publicado no número anterior da *Visiter*. Ambas as peças foram reimpressas regularmente nas coleções mais antigas de *Works* de Johnson e foram muitas vezes confundidas. A confusão começou em 1773, quando Tom Davies, tentando coletar as obras menores de prosa de Johnson em seu *Miscellaneous and Fugitive Pieces* (II.161), reimprimiu o ensaio de Rolt mas não o de Johnson. A notícia sobre o livro de Davies na *Gentleman's Magazine*, nov. 1774, p. 525, uma peça que é normalmente bastante precisa, repete o erro de Davies, atribuindo a Johnson o ensaio de Rolt. A questão foi corrigida na *European Magazine* de fev. 1785, p. 82, que atribui as "Outras ideias sobre agricultura" no número 3 (i.e., de março 1756) da *Universal Visiter* a Johnson. Mas Hawkins (*Life*, p. 351) ainda está confuso: "Ele [Johnson] escreveu para a *Universal Visiter*... duas das três cartas inseridas sobre o tema de agricultura" (Não conheço nenhuma terceira carta: talvez a palavra *or* (ou) tenha sido substituída por *of* (das) por erro de impressão). Finalmente, em 1791, Boswell mostrou a discrepância de qualidade entre os dois ensaios, e argumentou em defesa da autenticidade de "Outras Ideias" em vez de "Algumas Ideias" — como ele diz, por "evidência interna".

O texto reproduzido aqui é o da Universal Visiter, março de 1756, pp. 111-15.

Outras ideias sobre agricultura

Em minha última visita,[6] tomei a liberdade de mencionar um tema que, a meu ver, não recebe uma atenção proporcional à sua

---

[6] I.e. no ensaio *Some Thoughts on Agriculture*, de Rolt, publicado no número de fevereiro da *Universal Visiter* (ver nota anteriormente).

importância. Nada pode provar tão bem a ingratidão da humanidade, um crime de que ela é muitas vezes acusada, e muitas vezes negado, do que a pouca consideração que aqueles que decidem os prêmios honorários têm dado à agricultura; que é tratada como um assunto tão distante da vida comum por todos aqueles que não empurram diretamente o arado, ou alimentam o gado, que acho que há motivos para questionar se uma grande parte da humanidade já foi informada de que a vida é sustentada pelos frutos da terra. Uma vez, com efeito, fui estimulado a perguntar a uma senhora muito famosa por seu talento[7] "se ela sabia com que se faz pão".

Já observei como a agricultura era considerada de uma maneira diferente pelos heróis e sábios da comunidade romana e agora irei acrescentar que mesmo depois que os imperadores fizeram grandes modificações no sistema de vida, e ensinaram os homens a dividir sua admiração entre outras qualidades além da utilidade, a agricultura ainda manteve sua reputação, e era ensinada pelo elegante e educado Celsus[8] entre as outras artes.

Já mostrei a utilidade da agricultura; agora, portanto, mostrarei sua necessidade; e tendo declarado antes que ela produz as riquezas

---

[7] Talvez Elizabeth Carter. Somos fortemente tentados a atribuir essa ignorância à *bête noire* de Johnson, a conhecida Catharine Macaulay, que Johnson conhecia desde 1752. Mas ela não tinha ainda atingido a "grande fama" que lhe chegou com a publicação de sua *History of England* (Vol. I, 1763), mesmo que pudéssemos imaginar Johnson professando abertamente o "talento" dela.

[8] Aulus (ou Aurelius) Cornelius Celsus, enciclopedista do primeiro século. Ele é normalmente conhecido mais especificamente como escritor sobre medicina, mas Columella *De Re Rustica* (mencionada no ensaio de Rolt) fala (II.2) de *"Cornelium Celsum non solum agricolatione sed universae naturae prudentem virum."* *Celsi opera* (Leyden 1746) estava na biblioteca de Johnson (*Sale Catalogue of Dr. Johnson's library* [facsímile, 1925], item nº 259).

principais da nação, continuarei para demonstrar que ela produz suas próprias riquezas, as únicas riquezas que podemos chamar de nossas, e das quais não precisamos temer privações ou diminuição.

Das nações, como dos indivíduos, a primeira bênção é a independência. Nem o homem nem o povo podem estar felizes se a eles qualquer poder humano puder negar as coisas necessárias ou as conveniências da vida. Não há melhor meio de viver do que sem a necessidade de ajuda estrangeira, e pelo produto de nossa própria terra, desenvolvida por nosso próprio trabalho. Todas as outras fontes de abundância são perecíveis ou ocasionais.

Devemos admitir que o comércio e a manufatura frequentemente enriquecem países; e nós mesmos lhes estamos gratos por aqueles navios com cuja ajuda agora somos donos do mar, do Equador aos polos, e por aquelas somas com as quais nós nos mostramos capazes de armar as nações do norte[9] em defesa das regiões no hemisfério ocidental. Mas o comércio e as manufaturas, por mais lucrativos que sejam, têm que ceder passagem ao cultivo das terras em utilidade e dignidade.

O comércio, por mais que nos dê satisfação ter uma opinião contrária, é uma das filhas da fortuna, inconstante e enganadora como a mãe; ele escolhe seu domicílio onde é menos esperado, e muda de lugar, quando, em aparência, sua continuidade está firmemente estabelecida. Quem pode ler sobre as tristezas atuais dos genoveses[10]

---

[9] Especificamente Rússia e (embora não exatamente no norte) Hesse Cassel, através dos tratados de 1755. Veja a seguir, p. 323, as "Observações" de Johnson sobre esses tratados.

[10] A queda do poder de Gênova (como o de Veneza) é datada da descoberta pelos portugueses, no fim do século XV, da rota marítima para a Índia ao

cuja única escolha agora é de que monarca irão solicitar proteção? Quem puder ver as cidades hanseáticas[11] em ruínas, onde talvez os habitantes nem sempre igualam o número de casas; mas ele dirá para si próprio, essas são as cidades cujo comércio permitiu que, em um determinado momento, dessem leis ao mundo, a cujos mercadores os príncipes mandavam suas jóias para serem empenhadas, de cujos tesouros exércitos eram pagos, e armadas equipadas? E quem pode então deixar de considerar que o comércio é uma base de poder frágil e incerta e desejar a seu próprio país uma grandeza mais sólida e uma felicidade mais durável?

Pode parecer que todas as nações comerciais prosperam, embora possamos dizer que prosperam pela cortesia alheia. Não podemos obrigar nenhum povo a comprar de nós, ou a nos vender. Mil acidentes podem prejudicá-los a favor de nossos concorrentes; os trabalhadores de outra nação podem trabalhar por menores salários, ou alguma melhoria acidental, ou vantagem natural, pode conceder uma preferência justa a suas mercadorias; como a experiência demonstrou, não há outro trabalho manual que, em épocas diferentes, não seja desempenhado melhor em lugares também diferentes.

O tráfico, mesmo quando ele continua em sua situação de prosperidade, com certeza deve seu sucesso à agricultura; os materiais da manufatura são produtos da terra. A lã que urdimos para fazer tecido, a madeira que é transformada em armários, os metais que são

---

redor do Cabo da Boa Esperança. Isso levou à decadência da antiga rota comercial entre a Ásia e a Europa através da Ásia Menor e depois por navios no Mediterrâneo, controlado pelas duas cidades italianas.
[11] As cidades de Hanse, nos mares Báltico e do Norte, atingiram o auge de sua prosperidade no século XIV. A causa de seu declínio é pouco conhecida.

forjados para fazer armas, são fornecidos pela natureza com a ajuda da arte. Na verdade, as manufaturas, e manufaturas lucrativas, são às vezes feitas com materiais importados, mas nesses casos estamos sujeitos, uma segunda vez, aos caprichos de nossos vizinhos. Os nativos da Lombardia podem facilmente decidir manter sua seda em seu país e empregar seus próprios operários para tecê-la.[12] E isso certamente será feito quando eles ficarem mais espertos e mais diligentes, quando tiverem a sagacidade para perceber seus próprios interesses e o vigor para persegui-los.

As minas são geralmente consideradas fontes importantes de riqueza, e observadores superficiais acharam que a possessão de grandes quantidades de metais preciosos seria a felicidade nacional primordial. Mas há muito que a Europa percebeu, com surpresa e desprezo, a pobreza da Espanha, que se achou isenta do trabalho de arar a terra, em virtude da conquista do Peru, com seus veios de prata. O tempo, no entanto, ensinou até à nação mais obstinada e arrogante que, sem a agricultura, elas podem realmente ser os transmissores de dinheiro, mas nunca serão seus donos. Podem até cavá-lo da terra, mas são obrigados a enviá-los para algum lugar para comprar tecidos ou pão, e ele no final ficará com algumas pessoas que sejam suficientemente sábias para vender muito e comprar pouco; e viver em suas próprias terras sem desejar aquelas coisas que a natureza lhes negou.

As próprias minas não têm nenhuma utilidade sem algum tipo de agricultura. Temos, em nosso próprio país, estoques inexauríveis de

---

[12] Uma importante indústria de tecelagem de seda havia sido montada em Spitalfields (Londres) por operários franceses que imigraram para lá depois da revogação do Edito de Nantes, 1685.

ferro que continuam sem utilidade, no minério, por falta de madeira. Nunca foi a intenção de a Providência alimentar o homem sem sua própria contribuição; só recebemos da natureza aquilo que somos incapazes de obter sozinhos; ela nos dá frutos selvagens que a arte deve aprimorar, e metais impuros que o trabalho deve refinar.

Alguns metais específicos são valiosos porque são escassos; e são escassos porque as minas que os produzem se exaurem com o tempo. Mas a superfície da terra é mais liberal que suas cavernas. O campo, que é, neste outono, desnudado pela foice, será coberto, no verão seguinte, com uma nova colheita; o capim, que o gado está devorando, brota outra vez quando eles terminaram de passar por cima dele.

A agricultura, portanto, e só a agricultura, pode nos sustentar sem a ajuda de outros com uma dignidade farta e genuína. Seja o que for que comprarmos de fora, os vendedores podem recusar-se a vender; seja o que for que vendamos, manufaturado pela arte, os compradores podem rejeitar; mas, enquanto nosso campo estiver coberto de milho e de gado, nós não podemos querer nada; e se a imaginação por acaso se cansar da abundância nativa, e desejar iguarias ou adornos de outras países, não há nada que o milho e o gado não possam comprar.

É possível que nosso país seja, mais que todos os outros, um produtor das coisas necessárias à vida. O abacaxi cresce com mais facilidade nos trópicos, e peles melhores são encontradas nas regiões do norte. Mas não invejemos esses privilégios desnecessários. A humanidade não pode subsistir das indulgências da natureza e deve ser sustentada por suas dádivas mais comuns. Ela deve se alimentar de pão e se vestir de lã; e a nação que puder fornecer esses bens universais pode ter seus navios bem recebidos em mil portos, ou sentar-se em casa e receber o tributo de países estrangeiros, desfrutar de suas artes, ou entesourar seu ouro.

Aqueles que examinaram a situação de outros países sabem muito bem que as vinhas da França são mais do que equivalentes às minas da América; e que um uso importante do ouro indiano, ou da prata peruana, é adquirir os vinhos de Champanhe e Borgonha. A vantagem, na verdade, está sempre aumentando do lado da França, que certamente ainda terá vinhos quando a Espanha, por mil causas naturais ou acidentais, puder precisar de prata. Mas certamente os vales da Inglaterra têm estoques de riqueza mais seguros. Os vinhos são escolhidos por veleidade; os produtos da França nem sempre foram apreciados dessa maneira; mas nunca houve nenhuma época, nem nenhum povo que, depois de conhecer o pão, o considerasse um bem supérfluo. O preço do trigo e da cevada só sofre as variações causadas pela incerteza das estações.

Estou longe de tentar persuadir meus conterrâneos a abandonar todos os outros empregos para dedicar-se a fertilizar o solo. Só quero provar que temos, em casa, tudo aquilo que podemos desejar, e que, portanto não precisamos ficar ansiosos sobre os projetos de outras nações para melhorar suas artes ou ampliar seu tráfico. Mas não há necessidade de inferir que devemos abandonar o comércio, antes que a revolução das coisas o transfira para outras regiões! Vicissitudes semelhantes o mundo já viu muitas vezes; e portanto temos motivos para esperá-las. Ouvimos muitos clamores de comércio em declínio, que não são, em minha opinião, sempre verdadeiros; e muitas imputações desse declínio a governantes e ministros, que podem algumas vezes ser justas, e outras mentirosas. Mas é tolice imaginar que qualquer cuidado ou política pode manter o comércio estável em uma determinada posição de que quase todas as nações já desfrutaram e que depois perderam, e que nós devemos esperar perder porque há muito desfrutamos dele.

Há algum perigo no caso de que nossa negligência para com a agricultura possa apressar sua partida. Por muitos anos nossa indústria vem sendo utilizada para destruir as florestas que nossos antepassados plantaram. Sabe-se muito bem que o comércio é levado em navios e que os navios são construídos de árvores; e, portanto, quando viajo por planícies desnudas, que, pela tradição, ainda têm o nome de florestas, ou vejo colinas erguendo-se de cada lado, áridas e inúteis, não posso deixar de me perguntar como aquele comércio, cuja perpetuidade nós nos prometemos, será continuado por nossos descendentes; nem posso conter um suspiro quando penso na hora, uma hora que não está assim tão distante, em que nossos vizinhos podem nos privar de nossa influência naval, recusando-nos sua madeira.[13]

Só pela agricultura é que o comércio pode ser perpetuado; e só pela agricultura podemos viver em abundância sem comércio com outras nações. Essa, portanto, é a grande arte, que todos os governos devem proteger, todos os donos de terra praticar, e todo investigador da natureza aprimorar.

---

[13] A importância para um país marítimo como a Grã-Bretanha de uma provisão de madeira para a construção de navios (aliada à tradicional ênfase que os *tories* dão à marinha) contribui para explicar a preocupação óbvia de Johnson com a falta de árvores na Escócia.

Uma introdução à situação política da Grã-Bretanha (1756)

A importância para a vida intelectual de Johnson do semestre extraordinário (abril a outubro ou novembro de 1756) que ele passou como editor-fundador e – indiscutivelmente – colaborador principal da *Literary Magazine* ou *Universal Review* só muito raramente foi totalmente apreciada. Nada se sabe da maneira como ele veio a se associar a esse empreendimento; e apenas podemos fazer suposições quanto à razão de sua saída.[1] Mas naqueles poucos meses seus poderes criativos foram exercidos com uma intensidade constante, só igualada em outros poucos períodos de sua vida. Cerca de quarenta e cinquenta peças literárias publicadas na *Literary Magazine* foram atribuídas à sua pena, a maioria publicada nos primeiros seis ou sete números mensais; além disso, Johnson provavelmente atuou como diretor editorial nos primeiro quatro ou cinco números. É claro, algumas dessas peças são extremamente curtas: um parágrafo ou dois introduzindo uma resenha que consiste basicamente em trechos do livro que está sendo anunciado – embora até isso exigisse algum

---

[1] Veja D. J. Greene, "Johnson's Contributions to the *Literary Magazine*," *Review of English Studies*, n.s. VII (outubro de 1956), 367-92.

tempo para ler o livro. Outros, como o ensaio impresso aqui, são muito substanciosos.

Alguns desses ataques repentinos de energia criativa podem ter sido uma reação natural a muitos anos de "monotonia" trabalhando no *Dictionary*, que havia sido terminado no ano anterior, e talvez na revisão de Shakespeare, para a qual ele publicou novas propostas na primavera de 1756. Depois de tanto trabalho minucioso e acadêmico, a ânsia de escrever num formato mais extenso e sobre temas mais amplos era compreensível; e certamente a aceitação de uma oferta para "supervisionar uma nova revista mensal e principalmente contribuir" para ela seria uma excelente maneira de satisfazer aquela ânsia. Mas um estímulo ainda mais urgente foi a ocorrência de um evento histórico que Johnson sabia ser de imensa importância e sobre o qual ele tinha sentimentos muito intensos. Esse evento foi o começo oficial da Guerra dos Sete Anos – "A grande guerra para o Império", como seu mais recente historiador, L. H. Gipson, a chama.[2] Pois, apesar de seu nome, a *Literary Magazine* era sobretudo um periódico de história política da atualidade; e significativamente o surgimento de seu primeiro número coincidiu com a declaração formal de guerra pela Inglaterra à França.

Os primeiros números da *Literary Magazine* constituem uma introdução tão boa quanto qualquer outra que existe sobre a história da origem daquela guerra. Johnson está evidentemente tentando criar (como, a meu ver, ele também estava tentando fazer em suas reportagens parlamentares no começo da década de 1740) uma peça de historiografia substanciosa e séria, com uma preocupação

---

[2] *The British Empire before the American Revolution* (Caldwell, Idaho e New York, 1936-70).

por uma documentação cuidadosa muito mais semelhante à dos melhores historiadores do século XX do que daqueles de sua própria época. Como uma parte importante de sua política editorial, Johnson publica na íntegra textos de intercâmbios diplomáticos relevantes, tratados, declarações — *"materiais para a história dos tempos atuais* [itálico no original] que é parte de nosso plano preservar. O leitor curioso terá muitas ocasiões de se referir a esses documentos daqui por diante; embora talvez, nesta conjuntura específica, eles possam não transmitir nenhuma informação nova". Na publicação mensal *Historical Memoirs* ele imprime uma lista detalhada de eventos militares e diplomáticos à medida que vão ocorrendo. Inclui na revista inúmeras peças relevantes para os eventos contemporâneos — uma longa resenha (ou melhor, um comentário) sobre *History of Minorca*, de John Armstrong (1752) em que os franceses estavam investindo; uma longa resenha de *Geographical, Historical, Political... Essays*, de Lewis Evans (1755), dando uma descrição detalhada das regiões na América sobre as quais os ingleses e os franceses (e os americanos) já estavam lutando sem trégua (veja p. 353); uma série de notícias e comentários sobre a guerra de panfletos referente à execução do Almirante Byng, que estavam muito populares (veja p. 377); uma biografia, que se estendeu por três números da revista, de Frederico da Prússia, a figura-chave na guerra no continente. E o primeiro artigo impresso na revista (depois do manifesto da política editorial da abertura) é o sumário longo e perspicaz da história que reproduzimos aqui — um relato que, na verdade, teve continuação no "Observações sobre a situação atual" no quarto número da revista e deveria ter continuado depois disso. Não são todos os historiadores, e muito menos jornalistas, que se sentem na obrigação de começar seu estudo sobre as origens de uma guerra num ponto duzentos anos antes do começo efetivo das hostilidades.

Um estudioso recente dos eventos dessa época observou:

> "Historiadores nacionais raramente são honestos em sua avaliação das causas que levam à guerra, porque são as vítimas e às vezes os autores das lendas que moldam a história para adaptar-se ao preconceito nacional. Arriscando-me a gerar uma controvérsia, digo que as ideias desempenharam e ainda desempenham uma parte bem pequena na realização de uma guerra. As ideias racionalizam e justificam os antagonismos mais ferozes e mais terríveis que se enfrentam sob a superfície. Formam, metaforicamente, a vestimenta esplendorosa que esconde, sob ela, a figura disforme."[3]

É à tarefa de despir a esplêndida vestimenta ideológica com a qual a Guerra dos Sete Anos foi revestida pela retórica de Pitt, o primeiro dos grandes "líderes bélicos" nacionais modernos, que Johnson se dedica em seus escritos para a *Literary Magazine*.

Um esboço do cenário político à época do envolvimento de Johnson com a *Literary Magazine* pode ajudar o leitor a descobrir certas nuances que ele poderia de outra maneira não perceber nos

---

[3] V. H. H. Green, *The Hanoverians, 1714-1815* (1948), p. 190. Depois dessa declaração admirável que recomenda o ceticismo e a indiferença, no entanto, Green continua dando um relato da guerra que é o louvor de sempre ao gênio de Pitt. Ele elogia "a grande honestidade de suas intenções"; citando um dos discursos de Pitt na Câmara dos Comuns, ele comenta: "Essas poucas últimas frases foram típicas de Pitt; não podem ser desconsideradas como retórica, porque respiram uma intensa convicção moral. Sejam quais forem os defeitos de Pitt, ele não pode ser acusado de frivolidade ou irresponsabilidade" (p. 187). Infelizmente, as frases que constituem evidência para essa sua opinião foram escritas por Johnson.

ensaios da revista reproduzidos a seguir. A ineficaz Paz de Aix-la-Chapelle em 1748 nada havia feito para solucionar o conflito essencial entre a França e a Inglaterra. As hostilidades entre as guarnições dos dois poderes na Índia e na América continuaram, e logo irromperam em conflito armado aberto, embora não-declarado. E os franceses, pelos motivos sugeridos por Johnson — a eficiência superior de uma administração central poderosa e a maior amizade que existia entre os franceses e os índios na América –, estavam se dando muito bem. Henry Pelham, herdeiro político de Walpole, morreu inesperadamente em 1754, e foi substituído como ministro principal por seu irmão — menos astuto –, o duque de Newcastle. Newcastle ficou indefeso diante do curso de eventos; não era um imperialista mais convicto do que Walpole, mas, como Walpole na crise espanhola de 1739, viu-se incapaz de controlá-los. Pitt havia rompido com Newcastle após a morte de Henry Pelham, e agora estava liderando uma campanha vigorosa para obstruir todas as atividades do governo. "Meu senhor, tenho certeza de que posso salvar este país, e ninguém mais pode", proclamou ele.

Parece provável que os proprietários da *Literary Magazine* eram favoráveis a Pitt e que Johnson fora contratado como editor à época em virtude de seus conhecidos poderes de vituperação literária, que seriam dirigidos contra a administração de Newcastle. É bem verdade que as ideias básicas de Johnson estavam ainda mais distantes das de Pitt do que das de Newcastle: Johnson condenava Newcastle por ter permitido que a Grã-Bretanha se envolvesse em uma guerra desonesta, enquanto os pittitas o condenavam por não tê-la envolvido na guerra mais cedo. Mas, por um momento, isso foi irrelevante. A situação política era virtualmente uma repetição da de 1741, com (usando uma terminologia posterior) os direitistas e os esquerdistas temporariamente aliados contra o centro; e qualquer coisa que pudesse constranger Newcastle era desejável. Mais tarde, quando o constrangimento já havia cumprido seu objetivo, tirando Newcastle do poder e colocando Pitt, Johnson poderia ser descartado – como creio que foi. Tudo isso é pura conjectura – não temos nenhuma evidência quanto à natureza das relações de Johnson com seus chefes, a não ser o conteúdo da própria publicação. Pelo menos é uma explicação possível para aquilo que sabemos ter acontecido; mas pode haver outras.

Há uns poucos, se existe algum, paralelos nas fontes inglesas contemporâneas para a atitude de irritação de Johnson com relação à guerra pelo império. É mais provável encontrá-los nos escritos dos *filósofos* franceses da época. Quando lemos "Canadá, uma região fria, desconfortável, inóspita, de onde só se obtêm peles e peixe... essa região de esterilidade erma", pensamos imediatamente nas "quelques arpents de neige" de Voltaire em *Candide* (1759). No *Essai sur l'histoire générale et sur les moeurs e l'esprit des nations, depuis Charlemagne jusqu'à nos jours*, de Voltaire, que surgiu na década de 1750, há algumas semelhanças extraordinárias de pensamento e até mesmo de expressão com as da "Introduction" de Johnson: "ces terres stériles e glacées du Canada...ces mauvais pays... le Canada, pays couvert de neiges et de glaces huit mois de l'année, habité par des barbares, des ours, et des castors... Déjà les Anglais se mettaient en possession des meilleures terres et des plus avantageusement situées qu'on puisse posséder dans l'Amérique".[4] A atitude geral

---

[4] Voltaire, *Oeuvres inédites* (1914), org. Fernand Caussy, I. 347f. Johnson conhecia os escritos históricos de Voltaire: veja *Life*, v. 272, n. 3 e v. 311 e uma

de Voltaire com relação ao empreendimento europeu nas Américas é a mesma de Johnson: "Ce mélange de grandeur et de cruauté étonne et indigne... Les Espagnols tiraient déjà du Méxique et du Pérou des trésors immenses, qui pourtant à la fin ne les ont beaucoup enrichis, quand les autres nations, jalouses et excitées par leur exemple, n'avaient pas encore dans les autres parties de l'Amérique une colonie qui leur fût avantageuse."

É possível perceber como as ideias de Johnson eram inaceitáveis em uma versão revista do ensaio, reintitulada "An Historical Account of the Policy and Trade of Great Britain", reproduzida como parte de *An Account of the Constitution and Present State of Great Britain* (Newbery [1759]). Essa versão introduz pequenas mudanças na pontuação e na escolha de palavras, e omite ou suaviza grande parte da linguagem impetuosa de Johnson. Uma edição posterior de *Account* (Newbery e Carnan [1765?]) continua o processo de atenuação, principalmente eliminando os quatro últimos parágrafos de Johnson e introduzindo parágrafos favoráveis à objeção americana à "tributação sem representação". Ainda não há evidência da participação de Johnson em nenhum desses dois volumes. No entanto, umas poucas melhorias no texto encontradas na versão de 1759, sugerindo atenção cuidadosa, foram incluídas nas notas; em dois casos o texto de 1759 foi incorporado ao texto posterior. Um relato completo dessas mudanças será incluído em um artigo do professor F. V. Bernard, a ser publicado em breve, que gentilmente chamou minha atenção para a obra. Para textos que foram tirados

---

referência em "Memoirs of the King of Prussia" publicada na *Literary Magazine* mais tarde em 1756. Johnson tinha uma cópia de *Siècle de Louis XIV*, 1751 (*Catálogo de vendas*, nº 83).

do ensaio original e de "Observations on the Present State of Affairs" em escritos duvidosamente atribuídos a Goldsmith, veja R.W. Seitz, "Goldsmith and the *Literary Magazine*," *Review of English Studies*, v (1929), 410-30.

O texto que se segue é o da *Literary Magazine*, nº I (15 abril-15 maio 1756), pp. 1-9. Essa versão foi reproduzida no Vol. I de *Miscellaneous and Fugitive Pieces*, de Thomas Davies (1773; 2ª Edição, 1774) e atribuída a Johnson no anúncio na *Gentleman's Magazine* para a coleção de Davies, nov. 1774, p. 524 ; no Vol. X de *Works* de Johnson de 1787; e em edições posteriores das obras completas.

Uma Introdução à Situação Política da Grã-Bretanha

Como a intenção é expor no panfleto que se segue[5] um relato preciso de todos os debates políticos, parece necessário colocar diante do leitor um relato sucinto dos assuntos britânicos, da época em que nossas atuais relações com o continente começaram, e como as competições que nos mantêm em divergência com nossos vizinhos surgiram. Sem esse conhecimento prévio, ou lembrado ou adquirido, não é fácil entender as várias opiniões que cada mudança em nossos assuntos produz, ou as questões que dividem a nação em partidos, e provocam divisões no Parlamento e guerras entre os panfleteiros.

Seria mais apropriado dizer que o sistema atual da política inglesa surgiu no reinado da rainha Elizabeth. Naquela época a religião protestante foi estabelecida, o que naturalmente nos fez aliados

---

[5] I.e. a *Literary Magazine*, da qual este é o artigo de abertura.

dos estados reformados e transformou todos os poderes papistas em nossos inimigos.

Naquele mesmo reinado começamos a expandir nosso comércio, e por isso tornou-se necessário que observássemos o progresso comercial de nossos vizinhos; e se não para atrapalhar e obstruir o tráfico deles, pelo menos para evitar que eles prejudicassem o nosso.

Da mesma maneira, nós então estabelecemos colônias na América que iriam se tornar o grande cenário da ambição europeia; pois, ao ver com que tesouros os espanhóis estavam enriquecendo anualmente do México e do Peru, todas as nações imaginaram que uma conquista ou plantação na América certamente encheria a mãe-pátria de ouro e prata. Isso produziu uma grande extensão de domínios muito distantes cujas vantagens ou desvantagens nós, à época, nem conhecíamos nem prevíamos. Parece que os tínhamos agarrado em nossas mãos, sem quaisquer princípios muito justos de política, apenas porque todos os estados, segundo um preconceito muito antigo, decidem que são mais poderosos à medida que seus territórios aumentam.

As descobertas de novas regiões, que eram então feitas a cada dia, o lucro do tráfico distante e a necessidade de viagens longas produziram, em uns poucos anos, uma grande multiplicação de navios. O mar foi considerado um elemento de riqueza; e, pouco a pouco, um novo tipo de soberania surgiu, chamada de domínio naval.

Assim como o comércio mundial mais importante, também o principal poder marítimo estava a princípio nas mãos dos portugueses e dos espanhóis, que, por um acordo[6] para o qual não pediram

---

[6] O Tratado de Tordesilhas, 1494, que deu origem às famosas bulas papais do Papa Alexandre VI (4 de maio de 1493), concedendo à Espanha todas

o consentimento de outros príncipes, haviam dividido os países recentemente descobertos entre si; mas tendo a coroa de Portugal caído nas mãos do rei da Espanha[7] ou sido capturada por ele, ele passou a ser dono dos navios das duas nações e com eles manteve todo o litoral europeu em estado de alarme, até que a Armada, que havia sido construída para a conquista da Inglaterra, a um vasto custo, foi destruída, o que interrompeu o poder naval dos espanhóis, chegando quase a acabar com ele.

Nessa época, os holandeses, que estavam sendo oprimidos pelos espanhóis e temiam males ainda piores do que os que já estavam ocorrendo, decidiram não mais tolerar a insolência de seus mestres: revoltaram-se, portanto, e após uma luta na qual foram ajudados pelo dinheiro e pelas forças de Elizabeth, erigiram uma comunidade independente e poderosa.[8]

Quando os habitantes dos Países Baixos haviam formado seu sistema de governo e algum perdão de dívidas da guerra lhes deu algum lazer para formar projetos de prosperidade futura, eles perceberam facilmente que, como seus territórios eram estreitos e seus números pequenos, só podiam se preservar por meio daquele poder que é consequência da riqueza; e que, para um povo cujo país produzia apenas as necessidades básicas da vida, a riqueza não

---

as novas terras descobertas ao oeste de uma linha traçada 370 léguas a oeste do Cabo Verde e a Portugal as terras a leste da linha. Sobre tudo isso, veja o estudo longo e franco de SJ.

[7] Felipe II, que, com a extinção da dinastia Aviz de Portugal, em 1580, fez valer seu direito ao trono daquele país. A dominação espanhola foi derrubada em 1640, quando João IV tornou-se o primeiro rei português da casa de Bragança.

[8] É possível dizer que a república holandesa veio a existir formalmente com a União de Utrecht, 1579.

THE

LITERARY MAGAZINE,

For the Year 1756.

NUMBER I.

An Introduction to the Political State of Great-Britain.

AS it is intended to exhibit in the following pamphlet an accurate account of every political debate, it appears necessary to lay before the reader a succinct account of *British* affairs, from the time in which our present relations to the continent began, and the competitions which keep us at variance with our neighbours arose. Without this previous knowledge, either recollected or acquired, it is not easy to understand the various opinions which every change in our affairs produces, or the questions which divide the nation into parties, and cause divisions in the parliament, and wars among the pamphleteers.

THE present system of *English* politics may properly be said to have taken rise in the reign of queen *Elizabeth*. At this time the protestant religion was established, which naturally allied us to the reformed state, and made all the popish powers our enemies.

We began in the same reign to extend our trade, by which we made it necessary to ourselves to watch the commercial progress of our neighbours; and, if not to incommode and obstruct their traffick, to hinder them from impairing ours.

We then likewise settled colonies in *America*, which was become the great scene of *European* ambition; for, seeing with what treasures the *Spaniards* were annually inriched from *Mexico* and *Peru*, every nation imagined, that an *American* conquest or plantation would certainly fill the mother country with gold and silver. This produced a large extent of very distant dominions, of which we, at this time, neither knew nor foresaw the advantage or incumbrance: We seem to have snatched them into our hands, upon no very just principles of policy, only because every state, according to a prejudice of long continuance, concludes itself more powerful as its territories become larger.

The discoveries of new regions, which were then every day made, the profit of remote traffick, and the necessity of long voyages, produced, in a few years, a great multiplication of shipping. The sea was considered as the wealthy element; and, by degrees, a new kind of sovereignty arose, called naval dominion.

As the chief trade of the world, so the chief maritime power was at first in the hands of the *Portuguese* and *Spaniards*, who, by a compact, to which the consent of other princes was not asked, had divided the newly discovered countries between them; but the crown of *Portugal* having fallen to the king of *Spain*, or being seized by him, he was master of the ships of the two nations, with which he kept all the coasts of *Europe* in alarm, till the *Armada*, which he had raised at a vast expence for the conquest of *England*, was destroyed, which put a stop, and almost an end, to the naval power of the *Spaniards*.

At this time the *Dutch*, who were oppressed by the *Spaniards*, and feared yet greater evils than they felt, resolved no longer to endure the insolence of their masters: they therefore revolted,

Vol. I.   B   and

Primeira página do primeiro número (maio 1756) do *Literary Magazine*, mostrando a abertura de uma das muitas contribuições de Johnson em temas políticos. Coleção de Herman W. Liebert.

poderia ser adquirida a não ser de domínios estrangeiros, e pelo transporte de produtos de um país para o outro.

Dessa necessidade, avaliada assim corretamente, surgiu um plano comercial que foi durante muitos anos seguido com diligência e sucesso, talvez nunca visto no mundo anteriormente, e pelo qual os pobres arrendatários de aldeias de muros de argila e pântanos intransitáveis ergueram-se, transformando-se em estados arrogantes e poderosos[9] que colocaram os maiores monarcas em oposição a eles, monarcas cujo apoio era procurado pelos mais orgulhosos e cujo poder era temido até pela nação mais feroz. Com o estabelecimento desse estado surgiram, para a Inglaterra, um novo aliado e um novo rival.

Nessa época, que parecia ser o período destinado à mudança da face da Europa, a França foi a primeira a alcançar o poder e passou de uma posição em que defendia suas próprias províncias com dificuldade e sucesso intermitente, a ameaçar seus vizinhos com invasões e devastações. Henrique IV,[10] tendo, depois de uma longa luta, obtido a coroa, não teve dificuldade para governar os nobres exaustos e enfastiados pela longa guerra civil, e tendo apaziguado as disputas entre protestantes e papistas a fim de obter, pelo menos, um armistício para os dois partidos, ficou à vontade para acumular riquezas e recrutar forças que ele tinha a intenção de empregar em um plano para estabelecer para sempre o equilíbrio da Europa.

---

[9] A tradução inglesa do estilo oficial dos Estados Gerais, o órgão soberano holandês (*De Edele Groot Mogende Heeren Staaten*). Essa frase ou "sua arrogante arrogância" era muitas vezes usada por escritores ingleses, como SJ sem dúvida a está usando aqui.
[10] Reinou de 1589 a 1610.

Ele não viveu para ver a glória ou sofrer o desapontamento desse grande projeto, pois foi assassinado quando o grande plano ainda estava sendo preparado.

Nesse reinado, no entanto, os franceses aprenderam a conhecer seu próprio poder; e os grandes planos de um rei, cuja sabedoria eles haviam vivenciado há tanto tempo, embora nunca tivesse sido posta em prática, os predispôs a se considerarem donos do destino de seus vizinhos; e a partir daquele momento, quem quer que seja que examine seus projetos e seu comportamento verá, creio eu, que eles começaram a adotar um ar de superioridade que nunca haviam almejado anteriormente; e que eles sempre se dedicaram, mais ou menos abertamente, a projetos de conquista, embora com interrupções freqüentes em virtude de problemas domésticos, e com aquelas pausas pelas quais as deliberações humanas sempre têm que passar, já que os homens responsáveis pelos grandes negócios são dissolutos na juventude e lânguidos na velhice, são constrangidos por rivais ou, sem nenhuma razão externa, simplesmente mudam de ideia.

Agora, a França já não temia os insultos e as invasões dos ingleses. Ela não só era capaz de manter seus próprios territórios mas preparava-se, em todas as oportunidades, para invadir os dos outros. Agora tínhamos um vizinho cujo interesse era ser nosso inimigo e que nos perturbava, desde aquela época até hoje, com hostilidade aberta ou maquinações secretas.

Tal era a situação da Inglaterra e de seus vizinhos quando Elizabeth deixou a coroa para James da Escócia. A meu ver, o fato de a união dos dois reinos ter ocorrido em um momento crítico parece não ter sido observado com frequência pelos historiadores. Se a Inglaterra e a Escócia tivessem continuado como reinos separados quando a França estava na possessão total de seu poder natural, os escoceses, dando continuidade à liga, que, naquele momento, teria sido ainda mais de seu interesse observar, teriam, em virtude de todas as instigações da corte francesa, recrutado um exército com dinheiro francês, e nos atormentado com uma invasão na qual achariam que haviam sido bem sucedidos, fossem quais fossem os números que tivessem deixado para trás. Para um povo belicoso e em necessidade, uma incursão em um país rico nunca é prejudicial. A recompensa para a França, e o saque dos condados do norte, sempre os estimularia a arriscarem suas vidas, e nós teríamos necessidade de manter uma linha de guarnições ao longo de nossa fronteira.

Evitamos esse problema com a elevação ao trono do rei James; mas não sabemos se fomos mais prejudicados pelo temperamento do rei do que beneficiados pela condição acidental de sua acessão. Ele era um homem com grande conhecimento teórico, mas nenhuma sabedoria prática; era bastante capaz de identificar seu verdadeiro interesse e o interesse de seu reino e da posteridade, mas em todas as oportunidades sacrificava-o em favor de seu prazer imediato ou de sua tranquilidade atual; tão consciente de seu próprio conhecimento e habilidades que não suportava que um ministro governasse, e tão desatento e temeroso de oposição que não era capaz de governar sozinho. Com esse caráter, James viu, em silêncio, os holandeses invadirem nosso comércio; os franceses ficavam cada vez mais fortes, e o interesse protestante, de cuja liderança ele se vangloriava, estava oprimido por todos os lados, enquanto ele escrevia, e caçava, e despachava embaixadores que, quando a fragilidade de seu senhor ficou conhecida, eram tratados nas cortes estrangeiras com muito pouca cerimônia. James, no entanto, preocupava-se em ser elogiado em seu próprio país, e não ficava nem zangado nem envergonhado da impressão que causava em outros países.

Com isso a Inglaterra foi ficando mais frágil, ou, o que na avaliação política é a mesma coisa, viu seus vizinhos ficarem mais fortes, sem que seu próprio poder aumentasse proporcionalmente.

Não que o mal fosse tão grande quanto é geralmente concebido ou representado; pois, a meu ver, podemos fazer com que pareça que a riqueza da nação havia, nesse reinado, aumentado muito, embora a da coroa tivesse diminuído. Nossa reputação para a guerra havia sido prejudicada, mas o comércio parecia continuar a ser realizado com grande diligência e vigor, e não nos faltava nada a não ser defender-nos das invasões de nossos vizinhos.

A inclinação para plantar colônias na América ainda continuava, e como esse era o único projeto no qual aventureiros e empreendedores podiam exercer suas qualidades em um reino pacífico, multidões, que estavam insatisfeitas com sua condição em seu país de origem – e multidões assim sempre haverá –, buscavam alívio, ou pelo menos mudança, nas regiões ocidentais, onde se estabeleciam na parte norte do continente, distantes dos espanhóis, que, naquele momento, eram a única nação que tinha qualquer poder[11] ou desejo de impedir nossa passagem.

Essa era a situação deste país quando o infeliz Charles herdou a coroa. Tinha visto os erros do pai sem ser capaz de evitá-los, e, quando começou seu reinado, esforçou-se para elevar a nação à sua antiga dignidade. Os papistas franceses tinham começado uma nova guerra contra os protestantes: Charles enviou uma frota para

---

[11] A frustrada expedição do duque de Buckingham para a Ilha de Ré, próxima a La Rochelle, ocorreu em 1627.

invadir Ré e levar reforços para Rochelle, mas suas tentativas foram frustradas, e os protestantes foram subjugados. Os holandeses, que estavam ricos e fortes, reivindicavam o direito de pescar nos mares ingleses; essa reivindicação o rei, que via o poder crescente dos estados da Holanda, decidiu contestar. Mas para esse fim era necessário construir uma frota, e uma frota não pode ser construída sem gastos; aconselharam-no a arrecadar tributos para pagar a construção dos navios,[12] o que provocou a guerra civil, cujos eventos e conclusão são bem conhecidos.

Enquanto os habitantes desta ilha estavam envolvidos com seus próprios problemas, o poder da França e da Holanda crescia a cada dia. Os holandeses haviam vencido as dificuldades de sua comunidade nascente; e, como ainda mantinham seu vigor e diligência, cresciam continuamente, de ricos para ainda mais ricos, e, de poderosos para ainda mais poderosos. Expandiram seu comércio, e, como ainda não haviam se interessado pelo luxo, tinham os meios e a vontade de acumular riquezas sem nenhum estímulo para gastá-las. Os franceses, que só queriam, para se tornarem ainda mais poderosos, um controle cauteloso de suas rendas e um uso apropriado de suas vantagens naturais, com o cuidado sucessivo de ministros habilidosos, tornaram-se cada dia mais fortes e mais conscientes de sua força.

Foi mais ou menos nessa época que os franceses começaram pela primeira vez a voltar seus pensamentos para o comércio e a

---

[12] SJ habilmente evita a questão da responsabilidade pessoal de Charles I pela Guerra Civil, usando a fórmula "aconselharam-no", que poderia significar muita coisa ou quase nada. A censura das atividades reais pelo Parlamento e ministros desgostosos muitas vezes tomavam a forma de condenação de "seja quem fosse que tinha aconselhado" Sua Majestade a fazer isso ou aquilo.

navegação e a desejar um território americano como outras nações. Todas as partes produtivas e valiosas do mundo ocidental já estavam ou ocupadas ou concedidas e nada sobrava para a França a não ser o que os outros navegadores abandonavam, pois ela ainda não era arrogante o suficiente para apoderar-se daquilo que já havia sido apropriado pelos poderes vizinhos.

Portanto, os franceses se contentaram em enviar uma colônia para o Canadá,[13] uma região fria, desconfortável e inóspita, da qual só se podiam obter peles e peixes e onde os novos habitantes só podiam ter uma vida trabalhosa e cheia de necessidades, lembrando-se constantemente das maravilhas e da abundância de seu país natal.

Apesar da opinião que nossos conterrâneos aprenderam a nutrir sobre a compreensão e a previdência dos políticos franceses, não sou capaz de me persuadir de que, quando essa colônia foi estabelecida pela primeira vez, achavam que ela tinha muito valor, mesmo aqueles que estimularam sua implantação; provavelmente não havia nenhuma outra intenção a não ser fornecer um escoadouro no qual o desperdício de uma nação exuberante[14] pudesse ser lançado, um lugar onde aqueles que não podiam fazer nenhum bem pudessem viver sem a capacidade de causar dano. Não há dúvida de que alguma vantagem nova eles viram, ou imaginaram ver, e o que mais fosse necessário para o estabelecimento de uma colônia era fornecido pela inclinação natural para a experimentação, e aquela impaciência de não fazer nada, a qual é possível que a humanidade

---

[13] A colônia de Port Royal, de Samuel de Champlain, onde hoje é a Nova Escócia, ocorreu em 1604, e a de Quebec, em 1608.

[14] "Crescendo com brotos supérfluos; superabundante, superfluamente abundante; viçoso." (*Dictionary*, def.I).

deva muito daquilo que imaginamos ter sido realizado por motivos mais esplêndidos.[15]

Nessa região de esterilidade erma, eles se estabeleceram com base em seja lá que princípio fosse; e como, desde aquela época, tiveram a felicidade de ter um governo que não descuidou de nenhum interesse, nem deixou de cuidar de nenhuma parte de seus súditos, eles continuaram eternamente a expandir suas fronteiras e a aumentar seus números, com o estímulo e a assistência contínua da França.

No começo, como ocorreu com outras nações que invadiram a América, os franceses tinham tendência a considerar a vizinhança dos nativos algo importuno e perigoso, e são acusados de haver destruído um grande número deles. Mas agora eles ficaram mais sábios, se não mais honestos, e em vez de tentarem atemorizar os índios para que fugissem, eles os estimulam a se casarem com os colonos e a viverem junto com eles, e os atraem por todos os métodos viáveis a se tornarem súditos do rei da França.[16]

Se os espanhóis, quando se apoderaram pela primeira vez do mundo recém-descoberto, em vez de destruírem milhares de seus habitantes, tivessem tido ou a humanidade[17] ou a política de terem-se

---

[15] Cf. *Rasselas*, Ch. 31: "[A Grande Pirâmide] parece ter sido construída só para satisfazer aquela fome de imaginação que cai como uma ave de rapina sobre a vida incessantemente e precisa sempre ser acalmada por alguma ocupação."

[16] A adoção no Canadá francês de uma política de conciliação com os índios (à exceção dos iroqueses aliados dos ingleses) é geralmente atribuída ao conde de Frontenac, governador de 1672 a 1698. Mas a questão das relações entre europeus e índios na América durante os séculos XVII e XVIII é complexa, e ainda está sendo investigada pelos historiadores. Veja "Observações sobre a situação atual", p. 338 a seguir.

[17] "Unanimidade" em *1756* é claramente um erro; mas a correção de Davies, "urbanidade" (reimpressa em *1773* e em edições posteriores) tampouco é

conciliado com eles por meio de um tratamento generoso, e tê-los unido, gradualmente, a seu próprio povo, isso teria aumentado o poder do rei da Espanha, já que teria feito dele o maior monarca que jamais havia governado no globo; mas a oportunidade foi perdida por tolice e crueldade e agora jamais poderá ser recuperada.[18]

Quando o Parlamento finalmente superou nosso rei e o exército superou o Parlamento, o interesse das duas comunidades da Inglaterra e da Holanda logo pareceu ser oposto, e o novo governo declarou guerra contra os holandeses. Nessa luta, as duas nações exerceram seu poderio máximo, e os holandeses finalmente foram vencidos, no entanto sem uma evidência de superioridade que nos desse muitos motivos para vangloriar-nos de nossa vitória; foram forçados, no entanto, a requerer a paz, que lhes foi concedida com condições fáceis, e Cromwell, que era agora dono do poder supremo, ficou à vontade para procurar realizar outros planos.

Os poderes europeus ainda não tinham deixado de olhar com inveja para as aquisições espanholas na América, e, portanto, Cromwell achou que, se ganhasse alguma parte dessas regiões famosas, aumentaria sua própria reputação e enriqueceria o país. Brigou, então, com os espanhóis, por aquele tipo de motivo que aquele que está decidido a se envolver em hostilidades sempre consegue descobrir, e enviou Penn e Venables[19] para os mares

---

muito satisfatória. A "humanidade" de 1759 é obviamente correta; a inicial "h" de SJ pode ser confundida facilmente com "u" e seu "u" com "n".

[18] Para outras declarações de SJ sobre o tratamento dos povos indígenas pelos invasores europeus, veja "The State of Affairs in Lilliput" (1738), "Life of Sir Francis Drake" (1740) e a introdução para *The World Displayed* (1759).

[19] O almirante Sir William Penn (1621-70), pai do fundador da Pensilvânia, e general Robert Venables. As ações mencionadas ocorreram em 1655.

ocidentais. Eles desembarcaram primeiramente em Hispaniola, de onde foram expulsos sem nenhuma glória para si mesmos, e, para que não voltassem sem ter feito alguma coisa, a seguir invadiram a Jamaica, onde encontraram menos resistência e conseguiram a ilha, que, mais tarde foi consignada a nós, já que provavelmente tinha pouco valor para os espanhóis, e continua até hoje a ser um lugar de grande riqueza e terrível perversidade, um antro de tiranos e uma masmorra de escravos."[20]

Cromwell, que talvez não tivesse tempo livre para estudar política externa, estava fatalmente errado com relação à Espanha e à França. A Espanha tinha sido o último poder na Europa que tinha abertamente tido a intenção de impor a lei a outras nações, e a lembrança desse terror permanecia, mesmo quando a verdadeira causa já tinha terminado. Nos últimos tempos, tínhamos tido mais medo da Espanha do que da França, e, embora pouquíssimas pessoas ainda estivessem vivas da geração que havia perdido o sono por causa da Armada, o nome dos espanhóis ainda era terrível, e uma guerra contra eles agradaria muito ao povo.

Nossos próprios problemas haviam nos deixado com muito pouca vontade de olhar o que estava ocorrendo no continente, e um preconceito inveterado impedia que percebêssemos que, por mais de meio século, o poder da França havia estado aumentando e que o da Espanha tinha aumentado um pouco menos; tampouco parece ter sido lembrado – o que não teria exigido muita profundidade política para perceber – que das

---

[20] SJ pode estar se baseando em informações de primeira mão de seu amigo Dr. Richard Bathurst, um nativo da Jamaica. O jovem negro jamaicano Frank Barber era um membro do domicílio de SJ desde 1752.

duas monarquias[21] – nenhuma das quais poderia ser nossa amiga por muito tempo – era de nosso interesse ter a mais frágil das duas perto de nós, ou que, se uma guerra ocorresse, a Espanha, por mais rica ou forte que fosse em si mesma, estaria, pela dispersão de seus territórios, mais exposta[22] aos ataques de um poder naval e em consequência tinha mais o que temer de nós, e tinha menos capacidade de nos causar dano.

Todas essas considerações não foram examinadas pela sabedoria daquela época, e Cromwell ajudou os franceses a expulsar os espanhóis de Flandres, no momento em que seria de nosso interesse apoiar os espanhóis contra os franceses, como anteriormente havíamos apoiado os holandeses contra a Espanha. Com isso, teríamos pelo menos atrasado o crescimento do poder francês, embora eu ache que de qualquer forma a França teria prevalecido no final.

Durante esse tempo, nossas colônias, que eram menos perturbadas por nossas insurreições que a mãe-pátria, naturalmente aumentaram; é provável que muitos daqueles que estavam infelizes em seu país de origem se refugiassem naquelas regiões remotas, onde, com o objetivo de atrair grandes números, todos tinham a permissão de pensar e viver de sua própria maneira.[23] A colonização francesa, enquanto isso, avançava lentamente, insignificante demais para causar inveja e frágil demais para tentar qualquer invasão.

---

[21] *1756* e *1759* dizem "monarcas". É muito pouco provável que SJ tivesse sido culpado do solecismo de usar o pronome neutro "which" para se referir a "monarcas", que, de qualquer maneira, não encaixam bem no contexto.

[22] "I. Sujeito a... 4. responsável; exposto" (*Dictionary*).

[23] Certamente uma declaração bastante questionável com relação a Massachusetts e Connecticut.

Quando Cromwell morreu, as confusões que se seguiram provocaram a restauração da monarquia, e foi preciso algum tempo para remendar as ruínas de nossa Constituição e restaurar a nação ao estado de paz. Em todas as mudanças haverá muitos que sofrerão injustiças reais ou imaginárias, e portanto muitos ficarão insatisfeitos. Isso foi, talvez, o motivo pelo qual várias colônias tiveram seu começo no reinado de Charles II. Os quacres voluntariamente buscaram refúgio na Pensilvânia; e é bastante provável que a Carolina deva seus habitantes aos restos mortais daquela índole inquieta que havia causado tantos distúrbios ao nosso país e agora não tinha oportunidade de atuar em casa.

Os holandeses, que ainda continuavam a aumentar sua riqueza e seu poder, ou estimularam o ressentimento de seus vizinhos por sua insolência, ou despertaram sua inveja por sua prosperidade. Charles guerreou-os sem muita vantagem; mas eles foram obrigados finalmente a reconhecê-lo como soberano dos mares estreitos.[24] Foram reduzidos quase a seus pontos extremos por uma invasão da França; mas logo se recuperaram de seu susto e, com a oscilação da guerra, recuperaram suas cidades e províncias com a mesma velocidade com que as haviam perdido.

Durante a época de Charles II, o poder da França crescia a cada dia; e Charles, que nunca se perturbava com consequências remotas, viu o aumento das armas francesas e a extensão de seus domínios com muito pouca inquietação. Na verdade, ele às vezes era impelido pela facção predominante a formar confederações contra ela; mas como tinha, provavelmente, uma parcialidade

---

[24] O Canal da Mancha e o Mar do Norte.

secreta a seu favor, nunca insistiu por muito tempo em suas ações contra ela, nem agiu com muito vigor; de modo que, por sua resistência frágil, aumentou a confiança da França em vez de prejudicar seus planos.

Mais ou menos nessa época os franceses começaram pela primeira vez a perceber a vantagem do comércio e a importância de uma força naval; e tal estímulo foi dado às manufaturas, e tão ansiosamente recebia-se cada projeto que pudesse contribuir para fazer avançar o comércio, que, em uns poucos anos, o mar estava cheio de navios franceses, e todas as partes do mundo repletas de seus comerciantes. Talvez não haja na história humana nenhum outro exemplo de uma mudança produzida em um tempo tão curto, nos projetos e nas maneiras de um povo, de tantas novas fontes de riqueza que se abriam, e de tal número de artífices e comerciantes que foram estimulados a começar do nada, como vemos no ministério de Colbert.[25]

Foi então que o poder da França tornou-se terrível para a Inglaterra. Seus domínios eram maiores que antes, e seus exércitos numerosos; mas suas operações eram necessariamente limitadas ao continente. Ela não tinha nem navios para o transporte de suas tropas, nem dinheiro para sustentá-los em expedições distantes. Colbert percebeu essas duas necessidades e viu que só o comércio poderia fornecê-las. A fertilidade de seu país fornecia aos franceses os bens essenciais; a pobreza do povo mantinha o preço da mão-de-obra baixo. Com a prática evidente de vender

---

[25] Jean-Baptiste Colbert, ministro principal de Luís XIV, 1661-83. É interessante observar o uso que SJ faz do mito de Cadmo.

muito e comprar pouco, ficou claro que eles logo iriam atrair a riqueza de outros países para o seu; e, carregando suas mercadorias em seus próprios navios, rapidamente recrutariam um corpo numeroso de marinheiros.

Isso foi projetado, e isso foi realizado. O rei da França logo foi capaz de subornar aqueles que não podia conquistar, e a atemorizar com suas frotas aqueles de quem seus exércitos não podiam se aproximar. A influência da França subitamente se espalhou por todo o globo; suas armas eram temidas, e seus tributos recebidos em regiões remotas, e aqueles que, poucos anos antes, mal tinham ouvido o nome do país estavam quase dispostos a reconhecer sua soberania. Ela ameaçava as costas da África e recebia embaixadores do Sião.

Tanto pode ser feito por um homem sábio, que se esforça, com honestidade, para obter o benefício da população. Mas para que não condenemos de forma temerária todos os ministros cujos conselhos não produziram tais benefícios evidentes para seu país, acusando-os de falta de sabedoria e de integridade, deve ser lembrado que Colbert tinha instrumentos de ação que nosso governo não permite. Como monarca absoluto, ele podia fazer com que todas as suas ordens fossem cumpridas; podia obrigar indivíduos a sacrificar seus lucros privados para o bem geral; podia fazer com que uma perspectiva fosse imposta a muitas mãos, e remover dificuldades por meio de expedientes rápidos e violentos. Em um lugar onde homem nenhum se considera obrigado a submeter-se a outro e, onde, em vez de cooperarem em um grande projeto, cada indivíduo se apressa a encontrar desvios que lhe permitam obter lucros privados, nenhuma mudança considerável pode ser feita subitamente;[26] tampouco o conhecimento superior dá muito resultado quando cada homem decide usar seus próprios olhos e seu próprio julgamento, e todos aplaudem sua própria destreza e diligência na medida em que ele fica rico com maior rapidez que seu vizinho.

As colônias são sempre os efeitos e as causas da navegação. Aqueles que visitam muitos países descobrem alguns em que o prazer, o lucro ou a segurança os convidam a se estabelecer; e essas colônias, uma vez estabelecidas, devem manter uma correspondência contínua com o país original, ao qual estão sujeitas, e das quais dependem para proteção em caso de perigo e para provisões em caso de necessidade. De tal forma que um país,[27] depois de descoberto e colonizado, sempre irá encontrar utilidade para navios, certamente mais do que encontraria para qualquer comércio exterior, que, dependendo de acidentes, pode ser mais ou menos intenso, e que outras nações podem contratar ou suprimir. O comércio para colônias raramente pode ser prejudicado, sendo, na verdade, apenas um intercâmbio entre províncias distantes do mesmo império, das quais os intrusos são facilmente excluídos; da mesma forma o

---

[26] Locke em seu *Second Treatise on Government* (1690) enfatiza o conservadorismo inato de governos por consentimento popular. Seria errôneo deduzir, a partir dos comentários de SJ aqui sobre a "eficiência superior" do governo francês, que ele tinha qualquer anseio de absolutismo. Como ele diz, ele menciona o fato em defesa de administradores sob governos constitucionais, que não têm instrumentos para agir rapidamente como Colbert tinha. "A bravura dos soldados rasos ingleses" de SJ, poderia ser lido em conjunto com essa passagem (p. 481).

[27] I.e. um país que foi descoberto e implantado como uma colônia.

interesse e a afeição das partes correspondentes, por mais distantes que estejam, são os mesmos.[28]

Por esse motivo, todas as nações cujo poder foi exercido no oceano estabeleceram colônias em partes remotas do mundo, e enquanto essas colônias subsistiram, a navegação, se não aumentou, pelo menos foi sempre preservada de uma decadência total. Essa política os franceses conheciam bem e, portanto, aprimoraram e aumentaram as colônias na América e em outras regiões, na medida em que foram ampliando seus planos de grandeza naval.

Não temos necessidade de investigar o momento exato em que fizeram suas aquisições na América, ou em outras partes do globo. Basta observar que seu comércio e suas colônias aumentaram ao mesmo tempo; e, se seu potencial naval[29] fosse realizado, como realmente o foi, numa proporção maior que seu comércio, que pode ser praticado em outros países, isso deve ser atribuído à disposição bélica que predominava na nação à época, às guerras frequentes que Luís XIV fez a seus vizinhos e ao extenso comércio dos ingleses e holandeses que proporcionavam tanta pilhagem aos navios corsários que a guerra era mais lucrativa que o tráfico.

---

[28] A teoria "mercantilista" das colônias afirmada nesse parágrafo é básica para o pensamento de SJ sobre a América, como expresso em seu "Observações sobre uma carta de um refugiado francês na América." (p. 317) e sua resenha de *Geographical ....Essays* de Lewis Evans (pp. 373-375, a seguir) e mais tarde em "Tributação, não tirania". Um país, junto com suas colônias, deve formar uma unidade econômica auto-suficiente; se não for assim, a colonização não vale a pena. Veja também "Outras ideias sobre agricultura" (pp. 235-242, anteriormente).

[29] "Uma força equipada para a guerra; geralmente usada com referência a uma força naval" (*Dictionary*).

Assim o poder naval da França continuou a aumentar durante o reinado de Charles II, que, entre sua atração pelo ócio e pelo prazer, as lutas de facções que não conseguia eliminar, e sua tendência a favorecer a monarquia absoluta não tinha nem muito poder para reprimi-lo nem o desejo de fazê-lo. E de James II não se podia esperar que fosse atuar com grande vigor contra seus vizinhos, pois teria que se opor ao corpo inteiro de seus súditos. Ele não ignorava o verdadeiro interesse de seu país; desejava seu poder e sua felicidade e achava, corretamente, que não há felicidade sem religião; mas também achava, errônea e absurdamente, que não há religião sem o papismo.

Quando a necessidade de autopreservação impeliu os súditos de James a expulsá-lo do trono,[30] veio uma época em que as paixões, bem como os interesses do governo, atuaram contra a França e na qual o desejo de humilhá-la não era mais forte que o de exaltar a Inglaterra;[31] sobre isso, no entanto, não precisamos investigar, pois, embora a intenção pudesse ser diferente, o resultado será o mesmo. Todas as bocas agora estavam abertas para declarar aquilo que todos os olhos haviam observado antes, que as armas da França estavam se tornando perigosas para a Europa e que, se esta se submetesse às invasões francesas por um pouco mais de tempo, a resistência viria tarde demais.

A Europa agora estava decidida a reivindicar outra vez o controle do mar. No entanto, a decisão foi mais fácil que a realização: os

---

[30] Se um jacobita é aquele que acha que James II deveria ter mantido o trono inglês, essa declaração intolerante pode ser tomada como evidência contra a teoria de que SJ tinha "tendências jacobitas".

[31] Isto é, na mente de Guilherme III e seus seguidores. Vale a pena observar que SJ considera a política de Guilherme correta, fossem quais fossem seus motivos.

franceses defenderam-se vigorosamente do poder conjunto da Inglaterra e da Holanda e, algumas vezes, fizeram-se donos do oceano, embora os dois poderes marítimos estivessem unidos contra eles. No final, no entanto, foram vencidos em La Hogue;[32] grande parte de sua frota foi destruída, e foram obrigados a continuar a guerra apenas com seus navios corsários, que nos fizeram sofrer uma série de danos menores, embora não houvesse perigo de conquista ou invasão. Eles afligiam nossos comerciantes e nos obrigavam a um gasto permanente com escoltas e frotas de observação; e, escondendo-se em pequenas cavernas e em águas rasas, escapavam de nossa perseguição.

Nesse reinado começou nossa confederação com os holandeses, com quem interesses mútuos se transformaram em amizade, considerada por alguns inseparável, e daquele momento em diante os estados começaram a ser chamados, no estilo dos políticos, de nossos amigos leais, aliados que a natureza nos deu, nossos confederados protestantes, e muitos outros nomes de afeição nacional. Temos, é verdade, o mesmo interesse, ao contrário da França, e alguma semelhança de religião, ao contrário do papismo; mas temos tal rivalidade com relação ao comércio, que isso evitará que nos aproximemos muito um do outro. Nenhum homem mercantil, ou nação mercantil, tem alguma amizade a não ser por dinheiro, e alianças entre eles só durarão enquanto sua segurança comum ou seu lucro comum não estiver em perigo; ou enquanto tiverem um inimigo comum que ameace tirar de cada um deles mais do que eles próprios podem roubar um do outro.

---

[32] Em 1692.

Estávamos ambos suficientemente interessados em reprimir a ambição da França e obstruir seu comércio; e, portanto, contribuíamos com tanta lealdade e cooperação regular quanto se encontra normalmente. Os holandeses estavam em perigo imediato, os exércitos de seus inimigos pairavam sobre seu país e portanto foram forçados a esquecer por uns tempos seu amor ao dinheiro, e seus projetos limitados de lucro privado, e a fazer aquilo que um comerciante voluntariamente nunca acha necessário, que é sacrificar uma parte para preservar o todo.[33]

Finalmente a paz[34] foi celebrada, e os franceses, com o vigor e a diligência que lhes são característicos, reconstruíram suas frotas, restauraram seu comércio e, em poucos anos, tornaram-

---

[33] A aversão tradicional que os *tories* têm pelos holandeses precisa ser analisada. O ódio que Swift tem deles é muitas vezes atribuído a motivos religiosos. SJ não os considera; mas sua tese de simples rivalidade econômica não é muito convincente. Se, como argumenta SJ, o observador inteligente não permitirá o envolvimento de quaisquer sentimentos de simpatia no espetáculo de uma aliança entre duas nações mercantis, pareceria, contrariamente, que o mero fato de sua rivalidade econômica não deveria inspirar o tipo de antipatia emocional que SJ evidentemente sente com relação aos holandeses. Cf. "Remarks on *Considerations on the Embargo upon the Provision of Victual*" (*Gentleman's Magazine*, xi [1741], 634): "Diz-se que os holandeses à noite vendiam a seus inimigos a munição que seria usada no dia seguinte contra eles mesmos; mas certamente ninguém tentará justificar essa conduta, que só poderia ser produzida por hábitos inveterados de avareza, e uma maior atenção ao amor ao dinheiro do que à vida"; e "Historical Memoirs" na *Literary Magazine*, Nº 4, julho-agosto de 1756: "Tais são os sentimentos e tal a conduta de um povo (os holandeses) cujo apoio custou à Grã-Bretanha milhões e para cujo conforto ela sacrifica os ramos mais lucrativos de seu comércio. Mas a ingratidão é e será a consequência necessária da generosidade mal empregada". Sugeri que o primeiro texto é escrito por SJ (PMLA, LXXIV [mar 1959] 79, e também possivelmente o segundo (*Review of English Studies* n.s. VII [out. 1956], 386).
[34] A Paz de Ryswick, 1697.

se capazes de disputar, uma vez mais, o controle do mar. Seus navios eram bem construídos e sempre equipados com um número elevado de tripulantes; seus comandantes, sem outra esperança que não fosse sua coragem ou sua boa sorte, eram resolutos e, tendo sido cuidadosamente treinados para o mar, extremamente habilidosos.

Tudo isso ficou claro quando a rainha Ana, então a queridinha da Inglaterra,[35] declarou guerra contra a França.[36] Nosso sucesso no mar, embora suficiente para nos manter livres de humilhações, não era suficiente para humilhar nossos inimigos. Na verdade, é preciso admitir que não exercemos toda a nossa força naval; Marlborough era o governador de nossos conselhos e seu grande objetivo era a guerra por terra, que sabia liderar, tanto para a honra de seu país quanto em seu próprio benefício.[37] Por isso, a frota morria de fome para que o exército tivesse provisões, e as

---

[35] Cf. A resenha que SJ fez do *Account of the Conduct of the Dutchess of Marlborough*, 1742 "[As cartas de Ana para a duquesa] serão igualmente úteis para a refutação daqueles que exaltaram ou depreciaram seu caráter... Por essas cartas, parece com clareza suficiente que ela era justamente como foi representada, pouco mais que uma escrava da família Marlborough." Entre aqueles que "exaltavam" o caráter de Ana e a consideravam como "a queridinha da Inglaterra" estava Smollett (*History of England*, Book I, Cap. II): "Ela sentia uma afeição maternal por seu povo, por quem era universalmente adorada com um calor de afeição que nem o preconceito de partidos poderia mitigar. Em uma palavra, se ela não foi a maior de todas, certamente foi uma das melhores e mais impolutas soberanas que jamais se sentou no trono da Inglaterra; e bem merecia o expressivo, embora simples, epíteto de 'a boa rainha Ana'."

[36] A Guerra da Sucessão espanhola, 1702-13.

[37] SJ e Macaulay concordam pelo menos sobre esse ponto – o caráter pessoal de Marlborough. A defesa clássica é *Marlborough, His Life and Times* de Winston Churchill (1933-38), que, na verdade não convenceu totalmente os historiadores.

vantagens navais eram negligenciadas para que fosse tomada uma cidade em Flandres que seria guarnecida por nossos aliados. Os franceses, no entanto, estavam tão enfraquecidos por uma série de derrotas consecutivas que, embora sua frota nunca tenha sido totalmente destruída por alguma vitória, finalmente começaram a mantê-la em seus próprios portos e concentraram suas forças na resistência ao exército confederado, que agora começava a se aproximar de suas fronteiras e ameaçava devastar suas províncias e cidades.

Nos últimos anos dessa guerra, o perigo da proximidade dos franceses na América parece ter sido considerado, e uma frota foi equipada e provida com um número adequado de forças terrestres para apoderar-se de Quebec, a capital do Canadá, ou Nova França; essa expedição,[38] no entanto, foi abortada como a de Anson contra os espanhóis,[39] porque a estação do ano já estava avançada e em virtude de nosso desconhecimento das costas em que teríamos que atuar. Retornamos com uma derrota e só estimulamos nossos inimigos a exercer maior vigilância e talvez a se fortificar mais solidamente.

---

[38] Em 1711, sob Sir Hovenden Walker e general Hill, irmão da Sra. Masham, a *tory* favorita que substituiu Sarah, duquesa de Marlborough, na afeição de Ana.

[39] Isso deve se referir à expedição do Comodoro George Anson em 1740, dirigida contra a costa ocidental da América do Sul, que se transformou em sua famosa circunavegação do mundo. Parece uma referência estranha para ser feita por SJ a essa altura, pois exemplos de expedições militares mal preparadas teriam sido fáceis de encontrar na própria guerra de 1701-13. Só pode ser interpretada como uma peça gratuita de propaganda antiministerial, pois Anson era então (1756) o ministro da Marinha e responsável pela guerra naval contra a França. Para outros exemplos da hostilidade de SJ para com Anson, veja pp. 385 e 588 a seguir.

Quando a paz de Utrecht foi assinada,[40] — uma paz que mesmo aqueles que clamavam violentamente contra ela, descobriram que era de seu interesse manter — os franceses se dedicaram ao máximo à ampliação de seu comércio, algo que nós estávamos tão longe de impedir que por muitos anos nosso ministério achou que a amizade dos franceses era tão valiosa que deveria ser comprada a preços módicos por qualquer tipo de concessão.

Portanto, em vez de nos opormos, como tínhamos até então jurado fazer, à ambição sem limites da casa de Bourbon, ficamos subitamente interessados em louvá-la e conscientes dos interesses franceses. Com nossas frotas, ajudamos os projetos franceses e espanhóis e esforçamo-nos para torná-los nossos amigos por meio da bajulação, eles a quem nada, a não ser o poder, manterá calados e que provavelmente serão nossos inimigos enquanto estiverem se esforçando para crescer ainda mais e nós quisermos continuar livres.

Para que nada seja esquecido que possa depor sobre nossa boa vontade de continuar, sob quaisquer termos, sendo os bons amigos da França, tivemos o prazer de ajudá-los não só em suas conquistas mas também em seu comércio; e embora não rejeitássemos abertamente as leis proibitivas, suportamos, docilmente, que o comércio continuasse entre as duas nações: a lã era importada[41] diariamente

---

[40] I.e. os *whigs*, que, sob Walpole, mais tarde fizeram da aliança com a França a pedra fundamental de sua política externa durante as décadas de 1720 e 1730. Por acaso, SJ deixa de observar que o argumento se aplica ao contrário — que um oponente *tory* da política conciliatória de Walpole com relação à França, deveria condenar a Paz de Utrecht que era *tory*.

[41] I.e. importada pela França, da Grã-Bretanha. Como diz SJ, não houve nenhum relaxamento formal durante esse período de embargo estrito na exportação de lã crua da Grã-Bretanha; veja o relato de Adam Smith (*The Wealth of*

para permitir que eles fizessem tecidos, que levavam para nossos mercados e vendiam mais barato que nós.

Durante todo esse tempo, eles estavam ampliando e fortalecendo suas colônias na América, inventando novas maneiras de fazer comércio e estabelecendo novas alianças com as nações indígenas. Começavam agora a descobrir aquelas regiões do norte, que, embora áridas e ermas, eram valiosas o bastante para estimular pelo menos uma possessão nominal que pudesse provê-los com uma justificativa para a exclusão de outros; portanto, ampliaram seu direito sobre pedaços de terra que não tinham a menor esperança de ocupar,[42] trataram de dar a seus domínios uma amplidão ilimitada, tendo dado, em seus mapas, o nome de Louisiana a um país do qual parte é reivindicada pelos espanhóis e parte pelos ingleses, sem nenhuma consideração pelos limites antigos ou anteriores à descoberta.

Quando a volta de Colombo de sua grande viagem deixou toda a Europa surpresa e cheia de curiosidade, Henrique VII enviou Sebastian Cabot[43] para tentar descobrir o que poderia ser encontrado para benefício da Inglaterra. Cabot rejeitou o curso de Colombo

---

Nations, Book IV, cap. 8) sobre aquilo que ele chama de legislação draconiana para impedir a exportação. Não sei nada sobre o comércio clandestino tolerado pelo governo de que fala SJ; mas é possível que tenha sido descrito no panfleto de guerra sobre o embargo de lã ao qual a *Gentleman's Magazine* (provavelmente com a ajuda de SJ e talvez até sob sua direção) dedicou muito espaço no começo da década de 1740 (veja D.J. Greene, PMLA, LXXIV [mar 1959], 75-84).

[42] Cf. Voltaire, *Essai sur les moeurs* (1756), cap. 148: "Peut-être un jour, s'il y a des millions d'habitants de trop en France, sera-t-il avantageux de peupler la Louisiane."

[43] Em 1497. Na verdade John (Giovanni), pai de Sebastian Cabot, foi responsável pela expedição.

e, virando o leme para o oeste, deparou-se com uma ilha que, a partir daquela época, foi chamada pelos ingleses de Newfoundland. Nossos príncipes parecem ter-se considerado intitulados às partes norte da América por seu direito de captura prévia, como havia sido permitido aos espanhóis por consentimento universal, reivindicarem a região do sul pelo mesmo motivo, e nós, por conseguinte, estabelecemos nossas colônias principais dentro do limite de nossas descobertas e, gradualmente, colonizamos toda a costa leste da Newfoundland até a Geórgia.

Como tínhamos, de acordo com os princípios europeus que não permitem nada aos nativos daquelas regiões, a escolha de nossa localização nesse extenso país, naturalmente estabelecemos nossas habitações ao longo do litoral, para facilitar o comércio e a correspondência e termos toda a conveniência de rios navegáveis. E quando um porto ou rio estava ocupado, a próxima colônia, em vez de se estabelecer no interior, atrás da primeira, ia para o sul, até que conseguissem se satisfazer com outra localização litorânea. Por essa razão, nossas colônias têm mais comprimento que profundidade; sua extensão, de leste a oeste, ou do mar para o interior do país, não é proporcional à sua extensão ao longo da costa, do norte para o sul.

No entanto, era entendido por uma espécie de contrato tácito entre os poderes comerciais que a possessão da costa incluía um direito ao interior; e, portanto, as licenças concedidas às várias colônias limitavam seus distritos apenas do norte para o sul, deixando suas possessões de leste para oeste ilimitadas e à discrição do proprietário, com a suposição de que, à medida que a colônia fosse aumentando, ele pudesse ir ocupando as terras como quisesse, já que a possessão da costa excluía outros navegadores e os pobres índios não tinham direito natural ou de nações.[44]

Esse direito do primeiro possessor europeu não foi contestado até que passou a ser do interesse dos franceses questioná-lo. O Canadá ou Nova-França, onde eles estabeleceram sua primeira colônia, está situado ao leste[45] de nossas colônias, entre as quais eles atravessam o grande rio de São Laurêncio, com a Newfoundland ao norte e a Nova Escócia ao sul. Seu estabelecimento nesse país não foi nem invejado nem impedido; e eles viveram aqui, em números não muito elevados, por bastante tempo, nem molestando seus vizinhos europeus nem sendo por eles molestados.

Mas quando ficaram mais fortes e mais numerosos, começaram a ampliar seus territórios; e, como é natural que os homens busquem sua própria conveniência, o desejo de moradias mais férteis e agradáveis os atraiu para o sul. Havia terra suficiente ao norte e a oeste de suas colônias que podiam ocupar com um direito tão válido quanto aquele que foi utilizado pelos outros usurpadores europeus e que nem os ingleses nem os espanhóis contestariam; mas já tinham se cansado daquela região fria, e sua decisão foi conseguir um país melhor. Isso só poderia ser obtido estabelecendo-se a oeste de nossas plantações, em um território que até então supostamente havia nos pertencido.

Daí, portanto, eles decidiram remover e fixar, à sua própria discrição, a fronteira ocidental de nossas colônias, que até então havia sido considerada ilimitada. Assim, formando uma linha de

---

[44] As divisões clássicas do direito romano, de *jus naturale* e *jus gentium*.
[45] [No original "eastward"] Provavelmente o correto seria "westward", mas o erro pode ser tanto de SJ como do tipógrafo.

Samuel Johnson

fortalezas, até certo ponto paralelas à costa, eles nos fecharam entre suas guarnições e o mar, e não só impediram nosso avanço para o oeste, mas, sempre que têm navios suficientes no mar, podem nos importunar dos dois lados, assim como podem nos invadir, à vontade, de uma ou outra de suas fortalezas.

Esse plano talvez não tenha sido descoberto assim que foi formulado, e certamente a ele não nos opusemos logo que foi formulado; tolamente, tínhamos esperança de que as invasões francesas iriam cessar e de que eles seriam persuadidos por meios de tratados ou protestos a ceder o que haviam tomado ou a impor limites a si próprios. Toleramos que eles estabelecessem uma colônia após outra, que passassem uma fronteira após outra, e acrescentassem novos fortes aos já existentes, até que finalmente eles se tornaram fortes o bastante para admitir seus planos e desafiar-nos a impedi-los.

Em virtude dessas provocações que continuaram por muito tempo, fomos finalmente obrigados a entrar em uma guerra, na qual tivemos, até agora, muito má sorte. Nossas tropas sob Braddock foram vergonhosamente derrotadas;[46] nossa frota não fez nada mais que tomar uns poucos navios mercantes[47] e afligir algumas famílias

---

[46] Em 9 de julho de 1755, quando tentava expulsar os franceses do Forte Duquesne, em uma junção estratégica dos rios Alleghany e Monongahela para formar o Ohio. Em 1754, os invasores franceses tinham derrotado um batalhão da Virgínia sob o coronel George Washington (que tinha originalmente feito um reconhecimento do local para um forte inglês, e que estava envolvido em uma extensa especulação de terras naquela área); Washington também participou da recaptura do forte dos franceses em 1758, quando foi renomeado Forte Pitt (hoje Pittsburgh.)

[47] Na verdade, trezentos até o final de 1755, com 8.000 marinheiros franceses, segundo Smollett (*History of England*, 1757-58, Livro III, cap. 4, seção 6).

privadas,[48] mas não logramos enfraquecer muito o poder da França. A prisão de seus marinheiros faz com que seja mais difícil para eles equiparem sua marinha; mas essa falta será facilmente suprida em virtude da vivacidade da nação, que está sempre ansiosa por uma guerra.

É desagradável apresentar nossos negócios à luz de nossa própria desvantagem; no entanto, é necessário mostrar os males que queremos que sejam removidos; e, portanto, talvez seja apropriado fazer um relato das medidas que deram aos franceses sua atual superioridade.

Dizem que a França os provê com governadores melhores que aqueles que nossas colônias estão destinadas a obter da Inglaterra. Um governador francês é raramente escolhido por qualquer outra razão que não sejam as qualificações que o fazem confiável. Estar falido na França, ou ser tão abominavelmente corrupto que não possa ser protegido em seu próprio país, raramente recomenda qualquer homem para o governo de uma colônia francesa. Seus oficiais são normalmente habilidosos ou na guerra ou no comércio e são ensinados a não terem expectativa de homenagens ou favoritismo, a não ser pela justiça e vigor de sua administração.[49]

Sua grande segurança é a amizade dos nativos, e a essa vantagem eles certamente têm um direito inquestionável porque ele é consequência de sua virtude. É absurdo imaginar que a amizade de

---

[48] Provavelmente SJ está se referindo à expulsão, em 1755, dos franceses acadianos, uns 6.000 em número, da Nova Escócia, celebrados em *Evangeline* de Longfellow.

[49] Observaremos que aqui SJ concorda com algumas das queixas de má administração feitas mais tarde na Declaração da Independência. Veja também a carta de "Gallo-Anglus" (p. 317 adiante).

nações, sejam civilizadas ou bárbaras, pode ser obtida e mantida a não ser por meio de um tratamento generoso; e certamente aqueles que invadem, sem serem chamados, o país de um povo distante devem achar que os nativos são dignos da bondade normal, e se satisfazem com roubá-los mas sem insultá-los. Os franceses, como já foi observado, aceitam os índios, por meio do casamento, em um nível de igualdade com eles próprios, e atraem aquelas nações com as quais não têm relações tão próximas para as coisas que são de seu interesse, por meio da honestidade em seus negócios. Nossos representantes e comerciantes, não tendo nenhum outro objetivo em vista a não ser o lucro imediato, usam todas as artimanhas de uma contadoria europeia para enganar o simples caçador de suas peles.

Essas são algumas das causas de nossa atual fragilidade; nossos plantadores estão sempre brigando com seu governador, que eles consideram menos confiável que o francês; e nossos comerciantes alienam os índios a cada momento por seus truques e opressões, e continuamos diariamente a mostrar por meio de nova evidência que nenhum povo pode ser grande se deixou de ser virtuoso.

Comentários sobre o projeto de Lei da Milícia (1756)

"Uma milícia nacional foi o sonho de todos os patriotas desde a Revolução", explica aquele renomado militar, o capitão Edward Gibbon.[1] Nos países de língua inglesa, as atitudes contrastantes com relação ao soldado profissional e ao soldado amador – ou seja, por um lado, a ideia da defesa nacional por um exército permanentemente constituído e de tempo integral, e, por outro, por um exército constituído pelos cidadãos normais do país, levando a cabo suas ocupações normais, mas treinados em técnicas militares em seu tempo livre – têm uma longa história.[2] O efeito da natureza de suas instituições

---

[1] *Memoirs of My Life and Writings*, sub anno 1760.
[2] A diferença entre a milícia (que SJ e os *tories* geralmente aprovam) e o exército permanente (que eles desaprovam) não parece ter sido muito clara para alguns dos estudantes que escreveram nesse período – veja, por exemplo, o comentário estranho de I. S. Leadam sobre o Decreto da Milícia de 1757: "O partido *tory*, coerentemente com sua atitude desde a revolução, opõe-se a ela de forma veemente" (*The Political History of England*, 1909, IX, 448-49) e a discussão sobre o presente texto de SJ por E. A. Bloom (*Samuel Johnson in Grub Street*, 1957, pp. 103-04). A diferença é tão essencial para uma compreensão dos escritos de SJ e suas conversas sobre temas militares que pode valer a pena repetir aqui o excelente sumário dado pela *Encyclopaedia Britannica*, 11ª Edição (art. "militia"):

> Sobre essa base (a organização estabelecida pelo Decreto da Milícia de 1662) a milícia da Inglaterra teve, durante quase um século, a aprovação ge-

militares sobre o "espírito" dos povos antigos, sobretudo os gregos, os romanos e os alemães, foi objeto de muita teorização por parte de historiadores com inclinações sociológicas desde Plutarco e Tácito até Montesquieu e o próprio Gibbon; e por muito tempo um grande apelo emocional esteve relacionado com a ideia de uma comunidade onde não houvesse uma "classe de guerreiros" especial, e onde, em uma emergência, todos os homens fisicamente aptos, como um Cincinnato ou um Guilherme Tell, estariam qualificados para deixar seu arado, pegar as armas e rechaçar um invasor. No século XVIII, isso ganhou força renovada na jovem república americana, com a história dos "fazendeiros lutadores" de Lexington e Concord pondo em retirada os desprezíveis mercenários de um tirano estrangeiro. É claro, a história militar da Guerra Revolu-

---

ral da comunidade. Ela foi reconhecida como um instrumento para a defesa e para a preservação da ordem interna, embora fosse especialmente popular porque, graças à sua constituição e organização, a Coroa não podia usá-la como um instrumento para violar a Constituição ou reduzir a liberdade do súdito. Ela era controlada e regulamentada no condado; seus oficiais eram os proprietários rurais e seus parentes, suas fileiras eram compostas por homens que não dependiam, para sua subsistência ou progresso, de favores da Coroa; seus números e manutenção estavam além do controle real; seu governo era por estatuto. Enquanto o comando supremo estava claramente atribuído à Coroa, todas as seguranças práticas eram tomadas para evitar seu uso pela Coroa para qualquer outro objetivo que não fosse constitucional ou legítimo. Era considerado e, na verdade, era, o exército do estado diferenciando-se, assim, do exército permanente, que era quase totalmente o exército do rei em pessoa. Esse último consistia em soldados contratados, e mais de uma vez seus homens foram contratados por recrutamento, limitado, no entanto, às pessoas itinerantes, que não tinham um emprego legal, enquanto o primeiro era principalmente composto daqueles que tinham residência física e *status*. Comparada com as forças regulares, a milícia, portanto, desfrutou durante muitos anos de uma superioridade social e também constitucional.

SAMUEL JOHNSON

cionária não é tão simples assim. O conceito e o mito existiram antes dos eventos e coloriram sua imagem popular. Vieram, com efeito, da Inglaterra, com os próprios colonos americanos, e, por sua vez, tinham ido para a Inglaterra com os anglos e saxões, cujos progenitores, com seus "exércitos nacionais", haviam derrotado as tropas profissionais da Roma "decadente". Constitucionalmente, a responsabilidade permanente de todos os homens fisicamente aptos em um país a servirem como soldados quando convocados foi afirmada já na época do *Fyrd* ou tributo geral do tempo do rei Alfredo, e, embora tendo passado por muitas mudanças, nunca havia prescrevido.

Essas mudanças foram especialmente numerosas na Grã-Bretanha nos séculos XVII e XVIII, quando, à medida que a arte da guerra se tornava mais técnica, a dificuldade de manter um exército de cidadãos treinados competentemente foi ficando cada vez maior. O ideal sofreu seu choque mais terrível nas mãos de Oliver Cromwell (que, ironicamente, não era um soldado por vocação, e sim um fidalgo rural) que, perdendo a paciência com a ineficiência dos "bandos treinados" do sistema de milícia medieval, organizou seu "Novo Modelo" virtualmente profissional, que rapidamente subjugou primeiro a Coroa e depois o Parlamento. O Novo Modelo foi o começo do exército regular britânico; a monarquia restaurada não viu nenhum motivo para abandonar uma instituição tão útil para o executivo central; em 1688, a ação de James II ao concentrar um exército regular reforçado em Hounslow Heath, para aterrorizar, se necessário, a cidade de Londres, deu ainda mais ênfase à sua significância política. Durante todo o primeiro século de sua existência, a ideia de um "exército permanente" profissional continuou a ser vista com a mais profunda desconfiança pela população em geral, especialmente pelos vários "partidos do país", sempre invejosos de qualquer aumento no poder da administração central; e foi com a maior dificuldade, durante o regime pacífico de Walpole, que um pequeno exército permanente foi mantido. Era denunciado anualmente no Parlamento por patriotas e por *tories*, como uma ameaça à liberdade civil e uma extravagância desnecessária, frequentemente sujeito a moções que pediam a redução de seus já pequenos números, e defendido apenas de uma maneira extremamente frágil e apologética pelo próprio ministério. As tropas britânicas pouco se envolveram na guerra com a Espanha, que começou em 1739, e na Guerra da Sucessão austríaca, cuja parte mais difícil do esforço bélico ficou sob a responsabilidade da Marinha Real e dos exércitos dos aliados continentais da Grã-Bretanha. Mesmo a total ineficiência da milícia durante a rebelião de 1745 não conseguiu servir de advertência. Só em 1755 foi que os ingleses, encontrando-se comprometidos com uma guerra de dimensões globais, tiveram finalmente que encarar o fato desagradável da impropriedade de suas forças terrestres.

O que poderia ser feito? "No princípio de uma guerra gloriosa, o povo inglês tinha sido defendido com a ajuda de mercenários alemães", ainda relata Gibbon. A contratação da ajuda militar de outros países era um dos instrumentos à disposição de Newcastle para reforçar a fragilidade militar da Grã-Bretanha quando a guerra com a França tornou-se iminente. Não era uma medida popular. O desprezo de Gibbon é óbvio. O uso de tropas hanoverianas no serviço britânico há muito era objeto de um debate acirrado; Pitt denunciou os tratados de ajuda militar com a Rússia e Hesse, em um de suas mais famosas filípicas, cheio da antiga retórica patriótica sobre a suposta exploração da Grã-Bretanha em benefício de Hanover, denunciou alianças emaranhadas de um modo geral, concluindo: "Nenhuma nação, a não ser aquela que perdeu todos os sinais de virilidade, se submeteria a ser tratada assim";[3] e Johnson, em sua nova revista, apoiou os sentimentos de Pitt.

Pitt (que nominalmente ainda era Tesoureiro-mor das forças sob Newcastle, embora fosse totalmente oposto a ele) encarregou-se, então, de patrocinar a única outra solução disponível para o problema da defesa: a tradicional solução de armar e treinar o homem comum em seu tempo livre. É difícil avaliar o grau de seriedade com que isso foi feito. A Grande Guerra, quando Pitt finalmente assumiu a responsabilidade por sua liderança, certamente foi ganha não pelos soldados cidadãos, e sim pelo desprezado exército regular – e por subsídios pagos a exércitos aliados em uma escala muito maior que aquela que havia sido condenada em 1755. Mas, àquela altura, era a manobra política mais evidente para Pitt; e no dia 8 de dezembro de 1755, ele propôs que um comitê de toda a Câmara dos Comuns considerasse a questão de uma reformulação do sistema de milícia. O relatório do comitê foi favorável, e no dia 12 de março de 1756 o coronel George Townshend (um soldado profissional, mais tarde, marechal-de-campo Marquês Townshend; herdeiro do antigo aliado e agora desafeto de Walpole, Charles, visconde de Townshend) trouxe o projeto de lei que Johnson discute aqui. O projeto foi aprovado na Câmara dos Comuns com algumas emendas, mas aparentemente pouca discussão – opor-se a ela com

---

[3] *Parliamentary History*, XV. 660-63.

muito vigor teria sido uma medida perigosa para legisladores eleitos. Na verdade, ela parece ter causado uma erosão considerável nas linhas partidárias que existiam então. Gibbon (escrevendo sobre o projeto de lei da Milícia de 1757, e após a acessão de George III) disse: "Esta medida, tanto no Parlamento como no campo, teve o apoio dos fidalgos rurais ou tories, que insensivelmente transferiram sua lealdade para a casa de Hanover; na linguagem do Sr. Burke, eles mudaram o ídolo, mas preservaram a idolatria". Certamente a atitude de Johnson com relação ao projeto de lei de 1757 (embora claramente não acompanhada de nenhuma idolatria de George II) tende a apoiar essa visão. Por outro lado, encontramos o "velho Horace" Walpole escrevendo para Hardwicke, então presidente da Câmara dos Pares: "Embora alguns poucos *tories* estejam envolvidos em seu encaminhamento (do projeto de lei de 1756), acho que, de um modo geral, eles não o apóiam totalmente". Esse burro de carga, intransigente adepto do antigo partido dos *whigs*, vai implorar a Hardwicke para que ele não se oponha ao projeto de lei na Câmara dos Lordes, "pois eu pressinto que pode ocasionar muito mau humor e protestos, diligentemente fomentados e propagados, não só pelos falsos patriotas na oposição, mas até mesmo pelos tories, que não aprovam o plano atual, como se houvesse um plano para manter as tropas estrangeiras aqui por mais tempo do que necessário para a defesa do país".[4]

O projeto de lei de 1756 foi, na verdade, vetado na Câmara dos Lordes por Hardwicke com a desconsideração típica de homem de estado pelas consequências políticas esboçadas pelo temeroso

---

[4] Ibid., pp. 705-07.

Horace. Seu discurso[5] é uma análise magistral, feita por uma excelente mente jurídica, das implicações constitucionais e práticas dos sistemas britânico e americano de dois exércitos. Um forte exército profissional, com o comando principal entregue ao chefe do Executivo do governo, sugere uma administração central forte; uma milícia, recrutada e comandada pelas autoridades locais (na Grã-Bretanha os senhores lugares-tenentes dos condados, na América os governadores dos estados), sugere descentralização; e quando as duas forças coexistem, há sérios riscos potenciais de ambiguidade no comando. Hardwicke denunciou claramente as fontes de perigo no projeto. Os acordos segundo os quais, em caso de emergência nacional, a Coroa assumiria o comando supremo da milícia estavam longe de ser inequívocos. Assegurava-se que, se a Coroa desejasse "convocar" a milícia, seria preciso que ela notificasse o Parlamento do fato e obtivesse sua sanção para fazê-lo. Mas suponhamos que o Parlamento não estivesse se reunindo naquele momento? Seria seguro deixar estoques conhecidos de armas armazenadas em todas as paróquias do reino, sob a frágil custódia dos seguranças da igreja? Que tipo de disciplina pode ser esperada de uma força que não está sujeita à lei militar, e cujos lapsos de comportamento militar devem ser processados pelos juízes de paz ou em outros tribunais civis? Em um país que, apenas dez anos antes, havia subitamente visto metade de seu território devastada por uma força invasora, apoiada – ou que acreditavam ter sido apoiada – por uma terrível "quinta coluna" dentro do próprio país, essas objeções não eram puramente acadêmicas.

---

[5] Ibid., pp. 724-40.

Os argumentos de Hardwicke (ou a disciplina partidária) predominaram, e o projeto de lei foi rejeitado pelos Pares no dia 24 de maio de 1756, com uma votação de 59 a favor e 23 contra. No ano seguinte, era Pitt quem estava no poder em lugar de Hardwicke, e um projeto de lei semelhante, introduzido, uma vez mais, por George Townshend, acabou sendo aprovado, embora os Pares tenham reduzido o número proposto de soldados de 61 mil para 32.340. Foi sob esse ato que Gibbon serviu os dois anos e meio com a milícia de Hampshire que ele descreve com tanta clareza e apreciação. Se, como reclama Gibbon, os recrutas que realmente compareciam eram apenas a metade do pequeno número estabelecido, não podemos exatamente afirmar que o projeto, apesar da enorme publicidade, tivesse contribuído muito para a vitória na guerra. No entanto, a milícia tinha servido a seu objetivo principal, que era ajudar Pitt a chegar ao poder. E os tributos de Gibbon – "Minha obrigação principal para com a milícia era me fazer um inglês e um soldado"; "o capitão dos granadeiros de Hampshire (o leitor pode sorrir) não foi inútil para o historiador do império romano" não são, na verdade, apenas motivos para rir. Desde os dias de Pitt, e talvez principalmente por sua causa, a comunidade anglo-americana teve que aceitar totalmente a ideia de serviço militar universal para todos os cidadãos fisicamente aptos. Embora o papel da instituição na teoria militar tenha sofrido mudanças consideráveis nos últimos anos, há ainda alguma relevância na justificativa que Gibbon sugere para ela – o antigo argumento de "o espírito de uma nação"; e é bastante agradável lembrar-se de que os dois principais "intelectuais" daquela época, Gibbon e Johnson, por mais diferentes que fossem em temperamento e filosofia, e apesar de estarem muito longe de serem particularmente "fisicamente aptos", acolheram com satisfação a oportunidade de servir no "recrutamento geral" de seu povo.[6]

A visão de Johnson sobre a teoria de uma milícia foi explicitada mais longamente em seu "Observações sobre os tratados russo e hessiano" (p. 325 a seguir) do que na peça reproduzida aqui, obviamente uma matéria de jornalismo escrita com certa pressa. Seus comentários sobre o tema de "juramentos de lealdade", no entanto, são interessantes, especialmente porque foram uma vez mais discutidos intensamente nos Estados Unidos na metade do século XX, quando foram usados como uma arma contra o Comunismo, assim como haviam sido usados contra o Jacobitismo na Grã-Bretanha do século XVIII; e os contra-argumentos propostos por Johnson foram ouvidos mais uma vez — "Todos os homens que fizerem esses juramentos já são ou não fiéis a seu rei. Se ele for fiel, como irá aumentar sua fidelidade? Se não for, como é que sua lealdade melhorará por ter reduzido sua honestidade?" Os estudiosos de Johnson, seguindo Boswell, foram acostumados a considerar a aversão de Johnson para com esse tipo de juramento uma manifestação de sua sensibilidade religiosa profunda. Certamente a religião faz parte disso, mas à parte da religião, a questão tem uma significância estritamente política que Johnson percebia claramente.

O texto aqui segue o da *Literary Magazine*, nº 2 (15 de maio-15 de junho de 1756), pp. [57]-63. Os "comentários" de Johnson são entremeados com as disposições do projeto, e pareceu-me uma boa

---

[6] Boswell (*Life*, iv. 319) conta a história (sem data) de que SJ foi "sorteado" para servir com os bandos treinados em Londres (como residente da cidade ele estava sujeito a esse serviço) e de que ele se supriu de um mosquete, uma espada e um cinturão para esse fim.

ideia reproduzir todo o artigo, especialmente porque as "disposições" são parafraseadas, e não extratos *verbatim* do projeto de lei, e podem bem ser também obra de Johnson. Na *Literary Magazine*, o artigo é acompanhado por um "Orçamento para a Milícia" com estatísticas e em forma tabular, que não foi incluído aqui. Uma tabulação semelhante no próprio corpo do artigo também foi excluída e o lugar onde entraria está indicado. O artigo foi atribuído a Johnson pela primeira vez por Boswell (*Life*, I.307) por "evidência interna". Não foi reimpresso desde então.

Extrato do projeto de lei para melhor organização das forças da milícia nos vários condados daquela parte da Grã-Bretanha chamada de Inglaterra, como foi alterado e emendado pelo Comitê, com comentários

Não sei se pode merecer atenção o fato de "forças da milícia" ser uma expressão imprópria, não melhor que "forças das tropas regulares" ou "forças do exército". O uso da antiga palavra inglesa "bandos treinados" poderia ter sido mais adequado.[7]

Ao passo que uma milícia bem organizada é necessária, as leis atuais para sua regulamentação são imperfeitas.

---

[7] O nome parece ter começado a ser usado mais ou menos no século XVI referindo-se aos grupos de cidadãos fisicamente aptos que eram convocados e exercitados sob as regras da milícia medieval. Isso foi interrompido sob a Lei da Milícia de 1662 exceto para os londrinos que tinham mantido sua eficiência e reputação durante a Guerra Civil. Para a conexão de SJ com eles, veja n. 6, p. 289 acima. Em 1794, os bandos treinados de Londres foram reorganizados como a Milícia da Cidade de Londres.

O prólogo para o projeto de lei foi originalmente o seguinte: "Ao passo que é necessário que a Inglaterra seja provida com uma milícia — de nativos — a quem somente, sob a direção de Sua Majestade, seus herdeiros e sucessores, a defesa deste reino pode ser legalmente confiada". Por que isso foi modificado é fácil de descobrir.[8]

> Seja promulgado que, a partir de 29 de setembro de 1756, os lugares-tenentes[9] dos condados irão armar e formar em tropas pessoas adequadas, e os lugares-tenentes irão nomear seus assistentes e comissionar tenentes-coronéis, majores e outros oficiais, cujos nomes serão, dentro de um mês, informados ao rei.
> O tenente de cada condado terá o comando principal da milícia daquele condado.
> Em cada condado vinte subtenentes serão nomeados, se for possível encontrar tantos que sejam qualificados, e cada um deles receberá 600 libras por ano, das quais dois terços ficarão no condado; ou será herdeiro aparente de uma possessão de mil libras por ano, dois terços das quais ficarão no mesmo condado.

Desses deputados ou nomes ou qualificações podem parecer mais do que é necessário. Mas dividir o poder, ou a aparência do poder, em muitas mãos, é realmente popular e prudente;[10] e será mais

---

[8] "De nativos" reflete a política de subsidiar tropas estrangeiras para a defesa da Grã-Bretanha, e "a quem somente ... a defesa deste reino pode ser legalmente confiada" é a antiga alegação *tory* de que a existência de um exército profissional "permanente" em tempo integral é essencialmente inconstitucional (veja n. 2, p. 281). O argumento de SJ é que a fraseologia foi corrigida para garantir o apoio do governo para o projeto de lei na Câmara dos Comuns.

[9] Este é ainda o título oficial (*lieutenant*) do representante rei em cada condado, embora a designação comum seja *lord lieutenant*.

[10] Um juízo central para o pensamento político de SJ e do antigo torysmo, de um modo geral. SJ pode muito bem estar usando "popular" aqui no sentido da palavra moderna "democrático".

apropriado confiar a defesa de um condado àqueles que tenham propriedades naquele condado.

Os coronéis, os tenentes-coronéis e os majores serão qualificados como subtenentes. Um capitão receberá 300 libras por ano, ou será herdeiro de 600. Um tenente ou segundo-tenente receberá cem libras por ano, ou será o filho daquele que receber ou que em sua morte recebia 300 libras por ano: dois terços da propriedade, em todos os casos, ficando no condado.
O rei pode transferir qualquer subtenente ou oficial, e os tenentes nomearão outros para substituí-los.
Todos os assistentes ou oficiais apresentarão suas qualificações ao escrivão da paz, e farão os juramentos para o governo; seis meses depois começarão a atuar, ou pagarão uma multa de cem libras.
Uma comissão na milícia não anulará um assento no Parlamento.
No final de cada cinco anos, um número de oficiais será exonerado, igual ao número daqueles que, devidamente qualificados, solicitarem admissão.
Para cada regimento, ou para cada condado, será nomeado um ajudante que foi comissionado nas forças regulares, nas quais ele ainda manterá seu posto; e para cada companhia da milícia serão nomeados quatro sargentos das forças regulares, ou que anteriormente serviram no exército e são recomendados pelo tenente que terão direito, quando forem exonerados da milícia, ao hospital de Chelsea, sob a recomendação do tenente ou de cinco subtenentes.
Ninguém que venda bebida no varejo poderá ser sargento da milícia.
O número de homens privados servindo na milícia será, para Yorkshire, distrito administrativo do Oeste, incluindo a cidade e condado de York ———— 2500
[A seguir, uma tabela dando as cifras para os outros condados. O total é 62.680.]

SAMUEL JOHNSON

O tenente de cada condado ou, na ausência do tenente, três ou cinco assistentes, se reunirá uma vez por ano para consultas sobre o desempenho de seu trabalho, e pedirá ao chefe da polícia que entregue uma lista com o nome de todos os homens entre as idades de 18 e 50 anos, em seus vários distritos, à exceção de pares, oficiais da milícia, homens residindo em qualquer universidade, clérigos, professores de reuniões separadas, oficiais de paz ou da paróquia, escriturários e aprendizes contratados, e marinheiros; anotando na lista os papistas, os quacres, ou homens que sofrem de alguma deficiência física.

Todos os policiais assistentes, ou outro suboficial, transmitirão ao chefe de polícia a lista de sua divisão, tendo primeiramente pregado a dita lista na porta da igreja ou da capela por um domingo.

No dia designado para receber essas listas os tenentes e subtenentes estabelecerão o número a ser admitido de cada cem, ou da divisão do condado. Eles então se subdividirão, e um assistente ou mais, com três delegados do imposto territorial, reunir-se-ão em cada subdivisão para ouvir as reclamações daqueles que consideram que têm direito à isenção, e no caso de causas justas corrigirão as listas. A seguir eles determinarão o número a ser convocado em cada paróquia e escolherão os indivíduos tirando a sorte; e dentro de três semanas a partir daquele momento a pessoa assim escolhida deverá se apresentar diante deles, e cada um fará seus juramentos, e entrará na milícia por três anos, ou trará alguém para atuar como seu substituto.

Nessa parte da lei há várias coisas para serem criticadas. As exceções são poucas demais. Cirurgiões, farmacêuticos e talvez advogados deveriam ser isentos, visto que já estão isentos de deveres mais importantes.[11] Realmente devemos supor que os oficiais irão comparar a inconsistência de tais empregos com os deveres de um

---

[11] E.g., de servir como jurados.

militar, mas a isenção será um favor, não um privilégio; e, portanto, nenhum homem pode estar certo de que irá recebê-lo.

 Arriscarei fazer outra objeção, por mais impopular que seja. Por certo não pode ser necessário que todos os homens tenham que fazer esses juramentos. Será então que a defesa do rei vai ser confiada àqueles que não jurarem fidelidade? Não há dúvida de que isso é absurdo. Nenhum governo pode ter confiança de entregar armas na mão de um homem que esteja insatisfeito com aquele governo; já é bastante que lhe confiem a liberdade e os direitos gerais do resto da comunidade. No entanto, certamente nada está mais inclinado a gerar súditos maus do que a irreligião, e nada tornará os homens irreligiosos mais rapidamente do que a frequência de juramentos. Com que objetivo um homem faz um juramento que contém mais detalhes do que ele pode se lembrar bem, que contém pontos de vista que ele não pode compreender? Quando a obrigação de um juramento é enfraquecida, a segurança da propriedade e da vida está chegando ao fim; e os juramentos serão menos respeitados quanto mais forem repetidos. Todos os homens que fazem esses juramentos já são ou não leais a seu rei. Se ele for leal, como é que sua lealdade vai aumentar? E se não for, como é que sua lealdade vai melhorar reduzindo sua honestidade? Não há dúvida de que a intenção é que aqueles homens com princípios desleais sejam forçados a revelar seus princípios recusando os testes. Mas os que têm essa intenção não esperam o seguinte: eles sabem aquilo que todos sabem, que homens vis, quando são chamados diante daqueles a quem eles sempre admiraram com veneração, terão mais medo do homem do que de Deus, e farão o juramento que lhes foi oferecido por seus superiores, sem entendê-lo, sem examiná-lo, talvez até sem ouvi-lo. Sabemos que houve uma época em que homens faziam um juramento a um *et caetera*.[12] Espero que não pensem que sobre um assunto assim tão sério eu fosse fazer brincadeiras. A imposição freqüente de juramentos quase arruinou a moral desta infeliz nação, e em uma nação sem moral não importa muito quem vai ser rei.

O que, então, deve ser feito? Deixemos que os oficiais que supostamente devem conhecer a situação de seus próprios condados escolham aqueles em quem o governo pode confiar sem juramentos.

Se qualquer pessoa com trinta e dois anos de idade, depois de ter servido por dois anos, quiser ser exonerada, isso lhe será concedido e outra escolhida em seu lugar; e o lugar que for vagado por morte será preenchido da mesma maneira.

Aquele que não puder se candidatar para uma reunião pode ser exonerado por um subtenente se trouxer um outro para servir durante o tempo que falte para completar três anos.

Um membro da milícia removido para outra paróquia é obrigado a servir o restante de seu tempo na nova paróquia.

Qualquer par, ou herdeiro aparente de um par, pode ser nomeado pelo tenente do condado assistente ou oficial sem a qualificação de uma propriedade.

Em todas as cidades grandes ou pequenas que sejam, elas próprias, condados, e que tenham o costume de convocar sua própria milícia, o tenente ou chefe do Executivo nomeará cinco subtenentes que exercerão o mesmo poder que os outros assistentes. Nesses condados menores, os assistentes, coronéis, tenentes-coronéis e majores possuirão terras

---

[12] Pelos conhecidos cânones da Igreja anglicana adotadas à instigação de Laud pela Convocação de 1640, foi exigido de membros das profissões cultas que jurassem que não iriam subverter "o governo da Igreja por arcebispos, bispos, decanos e arquidiáconos, etc., como está estabelecido". Os puritanos, furiosos, mostraram que o "et cetera" poderia ser usado para ocultar um papa.

no valor de 300 libras por ano, ou bens pessoais no valor de cinco mil libras, ou terras e bens pessoais no valor total de seis mil libras. Os capitães, 150 libras ou 2.500 libras de bens pessoais, ou três mil libras de propriedade mista. Os tenentes e segundos-tenentes, 50 libras por ano, ou 750 libras pessoais, ou mil libras de propriedade mista. Os bens dos oficiais de cidades-condado podem estar em qualquer parte da Inglaterra e devem ser comprovados pelo juramento do proprietário.

Aqui temos outro juramento detestável ministrado sem necessidade; a condição de cada homem é bastante conhecida entre seus vizinhos para fazer com que toda essa evidência seja inútil. Não tem a menor importância limitar as qualificações minuciosamente; basta que se saiba que um segundo-tenente tem uma propriedade considerável, ou que não passa necessidade, que um capitão seja confessadamente mais rico e um oficial superior ainda mais rico, de modo que a subordinação possa subsistir sem que ninguém pareça estar ofendido.

A regulamentação da hierarquia militar no exército nacional, por gradações de propriedade, é racional e justa. O homem que arrisca mais tem mais direito a que confiem nele, e os homens obedecem de boa vontade no campo àqueles a quem estão acostumados a respeitar em todos os outros lugares.

Mas parece haver uma desproporção absurda entre as qualificações advindas da terra e as advindas do dinheiro. Cinco mil libras em dinheiro sendo absurdamente consideradas equivalentes a 300 libras por ano em terras; e para provar que o dinheiro é supostamente uma garantia de dever que a terra, as qualificações advindas parcialmente das terras e parcialmente do dinheiro devem alcançar seis mil. Ora, todos nós sabemos que cinco mil libras não é mais que a metade do valor da terra exigida e, portanto, a menos que o dinheiro torne um homem mais sábio e mais honesto do que a terra, 10 mil libras deveriam ser exigidas como qualificação, se, na verdade, qualquer dinheiro possa qualificar.

> Novas listas de homens qualificados para o serviço serão preparadas todos os anos. Um novo corpo será escolhido a cada três anos, de modo que todas as pessoas devidamente qualificadas possam servir em sua vez, cada uma durante três anos.

Seria melhor mudar uma certa proporção a cada ano, pois, mudando todos de uma só vez, a cada três anos haverá um novo exército totalmente destituído de disciplina e técnica.

> Uma lista das pessoas servindo em cada paróquia será transmitida para o tenente.
> Qualquer oficial que esquecer de devolver sua lista, ou fizer uma lista falsa ou parcial, será recolhido por um mês na cadeia comum, ou multado em cinco libras, por meio de um mandado sob o sinete do tenente e de dois assistentes, ou de cinco assistentes, ou de um assistente e três delegados do imposto territorial.[13]

Nessa cláusula, sem nenhuma razão, três delegados do imposto territorial são considerados equivalentes a quatro subtenentes, portanto os assistentes devem ter alguma propriedade que não é exigida dos delegados.

---

[13] Esses delegados eram nomeados pelo Parlamento (na Lei de Imposto Territorial anual) para avaliar a propriedade em cada condado.

Quando qualquer paróquia se estender por dois condados, sua milícia servirá naquele condado onde está a igreja.

Um quacre que se recusar a servir contratará um outro em seu lugar, e, se não o fizer, será cobrada dele uma soma suficiente para contratar outro homem.

Aqueles que são treinados e alistados nas docas não serão obrigados a servir na milícia.

Nenhum oficial da milícia será obrigado a servir como xerife, nem qualquer homem privado será obrigado a trabalhar nas estradas, ou entrar para uma frota a não ser que ele seja um marinheiro.

Aquele que serviu três anos não servirá outra vez até que chegue sua vez por rodízio.

Uma semana depois da devolução das listas, o tenente e dois assistentes, ou sem o tenente, cinco assistentes, formarão a milícia de cada condado em regimentos, consistindo em não mais que dez e não menos que cinco companhias de 80 homens cada uma, nomeando os oficiais comissionados e não-comissionados para cada companhia.

Eles serão exercitados da seguinte maneira: pelo menos 20 homens em um grupo serão exercitados três domingos todos os meses, antes e depois do serviço religioso.

No quarto domingo eles serão exercitados em meias companhias. E uma vez por ano, na terça, quarta, quinta e sexta-feira da Semana de Pentecostes, eles serão exercitados em regimentos completos.

Todos, exceto dissidentes, assistirão devidamente ao serviço religioso no local onde são exercitados.

Nenhum homem será exercitado domingo a mais de seis milhas de sua própria casa.

Avisos da hora e local de todos os exercícios serão enviados pelo tenente, ou por seu assistente, para os guardas seniores, que os enviarão aos guardas juniores, que os pregarão na porta de suas respectivas igrejas.

Samuel Johnson

O tenente nomeará segundo sua vontade um escriturário para o regimento, um sargento-mor de entre os sargentos e um tambor-mor dentre os tambores.

Durante seu exercício anual, a milícia será alojada como as tropas regulares.

Nos condados em que a milícia não chegar a 400 homens e, portanto, não puder formar um regimento, serão formadas em companhias sob o tenente, e um oficial de campo: um ajudante, que será um membro subalterno no exército, um sargento-mor, um tambor-mor e um escriturário serão então nomeados, e serão exercitados como um regimento completo.

No caso em que não seja possível reunir 20 homens, eles podem ser exercitados em números menores segundo as ordens do tenente ou dos subtenentes.

Um oficial comissionado acompanhará o exercício da meia companhia e inspecionará suas armas e equipamentos.

As armas e vestimentas da milícia de cada paróquia serão cuidadosamente guardadas pelos supervisores da igreja. Todas as armas serão marcadas com a letra M e com o nome do condado.

O oficial que comandar o exercício, na presença do supervisor da igreja ou do inspetor dos pobres, lerá a lista em voz alta e certificará junto a um juiz os nomes daqueles que estão ausentes do exercício ou do serviço religioso. O juiz examinará a desculpa oferecida e se ela for insuficiente punirá o culpado para uma primeira ofensa, com uma multa de um xelim ou colocando-o no tronco por uma hora; para uma segunda, ele será multado em dois xelins e seis *pence*, e o enviará para a casa de correção por quatro dias; para cada ofensa seguinte ele será multado em cinco xelins, e se isso não for pago ele será enviado para a casa de correção por qualquer período que não exceda a um mês.

Nesta cláusula parece não haver equivalência entre a punição pecuniária e a punição corporal.

Se algum homem for condenado sob juramento diante de um juiz por estar embriagado na hora do exercício, ele perderá seu pagamento e ficará uma hora no tronco.

Esta punição parece leve demais para a ofensa.

Aquele que for condenado sob juramento diante de um juiz por ter sido insolente ou desobediente com seu oficial pela primeira ofensa pagará uma multa de dois xelins e seis *pence*, e na falta do pagamento, será enviado para a casa de correção por quatro dias; para a segunda ofensa, a multa será de cinco xelins ou ele será preso por sete dias; e por qualquer outra ofensa posterior será enviado para a casa de correção por qualquer período que não exceda um mês.

Se qualquer homem vender, empenhar ou perder suas armas ou equipamentos pagará uma multa não superior a três libras, ou, na falta do pagamento, será preso na casa de correção durante um mês, e se não puder levantar a soma exigida, por três meses.

Aquele que esquecer de deixar suas armas e equipamentos depois do exercício com os seguranças da igreja, ou de devolvê-las depois do exercício anual, será punido com multas ou com a prisão; e o segurança da igreja que esquecer de denunciar tal negligência perderá 20 xelins de seu salário.

O soldado ou oficial não-comissionado que não comparecer a seu exercício anual perderá 10 xelins por dia, ou será enviado à casa de correção por um juiz pelo período de um mês.

Se qualquer oficial não-comissionado for negligente em seu dever, ou desobediente, ou insolente com o ajudante ou outro oficial superior, receberá de um juiz a multa de um soma que não exceda a 30 xelins, ou, na falta de pagamento, será enviado para a casa de correção por 14 dias, e pode ser demitido pelo tenente.

Esta cláusula parece inconsistente com a anterior; a maior *negligência* do dever que um oficial pode fazer é estar ausente dele, no entanto, a ausência é punida com menos severidade. Há na verdade alguma diferença entre a negligência de um soldado e a de um oficial.

Em uma cláusula anterior uma *coroa** e um mês de prisão na casa de correção foram considerados equivalentes; nesta cláusula, 30 xelins e uma prisão de 14 dias são colocados como alternativas.

Ao especificar o crime pelo qual o tenente de um condado pode demitir um sargento, tem-se um motivo para inferir que ele não poderá demiti-lo por nenhum outro erro, o que certamente seria uma concessão de poder muito pequena para o comandante-em-chefe das forças de um condado.

O fato de a punição da milícia ser infligida por um juiz de paz é, a meu ver, adequado; como também é adequado o fato de as pessoas, assim, não ficarem cientes de que o desprezo pelo poder civil é muito comum entre soldados;[14] mas certamente alguma objeção pode ser feita com propriedade à frequência de juramentos que essa lei irá produzir. Não há aqui realmente nenhum risco de perjúrio ou de serem tentados a fazê-lo, mas o respeito que se tem

---

* Uma coroa equivalia a dois xelins e meio. (N. T.)

[14] Um clichê muito antigo usado em argumentos contra um exército permanente, por exemplo, Phillips Gybbon, MP, durante o debate sobre a Lei do Motim anual, 1741, declama: "Soldados são governados por leis particulares, e sujeitos a uma autoridade particular; autoridade que, na forma de sua operação, não tem praticamente nenhuma semelhança com o poder civil. Assim, eles logo aprendem a se achar isentos de todas as outras leis."

a um juramento será gradualmente diminuído com a necessidade de jurar, em um momento "que John Trot saiu da fileira", e em outro "que James Budge não colocou seu mosquete no chão". Há tal desproporção entre uma coisa trivial a ser provada e uma prova terrível, que isso deverá fazer com que a solenidade fique risível demais; e aquilo que for ridicularizado uma vez será rapidamente desprezado.

Não posso me convencer de que um juramento é necessário para provar um fato que deve ter pelo menos 20 testemunhas, e que, portanto, provavelmente não será falsificado, e que culmina no final com a multa de um xelim.

Se o crime de que alguém foi acusado for negado, poderá ser apropriado questionar mais alguns dos espectadores, talvez um dos oficiais da paróquia possa muito apropriadamente assistir a esse exercício. Mas não vamos solicitar juramentos ou fazê-los em ocasiões tão insignificantes.

> Quem quer que seja que compre ou receba ilegalmente armas ou equipamento pertencentes à milícia incorrerá na multa de cinco libras, e na falta de pagamento, será preso por três meses, ou será açoitado publicamente à discrição do juiz.
>
> Nenhum homem será censurado por ausência ocasionada por seu comparecimento a uma eleição.
>
> Nas questões militares, a milícia está sujeita a seus próprios oficiais e nas questões civis, ao magistrado civil.
>
> Todas as multas e confiscos serão pagos ao escriturário do regimento, e um fundo comum será feito com cada cem libras, sobre o qual será apresentado um relatório a dois subtenentes e três comissários do imposto territorial, que usarão esse dinheiro para a construção de pequenas casas, e a provisão de pólvora para ser usada no tiro ao alvo, e o restante

Samuel Johnson

será distribuído em prêmios para os melhores atiradores, ou empregado de qualquer outra maneira para o uso da milícia.

Esta é uma parte da disciplina tão importante que talvez fosse melhor empregar mais dinheiro nela além daquele obtido por meio de confiscos.

Todos os oficiais da paróquia são obrigados a ajudar os tenentes e os juízes, apenas os quacres são isentos.

No caso de uma invasão real ou de perigo iminente de que ela aconteça, e no caso de rebeliões, o rei, primeiramente notificando o evento ao Parlamento se este estiver em sessão, ou, no caso de seu recesso, ao conselho privado, e ao povo por proclamação,[15] pode ordenar aos tenentes ou a qualquer cinco subtenentes para dispor seus regimentos em ordem de batalha, começando com os condados mais próximos do perigo e continuando gradualmente até que um número suficiente seja reunido para marchar, por ordem de sua majestade, para qualquer parte da Inglaterra ou do País de Gales sob o comando do general que ele designar, recebendo durante o serviço o mesmo pagamento que os regimentos regulares da infantaria, e os oficiais terão o mesmo posto que os oficiais regulares com a mesma denominação. Durante o tempo de serviço a milícia será sujeita à lei marcial em vigor então, e qualquer homem ferido terá direito a tratamento no hospital de Chelsea.

A milícia em nenhum caso será obrigada a sair deste reino.

A milícia e as tropas regulares serão julgadas em cortes marciais cada uma por seus respectivos oficiais.

---

[15] Na forma do projeto de lei criticado pelo presidente da Câmara dos Pares, Hardwicke, na Câmara dos Lordes (veja p. 286 acima) essa parte da cláusula diz apenas "a ocasião sendo primeiro comunicada ao Parlamento" (*Parliament History*, xv. 728).

Se o tenente em questão considerar que algum condado está sendo encarregado de prover um número grande demais de homens, ele poderá se queixar ao conselho privado, que compensará o agravo comparando a lista dos habitantes do condado que fez a queixa com as proporções dos demais condados.

Uma mansão senhorial, cujo aluguel reservado é de 30 libras por ano, será considerada equivalente a uma propriedade de 300 libras por ano.

Em condados onde 20 subtenentes com qualificações adequadas não puderem ser encontrados, será suficiente nomear quantos forem encontrados.

O tenente ou dois subtenentes podem autorizar qualquer pessoa, das quais um oficial comissionado ou um oficial da paróquia podem ser duas, a procurar e capturar armas em casas suspeitas. Mas eles não farão a busca de noite a não ser nas cidades, e nem a casa de um par será revistada exceto com um mandado com o selo do rei, ou na presença do tenente ou do subtenente. As armas assim capturadas podem ser devolvidas a seus donos pelo tenente ou seus subtenentes, se acharem adequado.

As outras cláusulas na lei contêm provisões com respeito aos privilégios ou conveniências de lugares específicos.

Todas as leis anteriores relacionadas com a milícia estão revogadas.

Este foi o projeto de lei que, tendo sido aprovado na Câmara dos Comuns, foi rejeitado pelos Lordes, e rejeitado por uma grande maioria. Parece ser um bom projeto em suas partes essenciais, para conter os rudimentos de um estabelecimento militar, que pode ser de grande utilidade neste reino, ao permitir que nós nos defendamos contra qualquer insulto ou invasão e ao colocar a espada nas mãos do povo.

SAMUEL JOHNSON

Para este projeto é o dever de todos os homens contribuírem com aquilo que eles consideram útil, e, portanto, acrescentarei uma cláusula suplementar às observações já feitas.

O corpo de milícia estabelecido por esse projeto não é muito numeroso em proporção aos habitantes ou à extensão de nosso país, e talvez não seja sempre suficiente para a ocasião para a qual for levantada, mas, como o corpo inteiro mudará a cada três anos, poderá ser aumentado por um procedimento simples se assim for exigido.

Suponhamos que a milícia em exercício no momento seja composta de 60 mil homens, podemos sempre presumir que daqueles que deram baixa na baixa trienal ainda existem 50 mil adequados para o serviço e daqueles que deram baixa na penúltima baixa geral, 40 mil.

> Que seja, portanto, promulgado que se o número de membros da milícia em vigor no momento de qualquer exigência for considerado insuficiente para a defesa do reino, será legítimo que o rei ordene ao tenente ou a seus subtenentes que convoquem outra vez para as armas todos aqueles que deram baixa na última demissão trienal, ou qualquer parte deles; e que se as forças assim levantadas ainda não forem suficientes, que convoquem outra vez aqueles que deram baixa na penúltima demissão trienal, ou qualquer parte deles, sobre quem o tenente colocará oficiais que serviram anteriormente na milícia, ou se um número suficiente não for encontrado, nomeará outros no mesmo condado que estejam o mais próximo possível da qualificação acima que o condado possa prover, cujas comissões serão decididas na exoneração dos regimentos.

Por esta cláusula o rei terá o poder, a qualquer momento de dificuldade ou de necessidade premente, de recrutar 150 mil homens em um dia, parte dos quais ficará posicionada para a defesa de seus próprios condados e parte será enviada para resistir ao inimigo.[16]

---

[16] SJ refere-se uma vez mais a essa proposta em seu "Observações sobre os tratados russo e hessiano" (p. 333 a seguir).

Observações sobre uma carta de um refugiado francês na América (1756)

A história das numerosas tentativas que foram feitas para que esta peça chegasse à atenção dos estudiosos de Johnson constitui um estranho depoimento sobre a vaidade dos interesses acadêmicos. Parece que Tom Davies tinha ouvido o nome de Johnson vagamente associado a este texto, pois imprimiu a "Carta" no terceiro volume de seu *Miscellaneous and Fugitive Pieces*, 1774, entre dois itens indubitavelmente johnsonianos dos primeiros números da *Literary Magazine*: a resenha de *Memoirs of the Court of Augustus*, de Blackwell, e as "Observações sobre a situação atual" - mas ele imprimiu a "Carta" sem as observações. Foi, então, repreendido enfaticamente pelo crítico que fez a resenha de seu livro na *Gentleman's Magazine*, nov. 1774, p. 525: "A meu ver, a esta carta também deveriam ter sido anexadas as observações feitas pelo Dr. J____ sobre ela". A peça foi ignorada por Hawkins, mas foi notada pelo editor do Volume complementar XIV de *Works* de Johnson (1788), que reimprimiu tanto a carta quanto as observações, colocando, nas observações, o cabeçalho: "De Dr. Johnson." Nessa ocasião, Boswell fez vista grossa ao texto; mas este foi uma vez mais resgatado pelo assíduo corretor de Boswell, Alexander Chalmers, e mencionado em uma nota que era uma contribuição de Chalmers para a edição de Malone do *Life of Johnson* (1807) I.XXXV. A nota foi repetida em quatro edições subsequentes da revisão de Malone-Chalmers do *Life*, e na edição de 1831 de Croker, e o próprio memorando manuscrito de Chalmers foi impresso em *fac-símile* em 1929 (The R. B. Adam Library, III, p. 56). No entanto, apesar desses esforços, a peça parece nunca ter sido mencionada em conexão com Johnson por nenhum de seus estudiosos entre 1831 e 1950, quando ainda uma outra tentativa foi feita para que ela fosse notada (D. J. Greene, "*The Johnsonian Canon: A Neglected Attribution*," PMLA, LXV [junho 1950], 427). Porém uma lista mais recente dos escritos jornalísticos de Johnson (E. A. Bloom, *Samuel Johnson in Grub Street*, 1957, p. 267) ainda coloca um ponto de interrogação de suspeita depois dela.

É uma pena que as "Observações" tenham sido negligenciadas tão drasticamente, pois, por mais breve que fossem, foram bem escritas e não só reforçam aquilo que é conhecido de outras fontes sobre a *Weltanschauung* de Johnson, mas, de vez em quando, também dão um novo *insight*. Um comentário em particular merece bastante reflexão: "De um modo geral eu não tenho uma opinião favorável sobre controles, que sempre produzem insatisfação e uma violação costumeira das leis e, talvez, raramente contribuam muito para o objetivo proposto". A carta de Gallo-Anglus (De onde surgiu? Sob instigação de quem foi publicada na *Literary Magazine*?) era o tipo de coisa capaz de irritar Johnson profundamente. A carta está repleta do tipo de protesto que mais tarde seria feita pelos publicistas da Revolução Americana – embora deva ser observado que, aqui como em outros lugares, Johnson admite que muitos desses protestos são sérios e merecem atenção. Nem Gallo-Anglus nem James Otis, nem

Sam Adams tinham nada mais cáustico para dizer sobre os governadores coloniais britânicos do que Johnson havia dito em "Uma introdução à situação política da Grã-Bretanha": "Estar falido na França, ou ser tão abominavelmente corrupto que não possa ser protegido em seu próprio país, raramente recomenda qualquer homem para o governo de uma colônia francesa". A concessão inicial que Johnson faz a Gallo-Anglus – "a carta precedente ... contém muitas observações e posições justas que, embora não honrem muito nosso país, não podem ser questionadas" – deve ser tomada com toda a seriedade. Mas o tom de autocompaixão piegas que permeia a carta, a insistência doutrinária sobre "direitos" fictícios e sem sentido, a aura de *laissez-faire* ("seja o que for que exista, é correto") envolvendo a "hipocrisia sobre a natureza e a providência", a visão da emigração como uma panaceia, fizeram com que caísse sobre Gallo-Anglus a censura mais mordaz de Johnson, e, como acontecia com frequência, levou Johnson para o exagero das posições opostas. Um comentário como "O que deveríamos sacrificar a não ser uma *pobre colônia nascente?*" é o tipo de coisa que Johnson adorava usar para *épater* os liberais quando estava nesse estado de humor; embora o texto não seja assim tão atrevidamente insensível quanto parece se for colocado no contexto da teoria econômica corrente, ou mesmo no do parágrafo inteiro em que aparece.

O texto aqui segue o da *Literary Magazine*, nº 2 (15 maio-15 junho 1756), pp. 66-67. Pareceu-nos interessante também reproduzir a carta de Gallo-Anglus (pp. 64-66) sem editá-la. Parece ter havido apenas uma reimpressão anterior de "Observações", a do Vol. XIV de *Works* de Johnson (1788).

Uma carta de um refugiado francês na América para seu amigo, um cavalheiro na Inglaterra

Senhor,

Devemos permitir ao perdedor que fale; o senhor nos permitirá, portanto, nós que já começamos a sofrer e que não sabemos ainda o que ficou para trás, que lhe apresentemos alguns dos exemplos de negligência de nossa parte, e de má conduta e tratamento desapiedado para conosco por parte de nossa mãe pátria.

Começarei com a política dos ingleses em nomear nossos GOVERNADORES, que são geralmente estranhos e que não têm nenhum *interesse em propriedades* aqui; e que, portanto, supostamente não podem ter aquela *afeição natural* por nós, ou aquela ligação política conosco, que os nativos, ou aqueles que têm um grande interesse em propriedades aqui supostamente terão.

Outra consideração, que tende a romper o laço entre nós, é que eles moram entre nós apenas por um breve período; ou, pelo menos, não têm planos de continuar aqui para o resto da vida; e com demasiada frequência são enviados aqui apenas para *servir um mandato*. Será, portanto, alguma surpresa que pessoas assim possam ser outra coisa senão *indiferentes* com relação a nossos interesses, por mais zelosas que possam estar em cultivar aquilo que* podem chamar de *seus próprios interesses*?

---

* Sem atenção às considerações acima, é difícil conceber como podem ter permitido que usurpações tão enormes tenham ocorrido em nossos territórios na América pelos franceses e espanhóis, mais especialmente pelos primeiros, que de uma certa maneira cobriram aquele país com suas fortalezas, a fim de manter aquelas usurpações. Veja um mapa publicado na *Gentleman's Magazine* de

Samuel Johnson

Outra dificuldade é que não nos permitem investir naquelas manufaturas para as quais a natureza nos preparou e destinou. Essa proibição, o senhor compreenderá, nos foi imposta sob a justificativa de que, se fizermos isso, *poderemos competir com nossa mãe pátria*. Enquanto Deus e a natureza sem dúvida determinaram que todas as partes do globo devem contribuir com sua quota para as necessidades e vantagens da vida humana; e proibir qualquer parte da terra, nesse sentido, por considerações políticas, é nada menos do que estabelecer um bloqueio sobre a natureza, estorvando, por assim dizer, a *própria* Providência divina. Se competimos com a Europa em alguns artigos, a Europa compete conosco em outros. A natureza deve ter seu caminho livre nesse respeito, e não ser controlada e desviada do caminho que o Deus da natureza e o grande rei dos reis lhe deu. Tampouco, com efeito, os príncipes estão cientes de que danos eles próprios estão causando, além das dificuldades sob as quais colocam seus súditos, por proibições desse tipo; quantos países se revoltaram e outros se perderam e separaram de suas pátrias mães por serem mantidos nessa servidão. E ainda será muito bom se, ao subjugar assim as colônias americanas, não nos permitindo exercer nossa força natural, não acabarmos nos tornando uma presa para algum poder estrangeiro, em vez de sermos uma defesa para nossa mãe pátria, como poderíamos facilmente ter sido antes disso tudo, em graus muito maiores do que aqueles que agora podemos ser, se nos tivessem permitido esforçar-nos *em nossa própria esfera*.

---

julho de 1755, que, examinado, mostrará onde surgem essas usurpações, bem como as inúmeras fortalezas construídas para defendê-las, muitas das quais foram construídas a partir do tratado de Aix-la-Chapelle.

Outro exemplo de negligência flagrante foi o fato de não terem repelido, *imediatamente e sem qualquer perda de tempo*, as primeiras usurpações, seja no litoral ou nas terras, com relação às ilhas. Tão logo receberam o aviso de que os franceses ou os espanhóis tinham invadido nossos territórios, nossas terras ou ilhas neutras, e estavam começando a se estabelecer e a se fortificar nelas, deveríamos ter ido contra esses invasores *diretamente*, expulsando-os com a espada na mão; e não fingir que havíamos entrado em um *acordo* com pessoas que passarão ano após ano lidando conosco, e ao mesmo tempo estão nos *invadindo*, e se fortificando naquelas invasões, e só depois poderemos *expulsá-los de suas ocupações como pudermos*. Se os franceses ou espanhóis tinham algumas exigências a nos fazer, eles deviam tê-las proposto e fazer suas reivindicações; e se nós não tivéssemos ouvido a voz *de tratados, da evidência, da razão e da justiça*, então eles teriam tido tempo suficiente para recorrerem às *armas*, mas invadir-nos primeiro e depois falar sobre tratados é tudo uma *mera piada*.*

Mas uma vez mais nossa mãe pátria certamente esteve em falta *conosco* e também com ela própria, ao não ordenar, há muito tempo, a construção de uma forte esquadra de navios aqui; em um lugar onde temos tantos *materiais* que podem ser usados, e onde poderíamos tão facilmente tê-los tripulado; que serviria como uma *frota de observação* para vigiar o litoral e evitar todas as

---

* Foi há muito tempo, em julho de 1754, que os franceses tiveram a insolência de atacar o coronel Washington, e de expulsá-lo do Forte Necessity, na Virginia, assassinando parte de seus homens; momento em que a guarnição inteira escapou por pouco de passar pelo fio da espada. Veja *Gentleman's Magazine*, 1754, p. 399.

usurpações nessa área, para não falar das *ilhas neutras americanas*;[1] e mesmo o desembarque do último tipo de armamento da França, que pode ser fatal para nós, se não for contrabalançado por um reforço adequado vindo da Inglaterra, poderia, em toda a probabilidade, ter sido evitado.

O que direi eu sobre a desistência do Cabo Bretão?[2] Se nos tivessem permitido manter aquele *lugar importante*, isso poderia ter evitado a atual guerra americana, por quebrar, até certo ponto, a *cadeia* que os franceses haviam formado entre o Canadá e a Louisiana. Certamente, já que era uma *conquista* americana, por justiça e mais especialmente, em termos de POLÍTICA, deveria ter sido deixada para a América. E se todos os poderes da Europa NÃO PUDEREM, ou não avançarem contra a França no continente europeu, por que é que a América, uma pobre colônia nascente de apenas um século ou dois de duração, é que deve ser sacrificada? Se tivéssemos mantido a ilha de Cabo Bretão, isso teria sido um bom primeiro passo *para expulsar os franceses totalmente da América*. E, é muito nosso temor, nunca teremos nenhuma paz sólida até que isso seja feito. E nesse caso, estávamos em condições para ter dado

---

[1] Santa Lucia, São Vicente e Dominica, nas Índias Ocidentais, cuja neutralidade havia sido estabelecida pela Paz de Aix-la-Chapelle, 1748.

[2] Louisbourg, no Cabo Bretão, a grande fortaleza francesa que controla a entrada para o Golfo de São Laurêncio, havia sido capturada em junho de 1745 por uma força naval britânica sob o comodoro (mais tarde almirante Sir Peter) Warren, e 4.000 homens da milícia colonial, sob o comando do coronel (mais tarde Sir William) Pepperell, de Massachusetts. Os novos ingleses ficaram justificadamente orgulhosos de seu feito; e a ação do governo britânico ao devolver Louisbourg aos franceses em 1748 certamente contribuiu (como mostra essa passagem) para o crescente ressentimento com relação à Grã-Bretanha que culminou na Revolução.

uma *ajuda incrível* à nossa mãe pátria, em um período de guerra; sendo que, agora, tendo sido uma vez mais reduzidos a essa situação de cativeiro, estamos precisando da ajuda dela. Louisbourg é o Dunkerque[3] da América.

Chego agora a um item que contém muita loucura e culpa. Quero dizer nada menos do que nosso *gerenciamento* dos índios. Deveríamos ter feito todos os esforços, sem dúvida por todos os meios possíveis, para ganhá-los e mantê-los do lado de *nossos* interesses e em oposição àqueles da França e da Espanha. Isso deveria ter sido tentado por todas as interferências possíveis em suas *mentes* e em seus *corpos*. Deveríamos ter feitos esforços para lhes dar noções justas da vida, naturais, civis e religiosas; e lhes mostrado a diferença entre a *amizade*, o *serviço* e o *governo* da Inglaterra e o dos franceses e dos espanhóis. Nos casos em que a *razão* não nos ajudasse, quero dizer, em que descobríssemos que os índios eram incapazes das convicções da razão, deveríamos ter recorrido a outras considerações mais imediatas e palpáveis; e a isso, mesmo que os considerássemos *meros animais,* não poderiam deixar de ser sensíveis.

Depois de converter tantos ADULTOS quanto possível para nossos interesses, deveríamos dar uma atenção particular à educação de seus FILHOS; a fim de cansar a força dos índios selvagens, deveríamos ter-lhes ensinado nossa língua, e os primeiros princípios de nossa *educação, natural, civil* e *religiosa*; iniciá-los nos *ofícios mecânicos*;

---

[3] Um clichê bastante usado. Dunkerque, na costa francesa dos Estreitos de Dover, simbolizou, durante séculos, para os ingleses uma ameaça a seu controle do Canal da Mancha. Com a Paz de Utrecht, de 1713, os franceses concordaram em demolir suas fortificações, mas a seguir houve muita discussão sobre a ineficiência no cumprimento do acordo.

e mostrar-lhes as *conveniências* e as *acomodações* da vida, a fim de extraí-los da vida selvagem de seus pais; e uns poucos *gênios* selecionados de cada nação entre eles poderiam ter sido introduzidos a um conhecimento das *artes* liberais, que poderiam se transformar em instrumentos para conquistar outros.

Mas há menos necessidade de expandir sobre este tema; como já observei, de tempo em tempo, entre os anúncios encontrados na *Gentleman's Magazine* que o senhor me envia, um tratado sobre a importância *de obter e preservar a amizade dos índios para o interesse britânico;*[4]

---

[4] O seguinte está listado na *Gentleman's Magazine* XXII (1752), 46: "A importância de obter e preservar a amizade dos índios das Seis Nações em benefício dos ingleses considerada. I s. Cave." Uma breve nota editorial depois da lista de títulos comenta favoravelmente sobre a tese: "É absolutamente verdadeiro que a preservação de todo o continente depende de um gerenciamento apropriado daqueles índios." Um mês depois de a carta de Gallo-Anglus ser publicada, Sir William Johnson foi renomeado superintendente de negócios dos índios na América do Norte, e seu "gerenciamento" muito bem-sucedido das Seis Nações (os iroqueses) reforçou de tal maneira a aliança tradicional dos índios com os ingleses que eles mais tarde lutaram do lado Legalista na Guerra Revolucionária e depois disso muitos migraram para o Canadá com o filho de Sir William, Sir John Johnson. Os métodos dos Johnsons de lidar com os índios eram os recomendados por SJ (p. 278 anteriormente), inclusive "miscigenação e coabitação": Sir William casou-se *au façon du nord*, com a irmã do famoso cacique moicano Joseph Brant. O número 4 da *Literary Magazine* (pp. 191-93) inclui uma notícia sobre "*An account of the Conferences held, and treaties made, between Major-General Sir William Johnson and... the Mohawks, Onondagas* (e outras tribos indígenas)] pela qual SJ pode ter sido responsável. A atitude dos Johnson com relação aos índios era vista com profunda suspeita pelos novos ingleses que não tinham nenhum desejo de assimilá-los. A preocupação de SJ sobre as relações entre os índios e os vários grupos de brancos na América do Norte não é para ser considerada mero "humanitarismo acadêmico"; aquelas relações tinham consequências muito reais e práticas na história do continente.

o qual, no entanto, suponho eu, como uma porção de seus outros livros, pode ter passado despercebido entre os senhores, como ocorreu em nosso caso.

Finalmente, é uma pena, acho eu, que um projeto como aquele que existe entre os franceses não tenha sido estabelecido *aqui*; pelo qual uma *estimativa imediata* pode ser feita de nossa força *natural, civil e militar*; algo que, mais especialmente em tempo de guerra, pode ser de grande utilidade.

Não digo nada no presente sobre a negligência com relação a um *povoamento* mais completo de nossas terras: embora haja *espaço*, é certo, para receber e *trabalho* suficiente para empregar todas as pessoas inativas das ilhas da Grã-Bretanha e da Irlanda. Nem a necessidade de que se tenha um único *mendigo* ou *erradio* em nenhum lugar dos *três reinos*.

Tampouco presto qualquer atenção às deficiências na formação e no treinamento de nossa MILÍCIA, ou daquelas já estabelecidas entre nós. Esses assuntos, junto com vários outros itens naturais, civis e religiosos, serão o tema de cartas de um *outro* ano, se a Providência permitir a continuação desta correspondência; o que, no entanto, considerando minha *idade* e os *problemas* em vista, não é, temo eu, muito provável.

Assim, senhor, expus um exemplo de nossos agravos, alguns deles ocasionados por nossa própria *indolência* e outros pela *negligência* de nossa *mãe pátria*. O senhor tem pena de nós, não tenho dúvida disso, atormentados por ladrões dos dois lados, os habitantes do Canadá e da Louisiana; para não falar nos franceses e nos espanhóis;* mas, senhor, *só pena*, permita-me que lhe diga, não adianta. O senhor precisa nos

---

* Não faz muito tempo que fomos avisados de que os espanhóis haviam reconstruído os fortes de usurpação na Geórgia, que tinham sido demolidos

mandar provimentos, *veteranos* e *engenheiros* são as pessoas que queremos que se misturem com nossos *alistados tão inexperientes,* para serem lançados contra os *veteranos* e *engenheiros* da França; sem uma *provisão oportuna* e *abundante* dos quais, só Deus sabe qual será a consequência.

Adieu, caro senhor, e que os céus evitem os possíveis acontecimentos tristes que agora nos ameaçam.

Envie meus cumprimentos a todos os nossos amigos em comum e especialmente para o Reverendo Sr. _____ e sua família tão agradável, dizendo-lhe como estou honestamente contente agora de que ele não tenha aceitado meus convites insistentes para que se estabelecesse aqui, que lhe ofereci na última vez que estive na Inglaterra. Como se já não há *bastantes* de nós para *rechaçar* os franceses, há no entanto *bastantes* de nós para *cair* diante deles, e para ser *escravizados* por eles. Um dos dois certamente será o destino de todos os habitantes de todos os países, onde esse povo cruel e sangrento consegue dominar.

Seu
Caro Senhor, etc.
GALLO-ANGLUS
América, 1º de agosto de 1755.

PS – O senhor não me acha um homem infeliz? Expulso da França, como o senhor sabe, onde estive primeiramente junto com meus pais, na primeira infância, por aquele velho tirano Louis

---

pelo general Oglethorpe durante seu governo daquela colônia:; para não dizer nada de sua conduta recente com relação a nossas colônias nas baías de Honduras e Campeachy.

XIV e enviado para a Holanda.⁵ Daí, indo residir alguns anos na Inglaterra. E agora me estabelecendo, como pensei, pela última vez para passar o resto de meus dias nestes ermos, para ter o repouso da minha velhice interrompido por homens a quem tenho vergonha de chamar de *meus conterrâneos*; como eles são nada mais do que *inimigos comuns* e *perturbadores juramentados* da humanidade, que decidiram que nenhum corpo jamais terá nenhum *prazer* na vida, até que se torne seu súdito; e aí lhe será impossível ter qualquer prazer.

Observações sobre a carta anterior

É natural para qualquer homem pensar com orgulho em sua própria utilidade e importância e consequentemente na importância daquela comunidade, ou parte da comunidade, com a qual está associado.

Dessa disposição origina-se muito daquilo que é certo e errado nas ações e opiniões de todos os homens; e a isso deve ser atribuído seja o que for censurável na carta acima, que contém muitas observações e posições justas que não podem ser questionadas, embora muito pouco do que se disse nela honre nosso país.

A reclamação que ele faz sobre as proibições feitas com relação a suas manufaturas são as que qualquer homem que se encontra coibido faria. Mas seu discurso sobre a natureza e a Providência provaria que nenhuma legislatura humana tem o direito de fazer quaisquer leis cautelosas ou de regular qualquer coisa que, antes

---

⁵ Pela revogação do Edito de Nantes em 1685. Gallo-Anglus devia ser um homem bastante idoso à época da carta.

Samuel Johnson

dessa regulamentação, não suscitava nenhum interesse. Mas tal é a situação da sociedade que uma parte dela às vezes precisa ser incomodada em benefício de toda ela. Todas as nações proíbem algumas importações ou exportações, ou regulamenta as construções, plantações e agricultura de seu próprio povo.

Não tento provar que todas as proibições impostas aos americanos são prudentes. De um modo geral, não tenho uma opinião favorável sobre proibições[6] que sempre produzem insatisfação e uma violação costumeira das leis e, talvez, raramente contribuam muito para o objetivo proposto. Mas se sábias ou não, elas podem indubitavelmente ser justas.

Se as colônias americanas podem se sustentar contra seus inimigos, a quem devem essa força a não ser à proteção da Inglaterra? E como podem pagar isso a não ser contribuindo para a riqueza daquele país que os protegeu em seu estado de impotência, sob a condição de que deveriam obedecer às leis inglesas e promover o interesse da Inglaterra?

Se elas ainda não podem sobreviver sem a ajuda e a defesa que recebem da Inglaterra, como realmente não podem, nem por um único ano, certamente deveriam estar satisfeitas de comprar aquela proteção pelo uso das manufaturas de seu país nativo.

Quando ele fala de sua importância, esquece que sua importância é consequência das proibições que ele condena; pois se nossas

---

[6] SJ está falando especificamente de proibições econômicas, é claro. [No original], a pontuação do século XVIII não dá nenhum indício de se a cláusula seguinte que começa com "which" deve ser considerada restritiva ou não-restritiva da palavra "restraints" (proibições) . A interpretação mais óbvia é considerá-la não-restritiva, embora isso nos dê uma declaração que parece estranhamente contraditória com relação às outras expressões do pensamento econômico de SJ.

colônias não fossem consumidoras de nossas manufaturas, elas não teriam para nós nenhuma importância ou valor, nem teríamos nenhum interesse em defendê-las mais do que teríamos com relação a qualquer outro grupo de exilados ou fugitivos.

Quando fala de sua força, em alguma medida está se contradizendo: pois se elas ficaram tão fortes em tão pouco tempo, é claro que não podem ter sido assim tão desencorajadas ou oprimidas.

Com a mesma pouca razão ele se queixa da restituição do Cabo Bretão, que, como sabe, só foi devolvido porque não podia ser mantido. Nada pode ser mais absurdo do que considerá-lo uma *conquista* americana: o que é falso, porque o Cabo foi conquistado graças à ajuda de uma frota inglesa; e o que, se fosse verdadeiro, não poderia ser alegado sem achar que os americanos têm um interesse diferente daquele de sua mãe pátria.

"E se os poderes da Europa," diz ele, "não puderem, ou não avançarem contra a França, por que é que a América, uma pobre colônia nascente, deve ser sacrificada?" Se algum sacrifício deve ser feito, que esperamos ser sempre capazes de negar, o que deveríamos sacrificar a não ser "uma pobre colônia nascente"? O que deveríamos sacrificar a não ser aquilo que tem o menor valor? Mas essa reclamação é certamente inoportuna, quando todo o poder da Grã-Bretanha é exercido na defesa das colônias americanas.

Um de seus argumentos, pelo qual ele prova o valor de nossos domínios americanos, é o tipo de argumento que engana muitos e ocasiona muitas especulações absurdas, quando não práticas daninhas, e, portanto, merece ser considerado. Há, diz ele, tanto espaço nas regiões americanas, "que não há necessidade de que se tenha um único mendigo ou erradio na Inglaterra".

Não vejo muito claramente a inferência de que, havendo terras na América, não é preciso que haja mendigos na Inglaterra. Nossos mendigos não são mendigos porque precisamos de terra, mas sim por impotência, preguiça, ignorância das artes da vida, ou má sorte. Aqueles que são impotentes não serão curados com a viagem, e temo que serão recebidos friamente por seus compatriotas na América. Que cura, a não ser a fome, ou um chicote, há na América para a preguiça, só os habitantes daquele país é que podem nos informar; se os preguiçosos podem ser reformados lá por meios que não podem ser usados na Inglaterra, deveriam certamente ser mandados rapidamente de navio com o primeiro vento. Aqueles que foram tão mal treinados que não têm meios de ganhar a vida a não ser em um trabalho brutal ou por força física exercitada sem qualquer arte são, creio eu, menos desejados na América do que na Inglaterra. E quanto aos pobres, o número deles que a miséria, o terror e a necessidade levaram para a América já é grande demais.

Deve-se considerar que todos os habitantes que as colônias ganharem serão perdidos pela mãe pátria. Que as pessoas enviadas para essas regiões sem fronteiras são espalhadas por áreas vastas, sobre tal distância que ficam incapazes de darem instruções ou de se ajudarem umas às outras e, portanto, são menos úteis e estão menos felizes do que em seu país de origem. A força de um país depende da proporção entre habitantes e extensão do país, e não é a densidade populacional de uma nação que produz mendigos e erradios, e sim falta de regulamentação adequada. Livrarmos-nos de mendigos e erradios enviando-os para a América é como curar uma úlcera amputando o membro afetado.

Observações sobre os tratados russo e hessiano (1756)

As circunstâncias políticas gerais desta peça foram descritas na nota introdutória de "Comentários sobre o projeto de lei da Milícia", anteriormente. No terceiro número da *Literary Magazine*, a peça foi precedida pelos textos dos três tratados em discussão — o tratado de ajuda mútua assinado com a czarina Elizabeth da Rússia dia 11 de dezembro de 1742, no começo da Guerra da Sucessão austríaca, pelo qual a Rússia concordou em fornecer 12 mil tropas para a defesa de Hanover se houvesse um ataque da França (e a Grã-Bretanha retribuiria no caso de um ataque à Rússia); o tratado de subsídios assinado com o conde* de Hesse-Cassel dia 18 de junho de 1755, pelo qual a Grã-Bretanha concordou em pagar 54 mil libras pelos serviços de 8 mil tropas hessianas, para serem usadas no continente ou nas ilhas britânicas, mas não além-mar; e um novo tratado com Elizabeth, assinado em 19/30 de setembro de 1755, pelo qual 40 mil tropas russas ficariam de prontidão para a proteção de Hanover, em retribuição a um pagamento de 100 mil libras feito pela Grã-Bretanha.

---

* No original, "Landgrave", que era um conde com jurisdição sobre um território alemão. (N. T.)

Esse "sistema de subsídios" foi objeto de um ataque violento dos pittitas. Dia 10 de dezembro de 1755, o cunhado de Pitt e seu aliado principal na Câmara dos Lordes, Richard Grenville, conde Temple, propôs um voto de censura contra o governo sob a justificativa de que os tratados "tendem a envolver esta nação em uma guerra cara e arruinadora no continente, consumir nossa força e nosso tesouro, e desviar nossa determinação de exercer maiores esforços na defesa desses reinos, ameaçados com invasão, e na recuperação e proteção de nossas possessões na América, usurpadas e até mesmo invadidas pelas armas da França". A moção teve o apoio dos Lordes Halifax e Pomfret e a oposição de Chesterfield (que aprovou a aliança russa mas não a hessiana) e de Hardwicke. No final, não foi aprovada, com 84 votos contra e 11 a favor. Dia 15 de dezembro, no comitê de provisões da Câmara dos Comuns, sobre a moção para prover as somas de dinheiro exigidas pelos tratados, Pitt fez uma de suas famosas filípicas, que teve como resultado sua demissão do ministério. As moções de provisão foram aprovadas, no entanto, por grande maioria.

As "Observações" de Johnson, embora com a intenção de registrar tanto os prós quanto os contras do debate, pendem bastante para o lado da oposição: aos argumentos levantados por Pitt, Temple e Pomfret é dada uma apresentação muito mais atraente que aos do governo. Nisso Johnson age coerentemente com os princípios isolacionistas tradicionais dos "velhos *tories*" – com a teoria de que a Grã-Bretanha, garantida por sua frota e por sua insularidade, deveria evitar as "alianças emaranhadas" no continente. O fato de ele se encontrar, por um momento, do lado dos pittitas ocorreu porque o próprio Pitt tinha achado que seria temporariamente útil adotar essa posição; quando, poucos meses mais tarde, o próprio Pitt ficou responsável pela guerra, suas objeções às alianças e subsídios continentais desapareceram rapidamente. Johnson, no entanto, continuou leal ao conceito de uma Inglaterra pequena e autossuficiente que se preocupasse com seus próprios problemas, enquanto outras nações menos iluminadas continuavam com sua guerra cruenta.

As "Observações", no entanto, são um exemplo bem escrito e prazeroso dos textos jornalísticos mais competentes de Johnson. No final do texto, a transição para o tema do projeto de lei da Milícia – que ele não havia podido tratar de maneira adequada no número anterior da *Literary Magazine* em virtude das exigências de uma data fixa para a entrega do trabalho – é feita de uma maneira inteligente. Agora, com mais tempo para esboçar com maior clareza sua posição sobre o princípio de uma milícia, Johnson desenvolve essa posição de uma forma simpática, ao entremeá-la com sua discussão dos tratados de subsídios. A autoria da peça parece ter sido atribuída a Johnson pela primeira vez na *European Magazine*, fevereiro de 1785, p. 83. E foi reproduzida pela primeira vez no volume XIV de *Works* de Johnson (1788).

O texto aqui segue o da *Literary Magazine*, nº 3 (15 de junho-15 de julho de 1756), pp. 119-21.

Observações sobre os tratados acima

Esses são os tratados que por muitos meses encheram o Senado de debates e o reino com vociferações que eram representadas, por um lado, como exemplos da política mais profunda e o cuidado mais intenso do bem-estar público, e por outro, como atos da loucura mais desprezível e da corrupção mais flagrante e como violações da grande responsabilidade do governo pelas quais a riqueza da Grã-Bretanha é sacrificada em benefício de pontos de vista privados e de uma província específica.

Que honras nossos ministros e negociadores esperam receber por sua sabedoria é difícil dizer, pois as exigências da vaidade são difíceis de estimar. Antes de clamarem tão alto por louvores, eles deviam pensar que vivem em uma época em que o poder do ouro já não é um segredo e no qual ninguém encontra muita dificuldade em realizar um acordo com dinheiro na mão. Contratar tropas é muito fácil para aqueles que estão dispostos a pagar seu preço. Parece, portanto, que seja lá o que for que tenha sido feito, foi feito por meios que qualquer homem sabe usar se a sorte é generosa o suficiente para colocá-los em seu poder. Armar as nações do norte para defender a Grã-Bretanha, trazer exércitos do círculo polar contra a França realmente parece magnífico,[1] o que pode induzir uma mente ignorante dos negócios públicos a imaginar que algum esforço mais que humano de política foi exercido, por meio do

---

[1] Em surpreendente contraste com sua atitude improvisada com relação a ajuda militar subsidiada são os comentários amargos de Demétrio, perto da abertura de *Irene* (I.22-23), em "Aquela riqueza, que concedida a seu príncipe que chora,/ tinha enfileirado nações em luta em nossos portões". O discurso de Demétrio a favor do princípio de subsídios militares não parece estar no "primeiro rascunho" de *Irene*. Se foi acrescentado na década de 1740, quando o mesmo debate estava ocorrendo (entre os mesmo lados) como em 1756, formam uma matéria de propaganda governamental muito eficiente. Sir William Yonge, que ajudou SJ com pelo menos parte do epílogo de *Irene*, era ministro de Defesa de Walpole e Pelham e particularmente preocupado com as questões de ajuda militar.

qual nações distantes foram armadas em nossa defesa e a influência da Grã-Bretanha foi ampliada até os limites mais longínquos do mundo. Mas quando esse fenômeno surpreendente de negociação é inspecionado mais de perto, parece uma barganha puramente mercantil entre um poder que quer tropas mais do que dinheiro e outro que quer dinheiro e está carregado de tropas, entre os quais suas necessidades mútuas facilitam um contrato e que não têm nenhuma outra amizade um pelo outro além daquela que a conveniência recíproca às vezes produz.

Deixaremos, portanto, os elogios a nossos ministros para outras pessoas, mas não sem esse reconhecimento de que, se eles fizeram pouco, não parecem se vangloriar de fazer muito,[2] e que, se influenciados pela modéstia ou pela frugalidade, não cansaram o público com panegiristas mercenários, mas ficaram satisfeitos com a concordância do Parlamento e não requisitaram muito os aplausos do povo.

Nas transações públicas, como nas negociações privadas, os homens se desviam do que é correto mais freqüentemente por falta de virtude do que por falta de sabedoria; e àqueles que se declaram insatisfeitos com esses tratados, não lhes atribua insanidade e sim corrupção.

Esses defensores da independência da Grã-Bretanha que, se seus argumentos são ou não justos, parecem ser ouvidos pelo povo de uma maneira mais favorável, alegam que esses tratados são caros sem benefícios, que desperdiçam o tesouro que nós queremos para

---

[2] Para a construção, cf. a versão final do sofisma de SJ sobre George Grenville em *Reflexões sobre as Ilhas Falkland*, 1771 (p. 628, adiante): "Se ele estava algumas vezes errado, muitas vezes estava certo."

nossa defesa, com um interesse estrangeiro,[3] e vertem os lucros de nosso comércio nos cofres de príncipes cuja inimizade não pode nos ferir e cuja amizade tampouco pode nos ajudar, que põem seus súditos à venda como ovelhas ou gado sem averiguar as intenções do comprador[4] e que irão retirar as tropas que nos forneceram sempre que aparecer alguém que pague mais.

Isso talvez seja verdade, mas não vale a pena investigar se é verdadeiro ou falso. Nós não esperávamos comprar a amizade deles e sim suas tropas; nem examinamos o princípio em que era baseada a ajuda que nos estava sendo fornecida; bastava saber que nós queríamos forças e eles estavam dispostos a fornecê-las. A política nunca teve a intenção de tornar os homens sábios e bons, o máximo de seu poder é usar os homens exatamente como são, da melhor maneira possível, aproveitar os momentos de sorte, observar as necessidades e os interesses daquele momento de outras pessoas e torná-los subservientes à sua própria conveniência.

Alega-se, além disso, e com muita veemência, que essas tropas da Rússia e de Hesse não foram contratadas em defesa da Grã-Bretanha; que estamos envolvidos em uma guerra naval por territórios em um continente distante, e que essas tropas, embora mercenárias, nunca poderão ser subordinadas; que elas aumentam o custo da guerra sem apressar sua conclusão ou garantir seu sucesso; pois elas não podem

---

[3] O de Hanover. O parágrafo resume de maneira precisa as acusações feitas nos discursos de Pitt, Temple e Pomfret. Vale notar a preocupação com a perda "dos lucros de nosso comércio" (os tratados irão "consumir os lucros de nosso comércio" – Pitt, in *Parliamentary History*, xv. 664).

[4] Essa acusação é dirigida especialmente contra Hesse e não contra a Rússia. Talvez um pouco da animosidade americana contra "os hessianos" na Guerra Revolucionária seja uma lembrança desse primeiro debate.

ser enviadas para a América, a única parte do mundo onde a Inglaterra pode, no momento, ter alguma utilidade para forças terrestres, nem ser colocadas a bordo de nossos navios, que serão o único meio que temos agora para resistir a nossos inimigos e vencê-los.

A natureza nos colocou em uma ilha inacessível a não ser por mar, e estamos agora em guerra com um inimigo cujo poder naval é inferior ao nosso o que faz com que não haja perigo de sermos invadidos:[5] qual, então, é o objetivo de contratar tropas em números tão pouco comuns? Com que fim buscamos uma força que não podemos utilizar e exaurimos a nação com subsídios, quando nada que os príncipes que recebem nossos subsídios possam defender está sendo disputado? Se tivéssemos comprado navios e contratado marinheiros, teríamos, aparentemente, aumentado nosso poder e nos tornado mais temidos por nossos inimigos e, se qualquer aumento de segurança fosse possível, teríamos nos protegido ainda mais de invasões. Mas o que podem fazer os regimentos da Rússia ou de Hesse para contribuir para a defesa das costas da Inglaterra, ou com que ajuda eles podem nos recompensar pelas somas que estipulamos como pagamento por sua dispendiosa amizade?

---

[5] Nesse ponto, SJ se separa de Pitt e Temple que se aproveitavam da ameaça de invasão. No número seguinte da *Literary Magazine*, SJ (como creio), continua a ridicularizar a ideia: "Este panfleto foi publicado para provar aquilo que ninguém irá negar, que nós seremos menos felizes se formos conquistados pelos franceses. A intenção do autor é indubitavelmente boa, mas seu trabalho é supérfluo... Não há nenhum grande perigo de invasões enquanto tivermos o mar coberto com nossos navios e mantivermos 50 mil homens armados em nosso litoral" (resenha do livro de Charles Parkin *An Impartial Account of the Invasion under William, Duke of Normandy, Literary Magazine*, Nº 4, pp. 186-87); e outra vez no nº 7 (15 out-15 nov.) em sua resenha de *The Conduct of the Ministry Impartially Examined* (p. 437, a seguir).

O rei da Grã-Bretanha realmente tem um território no continente cujo nome os nativos desta ilha mal conheciam até que a presente família fosse chamada para ocupar o trono e, ainda assim, agora sabem apenas que nosso rei visita essas terras de vez em quando.[6] No entanto, parece que esses subsídios são pagos e essas tropas evidentemente alistadas para a defesa deste país. As riquezas de nossa nação são mandadas para países distantes, e, por conseguinte, a força que deveria ser utilizada em nossa própria luta é prejudicada em benefício de domínios cujos interesses não têm nenhuma ligação com os nossos, e que, pela lei da sucessão, tratamos de manter separados dos reinos britânicos.[7]

A isso, os defensores dos subsídios dizem que estipulações disparatadas, seja na Lei do Acordo ou em qualquer outro contrato, são em si mesmas nulas, e que, se um país relacionado com a Inglaterra por sujeição ao mesmo soberano for posto em perigo por uma disputa inglesa, ele deve ser defendido pela força inglesa e que nós não nos envolvemos em uma guerra em benefício de Hanover e sim que Hanover, em nosso benefício, expôs-se ao perigo.

Aqueles que trouxeram essas tropas estrangeiras para cá ainda têm uma outra coisa a dizer em sua defesa, e não temos nenhum interesse

---

[6] George II tinha agora 73 anos, e as visitas que ele ainda fazia a Hanover eram com objetivos militares e diplomáticos, e não mais amorosos. Mas SJ não pôde resistir a usar uma insinuação, para recordar as proezas da década de 1730 (veja p. 68, anteriormente). SJ atacou muitas pessoas durante sua carreira, mas ninguém tão implacavelmente e com uma atitude tão vingativa quanto o rei sob o qual ele viveu a maior parte de sua vida.

[7] Provisões para evitar que os negócios da Grã-Bretanha e de Hanover fossem associados foram incorporadas na Lei do Acordo, 1701, que concedeu a sucessão ao trono à família eleitoral de Hanover.

em evitar que eles façam uma tentativa honesta de se justificar. Eles admitem que o medo de uma invasão possivelmente é infundado, que aos franceses pode faltar o poder ou a coragem para atacar-nos em nosso próprio país; mas eles mantêm, ao mesmo tempo, que uma invasão é possível, que os exércitos da França são tão numerosos que ela pode arriscar um grande número deles no oceano sem que ela própria fique desprotegida; que está exasperada e chegou ao último grau de ressentimento e estaria disposta a nos causar dano, aceitando o risco das consequências. Eles admitem que os invasores podem ser interceptados no mar ou que, se desembarcarem, podem ser vencidos por nossas tropas nativas. Mas, dizem eles, e corretamente, que é melhor evitar o perigo do que enfrentá-lo; que aqueles ministros que evitam a invasão pensam mais no bem de seu país do que os que a repelem, e se esses ancilares apenas nos livraram da ansiedade de esperar um inimigo à nossa porta, ou do tumulto e da desgraça que uma invasão, por mais rápida que seja sua repressão, teria produzido, o dinheiro público não terá sido gasto em vão.

Esses argumentos são aceitos por uns e rejeitados por outros. Mas mesmo aqueles que os aceitam só podem aceitá-los como reação à necessidade, por considerarem a recepção de mercenários em nosso país como uma solução desesperada para um perigo desesperado,[8] e acham, com muita razão, que todos os meios de prevenção deveriam ser tentados para nos salvar de uma segunda necessidade de ajudas tão duvidosas.

---

[8] Birkbeck Hill comenta (*Life*, I.308 n.I) que essas "palavras convincentes... foram usadas desde então por oradores". A frase pode conter um fragmento de Hamlet, iv.iii.9-11: "Doenças que crescem desesperadas/são aliviadas por remédios desesperados/ou nunca são aliviadas".

Que somos capazes de defender nosso próprio país, que as armas estão mais seguras se confiadas a nossas próprias mãos, e que temos a força, a habilidade e a coragem iguais às melhores das nações do continente é a opinião de todos os ingleses que podem pensar sem preconceito e falar sem serem influenciados, e, portanto, não será fácil persuadir a nação, uma nação há muito conhecida por sua coragem, que ela pode necessitar da ajuda de estrangeiros para defendê-la de uma invasão. Há muito tempo que não temos a necessidade de armas, graças à boa sorte, e há muito tempo não as usamos em virtude de nossa negligência, há tanto tempo que a prática e quase que o nome de nossas antigas divisões da milícia civil já foram esquecidos.[9] Mas a história dos tempos antigos nos dirá que as divisões da milícia civil foram capazes de manter a tranquilidade e a segurança de seu país e a razão, sem a história, nos dirá que aqueles homens que lutam por suas próprias casas e terras, por suas próprias esposas e filhos, provavelmente irão lutar com coragem, ou pelo menos com obstinação.

Um projeto de lei foi, portanto, proposto, para a prevenção de qualquer perigo futuro de invasão, ou necessidade de forças mercenárias, restabelecendo e aprimorando a milícia. Foi aprovado pelos Comuns, mas rejeitado pelos Lordes. Que esse projeto de lei, o primeiro ensaio de consideração política sobre um tema há muito esquecido, possa estar sujeito a objeções não pode ser estranho, mas certamente a justiça, a política e o senso comum exigem que nós sejamos responsáveis por nossa própria defesa e não fiquemos mais nesse estado de impotência de ao mesmo tempo temer nossos inimigos e nossos aliados.

---

[9] Veja n. 7, p. 290, anteriormente.

Pelo projeto de lei, como foi formulado, 60 mil homens estariam sempre armados. Mostramos, na página 63[10] como eles podem ser facilmente aumentados para 150 mil, se houver necessidade, e a meu ver, nem nossos amigos nem nossos inimigos acharão apropriado insultar nosso litoral quando a expectativa é que irão encontrar sobre eles 150 mil ingleses com espadas na mão.

---

[10] P. 305, anteriormente.

Observações sobre a Situação Atual (1756)

Este ensaio pode ser considerado uma extensão e continuação da última parte de "Uma Introdução à situação política da Grã-Bretanha", publicado na *Literary Magazine* três meses antes. Seu conteúdo é também claramente relacionado com o fascículo de "Historical Memoirs" (uma coluna mensal da *Literary Magazine*), que havia aparecido no segundo número (15 maio-15 junho), pp. 105-06, e que tem por subtítulo "Do surgimento dos distúrbios na América". Algumas partes do "Do surgimento dos distúrbios" parecem muito com o estilo de Johnson, por exemplo: "Que algumas de nossas colônias naquele vasto continente foram obtidas por compra, outras por concessão voluntária, é, a nosso ver, do conhecimento geral; tampouco é questionável que esse tipo de título de posse seja preferível à força; no entanto, enquanto nós nos vangloriamos da justiça de nosso direito a elas, não nos esqueçamos de que nossas possessões têm limites; e, porque devemos tanto à generosidade de nossos amigos indígenas, não sejamos tão exageradamente cobiçosos a ponto de não nos contentarmos com menos do que tudo que eles têm a dar". Johnson expressa a mesma coisa de maneira mais sucinta na atual "Observações": aqueles colonos que obtiveram suas terras dos indígenas por negociação e não por violência "não têm mais mérito que o que teria um agiota que arruína em silêncio comparado a um saqueador que sequestra à força"; eles devem "contentar-se em roubar sem insultá-los", já tinha dito ele na "Introdução ao Estado Político".

As "Observações" terminam um tanto abruptamente, o que faz com que o leitor espere com ansiedade a continuação prometida. Mas não houve nenhuma continuação. Tampouco qualquer outro escrito político de Johnson foi publicado a partir daquele momento na *Literary Magazine*. É claro, houve suas resenhas dos panfletos do caso Byng, nos números 6 e 7 (veja a seguir, p. 377), que são abertamente a favor de Byng e contra o governo, e a de "Memoirs of the King of Prussia" nos números 7, 8 e 9, que faz um relato não muito entusiasmado das façanhas políticas e militares do grande aliado continental da Grã-Bretanha. Mas, comparadas aos ensaios dos números 1 a 4, essas são peças pouco importantes politicamente. Não podemos deixar de imaginar por que razão essa série de comentários brilhantes e magníficos sobre a atual situação política foi interrompida, com uma promessa não cumprida "de serem continuados", justamente quando Johnson estava no apogeu de sua magnífica criatividade denunciatória? Não temos praticamente nenhuma "evidência externa" das circunstâncias da contratação de Johnson pelos proprietários da *Literary Magazine*. Mas até que essa evidência surja, a resposta inevitável à pergunta é a que pode ser encontrada no conteúdo dos próprios ensaios, sobretudo no interrompido "Observações sobre a atual situação", pois, neles, Johnson chamou uma grande guerra internacional que tinha acabado de ser iniciada por seu país de "apenas uma briga entre dois ladrões pelo espólio de um passageiro"; achou que a ruptura dos tratados, que era o *casus belli* de seu país, era semelhante aos termos da confederação de uma "gangue" de bandidos: descreveu as atividades de seus conterrâneos no território por cujo domínio a guerra estava sendo travada como "nada mais que novas formas de usurpação, nada mais que novos exemplos de crueldade e traição"; e sobre as alegações a respeito da legalidade do direito àquele território, "não há grande malignidade se suspeitarmos que aqueles que nos roubaram também mentiram"; e resumiu tudo com as palavras: "O contexto é tal, que nenhum homem honesto pode desejar sucesso para qualquer um dos lados com algum entusiasmo". Que outras forças, com um ponto de vista político distinto, exerciam o controle da política editorial da *Literary Magazine* fica bastante óbvio no fascículo "Historical Memoirs", que apareceu no número 5 da revista, o número seguinte à interrupção das "Observações": é um hino de louvor, extremamente presunçoso e ingênuo, a Pitt e a sua guerra gloriosa pelo resgate da honra inestimável da Grã-Bretanha, etc.

As "Observações", mesmo estando incompletas, são, dentre as peças menores, uma das melhores que Johnson escreveu. O calor da indignação contra a fraude e a injustiça subjacente a esses textos é tão intenso como o de "O mármore de Norfolk" ou de "Defesa dos Censores de Teatro"; mas, talvez porque aqui a base moral da convicção de Johnson seja mais profunda — porque o assunto é mais importante e de maior alcance — o entusiasmo é mais controlado e molda o escrito em uma forma estilisticamente mais satisfatória do que nos dois panfletos anteriores. Em minha opinião, a peça, por mais curta que seja, só é superada, entre os escritos polêmicos de Johnson, por sua realização suprema, a resenha de Soame Jenyns, que foi publicada nove meses mais tarde na mesma revista.

As "Observações" foram reeditadas por Thomas Davies no Volume III (1774) de seu *Miscellaneous and Fugitive Pieces*, e atribuídas a Johnson na notícia sobre o livro de Davies na *Gentleman's Magazine*, nov. 1774, p. 525. Davies corrigiu o título para "Observações sobre a situação em 1756" e sob este nome o texto foi reproduzido no Volume X de *Works* de Johnson (1787), e edições subsequentes. O texto aqui é o do número 4 da *Literary Magazine* (15 julho-15 agosto 1756), pp. [161]-65. Como ocorreu com "Uma Introdução à Situação Política da Grã-Bretanha", ele é o primeiro artigo no número da revista em que foi publicado.

Observações sobre a situação atual

Chegou o momento em que todos os ingleses esperam ser informados sobre a situação nacional e em que têm o direito de ter essa expectativa satisfeita.[1] Pois seja o que for que alegam os ministros, ou aqueles cuja vaidade ou interesse os torna seguidores dos ministros, com relação à necessidade de confiar em nossos governantes e à presunção de espreitar com olhos profanos os nichos da política, é evidente que essa reverência só pode ser reivindicada

---

[1] Afirmações igualmente diretas sobre o direito das pessoas de saberem o que seu governo está fazendo (e de expressarem abertamente sua opinião sobre aquilo) e uma condenação igualmente desdenhosa do obscurantismo oficial são encontradas no ensaio "On... Small Tracts and Fugitive Pieces," "Uma Defesa Conclusiva dos Censores do Teatro", no prefácio de *The Preceptor*, no "discurso" sobre a expedição Rochefort e em outros escritos. O mito de um Johnson cegamente autoritário, de um Johnson que desejava "estancar a onda crescente de democracia", só pode continuar a ser mantido se a existência de escritos como os mencionados acima for definitivamente ignorada.

Samuel Johnson

no caso de conselhos ainda não realizados e projetos suspensos na fase de deliberação. Mas quando um projeto foi abortado ou teve sucesso, quando todos os olhos e todos os ouvidos são testemunhas da insatisfação geral, ou da satisfação geral, então é o momento adequado para desemaranhar a confusão e esclarecer² aquilo que está obscuro, para mostrar quais as causas que produziram todos os eventos e quais serão as prováveis consequências finais; expor com nítida particularidade que os rumores sempre são abafados com protestos gerais ou tornam-se confusos por descrições mal digeridas; mostrar de onde vem a felicidade ou a calamidade, e de onde pode ser esperada, e honestamente expor diante do povo aquilo que as investigações descobriram sobre o passado e o que é que as suposições podem fazer prever para o futuro.

O tema geral da guerra atual é bastante conhecido. É admitido por ambas as partes que as hostilidades começaram na América e que os franceses e os ingleses brigaram a respeito dos limites de suas colônias, sobre terras e rios sobre os quais, temo eu, nenhum dos dois pode mostrar nenhum outro direito que não seja o do poder, e que nenhum dos dois pode ocupar a não ser por usurpação e despejo dos donos naturais e dos habitantes originais. O contexto é tal, que nenhum homem honesto pode desejar sucesso para qualquer um dos lados com algum entusiasmo.

Pode realmente ser alegado que os índios cederam grandes extensões de terra tanto para um como para o outro; mas essas concessões podem acrescentar muito pouco à validade de nossos

---

² [No original "illuminate"] – "I. fazer brilhar com luz... 3. explicar; esclarecer; elucidar". (*Dictionary*). (N. T.)

títulos, até que fique provado como elas foram obtidas; pois, se foram extorquidas com violência, ou obtidas por meio de fraude; ou por ameaças, que as desgraças de outras nações já demonstraram não ser vãs, ou por promessas que ninguém pretendia cumprir, que são esses meios a não ser novas formas de usurpação, novos exemplos de crueldade e traição?

E realmente, o que senão uma esperança falsa, ou um terror irresistível pode convencer uma nação mais fraca a convidar uma mais forte para entrar em seu país, para dar suas terras a estranhos que não podem ser recomendados por terem afinidade de costumes ou semelhança de opinião, e permitir que eles construam cidades das quais os nativos são excluídos, que ergam fortalezas com as quais esses nativos são intimidados, e para se estabelecerem com tanta firmeza de propósito que não possam depois ser expulsos e ficarão para sempre sendo os amos dos habitantes originais, os ditadores de sua conduta e os árbitros de seu destino?

Quando vemos homens agindo assim contra os preceitos da razão e os instintos naturais, não podemos deixar de acreditar que, de uma maneira ou de outra, eles foram privados do direito de escolha; que foram aliciados ou atemorizados para que concordassem; que ou concederam apenas aquilo que acharam impossível manter ou esperaram vantagens, acreditando em seus novos inquilinos, embora esses não tivessem nenhuma intenção de lhas conceder. Não podemos dizer que os índios originalmente nos convidaram para sua costa; nós fomos sem sermos chamados, e sem que as nações que não tinham ideia de que a terra contivesse habitantes tão distantes e tão diferentes deles próprios esperassem. Nós os surpreendemos com nossos navios, nossas armas e nossa superioridade em geral.

SAMUEL JOHNSON

Eles se entregaram a nós como seres de uma raça diferente e superior, enviados entre eles de alguma região desconhecida, com um poder a que os índios nus não podiam resistir, e que eles, portanto, com todos os atos de humildade possíveis, acabaram por apaziguar, na esperança de que aqueles que tão facilmente os poderiam destruir pudessem ser convencidos a poupá-los.

A essa influência, e a ela somente, devem ser atribuídas todas as cessões e submissões dos príncipes índios, se, realmente, tais cessões jamais foram feitas, pois delas não temos nenhum testemunho a não ser daqueles que as reivindicam, e não há grande malignidade em suspeitar que aqueles que roubaram também mentiram.

Algumas colônias, na verdade, foram estabelecidas de uma maneira mais pacífica do que outras. Os erros mais extremos não foram sempre praticados; mas aqueles que se estabeleceram no novo mundo sob termos mais justos não têm mais mérito que o que teria um agiota que arruína em silêncio comparado a um saqueador que sequestra à força; todos tiraram aquilo que tinha outros donos, e todos recorreram às armas, em vez de deixar a presa que tinham agarrado.

A disputa americana entre nós e os franceses é, portanto, apenas a luta entre dois ladrões pelo espólio de um passageiro, mas assim como ladrões têm termos de apoio mútuo, que são obrigados a observar como membros da gangue, assim também os ingleses e franceses podem ter direitos relativos, e cometer injustiças um contra o outro, enquanto ambos estão maltratando os índios. E na verdade é assim a disputa presente: eles dividiram o continente do norte da América entre si, e agora estão contestando seus limites, e cada um deles está se esforçando para conseguir destruir o outro com a ajuda dos índios, cujo interesse é que ambos sejam destruídos.

As duas nações vociferam com muita veemência sobre a infração de limites, a violação de tratados, a usurpação aberta, os artifícios insidiosos e o abuso de confiança. Os ingleses se zangam com os pérfidos franceses, e os franceses com os ingleses invasores; as duas partes citam tratados, acusam-se mutuamente de aspirarem à monarquia universal, e reclamam cada uma por seu lado da insegurança da posse estando próximos a vizinhos tão turbulentos.

Não é, portanto, nenhuma surpresa que não seja fácil descobrir a verdade em meio a tanta polêmica. Quando indivíduos estão brigando há muito tempo, é muitas vezes difícil dizer quem foi que começou a briga. Todos os fatos são obscurecidos pela distância, pelo interesse, e pelos grandes números. A informação não pode ser obtida facilmente à distância; aqueles a quem a verdade não irá favorecer não dão um passo à frente voluntariamente para contá-la, e onde há muitos agentes é fácil esconder as ações individuais.

Todas essas causas concorrem para complicar a questão de quem começou as hostilidades na América. Talvez nunca seja possível lembrar de um tempo em que as hostilidades tivessem cessado. Não era improvável que duas colônias poderosas, inflamadas por rivalidade imemorável e localizadas longe da supervisão das mães pátrias, não ficassem muito tempo tranquilas. Alguma oposição estava sempre indo adiante, algum dano estava sendo causado ou planejado diariamente e os fronteiriços estavam sempre mais satisfeitos com aquilo que podiam roubar de seus vizinhos do que com o que eles próprios possuíam.

SAMUEL JOHNSON

Com essa predisposição para invasões recíprocas, um motivo para disputa nunca faltava. As florestas e os desertos da América não são demarcados e, portanto, não podem ser especificados em acordos; a nomenclatura daquelas extensas e amplas regiões tem um significado diferente em cada boca, e sua compreensão, por cada lado, depende se o nome contribui para contraí-las ou para estendê-las. Quem até hoje teve a pretensão de definir que porção da América está incluída no Brasil, no México ou no Peru? É quase tão fácil dividir o Oceano Atlântico por uma linha[3] quanto determinar claramente os limites daquelas regiões incultas, inabitáveis, imensuráveis.

Também deve ser considerado que os contratos relacionados com limites são muitas vezes elaborados de uma maneira vaga e indefinida, sem necessidade a não ser o desejo de cada parte de interpretar a ambiguidade em seu próprio benefício quando uma oportunidade adequada surgir. Na formulação de acordos, os comissários muitas vezes são ignorantes e outros tantos negligentes; às vezes estão cansados de discussões e preparam um contrato sobre uma discussão enfadonha em termos gerais, ou a relacionam com um tratado anterior que nunca foi compreendido. A parte[4] mais fraca tem sempre medo de exigir explicações e a mais forte sempre tem interesse em deixar a questão em dúvida; assim acontece sem grande cautela em nenhum dos lados, que, depois que longos tratados são solenemente ratificados, os direitos que estavam sendo disputados continuam igualmente sujeitos a controvérsia.

---

[3] Veja nº 6, p. 251, anteriormente.
[4] Talvez "party" (e não "part" como aparece no original), que é a palavra que ocorre sete linhas abaixo. (N. T.)

Na América, pode ser facilmente suposto que há pedaços de terra que ainda não foram reivindicados por nenhuma das partes e, portanto, tampouco mencionados em qualquer tratado, e que um ou outro lado pode mais tarde querer ocupar; mas cada uma das nações pode ter pretensões a esses países desocupados e não estabelecidos na medida em que cada um deles se considera com direito a tudo aquilo que não foi expressamente concedido ao outro.

Aqui, portanto, uma justificativa constante para uma contestação: como qualquer aumento das possessões de um deles será considerado algo que foi tirado do outro, cada um deles se esforçará para recuperar aquilo que nunca tinha sido reivindicado até que o outro o tivesse ocupado.

É assim obscura a luta americana em sua origem. É difícil descobrir o primeiro invasor ou especificar onde a invasão começou realmente; mas suponho que não há dúvida de que, depois da última guerra, quando os franceses fizeram a paz parecendo ter tanta superioridade,[5] eles naturalmente começaram a nos tratar com menos respeito nas partes distantes do mundo e a nos considerar um povo de quem não tinham nada a temer e que não poderia mais ter a presunção de contestar os planos franceses ou refrear seu progresso.

O poder de fazer o mal com impunidade raramente espera muito pela vontade, e é razoável acreditar que na América os franceses manteriam seu objetivo de se engrandecer com pelo menos tão pouca reserva quanto a que tinham na Europa. Podemos, portanto,

---

[5] A Paz de Aix-la Chapelle, 1748. Veja "Carta sobre os fogos de artifício," p. 219, anteriormente.

facilmente acreditar que eles seriam vizinhos inquietos que não tinham muita consideração pelo direito que, a seu ver, nós já não poderíamos obrigá-los a respeitar.

Certamente não pode ser negado que, quando os franceses construíram uma linha de fortes atrás de nossas colônias, mesmo [que isso não tivesse ocorrido] em nenhum outro lugar onde tentaram, agiram contra a intenção geral e até mesmo contra os termos literais dos tratados; pois ninguém poderia supor que nós tínhamos a intenção de ficar espremidos entre o mar e as guarnições francesas, ou de ficar impedidos de ampliar nossas plantações para trás até o ponto que nossa conveniência exigisse.

Com o controle é concedido tudo aquilo que permite garantir o controle. Aquele que não tem um litoral tem, da mesma forma, o mar a certa distância; aquele que possui uma fortaleza tem o direito de proibir que outra fortaleza seja construída a uma distância ao alcance de seus canhões. Quando, portanto, estabelecemos uma colônia no litoral da América do Norte, supúnhamos que a posse da região interior era nossa até um ponto indeterminado; mas parece que todas as nações que se estabeleceram naquela parte do mundo, com a permissão de todas as outras nações, fizeram a mesma suposição com relação a si próprias.

Aqui, então, talvez esteja o argumento mais seguro para estabelecer a justiça de nossa causa; aqui nós estamos visível e indisputavelmente prejudicados, e segundo a prática das nações esse dano pode ser justamente ressentido. Ainda não está totalmente claro se invadimos suas terras em retorno; é preciso que nossas ações em Ohio sejam declaradas e vindicadas. Não existem duas nações fronteiriças,⁶ entre as quais uma guerra não possa ser sempre provocada com desculpas plausíveis de um lado ou do outro, já que elas estão sempre causando danos mútuos ou invadindo as terras uma da outra.

Desde a conclusão da última paz, reclamações constantes sobre desalojamentos e invasões dos franceses foram enviadas à Europa por parte de nossas colônias e transmitidas para nossos ministros em Paris, onde algumas vezes eram recebidas com palavras boas, e onde as práticas dos comandantes americanos eram às vezes repudiadas, mas nunca obtivemos nenhuma compensação, e tampouco é provável que qualquer proibição tenha sido enviada para a América. Fomos ainda enganados com o tipo de promessa duvidosa que aqueles que estão temerosos de uma guerra estão preparados a interpretar a seu favor, e os franceses foram avançando sua linha de fortalezas e pareceram decidir que, antes que nossas reclamações fossem finalmente repudiadas, todas as soluções seriam irrealizáveis.

Ao mesmo tempo, nós também tentamos formar uma barreira contra os canadenses enviando uma colônia para a Nova Escócia, um pedaço de terra frio e desconfortável do qual tínhamos a posse nominal muito antes de realmente começar a ocupá-la. Para essa colônia foram convidados aqueles a quem o fim da guerra tinha privado de trabalho⁷ e transformado em uma carga para seu país,

---

⁶ [no original: "*confining*"] "*To confine, v. n. to border upon: to touch on different territories or regions: it has with or on*". (*Dictionary*). (N. T.)

⁷ A cidade de Halifax (cujo nome foi dado em homenagem ao presidente da Junta de Comércio e Plantações) foi fundada em 1749; muitos de seus colonos eram soldados desmobilizados na conclusão da Guerra da Sucessão austríaca. Um de seus primeiros habitantes foi John Salusbury, o pai da Sra. Thrale, que era um protegido de Lord Halifax e teve um posto pouco impor-

e colonos que foram atraídos para o lugar por várias descrições falsas sobre vales férteis e céus claros. Nunca fui informado sobre o efeito que essas imagens da felicidade americana tiveram em meus conterrâneos, mas suponho que muito poucos dentre eles procuraram abrigo naquelas regiões congeladas, a não ser que a culpa ou a pobreza os tivesse expulsado de seu país natal. Houve alguma disputa sobre as fronteiras dessa nova colônia, mas como ainda não havia nada que merecesse uma contenda, os franceses não exerceram tanto seu poder do seu lado; no entanto, ocorreram alguns distúrbios seguidos de pequenos conflitos. Mas, sendo habitada principalmente por soldados que preferem viver de pilhagens a viver da agricultura, e que consideram a guerra seu melhor negócio, é possível que a Nova Escócia fosse defendida com mais determinação do que algumas colônias de muito mais valor; e os franceses estão muito cientes de seus próprios interesses para provocar hostilidades sem nenhum benefício, ou para selecionar para invasão um país onde precisariam arriscar muito e poderiam ganhar pouco. Eles, portanto, continuaram na direção sul, atrás de nossas colônias antigas e ricas, e construíram um forte atrás do outro separados por uma distância que permitiria que um ajudasse o outro, que invadissem nossas colônias por meio de incursões súbitas e se retirassem para lugares seguros antes que nossos homens pudessem se unir para opor-se a eles.

---

tante no governo local durante alguns anos. Ele parece ser bem caracterizado como um daqueles que se tornaram "uma carga para seu país" e deu sustento à tese de SJ porque continuou a ter pouco sucesso na Nova Escócia. SJ mais tarde contribuiu com algumas notas para os periódicos de Salusbury na Nova Escócia (J. L. Clifford, *H. L. Piozzi*, 1941, p. 17, n. 1).

Esse plano dos franceses estava preparado e era conhecido há muito tempo, tanto na América quanto na Europa, e poderia ter sido facilmente reprimido se tivéssemos empregado força em vez de tentativas de dissuadi-los. Quando os ingleses tentaram se estabelecer na ilha de Santa Lucia, os franceses, corretamente ou não, por considerá-la território neutro que, por essa razão, não poderia ser ocupado por nenhuma das duas nações, imediatamente desembarcaram na ilha, destruindo as casas, devastando as plantações e expulsando ou levando os habitantes consigo.[8] Isso foi feito em tempo de paz, quando profissões mútuas de amizade eram trocadas diariamente pelas duas cortes, e não foi considerado uma violação de nenhum tratado, nem foi muito mais do que uma admoestação leve feita ao nosso lado.

Os franceses, portanto, nos ensinaram como agir, mas uma contenda hanoveriana com a casa da Áustria durante algum tempo induziu-nos a tentar obter, a qualquer preço, a aliança de uma nação cuja própria situação fazia dela um inimigo nosso. Suportamos que destruíssem nossas colônias e que aumentassem as suas, as quais era também nosso direito atacar. No entanto, finalmente chegou o momento em que nos arriscamos a brigar com a Espanha, e aí os franceses já não permitiram que a aparência de paz continuasse entre nós, e se armaram em defesa de sua aliada.

Os eventos da guerra são bem conhecidos, ficamos contentes com nossa vitória em Dettingen, onde deixamos nossos feridos ao cuidado de nossos inimigos,[9] mas nosso exército foi vencido

---

[8] Em 1723. Veja n. I, p. 313, anteriormente.
[9] Em 1743. George II comandou suas tropas em pessoa, a última vez que um rei britânico fez tal coisa. Não é nem preciso dizer que o governo usou bastan-

em Fontenoy e Val;[10] e, embora, depois da vergonha que passamos no Mediterrâneo, tivéssemos algum sucesso naval e uma privação acidental fizesse com que os franceses precisassem da paz, ainda assim eles estabeleceram as condições, obrigaram-nos a devolver os reféns e atuaram como conquistadores, ainda que moderados.

Nessa guerra os americanos se distinguiram de uma maneira sem precedentes e inesperada. Os novos ingleses organizaram um exército e sob o comando de Pepperel tomaram Cabo Bretão — a fortaleza mais importante da América — com a ajuda da frota.[11] Ficamos tão satisfeitos com a aquisição que não podíamos pensar em devolvê-la, e dentre os argumentos utilizados para inflamar o povo contra Charles Stuart era alegado com grande alarido que se ele subisse ao trono devolveria Cabo Bretão aos franceses.

Os franceses, no entanto, tinham um instrumento mais eficiente para recuperar Cabo Bretão do que ajudar Charles Stuart a subir ao trono inglês;[12] tomaram por sua vez o Forte St. George, e ficaram

---

te essa circunstância; e também não é preciso dizer que SJ preferiu dar ênfase aos aspectos desfavoráveis do resultado ambíguo da batalha.

[10] As batalhas de Fontenoy (1745) e Val (Lauffeldt) (1747) foram sérias derrotas para os exércitos aliados liderados pelo filho mais jovem do rei, o duque de Cumberland.

[11] Veja n. 2, p. 313, anteriormente.

[12] As referências de SJ meramente a "Charles Stuart" podem ser consideradas mais uma evidência de que SJ não era nenhum jacobita. Charles certamente tinha direito ao título de "Príncipe", e muitos ingleses firmemente leais à dinastia hanoveriana não tinham o menor problema de lhe dar esse título. (Cf. a agonia de Boswell sobre a questão de como referir-se a ele, *Life*, V. 185, n. 4.) Além disso, um jacobita sério não teria cometido a incoerência de falar sobre "ajudar" Charles "a subir ao trono inglês" em 1745 ou 1756. O pretendente Stuart ao trono, até sua morte em 1766, era o pai de Charles, James Edward. Talvez a descrição mais precisa da posição de SJ com relação à causa Stuart

com a Companhia da Índia Oriental totalmente em seu poder. Essa foi restituída para suas antigas possessões para que pudessem continuar a exportar nossa prata.[13]

O Cabo Bretão foi, portanto, devolvido e os franceses restabeleceram-se na América com igual poder e animação ainda maior, não tendo perdido com a guerra nada daquilo que haviam ganhado anteriormente.

Eles devem seu poder na América à reputação geral de suas armas e àquela superioridade habitual que resulta dela, e não a nenhuma força verdadeira ou outras vantagens. Sua população ainda não é numerosa; seu comércio, embora melhorando a cada dia, não é muito extenso; o país é árido, suas fortalezas, embora em grande número, são frágeis e mais parecidas com abrigos para animais ferozes ou nações indígenas do que lugares construídos para a defesa contra bombas ou canhões. Já se descobriu que o Cabo Bretão não é inexpugnável; e se considerarmos a situação dos lugares que as duas nações possuem na América, tampouco existe alguma razão para que os franceses possam se achar no direito de nos molestar; a não ser pelo fato de acharem que nosso espírito está tão enfraquecido que não lhes ousamos resistir e a esse respeito nossa tolerância demonstra facilmente que eles estão certos.

é (pedindo emprestada uma expressão muito útil de uma situação posterior) que ele era um anti-antijacobita.

[13] Esse comentário um tanto obscuro parece ser uma censura à teoria econômica mercantilista da Companhia da Índia Oriental — algo muito raramente encontrado em SJ. Mais tarde, ele se arrolou em defesa da Companhia contra a intervenção do governo (pittita) em 1767 (veja *Letters* 187.3). Talvez o fato de o defensor de impérios Robert Clive, que SJ detestava, ser, naquele momento, o todo-poderoso nas questões indígenas tenha algo a ver com a repreensão.

Nós esquecemos, ou melhor, evitamos pensar, que aquela ação que vimos adiando precisa ser feita finalmente e feita com maior dificuldade, já que foi adiada por mais tempo; que, enquanto estivemos nos queixando, e eles estavam eludindo ou respondendo nossas queixas, um forte atrás do outro estava sendo construído, e uma invasão abria um precedente para outra.

Essa confiança dos franceses é intensificada por algumas vantagens reais. Por possuírem menos que nós naqueles países, eles têm mais a ganhar e menos a arriscar; por serem menos numerosos, são mais unidos.

Os franceses são um corpo com uma cabeça. Todos têm o mesmo objetivo e concordam em ir a seu encalço pelos mesmos métodos. Estão sujeitos a um governador comissionado por um monarca absoluto e que partilha da autoridade de seu amo. Os planos, portanto, são formulados sem debates e executados sem impedimentos. Eles ainda têm mais ambição marcial do que mercantil e raramente aceitam que seus projetos militares se misturem com projetos colaterais de lucro: nada mais desejam do que a conquista, e consideram, corretamente, que as riquezas são apenas as conseqüências dela.

Algumas vantagens eles sempre terão como invasores. Fazem a guerra com maior perigo para seus inimigos: como a contenda é realizada em nossos territórios, nós perdemos mais com uma vitória do que eles com uma derrota. Enquanto ficam em nossos territórios, eles sobrevivem de nossas plantações e talvez as destruam quando já não lhes for mais possível permanecer. Se os perseguimos e levamos a guerra para seus domínios, nossas dificuldades aumentarão com cada passo que damos, pois deixaremos muita coisa para trás e não encontraremos nada no Canadá a não ser lagos e florestas improdutivas e sem trilhas; nossos inimigos, por sua vez, trancar-se-ão em seus fortes, e é difícil levar canhões através de um país[14] tão desconfortável para atacá-los, e onde, se eles se proverem de bons locais para armazenamento, poderão matar de fome aqueles que os estão sitiando.

Todos esses são os efeitos naturais de seu governo e de sua situação; acidentalmente, são mais temíveis na medida em que são menos felizes. Mas a boa vontade dos indígenas, de que eles desfrutam, com raras exceções, entre todas as nações do continente do norte, devemos também considerar com outros olhos: nós poderíamos ter desfrutado dessa boa vontade se tivéssemos sido cuidadosos em merecê-la. Os franceses, ao terem essas nações selvagens do seu lado, têm sempre um suprimento de espiões e guias e assistentes na guerra, como os tártaros com relação aos turcos ou os hussardos[15] com relação aos alemães, que não são muito úteis contra tropas organizadas em fileiras para uma batalha, mas muito bem qualificados para guerrear no meio de bosques e riachos onde muito dano pode ser causado por meio de emboscadas, e a segurança pode ser obtida por meio de retiradas rápidas. Eles podem enfraquecer uma colônia por meio de incursões súbitas, surpreender os plantadores dispersos, assustar os habitantes das cidades, prejudicar o cultivo das terras e matar de fome aqueles que não são capazes de conquistar.

(Continua)

---

[14] O transporte da artilharia foi uma das dificuldades de Braddock em sua expedição desastrosa na Pensilvânia, no ano anterior.
[15] Uma novidade na Guerra da Sucessão austríaca. Veja Gunther Rothenberg, *Notes & Queries*, CCIX (agosto 1964), 296-98, e *The Vanity of Human Wishes*, I. 249.

Resenha de Analysis of a general map of the Middle British Colonies in America, de Lewis Evans (1756)

A cartografia, como Johnson sugere no parágrafo inicial desta resenha, é muitas vezes uma ramificação da ação política. Isso foi especialmente verdadeiro nos anos que precederam a declaração da Guerra dos Sete Anos em 1756, anos em que a luta entre os franceses e os ingleses (incluindo os colonos americanos) pelo prêmio extremamente importante que era o Vale do Ohio atingiu seu clímax violento. Os franceses foram acusados de

> deliberadamente corrigirem seus mapas nesse período para mostrar fronteiras que confinavam as colônias inglesas à estreita orla marítima do Atlântico, entre a Flórida e a Nova Escócia. "Jactanciosos," "insolentes" e "mentirosos" foram alguns dos adjetivos aplicados à política cartográfica francesa. Os mapas de Bellin, De Lisle e DeFer foram selecionados para uma calúnia específica... Os colonos desejavam mapas que mostrassem o lado inglês do argumento. Em 1755, duas produções que pareceram ser enviadas como resposta a seus desejos apareceram respectivamente em Londres e na Filadélfia. Esses foram os famosos mapas da Virgínia e de Londres, do Dr. John Mitchell, e o de igual fama, de Lewis Evans, da Filadélfia.[1]

---

[1] Lawrence C. Wroth, *An American Bookshelf*, 1755 (Filadélfia, 1934), pp. 32-35. A maior parte da informação sobre Evans nessa nota introdutória vem

"O grande mapa de oito folhas" da América do Norte, feito por Mitchell, foi publicado (em fevereiro) com o patrocínio dos Lordes Comissários do Comércio e das Plantações; Mitchell, que havia se mudado para Londres 15 anos antes, copilou-o de "levantamentos originais no escritório do Comissariado de Plantações". Foi "um documento oficial político, a declaração mais importante... das reivindicações britânicas com relação à América vindas de uma fonte governamental". Tiragens posteriores do mapa foram usadas, em 1755, e pelos negociadores do Tratado de Versalhes em 1783, para demarcar os primeiros limites oficiais dos novos Estados Unidos da América.[2]

O mapa de Lewis Evans, "de igual fama" e igualmente importante, foi, ao contrário, uma produção local e extra-oficial,[3] mas talvez por esse mesmo motivo de valor ainda maior ao contribuir para o conhecimento da região que é hoje Ohio, Indiana, o sul do Michigan e o oeste do Estado de Nova York e a Pensilvânia, então quase toda desconhecida, a não ser por seus habitantes índios e uns poucos comerciantes de pele canadenses franceses e americanos

---

desses dois relatos de grande utilidade, o de Wroth, e o suntuoso livro de Lawrence Henry Gipson, *Lewis Evans* (Filadélfia, 1939), que contêm facsímiles dos dois volumes (1755 e 1756) do *Geographical... Essays*, de Evans e de seus mapas, inclusive o das Colônias Centrais Britânicas, discutidos aqui. *Lewis Evans: His Map of the Middle British Colonies in America*, de Henry N. Stevens, (1905; 3ª edição, 1924) é um estudo bibliográfico das muitas placas e tiragens posteriores do mapa.

[2] O panfleto de Mitchell, *The Contest in America* (1757), defendendo as reivindicações britânicas ao território do Ohio, foram recenseadas no *Monthly Review* por Oliver Goldsmith (*Collected Works*, org. Arthur Friedman, 1966, I.150-52).

[3] Embora a Assembleia da Pensilvânia tenha concedido 50 libras esterlinas a Evans para ajudá-lo com a execução e publicação da obra.

britânicos e pelos ocupantes de postos militares isolados. Não se sabe muito sobre a vida anterior de Evans. Ele parece ter nascido no País de Gales mais ou menos em 1700 e ter migrado para a Pensilvânia um pouco antes de 1736, onde sobreviveu como agrimensor, cartógrafo e ocasionalmente escritor e conferencista. Estava interessado em ciência e dava conferências públicas bastante pioneiras sobre eletricidade e outros temas científicos, em Nova York, Nova Jersey e na Filadélfia. Associou-se a Peter Kalm, o cientista sueco que visitou a América, e a Benjamin Franklin; dizem que o interesse de Evans em eletricidade contribuiu para estimular o de Franklin. Foi contratado pelo governo da Pensilvânia para mapear a região do Atlântico Médio, na esperança de que as disputas fronteiriças entre a Pensilvânia e Maryland fossem solucionadas; esse mapa foi publicado em 1749.

À medida que a tensão entre os franceses e os ingleses no território de Ohio se intensificou, Evans tornou-se um dedicado defensor do partido dos americanos que afirmavam que o esforço militar americano e britânico deveria concentrar-se em expulsar os franceses do Vale do Ohio;[4] o partido oposto defendia que o esforço fosse dirigido contra Quebec e Montreal e outros centros do domínio francês sobre o rio St. Lawrence. Sem dúvida com esse objetivo em mente, ele se lançou em seu grande projeto para mapear a região com mais precisão do que a de qualquer outro projeto anterior.

---

[4] Evans expressa isso de uma maneira muito inteligente no Volume II de seus *Essays* (1756): "Algum leitor generoso pode sugerir aqui que, se fôssemos donos de Frontenac [Forte Frontenac, hoje Kingston, Ontário], poderíamos avançar ainda mais e expulsar os franceses totalmente para fora do Canadá. Seria um projeto muito melhor expulsá-los todos para dentro do Canadá." (p. 28)

Diligentemente, coletou informação de mapas, relatórios e exploradores anteriores; e não só informação geográfica, mas também dados sobre o modo de vida das tribos indígenas, sua história, as possibilidades econômicas do país e muitas outras coisas mais que ele relata em detalhe na "Analysis" que constitui o primeiro volume de seu *Geographical, Historical, Political, Philosophical* [i.e. científico] *and Mechanical Essays,* o volume que está sendo examinado aqui. O volume incluía, como um encarte, seu excelente mapa. A obra foi impressa pelo amigo de Evans, Benjamin Franklin, e publicada dia 23 de junho de 1755 — tarde demais para alcançar o general Braddock em sua desditosa expedição ao Forte Duquesne (hoje Pittsburgh), onde ele foi derrotado e morto dia 9 de julho. Mas o governador Morris da Pensilvânia parece ter enviado a Braddock um rascunho anterior, ou uma prova para o gravador do mapa em fevereiro daquele ano. O volume foi distribuído na Inglaterra por Dodsley, que acrescentou sua impressão à de Franklin na página do título. O mapa de Evans continuou sendo o mapa padrão da região do Ohio por mais de 50 anos; pelo menos 27 publicações diferentes (a maioria pirateadas) foram identificadas, as últimas quando o século XIX já estava bem avançado. Apareceram edições suecas, holandesas, francesas e alemãs, além das britânicas e americanas. Como diz L. H. Gipson, foi "um marco miliário na cartografia americana".

Na época em que a resenha de Johnson foi publicada, Evans já tinha morrido. A veemência com que Evans defendeu a causa que propunha que se organizasse o esforço principal dos ingleses e americanos contra o território de Ohio e não contra o rio St. Lawrence deu origem a uma polêmica acirrada. Ele foi atacado violentamente no *Mercury*, de Nova York, e respondeu no Volume II do seu *Geographical...Essays*, publicado em março de 1756. Durante essa troca de acusações, Evans chegou a acusar o governador Morris de alta traição e de "ter difamado dois dos ministros de Sua Majestade chamando-os de mercenários da França". Morris o processou por calúnia; Evans fugiu da Pensilvânia para Nova York para escapar da ira de Morris, mas este o processou nos tribunais de Nova York e fez com que fosse detido e preso. Foi solto sob um mandado de *habeas corpus* por seu protetor William Livingston (mais tarde governador de Nova Jersey). Mas morreu dia 11 de junho de 1756, com o coração partido, sugere Gipson, pela derrota de Braddock e a captura iminente de Oswego, que parecia deixar os franceses com posse total de seu querido Ohio.

É compreensível que Johnson tenha escolhido para sua resenha na *Literary Magazine* um trabalho de tal relevância contemporânea para a Grande Guerra pelo Império.[5] Como em muitas de suas resenhas dessa época, ele imprime passagens enormes da própria obra, simplesmente como documentação para o uso dos leitores da revista. Mas o comentário, entremeado com essa documentação, contém algumas das expressões mais indicativas da essência de sua visão política – por exemplo, seu comentário de que os argumentos de Evans sobre a importância potencial do Vale do Ohio "podem ser de grande utilidade no atual sistema político europeu, mas...

---

[5] O desejo de Johnson de fornecer aos leitores da *Literary Magazine* o conhecimento detalhado dos lugares (e de seus habitantes) sobre os quais a guerra estava sendo travada deve merecer atenção. A longa resenha de *History of Minorca* de John Armstrong (1752) no primeiro número da revista foi provavelmente parte do mesmo programa.

não demonstrarão que esse sistema está certo, ou, em outras palavras, que é mais produtivo de felicidade universal do que qualquer outro" (grifo meu). As dúvidas de Johnson de que o sistema atual de expansão nacional dos poderes europeus pudesse produzir felicidade universal já tinham sido expressadas muitas vezes antes. No entanto, a resenha não é, de modo geral, hostil, embora a crítica que Johnson faz do entusiasmo de Evans pela expansão anglo-americana no Vale do Ohio não agradasse ao patriotismo dos poucos estudiosos (historiadores americanos e não estudiosos de Johnson), que não deram nenhuma atenção à obra. L. H. Gipson fala que Johnson "entregou-se a várias divagações filosóficas", e L. C. Wroth descreve a resenha como uma mistura de "superioridade insular, ignorância invencível, [e] bom senso incomparável". ("Ignorância invencível" de quê, perguntamos? Certamente não do potencial do Vale do Ohio como produtor de seda em estado natural, que era a visão de Evans que Johnson, com alguma justificativa, ridiculariza.)

A resenha apareceu no Vol. I, Nº 6 (15 set – 15 out 1756), pp. 293-299 da *Literary Magazine*, texto que é seguido aqui, embora alguns erros óbvios na transcrição do livro de Evans tenham sido corrigidos. Essas correções são anotadas em notas textuais, junto com outras variantes do texto de Evans, algumas das quais sugerem uma revisão deliberada (aparentemente por razões de estilo), talvez pelo próprio Johnson. Foi reproduzida após a morte de Johnson no chamado "Volume XV" de *Works* de Johnson (1789) organizado por George Gleig (pp. 454-69) e mais tarde mencionada por Boswell em seu *Life*. Mas, como algumas de suas outras resenhas na *Literary Magazine*, esta também nunca foi incluída nas várias coleções do século XIX das obras de Johnson. Em *An American Bookshelf, 1755* (1934) Lawrence C. Wroth reproduz a maioria das partes da resenha escritas por Johnson, omitindo as passagens em que ele cita Evans (pp. 164-166). Aqui, as longas citações de Evans são impressas em uma fonte menor.

ENSAIOS GEOGRÁFICOS, HISTÓRICOS, POLÍTICOS, FILOSÓFICOS E MECÂNICOS: O PRIMEIRO CONTENDO UMA ANÁLISE DE UM MAPA GERAL DAS COLÔNIAS CENTRAIS BRITÂNICAS NA AMÉRICA; E DO PAÍS DOS ÍNDIOS CONFEDERADOS. UMA DESCRIÇÃO DA APARÊNCIA EXTERIOR DA REGIÃO, DAS FRONTEIRAS DOS CONFEDERADOS E DAS NAVEGAÇÕES MARÍTIMAS E FLUVIAIS DOS VÁRIOS RIOS E LAGOS ALI CONTIDOS. POR LEWIS EVANS. DODSLEY.

Nada neste mundo é simplesmente bom. Paz, a grande bênção do mundo, produz luxúria, preguiça e efeminação. Quase nada é simplesmente mau. A guerra, entre suas inúmeras desgraças, às vezes tem consequências proveitosas. A última guerra entre os russos e turcos[6] fez com que os geógrafos ficassem cientes da situação e da extensão de muitos países pouco conhecidos anteriormente, no norte da Europa, e da guerra que agora incendeia a América, estimulou-nos a fazer um levantamento das imensas terras abandonadas do continente ocidental e a delineá-las por motivos mais fortes que a mera ciência ou a curiosidade poderiam ter provido, e permitiram que a imaginação percorresse os lagos e as montanhas

---

[6] Provavelmente o envolvimento dos dois, em lados opostos, na Guerra da Sucessão polonesa, 1736-39. Veja *Marmor Norfolciense*, p. 118 anteriormente.

daquela região, que muitos homens cultos consideraram o lugar destinado pela Providência para ser o quinto império.[7]

Quando, ou se em qualquer época, sua previsão se realizará, nenhuma sagacidade humana pode descobrir, mas, como o poder é a consequência constante e inevitável do aprendizado, não há motivo para duvidar de que está se aproximando o momento em que os americanos terão, por sua vez, alguma influência nos negócios da humanidade, pois a literatura aparentemente progride entre eles. Foi construída uma biblioteca na Carolina; e algumas descobertas elétricas foram feitas na Filadélfia,[8] onde o mapa e o tratado que iremos considerar agora foram igualmente impressos e gravados.

---

[7] A interpretação de Daniel do sonho de Nabucodonosor (Daniel ii. 36-45) na qual quatro reinos imperfeitos sucessivos são seguidos de um que "permanecerá para sempre" fez surgir inúmeras especulações, dos primeiros fundadores até Lutero, Calvino, Belarmino e outros mais. São Jerônimo e outros interpretaram os quatro reinos como sendo a Babilônia, a Medo-Pérsia, a Grécia e Roma, e isso parece ter sido a exegese mais comum. Os "Homens da quinta monarquia" do inter-reino ficaram conhecidos por tentar realizar a Utopia final. O verso de Berkeley (próximo parágrafo) acrescenta uma analogia aos cinco atos convencionais do drama contemporâneo.

[8] A Biblioteca Charleston (Carolina do Sul) foi fundada em 1748. *Experiments and Observations on Electricity Made at Philadelphia*, de Franklin, foi publicado em 1751. Ele recebeu a Medalha Copley da Royal Society em 1752 e publicou outros relatórios sobre experimentos elétricos na publicação *Philosophical Transactions*, daquela Sociedade. Uma vez mais SJ as elogia em sua resenha no Vol. I, Nº 4 (1756) da *Literary Magazine* de Phil.Trans. Vol. XLIX, Parte I. No Vol. I, nº 5 da revista SJ (provavelmente) também escreveu as resenhas dos livros sobre eletricidade de R. Lovett e Hoadly e Wilson, escrevendo: "A eletricidade é a grande descoberta da época atual e o grande objeto da curiosidade filosófica... Quantas maravilhas ainda podem estar escondidas em cada partícula de matéria nenhum homem pode determinar".

Samuel Johnson

Para o oeste a sede do império toma seu caminho,
Os quatro primeiros atos já são passado
O quinto terminará o drama com o dia,
O produto mais nobre do tempo é o último.

         Bp. Berkeley[9]

A guerra atual no interior não pode deixar de contribuir para esse grande evento, já que os habitantes tornar-se-ão necessariamente mais versados nas artes militares e os próprios índios, à medida que vão sendo cortejados por uma ou outra das nações em guerra, aprenderão como usar as armas e a conveniência das instituições européias. Pelo menos com o passar do tempo irão aprender sua própria importância e serão estimulados a tentar fazer algo mais que caçar castores, quando se convencerem de que podem desempenhar alguma outra coisa.

O mapa foi gravado com beleza suficiente[10] e o tratado escrito com a elegância que o tema permite, embora não sem alguma

---

[9] Os versos de Berkeley, originalmente intitulados "America or the Muse's Refuge: A Prophecy," foram compostos em fevereiro de 1726 (Berkeley, *Works*, org. A. A. Luce [Edinburgh 1955], VII.369-73). Foram impressos pela primeira vez em *A Miscellany*, de Berkeley (Dublin, 1752), com muitas variantes da forma anterior, e com o título "Verses by the Author on the Prospect of Planting Arts and Learning in America." SJ, sem dúvida citando de memória, nos dá "seat" por "course", "end" por "close", e "product" por "offspring". Esta e a última das seis estrofes do poema, inspirado pelo projeto não-realizado de Berkeley de fundar uma universidade nas Bermudas ou em Rhode Island. Por causa dessas linhas, a sede da jovem Universidade da Califórnia, na década de 1870, recebeu o nome de "Berkeley".

[10] Por James Turner, da Filadélfia.

introdução do dialeto americano,[11] um toque de corrupção a que todas as línguas amplamente difundidas sempre ficam expostas.

O relato geral que o Sr. Evans dá de seu mapa pode oferecer algumas sugestões para o aprimoramento de projeções geográficas.[12]

> Ele abrange tal extensão, porque está ligado àquela região muito valiosa sobre o Ohio que é agora objeto das políticas inglesas e francesas e as rotas distintas usadas pelas duas nações para chegar àquela região. O lago Ontário está igualmente aberto para ambas; para uma delas pelo rio St. Lawrence; para a outra pelos rios Hudson, Mohocks e Seneca. Mas como os franceses há 30 anos se fixaram nos estreitos do Niágara, ao construírem fortalezas em terras reconhecidamente inglesas, garantiram para si próprios a chave daquele lado para toda a região na direção oeste. Aqueles que estão no poder finalmente estão vendo a consequência disso, e estão planejando recuperá-la; e com muito critério, estão estabelecendo uma força naval no lago Ontário com aquele objetivo, considerando-a muito necessária para a recuperação e a manutenção dela. A realização desse empreendimento terá grande influência em nossos negócios, e, mais do que qualquer outra coisa, é importante que as colônias estimulem esse plano vigorosamente. Se eles tiverem sucesso aqui, o resto do trabalho será fácil; e sem ele, nada ocorrerá. Os ingleses têm vários caminhos para o Ohio; mas o melhor de todos é pelo Potomac.
> Em virtude do pouco conhecimento que a população tem dessas partes remotas onde o país ainda é selvagem, e da necessidade de conhecer os caminhos para viajar até lá, especialmente por água, no mapa, indicamos a natureza das várias correntes, ou seja, onde são rápidas, suaves ou

---

[11] Por exemplo, "pretty sharp" [bastante inteligente] e "pretty good" [bastante bom] (p. 369). É possível que os leitores encontrem outros exemplos.
[12] "Projection... 2. Plan; delineation" (*Dictionary*) [Projeção... 2. Plano; delineação"].

obstruídas por cataratas, e consequentemente mais ou menos adequadas para a navegação para o interior com canoas, barcos ou navios maiores; e onde o transporte é feito nas cachoeiras ou de um rio, arroio ou lago para outros. E para deixar clara a extensão da navegação marítima, os lugares que são atingidos pela maré nos vários rios também são indicados. E nessas folhas, tanto a navegação marítima como a fluvial são tratadas com muito detalhe.

Como a natureza do solo e das correntes depende da elevação e da depressão da terra, eu expliquei aqui, especificamente, os vários estágios em que ela é dividida. Seria desejável que tivéssemos relatos semelhantes de todos os países, com isso descobriríamos grandes regularidades em situações em que um observador pouco atento imaginaria que não havia nada mais que confusão; e ao mesmo tempo explicamos os climas, a salubridade, os produtos, a conveniência para habitações, expedições comerciais e militares, em umas poucas páginas que para um leitor perspicaz são melhores que volumes de comentários sobre lugares esboçados sem essas diferenciações.

Para fazer com que esse mapa seja útil para o comércio, e para garantir os limites das terras, o momento da maré cheia durante a lua cheia ou nas mudanças da lua e a variação da agulha magnética são especificados. Mas como essas coisas merecem explicações mais específicas, eu decidi, por falta de espaço, lidar com elas mais extensamente em um ensaio separado.

Ao longo da margem ocidental do mapa há uma linha representando as durações maiores dos dias e das noites (sem levar em conta a refração). Isso ajudará os viajantes a terem alguma ideia da latitude dos lugares, só com a ajuda de sua observação.

Embora muitos desses artigos sejam quase específicos dos mapas desse autor, eles não são menos importantes que qualquer coisa que tenha ocorrido entre geógrafos. Mas falta de espaço na placa me obrigou a excluir algo que teria contribuído muito para esclarecer minha explicação da aparência exterior do país, quero dizer, uma seção dele em várias direções; isso teria mostrado a elevação e a depressão do terreno, e a elevação acima do nível do mar; que partes são planas, que partes acidentadas; onde as montanhas se elevam e até que distância elas se espalham. E não é apenas isso que uma seção perpendicular pode representar; pois, como no lado superior, as elevações, depressões, aparências externas e nomes de lugares podem ser especificados; no lado inferior, a natureza do solo, do substrato e de fósseis específicos pode ser expressa. Foi com pesar que fui obrigado a omitir essa seção. Mas em alguns mapas futuros de outras colônias espero que me dêem mais espaço.

Os lugares onde vivem os habitantes originais atualmente, há algum tempo e há muito tempo também são mostrados no mapa; e, embora as pessoas possam achar que várias nações que são mencionadas por alguns autores não foram incluídas, podemos explicar que alguns autores, por falta de conhecimento das coisas índias, partiram do princípio de que cada uma das pequenas sociedades é uma nação individual, quando, na verdade, o número delas não é maior do que aquele que especifiquei. Fui um pouco específico nessas folhas ao representar a extensão do país dos Confederados ou das Cinco Nações[13] porque tudo aquilo que for deles é expressamente aceito pelos ingleses por meio de um tratado com os franceses.

O autor forneceu uma pequena tabela de latitudes que também será útil para aqueles que elaborarem mapas gerais. Como ele escreve especialmente para a América, coloca seu meridiano na casa do governo na Filadélfia. Mas para facilitar a comparação de seu mapa com outros, acrescentou uma computação de graus a partir de Londres.

---

[13] As palavras "Confederados" e "Cinco Nações" referem-se ao grupo de tribos que à época eram conhecidas pelos franceses e hoje em dia são conhecidas de um modo geral como iroqueses.

As observações principais de latitude são as seguintes:

Boston	42	25	
Limite N. } Connecticut }	42	2 }	Por Governador Burnet.
Nova York	40	42 }	
N. ponto de estação	41	40	Pelos Comissários de
Filadélfia	39	57	Jersey e Nova York, 1719.
Shamokin	40	40 }	
Owege	41	45	
Onandaga	42	55 }	Por L. Evans.
Oswego	43	17	
Sandy-Hook	40	28 }	
Cidade de Ray	39	59 }	
Cidade de Shannopen	40	26 }	Por Coronel Fry.
Lado sul do S. de St. Louis	45	18 }	
Ville Marie[14]	45	27 }	Por Champlain, em 1603.

Como este tratado consiste principalmente em descrições de estradas deturpadas por nomes índios e de autoridades de quem o mapa depende, raramente aceita citações ou resumos. No entanto, existem algumas observações entremeadas, como trechos verdes entre montanhas áridas, pelos quais nossos leitores poderão obter uma ideia adequada da situação e das condições daquelas terras por onde ninguém ainda viajou.

Computar novamente todos os levantamentos de estradas, extensões de terreno e linhas gerais com os quais fui favorecido na composição de meu mapa anterior[15] que constitui uma parte tão considerável

---
[14] Montreal.
[15] O mapa de 1749; veja p. 354 anteriormente.

deste mapa seria interminável; mas não posso deixar de repetir aqui, com gratidão, meus agradecimentos, não só pelos favores que muitos cavalheiros me fizeram, mas a alegria que eles demonstraram ao me ajudar em um plano cuja intenção é servir ao público. O sucesso dessa composição teria sido quase impossível, apesar de toda essa ajuda, sem meu conhecimento pessoal de quase todo o país que o mapa contém. Um dos grandes erros no mapa surgiu porque fui de Kinderhook até Albany de noite, onde o capitão do navio me enganou a respeito da distância. É possível que um europeu fique sem saber por que há necessidade desse tipo de ajuda para fazer um mapa de um país: por esse motivo, devo observar que toda a América, a leste do Mississippi, nas terras planas, nas colinas e nas montanhas, é coberta de bosques, a não ser por alguns pontos não muito extensos, que foram devastados pelos colonos europeus. Aqui não há igrejas, torres, casas ou picos de montanhas que possam ser vistos de longe, nenhum meio de conseguir orientar-se ou de saber a distância entre lugares, a não ser com a bússola ou a medição, na prática, com a cadeia de Gunter. Quase todas as montanhas são uma série de cristas com cimos lisos e quase da mesma altura. Olhar dessas colinas para as terras planas é como olhar para um oceano de bosques, inflados e deprimidos aqui e ali por pequenas desigualdades, que não podem ser mais distinguidos um do outro do que as ondas do oceano verdadeiro.
Embora a uniformidade dessas montanhas nos prive de algumas vantagens, ela nos oferece outras. Seus cursos são muito regulares e retêm os arroios e rios que correm entre elas; e se soubermos onde estão os desfiladeiros que deixam passar essas correntes de água não ficaremos perdidos quando tivermos que estabelecer onde se encontram seus pontos de inflexão mais importantes.

Quando menciona os índios de Ohio, o Sr. Evans nos dá uma descrição excelente dos planos franceses e dos meios de opor-se a eles.

Samuel Johnson

Não devo deixar de fazer uma advertência àqueles no poder, dessa forma pública, pois descobri pela experiência que poucos serão beneficiados com a informação privada. Até o momento não soubemos de nenhum plano dos franceses que fosse maior do que o estabelecimento de comunicação entre o Canadá e a foz do Mississippi. Como isso era distante, tivemos muito pouco interesse no plano. Agora eles estão tentando fazer a mesma coisa mais próximo de nós, através de Ohio, onde começaram uma colônia; se o projeto for adiante, não é só Ohio que irá ficar sob seu controle, mas a região ao sul dali até a baía do México. Por esse motivo os ingleses devem construir fortes no rio Cherokee imediatamente e em outros desfiladeiros no caminho entre Ohio e Moville[16] antes que os franceses tentem se estabelecer lá, ou convençam os Cherokees, os Chicasaws ou os Creeks a romper sua amizade com os ingleses. E supondo-se que os franceses sejam expulsos de Ohio, podemos apostar que eles voltarão suas forças, com a esperança de ter mais sorte, para a parte posterior da Carolina. Acusamos os índios de serem volúveis, mas com maior propriedade deveríamos acusar-nos a nós mesmos de falta de bom senso ou de experiência, ao supor que qualquer nação possa estar conectada a qualquer outra por alguma outra coisa que não o interesse. Os Welinis[17] cultivaram a amizade com os ingleses em virtude do comércio e abandonaram os Confederados para se aproximarem dos ingleses. Mostraram afeição e decisão na defesa dos ingleses na cidade de Tawìghtawi, onde perderam, ali mesmo, 22 guerreiros dos 70 que tinham. E embora os franceses mais tarde lhes oferecessem termos muito vantajosos, eles insistiram em seu afeição por nós; e na guerra que travaram com os franceses, tinham esperança de que nós os ajudássemos, mas foram basicamente abandonados, sem armas e sem munição, ao ressentimento de um ini-

---

[16] Mobile, Alabama, fundada pelos franceses em 1702 e capital da Louisiana até 1720.
[17] Illinois.

migo enfurecido. É um costume estabelecido entre os ingleses comprar a amizade de nações hesitantes a um custo muito alto e abandonar seus amigos. Portanto, aqueles que já conhecem essa combinação de fraqueza e indignidade que toma conta de nós mantêm membros de conselhos nos negócios franceses e também nos nossos, como fazem os Confederados, para nos obrigar a fazer contribuições constantes. Enquanto aquelas nações que são verdadeiramente de nosso interesse são totalmente menosprezadas.

Se conseguirmos manter a região posterior da Carolina a tempo, derrotaremos exatamente aquele ponto que é do interesse dos franceses conquistarem. Quero dizer uma comunicação entre o Ohio e Moville. Porque se acreditarmos que o grande rio Mississippi é o único canal adequado para o comércio interno da Flórida, e que nenhum outro serviria para os franceses, veremos que estamos extremamente errados. Mesmo agora, os franceses só raramente sobem aquele rio por água, em virtude da enorme rapidez em todo o percurso do rio, que mal pode ser navegado contra a corrente em uma canoa com seis remos no meio do leito. Isso obriga os franceses, quando sobem o rio, a entrar pelo rio Rouge; mas, apesar disso, são obrigados a fazer uma ou duas varações muito longas. Próximo às margens a corrente é menos rápida no Mississippi, mas a agressividade dos índios ribeirinhos não permite que os franceses se mantenham tão próximos à terra. Portanto, para aproveitar o rio ao máximo, os franceses precisam dominar as terras dos Chicasaws e dos Cherokees; e, então, Moville e não mais Nova Orleans será o centro do comércio francês na Flórida, já que Nova Orleans, embora apenas umas 40 léguas Mississippi acima, em virtude da rapidez do rio, não pode ser alcançada por navio em menos de 30 ou 40 dias a partir da foz. E Moville fica sob água da maré. Se em busca de nosso atual ponto no Ohio nós mostrarmos qualquer descuido em nosso cuidado com a segurança daqueles índios, que são nossos amigos, ou não nos importarmos em manter a região posterior da Carolina, a deserção dos índios do local será inevitável, com as

Samuel Johnson

consequências que os franceses há muito conhecem, a seu próprio custo. A população pode ser enganada com a ideia de que já temos fortes e colônias naquele local, como é representado em alguns mapas publicados com grande autoridade. Só posso dizer que desejaria que qualquer uma dessas duas coisas fosse verdade. Comércio ambulante não é uma colônia, no sentido que os ingleses usam a palavra, e nem uma casa construída com troncos de madeira, sem ordem ou artilharia, ou guarnição é um forte em nenhum sentido.

O Ontário, em cujo sudeste fica Oswego, é descrito da seguinte maneira:

O Ontário ou Cataraqui é um lindo lago de água fresca, muito profundo, com uma margem moderadamente íngreme e uma costa de cascalho ao longo da parte sul. Os rios que se lançam nele tendem às vezes a ser obstruídos na foz. O lago, como o Mediterrâneo, o mar Cáspio e outras grandes águas sem saída para o oceano, tem uma pequena oscilação de suas águas, como marés, algumas de 30 a 45 centímetros em perpendicular, ocasionada pelas mudanças nas condições da atmosfera: subindo, quando o peso do ar que cai sobre ele é menor, e descendo à medida que esse peso aumenta. O lago é mais adequado para a navegação de barcos e canoas, ao longo da parte sul, já que as outras têm vários rochedos perto da superfície da água. Mas no centro o lago é seguro para navios. A neve é mais profunda no lado sul do lago do que em qualquer outro lugar nessa região; mas o lago não congela mesmo no inverno mais severo, onde não haja terra à vista. O estreito de Oghniágara, entre o lago Ontário e Erie, é facilmente navegável por oito ou 9,5 quilômetros com qualquer tipo de navio, ou uns 16 quilômetros no caso de canoas. Depois, somos obrigados a fazer o transporte por terra subindo três colinas bastante íngremes durante quase 13 quilômetros, onde agora abriram uma trilha excelente para carroças. Esse transporte é feito para evitar aquela incrível catarata de Oghniágara, que em um local se precipita impetuosamente 25 ou 26 braças e continua a cair em cachoeiras menores durante oito ou nove quilômetros e corre com uma rapidez inimaginável. Realmente, por 1,5 km ou 3 km o canal é tão rápido, acima da cachoeira, que não é seguro aventurar-se perto dele. Eles embarcam uma vez mais na bateria de pesca, e daí até o lago Erie são uns 29 quilômetros e a corrente é tão rápida que nem o vendaval mais forte é suficiente para que se possa navegar em um navio; mas é facilmente navegável em canoas, onde a corrente, aqui ou em outros lugares, é mais lenta perto das margens.

O lago Erie tem um belo litoral de areia no lado norte e em muitos outros locais no lado sul, especialmente na direção do sudeste. A temperatura e o clima desse lago são muito mais moderados que os do Ontário.

Ele conclui seu panfleto com algumas observações que podem ser de grande utilidade no sistema atual de política europeia, mas que não provará que esse sistema está certo, ou, em outras palavras, que ele é mais produtivo de felicidade universal do que qualquer outro sistema.

Se nada estivesse em jogo entre as coroas da Grã-Bretanha e da França a não ser as terras naquela parte do Ohio incluída neste mapa, poderíamos considerá-las um prêmio superior a qualquer outro pelo qual duas nações já lutaram; mas se além disso observarmos que ela é apenas um quarto da terra valiosa contida em uma extensão contínua e a influência que um estado, investido com toda a riqueza e o poder que naturalmente surgirão com o cultivo de um pedaço tão grande de terra boa em um clima privilegiado, acrescentará tanto à nação que as obtiver, e onde não há um terceiro estado para manter o equilíbrio de poder, é claro que o perdedor inevitavelmente sucumbirá sob seu rival. Não é o caso de duas nações em guerra, uma lutando pelas habitações da outra, onde o que foi conquistado e está submisso teria o direito de partilhar dos privilégios dos conquistadores; e sim um vasto país, que ultrapassa em extensão e terras produtivas todos os domínios europeus da Grã-Bretanha, da França e da Espanha. Uma terra quase que desprovida de habitantes e que ficará ainda mais desprovida de seus antigos habitantes à medida que os europeus se estabeleçam e com a mesma rapidez. Se tivessem comunicado à Sua Majestade o valor dessa terra, e o grande progresso que os franceses vêm fazendo, já durante vários anos, em suas invasões nos domínios de Sua Majestade; e sobre as medidas tomadas para manter as colônias desunidas e para impedir as tentativas generosas de seus súditos mais dedicados, é impossível conceber que Sua Majestade houvesse sacrificado, pela alegria de alguns poucos espíritos amargos, a melhor jóia da sua coroa. Ainda não é tarde demais para recuperá-la toda, *contanto* que não se ache que as plantações britânicas já estão grandes demais — se essa opinião prevalecer, surge agora uma oportunidade para diminuí-las em breve. Podemos achar que um dos maiores erros é a ideia de que a representação da extensão e do poder das plantações é muito grande e que esse poder é perigoso para a mãe-pátria. Qualquer pessoa que conheça a natureza do solo e a extensão de nossas colônias admitirá que todas as terras que merecem ser cultivadas de New Hampshire até a Carolina e estendendo-se para o interior até onde existam colonos estabelecidos a uns cinco ou seis quilômetros um do outro, embora incluam nove colônias, não equivalem em quantidade à metade da terra arável na Inglaterra. Se juntarmos todos os brancos no resto das colônias britânicas do continente, não teremos mais que 120 mil almas. Isso é claramente diferente dos conceitos daqueles que diriam que algumas colônias individuais equivalem à Inglaterra inteira. Massachusetts, embora considerado um bicho-papão, como se seus habitantes fossem tão ricos e numerosos que seriam capazes um dia de disputar o controle com a Inglaterra, não é tão grande quanto Yorkshire, nem tem a metade da terra cultivável daquele condado.

Se as colônias ficassem ricas e poderosas, que incentivo teriam para livrar-se de sua independência?[18] Laços nacionais de sangue e amizade, dependência mútua para apoio e ajuda em seus interesses civis e militares com a Inglaterra; cada colônia com uma forma de governo própria, e a inveja de que qualquer uma delas possa ser superior às demais, são obstáculos insuperáveis para que elas jamais se unam com base em qualquer ambição que elas próprias tenham e em detrimento da Inglaterra. Mas, eu não teria a pretensão de afirmar que aquela má utilização contínua, as violações de privilégios comprados por um preço tão alto, privilégios que são sacrificados à ambição e às intrigas de inimigos domésticos e estrangeiros, tudo isso pode não as encorajar a fazer o possível para se preservarem, fracas como estão. Mas enquanto elas forem tratadas como membros de um único corpo, e lhes permitirem seus direitos naturais, seria o cúmulo da loucura que elas propusessem sua independência, mesmo que fossem fortes o bastante para isso. Se elas tivessem ideias ambiciosas, uma colônia forte, de um inimigo natural da Inglaterra, em suas fronteiras, seria o único item que tornaria qualquer tentativa de independência verdadeiramente perigosa; e por esse motivo cabe àqueles que consideram o interesse futuro da Grã-Bretanha e de suas colônias impedir o crescimento do poder da França e não o da Inglaterra, na América.

Se Sua Majestade desejasse estabelecer uma colônia na região do Ohio, com um governador próprio, e uma forma eqüitativa de governo, total liberdade de consciência que fossem garantidos por uma carta régia, nada que os franceses pudessem planejar impediria o desenvolvimento dessa colônia após uns poucos anos. A importância de uma colônia assim para a Grã-Bretanha seria enorme, já que o clima e sua distância do mar fariam com que ela se voltasse imediatamente para a criação de seda natural, um artigo extremamente caro em nosso país e para

---

[18] Tanto Evans quanto a *Literary Magazine* dizem "independência", mas certamente isso é um erro. O correto é "dependência".

SAMUEL JOHNSON

cuja aquisição estamos sempre enfrentando dificuldades contínuas e desapontamentos. O custo do transporte desse artigo dessas partes mais remotas até o mar também é insignificante para influir em seu preço. Ohio tem provisões naturais de sal, carvão, calcário, mó, rebolo, argila para estufas e cerâmica, que são uma grande vantagem para uma região no interior, e que bem merecem a atenção que lhes dei neste mapa.

Ao estabelecer uma colônia naquele lugar, é preciso ter cuidado para evitar o monopólio da terra por pessoas privadas ou companhias públicas — e com esse objetivo, é preciso que qualquer pedaço de terra que fique sem melhorias por três anos após o levantamento, e que tenha mais de dois mil quilômetros quadrados por família, seja liberado para que qualquer pessoa se estabeleça nele; e que o primeiro dono seja obrigado a buscar terras mais distantes se estiver ainda disposto a se estabelecer — e fazer com que todas as terras apropriadas e que continuem sem melhorias ou sem colonização sejam obrigadas a pagar impostos correspondentes a três vezes o valor dos impostos pagos por terras de igual qualidade adjacentes que estejam recebendo melhorias. Pois, supondo-se que uma parte fosse tributada por seu devido valor, os dois terços restantes, em média, não seriam suficientes para compensar pelo custo dos impostos, taxas, segurança, serviços civis e militares daqueles que realmente se estabelecem e fazem melhorias.

Sobre esses parágrafos esplêndidos, deixem que um homem cujo curso de vida o fez conhecer muito pouco a respeito das coisas americanas, se aventure a fazer umas poucas observações.

Esse grande país pelo qual somos estimulados com tanta veemência a lutar não será verdadeiramente nosso mesmo que impeçamos que os franceses o possuam. Na verdade, como diz o autor, ele será desertado por seus habitantes, e nós então teremos uma adição de terras maior que um quarto da Europa. Embora isso pareça magnífico em perspectiva, perderá muito de seu encanto quando considerado mais de perto. O aumento de terras sem o aumento da população não aumenta o poder ou a riqueza, e sim deixa a terra à mercê de assaltos sem pessoas que a defendam, e pode trazer infelicidade para aqueles que a perdem sem enriquecer aqueles que a ganharam.

É bem verdade que o autor pressupõe que receberemos habitantes da Europa; mas é preciso lembrar que o poder dos ingleses não aumentará muito se eles estabelecerem colônias no Ohio graças ao despovoamento de seu próprio país. E como o objetivo de todas as ações humanas é a felicidade, por que qualquer número de nossos habitantes deveria ser banido de seus negócios e de suas casas para um deserto sem estradas, onde a vida deverá começar de novo, e onde não poderão ter nenhum tipo de alojamento a não ser aquele que consigam construir com suas próprias mãos? Mesmo supondo – o que é pouco provável – que eles tenham uma posse ininterrupta e melhorias sem nenhum impedimento, que benefícios podem advir que não sejam equivalentes a um exílio para os primeiros plantadores e que dificuldades não serão enfrentadas por seus descendentes imediatos?[19]

Temos em nosso país mais terras do que cultivamos, e mais matérias-primas do que manufaturamos; com regulamentações adequadas, podemos empregar toda a nossa população, e dar a cada pessoa a oportunidade de alcançar o gozo pleno de todos os prazeres e vantagens de um país civilizado e culto.

Realmente não sei se, em nosso país, podemos encontrar grandes quantidades daquela seda natural que, segundo nos dizem, podemos ter

---

[19] Expressões posteriores das ideias de SJ sobre a inconveniência da emigração são encontradas em seu *Journey to the Western Islands of Scotland*.

em tanta abundância nas margens do Ohio. Portanto, mandem milhares e milhões para aqueles desertos horríveis para que não tenhamos mais falta de seda natural. Quem que não tenha observado com frequência quanto um encadeamento de ideias às vezes ocupa a mente pode achar que um projeto assim tão louco possa ser uma proposta séria?

Sempre achei — aliás, como esse autor — que o temor de que as colônias americanas venham a romper a dependência que têm da Inglaterra é algo ilusório e fútil.[20] No entanto, embora ele se esforce, de acordo com seu objetivo atual, por mostrar o absurdo que são essas suspeitas, não deixa de insinuar algo que deve ser temido se as colônias não forem bem utilizadas. Todos os homens e todas as sociedades têm direito a toda a felicidade que pode ser desfrutada com a segurança de toda a comunidade. Dessa afirmação geral os americanos não devem ser excluídos, mas não nos deixemos intimidar por suas ameaças, eles ainda precisam ser dependentes, e se nos abandonarem, ou forem abandonados por nós, cairão, certamente, nas mãos dos franceses.

---

[20] Gipson e outros autores acusaram SJ de ser um mau profeta aqui, mas isso é injusto. SJ deixa claro que sua previsão de que as colônias americanas não se libertarão baseia-se na premissa da continuação da ameaça francesa à sua segurança. Quando essa ameaça foi eliminada pela guerra que começava, e os americanos já não precisavam da proteção militar da Inglaterra, esses termos já não se aplicavam.

Resenhas de panfletos sobre o caso do Almirante Byng (1756)

"Ojulgamento e a execução do almirante, o Honorável John Byng, foi um dos atos mais cruéis e cínicos de assassinato judicial em toda a história inglesa."[1] Assim começa um livro recente que relata o caso, e foram poucos os comentaristas que não chegaram a um veredicto semelhante, dentre os muitos que escreveram sobre o caso desde sua ocorrência até o presente. Para uma analogia, temos que pelo menos retornar às execuções políticas do século XVII como as de Sir Walter Raleigh e Lord Russell. Porém, naqueles casos, acreditava-se que as vítimas ofereciam algum tipo de perigo potencial para o governo da época

---

[1] Dudley Pope, *At Twelve Mr. Byng Was Shot* (1962) p. xi. O relato de Pope é o mais completo de todos já publicados. Veja também W. C. B. Tunstall, *Byng and the Loss of Minorca* (1928), e E. G. French, *The Martyrdom of Admiral Byng* (1961). Tunstall dedica um espaço considerável ao papel de Johnson no caso, um espaço em grande parte perdido, no entanto, já que ele tem a impressão – errônea – de que Johnson escreveu os panfletos e não apenas as resenhas. O motivo para o livro de French é estabelecer um paralelo entre as arbitrariedades sofridas por Byng e a substituição em 1916, do pai do autor, Sir John French, como comandante-em-chefe das forças britânicas na Primeira Grande Guerra. O texto de James A. Butler, "Johnson: Defender of Admiral Byng," *Cornell Library Journal*, Nº 7 (inverno, 1969), pp. 25-47, esclarece, muito utilmente, as circunstâncias que envolveram a composição de *The Conduct of the Ministry Impartially Examined* (1756), o último dos panfletos cuja resenha foi escrita por Johnson.

enquanto nada semelhante pode ser alegado no caso de Byng. Byng era um marinheiro profissional totalmente inofensivo, bem-intencionado e não muito importante, a quem o primeiro-ministro, o duque de Newcastle, e Anson, o ministro da Marinha, escolheram como sacrifício para tentar desviar a atenção do público britânico de sua própria ineficiência administrativa e decisões errôneas.

O fato de, evidentemente, não terem conseguido realizar seu objetivo é um tributo à independência da mente do público britânico mais culto do século XVIII e da liberdade da imprensa britânica. O catálogo da biblioteca do Museu Britânico contém uma lista de aproximadamente 60 panfletos contemporâneos sobre o caso, e os jornais e revistas cobriram o assunto durante muitos meses. Mesmo no século XX, se considerarmos quanta coisa ainda continua a ser publicada sobre o caso, parece que o público não perdeu o interesse no caso, considerando-o um exemplo e uma advertência de quanto mal um poder governamental arbitrário é capaz de perpetrar.

Crédito é devido também a dois grandes publicistas do século XVIII, um francês e um inglês, por incitarem a indignação pública contra o assunto. Voltaire o imortalizou, dois anos mais tarde, em uma passagem inesquecível em *Candide*, com uma máxima que se transformou em um provérbio: *"Dans ce pays-ci il est bon de tuer de temps em temps un amiral pour encourager les autres"*. Menos conhecida é a tentativa de Voltaire — embora a França e a Inglaterra estivessem em guerra à época — de ajudar Byng, escrevendo-lhe durante seu julgamento por corte marcial, anexando uma carta do marechal duque de Richelieu, comandante das forças francesas que tinha se oposto a ele em Minorca, na qual esse depunha, em termos muito elogiosos, a favor da conduta de Byng naquela ocasião.[2] Mas mesmo essa ação cavalheiresca não teve nenhuma influência sobre aqueles que tinham determinado a morte de Byng – principalmente Anson, pelo que supomos, e não o irresoluto Newcastle.

Os esforços de Johnson são ainda menos conhecidos. As resenhas que se seguem, que foram publicadas na *Literary Magazine* quando ele era editor da revista no primeiro ano da Guerra dos Sete Anos, só foram reimpressas muito raramente (uma delas parece não ter sido reimpressa até hoje). Para o estudante moderno elas não são uma leitura muito interessante. Os próprios comentários de Johnson, quando realmente aparecem, são bastante pungentes – "O Sr. Byng foi estigmatizado com infâmia e perseguido com vociferações estimuladas ardilosamente para desviar a atenção do público dos crimes e asneiras de outros homens, e... enquanto ele é assim perseguido veementemente por uma culpa imaginária, os verdadeiros criminosos esperam escapar". Mas eles aparecem raramente, e a maior parte das resenhas consiste em longos extratos dos panfletos que estão sendo criticados, especificando, em detalhe, a força relativa da frota de Byng e da força oponente francesa, imprimindo, na íntegra, documentos censurados ou mutilados pelo governo e coisas semelhantes. Deve ser lembrado que o caso de Byng ainda estava *sub judice* – sua execução não ocorreu até março de 1757 – e Johnson, como jornalista responsável, preocupa-se em colocar diante dos leitores, com toda a documentação relevante, a evidência que o governo estava ansioso por ocultar, para que eles

---

[2] Pope, pp. 246-49. A carta de Voltaire foi aberta pelo Correio e circulou pelo ministério antes de ser repassada a Byng. Veja também Voltaire, *Correspondence*, org. Theodore Besterman (1958) Nºs 6.400, 6.413.

pudessem examiná-la cuidadosamente e fazer seu próprio juízo. No fim, é claro, os esforços de Johnson não tiveram mais sucesso que os de Voltaire, ou que os da cruzada posterior do próprio Johnson para salvar William Dodd do castigo bárbaro de ser enforcado por falsificação.

Para tratar de todas as ramificações do caso Byng seria necessário um livro de grande volume – e, com efeito, livros assim continuam a ser publicados. Um breve esboço pode ajudar o leitor a acompanhar a sequência de eventos. Durante todo o ano de 1755 e no começo de 1756, a deflagração da guerra com a França, plenamente declarada, parecia inevitável. A declaração oficial ocorreu no dia 18 de maio de 1756, mas as hostilidades já haviam começado na América, onde Braddock tinha sido derrotado desastrosamente em julho de 1755, e na Índia. Na Europa, uma paz desconfortável ainda prevalecia, mas relatórios alarmantes eram enviados pelos agentes da inteligência britânica no continente sobre preparações maciças por parte dos franceses para uma invasão da Inglaterra pelo Canal. No final, nada do tipo foi tentado, e Johnson eventualmente ridicularizou "os barcos de fundo plano, construídos, suponho, nas nuvens, e agora perdidos nas nuvens outra vez".[3] Mas os relatórios eram bastante preocupantes em uma ilha onde, apenas uma década antes, o Jovem Pretendente, com a ajuda dos franceses, tinha, durante algum tempo, dado a impressão de que estava realizando uma conquista bem-sucedida. Outros relatórios diziam que uma frota francesa estava se concentrando em Toulon, com a intenção de atacar a estratégica base naval britânica em Minorca, que estava

---

[3] Veja p. 444 a seguir.

protegida unicamente por um esquadrão mínimo e uma guarnição. Para a defesa contra essa dupla ameaça, ou seja, um ataque através do Canal e outro no Mediterrâneo, Newcastle e Anson ficaram em um dilema sobre como distribuir suas limitadas forças navais. No final, tomaram a decisão errada – decidiram manter a maior parte da Marinha Real nas águas do próprio país para proteção contra uma invasão que nunca se materializou e enviar apenas uma força mínima para o Mediterrâneo.

Em março de 1756, o comando dessa força foi dado a John Byng, um homem de 52 anos e filho mais novo de uma das figuras mais eminentes da história naval britânica, o almirante George Byng, primeiro visconde de Torrington, herói da batalha de Cabo Passaro em 1718 e mais tarde ministro da Marinha de Walpole. Com apenas 14 anos, o jovem John estivera presente naquela batalha como aspirante (como também esteve George Anson, então um tenente de 21 anos); e, embora não tivesse conseguido imitar o brilho do pai, havia tido uma carreira profissional bastante respeitada na Marinha, e fora promovido, já em 1756, a vice-almirante da Esquadra Vermelha (a mais alta das três graduações de vice-almirante); quando nomeado para o comando da força de Minorca, foi promovido a almirante da Esquadra Azul. Mais tarde, a quantidade e qualidade dos navios, homens e provisões que lhe foram fornecidos tornaram-se objeto de muita polêmica; mas obviamente Anson, ministro da Marinha, estava poupando recursos para a invasão que se ameaçava, e esses recursos não eram muito abundantes. As dificuldades para tripular, equipar e suprir seus navios fizeram com que Byng se atrasasse em Portsmouth e sua força não partiu para o Mediterrâneo até dia 5 de abril. Quatro dias mais tarde, em Toulon, o almirante francês, o marquês de la Galissonière, partiu para Minorca com uma frota com um número de navios igual ao da frota de Byng (mas, como foi alegado posteriormente, consideravelmente mais forte em termos de tripulação e de poder de fogo), escoltando 15 mil tropas comandadas por Richelieu. A diminuta esquadra britânica na costa de Minorca não pôde evitar que a força francesa desembarcasse (dia 17 de abril) e sitiasse a guarnição britânica de 2.500 homens sob comando do velho general Blakeney, que tinham se abrigado no Forte São Felipe (St. Philip) situado diante de Port Mahon. A força de Blakeney defendeu-se com muita bravura, enquanto a frota de La Galissonière patrulhava as águas ao redor da ilha.

Byng teve que enfrentar o mau tempo na baía de Biscaia e não conseguiu chegar a Gibraltar até dia 2 de maio. Em Gibraltar, descobriu que o estaleiro onde pretendia reequipar seus navios danificados estava em péssimo estado. Além disso, o governador local, tenente-general Thomas Fowke, temeroso de que, após Minorca, os franceses se voltassem contra Gibraltar, relutou em lhe fornecer forças adicionais da guarnição. De Gibraltar, Byng enviou para o Ministério da Marinha sua comunicação, reproduzida na primeira resenha a seguir, advertindo-o sobre a situação favorável dos franceses e a pouca probabilidade que ele próprio tinha de manter Minorca com as forças à sua disposição. Mencionou, também, a probabilidade de que os franceses fizessem uma tentativa em Gibraltar, e escreveu: "Se eu fracassar na rendição de Port Mahon, considerarei a segurança de Gibraltar como meu próximo objetivo, e voltarei para cá com a esquadra". Byng então partiu para Minorca, encontrou a frota francesa e travou a batalha descrita em sua comunicação de 25 de maio, na qual, após ter sido alvo de alguns danos causados pelos franceses, conseguiu se safar e voltou para Gibraltar. Naquelas circunstâncias é possível dar razão a Byng por sua precaução: se ele tivesse posto em perigo sua frota, isso poderia ter significado a perda não só de Minorca, mas também de Gibraltar.

Enquanto isso, o ministério em Londres tinha obtido uma cópia do relatório de La Galissonière para seu próprio governo sobre a ação, cujo conteúdo tendia a glorificar sua própria agressividade e a minimizar a de Byng. Sem esperar novas informações, Anson e Newcastle aproveitaram essa vaga sugestão de que faltava coragem a Byng para admitir sua responsabilidade pela perda de Minorca (Blakeney entregou o Forte San Felipe no dia 29 de junho). Anson imediatamente tirou o comando das mãos de Byng e ordenou que ele regressasse à Inglaterra, onde ficou detido enquanto era convocada uma corte marcial. Alguns dos quatro almirantes e nove capitães que fizeram parte da corte foram selecionados obviamente porque tinham motivos profissionais ou políticos para não gostar de Byng.

Em virtude da necessidade de trazer de volta testemunhas do Mediterrâneo e de outras localidades, o julgamento não começou até 28 de dezembro de 1756. Enquanto isso, o ministério fez todo o possível para que a população ficasse contra Byng. A comunicação de Byng de 4 de maio, em que descreve a incapacidade de conseguir que seus navios fossem consertados e supridos adequadamente em Gibraltar e em que expressava sua preocupação pela perda de Gibraltar, não foi divulgada; em vez disso, o que foi reproduzido na *London Gazette*, o veículo para notícias oficiais do governo, foi sua comunicação de 25 de maio, inescrupulosamente editada a fim de deturpar a verdade da situação. Por exemplo, onde Byng havia escrito, "Estou fazendo todo o possível para cobrir Gibraltar," a palavra "cobrir" foi apagada, para que a frase parecesse uma confissão de temor em vez do anúncio de um plano estratégico válido. Como resultado dessas táticas, houve muito clamor público contra Byng, e segundo os defensores de Byng parte desse clamor foi instigada por agentes governamentais. A efígie de Byng foi queimada, multidões ameaçaram destruir sua casa no campo, e vendiam-se libelos difamatórios contra ele. Porém, finalmente, a verdade começou a surgir, em panfletos como os três primeiros, cuja resenha Johnson faz a seguir, e a indignação pública começou a deixar Byng em paz e a voltar-se contra o ministério. Apesar disso, Anson e Newcastle mantiveram seu plano com Pitt, que entrava e saía do ministério, desempenhando um papel ambíguo. Dia 27 de janeiro de 1757, a corte marcial declarou Byng culpado de várias das acusações, inclusive a de romper o 12º Artigo Naval de Guerra, ao não ser capaz "por covardia, negligência ou desinteresse" de "fazer o possível para tomar ou destruir todos os navios que seria sua obrigação enfrentar". Para isso, só havia uma sentença recomendada: a morte. A corte, no entanto, acrescentou um pedido de clemência. Mas o ministério resistiu a todos os esforços para obter um perdão ou uma reconsideração do veredicto, e Byng foi morto por um pelotão de fuzilamento no tombadilho superior do H. M. S. *Monarch* no porto de Portsmouth ao meio-dia do dia 14 de março de 1757 – "para a vergonha perpétua da justiça pública", como está gravado na placa do jazigo de sua família; "um mártir da perseguição política".

O envolvimento de Johnson nesse caso não precisa de nenhuma outra explicação além de seu ódio, como o de Voltaire, por qualquer injustiça insensível e hipócrita, e o fato de ele estar então responsável por um periódico que tinha se dedicado à crítica incansável do governo então no poder e da bárbara guerra mundial na qual esse tinha se metido. Mas houve duas conexões pessoais que podem ter reforçado suas idéias. Lord Anson, o principal perseguidor de Byng, havia nascido em Shugborough, perto de Lichfield. Embora famoso por sua volta ao mundo na década de 1740, era também um político *whig* ativo, que se envolvia nas inescrupulosas brigas internas do partido, e tinha aliado sua família aos poderosos magnatas *whigs* de Staffordshire, os Leveson Gowers (*"Renegado – às vezes dizemos um Gower"*) para tentar tirar dos *tories* a representação parlamentar da cidade de Johnson, Litchfield, na eleição de 1747, em que os dois partidos travaram uma luta acirrada. O enteado de Johnson, capitão Jervis Porter, R. N., que não gostava dele, parece ter sido um dos capangas de Anson. Mais tarde, a família Anson foi recompensada com o título de condes de Lichfield, e os Gowers, com o de marqueses de Staffordshire.[4]

Por outro lado, o capitão, o Honorável Augustus Hervey, mais tarde terceiro conde de Bristol, havia servido sob Byng em Minorca, era seu amigo pessoal e um de seus defensores mais veementes, proporcionando inúmeras evidências a seu favor durante o julgamento, escrevendo panfletos em sua defesa, organizando petições, até contemplando a ideia de um plano para ajudar Byng a escapar

---

[4] Veja *Politics*, pp. 39-40, 297-98. Os editores dos poemas de Samuel Johnson especulam que um epigrama sardônico sobre Anson escrito por SJ pode ter sido responsável pelo fato de o Ministério da Marinha ter ignorado o plano de Zachariah William para determinar a longitude, ou, como um escritor anterior sugeriu, o fato de "a providência não ser mencionada no *Voyage* de Anson". A hostilidade de SJ para com Anson é mais facilmente explicável por ambos serem de Lichfield. Veja p. 588 a seguir para uma referência depreciativa que SJ fez à viagem de Anson.

depois que a sentença de morte havia sido pronunciada. A afeição que Johnson sentia pela família de Hervey é bem conhecida. — "Se você chamar um cachorro de Hervey, eu o amarei". Para um dos irmãos de Augustus, o reverendo Henry Hervey Aston, Johnson compôs um sermão para angariar fundos que foi pregado na catedral de São Paulo e, para outro, deu bons conselhos relacionados com seus problemas matrimoniais.[5]

---

[5] Para o sermão para Henry Hervey Aston, veja a introdução de James L. Clifford ao livro *A Sermon Preached at the Cathedral Church of Saint Paul, Before the Sons of the Clergy* ([Augustan Reprint Society], 1955). Para Thomas Hervey, veja *Mr. Hervey's answer to a Letter He Received from Dr. Samuel Johnson, wherein he had endeavoured to dissuade him from parting with his supposed wife* (1772). *Augustus Hervey's Journal*, org. David Erskine (1953), contém muita coisa sobre o caso Byng. Horace Walpole também ocupou-se do assunto: coletou inúmeros panfletos sobre Byng e escreveu "Queries", que Augustus Hervey publicou na *London Chronicle*.

Resenha de uma carta para um membro do Parlamento e um apelo ao povo (1756)

Os dois panfletos de que Johnson trata aqui foram publicados no começo de outubro de 1756 e foram a abertura do contra-ataque ao Ministério pelos amigos de Byng. Acredita-se que o primeiro deles, *Carta para um membro do Parlamento no país de seu amigo em Londres, relacionado com o caso do almirante Byng: Com alguns documentos e cartas que foram transmitidos durante a expedição*, é de Paul Whitehead, um poeta sem importância e escritor mercenário um tanto desacreditado, que aparentemente recebeu dos defensores de Byng (chefiados por Augustus Hervey) o encargo de atuar como seu "relações-públicas" principal. Whitehead permaneceu próximo a Byng e Hervey antes, durante e depois do julgamento por corte marcial, ajudando Byng a preparar sua defesa e, de um modo geral, organizando a publicidade a seu favor. O segundo, *Um apelo ao povo* (o título completo é dado no cabeçalho da própria resenha, a não ser pela conclusão, "Part the First"), parece ter sido escrito pela mosca varejeira que perseguia permanentemente a oposição, Dr. John Shebbeare, que seria preso e ridicularizado um pouco mais tarde pelo governo Pitt-Newcastle por sedição, e, ainda mais tarde, sob George III e Bute, recompensado com uma pensão na mesma época que Johnson. Johnson faz um trabalho competente ao combinar o conteúdo dos dois panfletos em uma declaração magistral do caso contra Anson e Newcastle.

A resenha foi originalmente atribuída a Johnson no "Volume XIV" complementar de *Works* (1788), onde foi reproduzida (pp. 427-55) com uma nota de rodapé, "tanto este quanto o artigo subsequente, [a resenha de *The Conduct of the Ministry*] foram impressos originalmente na *Literary Magazine*. São atribuídas ao Dr. Johnson por suposição." O texto que se segue é o da *Literary Magazine*, nº 6 (15 set-15 out. 1756), pp. 299-309. As citações, normalmente indicadas na *Literary Magazine* pelo uso de aspas na margem, aqui são indicadas por uma fonte menor. As citações da LM mostram algumas variações dos textos na *Carta* e no *Apelo*, algumas provavelmente resultado de pressa e descuido, outras com o objetivo de condensar o texto. (E os próprios textos da *Carta* e do *Apelo* têm algumas diferenças das impressões originais dos documentos que citam.) Só as diferenças mais significativas são indicadas nas notas; em nenhum momento elas dão a impressão de terem sido feitas deliberadamente para dar ênfase aos argumentos do escritor.

Carta para um membro do Parlamento no País, de seu amigo em Londres, relacionado com o Caso do Almirante Byng. Cook.

Também um Apelo ao Povo, contendo a verdadeira carta completa do Almirante Byng para o Secretário do Ministério da Marinha: Observações sobre aquelas partes do texto que foram omitidas pelos escritores da Gazette e quais poderiam ser os motivos para essas omissões. Morgan.

Samuel Johnson

Ouvir as duas partes e não condenar ninguém sem julgamento são as leis inalteráveis da justiça. O homem que há algum tempo comandou a frota inglesa no Mediterrâneo, depois de ter suas efígies queimadas em uma centena de lugares e seu nome desonrado por inúmeros panfletos difamatórios; depois de ter sofrido tudo aquilo que a malignidade da sagacidade ou da loucura poderiam infligir em sua reputação, agora se ergue e exige uma audiência daqueles que quase que universalmente o condenaram, mas que o condenaram, em sua própria opinião, sem justiça e certamente sem nenhum tipo de investigação calma ou honesta.

Neste fragmento juntaremos as duas apologias e apresentaremos o argumento que resultará de sua junção.

A posição geral que ambos os panfletos tentam provar é que o Sr. Byng está sendo estigmatizado com infâmia e perseguido com clamores ardilosamente estimulados para desviar a atenção do público dos crimes e erros de outros homens, e que, enquanto ele está sendo assim perseguido veementemente por uma culpa ilusória, os verdadeiros criminosos têm a esperança de escapar impunes. Para que isso possa ser provado, são dados detalhes da conduta do almirante e das práticas de seus inimigos e motivos, ainda que especulativos, explicando por que a perseguição excedeu ao crime.

A primeira ofensa que o almirante supostamente fez ao ministério foi através da seguinte carta.

---

[1] O navio capitânia de Byng. Seguindo a prática moderna, os nomes de navios são postos em itálico no texto atual. O uso no texto original é inconsistente.

Ramillies,[1] na Baía de Gibraltar, 4 de maio de 1756.
Senhor,
Esta carta chega ao senhor daqui onde estou expressamente por Madri, recomendada a Sir Benjamin Keene, ministro de Sua Majestade naquele local, para ser encaminhada com a maior rapidez possível.

Cheguei aqui com a esquadra sob meu comando, nos primeiros minutos da tarde, depois de uma viagem monótona de 27 dias, ocasionada por ventos e calmarias contrários, e fiquei extremamente preocupado ao ouvir do capitão Edgcumbe[2] (que encontrei aqui com o *Princess Louisa* e a chalupa *Fortune*) que ele fora obrigado a sair de Minorca, já que os franceses tinham desembarcado naquela ilha, segundo todas as informações, entre 13 mil e 15 mil homens.

Eles saíram de Toulon no dia 10 do mês passado, com cerca de 160 ou 200 barcos a vela de transporte, escoltados por 13 barcos a vela de vasos de guerra; quantos eram da linha[3] não fui capaz de saber com nenhuma certeza.

Se eu tivesse tido a sorte de chegar a Mahon antes de os franceses terem desembarcado, digo a mim mesmo, sem modéstia, que teria sido capaz de evitar que eles estabelecessem uma base de operações naquela ilha; mas como tão desgraçadamente ocorreu, sou firmemente da opinião de que, devido à grande força que eles desembarcaram e à quantidade de provisões, víveres e munição de todo tipo que trouxeram consigo, que os atiradores no castelo[4] só conseguirão que o forte se mantenha por um pouco mais de tempo, e que venha a aumentar o número daqueles que devem cair nas mãos do inimigo; pois a guarnição, eventualmente, será obrigada a se entregar, a não ser que um número suficiente de homens possa ser desembarcado para expulsar os franceses, ou levantar o cerco: no entanto, estou decidido a viajar para Minorca com a esquadra, onde poderei julgar melhor a situação

---

[2] O Honorável George Edgcumbe, comandante do pequeno esquadrão britânico que tinha estado em Minorca.
[3] Linha de navios de batalha (mais tarde abreviada para "navios de batalha").
[4] Forte San Felipe (ou St. Philip), agora ocupado por quatro regimentos britânicos comandados pelo general William Blakeney.

SAMUEL JOHNSON

das coisas lá, e darei ao general Blakeney toda a ajuda que ele solicitar; embora eu tema que toda a comunicação entre nós será cortada, como é a opinião dos principais engenheiros desta guarnição (que já serviram na ilha) e de outros oficiais da artilharia que conhecem a situação do porto; pois se o inimigo tiver erigido baterias nas duas praias próximas à entrada do porto (uma vantagem que não podemos deixar de supor que eles iriam negligenciar), isso fará com que seja impossível para nossos barcos terem uma passagem para o porto marroquino da guarnição.

Pela lista em anexo que me foi entregue pelo capitão Edgcumbe, vossa senhoria[5] observará a força dos navios franceses em Toulon, e pela cópia de uma carta de Marselha para o general Blakeney, que eu lhes transmito junto a esta, vossa senhoria perceberá como os franceses se equiparam nessa ocasião. O que se subentende é que, quando eles conseguirem que o maior número possível de navios estejam prontos, podem decidir voltar seus pensamentos para cá.[6]

Se eu fracassar na rendição de Port Mahon, considerarei a segurança de Gibraltar o meu próximo objetivo, e voltarei para cá com a esquadra.[7] Os navios *Chersterfield*, *Portland* e *Dolphin* estão no caminho entre Mahon e Gibraltar. O *Phoenix* foi para Leghorn por ordem do capitão Edgcumbe para buscar cartas e informações; e o *Experiment* está atravessando a costa do Cabo Pallas, e o estamos esperando a qualquer momento.[8]

---

[5] Os Lordes Comissários, ou representativos da Coroa no Ministério da Marinha, chefiados por Anson. Todas as ordens para operações que vinham do Ministério eram emitidas em seu nome, coletivamente, e todas as comunicações dirigidas a eles por meio do secretário do Ministério da Marinha.

[6] Isso é, para Gibraltar.

[7] Os três parágrafos subsequentes na Carta a um membro do Parlamento foram omitidas na *Literary Magazine*. Nelas Byng queixa-se da impossibilidade de conseguir que seus navios sejam consertados e supridos em Gibraltar.

[8] Os navios listados nesse parágrafo, juntamente com o *Princess Louisa*, mencionado acima, constituíam o esquadrão de Minorca de Edgcumbe. Nenhum deles levava sequer os 64 canhões então considerados o número mínimo necessário para um navio de linha de batalha. O *Phoenix* estava sob o comando do capitão Augustus Hervey.

Por uma carta do Sr. Banks, nosso cônsul em Cartagena, para o general Fowke,⁹ do dia 21 de abril, parece que 12 barcos a vela de vasos de guerra espanhóis receberam ordem de ir para Cadiz e Ferrol e são esperados naquele porto, mas por que motivo ele não soube dizer ao governador. Estamos ocupados no momento em embarcar algum vinho e completar nossa água com a maior pressa, e não deixaremos passar a oportunidade de partir daqui.

Em anexo estou lhe enviando uma cópia dos papéis mencionados como me foram entregues, e cuja inspeção por parte de vossa senhoria julgo necessária.

Sou, Senhor,
Seu mais humilde servidor,
J. B.

Hon. J___n C_____d, Esc:¹⁰

Essa carta foi cuidadosamente suprimida, pois não era conveniente que as pessoas soubessem que ele já tinha achado que "sua chegada fora tarde demais" e que "sua força era frágil demais", que "seus navios eram péssimos" ou "suas provisões insuficientes" ou "as obras de Gibraltar abandonadas e em ruínas".¹¹ No entanto, ele foi punido por essa informação incerta, por uma suposta ocorrência de covardia e por um relatório eficientemente divulgado que afirmava "que ele não iria lutar".

---

⁹ O tenente-general Thomas Fowke, governador de Gibraltar. Também foi destituído mais tarde e submetido a uma corte marcial por ter desobedecido a uma ordem do Ministério da Guerra para enviar reforços de sua guarnição para Minorca com Byng. Foi demitido do serviço.
¹⁰ John Clevland (ou Cleveland), secretário do Ministério da Marinha.
¹¹ Embora, por mais estranho que pareça, SJ (ou o tipógrafo) não incluiu a parte da carta de Byng de onde foram extraídas essas citações (veja n. 7, p. 391).

Para provar que sua afirmação sobre a superioridade da esquadra francesa com relação à inglesa não é uma ficção artística ou uma visão deturpada pela covardia, ele fornece a seguinte tabela da diferença de poder entre eles.[12]

Em primeiro lugar, o número de navios era igual dos dois lados. Com respeito a isso, então, não se poderia dizer que uma parte tinha qualquer vantagem sobre a outra. Como as fragatas, de nenhum dos lados, se empenharam em combate, embora os franceses superassem os ingleses e muito no número de homens e no peso do metal, não tentarei deduzir dessa circunstância nenhum argumento sobre a superioridade da frota francesa com relação à inglesa. Mas consideremos apenas aqueles navios que foram dispostos em linha de batalha,[13] observando a fragilidade da objeção à conduta do almirante por ter deixado o *Deptford* fora da linha, quando a mesma coisa foi feita pelo Monsieur La Gallissonnière ao não colocar o *Junon* em sua linha; o primeiro navio tendo 48 canhões e o segundo, 46.
O número de navios sendo igual, a próxima consideração é o número de canhões; e neste artigo, de acordo com essa lista, que foi recebida de uma pessoa que tinha maior capacidade para fazer um relato justo e que seria a menos suspeita de fazer o oposto, a frota francesa excedia a inglesa em 50 canhões, o número de canhões da primeira sendo 828 e o da segunda sendo 778, o que daria 50 canhões a mais para os franceses; mas, como pode ser alegado que, segundo outras listas impressas pelas autoridades, são atribuídos ao *Hipopothame* e ao *Fier*

---

[12] A tabela na página a seguir foi publicada na *Literary Magazine* a essa altura; tanto a tabela e aquilo que se segue são citações extraídas de *An Appeal to the People*, pp. 26-32.

[13] Esta nota se refere à pontuação em inglês e a tradução do texto foi feita de acordo com a observação da nota, que diz: "Talvez a pontuação aqui devesse ser 'battle only, remarking'". (N. T.)

apenas 50 canhões de navio, vamos supor que isso esteja correto, e então o número de canhões franceses ultrapassa o dos canhões ingleses em somente 22 canhões.

O próximo artigo que deve ser considerado é o peso do metal; e aqui parece necessário observar que o normal é denominar o peso do metal só pelos canhões que estão sobre os conveses inteiros; com isso ocorre que, embora só três tamanhos estejam mencionados na lista do *Ramillies*, e dois na do *Foudroyant*, que existiam dez a bordo do *Ramillies* no tombadilho superior e no castelo de proa, que levava somente 6 libras, e a bordo do *Foudroyant* 24 libras, que, colocados nos mesmos lugares mencionados no *Ramillies*, levava apenas balas de 12 libras.

O *Foudroyant* e o *Ramillies*, portanto, devem ser considerados com relação aos canhões que cada um deles levava.

	Foudroyant		*Ramillies*
Canhões	Peso de balas	Canhões	Peso de balas
30 de	52 libras	26	De 52 libras
30	24	26	18
24	12	28	12
84	2268 libras cada ataque	10	6
		90	1696 libras cada ataque

Deduzindo o número menor do número maior, o peso da balas lançadas pelo *Foudroyant* atirando com todos os seus canhões[14] ultrapassa o do *Ramillies* por 572 libras, quase um terço da quantidade total. O número de homens a bordo do navio inglês era 730;[15] a bordo do francês, 950; o que dá uma superioridade de 220 homens para o navio

---

[14] A forma padrão de enfrentamento na batalha naval dos séculos XVIII até o XX era por salvas de artilharia do costado dos navios que estavam na linha de batalha; portanto, o peso total do metal lançado em uma salva era de importância crucial.

[15] A tabela em *Appeal*, como também na LM, diz "780".

A esquadra do Honorável Almirante Byng, quando ele se empenhou em combate contra a de M. De La Galassonière na costa do Cabo Mola, em 20 de maio de 1756

Nomes dos Navios	Canhões	Peso do metal no			Homens
		Convés inferior (em libras)	Convés médio (em libras)	Convés superior (em libras)	
Ramillies	90	32	18	12	780
Culloden	74	32		18	600
Buckingham	68	32		18	535
Lancaster	66	32		18	520
Trident	64	24		12	500
Intrepid	64	32		18	480
Captain	64	24		12	480
Revenge	64	24		12	480
Kingston	60	24		9	400
Defiance	60	24		12	400
Princess Louisa	56	24		12	400
Portland	48	24		12	300
	778				5875
Fragatas					
Deptford	48				280
Chesterfield	40				250
Phoenix	22				160
Dolphin	22				160
Experiment	22				160
Total	932				6885

A esquadra de M. De La Galassonière, quando desembarcou suas tropas em Minorca em 18 de abril, e no combate contra a Esquadra do Almirante Byng na costa do Cabo Mola, 20 de maio de 1756

Nomes dos Navios	Canhões	Peso do metal no		Número de		Total de homens a bordo de cada navio
		Convés inferior	Convés superior	Marinheiros	Soldados	
Foudroyant	84	52	24	700	250	950
La Couronne	74	42	24	650	150	800
Le Guerrier	74	42	24	650	150	800
Le Temeraire	74	42	24	650	150	800
Le Redoutable	74	42	24	650	150	800
L'Hipopotame	64	36	24	500	100	600
Le Fier	64	36	24	500	100	600
Le Triton	64	36	24	500	100	600
Le Lion	64	36	24	500	100	600
Le Contant	64	36	24	500	100	600
Le Sage	64	36	24	500	100	600
L'Orphée	64	36	24	500	100	600
	828			6800	1550	8350
Fragatas						
La Juno	46			300		300
La Roze	30			250		250
La Gracieuse	30			250		250
La Topaze	24			250		250
La Nymphe	24			200		200
Total	982			8050	1550	9600

francês. Ora, em média[16] podemos permitir oito homens para cada canhão a bordo do *Foudroyant*, já que o metal dele é mais pesado, e seis homens para um canhão a bordo do *Ramillies*; isso fará 672 homens nos canhões grandes, e 278 nas armas pequenas, a bordo do navio francês; e 540 homens nos canhões grandes e 190 nas armas pequenas, a bordo do *Ramillies*, o que dá uma superioridade de 88 homens nas armas pequenas para o *Foudroyant*, quase um terço a mais que os do *Ramillies*. Nessa contagem computamos oficiais e outros empregados em várias funções relacionadas com armas pequenas; e como cada navio tem provavelmente um número semelhante envolvido nesses serviços, se considerarmos que existe o mesmo número a bordo de cada navio, haverá a mesma proporção com relação aos homens das armas pequenas; isso, portanto, não tem nenhuma influência na validade do raciocínio.

Deixe-me então imaginá-los todos empenhados em combate, a bordo de cada navio, o *Foudroyant* atirando 278 balas com as armas pequenas e o *Ramillies*, 190. Nesse caso, o fogo do navio francês ultrapassa o do inglês em 88 balas em cada saraivada geral. Vamos supor também que um número de canhões equivalente à totalidade deles em cada navio fosse disparado em um minuto, o que não parece uma suposição improvável, já que um canhão pode ser disparado doze vezes em um minuto em terra; o excesso do peso do metal no *Foudroyant*, comparado com aquele disparado pelo *Ramillies* em uma hora, será de 34.320 libras, uma superioridade extraordinária. Se considerarmos também, na mesma hora, quatro disparos das armas pequenas por minuto, então o número de balas pequenas disparadas do *Foudroyant*, que ultrapassariam as balas pequenas disparadas pelo *Ramillies* em uma hora, será de 21.120, o que aumenta a chance de os homens serem atingidos mortalmente nos tombadilhos superiores a bordo

---

[16] No original "medium" — a nota de rodapé esclarece que *medium* significa média. (N. T.)

do navio inglês em um número equivalente. A vantagem obtida com as armas pequenas é, então, exatamente proporcional à superioridade numérica de um navio sobre o outro, e a vantagem dos tiros mais pesados disparados dos canhões é proporcional à superioridade do diâmetro do canhão suponhamos que uma bala de 32 libras tenha 10 polegadas de diâmetro: essa bala pode passar entre dois objetos que estejam 11 polegadas distantes um do outro sem tocar nenhum dos dois; enquanto, se tivermos uma bala de 52 libras com 12 polegadas de diâmetro, que passe na mesma direção que a anterior, essa última bala pode destruir, mas inevitavelmente irá ferir ambos os objetos; uma vez mais, se supusermos uma bala de 10 polegadas de diâmetro que passe a uma distância de meia polegada de qualquer um objeto, veremos que a de 12 polegadas de diâmetro que passe na mesma direção irá destruir ou ferir aquele objeto, graças ao diâmetro maior. Da mesma forma, à medida que o diâmetro da bala aumenta, os orifícios que são feitos nos costados do navio também aumentarão; assim, dois homens podem morrer atingidos pela bala maior e não ser sequer tocados pela menor; duas cordas podem ser cortadas pela maior e nem sequer tocadas pela menor; e mastros e vergas podem ser levados pelo diâmetro maior da bala pesada, mas não serão tocados ou serão menos danificados pela menor; além disso, os orifícios entre o vento e a água,[17] que são feitos pelas balas mais pesadas, também sendo proporcionais ao diâmetro delas, aumentam o perigo de afundamento do navio, já que a quantidade de água que flui pela abertura maior é maior que a que fluiria pela abertura menor; portanto, cada salva disparada pelo *Foudroyant* tem a probabilidade de causar mais dano que as disparadas pelo *Ramillies*, já que os diâmetros de todas as balas juntas que seriam disparadas pelo navio francês são superiores àqueles do navio inglês. E é por esse motivo que, em grande medida,

---

[17] Parcialmente acima e parcialmente abaixo da linha de flutuação do navio.

os mastros, vergas e cordames a bordo dos navios ingleses são mais danificados em batalha que aqueles a bordo dos navios franceses.

Portanto, em todos os aspectos, à exceção do número de canhões, que são apenas seis canhões pequenos de seis libras, o *Foudroyant* é superior ao *Ramillies*, em uma proporção de quase três para dois. Nesse método de avaliar a superioridade, que me parece justo, se, para três para dois em força pusermos três para dois em navios, o que significa a mesma coisa, de qual lado um homem prudente irá esperar a vitória.[18]

Com esse método de avaliar cada força, eu não proponho reduzir os vários graus de força de cada navio a uma precisão matemática e demonstrativa, mas apenas demonstrar, com alguma proximidade,[19] em quanto a superioridade dos franceses era maior que a dos ingleses; quanto ao tamanho dos navios, o *Foudroyant* era o maior.

É provável que aleguem que para carregar e disparar um canhão, em vez de levar um minuto, pode-se levar de cinco a dez, e que cada homem nas armas pequenas gasta um tempo semelhante para carregar e disparar seu fuzil. Mesmo assim, isso não gera nenhuma diferença, pois, já que o mesmo tempo é atribuído a cada navio, a superioridade de poder a bordo no *Foudroyant* com relação ao poder do *Ramillies* continuará sendo a mesma; e a única alteração proveniente disso é que com menos disparos a superioridade não é exercida com tanta frequência, e a proporção de quatro para três continua.

Nessa maneira de comparar as diferentes forças das duas frotas, eu me fixei nos dois navios que mais se pareciam, e nesse caso a vantagem foi de quatro para três. Entre o *Couronne* e o *Culloden*, ela é ainda maior, e se formos ainda mais abaixo, e compararmos os navios franceses de 74 e 64 canhões com os ingleses de 68, 66, 64 e 60 canhões, a vantagem é de três para dois. Portanto, a proporção quatro a três é, na verdade,

---

[18] Pelo sentido, deveria haver um ponto de interrogação aqui.
[19] Aproximadamente.

muito inferior à superioridade da frota francesa com relação à inglesa quando elas se enfrentam no Mediterrâneo.

Portanto, parece, evidentemente, que se subtraíssemos essa terça parte de superioridade dos 12 navios franceses, deixando cada um deles igual a um navio inglês, ainda haveria uma força suficiente para equipar quatro navios mais, e a proporção seria de 16 navios franceses para cada 12 ingleses, uma superioridade que um homem prudente não ousaria enfrentar.

A próxima queixa do Sr. Byng é do dano que foi causado à sua reputação pela distorção de sua carta publicada na *Gazette*,[20] que agora é fornecida ao público em sua versão correta, para que o público possa livremente examiná-la.

As partes impressas com aspas[21] são as partes que foram omitidas pela *Gazette*.

Ramillies, litoral de Minorca, 25 de maio de 1756

Senhor,

Tenho o prazer de pedir que vossa senhoria comunique aos Lordes que, tendo partido de Gibraltar dia 8, cheguei ao litoral de Mahon dia 19, onde, dois dias antes, o navio *Phoenix* de Sua Majestade, vindo da costa de Majorca, juntou-se a nós. *Por eles foi confirmada a informação que eu tinha recebido em Gibraltar sobre o poderio da frota francesa e sobre o fato de eles estarem no litoral de Mahon. As cores de Sua Majestade ainda estavam ondulando no castelo de St. Philip, e pude perceber vários danos causados por bombas lançadas contra ele de vários lugares. Vimos que as cores francesas ainda ondulavam na parte ocidental do castelo de St. Philip. Enviei o Phoenix, o Chesterfield e o Dol-*

---

[20] *London Gazette*, nº 9594, 22-26 de junho de 1756.
[21] Impressas em itálico no texto original.

phin à frente, para fazerem o reconhecimento da entrada do porto, e o capitão Hervey para tentar entregar uma carta ao general Blakeney para avisá-lo de que a frota estava aqui para ajudá-lo, embora todos fossem da opinião de que não teríamos nenhuma utilidade para ele, já que, pelo que todos diziam, nenhum lugar era seguro o suficiente para esconder um desembarque, mesmo que pudéssemos ter pessoas suficientes para fazê-lo. O Phoenix deveria também fazer o sinal específico entre o capitão Hervey e o capitão Scrope, já que o último sem dúvida iria se afastar, se isso fosse viável, tendo mantido a barcaça do Dolphin em seu poder; mas a frota do inimigo que apareceu no sudeste[22] e o vento que ao mesmo tempo vinha muito forte da terra me obrigaram a chamar de volta aqueles navios antes que eles pudessem ir mais próximos à entrada do porto, para se assegurar de que artilharias ou canhões poderiam ser colocados para evitar que estabelecêssemos qualquer comunicação com o castelo. Devido ao pouco vento, eram cinco horas quando eu cheguei a formar minha linha de batalha, ou distinguir qualquer um dos movimentos do inimigo e sem poder avaliar sua força a não ser pelos números, que eram 17 e 13 que pareciam grandes. A princípio eles ficaram voltados para nós em uma linha regular, sete virando de bordo, o que achei que era para tentar aproximar-se, durante a noite, do costado do nosso navio, que recebia o vento favorável; assim, como era tarde, eu virei de bordo para ficar na direção do vento deles, bem assim como garantir que receberíamos o vento da terra[23] de manhã, estando muito nublado e a não mais de cinco léguas do Cabo Mola. Viramos de bordo na direção do inimigo às onze horas; e à luz do dia não pudemos vê-los de modo algum. Mas como duas tartanas[24] com o sinal particular francês estavam próximas à retaguarda de nossa frota, enviei o *Princess*

---

[22] A *Gazette* imprimiu "quando a frota do inimigo apareceu no sudeste" após "Majorca, dois dias antes", dando assim uma conclusão à frase.

[23] A *Gazette* faz a seguinte pontuação: "vento; na manhã, estando muito nublado e a não mais de cinco léguas do Cabo Mola, nós viramos de bordo".

[24] Segundo o *Dicionário Houaiss*, embarcação de pequeno porte a vela, alongada e coberta, usada no Mediterrâneo para navegação costeira, pesca e transporte. (N. T.)

Louisa para perseguir uma delas, e fiz um sinal para o contra-almirante, que estava mais próximo da outra, para enviar navios para persegui-la; o *Princess Louisa*, o *Defiance* e o *Captain* estavam muito distantes, mas o *Defiance* pegou a dele, que tinha dois capitães, dois tenentes e 102 soldados privados que tinham sido enviados no dia anterior com 600 homens a bordo das tartanas para reforçar a frota francesa, em virtude de nosso aparecimento naquelas costas. O capitão Hervey, do *Phoenix*, ofereceu seu navio para servir de brulote, mas sem danificá-la como fragata, até que fosse feito o sinal para escorvá-la, e então ele deveria fazer um buraco nos tombadilhos, tudo o mais estando preparado, à medida que o tempo e o lugar permitissem. O inimigo agora começou a surgir do topo de mastro; eu chamei os cruzadores e, quando eles se juntaram a mim, virei de bordo na direção do inimigo e formei a linha de batalha à frente. Descobri que os franceses estavam preparando sua linha a sotavento, tendo tentado, sem sucesso, me expor às intempéries. Na linha, havia 12 navios grandes e cinco fragatas. Assim que achei que a retaguarda de nossa frota estava emparelhada com a parte fronteira deles, viramos de bordo completamente, e imediatamente demos o sinal para os navios que estavam à frente, para ficarem ainda mais à frente, e para que o *Deptford* saísse da linha para que nossa frota pudesse ficar com o mesmo número que a deles. Às duas horas fiz o sinal para travar combate, pois achei que era o método mais seguro de ordenar que cada navio se aproximasse daquele pelo qual ele fosse responsável. E aqui devo expressar minha enorme satisfação pela maneira galante com a qual o contra-almirante deu o exemplo à nossa vanguarda, ao ter ido imediatamente na direção dos navios com os quais deveria travar batalha com seu ajudante, o que fez com que um dos navios franceses começasse a batalha, o que fizeram, fazendo com que os nossos se inclinassem à medida que eles se afundavam; eu fui na direção do navio que estava à minha frente e comecei a travar batalha com ele, depois de ter recebido o fogo durante algum tempo. *Infelizmente* o *Intrepid* (bem no começo) levou um tiro em seu mastro de proa superior, e, como o mastro ficou pendurado no traquete e o puxava para trás, ele já não conseguia controlar o navio, já que a corda do traquete e todos os grampos de fixação tinham sido cortados ao mesmo tempo, de modo que ele foi na direção do navio mais próximo a ele, e obrigou aquele navio e todos os navios à minha frente a recuarem; isso me obrigou também a fazer a mesma coisa por alguns minutos para evitar que eles caíssem sobre mim, embora não antes de forçar nosso adversário fora da linha, e ele, colocado diante do vento, teve vários tiros disparados sobre ele por seu próprio almirante. Isso não só fez com que o centro do inimigo ficasse livre, mas deixou a divisão do contra-almirante a descoberto por algum tempo. Eu ordenei a todos os navios à minha frente que continuassem navegando e que atacassem o inimigo e mandei que o *Chesterfield* ficasse ao lado do *Intrepid* e que o *Deptford* substituísse o *Intrepid*. Percebi que o inimigo se afastava constantemente, e, como se moviam três pés para cada um nosso, nunca iriam permitir que nos aproximássemos deles, e se aproveitaram disso para destruir nosso cordame. Pois embora eu tivesse me aproximado rapidamente do contra-almirante, não pude uma vez mais me aproximar do inimigo, cuja vanguarda estava bastante distante de sua linha; mas seu almirante se juntava a eles fazendo-se ao mar. A essa altura já passava das seis horas, e a vanguarda do inimigo e a nossa já estavam longe demais uma da outra para travar batalha. Percebi que alguns de seus navios se estendiam na direção norte e imaginei que iam formar uma nova linha; fiz sinal para que os navios mais à frente virassem de bordo, e aqueles que antes estavam liderando de bombordo que liderassem de estibordo para que eu pudesse (se possível) primeiro reter o vento do inimigo e segundo colocar-me entre a divisão do contra-almirante e o inimigo, já que seu navio tinha sido o que mais sofrera, como também para cobrir o *Intrepid*, que percebi estar em péssimas condições, e cuja perda aumentaria o desequilíbrio em nosso detrimento, se eles nos atacassem na manhã seguinte como eu esperava. Eu trouxe cerca de oito para se juntarem ao *Intrepid* naquela noite e para reequipar nossos navios o mais rápido possível, e continuei a fazer isso a noite toda. Na manhã seguinte não vimos nem sinal do inimigo, embora ainda o estivéssemos buscando; Mahon estava situado ao noroeste a mais ou menos dez ou onze léguas. Enviei cruzadores para procurar o *Intrepid* e o *Chesterfield*, que se juntaram a mim no dia seguinte; e, pela informação sobre o estado e a condição da esquadra que recebi, descobri que o *Captain*, o *Intrepid* e o *Defiance* (que mais tarde perdeu seu capitão) estavam muito danificados nos respectivos mastros, *e que por isso estavam se arriscando a não serem capazes de manter seus mastros adequadamente no mar; e também que a esquadra de um modo geral estava muito fragilizada, com muitos homens mortos ou feridos, e sem nenhum lugar onde pudéssemos colocar até um terço deles, mesmo que eu preparasse um hospital em um navio de 40 canhões, algo que não é fácil de fazer no mar.* Pensei que seria adequado nessa situação convocar um conselho de guerra antes de ir outra vez em busca do inimigo. Desejava que o general Stuart, Lord Effingham, Lord Robert Bertie e o coronel Cornwallis estivessem presentes para que *eu pudesse ouvir suas opiniões sobre a situação atual de Minorca e Gibraltar, e assegurar-me de que iria proteger o último, já que era considerado impraticável socorrer ou ajudar a primeira com a força que tínhamos; pois, embora pudéssemos, com justiça, dizer que tínhamos vencido, ainda assim nosso peso é muito inferior ao peso dos navios franceses, embora os números sejam iguais, e eles têm a vantagem de mandar seus feridos para Minorca e de obter reforços de marinheiros de seus navios-transportes e soldados de seu acampamento; e tudo isso sem dúvida foi feito durante esse tempo em que estivemos esperando o reequipamento, e muitas vezes tendo Minorca à vista; e mais do que uma vez seus navios foram vistos em uma linha a partir dos nossos topos de mastros.* Envio a suas senhorias a resolução do conselho de guer-

ra, no qual não houve[25] a menor discórdia ou surgiu nenhuma dúvida. *Espero realmente que encontremos estaleiros para nos reequipar em Gibraltar, e se eu tiver qualquer reforço, não perderei um só momento para ir em busca do inimigo outra vez, e uma vez mais empenhar-me em combate com eles, embora eles tenham a grande vantagem de estar em navios limpos, que navegam três pés para cada pé nosso, e que, portanto, têm a escolha de como irão travar batalha conosco, ou se sequer o farão, e nunca deixarão que nos aproximemos deles, já que seu único objetivo é incapacitar nossos navios, algo que lograram fazer com bastante sucesso, embora nós os tivéssemos obrigado a navegar na direção do vento.* Não envio a suas senhorias os detalhes de nossas perdas e danos resultantes disso porque isso levaria muito tempo, e estou desejando que nenhum tempo seja desperdiçado até que eu possa avisá-los sobre um evento de tal consequência. Não posso deixar de pedir reforços a suas senhorias, se é que nenhum ainda foi enviado, com seu conhecimento da força do inimigo nesses mares, e que, soubemos por informações muito boas, serão ainda reforçados com mais quatro navios grandes de Toulon, que estão quase prontos para zarpar, se já não zarparam para juntar-se a esses daqui. Envio esta carta para Sir Benjamin Keene por Barcelona e estou fazendo todo o possível para cobrir Gibraltar; de qual lugar proponho enviar a suas senhorias um relato mais específico.

           Sou, Senhor, seu mais humilde servidor,
                     J. B.

Honorável John Cleveland, Esc.
P. S. Preciso pedir que o senhor avise suas senhorias de que eu nomeei o capitão Hervey para o comando do *Defiance*, para substituir o capitão Andrews, que foi morto em ação.
Acabo de enviar os defeitos dos navios, já que fiz com que preparassem a lista enquanto eu estava terminando a carta.

---

[25] A *Gazette* preenche a lacuna substituindo "no qual" por "no qual houve".

As passagens que foram omitidas estão especificadas aqui, e agora chegou o momento de investigarmos por que foram omitidas.[26]

A primeira distorção ocultou uma referência à sua carta anterior enviada de Gibraltar que, aparentemente, era do interesse do Ministério manter em segredo. Parece também que outro objetivo dessa omissão é insinuar que Byng nunca chegou sequer a ver Minorca, e que ele foi pego de surpresa pelos franceses. As palavras "mesmo que pudéssemos ter pessoas suficientes para fazê-lo" teriam revelado a fraqueza de seu potencial militar; e a opinião dos oficiais de que o "local para desembarque estava oculto" teria demonstrado a loucura daqueles que arquitetaram a expedição e enviaram uma frota fraca demais para enfrentar o inimigo no mar, sem esperar que ela fosse, ao mesmo tempo, afugentar um exército entrincheirado na terra. Quem enviou a frota frágil, quando poderiam tê-la fortalecido acrescentando os navios cujas tripulações estavam inutilmente devorando suas provisões em Spithead, e divertiu a nação com uma tentativa de salvar Minorca, quando, ao mesmo tempo, não mandaram nenhuma força terrestre ou nenhuma proporcional ao objetivo, e as enviaram em um momento em que não podiam ser desembarcadas.

A segunda omissão foi igualmente injusta, e igualmente maligna, e parece destinada parcialmente a fazer com que o almirante caísse em descrédito e parcialmente para ocultar os defeitos do ministério. Para esconder a adequação da retirada de Byng, eles suprimiram os danos causados aos navios; para esconder sua própria negligência, eles deixaram de mencionar os feridos e a necessidade de um navio-hospital para recebê-los. Certamente os homens que enviaram a

---

[26] Os oito parágrafos que se seguem são sobretudo uma paráfrase dos argumentos em *Um apelo ao povo*.

frota sem provisão para os feridos não tinham nenhuma intenção de que houvesse uma batalha, e queriam apenas enganar a nação por meio de uma expedição arquitetada propositalmente para que fosse inútil.

Essa é a primeira vez que a frota foi equipada para um empreendimento desse tipo sem navios-armazém, navios-fogo, navios-hospital ou navios-tender; e por que essa frota assim tão mal provida, que justificativa pode ser dada, a não ser que jamais houvesse nenhuma intenção de salvar Minorca?

Como a intenção dessa omissão era sobretudo a de culpar Byng por ter retornado sem necessidade, podemos agora investigar se foi adequado arriscar um segundo enfrentamento. Jamais se esperou de qualquer homem que lutasse sem esperança de vitória, ou sem uma perspectiva de vantagem proporcional ao risco de derrota. Esperança de vitória ele não podia ter, a frota francesa era superior no começo e tornou-se ainda mais superior depois da batalha; perspectiva de vantagens agora estava no fim, pois ele não podia salvar St. Philip, embora Galissonnière tivesse entregado seus navios sem um único tiro, St. Philip já estava sitiado por uma força adequada, e, embora o cerco pudesse ter sido prolongado, não poderia ter sido levantado.

É muito mais difícil descobrir por que Galissonnière permitiu que nossos navios estilhaçados escapassem. Terá sido por uma convenção secreta com nosso ministério que Minorca foi cedida por um lado, e nossa frota derrotada poupada, por outro? Que outra justificativa pode ser dada para explicar o fato de o Ministério, que sabia da superioridade da frota francesa com tempo suficiente, não ter ordenado a Byng por mensagens enviadas por terra que esperasse em Gibraltar pelos reforços? O que pode ser alegado a não ser que, com relação a essa frota, ou eles tinham um pacto para sua segurança ou tinham a intenção de que ela perdesse?

A próxima distorção suprime o relato da superioridade do inimigo, um relato que certamente não pode ser contradito. Os franceses tinham um exército que fornecia homens novos para a frota. Byng tinha mais de mil feridos sem um navio-hospital que os recebesse.

A passagem seguinte, que é omitida, descreve uma outra vantagem dos franceses, a de que seus navios eram *limpos*, a que se pode acrescentar, para a honra de nossos ministros, que "seus navios eram melhores". A asserção de que eles navegavam "três pés para cada um dos nossos" provocou um clamor; mas isso é uma frase de marinheiros, que não é destinada a ser interpretada literalmente, que nunca foi interpretada literalmente antes, pela qual a única coisa que é sugerida é que eles navegavam com mais rapidez e tinham muita vantagem graças à sua celeridade superior.

Ele "tinha esperança" de encontrar estaleiros "para reequipá-los em Gibraltar" quando, na verdade, pela condição em que Gibraltar estava quando ele partiu, e que foi cuidadosamente ocultada do público, ele tinha "poucas esperanças" de encontrá-los. No entanto, esse atraso que os ministros sabiam ser inevitável foi atribuído a ele como se fosse um novo crime.[27]

O próximo parágrafo que é omitido é sobre o pedido ao Min. _____
___ de reforços rápidos, se nenhum ainda não tivesse sido enviado, um

---

[27] Os dois parágrafos seguintes são extraídos do *Appeal*, p. 60.

pedido que ele já tinha feito antes; ao mesmo tempo avisando-os de que à força do inimigo em Toulon tinham sido acrescidos quatro grandes navios; uma circunstância que, embora não seja uma justificativa para o comportamento do almirante, dá uma ideia positiva de seu interesse em ter sucesso e uma ideia desprezível daqueles que, presidindo à frente dos negócios, haviam estado totalmente ignorantes daquilo que estava sendo preparado em Toulon e, no mínimo, negligentes com relação ao que acontecia em Minorca; a não ser que você, leitor, a essa altura possa estar preocupado, achando que outros motivos levaram a esse comportamento por parte deles.

No último parágrafo uma única palavra foi omitida. Em vez de "estou fazendo todo o possível em minha viagem para Gibraltar", deveria ser para "cobrir" Gilbratar; uma alteração muito significativa, já que ir cobrir um lugar é muito diferente de ir para um lugar, a primeira significando um ato de prudência, e de um soldado; a outra, nessas circunstâncias, um ato de fuga e de um fugitivo. Essa palavra não terá sido omitida propositalmente, para evitar que você, leitor, perguntasse que perigo Gibraltar estava correndo, e a que parte da carta isso se referia? Não parece ser que a atual função da *Gazette* é representar erroneamente as coisas, e de seus escritores e diretores manter a população da Inglaterra tão ignorante quanto possível da situação real de qualquer lugar que possa estar destinado a ser cedido a seus inimigos declarados por aqueles que são seus dissimuladores, se homens podem ser denominados dissimuladores, que estão assim abertamente procurando a ruína de uma nação?

Ao final da carta foram acrescentadas listas das duas frotas, das quais até nossa própria lista era falsa; nossos canhões foram aumentados e os dos franceses diminuídos. O relato do almirante sobre o dano sofrido por sua frota foi omitido, e a lista que dava

Samuel Johnson

o número de mortos e feridos fingia que esse número cobria não só os ingleses, mas também a frota francesa.

Tendo assim denegrido sua reputação, eles continuaram a fim de despojá-lo de seu comando, e a seguinte carta foi enviada.[28]

Senhor,
Tendo Sua Majestade recebido a informação de que a esquadra sob seu comando e a esquadra francesa sob o comando de Monsieur Galissonnière enfrentaram-se nas águas do porto de Mahon dia 20 do mês passado, e que os franceses (embora inferiores a Vossa Senhoria em força) mantiveram-se diante do porto e o obrigaram a retirar-se, recebi ordens de meus Lordes Comissários do Ministério da Marinha para lhe enviar em anexo uma passagem da carta que Monsieur Galissonnière escreveu para a corte francesa relatando a ação e para avisá-lo de que Sua Majestade está tão insatisfeita com seu comportamento que ordenou a seus Lordes que tragam de volta Vossa Senhoria e o Sr. West[29] e que enviem Sir Edward Hawke e o contra-almirante Saunders para comandar a esquadra.

---

[28] As duas cartas foram extraídas de *Carta para um Membro do Parlamento*, pp. 22-27.
[29] Contra-almirante Temple West, segundo no comando e comandante da retaguarda da esquadra no enfrentamento em Minorca. Primo do conde de Temple, chefe do clã Temple-Grenville-Pitt, ele foi promovido, após sua volta a Londres, a vice-almirante e ocupou um lugar na Diretoria do Ministério (onde, mais tarde em outubro, Temple substituiu Anson como ministro, durante o breve ministério Devonshire-Pitt). De longe a testemunha mais importante no julgamento de Byng, a evidência que prestou foi propositadamente ambígua, dando "a impressão de que ele realmente culpava Byng, mas era leal demais para dizê-lo" (Dudley Pope, p. 219). Quando o veredicto foi anunciado, ele enviou uma carta de protesto, pedindo demissão de seu comando, mas pouco tempo depois foi convencido a retirar seu pedido de demissão.

Sinto muitíssimo ser obrigado a lhe informar sobre um evento tão desagradável, sendo, com grande estima,
Senhor,
Seu mais obediente e humilde servidor,

* * *

Escritório do Ministério da Marinha, 8 de junho de 1756.

Como resposta, Byng enviou uma carta que não demonstrava nenhum sentimento de culpa, sinais de ressentimento, ou confusão mental.

Baía de Gibraltar, 4 de julho de 1756.

Senhor,
Por meio de Sir Edward Hawke recebi as ordens de seus Lordes e sua carta de 8 de junho, cujas instruções segui imediatamente, e tenho apenas que expressar minha surpresa por ser tão degradantemente despedido de meu posto, à vista da frota que comandei, à vista da guarnição, e à vista da Espanha, em tal momento e de tal forma e depois de uma conduta que espero será brevemente revelada para o mundo todo. No momento, não cabe a mim protestar. Acredito que eu e o Sr. West seremos capazes de esclarecer o dano que foi causado a nosso caráter, algo que sei que nada, em poder de qualquer pessoa, seja ela quem for, poderá reparar; tenho uma opinião tão elevada desse caráter que nunca foi manchado anteriormente e que, espero revelar, foi atacado agora de uma maneira extremamente injuriosa e injusta, com base na falsa jactância de um inimigo óbvio de nosso rei e de nosso país, e sobre o qual, se o tempo necessário tivesse sido permitido para minha própria chegada, teria sido revelado que não há nada falso, nada ostensivo, nada vergonhoso, e que não há nada que poderia ter evitado que recebêssemos

a aprovação de Sua Majestade, por ter, com uma força muito inferior, lutado, enfrentado, atacado e vencido o inimigo: sobre isso, não é necessário que eu diga nada mais no momento, a não ser que sinto muito ao saber que o Sr. West, juntamente com os capitães, tenentes e oficiais dos navios a bordo dos quais tínhamos nossas bandeiras, serão também vítimas por aquilo que eu sozinho, como comandante-em-chefe, sou responsável. Mas isso é tanto apenas uma parte de todo esse tratamento sobre o qual jamais ouvi falar ou que jamais encontrei, que nem eles, nem a frota, nem eu mesmo podemos ficar mais surpresos com essa parte específica do que ficamos com todo o episódio.

  Sou, Senhor

    Seu muito humilde servidor,

      J.B.

Para o Honorável J____n C_____d, Esc,

Agora, vale a pena rever toda essa ocorrência.[30]

Primeiro, então, como é que os franceses tiveram a ideia de tomar St. Philips, quando a frota inglesa, que sabiam ser tão superior, poderia ter evitado o embarque? E se não o embarque, seu desembarque em Minorca; e se isso não pudesse ter sido feito, teria reforçado St. Philips, vencido a frota francesa e feito prisioneiros de toda a tripulação da embarcação. Será que o duque de Richelieu é tão louco que se teria comprometido a comandar uma expedição que estava sendo preparada há cinco meses, com toda a Europa sabendo disso, e com a possibilidade de ser constrangida por todas essas coisas mencionadas acima? Será que os diretores de nossos preparativos marítimos, se tivessem realmente interessados em preservar St. Philips, teriam enviado uma esquadra inferior? E a teriam atrasado por tantos meses,

---

[30] A citação que se segue é de *Apelo*, pp. 64-71, com uma quantidade bastante grande de cortes, nem sempre habilidosos.

mantendo-a em Spithead? E teriam dado ordens absolutas ao almirante para aviar outros serviços, não levando homens adequados para o serviço de qualquer navio para tripular sua própria esquadra, e sim esperar a chegada de navios-tênderes com homens forçados a vir de Liverpool? E antes da chegada de mais de dois desses tênderes, ele foi obrigado a partir.

Se os planejadores da expedição estivessem realmente imbuídos pelo interesse de seu país, por que, quando toda a Inglaterra e toda a Europa estavam reclamando de seu atraso, eles continuaram a afirmar que não havia nenhuma frota preparando-se em Toulon? Que os franceses não tinham nem marinheiros nem armazéns militares? Não foi só para dar a impressão de que estaria salvando St. Philips que a frota inglesa partiu apenas uns poucos dias antes dos franceses?

Quando o clamor popular começou a ficar muito forte, não foram inventadas dez mil histórias para desviar a atenção pública dos planejadores da expedição e lançá-la sobre aquele que a comandava e que, eles concluíram, iria fracassar? Não foi graças a um desejo deles de que a expedição não tivesse sucesso que mandaram uma frota tão pequena, garantindo-lhe que a esquadra francesa não poderia ter mais de sete navios, e provavelmente não mais de cinco? Não foi constantemente afirmado que nenhuma frota jamais tinha sido tão bem tripulada, equipada e poderosa em números como essa frota inglesa? E que a francesa era composta de navios antigos inadequados para o uso, mal tripulados e ainda mais mal supridos? Embora, se tivessem pensado por um momento, teriam percebido que a frota francesa, por mais que estivesse mal tripulada quando saiu de Toulon, deveria ser abundantemente suprida com homens de 200 navios-transporte que, após desembarcarem, podiam ceder[31] dois terços de sua tripulação. Com relação ao fato de os navios franceses serem frágeis ou mal equipados, a

---

[31] Referindo-se ao original, o autor diz: "Corte inadequado. O *Apelo* diz 'tropas e munição e quando ancorados podiam muito bem ceder'". (N. T.)

Samuel Johnson

falsidade dessa afirmação agora já é conhecida. Àqueles relatos espúrios sobre a diferença entre a força das duas frotas, não foi constantemente acrescentado que o Sr. Byng podia explodir os franceses para fora da água? Com que intenção, a não ser agravar o fracasso do almirante, foi criada uma visão superior de sua força para mais eficazmente inflamar o ressentimento contra ele, quando chegassem as más notícias de que ele não tinha vencido?

Depois que a cidadela de Mahon foi atacada, tornou-se tema da conversa cotidiana entre os planejadores da viagem que a fortificação não aguentaria uma semana, com a intenção de diminuir a surpresa de ela ter sido tomada; ou se por acaso fosse defendida por um tempo considerável, de dar uma ideia de que ela estava bem provida. Não parece evidente, portanto, pelo fato de a frota inglesa ter sido tão inferior, de ter sido atrasada tanto tempo depois de estar pronta, de ter sido enviada tarde, sem um único soldado a não ser aqueles que atuavam como marinheiros, sem um navio-hospital, brulote, transportes ou tênderes, que a intenção não era que nenhuma batalha fosse travada, nem que St. Philips fosse salva? E sim que, com esse atraso, haveria tempo para o marechal Richelieu fortificar-se, voltar com sua frota e deixar o Sr. Byng circulando ineficientemente ao redor de Minorca? Realmente o bravo irlandês[32] decepcionou a expectativa daqueles que haviam assim planejado a coisa toda, fazendo com que a defesa do lugar se transformasse no dever dos súditos britânicos e não que estivesse de acordo com aquela intenção sinistra.

Por meio dessa artimanha desprezível, uma qualidade normalmente associada com a ignorância de mentes pequenas, parece que se tramou que, se o general Blakeney desistisse da cidadela antes da chegada do

---

[32] O *Apelo* diz "irlandeses". Qualquer uma das interpretações é possível. "Irlandês" seria o general Blakeney, nascido em Limerick. "Irlandeses" poderia significar, além disso, o 24º Regimento de Artilharia, um dos quatro regimentos da guarnição recrutado na Irlanda. A palavra "súditos", mais tarde na frase truncada, parece indicar o plural.

Sr. Byng, então o clamor seria contra ele, e *ele* seria acusado de covardia; mas se *ele* tivesse resistido porque o *almirante* era incompetente, então a responsabilidade recairia sobre este último.

Não foi, portanto, pelo fato de não se ter sabido[33] que a cidadela havia se entregado, que nenhuma frota foi enviada como reforços para o Sr. Byng? Sabendo que com reforços ele teria levantado o cerco, o que parece tão contrário à intenção que tinham ao mandá-lo? Não foi por essa razão que eles não mandaram uma mensagem fazendo com que ele ficasse em Gibraltar para esperar por mais navios de guerra? E, por último, não é verdade que os reforços só foram enviados quando não poderiam de modo algum chegar antes de o almirante ter tido sucesso ou fracassado?

Finalmente, chega uma carta de Monsieur La Galissonnière sobre a retirada da frota inglesa e, ao mesmo tempo, surge um relatório alegando que por uma carta enviada pelo almirante Byng de Gibraltar era previsto que ele não iria lutar: Depois de algum tempo chega uma carta do almirante Byng, publicada na *Gazette*, da qual é cortada a maior parte das passagens importantes em defesa de sua conduta. Para manter as primeiras impressões de que ele havia se comportado como um covarde, ao mesmo tempo condenando as resoluções de todo o conselho de guerra, uma ofensa evidente a homens de berço superior, por uma pessoa que tão imerecidamente havia começado a chegar à nobreza.[34]

Agora tinha se tornado necessário continuar inventando mais histórias contra o Sr. Byng; um dia espalharam a notícia de que ele tinha vendido 44 mil libras de suas provisões antes de partir, que era uma forma de insinuar que ele havia deixado a Inglaterra com planos de não mais regressar. A falsidade dessa notícia pode ser comprovada nos livros de provisões. Mais tarde surgiram denúncias de que ele era o homem que tinha passado por Gênova na última guerra e recebido dinheiro para

---

[33] "pelo desapontamento de ouvir", no original – i.e., por não ter ouvido.
[34] Ou seja, Anson.

deixar embarcações com provisões e tripulação passarem para ajudar a levantar o cerco da cidade; uma falsidade conhecida, e, se as cinzas dos mortos não fossem sagradas, eu lhes diria o nome dele. Isso não terá sido feito para insinuar a idéia de venalidade?

Depois, parece que foi descoberto que um navio com provisões tinha chegado a Mahon um dia antes da ação, e esse navio tinha chegado ao porto um mês antes do sítio da cidadela; isso não era uma insinuação de que ele também poderia ter desembarcado seus soldados?

Baladas eram compostas para manter seu ressentimento, e a efígie do almirante era enforcada e queimada à custa do dinheiro público, pelos arquivistas e escriturários dos escritórios públicos, entre os quais um Sr. Glover,[35] que pertencia ao Escritório de Víveres, que, queimando a efígie de Byng na Rua White-Chapel, foi recompensado com uma perna quebrada, tendo sido atropelado pela diligência de Barking.

Acharam então que era necessário afirmar que o Sr. Byng estava fugindo em trajes femininos, para transmitir a ideia de culpa consciente, algo que era igualmente uma invenção. E, no entanto, deram continuidade a essa ideia colocando barras de ferro nas janelas[36] para evitar que um homem, de quem eles queriam se livrar e que não sairia dali mesmo que eles permitissem, fugisse.

Em um dado momento, ele é considerado louco, e depois dizem que está se matando de tanto beber; depois, que temem que possa tentar se suicidar. Creiam-me, ele não perdeu o juízo, como aqueles que o acusam irão descobrir, nem irá se destruir com suas próprias mãos;[37] e é dever das pessoas preservar sua vida, para que se possa saber mais precisamente o que foi que influenciou seus perseguidores a arquitetarem e levarem a cabo a expedição de uma forma tão absurda.

---

[35] Sem dúvida o poeta Richard Glover, um parasita dos Temples, autor de obras exageradamente "patriotas" como *Leonidas* (1737) e *Boadicea* (1753).
[36] As barras realmente foram instaladas; veja Dudley Pope, p. 188.
[37] O *Apelo* usa itálico em "com suas próprias mãos".

E finalmente, esses artifícios desprezíveis foram seguidos por uma carta escrita ao Al_____ e B____g, publicada à custa de seus inimigos e apregoada nas ruas para que tivesse uma divulgação universal.³⁸ Mas a carta inteira é uma declamação, com o objetivo de excitar, baseado em nenhum argumento específico, e conclui com uma confissão de que seus adversários fariam muito bem em decorar, para aquele dia em que a justiça pública exigirá que eles compareçam a seus julgamentos.

---

³⁸ O editor de *Works* de Johnson (1788), Vol. XIV, tem a seguinte nota aqui: "Isso foi provavelmente o evento mencionado por Dr. Johnson em *Life* de David Mallet. 'No começo da última guerra, quando a nação estava exasperada pela falta de sucesso, ele foi utilizado para fazer com que a vingança do povo se voltasse contra Byng e escreveu uma carta de acusação sob o disfarce de um Homem Comum. O documento circulou e foi distribuído com grande diligência; e ele, graças a essa intervenção oportuna, recebeu uma pensão considerável, que manteve até sua morte'" (p. 454). A nota de G. B. Hill sobre a passagem na vida de Mallet (*Lives*, III. 408, par. 21) identifica a obra a que se refere como *Observations on the Twelfth Article of War... By a Plain Man* (1757), atribuída a Mallet por Halkett e Laing e outros. James A. Butler ("Samuel Johnson: Defender of Admiral Byng," *Cornell Library Journal*, nº 7, inverno, 1969, pp. 25-47) afirma que o panfleto de Mallet a que SJ se refere é *The Conduct of the Ministry Impartially Examined* (1756) (p. 437 a seguir), observando que *Observations on the Twelfth Article* não foi publicado até depois da execução de Byng. Nenhum dos dois panfletos, no entanto, consegue realmente corresponder à descrição feita na vida de Mallet de Johnson ("uma carta de acusação" e um "documento") ou aqui ("uma carta para o Al_____ e B_____g"). *The Conduct of the Ministry* não é uma carta de acusação e sim um apologia para as ações do ministério. Outra possibilidade pode ser um volante, *Some Friendly and Seasonable Advice to Admiral Byng*, assinado por "Isaac Barclay" e datado "De minha casa em Redriff, dia 22 de outubro de 1756." É uma crítica e está escrito no estilo de um marinheiro franco, simples, rústico. Como volante, é mais provável que tivesse sido "apregoado nas ruas" e "circulado e distribuído" do que um panfleto. Mas sua data, se verdadeira, parece tarde demais para o panfleto de Shebbeare e a citação da *L M*. A "confissão" mencionada por Shebbeare pode dar um indício para sua identificação. SJ, ao escrever a vida de Mallet um quarto de século mais tarde, pode, é claro, estar mesclando lembranças de várias publicações da época.

Este é o apelo do perseguido Byng, sobre o qual, embora não acreditemos que o público vá prestar muita atenção a nossa determinação, daremos nossa opinião com a liberdade de homens não-influenciados pela dependência ou pela expectativa.

Parece-nos que Byng sofreu sem um motivo suficiente.

Que ele foi enviado para socorrer Minorca, quando se sabia que o socorro já não era possível.

Que ele foi enviado sem forças terrestres, as únicas forças que poderiam levantar o cerco.

Que sua frota era inferior e que muito antes da batalha sabia-se na Inglaterra que era inferior à dos franceses.

Que ele lutou contra eles e só se retirou quando não podia lutar mais.

Que um segundo enfrentamento só teria aumentado a perda sofrida no primeiro.

Que uma vitória naval não teria salvado Minorca.

Que não havia nenhuma provisão para o caso de uma batalha.[39]

Que a nação havia sido diligentemente enganada por representações falsas e traiçoeiras.

Que Minorca, se não foi traída, foi negligenciada.

Que a carta de Byng foi injuriosamente mutilada, fraudulentamente mutilada.

Que todos os atos de difamação foram praticados contra ele.

Que, a não ser que outra evidência seja apresentada, Byng será considerado inocente.

---

[39] Isto é, presume-se, navios-hospitais, tênderes, etc.

Resenha de alguns outros detalhes a respeito do caso do Almirante Byng (1756)

James A. Butler (veja n. I, p. 377 anteriormente) acha que o panfleto criticado aqui é "possivelmente de Paul Whitehead" (p. 38). É natural que o título vagamente sugira que seja uma continuação a *Carta para um Membro do Parlamento... relacionado como Caso do Almirante Byng* (p. 388 anteriormente). É claro, Whitehead não tinha nenhuma conexão com Oxford (nem era exatamente um cavalheiro); talvez Johnson, que não tinha muita consideração pessoal por ele, dê a entender isso na frase seca da abertura da resenha ("um título assim, se verdadeiramente ou não outorgado a seu defensor"). A resenha, ou, na verdade, o fragmento, é imediatamente acompanhada, na *Literary Magazine*, pelo texto de *The Conduct of the Ministry Impartially Examined* (1756) (A Conduta do Ministério imparcialmente examinada), contrapondo assim, como ele diz, os dois lados do argumento (embora Johnson se esforce para não deixar que os cães ministeriais se dêem bem). A única contribuição original de Johnson para o artigo é o parágrafo inicial. Todo o resto é uma versão resumida – rígida e às vezes inapropriadamente – das quarenta e poucas páginas do panfleto.

O texto a seguir é o da *Literary Magazine* nº7 (15 de outubro -15 novembro 1756), pp. 336-40 (o segundo conjunto de páginas numeradas dessa forma; a numeração correta seria 344-48).

Alguns outros detalhes a respeito do caso do almirante Byng[1] por um cavalheiro de Oxford. 8vo. Lacey 1 s.

Por que um cavalheiro de Oxford deveria ser especificamente qualificado para examinar e defender a conduta do Sr. Byng ou por que um título assim pode ser uma recomendação especial para a defesa do almirante — se é que a atribuição desse título a seu defensor é verdadeira — não nos foi possível descobrir. Mas como estamos dispostos a ouvir todos os defensores nessa causa importante, extrairemos um fragmento fiel desse panfleto e oporemos a ele aquilo que os amigos do Ministério ofereceram, seja quais forem os seus nomes ou onde tenham sido educados.[2]

No dia 17 de março o almirante recebeu sua incumbência, como Almirante da Esquadra Azul; no dia 20, chegou a Portsmouth e encontrou cartas da Junta, proibindo que ele interferisse com quaisquer dos homens pertencentes ao *Torbay*, ao *Essex*, ao *Nassau*, ao *Prince Frederick*, ao *Colchester* e ao *Grayhound* (diziam que todos esses navios eram necessários para um serviço da maior urgência) ou, se fosse possível evitar, com quaisquer homens pertencentes a qualquer outro navio em condições de navegar.

No dia 21, ao nascer do sol, ele içou sua bandeira a bordo do *Ramillies*; seis outros navios de sua esquadra, i.e., o *Buckingham*, o *Culloden*, o *Captain*, o *Revenge*, o *Kingston* e o *Defiance*, estavam em

---

[1] O título do panfleto continua "De documentos originais, &c. *Fiat Justitia!*"
[2] SJ pode estar sugerindo que o "amigo do Ministério" que oferece o panfleto opositor, *The Conduct of the Ministry* — David Mallet —, tinha poucos direitos ao nome de "cavalheiro"; Mallet, é claro, foi educado na Escócia.

Spithead; dois deles, o *Trident* e o *Lancaster*, estavam em condições de navegar; o *Intrepid* não tinha saído de Nore.

Para esses nove navios, faltavam 723 homens, dos quais 240 não tinham as qualificações necessárias,[3] 291 haviam sido emprestados a navios no mar e 192 estavam doentes e hospitalizados.

Na tarde desse mesmo dia ele recebeu uma carta ordenando-lhe que fizesse o maior esforço possível para pôr sua esquadra em condições de navegar e comunicando-lhe um plano dos franceses de desembarcarem em Minorca.

No dia seguinte, o almirante respondeu, garantindo que estava fazendo todo o possível como solicitado e especificando que em sete ou oito dias tinha a esperança de que todos os navios sob seu comando estariam prontos com relação a todos os aspectos, a não ser a tripulação.

Naquele mesmo minuto, em Spithead, havia nada menos que 12 vasos de guerra da linha de batalha.

Todos aqueles navios ou estavam com a tripulação completa ou quase completa, e a tripulação de quatro deles estava acima do número exigido. E no porto havia mais 13 navios que, a não ser pelos quatro primeiros, estavam também com a tripulação completa, ou quase completa.

Mas nenhuma ordem chegou dizendo que o almirante deveria completar os homens que faltavam até o dia 25, quando lhes ordenaram que os tirasse de tênderes[a] e de hospitais; e mesmo assim,

---

[3] Escrito "compliment" na *LM*, aqui e a seguir; uma maneira de escrever geralmente em desuso antes de 1756 (ver *OED*).

[a] Era esperado que os tênderes viessem de Liverpool e da Irlanda, mas só dois deles chegaram antes da partida da frota, e a maior parte dos homens que neles estavam foram colocados a bordo do *Sterling-Castle*. Um número total de 198.

não até que a tripulação do *Stirling-Castle* tivesse sido completada; o que é ainda mais extraordinário, considerando que ele havia recebido uma mensagem no dia anterior para enviar o Sr. Keppel[4] no *Essex* e no *Gibraltar* ao mar, tão logo que possível, e para fornecer a esses navios o número de homens que eles quisessem, tirando-os do *Nassau*.

No entanto,[5] no dia 26, mandaram o *Ludlow-castle* de sua patrulha para Spithead com homens emprestados do *Ramillies*; ordenaram que ele tirasse do *Stirling-Castle* os homens que estavam a bordo para completar a tripulação de sua esquadra. A mesma comunicação também lhe ordenou que distribuísse todos os fuzileiros que tinha a bordo entre os vários navios em Spithead e no porto de Portsmouth, e que recebesse o regimento[6] de fuzileiros reais ingleses de Lord Robert Bertie em seu lugar.

Dia 1º de abril o almirante recebeu uma carta que lhe exigia que partisse sem perda de tempo para o Mediterrâneo.

---

[4] O capitão, o Honorável Augustus Keppel, filho do segundo conde de Albemarle, mais tarde tornou-se um almirante conhecido (e foi uma figura central em uma famosa corte marcial). Keppel e os dois navios foram portanto desligados do serviço de Byng e não participaram do combate em Minorca. Mais tarde Keppel foi um dos membros da corte marcial de Byng, mas parece ter tentado salvá-lo da pena de morte.

[5] SJ omite o preâmbulo sarcástico para essa frase no panfleto (p. 7): "Para mostrar como os senhores Lordes (do Ministério da Marinha) entendiam de negócios e como podiam conduzi-los de uma maneira extraordinária".

[6] Os fuzileiros reais estão sob o comando do Ministério da Marinha; o regimento de fuzileiros do coronel Lord Robert Bertie, que tinha o objetivo de participar da defesa de Minorca, estava, como unidade do exército, sob o comando do Ministério da Guerra, cujas ordens, confusas e contraditórias com relação ao regimento "passaram a ser um dos fatores que contribuíram para a perda de Minorca" (Dudley Pope, p. 62.).

Em obediência a essas ordens, ele ordenou aos capitães que tomassem a bordo todos os homens disponíveis para que ele soubesse exatamente o número que ainda faltava para completar sua tripulação. Descobriu-se que faltavam 336. A maior parte deles havia sido emprestada para o *Ludlow-castle*,[b] *Hampton-court* e *Tilbury*, que ainda estavam no mar.

No entanto, mais ou menos às quatro da tarde, o *Ludlow-castle* devolveu os homens emprestados. Com ele também chegou no *Intrepid* o capitão Young, que tinha 261 homens extras a bordo, mas 156 deles eram necessários para completar a tripulação daquele mesmo navio. Portanto, ainda houve necessidade de tirar 30 do *Sterling-castle*, e 70 dos extras que estavam no *Cambridge*.

Com essas mudanças a falta de homens foi suprida. Mas o capitão Young, depois de ter recebido ordens para se colocar sob o comando do almirante, veio até ele, com a afirmação de que o *Intrepid* não estava em condições de fazer uma viagem para o estrangeiro, pois tendo feito muita água no caminho de Nore[7] (ele tinha sido obrigado a fazer um buraco no tombadilho inferior) para deixar a água cair para que fosse bombeada; que ele não tinha recebido nenhum aviso de que seu destino era uma viagem assim e que não tinha água, provisões ou víveres para ela.

No entanto, como agora não havia outro remédio, os barcos do navio foram enviados para buscar e trazer a bordo os víveres e provisões necessários.

---

[b] O *Hampton-Court* então em Lisboa e o *Tilbury* em Cork, na Irlanda.
[7] O sentido se perde aqui com a omissão de "que ele foi obrigado a fazer um buraco no tombadilho inferior" (*Some Further Particulars*, p. 12).

No dia 5 de abril o almirante, tendo distribuído os sinais da linha de batalha, fez, às onze horas, o sinal para zarpar e permaneceu no mar, mas foi forçado pela maré vazante acompanhada de uma calmaria a ancorar uma vez mais às três da tarde.

Com todos os detalhes da esquadra já organizados, então, dia 6 de abril, ele zarpou outra vez, claramente assim que lhe foi possível fazê-lo, e, depois de uma viagem monótona, devido tanto às calmarias como a ventos contrários, chegou a Gibraltar no dia 2 de maio.

As ordens que o almirante tinha eram, de um modo geral, baseadas na convicção de que o potencial militar francês em Toulon estava destinado à América do Norte, portanto foi declarado com a máxima confiança, por aqueles que deviam estar mais bem informados, que, devido à falta de marinheiros, o número maior de navios que o inimigo poderia colocar no mar a partir daquele porto era de seis a oito navios da linha, no máximo.

Disso fica claro que: primeiro, na Inglaterra nós não tínhamos informações fidedignas daquilo que estava ocorrendo em Toulon. Segundo, que instruções por natureza imprecisas, porque baseadas em erros ou incertezas, seguidas de ordens ainda mais imprecisas e constrangedoras, só poderiam produzir perplexidade em todos os assuntos, e conseqüentemente também armadilhas e perigos em todas as decisões. Terceiro, que como as coisas tinham um aspecto totalmente diferente,[8] uma diferença de comportamento tornava-se absolutamente necessária; e daí por diante, ele ou tinha que prosseguir de acordo com seu próprio julgamento ou simplesmente não prosseguir.

---

[8] O panfleto (p. 15) diz "coisas sobre a chegada do almirante em Gibraltar [diferentes] daquilo que eles tinham sido forçados a aceitar na Inglaterra".

Samuel Johnson

Em vez de seis ou oito vasos de guerra da linha, ele foi informado de que o inimigo tinha zarpado no dia 13 de abril com uma esquadra de 12 navios de 60 a 80 canhões; cinco fragatas de 20 a 50; duas embarcações pequenas de três mastros de 18 canhões, quatro galeras, duas galeotas, quatro embarcações bombas, sendo acompanhadas por 233 transportes com 18 mil soldados a bordo e 50 embarcações com gado, víveres, etc. E que eles haviam desembarcado em Minorca.

Ele recebeu a informação do próprio Sr. Edgcumbe, que ele encontrou em Gibraltar com o *Deptford*, o *Princess Louisa* e a chalupa do *Fortune*, parte de sua esquadra, e agora, tendo um fato definitivo sobre o qual raciocinar, ou seja, que o Forte St. Philip estava sitiado por uma grande força e o cerco protegido por uma esquadra extremamente mais forte e mais bem equipada do que jamais poderiam ter suposto aqueles que fizeram suposições a respeito e que ditaram suas ordens; sua primeira preocupação foi pensar qual seria a melhor forma de agir.

Ele agora iria utilizar todos os meios possíveis a seu dispor para socorrer o lugar, tomando o cuidado adequado, no entanto, para exercer a máxima vigilância para proteger Gibraltar de qualquer tentativa hostil, algo que não só estava subentendido, mas tinha sido expresso em suas ordens.

E agora tentaremos mostrar exatamente como foi sua conduta.

Ele deu ordens imediatas para que todos os navios de sua esquadra completassem suas provisões e água.[9]

---

[9] Oito páginas do panfleto (20-27) descrevendo as atividades no Forte St. Philip foram omitidas aqui.

Como os ventos mostraram-se variáveis e eram, muitas vezes, interrompidos por calmarias, só dia 16 a esquadra pôde chegar a Palma, a capital de Majorca. Aqui o almirante achou que seria apropriado enviar o *Experiment* até o porto, com uma carta para o cônsul pedindo que lhe enviasse qualquer informação que pudesse lhe fornecer; a essa altura, um navio que estava perto da costa (e que mais tarde descobriu-se ser o *Gracieuse*, uma fragata de 30 canhões que, junto com outro navio, possivelmente o *Amphion*, de 50 canhões, que tinha deixado o terminal no dia anterior, tinha passado por aquele porto e detido o *Phoenix* por quase três semanas) foi observado a alguma distância, voltado para o leste, com uma brisa excelente, enquanto a esquadra longe da costa estava até certo ponto sem vento algum. E no dia seguinte, à tarde, o *Experiment* juntou-se novamente à esquadra (que estava parada voltada para o leste) com o *Phoenix* acompanhando-o, que finalmente trouxe para o almirante alguma informação sobre a quantidade de canhões, munição e provisões que tinham sido desembarcados em Minorca pelo inimigo, e também sobre a forma do desembarque e como tratavam os habitantes.

O vento ainda continuava vindo do leste, até dia 18 às nove da noite, quando um brisa excelente começou a soprar do norte e a frota navegou com o vento a noite toda.

No amanhecer do dia 19 a esquadra, já estando na costa de Minorca, mais ou menos às cinco da manhã, o almirante mandou o *Phoenix*, o capitão Hervey com o *Chesterfield* e o *Dolphin* e os capitães Lloyd e Marlow para fazerem um reconhecimento, aproximando-se o mais possível da entrada do porto, da situação tanto dos inimigos como de sua bateria.

O capitão Hervey foi também encarregado de levar a seguinte carta do almirante para o general Blakeney.

> *Ramillies*, na costa de Minorca, 19 de maio de 1756
> Senhor,
> Envio-lhe esta carta pelo capitão Hervey do navio *Phoenix*, de Sua Majestade, que tem minhas ordens para entregá-la, se possível, a Vossa Senhoria junto com o pacote em anexo que ele recebeu em Leghorn.
> Estou extremamente preocupado de saber que o capitão Edgcumbe foi forçado a se retirar para Gibraltar com os navios sob seu comando, e que os franceses desembarcaram, e que o castelo de St. Philip está sitiado; eu gostaria de pensar que, se eu tivesse chegado mais cedo no Mediterrâneo, deveria ter sido capaz de evitar que o inimigo tivesse feito uma cabeça de ponte na ilha de Minorca.
> Devo lhe informar que o general Stuart, Lord Effingham e o coronel Cornwallis, com cerca de 30 oficiais e alguns recrutas pertencentes a vários regimentos agora em guarnição com Vossa Senhoria, estão a bordo dos navios da esquadra, e gostaria de saber quando o oficial voltar em que lugar Vossa Senhoria acha que seria adequado para eles desembarcarem.
> O regimento real dos fuzileiros ingleses, comandados por Lord Robert Bertie, também está a bordo da esquadra, destinado, em concordância com minhas ordens, para servir a bordo da frota no Mediterrâneo, a não ser que, depois de consultar com Vossa Senhoria, acharmos que seja necessário desembarcar o regimento para a defesa de Minorca; mas devo também informá-lo que, se os fuzileiros desembarcarem, como eles são parte da tripulação dos navios e como tiveram ordem dos comissários do Ministério da Marinha a bordo de outros navios em Portsmouth a dar lugar para eles, isso vai enfraquecer a esquadra e prejudicar sua ação contra o inimigo que, segundo me informaram, está patrulhando as costas da ilha. No entanto, eu terei prazer em aproveitar qualquer oportunidade para promover o serviço de Sua Majestade da maneira mais eficiente possível, e o ajudarei a subjugar o inimigo e a vencer seus planos com todo meu poder.

> Por favor, envie-me informações sobre como posso melhor e mais eficientemente lhe servir e a vossa guarnição, e creia-me ser, com grande verdade e estima, Senhor,
>
> Seu servidor mais obediente e humilde,
> J. B.

As ordens do capitão Hervey eram para entregar essa carta, se possível, ao próprio general.

As fragatas caíram em ventos leves e calmarias, mas, apesar disso, continuaram a fazer o possível para chegar à entrada do porto.

Uma hora mais tarde a esquadra também chegou a uns quatro ou seis quilômetros do castelo de St. Philip (que estava totalmente à vista, com as cores francesas esvoaçando diante dele a uma pequena distância, e os dois lados, volta e meia, trocando tiros, bem assim como obuses) e deparou-se, como havia ocorrido antes com as fragatas, com brisas leves e calmaria.

E foi então que o capitão Hervey, no *Phoenix*, fez seus sinais específicos. Não houve resposta. Nenhum navio saiu da ilha; e como a esquadra do inimigo surgiu no sudeste, o almirante chamou de volta suas fragatas.

As duas esquadras velejaram uma na direção da outra, e mais ou menos às duas da tarde o almirante fez o sinal para a linha de batalha à frente, que, por falta de vento suficiente, não pôde ser formada.[10] Seu próximo cuidado foi prover todos os seus navios que estavam em más condições e mal tripulados com marinheiros das fragatas.

Com a informação do capitão Hervey de que havia materiais adequados a bordo do *Phoenix* (que há muito já tinha avisado à base

---

[10] O panfleto (p. 33) acrescenta "tão apropriadamente como deveria ter sido".

que estava incapacitado para continuar) para convertê-lo em um navio de fogo, o Almirante deu suas ordens com esse fim.

Cerca de sete horas da noite, uma brisa excelente colocou as duas esquadras a uns 13 quilômetros uma da outra; as duas no mesmo momento viraram de bordo para evitar a confusão de um enfrentamento noturno e também os ingleses para obter e os franceses para manter a posição favorável do navio em relação ao vento.

A noite caiu, e, como o vento refrescou, o almirante manteve o navio na direção do litoral, até as onze e meia, quando fez um sinal para virar de bordo, e o navio permaneceu nessa posição pelo resto da noite.

No dia 20, como a manhã estava nublada, não podíamos ver o inimigo; e duas de suas tartanas[11] encostaram-se em nossa retaguarda sem querer; uma delas (tendo a bordo mais de 100 soldados, parte de 600 soldados que tinham sido embarcados no campo inimigo no dia anterior para reforçar a frota), foi tomada pelo *Defiance*.

Às sete horas, no entanto, o inimigo foi visto à distância na direção do sudeste, e o almirante fez o sinal para chamar de volta seus cruzadores.

Cerca de dez horas ele virou de bordo, e ficou de frente para o inimigo; e, graças à habilidade no mar, não só manteve o vento, contra todos os esforços do comandante francês para que ele ficasse em posição desfavorável, mas também formou uma linha tão completa quanto poderia ser formada e começou o ataque que o inimigo se preparou para receber. —— Não podemos esperar que

---
[11] Veja nº 24, p. 400.

sejam descritos aqui os detalhes do que se seguiu. Hoje o almirante tem inimigos mais perigosos para combater do que tinha então. E não pode desperdiçar o material de sua defesa em benefício de uma narrativa mais completa. —— Quando chegar o momento adequado, todo aquele que estiver disposto a ser convencido será convencido de que ele agiu em todos os aspectos de acordo com a enorme confiança que foi nele depositada; que sem prejudicar sua honra, ele nunca, nem uma vez, perdeu de vista o verdadeiro interesse de seu país; que, em todas as ordens que deu, usou da melhor maneira possível o conhecimento que tinha; que mesmo aquilo que parece ser tão inexplicável, com relação à ordem para que o *Deptford* saísse da linha, irá receber a explicação mais clara e mais satisfatória; que as acusações odiosas atribuídas a seu comportamento pessoal são tanto sem fundamento quanto cruéis; que ele teve realmente o prazer de ver o inimigo recuar diante dos ataques que lhe foram feitos; e que nada se compara à sua mortificação de não estar em condições de persegui-lo.

Em vez de encontrar seis ou sete navios no máximo, ele tinha encontrado 12, muito mais fortes, mais bem tripulados e com marinheiros[12] melhores que os seus próprios. Esses tinham sofrido menos no enfrentamento, poderiam receber mais homens continuamente do acampamento na praia, como já havia ocorrido; estavam mais perto de seus próprios portos; podiam voltar ao ataque com essas vantagens sempre que quisessem, e se quisessem bater em retirada não poderiam ser ultrapassados. Seus próprios navios, ao contrário, tinham sofrido mais danos, danos que não

---

[12] Isto é, mais capazes de navegar (porque tinham acabado de sair das docas em Toulon).

poderiam ser facilmente reparados. O *Intrepid*, desde o começo, não estava capacitado para o serviço para o qual tinha sido designado, segundo a evidência de seus próprios comandantes; o *Portland* não tinha sido limpo por mais de dez meses, e o *Chesterfield*, por mais de 12; e com relação aos desembarcadouros para a limpeza dos navios, os armazéns, os alojamentos, etc.ᶜ em Gibraltar estavam totalmente em ruínas. Além disso, agora os feridos tinham que ser postos ao lado dos doentes, e nenhum navio-hospital tinha sido designado para receber nenhum dos dois. E quanto ao socorro à Minorca, ele não tinha, a bordo, o batalhão que deveria ter sido enviado naquele serviço; ele não poderia ter cedido os fuzileiros, mesmo que seu número fosse suficiente para isso, e é evidente que não era, sem expor a esquadra à perda total, seja na tentativa de desembarcá-los, se isso pudesse ter sido feito, ou aventurando-se em um segundo enfrentamento sem sua ajuda.

No entanto, para que sua decisão não dependesse de seu próprio juízo, ele convocou um conselho de guerra a bordo do *Ramillies*, cujo resultado está aqui submetido ao mundo imparcial.

> No conselho de guerra reunido e realizado a bordo do navio de Sua Majestade, o *Ramillies*, segunda-feira, dia 24 de maio de 1756. Presentes, etc.
> Tendo lido para o conselho de guerra a opinião dos engenheiros com relação à prestação de socorro ao castelo de St. Philips, o resultado de um conselho de guerra realizado pelo general Fowke em Gibraltar, com respeito ao embarque de um destacamento a bordo da frota; também as instruções do almirante Byng com respeito a seu procedimento no Mediterrâneo;

⁽ᶜ⁾ Veja a primeira carta do almirante para o Ministério da Marinha, já publicada.

também a ordem com respeito à disposição do regimento dos fuzileiros, comandados pelo honorável Lord Robert Bertie, e os defeitos dos navios que sofreram danos na ação contra a esquadra francesa, no dia 20; como também tendo sido explicada ao conselho a situação dos enfermos e dos homens feridos a bordo dos navios da frota, foram feitas ao conselho as seguintes perguntas:

1. Se um ataque à frota francesa nos dá qualquer perspectiva de socorrer Minorca?
    Unanimemente respondido que não daria.
2. Se, em não havendo uma frota francesa navegando na costa de Minorca, a frota inglesa poderia levantar o cerco?
    Unanimemente da opinião de que a frota não poderia.
3. Se Gibraltar não estaria em perigo se algum acidente viesse a ocorrer com essa frota?
    Unanimemente de acordo que estaria em perigo.
4. Se um ataque com nossa frota, em suas atuais condições sobre a frota dos franceses, não poria em perigo a segurança de Gibraltar e exporia o comércio do Mediterrâneo a um grande risco?
    Unanimemente de acordo que sim.
5. Se não é de grande importância para o serviço de Sua Majestade que a frota deva seguir imediatamente para Gibraltar?
    Somos unanimemente da opinião de que a frota deve seguir para Gibraltar imediatamente.

J. Byng	Gel. Edgcumbe
Ja. Stuart	William Parry
Temple West	John Amherst
Henry Ward	Arthur Gardiner
Phil. Durell	Effingham
Edward Cornwallis	A. Hervey
Ja. Young	Mich. Everitt
Cha. Catford	William Lloyd
Fred. Cornewall	Robert Bertie.

Aqui, portanto, temos tanto autoridade quanto motivos para justificar a conduta do almirante em todas as ocasiões; e em qualquer outra época que não essa, os votos unânimes de tantas pessoas de mérito e honra reconhecidos teriam obtido uma anuência universal.

A frota permaneceu voltada para o oeste à tarde e, depois de uma passagem monótona (causada parcialmente pelos ventos contrários e parcialmente pela vagarosidade dos navios danificados), chegou em Gibraltar no dia 19.

Aqui o almirante encontrou o comodoro Broderick, que tinha chegado quatro dias antes com cinco navios da linha de batalha da Inglaterra. É preciso observar que, apesar daquilo que foi dito, a necessidade de prover o almirante Byng com reforços já era conhecida logo após sua partida da Inglaterra, se não até antes, como pode ser visto pela carta do secretário do Ministério da Marinha que lhe foi entregue pelo Sr. Broderick; e não há dúvida de que o Sr. Broderick recebeu suas ordens (17 de maio) e zarpou antes de qualquer possibilidade de ter recebido qualquer carta do almirante Byng ou qualquer informação fidedigna relacionada com sua esquadra.

A primeira preocupação do almirante foi ordenar que os homens enfermos da frota, que chegavam a quase mil, fossem transferidos para o hospital. Depois disso ele ordenou a todos os capitães que reequipassem seus navios, completassem o estoque de água, etc.

Todos esses serviços foram executados com a maior diligência até o dia 1º de julho, quando a frota estava quase pronta para zarpar, à exceção do *Portland*, que ainda estaria incapacitado para o serviço até que fosse reparado, e o *Intrepid*, com pouca probabilidade de ser capacitado para o serviço. O almirante, então, tomou a decisão de zarpar no dia 6 do mesmo mês, em busca do inimigo e tentar socorrer o forte St. Philip, que, segundo as informações que havia recebido, continuava a resistir. E como a maior parte dos marinheiros enfermos ainda estava hospitalizada, incapaz de trabalhar, ele se propôs a suprir aquela falta da melhor maneira possível, tirando marinheiros das tripulações do *Portland* e do *Intrepid* e deixando várias das fragatas que ficariam para trás sem tripulação nenhuma. E também a pedir a Gibraltar[13] dois destacamentos de soldados cada um deles semelhante a um batalhão, que agora poderiam ser cedidos, como especificado nas ordens do Sr. Broderick, já que a guarnição já tinha sido reforçada com um regimento que viera a bordo de sua esquadra, e dois mais eram esperados a qualquer dia da Inglaterra.

Mas não lhe permitiram que tivesse a honra de levar a cabo essas suas resoluções. Pois, no dia 2 de julho, Sir Edward Hawke chegou no *Antelope*, com ordens de substituí-lo, ordens que foram executadas naquele mesmo dia, como já foi comunicado ao público.

---

[13] Que fornecesse "guarnição"?

Resenha de The Conduct of the Ministry Impartially Examined (1756)

James A. Butler (veja n. I, p. 377) nos deu uma explicação extremamente útil sobre as circunstâncias que envolveram a composição do panfleto de cuja resenha estamos tratando aqui. Ele foi um de uma série de panfletos encomendados pelo Ministério de Newcastle a David Mallet (que patrioticamente havia se oferecido para escrevê-los) para apresentar o caso do Ministério contra Byng, ou melhor, contra aqueles que, em nome de Byng, estavam atacando o Ministério. O membro do Ministério que havia se responsabilizado por organizar os panfletos de contra-ataque foi o astuto Lord Chanceler Hardwicke. Butler cita uma carta de Hardwicke para Mallet (de 9 de outubro de 1756) na qual Hardwicke solicita a Mallet que acrescente algumas coisas ao manuscrito de *A Conduct of the Ministry* — elas são realmente visíveis — e também uma carta de Hardwicke para Anson, no dia seguinte, dizendo que ele já lera o manuscrito de Mallet ("Devo admitir que não estou muito entusiasmado com ele. Mas, cá entre nós, autores desse tipo não devem ser desencorajados com críticas demais") e enviando o texto para Anson para uma nova revisão feita do ponto de vista do Ministério da Marinha. Foi publicado dia 30 de outubro. Strahan imprimiu três mil cópias, um número enorme para esse tipo de publicação, mais um depoimento da ansiedade do Ministério em refutar os seguidores de Byng. Para manter a publicidade, uma "segunda edição" foi anunciada no dia 11 de novembro — na verdade só a primeira edição com uma página de título nova. No dia 9 de novembro, Newcastle pagou a Mallet 300 libras dos fundos do serviço secreto.

O panfleto é primordialmente uma resposta, como Johnson observa em sua resenha, ao panfleto de Shebbeare, *A Fourth Letter to the People of England on the Conduct of the Ministries in Alliances, Fleets and Armies, since the first Differences on the Ohio, to the taking of Minorca by the French*, uma espécie de recapitulação geral e severa dos quatro ou cinco anos anteriores, concluindo com o caso Byng. Shebbeare é um escritor de invectivas extremamente competente; Johnson deve ter apreciado muito um comentário como este, sobre Anson: "um papagaio que pudesse ter pronunciado com autoridade 'Equipem dez navios em Chatham, dez em Portsmouth e dez em Plymouth' teria produzido uma frota pronta para zarpar com a mesma eficácia e com a mesma velocidade que o teria feito a voz do Mi----ro da Ma---ha". A má opinião que Johnson normalmente tinha de Mallet é conhecida através da biografia de Mallet do próprio Johnson e da de Boswell. Ele sabia muito bem que Mallet estava envolvido na polêmica de Byng do lado do ministério e muito provavelmente, quando escreveu a resenha, que Mallet tinha sido contratado para escrever o panfleto sob resenha aqui. De qualquer forma, o resultado é uma das expressões de desprezo mais memoráveis de Johnson. A resenha foi publicada na *Literary Magazine*, nº 7, (15 de outubro-15 de novembro 1756), pp. 340 [*sic*; deveria ser 348-351], cujo texto é seguido aqui. Foi reimpressa em *Works* de Johnson (1788), XIV, 456-66, e ali atribuída a ele "por suposição."

The Conduct of the Ministry Impartially Examined, em uma carta para os comerciantes de Londres. Bladon, 1 s.

As primeiras oito páginas deste panfleto contêm somente as declarações de todos os escritores de todos os partidos, com um pouco de bajulação, nem rude nem indecente, dos comerciantes, uma exortação à imparcialidade e um encômio à pureza de sua própria intenção. Quando um homem recorre a si próprio para encontrar aquilo que só ele próprio pode saber, pode ficar confiante de que terá uma sentença favorável. É possível que esse autor pense quando escreve, pois há homens que pensam quando são comprados. Ele então considera um panfleto que não nomeia porque, suponho, ele não quer ajudar a divulgá-lo. Isso é engenhoso, mas não desonesto. O panfleto é, creio eu, uma das Cartas ao Povo da Inglaterra,[1] do qual ele dá a seguinte citação, com sua resposta.

> No ano mil setecentos e quarenta e nove ou cinqüenta, alguns comerciantes americanos, súditos do rei da Grã-Bretanha, viajaram para as fronteiras do Ohio para negociar com os nativos daquela região; quando os franceses canadenses souberam disso, enviaram mensageiros para avisá-los de que, a não ser que eles se retirassem dos territórios de seus patrões, seus bens seriam confiscados e eles próprios seriam levados para a prisão em Quebec. Os comerciantes acharam que deveriam obedecer as instruções da mensagem e se retiraram em conseqüência dela.

---
[1] *Fourth Letter to the People of England*, de Shebbeare. Veja a introdução do capítulo.

Na estação seguinte, outra companhia de súditos britânicos veio comerciar em Ohio. E como não se retiraram ao receber uma mensagem semelhante à primeira, seus bens foram confiscados e foram levados como prisioneiros para Quebec, de onde foram enviados para Rochelle,[2] na França e ficaram detidos na prisão. Sem estar conscientes de terem violado as leis das nações,[3] ou de terem comercializado em qualquer território sobre o qual o rei da Grã-Bretanha não tinha um direito indubitável, eles se queixaram ao Ministério britânico, insistiram em serem considerados súditos britânicos, e em serem de forma honrosa libertados da prisão, como pessoas que não tinham ofendido as leis das nações; ou melhor, eles tinham a esperança honrosa que têm os ingleses de que o Ministério da Inglaterra não cessaria de exigir uma indenização pela perda da mercadoria que tinha sido injustamente tirada deles; e recompensa pelo insulto e pelo longo período de aprisionamento de suas pessoas. Expectativas que cabem aos homens que valorizam suas liberdades, propriedades e a honra de sua nação. Nisso eles foram enganados, o verdadeiro espírito do ministro inglês já não estava mais entre nós. O embaixador em Paris,[4] em vez de exigir a libertação dos súditos de seu senhor, como homens injustamente presos, e recompensa pelos danos que tinham recebido, recebeu ordem do Ministério para solicitar, como um favor da corte francesa, que apenas os libertassem, reconhecendo assim sua ofensa.

Assim ele relata e dá as circunstâncias do fato. E aqui eu lhes peço autorização para observar que, quando as circunstâncias nas quais é baseada a acusação são absolutamente falsas, todas as reflexões sobre elas devem ser totalmente absurdas e até irrelevantes. Mas quando essas reflexões, dirigidas também a pessoas da mais alta categoria, da maior eminência nesta nação, são proferidas em um

---

[2] Uma das versões da Fourth Letter de Shebbeare diz "Bordeaux" em vez de "Rochelle".
[3] O direito internacional.
[4] William Anne Keppel, segundo conde de Albemarle.

estilo de abusos os mais deselegantes e violentos, eu pergunto, que nome, senhores, daremos a seu autor? Ou o que deve ser dito em resposta? Nada mais, creio eu, do que aquilo que Béralde, na peça *Le Malade Imaginaire* de Molière, responde ao boticário. *Allez Monsieur; on voit bien que vous n'avez pas accoutumé de parler a des visages.*[5] Aqui, no entanto, elas são a continuação de suas próprias palavras:

> Não foram os direitos de seu soberano e seus próprios privilégios vergonhosamente abandonados? Não foi reconhecido que as terras em Ohio pertenciam à França? Não foram os franceses justificados em aprisionar seus conterrâneos e a confiscar seus bens devido a esse comportamento tão dócil do ministro britânico?

Ele volta ao mesmo assunto, na página 8, e afirma "que o fato de o Ministério implorar timidamente, como favor, aquilo que ele tinha o direito de exigir, como justiça, dos franceses, deu à nação uma base melhor para a reivindicação de Ohio". A umas quinze linhas abaixo ele afirma uma vez mais "que a timidez do Ministério não deu aos franceses nenhuma base". Mas ele ainda não terminou com seu assunto favorito. Continua dizendo,

> Se for perguntado por que motivo esse comportamento do ministro britânico nunca foi mencionado nas explicações francesas relativas às disputas na América, pode ser respondido, com sinceridade, que eles guardam isso só entre o ministro britânico

---

[5] Ato III, cena 4. Um conhecido dito espirituoso meio desbotado (muitas vezes expurgado das versões escolares da peça). O boticário, M. Fleurant, aparece com um clister na mão para dar ao doente, Argan, um de seus frequentes enemas. Béralde, que está tentando curar seu irmão de seu vício de tratamento médico, evita que Fleurant o faça. Fleurant reclama em uma linguagem indignada e pouco elegante. Béralde, então, faz este comentário: "Obviamente você não está acostumado a falar com o rosto das pessoas."

e eles próprios; temendo que uma declaração pública desse caso possa retirá-lo do governo e que o monarca francês perca um aliado de maior importância para seu sucesso do que qualquer potentado na Europa.[6]

Aqui, portanto, submetemos a questão para que seja decidida e deixemos que a credibilidade que ele tenha com o público por veracidade e sinceridade em todas as outras coisas que ele afirma em todo seu libelo seja determinada pela verdade ou pela falsidade do fato diante de nós. Essa exigência, senhores, é justa e eqüitativa. Vossas Senhorias vêem que ele a afirma nos termos mais indubitáveis, e faz comentários sobre o assunto em uma linguagem que a própria certeza não poderia garantir. Mas vamos ao ponto principal:

Em uma moção feita aos pares, dia 20 de fevereiro de 1756, certos documentos e cartas relativos às invasões dos franceses sobre os súditos de Sua Majestade na América do Norte foram apresentados à Câmara. Como sua autenticidade é incontestável, tenho apenas a fácil tarefa de copiá-los fielmente para sua plena satisfação.

Fragmento de uma carta do conde de Albemarle ao conde de Holdernesse[7]

Paris, 19 de fevereiro, 1º de março[8] de 1752.

Devo informar a Vossa Senhoria que, no mês de novembro, recebi uma carta de três pessoas que se assinavam John Patton, Luke Erwin

---

[6] *The Conduct of the Ministry* aqui (p. 9) faz alguns cortes e paráfrases em suas citações da *Fourth Letter*.
[7] Robert D'Arcy, 4º conde de Holdernesse, secretário de Estado.
[8] A Grã-Bretanha não adotou o calendário gregoriano até setembro daquele ano. Daí a data dupla (estilo antigo em Londres, estilo novo em Paris).

e Thomas Bourke; apresentando-se como ingleses que haviam sido trazidos para Rochelle e colocados em uma prisão naquele lugar, de onde escreviam. Tendo sido capturados por súditos franceses que confiscaram seus bens quando eles estavam comerciando com os ingleses e outros indígenas no rio Ohio e os levaram prisioneiros para Quebec; de onde foram enviados para Rochelle, onde quase não são aproveitados. Com essa informação eu fiz uma petição para o Sr. St. Contest[9] e lhe informei sobre as circunstâncias, afirmando que eles eram súditos do rei e exigindo sua liberdade e a restituição de seus bens que haviam sido injustamente confiscados.

Essas três pessoas, vejo pelo documento que Vossa Senhoria me enviou, estão entre aquelas que o Sr. Clinton já exigiu dos franceses[10] e que foram mencionadas na carta do Sr. de la Jonquière.[11] Escrevi para um comerciante em Rochelle para perguntar sobre eles e para lhes fornecer dinheiro para que pudessem fazer a viagem até aqui, se ainda não se foram, e para que eu possa receber deles todas as informações necessárias. Quando eu vir o Sr. St. Contest, na próxima terça-feira, apresentarei o caso a ele, em obediência às ordens de Sua Majestade, para que la Jonquière possa ter ordens positivas para que desista desses procedimentos injustificáveis de que nos queixamos e para libertar qualquer um dos súditos de Sua Majestade que ele possa ainda estar mantendo na prisão, e fazer uma

---

[9] François-Dominique Barberie, marquês de St. Contest, ministro das Relações Exteriores francês.

[10] Almirante George Clinton, governador da Província de Nova York, em cujos territórios (segundo a afirmação britânica) os homens tinham sido capturados.

[11] Pierre-Jacques de Taffanel, marquês de la Jonquière, governador da Nova França (Canadá).

ampla restituição de seus bens. E eu terei cuidado em lhe mostrar a absoluta necessidade de enviar instruções para seus vários governadores para que não tentem esse tipo de interferência no futuro.

Fragmento de uma carta do Conde de Albemarle ao Conde de Holdernesse.
26 de fevereiro, 8 de março de 1752.

Venho agora informar a Vossa Senhoria que vi Monsieur Rouillé[12] ontem e que, tendo preparado uma lista que me tinham ordenado que preparasse das várias queixas sobre a conduta de la Jonquière, entreguei-a a ele e lhe disse, em geral, o que continha; insistindo na necessidade, para preservar o bom entendimento entre Sua Majestade e o Rei Muito Cristão,[13] de mandar ordens positivas para todos os seus governadores que possam efetivamente impedir, no futuro, quaisquer invasões como essas nos territórios de Sua Majestade e que perpetrem violências desse tipo em seus súditos como foi feito no passado.
À minha declaração, acrescentei que esperava que ela fosse levada em consideração rapidamente, ou assim que fosse possível. Esse ministro me disse que faria tudo que estivesse a seu alcance para lograr esse objetivo; garantiu-me também que era a intenção de sua corte evitar quaisquer disputas que pudessem tender a alterar a atual harmonia entre as duas nações; e que eu poderia estar seguro de que aquelas ordens seriam enviadas para seus governadores como tinha sido solicitado.

---

[12] Antoine-Louis Rouillé, conde de Jouy, ministro da *Marine* (assuntos navais e de além-mar), mais tarde ministro de relações exteriores.
[13] O estilo oficial do monarca francês, *le Roi Très Chrétien*.

Dos três homens que mencionei a Vossa Senhoria em minha carta da semana passada, que haviam sido levados como prisioneiros do Canadá para Rochelle, e que mandei buscar para que viessem para Paris, dois deles já chegaram e o terceiro foi para Londres. Obterei deles todas as informações que possam ser necessárias para meu próprio conhecimento e que sirvam de base para que eles recebam recompensa pelos danos que lhes foram causados.

Tradução da parte do memorando entregue por Lord Albemarle ao Sr. Rouillé, dia 7 de março de 1752.

Quanto ao forte que os franceses se comprometeram a construir no rio Niágara, e quanto aos seis ingleses que foram feito prisioneiros, Lord Albemarle recebeu ordens de sua corte para exigir que as ordens mais expressas fossem enviadas ao Sr. De Jonquière, para que ele desista desses procedimentos tão injustos e, em particular, que faça com que o forte acima mencionado seja imediatamente destruído. E que os franceses e outros membros de sua aliança, que podem estar lá, saiam imediatamente; e que também ponha os seis ingleses em liberdade, e que lhes recompense amplamente pelos danos e perdas que sofreram; e, finalmente, que as pessoas que cometeram esses excessos sejam punidas de tal forma que sirva de exemplo para aqueles que possam daqui em diante aventurar-se a tentar alguma coisa semelhante.

Agora, senhores, já lhes transmiti a verdade dessa transação, que o panfletista lhes garante era pouco conhecida, até que ele a tenha explicado, isto é, até que ele a tenha falsificado em todos seus aspectos menos um e nada com o objetivo de caluniar. É esse então o defensor do povo da Inglaterra? É assim, então, que ele molda nossos juízos primeiro para depois colocar nossas paixões ao lado da verdade e do espírito público?

Desses dois relatos assim colocados lado a lado, não fica claro qual dos dois está mais próximo da verdade. É evidente que houve uma exigência, com certo grau de coragem, com relação a alguns homens que foram feitos prisioneiros, mas não fica claro se eles foram devolvidos graças a essa "exigência" ou a uma súplica; tampouco pode ser verificado se foi feita alguma restituição de seus bens, ou se isso foi solicitado uma segunda vez. Os "três" homens que são mencionados no primeiro documento parecem ser diferentes daqueles mencionados no segundo, e não há nenhuma informação sobre seu destino.

A seguir ele menciona uma afirmação do mesmo autor relacionada com as terras no Ohio, mas não cita a passagem, e tampouco a resposta contém quaisquer fatos de muita importância.

Nas páginas seguintes desse panfleto, há detalhes grandiosos dos navios que, sob o comando de vários almirantes, zarparam, não fizeram coisa alguma e voltaram à origem para serem reequipados. É bem verdade que são dadas algumas razões pelas quais eles não fizeram nada, enquanto nossos inimigos fizeram tudo. É bastante possível não ter sorte, mas também é muito comum ser tolo ou desonesto.

Em uma das páginas ele menciona a invasão com a qual fomos ameaçados no começo do ano[14] que "ele prefere cobrir totalmente

---

[14] Veja pp. 328, 380, acima.

com um véu".[15] Certamente ele não quer que esqueçamos o alarme que amedrontou algumas de nossas mulheres levando-as ao pranto, e que levou nosso Parlamento até as tropas de Hanover.[16] Não nos esqueçamos das chatas, construídas, suponho eu, nas nuvens, e agora perdidas outra vez nas nuvens. Uma vez mais, não nos esqueçamos de que, quando uma nação vai ser espoliada, primeiro precisa ficar amedrontada.

A última parte do panfleto está relacionada com o caso do infeliz Byng, a quem ele trata, como outros escritores do Ministério já o fizeram antes, com a maior malevolência.

Ele começa nos dizendo, de uma forma muito pouco satisfatória, por que mais navios não foram enviados a Minorca. Depois que a esquadra de Byng e outros navios foram enviados, só tínhamos 34 navios equipados e tripulados, dos quais "foi então considerado indispensavelmente necessário que 19 deles navegassem diante de Brest e Rochfort".[17] Isso não importa, a questão é saber se essa decisão foi correta. Dos outros 15 ele não diz nada. Seu argumento inteiro é para dizer que mais navios não foram enviados a Minorca porque estavam em algum outro lugar; por que motivo estavam em um lugar onde eram menos necessitados, isso ele não nos disse. A seguir diz que a frota de Byng estava extraordinariamente bem tripulada e equipada, e que a frota francesa levava apenas "a gen-

---

[15] *Conduct*, p. 49: "Se um desembarque tivesse sido tentado; se eles até tivessem sacrificado 15 ou 20 mil homens na tentativa, quais teriam sido as consequências para essa grande capital? Eu prefiro, no entanto, cobrir totalmente com um véu essa cena em meus olhos."

[16] Veja p. 285 anteriormente.

[17] Citação de *The Conduct*, pp. 52-53.

talha de Toulon, velhos que já tinham passado da idade de servir, ou meninos que ainda não tinham crescido o suficiente para fazê-lo".[18] Não vou negar aquilo que não sei com certeza se é falso, mas como a própria palavra de um escritor desse tipo não tem direito a nenhuma credibilidade, ele deveria nos ter dito de qual fonte soube que isso era verdade. Os franceses raramente precisam de mais homens, uns poucos marinheiros experientes eram o bastante para uma viagem tão curta e segura, e o resto da tripulação poderia ter sido fornecido facilmente. Portanto, estou inclinado a suspeitar que ele distribuiu juventude e idade de acordo com sua vontade.

Ele continua, no estilo de seus irmãos, para nos dizer que "o infortúnio da bandeira britânica, e os desastres fatais que foram consequência daquele infortúnio, foram o resultado da _____ de *um homem*. Mas deixemos que a justiça da nação dê a isso um nome".[19]

É fácil dar nome a um crime. Se Byng é um criminoso, há apenas dois nomes para seu crime, traição ou covardia. O crime de falsidade de um escritor é ou malignidade ou prostituição. Eu não acuso esse escritor de nenhum dos dois, mas, como tenho grande ambição de imitar todos aqueles que são íntimos com homens poderosos, deixarei que a justiça da nação dê um nome ao homem que declara que Byng não só podia ter socorrido o forte St. Philip – embora ele tivesse apenas um regimento a bordo, que estavam na batalha para servi-lo como fuzileiros, e embora tivesse sido chamado de

---

[18] *The Conduct*, p. 54.
[19] *The Conduct*, p. 55 (ligeiramente modificada).

volta por uma frota superior até para impedir que observasse o lugar – mas também "que ele poderia ter trazido de volta como prisioneiros um marechal francês e seu exército".[20]

Àquilo que já foi dito sobre o caso do Sr. Byng, eu acrescentarei o seguinte:[21]

Que seus inimigos, desde o surgimento de sua defesa, vêm tentando mudar as condições da questão.

Que a única questão agora é relacionada com sua conduta na batalha.

Que essa é uma questão cuja única relação com a nação é que a nação está interessada na disciplina de sua marinha.

Que por sua covardia, se o prejulgamos como um covarde, ele não perdeu nenhum território, pois Minorca não poderia ser salva; nenhum barco, pois ele trouxe de volta a frota inteira; e nenhuma honra, porque o inimigo bateu em retirada diante dele.

Que se o caráter de Byng, de um modo geral, for abominável, aqueles que o escolheram para um empreendimento tão importante devem partilhar dessa abominação.

Que Byng vem sendo tratado desde a sua volta com indignidades e severidades que não são nem apropriadas nem necessárias.

Que com muita diligência foram distribuídos folhetos para incitar a população contra ele.[22]

Que desde o julgamento de Laud não se havia mostrado um interesse tão grande na justiça retaliativa.

---

[20] *The Conduct*, p. 67.
[21] Sem dúvida uma continuação da parte final de suas resenhas sobre Byng no número anterior da *Literary Magazine* (p. 417, anteriormente).
[22] Veja n. 38, p. 416.

Que há motivo para crer que atrás desse interesse em persegui-lo existem alguns inimigos latentes, interessados na acusação, que o difamam para que ele possa ser destruído com menos hostilidade.

Que seja qual for o destino de Byng, a justiça da nação deve capturar os homens que perderam Minorca.

Samuel Johnson

Discurso sobre a expedição Rochefort (1757)

A coalizão Pitt-Newcastle finalmente se concretizou no verão de 1757, mas sua formação não teve como resultado imediato uma abundância de vitórias militares. Na verdade, a primeira operação (uma operação "conjunta") sob seu patrocínio foi um fracasso vergonhoso. Em setembro, uma expedição naval sob o comando de Sir Edward Hawke, que escoltava uma força militar sob o comando de Sir John Mordaunt, foi enviada, na esperança de que ninguém suspeitasse, contra a costa ocidental da França, especificamente contra o importante depósito de armas de Rochefort. A frota se aproximou da costa e tomou a pequena ilha de Aix, que não tinha muita significância. Mas, após considerar as dificuldades de um ataque à própria Rochefort, um conselho de guerra de oficiais seniores da expedição chegou à conclusão de que não seria uma boa ideia, e a expedição voltou para a Inglaterra. O caso já não podia ser mantido em segredo, e a reação pública foi extremamente negativa, de vergonha e raiva.

Uma das expressões mais vívidas dessa reação é a peça que se segue, cuja existência não foi conhecida até sua publicação na *Gentleman's Magazine*, em outubro de 1785. Não há nenhuma indicação de sua origem. Nichols tinha publicado muitas peças curtas com um estilo johnsoniano na revista nos meses após a morte de Johnson, mas algo dessa natureza seria provavelmente uma contribuição de alguém fora do círculo regular da *Gentleman's Magazine*. Nada se sabe das circunstâncias em que foi escrita, a não ser aquilo que o próprio texto e o cabeçalho nos dizem. O itálico no cabeçalho, "uma certa respeitável sociedade *falante*", parece destinado a fazer o leitor pensar que se tratava de uma ocasião parlamentar (com a velha piada sobre a origem de "parlamento" que seria o verbo francês *parler*), e Nichols pode ter pensado que isso era verdade. Mas como o próprio texto claramente afirma, o Parlamento não estava reunido – a sessão havia sido prorrogada em julho de 1757, e a nova sessão só começaria dia 1º de dezembro.

A única assembleia pública que parece ter pensado em dirigir-se ao rei naquela ocasião foi o Conselho Comum da Cidade de Londres. "A Cidade fala traição", escreveu Horace Walpole para seu amigo, o general Conway, no dia 13 de outubro – Conway tinha estado envolvido na expedição –, e "eles têm a intenção de buscar uma compensação de forma violenta". O que ocorreu foi coberto pela *Gentleman's Magazine*, novembro de 1757, p. 527:

> Sexta-feira, 4 de novembro. Em uma corte do conselho comum realizada na Prefeitura, foi proposta uma moção para que o conselho se dirigisse a Sua Majestade a respeito do fracasso da última expedição à costa francesa. Depois de algum debate, quando perguntaram ao prefeito se alguém havia insinuado alguma coisa a respeito da intenção de abrir esse inquérito, o senhor prefeito informou à corte que segunda-feira, dia 31 de outubro, William Blair, Esc., um dos escriturários do mais honorável conselho privado de Sua Majestade, veio à residên-

cia oficial do prefeito e lhe informou que estava vindo até o prefeito para lhe dizer que Sua Majestade havia dado ordens para que esse inquérito tivesse prosseguimento com a maior pressa e vigor, ou algo nesse sentido; com isso, depois de um breve debate, a moção foi retirada.

O resultado do inquérito governamental foi a convocação da corte marcial de Mordaunt; mas, como Johnson havia predito, a corte marcial o considerou inocente. E muito pouca coisa aconteceu depois que o Parlamento se reuniu em 1º de dezembro: a *Parliamentary History* (xv.835) registra um discurso muito habilidoso em resposta ao Discurso do Trono por Philip Yorke, Lord Royston, filho e herdeiro de Hardwicke, no qual ele se refere ao caso com o pesar apropriado, mas pede que se tenha confiança no ministério. Royston teve o apoio de uma grande maioria. O Parlamento não estava preparado para pedir a renúncia de Pitt, algo que, segundo uma vaga insinuação de Johnson, seria a solução para o problema.

A questão mais intrigante é quem foi o "amigo" que apresentou a acusação de Johnson? Não consegui encontrar nenhum registro detalhado do debate no Conselho Comum. O único MP que (segundo a *Parliamentary History*) parece ter discordado de Royston foi William Beckford, que também era, é claro, um membro importante da City Corporation. Beckford parece não ser um candidato muito provável para auxiliar Johnson, considerando sua futura carreira como "patriota" no reinado de George III. Mas os termos da política eram muito diferentes (especialmente para Johnson) no reinado de George II.

O texto é o da *Gentleman's Magazine* (outubro 1785), 764-65.

Um discurso *ditado* por Dr. Johnson, sem premeditação ou hesitação, sobre o tema de um discurso dirigido ao Trono, depois da expedição de Rochefort, em setembro 1757, para satisfazer a vontade de um amigo que apresentou dito discurso, no dia seguinte, em certa respeitável sociedade *falante*.

A questão atual não é se as pessoas têm o direito de se dirigir a Sua Majestade, pedindo um inquérito sobre a conduta da última expedição, e sim se, a essa altura, é conveniente dirigir-se a ele. Não há, talvez, nenhuma nação no mundo onde indivíduos não tenham o direito de se dirigir a seu rei quando se consideram injuriados; e o que pode ser feito por todos os indivíduos pode ser feito também, com propriedade ainda maior, por comunidades e corporações.[1] A questão, portanto, é se esse privilégio será exercido nessa ocasião. Mas, se não nessa ocasião, em que outra ocasião o exerceremos? Nós organizamos uma frota, e um exército; nós os equipamos; nós os pagamos; eles partiram com o apoio e os bons votos de toda a nação. Muitos benefícios eram esperados do sigilo de nossos conselheiros e da bravura de nossos comandantes. Eles partiram e voltaram outra vez, não só sem fazer nada, mas sem tentar fazer alguma coisa; e, portanto, não sem uma suspeita de traição ou covardia, já que nenhuma justificativa foi ainda dada sobre o motivo pelo qual eles desistiram do plano no momento

---

[1] Essa declaração parece confirmar a hipótese de que o discurso foi feito para um organismo representando uma "comunidade ou corporação" – por exemplo, o Conselho Comum da cidade de Londres.

Samuel Johnson

de sua execução. Um sábio pode ser enganado ao formular um plano; e ao executá-lo um homem corajoso pode fracassar; e tem sido o costume de todas as nações sábias honrar o homem que cumpriu seu dever, mesmo que ele não tenha tido sucesso. Mas nenhuma nação até hoje exauriu-se preparando e enviando frotas e exércitos sem perguntar o que foi que fizeram; e por que não fizeram nada. Calígula uma vez marchou para o litoral e apanhou conchas;[2] nosso exército foi para a costa da França e encheu suas barrigas com uvas.[3] A expedição de Calígula é, até hoje, motivo de riso; e nós só podemos evitar, para nós mesmos, um desprezo semelhante, através de um inquérito rigoroso, que descubra de quem foi a culpa pelo fato de nossas tropas e navios terem sido igualmente ridículos. Se o menosprezo, realmente, fosse a única consequência do fracasso, poderíamos nos sentar calmamente e rir com os demais; mas, como a guerra com a França é mais que um esporte; e como aqueles que nos traíram uma vez irão, se não forem punidos, trair-nos outra vez; ou, pelo exemplo de sua impunidade, ensinar outros a nos trair, é apropriado que esse fracasso, seja ele resultado de traição ou de covardia, seja investigado e punido, para que aqueles que, no futuro, nós empregarmos e pagarmos possam saber que são servidores de um povo que espera deveres cumpridos

---

[2] Suetônio, *Lives of the Caesars*, iv. 46 ("Calígula")

[3] Um saque considerável da propriedade dos habitantes locais foi denunciada entre as tropas britânicas que desembarcaram em Aix. No *Idler* 5 (13 de maio de 1758) SJ, sarcasticamente sugerindo que as mulheres fossem convocadas para o exército (não é possível que elas tenham uma atuação pior que aquela que os homens estão tendo agora), escreve: "Não posso deixar de pensar que sete mil mulheres poderiam ter se aventurado a olhar Rochefort, saquear uma aldeia, roubar uma vinha e regressar a salvo".

em troca de seu dinheiro, que não serão ridicularizados por expedições preguiçosas ou satisfeitos com um relato de muros que nunca foram vistos ou de fossos que nunca foram experimentados. Ouvi algumas objeções a esse discurso que, a meu ver, não têm muito poder, e que, creio eu, com poucas palavras poderão ser evitadas. Diz-se que uma objeção expressa alguma desconfiança do rei ou pode tender a perturbar sua calma. Um rei inglês, Sr. Presidente, não tem muito direito à calma quando seu povo está na miséria. E aquele que imagina que seu soberano não está disposto a partilhar tanto os infortúnios quanto a prosperidade de seus súditos tampouco demonstra ter qualquer respeito para com seu soberano. A intenção não é expressar desconfiança: nós não desconfiamos do rei e sim daqueles que podem ter algum interesse em enganá-lo. O infortúnio dos reis é que só raramente, e a não ser nos casos de calamidade pública, ele fica ciente dos sentimentos de seu povo.[4] Normalmente é do interesse daqueles à sua volta enganá-lo com informações falsas ou lisonjeá-lo com falsas representações. Portanto, é apropriado, quando o povo foi ofendido, que ele reclame e não confie sua causa ou seus sentimentos aos bajuladores da corte. Dizem que esse caso vai ser brevemente examinado por uma corte marcial; mas o povo não tem uma opinião muito boa de cortes marciais. Espera-se justiça delas, mas somente quando a justiça é de seu interesse; e a justiça é do interesse delas só quando elas percebem

---

[4] Cf. "Memoirs of the King of Prussia" de SJ, *Literary Magazine*, nº 7 (15 outubro-15 novembro 1756) nº 9 (15 de dezembro 1756-15 janeiro 1757): "Os reis, sem essa ajuda [ou seja, uma consciência "das várias formas de vida"] de infelicidade temporária, vêem o mundo em uma névoa, que amplia tudo aquilo que lhes está próximo, e limita sua visão a um perímetro estreito, que poucos são capazes de ampliar apenas com a força da curiosidade".

que se elas não forem instauradas isso irá provocar o ressentimento da população. Outros são da opinião de que o Parlamento, quando se reunir, passará a primeira parte da sessão examinando esse evento. Aqueles que propuseram essa objeção parecem se encontrar em um dilema, no qual qualquer uma das conclusões será contra eles. Se o Parlamento não instaurar o inquérito por sua própria iniciativa, o discurso é necessário; se ele instaurar o inquérito sem o discurso, então o discurso não fará mal algum. Há uma objeção ainda mais frágil: que esses discursos deixam o ministro constrangido.[5] Mas eu não posso conceber que essa objeção tenha sido feita por aqueles que desejam a continuidade do ministro; pois, se nossos ministros forem sábios e honestos, o discurso só lhes dará a oportunidade de fazer com que sua sabedoria e sua integridade passem a ser inquestionáveis. E se eles forem ignorantes ou traiçoeiros, espero que ninguém queira que eles sejam mantidos tranqüilamente à custa de seu país.

---

[5] I.e. o "ministro principal". É uma boa pergunta se aqui a intenção era referir-se a Pitt ou a Newcastle. Talvez o leitor possa decidir.

"Observações" e correspondência na *Universal Chronicle* (1758)

Um relato completo daquilo que é conhecido sobre a conexão de Johnson com a *Universal Chronicle* (baseado, em grande parte, em um estudo de Boylston Green em 1941, uma tese não-publicada, para a Universidade de Yale) foi apresentado na Introdução ao Volume II da Edição Yale, e não precisa ser repetido aqui. Além da contribuição para *The Idler*, que começou no segundo número, a Johnson foram atribuídos (por Allen T. Hazen, *Johnson's Prefaces and Dedications*, 1937, pp. 205 ff.) o manifesto de abertura do periódico e o ensaio que vem logo a seguir, "Of the Duty of a Journalist", no primeiro número. Além disso, Boylston Green, no estudo mencionado, também atribui a ele cinco peças, quatro "Observações" e uma carta para a *Universal Chronicle* que Green chama de "Observação V", reproduzida a seguir.

O fato de Green atribuir esses escritos a Johnson tem como base, além da conexão de Johnson com a *Chronicle*, que era bastante conhecida, o tipo de evidência interna como a seguinte:

> Nas *Observações* encontram-se várias opiniões que ele havia expressado nos meses anteriores. As referências pejorativas a ataques em cidades não-fortificadas e à vergonhosa rendição de Minorca que estão nas *Observações* IV e V fazem eco com a frase final do

Idler 5, que foi publicado dia 13 de maio de 1758. E os mesmos sentimentos são reiterados na conclusão do *Idler* 39 que surgiu alguns meses mais tarde, dia 13 de janeiro de 1759. O fato de juntar Toulon e Paris ao falar dos baluartes franceses em *Observações* IV e V é um artifício que Johnson utilizou no *Idler* 8, de 3 de junho de 1758. A recusa de considerar a captura de Louisbourg como um triunfo militar importante em *Observações* II coincide exatamente com a opinião expressa no *Idler* 20, publicada no mesmo dia. O interesse em Frederico, o Grande, manifesto em *Observações* III, lembra ao leitor *Memoirs of Frederick*, que Johnson escreveu para a *Literary Magazine* em 1756.

A essa evidência podemos acrescentar paralelos como a notícia sobre *History of Minorca*, de Armstrong, publicada no primeiro número da *Literary Magazine* um ano antes:

> Se a distribuição do império estivesse em minhas mãos, eu realmente preferiria desistir de Gibraltar e não de Minorca... Mas não sei se nenhum dos dois vale o que custa e ao perdê-los não estou certo de que sofrerei qualquer coisa a mais do que aquela afronta que acompanha a desonra.

E (com a conclusão de *Observação* III) o texto seguinte, da seção "Foreign History" da *Gentleman's Magazine* durante o período de maior atividade de Johnson naquela revista:

> Com essas marchas e contramarchas, foi observado que as máximas da guerra mudaram com os requintes dos tempos atuais. Nas idades mais rudes e mais heroicas, era prática comum em todas as situações aproveitar a primeira oportunidade para lutar; a grande regra de conduta atualmente é nunca lutar sem uma vantagem visível, uma regra que, se for observada pelos dois lados, irá para sempre evitar uma batalha.

A ideia é que é um tanto extraordinário que pequenas sátiras como essas, que expressam fortemente, em uma prosa extremamente vívida e incisiva, um atitude sardônica com relação à glória militar e ao engrandecimento imperial, pouco comum à época, normalmente apareçam em periódicos durante o tempo em que Johnson estava ativamente envolvido com eles. É possível, é claro, que algum outro escritor, até agora desconhecido, possa ainda ser descoberto que tenha um estilo e opiniões sobre esses assuntos semelhantes aos de Johnson e que estivesse empregado nos mesmos periódicos na mesma época que ele. A atribuição que Green fez dessas "Observações", no entanto, já é conhecida do público por um quarto de século e nunca foi questionada (A atribuição feita por Hazen de peças na *Universal Chronicle*, também baseada em evidência interna, é apenas cinco anos mais antiga, e já ganhou o reconhecimento dos editores do Volume II da Edição Yale, "Johnson, como Allen Hazen demonstrou... escreveu os dois ensaios introdutórios") e parece que é bastante seguro imprimir essas peças como sendo de Johnson. Uma enorme parte da coletânea que é aceita como sendo de Johnson deve sua existência a processos prescritivos como esses.

Podemos até mesmo dizer que essas breves "Observações", publicadas no meio da Grande Guerra pelo Império, merecem ser reimpressas, seja quem for seu autor, por sua ousadia em opor-se à hipocrisia da época. Com efeito, as "Observações" do *Universal Chronicle* conseguiram sobreviver por apenas quatro números. O número 4 foi demasiado para seus leitores patrióticos. A resposta indignada de um deles é transcrita a seguir, na ordem apropriada, para fazer com que a resposta do "Observador" seja compreensível. Essa resposta é um contra-ataque totalmente devastador – uma das melhores peças polêmicas de Johnson, tão excelente em sua vitalidade como as cartas para Chesterfield e Macpherson. Mas evidentemente Newbery (se era dele a mão que controlava a *Chronicle*) já não aguentava mais – como ocorreu com os proprietários da *Literary Magazine* um ano antes –, e nenhuma "Observação" perturbadora sobre a grande guerra patriótica voltou a ser publicada.

O texto aqui segue o da primeira edição na *Universal Chronicle* (que recebeu o título de *Payne's Universal Chronicle* depois do nº 5, 29 de abril-6 de maio). As "Observações" só foram reproduzidas até hoje no artigo de Boylston Green, "Possible Additions to the Johnson Canon", *Yale University Library Gazette*, XVI (1942), 70-79, e no *The Political Writings of Dr. Johnson: A Selection* (1968) org. J.P. Hardy, pp. 32-28. Green dá às peças o título "Observação I... Observação V." A numeração não parece no original, mas por conveniência foi inserida aqui, entre parênteses, para as quatro primeiras peças. A quinta, no entanto, é uma carta e não uma "Observação", e não deve ser designada como tal.

Observações [1][1]

Pelo menos nossas tropas tomaram uma cidade francesa: Cherbourg está na posse dos ingleses.[2] Comemorar uma conquista de tão pouca importância com qualquer ostentação triunfante seria

---

[1] *Payne's Universal Chronicle*, nº 20 (12-19 de agosto de 1758), p. 160.
[2] Esse porto marítimo extremamente fortificado foi capturado dia 7 de agosto por uma força comandada pelo comodoro Richard Howe e pelo general Thomas Bligh. Em uma ação subsidiária malograda em St. Cas, pouco tempo

ridículo; mas não é menos ridículo reprimir a alegria que o brilho do sucesso naturalmente nos traz, depois de um longo período de nuvens de desaponto. Essa é a primeira tentativa em que tudo foi feito segundo o que era esperado e desejado, e isso pode nos dar esperança de mais vantagens. A vitória naturalmente produz uma exultação do espírito e a exultação reciprocamente estimula a iniciativa e garante a vitória.

É possível que aqueles que, por uma razão qualquer, dizem desprezar todos os planos do governo perguntem o que propomos ganhar invadindo a França com sete mil homens; uma força que, para uma nação tão populosa e belicosa, deve parecer tão desprezível quanto um bando de lobos descendo das montanhas. Podem também perguntar por que tomamos uma cidade que não podemos manter, e desembarcamos só para embarcar outra vez?

Para tudo isso a resposta é fácil. Invadimos os franceses não para conquistar, mas para assediá-los e assustá-los. Não achamos que colocamos Paris ou Versalhes em uma situação de terror imediato, mas sabemos que estamos mantendo as províncias marítimas constantemente preocupadas e distraídas. Seja onde for que desembarcarmos, os habitantes ficam aflitos por seus medos, mesmo que não por seus sofrimentos. A aflição de uma parte não é sentida sem que os demais se incomodem, e um incômodo que continua por muito tempo faz com que o povo fique cansado da guerra.

Ao tomar e abandonar, quando nos apetece, as cidades da França, nós convencemos toda a Europa de nossa superioridade naval;

---

depois, o tio por casamento de Bennet Langton, general Alexander Dury foi assassinado e SJ escreveu para consolá-lo (*Letters* 116).

mostramos para as outras nações que os franceses não têm frotas que possam se opor a nós no mar; e, para os próprios franceses, que eles não têm tropas que possam guardar seu litoral. Danificamos a reputação dos franceses para sempre entre os estrangeiros, e a do governo francês entre os próprios franceses. Destruímos aquele preconceito que dava a qualquer povo insignificante a coragem de nos tratar com desprezo no começo da guerra. Aquelas nações que, dois anos atrás, nos viram tremendo em nosso país e pedindo socorro ao continente para nos proteger de uma invasão – algo que deve sempre ser lembrado, os franceses não tiveram nem o poder nem o desejo de fazer[3] – agora nos vêem atacando subitamente o litoral da França, não só sem sermos rechaçados, mas até sem resistência. Não tivemos, na verdade, nenhuma oportunidade de exercer nossa coragem, nem podemos nos vangloriar de exércitos que se estabeleceram,[4] mas devastamos o país sem oposição, e se isso não dá uma nova amostra da coragem inglesa, pelo menos dá uma prova da fragilidade da França.

Observações [II][5]

É natural passar da dejeção à exultação. Aquele que achou que o perigo em que se encontrava era maior do que realmente era dará mais valor do que deveria dar quando surge qualquer vestígio de

---

[3] Veja pp. 379 e 444 anteriormente.
[4] [No original] uma negativa dupla, coisa rara em SJ.
[5] *Payne's Universal Chronicle*, nº 21 (19-26 de agosto de 1758), p. 168. Esse número contém também *Idler* 20, satiricamente imaginando os vários relatos que um historiados inglês e um historiados francês fariam da captura de Louisbourg.

libertação. Quando perdemos Minorca,⁶ um pânico geral caiu sobre a nação, e todas as pessoas se encontravam com seus vizinhos com o rosto sombrio e o olhar baixo, como se Londres tivesse sido sitiada. Agora Louisbourg foi tomada⁷ e nossas ruas ecoam com triunfo e resplandecem com iluminação, como se nosso rei estivesse sendo uma vez mais proclamado em Paris. Surpresas, tanto de tristeza quanto de alegria, são naturais, mas é preciso que nos recuperemos delas o mais rápido possível, e avaliemos todos os eventos segundo sua importância e todas as aquisições de acordo com seu valor. O cerco de Louisbourg foi conduzido de uma maneira tão feliz, que talvez existam poucos exemplos na história de um lugar tão forte que tenha sido conquistado em um tempo tão curto, com tão pouca perda. Se a facilidade do sucesso pode ser atribuída à habilidade dos ingleses ou à timidez dos franceses, o prazer é o mesmo. Se nossa habilidade militar é grande, podemos ter a esperança de conquistar homens que, embora tenham a mesma coragem, têm menos conhecimento; e se nossos inimigos forem temerosos, nunca poderão ser temíveis, seja qual for sua habilidade. Os franceses parecem ter confiado demais em seus navios que fariam o porto inacessível por mar e não imaginavam que os sitiadores pudessem destruí-los com suas baterias. A precaução humana nunca é capaz de proteger todos os lados, e o perigo, quando vem inesperadamente, vem com força dupla. Quando os franceses viram seus navios destruídos

---

⁶ Minorca caiu na mão dos franceses em junho de 1756, depois que a força naval comandada pelo almirante John Byng não conseguiu afugentá-los. Veja anteriormente pp. 377-386.

⁷ Por uma expedição sob o comando do major-general Jeffrey Amherst, um protegido de Pitt, dia 26 de julho. A notícia chegou a Londres no dia 18 de agosto.

por balas vindas da terra, perderam a coragem e esqueceram-se de que seus muros ainda não tinham sido demolidos. Assim Louisbourg foi tomada e a reputação de nossas armas restaurada, o que é realmente um grande resultado, se não o maior resultado dessa conquista de que nos vangloriamos. Louisbourg não é útil para nós no mesmo nível em que sua perda é prejudicial a nossos inimigos. Eles a valorizam como um porto de segurança para seus navios, como um lugar onde suas forças americanas podem se reunir com segurança, protegidas tanto de hostilidades como de tempestades. Nós só a desejamos porque ao possuí-la privamos os franceses de uma posição vantajosa, pois não queremos portos naquela parte do mundo; portanto, muito foi tirado de nossos inimigos, mas pouco foi ganho por nós. Porém, essa é a condição da guerra: ao fazer uma parte mais fraca, fortalecemos a outra. E essa vantagem nós obtivemos não só com a captura da fortaleza, mas também com a destruição de 11 navios. Com isso, a marinha francesa, que já era frágil desde o começo da guerra, foi reduzida a uma situação na qual já não pode ter esperança de se opor a nós.

Observações [III][8]

Desde que o cerco de Olmutz[9] foi levantado, não se ouve mais falar do rei da Prússia; só sabemos que ele se retirou para seus próprios territórios e que as províncias austríacas estão até certo ponto livres dos terrores da espada e do peso de impostos. Nos-

---

[8] *Payne's Universal Chronicle*, nº 22 (27 de agosto-2 de setembro 1758), p. 176.
[9] A nordeste da Áustria. Frederico a havia sitiado desde abril, mas em 1º de julho abandonou a sítio.

sos temores estão voltando outra vez, e sempre que os assuntos do Continente são mencionados, compadecemo-nos do rei da Prússia, como um soberano sobre quem a destruição está abrindo suas mandíbulas, sobre cujos territórios todos os poderes circundantes estão explodindo de uma vez só e cujas províncias já estão distribuídas entre seus inimigos. O fato de ele realmente ter inimigos por todos os lados é evidente, mas seus inimigos têm nomes maiores que suas forças. Ele tem pouco a temer a não ser por parte dos austríacos, e da parte deles não sofreu muita coisa. Parece ter sido a expectativa de seus aliados ingleses que as tropas do Rei da Prússia iriam conquistar seja o que fosse que invadissem e que seu nome iria desarmar todas as mãos que se levantassem contra ele; que ele passaria de uma província à outra sem nenhum obstáculo, e de cidade em cidade; que deveria fazer tudo e seus inimigos, nada. Exultantes com essa esperança, bastante contrária à razão e à experiência, vimo-lo entrar no campo, com a esperança de que todos os dias iriam trazer novas aquisições; e desde o momento em que vimos seu primeiro empreendimento malograr-se, caímos de nossa altura, consideramos o malogro como uma deposição, e nos resignamos a que nosso herói seja morto ou capturado. Mas o que ocorreu com o rei da Prússia que não tenha ocorrido também com os generais mais bem sucedidos? Ele sitiou uma cidade, sua munição foi interceptada e, como não podia demolir as fortificações sem balas, levantou o cerco. Foi avançando pelo território do inimigo e encontrou pouca oposição; seus territórios são invadidos pelo outro lado e ele vê que é necessário colocar seu exército mais próximo do centro. A vitória em uma batalha lhe daria sua superioridade uma vez mais, e nos convenceria uma vez mais de que ele é invencível;

mas talvez ele possa achar que a batalha é algo perigoso demais em sua situação atual, quando seus inimigos estão tão próximos e tão preparados para aproveitar qualquer vantagem que ele possa lhes dar se sofrer uma derrota. A verdade é que é pouco provável que ocorra uma batalha a não ser que o rei da Prússia aproveite uma oportunidade casual, ou que fique tão cercado por todos os lados que se sinta obrigado a abrir uma passagem à força; pois a condição dos austríacos, depois de tantas perdas, também é tal que eles não podem suportar outra derrota sem enorme perigo e aflição. Portanto, não é improvável que o resto do verão seja gasto com marchas e contramarchas, excursões na direção do campo aberto e conflitos insignificantes entre grupos pequenos.[10]

Observações [IV][11]

Todos os atos públicos ou erguem ou afundam a honra de um povo e, portanto, são um objeto adequado para elogios ou repreensões. A pompa com que umas poucas bandeiras francesas foram levadas, na quarta-feira, para a catedral de St. Paul[12] pode ser apropriadamente examinada aqui, pois talvez tenha sido pouco considerada antes.

---

[10] As previsões de SJ mostraram-se falsas: dia 25 de agosto Frederick travou, com sucesso, a importante batalha de Zorndorf contra os russos.

[11] *Payne's Universal Chronicle*, nº 23 (2-9 de setembro de 1758), p. 184. O *Idler* que apareceu nesse número foi o terrível "original nº 22", com os reflexos dos abutres sobre a carnificina de um campo de batalha humano.

[12] Dia 6 de setembro elas foram desfiladas diante do rei e levadas para a catedral de St. Paul, onde um serviço de graças foi ministrado pelos bispos de Oxford e de Bristol.

Comemorar vitórias triunfalmente, divulgar, por meio de alguma festividade pública, o feliz sucesso de empreendimentos militares, sempre foi a prática de todas as nações civilizadas. A arte de governar algumas vezes inverteu essa prática, e o povo foi ensinado a regozijar-se quando o exército foi derrotado. Esse é o estratagema mais gritante da fraude política; e isso, espero eu, nossos governantes nunca serão levados a praticar. No entanto, são feitas algumas tentativas semelhantes a esse tipo de coisa, quando nos ensinam a achar que nossas aquisições são maiores do que realmente são, ou a expressar nossa alegria de uma maneira desproporcional à tristeza sentida por nossos inimigos.

A exibição dessas bandeiras capturadas, se não um triunfo, foi pelo menos uma *ovação*,[13] e deveria ser entendida pela multidão que a assistia como uma prova indubitável da inferioridade da França. Mas o que foi que a França sofreu das armas britânicas, ou o que ganhamos a não ser bandeiras, quando essas bandeiras caíram em nossas mãos? Quando os troféus de Blenheim foram exibidos, um espectador pôde dizer a outro que os franceses haviam sido expulsos do Império e tinham perdido, talvez, 500 quilômetros de território; quando o espólio do *Ramillies* foi carregado pela cidade, poderia ter sido proclamado, verdadeiramente, que Flandres tinha ficado à mercê de nosso exército. Mas como é que essas bandeiras foram obtidas, de onde elas vieram e o que custaram? Não foram ganhas por uma vitória decisiva; nenhum exército foi vencido, a França não está muito mais frágil do que era antes, e a guerra, por mais bem sucedida, não está mais próxima do fim. Elas não foram

---

[13] SJ espera que seus leitores estejam familiarizados com a diferença entre a forma mais elevada de tributo público a um vencedor militar em Roma ("triunfo") e a menos elevada ("ovação").

arrancadas dos muros de Paris ou de Toulon; não foram trazidas de Minorca em troca daquelas que nós perdemos recentemente. Elas vieram de um lugar tão obscuro e insignificante que seu nome só é conhecido pelos franceses e pelos ingleses; e foram compradas a um custo que mal poderia ser recompensado pela conquista de uma província no Continente ou pela derrota de um exército real.

Certamente nossas mentes são tratadas com desprezo demais quando esses erros são praticados sobre nós; quando buscam nos divertir com procissões assim tão desprezíveis, como se tivessem custado milhões e equivalessem à morte de milhares.

Não nos vangloriemos mais até que algo seja realmente realizado; não exaltemos nossos inimigos ao dizer à humanidade que alto valor damos a essa conquista insignificante e ao confessar quanto a menor vantagem já superou nossas expectativas.

[Ao Editor da *Universal Chronicle*.][14]

Sábado, 9 de setembro de 1758.

Senhor,

A liberdade que é dada aos comentários em seu jornal, sob o título de *Observações*, não é, suponho eu, assumida como um privilégio inalienável pelo próprio Observador, mas pode ser exercida por qualquer um que considera que ele chega a conclusões aparentemente verdadeiras por meio de premissas que são certamente falsas. E ouso dizer que o senhor tem honestidade suficiente para imprimir, no próximo número de sua *Chronicle*, a resposta ao artigo dele de hoje.

---

[14] *Payne's Universal Chronicle*, nº 24 (9-16 de setembro de 1758), p. 192.

Não levarei em consideração a n... ...za daquele espírito do qual essa composição pomposa está imbuída; mas, deixando que essa natureza seja percebida pela sua aparência, irei somente trazer à tona um fato, tirando-o daquela cobertura de falsidade que a ignorância indesculpável lançou sobre ele.

Ao Observador, então, deve ser dito, aquilo que ele poderia ter sabido perfeitamente, pelos jornais públicos, que "as poucas bandeiras francesas que com tanta pompa foram, na quarta-feira, levadas para a catedral de St. Paul" eram *todas* as bandeiras que os franceses tiverem que entregar a nossas tropas vitoriosas, quando, sob os termos de capitulação que essas estabeleceram, tomaram posse da importante fortaleza de Louisbourg.

"A exibição dessas bandeiras capturadas foi, portanto, não uma ovação, mas um triunfo nobre e necessário; uma prova indubitável da inferioridade da França." E com a mesma alegria que foi sentida "quando os troféus de Blenheim foram exibidos e os espólios do *Ramillies* carregados pela cidade," um espectador desse triunfo pode dizer para outro *que todo o continente da América do Norte agora está à mercê de nosso exército*. Que, embora essas bandeiras não tenham sido "arrancadas dos muros de Paris ou Toulon", elas foram tiradas de um lugar cuja possessão é dez vezes mais importante para o bem-estar da Grã-Bretanha e é uma ampla recompensa pela "perda de Minorca"; e que "elas foram ganhas por uma vitória *decisiva*," que tornou "*a França muito mais frágil do que era antes*"; e que, se for aprimorada por nós e continuar a ser misericordiosamente apoiada pelo Favor Divino, deverá dar "um fim rápido à guerra" com honra e segurança para nosso Rei e para nosso país.

Aqueles a cuja sabedoria e espírito em formular o plano dessa conquista e a cuja resolução e integridade na execução desse plano nós devemos o único meio de estabelecer nosso comércio e nosso poder na América do Norte (e a mesma sabedoria, e espírito e integridade irão, confio eu, opor-se para sempre a uma *segunda rendição in*glór.   ιuisição como uma condição de paz, o que seria, pela *segunda vez*, a causa de uma guerra sangrenta;) esses Ministros Patriotas, digo eu, ao mesmo tempo que ao "estabelecer um justo valor a essa conquista" satisfizeram todos os olhos e todos os corações, com "uma prova indubitável da *inferioridade* da França", "convenceram todas as mentes" também de como são altamente qualificados para conduzir a administração deste reino na situação mais crítica e mais perigosa.

E agora, como o Observador deve reconhecer, que, longe de "superestimar nossas conquistas e vangloriar-nos onde não nos desempenhamos bem", nós fizemos apenas um triunfo decente sobre a vitória mais importante, ele não irá, confio eu, *ofender-se* com uma ovação; mas quando o canhão de Cherbourg[16] (um lugar que, embora tão "obscuro e insignificante que seu nome só é conhecido pelos franceses e ingleses," teve, no entanto, a possibilidade de estar evoluindo para a condição terrível de outro Dunkirk)[17] for carregado pelas ruas de Londres, ele próprio será um espectador da procissão e com grande entusiasmo participará das aclamações do povo.

Ao autor da Universal Chronicle.[18]

Senhor,

O conde de Oxford dizia com frequência que "um bando de preguiçosos cochichavam um no ouvido do outro em uma cafeteria

---

[15] Louisbourg, capturada em 1745, foi devolvida aos franceses sob os termos da Paz de Aix-la-Chapelle em 1748.

[16] Uma parada triunfal do canhão francês capturado em Cherbourg seria realizada dia 16 de setembro.

[17] Na Paz de Utrecht, 1713, os franceses concordaram em pôr abaixo as fortificações de Dunkirk; mas no final isso não foi feito, e a fortaleza continuou sendo uma fonte de preocupação para os ingleses por várias décadas.

[18] *Payne's Universal Chronicle*, nº 26 (23-30 de setembro de 1758), p. 208.

e imaginavam que toda a nação estava repetindo aquele mesmo clamor".[19] Isso parece ter sido o caso do populacho inglês nos últimos tempos; eles beberam à conquista de Louisbourg, até que começaram a achar que Louisbourg era a sede do Império e a acreditar que o resto do mundo pensa a mesma coisa. Quando alguém diz a um deles que o nome de Louisbourg só é conhecido pelas nações para quem um interesse local e acidental o tornou importante, eles ficam olhando fixamente, e de boca aberta, e duvidam, e bebem outra vez e falam alguma coisa que nem eles próprios nem seus ouvintes entendem, sobre "premissas e conclusões", "ignorância imperdoável", "certa falsidade", "espírito e aparência".

A loucura de uma nação, pelo menos da inglesa, raramente dura muito tempo; uma semana é normalmente o suficiente para que o país recobre o bom senso. Ele já começa a ter vergonha das aclamações que receberam as bandeiras francesas; e é possível que aquele que com tanta veemência atacou minhas honestas *Observações* tenha, antes do tempo, se recuperado daquele entusiasmo em seu coração e tenha começado a se perguntar o que ele próprio quis dizer quando chamou de "vitória decisiva" a captura de uma pobre fortaleza e de "prova indubitável da inferioridade da França" a exibição de umas poucas bandeiras.

Essas bandeiras, ele admite que não foram arrancadas de Paris ou Toulon, "mas foram tiradas", diz ele, "de um lugar cuja posse

---

[19] Cf. Swift, *Thoughts on Various Subjects*: "Quando alguém estava dizendo a certo Ministro importante que o Povo estava descontente: 'Pa' disse ele, 'meia dúzia de idiotas estão de conversa fiada em uma cafeteria e acabam achando que seu próprio Barulho à volta de seus Ouvidos é feito pelo Mundo'" (*Prose Works*, org. Herbert Davis, iv. 250). Agradeço ao professor Morris Golden por esta referência.

é dez vezes mais importante para o bem-estar da Grã-Bretanha e é uma ampla recompensa pela perda de Minorca". Isso pode ter sido apropriado para a loucura dos primeiros momentos, quando chegaram as notícias de nossa conquista. Mas as pessoas agora estão sóbrias outra vez, e nada, a não ser uma bebida muito forte, irá persuadi-las outra vez a acreditar que Louisbourg e Paris podem ser mencionadas ao mesmo tempo. O próprio autor parece ter voado muito acima do poder de sua própria credulidade e vem caindo das alturas com uma rapidez bastante perigosa. "Louisbourg é dez vezes mais importante que Paris e é uma ampla recompensa pela perda de Minorca." A parte final da frase afirma muito pouca coisa se comparada com a primeira parte; e no entanto, temo eu, ela afirma mais do que é verdade. Não hesitarei em comparar os dois lugares. Em Minorca, o infortúnio foi, para nós, maior que a perda. Fomos vencidos à vista de todas as nações cujo respeito deve ser desejado. Em Louisbourg, a perda para os franceses foi maior que o infortúnio, pois nossa vitória tinha ocorrido em uma parte remota do mundo, um lugar que nada mais, a não ser essa situação específica, tornaria conhecido, e sobre o qual, quando o pesquisador encontrá-lo no mapa, irá se perguntar o que foi que nos atraiu a disputá-lo.

O meu crítico continuou tentando provar a importância da aquisição informando-nos "que todo o continente da América do Norte agora está à mercê de nosso exército". – Certamente não o continente inteiro. Pelo menos Ticonderoga[20] deve ser excluído.

---

[20] Uma observação sarcástica e muito astuta. Em julho de 1758, uma força britânica tinha sido repelida pelos franceses, com um grande número de baixas, em um ataque ao forte Ticonderoga, e seu comandante, Lord Howe (irmão do comandante naval em Cherbourg), foi morto.

Realmente não vejo como a situação do continente pode ter mudado tanto com a captura de uma ilha. Espero que esse escritor dedicado saiba que o Cabo Bretão é apenas uma ilha.[21] O litoral da América está mais aberto, mas o continente está como estava antes, e tampouco fizemos qualquer progresso desde a tomada de Louisbourg.

Em um comentário anterior tentei mostrar o verdadeiro valor dessa conquista. É uma perda para os franceses, mas não um ganho importante para os ingleses. A expedição foi meritória e útil. Mas quanto à "sabedoria e ao espírito exigidos nesse plano ou à resolução e integridade em sua execução", é preciso que tenhamos uma outra noite de loucura antes que possamos descobri-los. Mentes estreitas sempre se ocupam com a cena presente.[22] Onde está a sabedoria de saber que devemos tomar aquelas fortalezas inimigas que nos incomodam, particularmente aquela fortaleza que foi tomada na última guerra. Que integridade pode ser exercida na captura de um castelo, ou que resolução foi demonstrada que seja maior que a coragem exigida em todas as operações de guerra normais?

Vamos fazer justiça a nós mesmos e não mais do que isso. Não tivemos necessidade e não fizemos nenhum uso da determinação mostrada pelos franceses no ataque a Minorca.

É o destino de homens importantes e corajosos serem submetidos ao ridículo por procissões vãs e panegiristas ignorantes. Fico satisfeito, como os demais, com todos os eventos que trazem

---

[21] Talvez uma referência à história famosa (narrada por Horace Walpole) sobre a surpresa do duque de Newcastle ao saber que cabo Bretão era uma ilha.
[22] *Idler* 24, publicado no mesmo número da *Universal Chronicle*, é um comentário mordaz sobre tais "mentes estreitas".

prosperidade, já que, como os demais, estou interessado no bem da nação. Eu fui o primeiro a parabenizar meus conterrâneos por nosso sucesso em Cherbourg; mas não o engrandeci até fazer dele um outro Dunkirk. Elogio quando posso elogiar com honestidade e espero que jamais haverá a necessidade de inflar coisas triviais para torná-las dignas ou de cobrir a deficiência com uma falsidade esplendorosa.[23]

       Sou, senhor,
         Seu humilde servidor.

---

[23] Horácio, *Odes*, iii.xi. 35 *Splendide mendax*.

A bravura dos soldados rasos ingleses (1760)(?)

A história editorial desta peça breve mas admirável é um pouco assim como uma comédia de erros. Ela foi originalmente publicada em conexão com o nome de Johnson (ou, melhor dito, com a alcunha "O Autor de Rambler") em 1767, quando foi anexada, com duas outras peças jornalísticas de Johnson anteriores, à "terceira" (ou seja, segunda coletada) edição de *The Idler*. Foi então incluída em *Works* (1787) de Johnson e em edições posteriores. Boswell, no entanto, confundiu as coisas quando a incluiu, ilogicamente, no "Catálogo Cronológico" dos escritos em prosa de Johnson anexado no começo de sua *Life* sob "1758", o ano em que *The Idler* começou, e as confundiu ainda mais ao dizer, no texto da *Life*, que Johnson a tinha "acrescentado" ao *The Idler*, quando esse foi reunido em volumes" – ou seja, o leitor poderia supor, em 1761.

Eventualmente, estudiosos de Goldsmith descobriram a peça no primeiro número da *British Magazine*, de janeiro de 1760, um periódico para o qual Goldsmith contribuiu muito, e observaram que, com relação ao tema e ao entusiasmo, ela tinha muito em comum com o excelente ensaio de Johnson sobre "The Distresses of a Common Soldier", publicada no número de junho de 1760. Sir

James Prior, investigando o assunto em seu *Life of Goldsmith* (1837), leu o relato de Boswell, mas, consultando a primeira edição coletada de *The Idler*, 1761, descobriu que o ensaio não estava lá. Concluindo que Boswell havia se enganado, não hesitou em atribuir a autoria a Goldsmith (I.349). Um organizador posterior de Goldsmith, J.W.M. Gibbs (*Works of Goldsmith*, 5 vols., 1884-86) também não foi capaz de encontrá-la impressa no *The Idler*. Ele a encontrou, no entanto, na edição Oxford de 1825 de *Works* de Johnson mas ali, diz Gibbs: "O editor ... afirma que o ensaio foi acrescentado ao *The Idler* depois da morte de Johnson e parece duvidar que seja de Johnson." Com base nisso, Gibbs também decidiu imprimi-la como sendo de Goldsmith (III.447). Com efeito, a nota editorial em Johnson 1825 não diz aquilo que Gibbs diz que ela diz, mas o que diz é confuso o bastante: "Este texto breve foi acrescentado a algumas edições do *The Idler*, quando esse foi coletado em volumes, mas não pelo Dr. Johnson, como afirma o Sr. Boswell, nem foi acrescentado nas primeiras edições daquela obra." É verdade que a página do título do *Idler* de 1767 não afirma especificamente que os ensaios acrescentados são de Johnson ou que foi Johnson que os acrescentou ("*The Idler*, pelo Autor da Divagação. Terceira edição. Com ensaios adicionais"). Mas os *Idlers* de 1767 contêm algumas correções que *podem* ser de Johnson. Um dos editores dos volumes de 1767 foi Newbery, que tinha estado envolvido com *The Idler* talvez desde o início e pelo menos em uma fase inicial; os dois outros ensaios "adicionais" (a *Essay on Epitaphs* de 1740 e a *Dissertation on the Epitaphs of Pope*, de 1756) são indubitavelmente de Johnson.[1] Tudo isso parece

---

[1] Parece estranho que Tom Davies, que foi um dos editores do volume de 1767 do *Idler*, não tivesse incluído esse ensaio em seu *Miscellaneous and Fugitive*

ser uma suposta evidência para a autoria de Johnson que não é menos válida que muitas outras que existem para itens que são "aceitos" na coletânea das obras de Johnson. De qualquer forma, estudiosos posteriores de Goldsmith (p. ex., R. S. Crane, *New Essays by Goldsmith*, 1927, p. I, n. e *Collected Works of Oliver Goldsmith*, org. Arthur Friedman (1966, III. 89) parecem não se importar em desistir de reivindicar a autoria de Goldsmith para a peça.

Desde que D. Nichol Smith catalogou a impressão do ensaio na *British Magazine* na seção "Johnson" da Bibliografia de Literatura Inglesa de Cambridge em 1940, os estudiosos de Johnson presumiram que essa era a primeira vez que o ensaio tinha sido publicado, embora nenhum outro trabalho de Johnson pareça ter sido publicado pela primeira vez naquele periódico. É possível que ainda surja uma impressão ainda mais antiga em algum lugar obscuro.[2] Apesar disso, a notícia no mesmo número da *British Magazine* de que o ensaio é uma reimpressão do *Idler* 89, "por permissão do autor, cuja enorme genialidade e ampla cultura podem ser justamente enumeradas entre os ornamentos mais brilhantes da época atual", parece indicar algum contato pessoal entre a direção editorial da revista e Johnson. Podemos nos perguntar, é claro, por que, se o editor, Smollett, tinha um tesouro assim, de um ensaio *original*

Pieces, 1773-74. Ele incluiu a "Dissertation on Pope's Epitaphs", embora não a "Essay on Epitaphs" de 1740. Mas a coleção de Davis é tão errática que provavelmente a omissão não tem muita importância.

[2] Pode ser argumentado, a favor de uma data de composição anterior, que a *Essai sur l'Art de la Guerre*, do conde [Lancelot] Turpin de Crissé, citada no ensaio, e a que o autor se refere como sendo "publicada recentemente" foi na verdade publicada em 1754. Uma tradução para o inglês de Joseph Otway foi publicada em 1761.

por esse ornamento da época, ele não divulgou o fato; realmente, Prior usa a omissão como um argumento contra a autoria de Johnson – "Pareceria... que Smollett, quem quer que fosse o editor oficial, não sabia, ou não considerava que a obra havia sido escrita por Johnson, ou teria proclamado essa honra para crédito de seu trabalho". Mas Johnson, com sua curiosa obsessão a respeito do anonimato (oficial), pode tê-los proibido de fazer tal coisa. Quanto ao motivo pelo qual Johnson, que em outros períodos não era um grande amigo de Smollett, tivesse decidido escolher justamente esse momento para lhe presentear, em vez de a algum outro editor, com esse ensaio excelente e tão atual, não podemos deixar de lembrar que alguns meses antes (março 1759) Smollett tinha desempenhado um papel fundamental, conseguindo que o empregado de Johnson, que tinha fugido, lhe fosse devolvido pela Marinha. A gratidão de Johnson teria sido expressa de forma adequada com essa oferta de um bom ensaio para ajudar o periódico a se estabelecer, mas não seria necessário que ele levasse o agradecimento a ponto de aceitar um contrato para tornar-se um colaborador regular.

O tamanho e tom da peça sugere que ela pode ter sido concebida originalmente como um esquete para o *Idler*; e certamente os primeiros *Idlers* contêm muito material sobre o tema "mente militar", todos sarcasticamente hostis.[3] Havia uma série de mo-

---

[3] Outro estocada bastante cômica no tema pode ser encontrada nas "Reflections on the Present State of Literature", de Johnson, no *Universal Visiter*, 1756 (reimpresso em coleções mais antigas de suas obras sob o título "A Project for the Employment of Authors"), onde ele sugere que autoras que "são raramente famosas por usarem roupa de cama limpa" poderiam ser usadas como guarnições para cidades que estivessem ameaçadas de uma invasão francesa (uma ameaça que SJ sempre ridicularizava).

tivos para essa atitude: como a maioria de seus conterrâneos, os ingleses da época, Johnson suspeitava de um exército profissional que vinha desde a época de Cromwell;[4] como *tory*, sua suspeita era ainda mais intensa, pois a posição tradicional dos *tories*, desde a Guerra da Sucessão espanhola, era que a defesa da Grã-Bretanha poderia ser garantida adequadamente por suas forças navais e que o país só precisaria de um exército poderoso se abandonasse o antigo "isolacionismo" e se envolvesse imoralmente em atividades intervencionistas em outras partes do mundo; a guerra na qual as tropas britânicas estavam envolvidas então era visivelmente uma guerra de intervenção, para engrandecimento do império e ganhos comerciais, e Johnson era amargamente contrário a ela; finalmente, apesar de toda a fanfarrice "patriota" dos pittitas, as operações militares da Grã-Bretanha nos estágios iniciais daquela guerra tinham sido claramente mal sucedidas,[5] e esse fato, na opinião de Johnson, fazia com que todo aquele negócio sem sentido que era a guerra parecesse ainda mais absurdo.

Mas à época que essa peça foi (presumivelmente) escrita, os sonhos de Pitt estavam começando a se concretizar e sob sua inspirada direção o exército britânico tinha redimido magnificamente seus fracassos anteriores com as grandes vitórias de Minden em julho e de Quebec em setembro de 1759. O ensaio claramente representa uma séria releitura por parte de Johnson de seu menosprezo anterior "dos militares" — pelo menos no nível do soldado raso. Não que Johnson se extasie com a nobre galanteria do nossos bravos

---

[4] Veja o cabeçalho de "Comentários sobre o projeto de lei da Milícia", p. 281 acima, e p. 510 a seguir.
[5] Veja "Discurso sobre a Expedição Rochefort," p. 449 anteriormente.

rapazes — os exércitos de Minden e Quebec ainda eram, segundo os padrões modernos, pequenos exércitos profissionais, e suas fileiras eram convocadas, como Johnson e Goldsmith indicam, entre os "palhaços" e "camponeses", homens para quem o xelim do rei era uma atração poderosa; os exércitos massivos de cidadãos do século XX ainda não tinham sido inventados. Mas Johnson obviamente se emociona — como o fazia Goldsmith — assim como os "intelectuais" de todas as épocas tendem a se emocionar quando se conscietizam disso — com a capacidade de heroísmo e de autossacrifício dos analfabetos e semialfabetos que, como Johnson indica, têm muito pouco por que lutar. Sua conclusão, que isso é o efeito psicológico da vida em uma "sociedade livre" — e ao defini-la ele dá ênfase aos elementos econômicos mais que aos políticos — é uma conclusão sagaz e até "moderna". Afinal, Johnson aprova ou desaprova essa situação? Ele se expressa tão cuidadosamente, simplesmente declarando secamente que ela tem suas vantagens bem assim como suas desvantagens, que é difícil dar uma resposta categórica apenas com base nessa peça. Mas quando combinada com muitas outras declarações nos escritos de Johnson nos quais ele rejeita firmemente o "absolutismo" e a "dependência" apesar de todas suas "vantagens" óbvias — e com sua própria prática quando se confronta com "as rendas ou títulos" na pessoa de um Lord Chesterfield ou de um Lord Lyttelton —, a peça deixa muito pouca dúvida de que ele estava bastante disposto a tolerar suas "desvantagens".

O texto dado aqui segue o da *British Magazine*, 1760. A reimpressão de 1767 não mostra diferenças substanciais.

SAMUEL JOHNSON

A BRAVURA DOS SOLDADOS RASOS INGLESES

Aqueles que compararam o gênio militar dos ingleses com o da nação francesa comentam que "os oficiais franceses sempre irão liderar, se os soldados os seguirem"; e que os "soldados ingleses sempre seguirão, se seus oficiais liderarem".[6]

Em todas as frases mencionadas algum grau de precisão deve ser sacrificado à concisão; e nessa comparação parece que nossos oficiais perdem aquilo que nossos soldados ganham. Não sei de nenhum motivo que me levaria a supor que os oficiais ingleses estão menos dispostos que os franceses a liderar; mas, acho eu, é aceito universalmente que os soldados ingleses estão mais preparados para seguir. Nossa nação pode se vangloriar, mais do que qualquer outro povo do mundo, de uma espécie de bravura epidêmica, difundida igualmente entre todas as fileiras. Podemos mostrar um campesinato de heróis e encher nossos exércitos com palhaços cuja coragem pode se comparar com a de seu general.

Pode haver algum prazer em pesquisar as causas dessa magnanimidade plebeia.[7] As qualidades que normalmente fazem um exército ser temível são longos hábitos de regularidade, grande precisão de disciplina e muita confiança em seu comandante. A regularidade pode, com o tempo, produzir uma espécie de obediência mecânica a sinais e a comandos, como aquela que os cartesianos perversos imputam aos animais:[8] a disciplina pode infundir tal terror à mente,

---

[6] Origem ignorada; talvez fraseologia do próprio Johnson.
[7] "Grandeza de espírito; bravura; elevação da alma" (*Dictionary*).
[8] A visão de Descartes de que os animais não têm alma e, portanto, são apenas autômatos insensíveis (juntamente com seu corolário, a legitimidade da vivissecção.)

que qualquer perigo será menos temido que o risco de punição; e confiança na sabedoria ou na sorte do general pode induzir os soldados a segui-lo cegamente na empresa mais perigosa.

É possível ver o resultado da disciplina e da regularidade nas tropas da imperatriz russa e do monarca prussiano.[9] Vemos que elas podem ser dispersas sem confusão e repelidas sem que fujam.

Mas as tropas inglesas não têm nenhum desses requisitos em nenhum grau significativo. A regularidade não é, de jeito algum, parte de seu caráter: como raramente se exercitam, mostram muito pouca destreza em suas evoluções como grupos de homens ou no uso manual de suas armas como indivíduos. Nem os outros nem eles próprios acham que são mais ativos ou mais precisos que seus inimigos, e, portanto, nenhuma proporção de sua coragem resulta dessa superioridade imaginária.

A maneira como as tropas são dispersas em seus alojamentos espalhados pelo país durante os tempos de paz produz, naturalmente, certo relaxamento da disciplina. Raramente estão sob o olhar de seus oficiais e quando não estão envolvidas em alguma função superficial de montar guarda, são deixadas à vontade, cada um fazendo o que bem quer.[10]

---

[9] A czarina Elizabeth e Frederick II (ou III), "Frederico, o Grande".

[10] Sobre a suspeita que, em geral, os ingleses tinham de tropas regulares no século XVIII, veja Sir John Fortescue, "The Army", em A. S. Turberville, org. *Johnson's England* (1933); "Comentários sobre o projeto de lei da Milícia", p. 301 anteriormente (aquele "desprezo pelo poder civil muito comum entre soldados"); e os relatórios de SJ sobre o debate da Câmara dos Comuns sobre o projeto de lei do Motim, 1741 (p. ex., Phillips Gybbon, M-P-, "Soldados fechados em uma caserna... perderão todo o sentido de dever social e de convívio social e não pensarão nada importante a não ser como escravizar e destruir", e Henry Pelham, ministro da Guerra, "Com respeito aos quartéis, não

A igualdade dos privilégios ingleses, a imparcialidade de nossas leis, a liberdade de nossos títulos de posse[11] e a prosperidade de nosso comércio nos predispõem muito pouco a respeitar nossos superiores. O ânimo do soldado inglês na hora da batalha não é resultado de algum enorme sentimento de estima pelos oficiais. Pois a opinião que ele tem de seu líder é raramente melhor do que a que ele tem de si próprio. O conde francês que recentemente publicou *Art of War* observa como muitos soldados se entusiasmam quando veem que todos os riscos que enfrentam são partilhados por aqueles que nasceram para ser seus amos e que eles consideram como seres de uma categoria diferente.[12] O inglês despreza tais fontes de coragem: ele nasceu sem um amo; e não acha que homem algum, por mais dignificado que seja por rendas ou títulos, recebe da Natureza quaisquer direitos a seu respeito ou herda quaisquer qualidades que sejam superiores às suas próprias.

É possível que algumas pessoas imaginem que os ingleses lutam melhor que os súditos de governos absolutistas porque eles têm

---

posso negar que eles são com justificativa palavras de terror para uma nação livre, pois ... podem contribuir para infundir nos soldados um desrespeito por seus co-súditos, e indiferença pelas liberdades de seu país").

[11] Isto é, do sistema de posse da terra e de outra propriedade em contraste com o título de posse feudal ainda comum no Continente, especialmente na França.

[12] Conde [Lancelot] Turpin de Crissé, *Essai sur L'Art de la Guerre* (Paris 1754), I.14; "Il est avantageux que des Princes soient employés dans les armées en attendant que l'âge, l'étude, e l'expérience les mettent en état de commander en chef; le danger disparaît aux yeux du soldat, lorsque de tels Généraux, qu'il regarde comme au-dessus de l'humanité, le partagent avec lui. Le François chez qui l'honneur est le premier mobile des vertus, obéit avec plus de zèle e d'intrépidité lorsqu'il a pour compagnons des hommes nés pour être ses maîtres...".

mais o que defender. Mas o que é que o inglês tem a mais que o soldado francês? Nenhum dos dois tem patrimônio. A liberdade, para as categorias inferiores de todas as nações, é pouco mais do que a escolha entre trabalhar ou morrer de fome; e essa escolha, suponho eu, é permitida da mesma maneira em todos os países.[13] É raro que o soldado inglês tenha a mente cheia de dados da Constituição; e tampouco houve, por mais de um século, alguma guerra que tenha posto em perigo o patrimônio ou a liberdade de um único inglês.[14]

Por que razão, então, a coragem do inglês é tão comum? Ela se origina, em minha opinião, daquela extinção da dependência que obriga cada homem a levar em consideração seu próprio caráter.[15] Quando todos os homens são alimentados por suas próprias mãos, eles não têm necessidade de quaisquer habilidades servis: eles sempre podem ter pagamento por seu trabalho; e não são menos necessários para seu empregador do que seu empregador é para eles. Como ele não busca proteção dos outros, naturalmente tem incentivo para ser seu próprio protetor; e não tendo nada que diminua o respeito que tem de si mesmo, ele conseqüentemente

---

[13] Uma alusão à famosa frase de Locke, "Vida, liberdade e propriedade." Cf. O soldado patético de Goldsmith (na versão de "The Distresses of a Common Soldier" dada em *Essays*, 1756 do mesmo autor), "Eu desfruto de boa saúde e para sempre amarei a Liberdade e a Velha Inglaterra, Liberdade, patrimônio e a Velha Inglaterra para sempre, viva!"

[14] I.e., desde a Guerra Civil da década de 1640.

[15] A inserção de "econômico" depois de "caráter" em *Politics*, p. 177, é um erro, o resultado da leitura errônea de uma anotação. No entanto, é evidente pelo que se segue que SJ está usando "dependência", "caráter" e "subordinação" primordialmente em um sentido econômico: ele está falando sobre a condição do indivíduo em um sistema de "livre empresa".

espera receber o respeito alheio. Portanto, cada homem que ocupa nossas ruas é um homem de honra, que desdenha a obrigação, fica impaciente com a crítica e tem o desejo de melhorar sua reputação entre aqueles de sua própria condição social; e como a coragem é uma qualidade sempre em uso, a reputação de ser corajoso é aquela procurada com mais ansiedade. Desse descaso da subordinação não nego que podem surgir, de vez em quando, alguns inconvenientes. O poder da lei nem sempre supre a falta de respeito ou mantém a distinção adequada entre as várias condições sociais; mas o bem e o mal crescem juntos neste mundo; e aquele que reclama, em época de paz, da insolência do povo, deve lembrar que sua insolência na paz é sua bravura na guerra.

Introdução aos procedimentos do Comitê sobre prisioneiros franceses (1760)

No fim de 1759, a sorte da Grã-Bretanha na Guerra dos Sete Anos havia aumentado a tal ponto que ela já tinha em suas mãos a tarefa de manter vários milhares de prisioneiros de guerra franceses em seus territórios. É claro que, à época, não existiam os regulamentos internacionais para a custódia de prisioneiros de guerra que foram adotados mais tarde na Convenção de Genebra e tampouco itens no orçamento governamental para sua manutenção. G. B. Hill, em sua nota excelente sobre essa peça (*Life*, I.353, nº 2), cita a descrição de John Wesley em seu diário de 15 de outubro de 1759:

> Andei até Knowle, a um quilômetro e meio de Bristol, para ver os prisioneiros franceses. Mais de 1.100 deles, fomos informados, estavam confinados naquele pequeno espaço, sem nada onde se deitar a não ser uma esteira pequena e suja, e sem nada com que se cobrir a não ser uns poucos trapos finos e imundos, fosse de dia ou de noite, para que morressem como ovelhas pútridas. Fiquei muito emocionado e de noite orei com o Exod. XXIII. 9 ["Também você não oprimirá um estrangeiro; pois conhece o coração de um estrangeiro, visto que foi um estrangeiro na terra do Egito"].

Comovidos com essas condições, um grande grupo de londrinos respeitáveis se reuniu dia 18 de dezembro de 1759, na Taverna

Crown and Anchor no Strand, e se constituiu em um comitê para socorrer os prisioneiros. Como tesoureiro, foi nomeado o sargento* (mais tarde Sir George) Nares, um renomado advogado e mais tarde juiz. Nos meses que se seguiram o Comitê se reuniu semanalmente, e em junho de 1760 já tinha coletado e gasto 4.139 libras 7 xelins e 11 pennies. Gastos administrativos, incluindo publicidade, correio e coisas semelhantes, somaram apenas 63 libras, 19 xelins e 7 3/4 pennies (uma soma surpreendentemente pequena pelos padrões modernos de caridade organizada). Uma contabilidade detalhada era mantida, mostrando que 3.131 casacos, 6.146 camisas, 3.006 bonés e 3.158 pares de sapatos, para mencionar apenas alguns dos itens, tinham sido comprados e distribuídos.

No dia 4 de junho de 1760, o Comitê decidiu elaborar e publicar um relatório detalhado dessas transações e depositar cópias dele no Museu Britânico e nas universidades do Império Britânico (algumas dessas cópias ainda podem ser encontradas em algumas das bibliotecas mais antigas das universidades americanas). É possível que a decisão de elaborar esse relatório tenha sido uma reação a algumas críticas feitas às atividades do Comitê. De qualquer forma, foi decidido também anexar um prefácio ao relatório; não sabemos se o fato de a introdução de Johnson ser uma espécie de defesa foi ideia do Comitê ou do próprio Johnson.

Quem pediu a Johnson que escrevesse a introdução foi um membro importante do Comitê, Thomas Hollis, o "Republicano" ingenuamente entusiasmado e de bom coração que Johnson mais

---

* No original *Serjeant*. Segundo o New SOED, membro da categoria mais alta de advogados de onde eram selecionados os juízes (até 1880). (N. T.)

tarde defendeu contra as críticas de Elizabeth Carter: "A Sra. Carter disse: 'Ele é um mau homem. Ele costumava falar de uma maneira pouco caridosa'. E Johnson: 'Pa! Pa! Madame, quem fica pior por terem falado de si de maneira pouco caridosa? Além disso ele era uma pobre criatura sem brilho como nenhuma outra. E creio que ele não teria causado dano a um homem que ele sabia ter princípios contrários aos seus próprios'" (*Life*, IV.97). O que é evidente na história desse encargo feito a Johnson é como, para ele, a compaixão cristã conta muito mais que as diferenças de "princípios" políticos. Pois outra introdução já tinha sido preparada e aprovada pelo Comitê "por falta de uma melhor", como Hollis registrou em seu diário. O autor da introdução anterior era um Sr. Smith, presumivelmente o "Samuel Smith Esc.", cujo nome aparece na lista dos membros do Comitê. Mas Hollis estava convencido de que Johnson era a pessoa que faria justiça ao encargo. No dia 19 de junho ele recebeu de John Payne, que estava encarregado da impressão do relatório (o mesmo John Payne, do Banco da Inglaterra, para cujo livro *New Tables of Interest* (1758) Johnson tinha escrito um prefácio um pouco antes),

> um manuscrito do Sr. Johnson, escrito a meu pedido e pelo qual eu lhe presenteei com cinco guinéus, um manuscrito que espero será aceito como introdução para a publicação antes mencionada, embora outra introdução já tenha sido aprovada pelo Comitê.

Hollis então dedicou-se assiduamente a mostrar o manuscrito a outros membros do Comitê, por quem — até pelo Dr. George Macaulay, marido de Catharine, a historiadora *whig* — ele foi aprovado com termos elogiosos. O Sr. Smith, autor da introdução rejeitada, agiu como um cavalheiro e aprovou a introdução de Johnson, mesmo que "um pouco constrangido". O Comitê formalmente aceitou a peça de Johnson em sua reunião de 23 de julho, e ela foi publicada, com os *Proceedings*, no mês seguinte.[1]

Hollis e o Comitê tiveram sorte, porque esse pequeno trabalho é uma joia perfeita de prosa em inglês – econômico, preciso, e transmitindo uma total convicção emocional. A analogia com o Discurso Gettysburg de Lincoln nos vem à mente. Com relação ao grau de "progressismo" ou de "liberalismo" (ou simplesmente "cristandade") do pensamento de Johnson sobre o tema das atitudes nacionais diante "do inimigo" na guerra ("Com malignidade para ninguém, com caridade para todos" para citar outro dos discursos de Lincoln), não poderíamos desejar um melhor depoimento do que o fato de que, dois séculos mais tarde, a publicação oficial da Cruz Vermelha Internacional reimprimiu esse texto traduzido para o francês, considerando-o (sob o título significativo de "Um Siècle avant Solférino") a expressão de um ideal que estava apenas começando a ser realizado, por meio dos esforços de Henri Dunant, nos últimos anos do século XIX.[2] É o epitáfio perfeito para o longo e difícil envolvimento de Johnson com a "Grande Guerra pelo Império".

A Introdução foi reimpressa em 1773 no Volume II de *Miscellaneous and Fugitive Pieces* de Tom Davies e identificada como sendo de Johnson na notícia sobre aquele trabalho publicada na *Gentleman's Magazine*, nov. 1774, p. 525. Foi incluída no Volume XIV suplementar de *Works* de Johnson (1788) e no Volume XI da edição de *Works* da Chalmers (1823).

---

[1] As fontes para este relato são os próprios *Proceedings*; James L. Clifford, "Some Problems of Johnson's Obscure Middle Years," *Johnson, Boswell and Their Circle* (1965); e a transcrição do diário de Thomas Hollis pelo Professor Clifford, que muito gentilmente deixou que eu a usasse.

[2] *Revue Internationale de la Croix Rouge* (Genebra) XXXIII (dez. 1951), 969-71.

O texto dado aqui, que não apresenta nenhuma dificuldade, é o da primeira edição, 1760.

Procedimentos do Comitê nomeado para administrar as contribuições que começaram em Londres dia 18 de dezembro de 1758 para vestir os prisioneiros de guerra franceses

Homo Sum: humani nihil a me alienum puto. Ter.[3]

Introdução

O Comitê a quem foi confiado o dinheiro recebido para socorrer os súditos da França, agora prisioneiros nos Territórios Britânicos, coloca aqui, diante do público, uma prestação de contas de todas as quantias recebidas e gastas; para que os doadores possam avaliar como suas boas ações foram adequadamente aplicadas.

A caridade perderia seu nome se fosse influenciada por um motivo tão mesquinho quanto o elogio humano; não é, portanto, nossa intenção comemorar, por algum memorial específico, a liberalidade de pessoas individuais ou de sociedades distintas; é suficiente que suas obras os louvem.[4]

No entanto, aquele que está longe de buscar homenagens pode muito justamente evitar a censura.[5] Se um bom exemplo foi estabelecido, ele pode perder sua influência se for mal interpretado; e livrar a caridade da censura é, por si só, um ato de caridade.

---

[3] *Heauton Timorumenos*, 77.
[4] "Todos seus trabalhos irão louvá-lo, ó Senhor": Salmo cxlv.10.
[5] Nenhuma expressão impressa dessa censura foi encontrada.

Contra a ajuda aos franceses, um argumento apenas foi levantado; mas esse é tão popular e tão enganador que, se permanecesse sem ser examinado, muitos iriam pensar que é irrefutável. Foi alegado que a caridade, como outras virtudes, pode ser exercida de uma maneira inapropriada e inoportuna. Que enquanto nós estamos ajudando os franceses, ingleses continuam sem ter ajuda; que enquanto derramamos compaixão sobre nossos inimigos, esquecemos a tristeza de nossos amigos.

Conceda a esse argumento tudo que ele pode provar, e qual é a conclusão? – que é uma boa ação ajudar os franceses, mas que podemos imaginar uma ação ainda melhor. Isso é tudo que temos como resultado, e esse tudo é muito pouco. Fazer o melhor possível raramente pode ser o quinhão do homem; é suficiente que, quando as oportunidades se apresentem, ele esteja pronto para fazer o bem. Quão pouca virtude poderia ser praticada se a beneficência tivesse sempre que esperar pelos objetos mais apropriados e pelas ocasiões mais nobres. Ocasiões que podem nunca ocorrer e objetos que talvez nunca sejam encontrados?

Está longe de ser certo que um único inglês irá sofrer devido à caridade feita ao francês. Novas cenas de tristeza criam novas impressões; e grande parte da caridade que essas doações produziram pode supostamente ter sido gerada por um tipo de calamidade antes desconhecido entre nós. Alguns imaginam que as leis forneceram toda a ajuda necessária nos casos comuns, e que enviam os pobres para que sejam cuidados pelo povo; alguns foram enganados pela miséria fictícia, e têm medo de encorajar a impostura; muitos observaram que a necessidade é o resultado do vício e consideram aqueles que dão esmolas casualmente como sendo patrocinadores da preguiça.⁶ Mas todas essas dificuldades desaparecem no caso atual: sabemos que para os prisioneiros de guerra não há nenhuma provisão legal; vemos seu infortúnio, e estamos certos de sua causa; sabemos que estão pobres e desnudos, e pobres e desnudos sem nenhum crime.

Mas não é necessário fazer nenhum subsídio. Os oponentes dessa caridade têm que admitir que ela é uma coisa boa e não poderão provar facilmente que ela não é a melhor coisa. Que a caridade cujas consequências são mais duradouras é a melhor. A ajuda dada aos inimigos tem a tendência de unir a humanidade em afeição fraternal; ela suaviza a acrimônia de nações inimigas e as predispõe para a paz e para a amizade. Enquanto isso, ela alivia a dor do cativeiro e diminui alguma das tristezas da guerra. A fúria da guerra, por mais que seja mitigada, irá sempre encher o mundo de calamidades e de horror.⁷ Que ela não seja, então, prolongada desnecessariamente; façamos com que a animosidade e a hostilidade terminem juntas e que nenhum homem seja considerado inimigo, a não ser que ele desembainhe sua espada contra nós.

Os resultados dessas contribuições podem, talvez, chegar até mais longe. A melhor base para a verdade é a virtude. Podemos ter esperança por parte daqueles que sentem ou veem nossa caridade que eles já não irão detestar como sendo heresia aquela religião que faz os que a professam seguidores d'Ele que nos ordenou⁸ que "fizéssemos o bem àqueles que nos odeiam".

---

⁶ Como Sir Andrew Freeport, em *The Spectator*, o faz.
⁷ Esta frase não deve ser lida descuidadamente, como sendo uma afirmação de SJ de que sempre haverá guerras. Ele está dizendo que, enquanto existirem guerras, sua fúria, por mais que seja mitigada, irá sempre produzir calamidade e horror.
⁸ Lucas 6: 27.

Reflexões sobre a coroação (1761)

George III subiu ao trono no dia 25 de outubro de 1760 e foi coroado dia 22 de setembro do ano seguinte. Como muitos outros ingleses à época, Johnson ficou satisfeito com a perspectiva de um *"new deal"* sob um governante jovem, virtuoso e "britânico" em vez do velho, vulgar e "estrangeiro" George II, que apoiava a oligarquia Walpole-Pelham, há muito entrincheirada no poder, ou que pelo menos a tolerava. "Você sabe que temos um novo rei," ele escreveu a Baretti na Itália, em junho de 1761. "Estávamos tão exaustos de nosso velho rei que estamos muito satisfeitos com seu sucessor; de quem estamos tão inclinados a esperar grandes coisas que a maioria entre nós já está começando a acreditar nelas."

Com relação ao gasto do dinheiro dos contribuintes com cerimônias públicas oficiais, Johnson tinha expressado uma atitude bastante parcial em sua carta sobre a queima de fogos comemorando a Paz de Aix-la-Chapelle em 1749 (p. 219, anteriormente). Teria sido muito melhor, declarou ele, gastar o dinheiro em obras públicas ou para ajudar as viúvas e órfãos da guerra ou marinheiros que morriam de fome (não mencionou soldados). Isso, é claro, foi sob George II. Poderíamos pensar que sob George III e em conexão com uma cerimônia tão antiga e tão santificada como a coroação, seu estado de espírito se teria abrandado. Mas não o fez de tão imediato. Ele tinha certa tendência (alguns leitores podem se surpreender ao saber disso) a descontar os aspectos religiosos da cerimônia da coroação como um anacronismo, e gostava de usar o termo secular "inauguração", como se George III fosse um presidente americano. Ele usa a expressão na peça que temos a seguir e, em 1766, escreveu no roteiro para as conferências vinerianas sobre direito: "A inauguração de um rei é denominada consagração por nossos historiadores antigos; e os escritos, tanto legendários como históricos da Idade Média, associavam alguns privilégios e poderes supernaturais com a realeza"[1] – subentendendo-se que essa relação já não é considerada válida. Em dezembro de 1760, escrevendo para o *Public Ledger*,[2] ele ainda insiste exaustivamente sobre o assunto do custo, uma atitude um tanto surpreendente para alguém que veio a se opor à afirmação de Milton de que "os adornos da monarquia" eram caros demais, dizendo que "é certamente uma política muito superficial aquela que supõe que o dinheiro é o bem principal":[3]

> Entre outras mudanças causadas pelo tempo, foi produzida uma nova espécie de abundância. Agora estamos, com um entusiasmo totalmente desconhecido anteriormente, tentando sobrepujar-nos uns aos outros para ter uma vista da coroação. Oferece-se por um único quarto por um único dia o aluguel anual de palácios.

No entanto, ele finalmente cede um pouco: "Estou longe de querer reprimir a curiosidade... tampouco... acho que toda a pom-

---

[1] E. L. McAdam, Jr., *Dr. Johnson and the English Law* (1951), p. 93.
[2] *The Weekly Correspondent*, nº 2, 9 de dezembro.
[3] "Milton," *Lives*, I.156f. (par. 168).

pa e magnificência é inútil ou ridícula"; e um preceito positivo que emerge desses dois ensaios anteriores é que, se temos que ter cerimônias à custa do público, o número maior possível de membros do público deveria ser capaz de vê-las. Esse é seu texto principal na peça impressa a seguir. Sua origem é tão obscura como qualquer outra da coletânea de Johnson. Sua primeira associação pública com o nome de Johnson foi no Volume suplementar XIV de *Works* de Johnson (1788). Ali ela foi impressa em sua totalidade, como se fosse toda escrita por Johnson, e nada se diz, nem no prefácio ou em uma nota editorial, que sugira que alguém mais tenha tido qualquer coisa a ver com a composição. Mas tarde Boswell veio a afirmar (*Life*, I. 361): "Ele, este ano [1761], emprestou sua simpática ajuda para corrigir e aprimorar um panfleto escrito pelo Sr. Gwyn, o arquiteto, com o título "Reflexões sobre a Coroação de George III"". (John Gwyin e Johnson eram amigos; em 1759 Johnson havia escrito dando apoio ao desenho de Gwynn para a Ponte de Blackfriars e em 1766 escreveu uma dedicatória para seu *London and Westminster Improved*.) Com base na afirmação de Boswell, estudiosos posteriores presumiram que o texto do panfleto era, originalmente e em sua maior parte, de Gwynn, e houve uma série de suposições sobre quanto Johnson acrescentou ou de que maneira ele a revisou. Mas parece que a fonte de Boswell para sua afirmação foi uma lista dos escritos de Johnson fornecida por Percy, que registrou apenas "Thoughts on the Coronation of Geo. 3, 1761, *folio* (os fatos por Gwynne, um arquiteto); o Sr. Johnson o corrigiu."[4] Os únicos "fatos" incluídos no trabalho são detalhes topográficos sobre as ruas de Westminster incluídos nos

---

[4] Mashall Waingrow, *The Correspondence and Other Papers of James Boswell Relating to Making of the Life of Johnson* (1968), p. 8.

breves parágrafos com números de I a IX e no lindo mapa de ruas anexado ao panfleto (e, é claro, as longas citações de Stowe e Clarendon sobre as procissões de coroação de Ana Bolena e Charles II). O próprio texto do panfleto parece totalmente coerente em termos de estilo e conteúdo, e é um apelo, escrito de uma maneira eficaz, para que a população tenha mais oportunidade de ver seu novo rei sem gastar dinheiro e confortavelmente (e sem uma barreira de soldados "insolentes" interpostos entre eles e o monarca) a fim de encorajar a lealdade pelo rei, "um sentido das obrigações" que ele deve cumprir quando "a felicidade da" nação está em suas mãos. Parece não haver motivo para atribuir a Gwynn a iniciativa original de divulgar essas idéias ou qualquer participação na própria composição do texto. Não há dúvida de que Percy e o editor de 1788 estão certos ao atribuir a Gwynn nada a não ser os "fatos" e a Johnson a totalidade do texto propriamente dito (a não ser, é claro, pelas longas citações e o Anúncio, que talvez seja da autoria do "proprietário" – i.e., Gwynn?)

A insistência no Anúncio de que a obra tem direitos autorais e o preço relativamente alto por um trabalho tão curto (um xelim e seis *pence*) nos levam a suspeitar que a principal atração do panfleto para o comprador seria o mapa e um esboço da ordem da procissão da coroação – ou seja, que Gwynn (e Johnson?) esperavam fazer algum dinheiro fornecendo aos espectadores da cerimônia um guia prático daquilo que estava sucedendo. Isso ajudaria também a explicar a data tardia da publicação[5] apenas umas poucas semanas antes da

---

[5] Foi anunciado na *London Chronicle* que seria publicado dia 8 de agosto. Como Allen T. Hazen (*SJ's Prefaces and Dedications*, p. 41, n.1) indica, o anúncio diz que seria a "Segunda Edição". Mas nada se sabe sobre alguma edição anterior. O *Public Advertiser* (5 de agosto) não menciona uma segunda edição.

cerimônia, quando não haveria muita esperança de que pudesse provocar muitas mudanças drásticas nos procedimentos. Gwynn e Johnson certamente não poderiam esperar que entre o aparecimento do panfleto e a data da coroação a antiga casa junto ao portão do palácio seria retirada e que acrescentariam mais um metro e pouco à arquibancada para os espectadores. O maior interesse do texto, então, deve ter sido, e ainda é, o fato de ele expressar o desejo de Johnson de encorajar um *rapport* maior entre o rei e a população do que o que existia nos dias de George I e de George II.

O texto dado aqui é o de 1761, fólio.

Reflexões sobre a coroação de Sua Majestade o atual rei George III. Ou, razões dadas para que a procissão não fique limitada a seu caminho normal, indicando outros caminhos mais confortáveis e adequados. Às quais estão prefixados[6] um plano dos vários caminhos recomendados, com as áreas adjacentes, e um esboço da procissão. Submetido humildemente à consideração. Londres:....MDCCLXI. [Preço: 1 xelim e 6 *pence*.]

Anúncio

O Proprietário, tendo tido alguns gastos e dificuldades na produção deste panfleto (por mais trivial que o trabalho possa parecer),

---

[6] Como Chapman-Hazen observou (p.144), uma das duas cópias do Museu Britânico (estante de marca 604.i.30) diz "perfixado".

espera que lhe permitam colher os frutos de seu trabalho e desfrutar, sem distúrbios, dos lucros (sejam eles quais forem) que possam advir de sua venda. E para que isso ocorra, ele teve o cuidado de cumprir todas as injunções direcionadas por Atos do Parlamento que têm como objetivo a segurança de cópias e que devem ser observadas pelos compiladores de jornais e outras publicações.

Por meio deste panfleto, também informamos ao leitor,

Que, por falta de espaço, só dois exemplos do método normal da passagem das procissões em coroações, ou seja, em fileiras de quatro pessoas lado a lado, estão marcados nesta impressão. E que os vários novos caminhos propostos foram marcados no plano com uma linha vermelha e o caminho antigo, com uma linha amarela.

Reflexões sobre a Coroação &c.

Toda a pompa é instituída em benefício do público. Um espetáculo sem espectadores já não pode ser um espetáculo. A Magnificência na obscuridade é tão inútil quando um "relógio de sol na sepultura".[7]

Quando a sabedoria de nossos antepassados sugeriu uma inauguração esplêndida e cerimoniosa para nossos reis, sua intenção era que eles recebessem a coroa com ritos tão solenes que pudessem para sempre imprimir sobre os reis um sentido das obrigações que eles deviam cumprir quando a felicidade das nações é colocada em suas mãos; e que o maior número possível de pessoas que possam ser testemunhas de um único ato reconheçam seu soberano abertamente por meio de uma homenagem universal.

---

[7] Donne, "The Will": "E todas as suas graças não terão mais utilidade/ que um relógio de sol na sepultura."

Com o método recente de conduzir a coroação, todos esses objetivos fracassaram. Nossos reis, com seu cortejo, movem-se furtivamente na direção do templo por meio de passagens obscuras; e a coroa está cansada da visão do povo. Das multidões que a lealdade ou a curiosidade reuniu, a maior parte voltou para casa sem conseguir dar uma única olhada na grandeza de seu príncipe, e o dia, que começou com festividade, terminou em insatisfação.

Esse problema surgiu devido ao fato de o caminho por onde passa a procissão ser muito estreito e curto. Como ele é estreito, só permite a presença de poucos espectadores; como é curto, a procissão passa rápido demais. A primeira parte do cortejo já chegou à Abadia antes que a procissão tivesse acabado de sair do palácio; e a nobreza da Inglaterra, em suas vestimentas estatais, exibe suas riquezas só para ela própria.

Todos esses inconvenientes podem ser facilmente evitados escolhendo um curso mais largo e mais longo que possa ser uma vez mais alargado e mudado se a procissão for por um caminho e voltar por outro. Isso não é um método sem precedentes; pois, sem que seja preciso investigar a prática de príncipes mais remotos, a procissão da coroação de Charles II saiu da Torre e cruzou toda a City até Whitehall.*

---

* O rei foi de manhã bem cedo para a Torre de Londres em sua carruagem, e a maioria dos lordes já estava lá. E mais ou menos às dez horas eles saíram na direção de Whitehall, organizados naquela ordem que tinha sido indicada pelos arautos; os de mantos longos, o conselho de direito do rei, os mestres da Chancelaria e os juízes, indo na frente, e então os lordes em sua ordem, esplendidamente vestidos, sobre selas luxuosas; como o número de seus atendentes era limitado a dez para os duques, oito para os lordes, seis para os viscondes e quatro para os barões, todos elegantemente vestidos, como os outros

O caminho nas coroações recentes vai apenas de Westminster-Hall, passando pelo Pátio do palácio novo, entrando na Union Street, através da outra extremidade de King-Street, e até a porta da Abadia, atravessando o pátio da Igreja de St. Margaret.

Os caminhos por onde sugiro que a procissão deve passar, são:

I. Do Palácio de St. James pelo Pall-Mall e Charing-Cross, por Whitehall, cruzando Parliament-Street, descendo Bridge-Street, entrando na King-Street, dando a volta no pátio da Igreja de St. Margaret e dali entrando na Abadia.

II. Do Palácio de St. James atravessando o Canal, entrando pela Bird-Cage-Walk, dali entrando na Great George-Street, depois virando na Long Ditch (tendo descido antes pela Gate-house) seguindo até a Abadia. Ou,

---

servidores. Todo o espetáculo era o mais glorioso em organização e custo que jamais se tinha visto na Inglaterra; aqueles que iam à frente em seus cavalos chegaram a Fleet Street quando o rei estava saindo da Torre, e as pessoas souberam disso por um tiro de artilharia. E já eram quase três da tarde quando o rei desceu de seu cavalo em Whitehall. No dia seguinte o rei cavalgou nas mesmas condições em suas vestimentas e com a coroa na cabeça e todos os lordes em suas vestimentas, para Westminster Hall. Onde todas as bandeiras para a coroação tinham sido entregues àqueles que tinham sido nomeados para carregá-las, o conde de Northumberland tendo sido feito Chefe da Polícia e o conde de Suffolk, conde Marechal por aquele dia. E então todos os lordes em sua ordem, e o próprio rei, foram caminhando sobre um tapete azul de Westminster Hall até a Igreja da Abadia, onde, após um sermão pregado pelo Dr. Morley (então bispo de Worcester) na Capela de Henrique Sétimo, o rei prestou juramento, foi coroado e ungido pelo Dr. Juxon, arcebispo de Canterbury, com toda a solenidade sempre usada naquelas ocasiões. Quando tudo isso tinha sido feito, o rei voltou da mesma maneira, caminhando até Westminster-Hall, que estava enfeitado com tapeçarias e estátuas; e ali o rei jantou, e os lordes também de cada lado do rei em mesas que lhes foram fornecidas. E todas as outras cerimônias foram executadas com grande ordem e magnificência. (*Life of Lord Clarendon*, p. 187.)

III. Continuando o curso pela George-Street, entrando na King-Street, e pelo caminho do pátio da Igreja St. Margaret para entrar na Abadia pela porta do oeste.

IV. Do Palácio de St. James, pelo caminho que Sua Majestade usa normalmente para a Câmara dos Lordes, até a Parade, quando, deixando a Cavalaria à esquerda, prosseguir pelo Parque, subindo até a Great George-Street e passando para a Abadia em algumas das trilhas mencionadas acima.

V. De Westminster Hall entrando na Parliament Street, descendo a Bridge-Street, passando pela Great George-Street, através do Long Ditch (tendo descido antes pela Gate-house, como indicado), e assim até a porta oeste da Abadia.

VI. De Whitehall subindo Parliament-Street, descendo Bridge-Street, entrando na King-Street, dando a volta no pátio da Igreja de St. Margaret, prosseguindo para entrar na Abadia.

VII. Da Câmara dos Lordes pela St. Margaret's Street, atravessando o pátio do palácio novo, entrando na Parliament Street, e dali para a Abadia pela caminho mencionado acima.

Mas se, de forma alguma, for possível que o caminho seja aumentado para atingir as extensões aqui recomendadas, eu desejaria que, em vez de ver a procissão limitada a seu caminho antigo, que ela passasse,

VIII. De Westminster Hall através do pátio do Palácio, entrando na Parliament Street, e continuando na trilha mencionada por último, ou seja, através da Bridge-Street, King-Street e dando a volta no pátio da Igreja, até a porta oeste da Catedral.

IX. O retorno da Abadia, em qualquer dos casos seria o normal, isso é, dando a volta pelo pátio da Igreja de St. Margaret, entrando na King-Street, através da Union-Street, ao longo do pátio do palácio novo e assim até Westminster Hall.

É indiferente qual dos seis caminhos propostos acima sejam escolhidos; mas há um motivo mais forte que a mera conveniência para mudar o curso normal. Algumas das ruas no caminho antigo estão em tão mau estado que há risco de as casas, cheias como estarão de pessoas, todas fazendo pressão para a frente, na mesma direção, possam cair sobre a procissão. O menor mal que pode ser esperado é que, em uma multidão tão apinhada, algumas pessoas sejam pisadas e outras asfixiadas; e certamente uma cerimônia que custa uma única vida tem um preço muito alto. As novas ruas, como são mais amplas, terão lugar para números maiores de pessoas, com menos perigo.

Nessa proposta não prevejo nenhuma objeção sensata que possa ser feita. Que uma marcha mais longa exigirá mais tempo não deve ser mencionado como sendo um defeito em um plano cujo objetivo principal é justamente aumentar a marcha e alongar o tempo. O curso mais longo que propus não chega ao equivalente de uma caminhada de uma hora no parque. O esforço não é tanto assim que justifique que o rei o recuse a seu povo, ou que a nobreza fique ressentida com o rei. A rainha Anne foi do Palácio através do Parque para o Hall, no dia de sua coroação; e, quando já velha e enferma, costumava passar, em ocasião de graças solenes, do Palácio até a Igreja de São Paulo.*

---

* A fim de dar ao leitor uma ideia de como a parada e a magnificência eram admiradas por nossos antepassados nessas ocasiões solenes, observarei a forma

Parte do meu plano pressupõe a demolição da Gate-House,[8] um prédio tão ofensivo que, sem nenhum motivo ocasional, deveria

---

como Lady Ana Bolena foi conduzida de Greenwich, como foi descrita por Stow.
O rei Henrique VIII (diz aquele historiador), tendo se divorciado da rainha Catarina e se casado com Ana Bolena, que era descendente de Godfrey Boloine, prefeito da Cidade de Londres, e com a intenção de coroá-la, mandou que o Senhor prefeito não só fizesse todos os preparativos necessários para levar a consorte real de Greenwich, pelo rio, até a Torre de Londres, mas também que enfeitasse a Cidade com toda a magnificência possível, para sua passagem por ela, até Westminster.
Em obediência à ordem do rei, o prefeito e o Conselho Comum não só ordenaram que a companhia de donos de armarinhos, do qual o Senhor prefeito era sócio, preparasse uma barca estatal magnífica, mas ordenou que todas as corporações da Cidade adquirissem suas próprias barcas, e que as enfeitassem da maneira mais suntuosa e, especialmente, fazer com que elas tivessem a bordo boas bandas de música.
No dia 29 de maio, o dia fixado para essa elegante procissão fluvial, o prefeito, os vereadores e os comuns se reuniram na St. Mary Hill; o prefeito e os vereadores em vermelho, com correntes de ouro, e aqueles que eram cavalheiros, com os colares dos Santos. Um por um eles subiram na barca da Cidade – que estava decorada magnificamente e era assistida por cinquenta barcas de nobres, que pertenciam às várias companhias da Cidade, cada uma delas com sua própria corporação a bordo – em Billingsgate. Para melhor organização da procissão, foi ordenado que cada barca deveria manter uma distância das outras equivalente a duas vezes seu próprio comprimento.
Assim organizada, a barca da Cidade foi precedida por outra, armada com artilharia, e com figuras de dragões e outros monstros que constantemente emitiam fogo e fumaça acompanhados de muito barulho. A seguir a barca da Cidade, assistida à direita pela barca dos donos de armarinhos, que estava coberta de brocado de ouro e enfeitada com velas de seda, com dois estandartes das armas do rei e da rainha na proa e na popa, além de uma variedade de bandeiras e flâmulas contendo as armas daquela companhia e a dos Mer-

---

[8] Mostrado no "Plano" como "Stories Gate," no extremo oeste da Great George Street.

ser derrubado, pois ele desonra a magnificência atual da capital e é um incômodo contínuo para vizinhos e passantes.

---

cadores Aventureiros; ao lado das quais nas cordas e linhas estavam pendurados pequenos sinos. À esquerda havia uma barca que continha uma armação muito bonita sobre a qual havia um falcão branco coroado, pousando sobre um cepo dourado adornado com rosas, sendo esse o emblema da rainha. E ao redor da armação estavam sentadas várias virgens lindas que cantavam e tocavam instrumentos. As outras barcas seguiam em uma ordem regular, até que chegaram abaixo de Greenwich. Na volta a procissão começou com a barca que estava antes da última, na qual estavam o prefeito e os oficiais do xerife, e essa era seguida por aquelas de companhias menos importantes, aumentando de importância até chegar à do Senhor prefeito, que imediatamente precedia a da rainha, que era assistida pelos bacharéis ou barca estatal, com cuja magnificência Sua Majestade ficou realmente encantada. E tendo chegado à Torre, ela agradeceu ao Senhor prefeito e aos vereadores pela pompa com a qual tinha sido levada e trazida.

Dois dias mais tarde, o Senhor prefeito, em uma toga de veludo carmim e um precioso colar de Esses, assistido pelos xerifes e dois empregados vestidos de damasco vermelho e branco, foram receber a rainha na Torre de Londres, de onde os xerifes voltaram para ver se tudo estava em ordem. Um pouco antes as ruas tinham sido cobertas de cascalhos novos desde a Torre até Temple-Bar, e foram colocadas balaustradas para que os cavalos não escorregassem sobre a calçada, nem as pessoas fossem feridas pelos cavalos; dentro das balaustradas perto da Igreja da Graça, estava um grupo de mercadores *anseáticos* e a seu lado várias corporações da Cidade em suas togas que iam até a estação de Aldermen na extremidade superior de Cheapside. Do lado oposto foram colocados os policiais da Cidade, com uniformes de seda e veludo, que tinham bastões na mão, para evitar que a multidão forçasse a passagem ou qualquer outro distúrbio. Nessa ocasião, Gracechurch-Street e Cornhill foram enfeitadas com tecido carmim e vermelho, e as partes laterais das casas de um lugar então chamado de Goldsmith's Row, em Cheapside foram enfeitadas com brocados de ouro, veludo e tapeçarias finas.

A procissão começou na Torre com 12 dos empregados do embaixador francês em veludo azul, e com as cobertas de seus cavalos em seda azul, entremeadas de cruzes brancas; depois deles marchavam os da ordem eqüestre, dois a dois, seguidos pelos juízes em suas togas, dois a dois; depois vinham os

Um caminho mais longo com andaimes é sem dúvida mais caro que um mais curto; mas a esperança é que aquele tempo em que

---

Cavaleiros do Banho em togas violeta, com um acabamento de pele. A seguir vinham os abades, os barões, os bispos, os condes, os marqueses, todos em suas togas, dois a dois. Depois o Lord Chanceler, seguido pelo embaixador veneziano e pelo arcebispo de York. A seguir o embaixador francês e o arcebispo de Canterbury, seguidos por dois cavalheiros representando os duques de Normandia e Aquitânia; depois deles cavalgavam o Senhor prefeito de Londres com sua clava, e a jarreteira em seu brasão; depois o duque de Suffolk, o Lord Camareiro-Mor, seguido pelo assistente do marechal da Inglaterra, e todos os outros oficiais do Estado em suas togas, carregando os símbolos de seus vários departamentos. Depois outros da nobreza em veludo carmim, e todos os oficiais da rainha em vermelho, seguidos por seu Chanceler sem acompanhantes, que vinha logo à frente de sua rainha.

A rainha estava vestida em brocado cor de prata, com um manto do mesmo tecido adornado com pele de arminho; seu cabelo estava despenteado, e ela usava uma grinalda na cabeça com pedras de valor inestimável. Ela vinha sentada em uma liteira coberta de tecido prateado levada por dois lindos cavalos cobertos de damasco branco, e guiados pelos lacaios da rainha. Sobre a liteira era levada uma canópia de tecido de ouro com sinos de prata em cada ponta, que era levada por dezesseis cavalheiros que se alternavam, quatro de cada vez.

Depois de Sua Majestade vinha seu camareiro-mor, seguido por seu mestre de cavalaria puxando um lindo cavalo, com uma sela e cobertura de tecido prateado. A seguir vinham sete senhoritas em veludo carmim, forrado com brocado dourado, sobre lindos cavalos com cobertas douradas. A seguir vinham duas carruagens cobertas de tecido dourado: na primeira estavam a duquesa de Norfolk e a marquesa de Dorset, e na segunda, quatro senhoritas em veludo carmim; essa carruagem era seguida por outra, toda em vermelho, com oito senhoritas com o mesmo vestido que as da carruagem anterior. A seguir vinham 30 mulheres de origem nobre, ajudantes das damas de companhia; elas estavam a cavalo, vestidas com sedas e veludo. E a cavalgada terminava com a Cavalaria.

Quando essa procissão imponente chegava em Fenchurch-Street, a rainha parava para ver um lindo quadro vivo, cheio de crianças em roupas de comerciantes que davam os parabéns à Sua Majestade pela alegre ocasião de sua chegada feliz na Cidade.

qualquer plano era aceito ou rejeitado de acordo com seu preço já tenha passado. A magnificência não pode ser barata, pois o que é

Dali ela continuava até a Esquina da Igreja da Graça, onde tinha sido erguido um quadro vivo magnífico financiado pela companhia dos comerciantes anseáticos no qual estava representado o Monte Parnasso, com a fonte de Helicon, de mármore branco, da qual se erguiam quatro fontes de um metro e meio de altura, encontrando-se no alto em um pequeno globo, de onde saía uma enorme quantidade de vinho do Reno até a noite. Na armação sentava-se Apolo, tendo a seus pés Calíope e abaixo deles as demais musas, em volta da armação e tocando uma variedade de instrumentos musicais. A seus pés, estavam inscritos vários epigramas adequados para a ocasião, em letras de ouro.
Sua Majestade então seguia para Leadenhall, onde havia outro quadro vivo, representando uma colina entremeada de rosas vermelhas e brancas; acima dela havia um toco dourado sobre a qual um falcão branco, que acabava de descer, pousava, e era rapidamente seguido por um anjo, que punha uma coroa de ouro em sua cabeça. Um pouco abaixo na colina sentava-se Santa Ana, rodeada de seus filhos, um dos quais fazia uma oração na qual desejava que Sua Majestade viesse a ter muitos descendentes.
A procissão então ia até o canal em Cornhill, onde as Graças estavam sentadas no trono, com uma fonte entre elas da qual jorrava vinho incessantemente; e abaixo um poeta, que descrevia as qualidades peculiares a cada uma dessas divindades amáveis, e presenteava a rainha com seus vários talentos.
Dali a cavalgada prosseguia para um grande cano que ficava em frente ao Mercers Hall em Cheapside, e para a ocasião era pintado com uma variedade de emblemas, e durante a solenidade e pelo resto do dia por ele corriam tipos diferentes de vinho para a diversão do povo.
No final da Wood-Street o estandarte que ali ficava era embelezado cuidadosamente com os retratos da realeza e um número de bandeiras, sobre as quais eram pintados brasões e troféus, e acima havia um concerto de música vocal e instrumental.
Na parte superior da Cheapside estava a estação de Aldermen, onde o registrador dirigia-se à rainha em um discurso muito elegante, e, em nome dos cidadãos, a presenteava com mil marcos em uma carteira de tecido de ouro, que Sua Majestade recebia muito cortesmente.
A uma pequena distância, perto do Canal de Cheapside, estava um quadro vivo no qual estavam sentadas Minerva, Juno e Vênus; diante delas estava o

barato não pode ser magnificente. O dinheiro que é gasto com isso é gasto em casa, e o rei receberá de volta aquilo que ele gasta com o prazer de seu povo. Nem devemos deixar de mencionar que, se o custo é considerado como sendo gasto pelo público, muito mais será salvo do que perdido; pois os preços excessivos pelos quais as janelas e o alto das casas estão sendo alugados agora serão reduzidos,

---

deus Mercúrio, de pé, que, em seus nomes, presenteava a rainha com uma maçã dourada.
No portão da catedral de São Paulo estava outro excelente quadro vivo, no qual estavam sentadas três senhoras elegantemente vestidas, cada uma com uma grinalda na cabeça e uma tabuleta na mão, contendo inscrições em latim.
Na ponta leste da catedral de São Paulo, alguns dos acadêmicos que pertenciam à escola de São Paulo divertiram a rainha com versos elogiando o rei e Sua Majestade, com os quais ela pareceu ficar encantada.
Dali, continuaram para Ludgate, que estava muito bem decorado, e mais uma vez divertiram Sua Majestade com várias canções adaptadas para a ocasião, cantadas em concerto por homens e meninos que seguiam a regência vinda por cima do portão.
No fim da Shoe-Lane, na Fleet-Street, uma bela torre com quatro torrinhas foi levantada sobre o canal, e em cada uma delas estava uma das virtudes cardinais, com seus vários símbolos; que, se dirigindo à rainha, prometeram que nunca a deixariam, e que seriam sempre seus assistentes constantes. Dentro da torre havia um excelente concerto musical, e do canal corriam o tempo todo vários tipos de vinho.
Em Temple-Bar divertiram a rainha uma vez mais com canções, cantadas em concerto por um coral de homens e meninos; e tendo daqui continuado até Westminster, ela agradeceu ao Senhor prefeito por suas gentilezas e por aquelas dos cidadãos naquele dia. No dia seguinte, o Senhor prefeito, os vereadores e xerifes, estiveram presentes à coroação, que foi realizada com grande esplendor.
Os Anais de Stow

Observação: O mesmo historiador nos informa que a rainha Elizabeth passou pela Cidade dessa mesma maneira a caminho de sua coroação.

e não só um número muito maior de pessoas irá ver o espetáculo, como cada um virá a um índice de custo menor.

Algumas regras são necessárias, seja qual for o caminho escolhido. A arquibancada precisa ser elevada pelo menos um metro e vinte, com grades suficientemente fortes para sustentar os que ficarem de pé, mas ao mesmo tempo não pode ser alta demais, pois isso obstruiria a visão.

Algo que aumentaria muito o prazer das pessoas seria se a Cavalaria, que tem atrapalhado todas as procissões recentes e criado situações de perigo para a multidão, pudesse ser deixada para trás na coroação; e se, ao contrário do desejo do povo, a procissão for passar pelo caminho antigo, que o número de soldados a pé seja reduzido. Pois certamente é uma ofensa para os ingleses ver tropas de soldados colocados entre eles e seu soberano, como se esses soldados fossem os mais homenageados entre o povo, ou se o Rei precisasse de guardas para defender sua pessoa de seus súditos. Como sua posição os faz se sentirem importantes, sua insolência é sempre daquele tipo que esperamos de autoridades servis. E a impaciência do povo, nessa situação de opressão imediata, sempre produz brigas, tumulto e confusão.

Finis

Considerações sobre o trigo (1766) (?)

Como relata Edmond Malone no prefácio à sua edição de *Parliamentary Logick*, de William Gerard Hamilton (1808), ele descobriu o manuscrito desta peça, com a letra de Johnson, entre os papéis de Hamilton depois de sua morte em 1796. Estava em um dos "vários livros cheios de comentários variados escritos pelo próprio Hamilton sobre muitos tópicos políticos", que, Malone sugere, Hamilton escreveu quando "tinha a intenção, ou pelo menos imaginava tomar parte nos debates que surgiam (no Parlamento) sobre várias questões importantes naquela época". Malone imprimiu as "Considerações" como um apêndice para o volume *Parliamentary Logick*, e o texto como foi impresso por Malone foi incluído por Alexander Chalmers em sua edição de 1823 de *Works* de Johnson e em reimpressões subsequentes de *Works*. O manuscrito caiu nas mãos de R.B. Adam de Buffalo, Nova York, que imprimiu o fac-símile no Volume III de *The R. B. Adam Library* (1929) seguindo a página 118. Agora está na coleção Hyde em Somerville, Nova Jersey, onde o Sr. e a Sra. Hyde gentilmente permitiram que eu o examinasse. O texto contém oito folhas de um quarto, 17,5 por 23 centímetros, escritas nas duas faces. As páginas são numeradas naquilo que parece ser a letra de Johnson, de 1 a 15;

a última página não está numerada. A página 14 contém apenas duas linhas escritas, na parte superior, e o resto está vazio. Malone aqui instrui ao editor "Deixe que aquilo que está na próxima página siga aqui", ignorando a lacuna. Embora o texto faça bastante sentido quando é tratado dessa maneira, é possível que o que temos não seja um ensaio completo e contínuo e sim dois memorandos fragmentados. A letra não dá nenhum indício da data do manuscrito, a não ser que foi escrito durante o "período médio" de Johnson. A marca-d'água também não ajuda (é do tipo "instrumento de sopro" com as iniciais "L. V. G." – isso é, Lubertus van Gerrevink, que é a marca-d'água de um papel holandês usado amplamente durante todo o século XVIII). O manuscrito foi "corrigido" com bastante frequência em outra letra – possivelmente a de Malone, já que as mudanças são incorporadas na impressão de 1808; mas, felizmente, como a letra é muito diferente da de Johnson e ele usa uma tinta mais escura, é relativamente fácil distinguir entre as versões editadas e não-editadas da obra.

A edição de Malone das "Considerações" contém um número de erros que vão sendo perpetuados nas reimpressões de *Works* de Johnson. Não há nenhuma autoridade ou justificativa para a título "Considerações sobre as leis do trigo", que Malone dá na página do título e no índice de *Parliamentary Logick* e sob o qual o texto aparece nas coleções de *Works* de Johnson; o título de Johnson, "Considerações sobre o trigo" fica no cabeçalho da peça em sua própria letra, descreve a intenção de Johnson na peça com mais precisão do que o título dado por Malone e é o único que deve ser usado. Malone toma algumas liberdades um tanto ousadas com o texto de Johnson: quando Johnson repete a palavra "small" com um intervalo curto demais para satisfazer o ouvido exigente de Malone, ele risca o segundo "small" e substitui por seu próprio "little" no penúltimo parágrafo, ele fica frustrado com a complicada sintaxe de Johnson e tenta corrigi-la mudando "of which" para "in which"; mas uma leitura cuidadosa mostra que Johnson estava certo e Malone errado. De uma forma mais aceitável, Malone repontua drasticamente o texto, espalhando vírgulas por todos os lados nos lugares em que Johnson não colocava nenhuma, e mudando muitas das vírgulas de Johnson para ponto-e-vírgula. Ele faz uma tentativa não muito entusiasmada para melhorar a maneira de escrever antiquada de Johnson, cortando um dos l's na palavra "ballance" quando ela surge pela primeira vez; mas na segunda vez em que ela aparece, quase no final da peça, ele já estava mais descuidado, ou desanimado, e deixa a palavra com dois l's. Aqui, no entanto, seu editor, em 1808, mantém a consistência para ele e muda a segunda "ballance" também. É o editor também, e não Malone (a não ser, é claro, que Malone o tenha feito nas provas), que troca o uso ocasional que Johnson faz de uma letra maiúscula em um nome comum por uma letra minúscula. Eu ouso discordar da interpretação de Malone (ou do editor) de umas poucas palavras na letra difícil de Johnson, embora não queiramos ser dogmáticos demais sobre esse assunto, e os leitores que tenham dúvidas sobre as novas interpretações podem checá-las no fac-símile de Adam, que está disponível na maior parte das bibliotecas de referência importantes.

    Malone também dá à peça uma história sobre a qual o melhor que podemos dizer é que é sumamente especulativa. Ele observa a oração de Johnson com o cabeçalho "Envolvendo-me na Política com H_____n" datada de "novembro 1765", e insiste que isso "se refere ao fato de Johnson ter, naquela época, entrado em alguma acordo com o Sr. Hamilton, ocasionalmente para lhe fornecer seus sentimentos com relação aos grandes temas políticos que deveriam ser considerados no Parlamento", e sugere que "Considerações sobre o trigo" tenha sido escrita para cumprir esse compromisso com Hamilton. Tendo determinado o objetivo do documento, Malone então lhe dá uma data: as "Considerações"

> certamente foram escritas em novembro de 1766 quando a política do subsídio parlamentar sobre a exportação de trigo naturalmente se tornou um tema de debate. A colheita naquele ano tinha sido tão deficiente e o preço do trigo tinha aumentado tanto, que nos meses de setembro e de outubro houve muitas rebeliões nos condados centrais, às quais Johnson se refere; e que eram de um tipo tão alarmante que tiveram que ser reprimidas por força militar. Nesses tumultos várias pessoas morreram. O Ministério, portanto, achou que era necessário apressar a reunião do Parlamento, que se reuniu em novembro; e o Discurso do rei menciona especificamente a escassez que tinha ocorrido (que tinha convencido Sua Majestade a evitar mais exportações de trigo por meio de um embargo) e a conduta tumultuada e ilegal das ordens inferiores em conseqüência da privação.

Isso é tudo muito circunstancial, mas a data do texto não pode ser determinada assim com tanta precisão. Houve colheitas deficientes e preços altos e rebeliões e supressão de rebeliões e debates sobre políticas para a regulamentação dos estoques de trigo em muitas épocas durante o período em que Johnson e Hamilton se conheciam; D. G. Barnes, em sua abrangente *History of the English Corn Laws* (1930, cap. 3), menciona os períodos 1756-58, 1766-67 e 1772-73 como particularmente problemáticos. Discussões, na forma de panfletos, artigos e cartas para publicações, foram contínuas a partir da década de 1750 até o fim do século e até mais além; "O terceiro quarto do século XVIII", escreve Barnes, "viu uma grande produção tanto de periódicos como de panfletos sobre os méritos do subsídio sobre a exportação de trigo" (p. 27), e sua bibliografia só de panfletos, entre 1751 e 1775, chega a 76 títulos. Segundo as "Considerações", tanto o subsídio sobre exportações e a própria exportação estavam suspensos na época em que a peça foi escrita; Malone fala do embargo de 1766 como se fosse algo pouco comum; mas, na verdade, a exportação tinha sido proibida em 1757, 1758, 1759, 1766 e em vários anos sucessivos após 1766 (Barnes, Apêndice A, p. 196). E o grande tema da discussão da sessão do Parlamento que começou em novembro de 1766 não foi tanto sobre que política deveria ser seguida na regulamentação do comércio do trigo e sim sobre a constitucionalidade da ação do governo de Chatham ao impor um embargo sobre exportação por Ordem-em-Conselho ("ordem executiva") em setembro 1766, quando o Ato de Parlamento proibindo a exportação tinha expirado; o Parlamento tinha sido convocado mais cedo a fim de regularizar essa ação e indenizar o ministério por qualquer ilegalidade de sua parte. Essa foi uma questão que interessava a Johnson, pois constitui o tema de uma carta para Robert Chambers dia 19 de novembro de 1766 (*Letters* 187.1), na qual Johnson busca a opinião de Blackstone sobre a constitucionalidade da Ordem-em-Conselho. No entanto, essa questão (da legalidade do embargo) não foi mencionada nem sequer insinuada em nenhuma parte das "Considerações sobre o trigo", como certamente seria se o texto tivesse sido escrito em 1766.

Com base na longa história da regulamentação do comércio de cereais na Inglaterra, então, a peça de Johnson pode ter sido escrita a qualquer momento depois de 1755 aproximadamente. Não há nada minimamente novo no conteúdo da peça; os argumentos de Johnson são os argumentos normais dos proponentes do subsídio, tais como Arthur Young e Charles Smith, que escreveram extensamente a favor de sua continuação. (Podemos observar, incidentalmente, que a política que Johnson defende – "apoio" governamental do preço de produtos agrícolas por meio de subsídios – ainda é defendida por governos modernos, principalmente o dos Estados Unidos.) Na ausência de outra evidência, podemos ficar tentados a atribuir a peça a 1772, quando Burke (que tinha sido assistente de Hamilton) patrocinou um projeto de lei na Câmara dos Comuns regularizando a importação e a exportação de trigo e a recompensa a ser paga sobre trigo exportado. Havia muita discussão à época sobre a teoria de subsídios agrícolas. O projeto de lei foi aprovado nos Comuns, mas foi devolvido pela Câmara dos Lordes com uma emenda eliminando as provisões sobre o subsídio. Os Comuns ficaram tão irritados com essa interferência dos Lordes em seu direito exclusivo de tratar de legislação monetária – ousando "colocar suas mãos sacrílegas sobre a mais sagrada das coisas sagradas, esse paládio da constituição", como declamou Burke –, que eles (literalmente!) chutaram o projeto emendado para fora de sua câmara.

Há evidência, no entanto, no texto de "Considerações", que talvez realmente justifique que o datemos em algum momento próximo àquele sugerido por Malone (pelo motivo errado). Trata-se da declaração de Johnson, quase no fim da peça, de que os franceses não concordaram em adotar a política britânica com relação ao controle do trigo – eles "finalmente admitiram que podem aprender conosco como garantir a abundância da Natureza" (p. 526, a seguir). Isso deve se referir ao famoso *édit* de 10 de julho de 1764 pelo qual, pela primeira vez, a exportação de cereais da França foi permitida. Arthur Young fica exultante com o fato:

> Esta medida foi baseada numa política das mais verdadeiras: e numa atenção muito inteligente à conduta dos ingleses. Aquele povo engrandeceu-se com sua exportação de trigo; mas aquela exportação deveu-se principalmente à concessão dada pelo Parlamento – e esse é o último ponto de encorajamento que a França (a esse respeito) deseja, para a tornar mais poderosa... Há... um forte motivo para acreditar que um subsídio sobre a exportação virá a seguir (*Letters Concerning the Present State of the French Nation*, 1769, pp. 42-43).

A expressão "finalmente" usada por Johnson faz com que o edito de 1764 pareça muito recente. No entanto, os tumultos e o uso de força militar para suprimi-los mencionados na peça foram particularmente importantes em 1766 e 1767, e por isso a data de Malone – 1766, embora não em novembro – parece uma suposição tão boa quanto qualquer outra.

Não temos muitos exemplos das mudanças que um editor e tipógrafo daquela época (ou quase daquela época) faziam em um manuscrito de Johnson ao realizar a composição gráfica, e as mudanças de Malone nos dão alguma orientação nas ocasiões em que queremos trabalhar de trás para a frente, a partir de um texto impresso, tentando reconstruir aquilo que Johnson pode ter escrito de seu próprio punho. A adição de tantas vírgulas e ponto-e-vírgulas é interessante. Johnson parece ter tido o hábito de pontuar de uma forma mais "leve" que a do estilo mais comum das tipografias do século XVIII, e o editor moderno, quando trabalha a partir das edições impressas de Johnson, pode ter justificativa para repontuar o texto de uma maneira mais próxima do uso moderno nesses casos. Ao editar essa peça a partir do manuscrito de Johnson (ao contrário das outras peças neste volume, que foram editadas a partir de um texto impresso), eu reproduzi o uso de maiúsculas de Johnson.

Na preparação do texto, usei os símbolos usados nos Volumes I e VI da Edição Yale – < > para indicar uma supressão no manuscrito, ^^ para indicar uma inserção entre linhas. Distingo as mudanças feitas por Malone no manuscrito propriamente dito (e seguidas pelo editor de 1808) e (de "*1808*") mudanças encontradas na edição de 1808, mas não no manuscrito.*

Considerações sobre o trigo

As causas que fizeram as necessidades da vida chegarem a tal preço que grande parte da população não pode comprá-las, como a atual escassez pode ser remediada e como as calamidades do mesmo tipo podem ser evitadas no futuro é uma investigação de primordial importância; uma investigação ante a qual todas as considerações que normalmente ocupam o legislativo desaparecem de vista.

A interrupção do comércio, embora possa afligir parte da comunidade, deixa aos demais o poder para expressar alívio; a ruína de uma manufatura pode ser compensada pelo progresso de outra; uma derrota pode ser reparada por uma vitória; a ruptura com uma nação pode ser equilibrada pela aliança com outra. Esses são infortúnios

---

* Optou-se pela supressão dessas notas na presente edição (N. do Editor).

Uma página do manuscrito de "Considerações sobre o trigo", com correções feitas à mão por Johnson e alterações por Malone. Com a gentil permissão da Sra. Donald F. Hyde.

parciais e leves, que ainda nos deixam em posse de nossos confortos principais. Eles podem desbastar alguns de nossos prazeres supérfluos e reprimir algumas de nossas esperanças exorbitantes, mas podemos ainda manter a parte essencial da felicidade civil e privada — a segurança da lei e a tranquilidade do contentamento. Eles são pequenas obstruções no rio, que produzem espuma e barulho onde são encontradas, mas a uma pequena distância não são nem vistas nem sentidas e deixam que a corrente principal vá adiante em seu curso natural.

Mas a escassez é um mal que se estende de uma só vez a toda a comunidade; que não deixa tranquilidade para o pobre nem segurança para o rico; que, em suas tentativas de aproximação, aflige todas as categorias subordinadas da humanidade e, em seu extremo, deve subverter governos, impelir a população contra seus governantes e terminar em derramamento de sangue e carnificina. Aqueles que querem os confortos da vida os colherão onde quer que possam ser encontrados. Se, em um lugar, existem mais pessoas do que as que podem ser alimentadas, algumas terão que ser expulsas, ou algumas deverão ser destruídas.

Não há um risco imediato desse cenário tão terrível, mas já há dano suficiente para merecer e exigir toda a nossa diligência e toda a nossa sabedoria. As misérias dos pobres são tais, que não podem ser suportadas facilmente; são tais que já os incitaram em muitas partes do reino a desafiar o governo abertamente, e produziram um dos maiores males políticos — a necessidade de governar pela força imediata.

---
[1] Plutarco, *Lives* ("Julius Caesar").

Depois da Batalha de Munda,¹ César declarou que muitas vezes tinha lutado para vencer, mas que naquele dia ele tinha lutado pela vida. Com frequência nós consideramos como podemos prosperar; agora queremos saber como iremos subsistir.

Algumas pessoas atribuem a atual escassez às concessões para a exportação de trigo, acreditando que as concessões são o reflexo de uma tendência necessária e constante de verter os cereais deste país em outras nações.

Essa posição envolve duas questões, se a escassez atual foi causada pelo subsídio e se é provável que o subsídio vá produzir escassez em épocas futuras.

É um princípio incontroverso que *Sublatâ causâ tollitur effectus*: se, portanto, o efeito continua quando a suposta causa já cessou, aquele efeito deve ser atribuído a alguma outra ação.

O subsídio cessou e a exportação continuaria se exportar fosse permitido. A verdadeira razão da escassez é o fracasso da colheita, e a causa da exportação é o mesmo tipo de fracasso que ocorre em outros países, onde plantam menos e onde estão, portanto, sempre mais próximos do perigo da necessidade.

A necessidade deles é tal que em países onde a moeda tem um valor muito mais alto que a nossa os habitantes ainda estão desejosos de comprar nosso trigo por um preço que nossos próprios mercados ainda não atingiram.

Se considerarmos a situação daqueles países que, acostumados a comprar nosso trigo mais barato do que nós o comprávamos quando estava barato, estão agora reduzidos à necessidade de comprá-lo mais caro que nós agora que está caro, ainda teremos motivo para nos alegrar por estarmos isentos desse nível extremo dessa calamidade que se estendeu tanto; e se for necessário investigar por que nós sofremos escassez, pode ser apropriado considerar por que nós sofremos menos escassez que nossos vizinhos.

Que o subsídio sobre o trigo produziu abundância é evidente, porque desde a criação do subsídio a agricultura aumentou; e mal passa uma sessão sem que haja uma lei para cercar as terras comuns e os terrenos baldios:

Muitas terras que antes não estavam sendo cultivadas e davam muito pouco lucro agora foram submetidas ao cultivo.

No entanto, embora a quantidade de terra tenha aumentado dessa maneira, o aluguel, que é o preço da terra, aumentou ao mesmo tempo.

O fato de mais terra ser apropriada para a lavoura é uma prova de que mais trigo está sendo plantado, e o fato de os aluguéis não terem caído, prova que não se está plantando mais do que aquilo que pode ser vendido facilmente.

Mas alega-se que a exportação, embora aumente nossa produção, diminui nossa abundância. Que o comerciante tem mais estímulo para exportar do que o fazendeiro para plantar.

Isso é um paradoxo que todos os princípios do comércio e toda a experiência com políticas concorrem para refutar. Seja o que for feito para obter lucro, será feito em maior quantidade quando se pode obter mais lucro.

Deixemos que os efeitos do subsídio sejam considerados detalhadamente.

A situação de todos os países com relação ao trigo varia de acordo com as oportunidades do ano.

Aqueles para quem vendemos nosso trigo devem ter todos os anos ou mais trigo do que querem ou tanto quanto querem ou menos do que querem. Nós também estamos naturalmente sujeitos a essas mesmas variações.[2]

Quando eles têm trigo de acordo com suas necessidades, ou mais, o subsídio não produz resultado porque eles não irão comprar aquilo de que não necessitam, a não ser que nossa abundância seja tal que eles fiquem tentados a comprar e a armazenar o grão por mais um ano. Esse caso deve pressupor que nosso produto é redundante e inútil para nós mesmos e, portanto, que o lucro da exportação não produz nenhuma inconveniência.

Quando eles querem trigo, precisam comprar de nós, e comprar a um preço mais alto, e nesse caso, se tivermos trigo mais do que suficiente para nós mesmos, uma vez mais nos beneficiaremos em fornecê-lo a eles.

Mas é possível que eles queiram trigo quando não temos excessos. Quando nossos mercados sobem, o subsídio cessa, e, portanto, não produz nenhum dano. Eles não podem comprar nosso trigo a não ser a um preço mais alto do que aquele que vigora em nosso país. Se suas necessidades os obrigarem a pagar um preço mais alto, esse evento já não pode ser atribuído à concessão. Podemos então parar nosso trigo em nossos portos e jogá-lo de volta em nossos próprios mercados.

Em todos os casos é preciso que sejam examinados quais eventos são físicos e certos e quais são políticos e arbitrários.

---

[2] "Variety... 4. Variation; deviation; change from a former state" (*Dictionary*). (No original variety – variedade... Variação; desvio; mudança de uma situação anterior). (N. T.)

O primeiro efeito do subsídio é aumentar a agricultura e, por conseguinte, a promoção da abundância. Esse é um efeito fisicamente bom e moralmente certo. Enquanto os homens estiverem desejosos de enriquecer, onde houver lucro haverá diligência. Se muito trigo pode ser vendido, muito será plantado.

O segundo efeito do subsídio é a diminuição do produto ocasionada pela exportação. Mas esse efeito é político e arbitrário. Ele está totalmente em nossas mãos. Podemos prescrever seus limites e regular sua quantidade. Sempre que sentirmos necessidade ou tivermos medo de senti-la, guardamos nosso trigo e nos alimentamos daquilo que foi plantado e colhido para alimentar outras nações.

Talvez seja impossível para a sabedoria humana chegar mais longe do que imaginar uma lei cujo bom resultado é certo e uniforme e cujo mau resultado, embora possível, sempre será sujeito a restrições certas e eficazes.

Essa é a verdadeira situação do subsídio do trigo; ele certamente e necessariamente aumenta nossas lavouras e nunca poderá diminuí-las a não ser se nós mesmos o permitirmos.

O fato de ter havido ocasionalmente anos de escassez apesar do subsídio não pode ser negado. Mas quem pode controlar as estações? Nos anos mais caros nós devemos ao subsídio o fato de não terem sido ainda mais caros. Devemos sempre supor que parte de nosso solo será plantada para nosso próprio consumo, e parte na expectativa de uma venda para o estrangeiro. O momento às vezes surge quando o produto de toda esta terra mal é suficiente, mas se tudo que foi plantado é muito pouco, a deficiência ainda seria maior se tivéssemos semeado só aquela parte que era destinada a nós mesmos.

Mas talvez se houvesse menos estímulo à exportação, os estoques excedentes de anos de abundância poderiam ser armazenados pelo fazendeiro como garantia para os anos de escassez.

Isso pode ser respondido com a afirmação de que, se a exportação fosse desencorajada, não teríamos anos de abundância. Os preços baixos são produzidos pela possibilidade de preços altos. No momento, nossos fazendeiros aram e semeiam com a esperança de que sempre haverá algum país necessitado e de que ficarão ricos suprindo essa necessidade. Esperanças indefinidas são sempre levadas além da razão pela fragilidade da natureza humana. Assim, enquanto a exportação for estimulada, a quantidade de trigo produzida será equivalente àquela que o fazendeiro pode esperar vender e, portanto, em geral, a uma quantidade maior do que aquela que poderá ser vendida ao preço com o qual ele sonhava quando arava e semeava.

Sabemos que a maior parte de nosso trigo é plantada por aqueles que pagam aluguel pela terra que usam para plantar, e dentre eles poucos poderão postergar a venda do produto de um ano para o próximo.

Portanto, é inútil esperar que grandes estoques de cereal jamais permanecerão em mãos privadas: aquele que não vendeu o trigo do ano passado terá muita desconfiança e relutância em arar seu campo outra vez, e o acúmulo de uns poucos anos terá como resultado o abandono da agricultura, e o fazendeiro indo se dedicar a alguma vocação mais lucrativa.

Se a exportação de trigo fosse totalmente proibida, a possível quantidade a ser consumida entre nós seria conhecida rapidamente, e, sendo conhecida, só raramente seria excedida, pois por que motivo deveria o trigo ser colhido se não pudesse ser vendido? Nesse caso, deveríamos ter poucos excedentes nas estações mais favoráveis, pois o fazendeiro, como o resto da humanidade, age na expectativa de sucesso, e a colheita raramente muda[3] a expectativa da primavera. Mas com secas ou pragas, nunca teríamos o suficiente, e qualquer inclemência do tempo nos levaria ao infortúnio – um infortúnio que hoje só lemos em nossas histórias –, e aquilo que hoje é escassez passaria a ser fome coletiva.

Aquilo que seria causado por uma proibição da exportação seria causado em grau menor por obstruí-la, e, em algum grau, por cada redução do estímulo; à medida que esperamos menos, trabalharemos menos, e à medida que trabalharmos menos, a abundância será menor.

Deve ser sempre e constantemente lembrado que o bem do subsídio é certo e o mal evitável, que pela esperança da exportação a quantidade de trigo aumentará, e que esse aumento pode ser mantido no próprio país.

A abundância só pode ser produzida pelo estímulo à agricultura, e a agricultura só pode ser estimulada se a tornarmos lucrativa. Ninguém pode influenciar o fazendeiro a semear aquilo que ele não pode vender, e se ele não tiver a chance da escassez a seu favor, vai fazer o possível para que nunca haja abundância.

---

[3] O começo dessa palavra no manuscrito não pode ser "out" como o gráfico de 1808 a reproduz. SJ está dizendo que um fazendeiro sempre planejará o que vai semear na primavera, na expectativa de uma produção normal, e o acidente de uma produção anormal no outono anterior não mudará esses planos. Isso é, ele consistentemente irá semear só aquela quantidade que, em um nível normal de produção, ele pode ter a esperança de vender; e, portanto, em um ano em que há uma colheita ruim, o consumidor se defrontará com uma escassez. (Por "sucesso" SJ parece estar pensando em termos de sucesso no mercado, não sucesso na produção.)

Nossos antepassados descobriram a verdade desses princípios através da razão, e os franceses a descobriram agora pela experiência.[4] Nessa regulamentação nós temos a honra de sermos mestres daqueles que, em política comercial, há muito são considerados mestres do mundo. Seus preconceitos, sua competição e sua vaidade finalmente admitiram aprender conosco como garantir os favores da natureza, e parece um estranho revés de opiniões o que agora nos leva a rejeitar a lei que nossos competidores estão adotando.

Pode ser proposto de uma maneira suficientemente convincente que o subsídio seja interrompido mais cedo. Sobre isso cada pessoa terá sua própria opinião; e, como não existem princípios gerais que possam atingir essa opinião, àquele que a tem ela sempre parecerá mais sensata que a do próximo. Essa é uma questão cuja situação está sempre mudando de acordo com o tempo e o lugar, e que, portanto, é muito difícil de afirmar ou de discutir.

É possível, no entanto, que achem que a mudança de coisas estabelecidas é sempre um mal[5] e que, portanto, nos casos em que o bem da mudança não é certo e constante, que talvez seja melhor preservar aquele respeito e aquela confiança que são produzidos pela coerência de conduta e pela permanência das leis: —

Que, desde que o subsídio foi estabelecido o preço da moeda diminuiu muito, de modo que o subsídio não opera com a mesma força que quando foi estabelecido pela primeira vez, e sim que o

---

[4] A referência sem dúvida é ao edito real francês de 1764 que permitiu a exportação de cereais da França pela primeira vez.
[5] Cf. n. 27, p. 185.
[6] Quando o subsídio à exportação foi estabelecido, no final do século XVII, a regulamentação era que ele terminasse de ser concedido quando o preço do trigo chegasse acima de 4 xelins, 8 pence por um quarto. Desde

preço em que ele termina, embora nominalmente o mesmo, com efeito e na prática gradualmente se reduziu.[6]

É[7] difícil descobrir por que razão esse subsídio que produziu tanto bem e não produziu nenhum dano deva ser retirado ou reduzido. É possível que, se ele fosse reduzido, ainda poderia ser uma motivação para a agricultura e a causa da abundância; mas por que devemos trocar a experiência por conjecturas, e uma coisa certa por um bem possível, não será fácil de descobrir. Se por um equilíbrio de probabilidades, no qual um grão de poeira possa fazer pender a balança, ou por um esquema estranho de cálculo em que para cada pessoa certa mil estariam erradas, a dedução que promete abundância pode terminar em fome coletiva, se por um modo enganador de raciocínio incerto, o ponto crítico no qual o subsídio deve parar possa parecer ter sido descoberto, eu ainda continuarei a acreditar que é mais seguro confiar naquilo que nós já tentamos. E não posso deixar de pensar que o pão é um produto importante demais para ser tratado como um jogo de sutilezas e como tema de disputas hipotéticas.

A vantagem do subsídio é evidente e irrefutável. Desde que o subsídio foi concedido, multidões que antes não comiam trigo agora o comem, e mesmo assim o preço do trigo caiu. O que mais se pode esperar de qualquer mudança de práticas? Uma alteração não pode melhorar nossa situação e, portanto, é bastante provável que a piore.

---

aquela época, no entanto, indica SJ, houve uma inflação considerável da moeda.

[7] A p. 15 do manuscrito começa aqui, depois de um longo espaço em branco que ocupa a maior parte da p. 14.

O alarme falso (1770)

É possível especificar com precisão a data em que *O alarme falso* foi escrito. Segundo um relato da Sra. Thrale, "foi escrito em nossa casa entre oito horas da noite de quarta-feira e doze horas da noite de quinta-feira; nós o lemos para o Sr. Thrale quando ele chegou em casa, muito tarde, da Câmara dos Comuns".[1] Como o Discurso do Trono a que o autor se refere quase no fim do panfleto foi feito na terça-feira, dia 9 de janeiro de 1770, e como o panfleto foi publicado na quarta-feira dia 17 de janeiro, Johnson deve tê-lo escrito nos dias 10 e 11 de janeiro. Quatro impressões foram feitas entre 17 de janeiro e 12 de março, e a segunda, terceira e quarta, que incorporaram algumas revisões insignificantes, foram chamadas de "A Segunda Edição".[2] Juntamente com os outros três panfletos políticos de Johnson da década de 1770,

---
[1] *Miscellanies*, I. 173.
[2] Para detalhes sobre a impressão de *O alarme falso*, veja William B. Todd, "Concealed Editions of Samuel Johnson", *The Book Collector*, II (1953), 59-65. e D. J. Greene, "*The False Alarm and Taxation No Tyranny:* Some Further Observations", *Studies in Bibliography*, XIII (1960), 223-31.

O alarme falso foi reimpresso em *Political Tracts*, 1776, com uma revisão ligeiramente mais extensa feita pelo próprio Johnson.[3]

A história política dos primeiros dez anos do reinado de George III é complexa.[4] Como outros que tinham se oposto aos regimes de Walpole e de Newcastle durante o reinado de George II, Johnson acolheu com alegria o advento de um *"new deal"* na pessoa do jovem neto de George que havia herdado a tradição de seu pai de fazer oposição àqueles regimes, e esperou com impaciência uma administração que seria ao mesmo tempo mais estável e mais cheia de energia e, apesar disso, menos hipócrita que a de seus antecessores. E como outros, ele acabou se desiludindo com o passar dos anos, quando o novo rei percebeu que tinha que governar mais ou menos da mesma maneira que seus antecessores, por meio de uma série de concessões e alianças instáveis com os mesmos velhos grupos de políticos. À medida que a Guerra dos Sete Anos foi chegando

---

[3] À página do título de *Political Tracts* foi acrescentada uma citação de Claudiano,
    Fallitur, egregio quisquis sub principe credit
    Servitium; nunquam libertas gratior extat
    Quam sub rege pio –
"Quem quer que pense que é escravidão estar sob um monarca importante está errado; não existe uma liberdade mais maravilhosa do que sob um rei virtuoso" (*De Laudibus Stilichonis* Livro III – às vezes chamado de *De Secundo Consulatu Stilichonis* – II 113-115).

[4] *The Reign of George III, 1760-1815* (1960) de J. Steven Watson, é recomendado como uma introdução à visão da história política da época que agora é aceita como resultado das pesquisas de Sir Lewis Namier e outros. Histórias gerais mais antigas sobre o período, tais como as de Green, Lecky e Trevelyan, não são muito confiáveis quando lidam com a estrutura política do período. Sobre o contexto para os panfletos de Johnson da década de 1770, George Rudé, *Wilkes and Liberty* (Oxford, 1962), e Lucy S. Sutherland, *The City and the Opposition to Government, 1768-1774* (1959), são inestimáveis.

a um final vitorioso, Newcastle e Pitt foram descartados e a Paz de Paris foi negociada pela administração de Lord Bute, escolha pessoal de George. Mas a administração de Bute durou apenas um ano e foi substituída em 1763 pela de George Grenville, bastante impopular, que assumiu a responsabilidade pouco invejável de ter que pagar as enormes dívidas que a Grã-Bretanha tinha contraído durante a guerra; em 1765, o grupo Rockingham, herdeiro da sucessão *whig* de Walpole-Newcastle, teve um curto mandato; em 1766, Pitt, agora conde de Chatham, responsabilizou-se por formar um governo que gradualmente foi evoluindo até ser chefiado pelo duque de Grafton (que Chatham tinha conseguido afastar dos Rockinghams), e, finalmente, três semanas depois de *O alarme falso* ser publicado, outro governo chefiado por Lord North que, inesperadamente, acabou durando 12 anos. Em algum momento Johnson fez comentários sarcásticos sobre todos esses líderes políticos; mas os detalhes precisos de seu relacionamento com eles e suas facções são desconhecidos. Por que razão em 1762 Bute ofereceu, e Johnson aceitou, a famosa pensão de 300 libras por ano continua sendo um mistério, mas parece seguro presumir que Bute o fez primordialmente porque queria melhorar a "imagem" do novo governo, dando-lhe um perfil de patrono das artes; e Johnson porque estava disposto a deixar que essa imagem fosse melhorada. Sabemos pouco sobre o "envolvimento em política" de Johnson com William Gerard Hamilton em 1765, exceto a possibilidade de esse envolvimento ter tido como resultado *Considerações sobre o trigo*. Sua correspondência em 1767 o mostra extremamente preocupado com a investigação da Companhia da Índia Oriental proposta pelo governo Chatham e preparando-se para escrever alguma coisa em nome da Companhia. Seu relacionamento amigável com outros políticos ativos, Lord Elibank, George Dempster, os Johnstones e os Vansittarts, parece ser dessa época. Ainda mais importante, é também dessa época sua amizade com o fabricante de cervejas Henry Thrale, membro do Parlamento por Southwark entre 1765 e 1780. Inicialmente um seguidor de Grenville, Thrale era naquele momento, e continuou sendo em anos futuros, um seguidor fiel de North. Sem dúvida a intimidade de Johnson com Thrale, ao lado de seu desejo mais geral de que o país tivesse um governo estável e sem hipocrisias, foi o que o estimulou a escrever *O alarme falso*, o primeiro da série de quatro panfletos políticos que escreveu na década de 1770.

A história do caso Wilkes, que fornece o pano de fundo para a peça, já foi contada muitas vezes. John Wilkes, como ele próprio diria mais tarde, não era um wilkita – isto é, não era primordialmente um político ou um reformador político, e sim um indivíduo astuto, espirituoso e inescrupulosamente egoísta que tinha encontrado um meio de recuperar sua fortuna pessoal perdida, fazendo um uso inteligente da situação política da época. Em 1763 tinha atuado como "testa-de-ferro" para o cunhado de Chatham, o malévolo conde Temple, na *vendetta* de Temple contra Bute; Temple sustentou Wilkes financeiramente. A tentativa inepta do governo de controlar seu jornal *North Briton* por meio de um "mandado geral" foi frustrada nos tribunais pelo aliado jurídico de Chatham, Charles Pratt, Lord Camden, mas mesmo assim o Parlamento decidiu que o número 45 do *North Briton* era um libelo sedicioso. Em fevereiro de 1764, Wilkes fugiu para a França para evitar ser julgado por essa acusação e pela acusação de ter publicado *Essay on Woman*, considerado pornográfico. Pela fuga, ele foi banido. Em 1768, sua condição financeira encorajou-o a arriscar-se a voltar para a Inglaterra e a tentar (uma vez mais com a ajuda de Temple) obter um assento parlamentar nas eleições gerais daquele ano (os Membros do Parlamento tinham impunidade e não podiam ser presos por suas dívidas). Wilkes candidatou-se a um dos quatro assentos na Cidade de Londres, mas foi o candidato com o menor número de votos. Anunciou, então, sua candidatura para um dos dois assentos pelo condado de Middlesex, que tinha um eleitorado numeroso e instável, e venceu em primeiro lugar, com quase 1.300 votos.

Isso foi em março de 1768. Em abril, ele se entregou à prisão pelo banimento e pelas antigas acusações de libelo sedicioso e obscenidade, (que foram desconsideradas por Mansfield por questões técnicas) pelas quais recebeu uma multa de mil libras e foi condenado a 22 meses de prisão. No entanto, como ainda era membro do Parlamento por Middlesex, o fato de ele estar preso durante o verão e o outono de 1768 incitou a população a atos de considerável violência, e talvez por esse motivo, Grafton — de uma maneira extremamente insensata, como se verificou mais tarde — decidiu que sua influência iria diminuir se ele fosse destituído de seu lugar no Parlamento. Com efeito, quando o Parlamento se reuniu, em fevereiro de 1769, isso foi feito por meio de uma resolução da Câmara dos Comuns.

A história do que ocorreu após sua destituição é o tema do panfleto de Johnson — a reeleição de Wilkes, a resolução declarando-o incapaz de ser candidato, as duas outras reeleições e finalmente a eleição de seu oponente, Luttrell. Embora Luttrell tivesse recebido apenas uma minoria dos votos, deram-lhe o lugar com a justificativa de que era o candidato *qualificado* que tinha o maior número de votos. Esse gesto provocou o frenesi de petições e a agitação que Johnson descreve e que continuou até o final de 1769 e começo de 1770. A causa de Wilkes teve o apoio da vociferante Sociedade para a Defesa da Lei de Direitos, dirigida pelos amigos de Wilkes, John Horne Tooke e Sargento Glynn; pela comunidade comercial da Cidade, dirigida pelo prefeito Beckford (o próprio Wilkes, filho de um rico destilador, era vereador); por Chatham e seus amigos mais chegados; e por Junius. O que houve então foi uma guerra de panfletos: a favor de Wilkes, uma das contribuições mais sérias foi a de Sir William Meredith, *The Question Stated* (1769). Em *O alarme falso* Johnson responde a alguns dos argumentos desse panfleto.

Quando o Parlamento se reuniu no dia 9 de janeiro de 1770, o governo seriamente desconsiderou aqueles que protestaram no Discurso do Trono (veja n. 44, p. 570 n. 45, a seguir). Mas Grafton, diante de dificuldades internas do ministério, logo pediu demissão e foi substituído por North, que era mais eficiente. As reverberações do caso continuaram por um ou dos anos mais, e é possível dizer que, no final, os dois lados conseguiram o que queriam: a proibição que impedia Wilkes de pertencer ao Parlamento eleito em 1768 continuou (exatamente a mesma coisa que a resolução de 17 de fevereiro de 1769 da Câmara dos Comuns tinha especificado), mas ele foi reeleito por Middlesex nas eleições gerais de 1774, e lhe permitiram manter seu assento. Nesse ínterim, Wilkes terminou de cumprir sua sentença, e, como seus seguidores (que, segundo afirma Steven Watson, "não eram um clube de homens pobres") tinham angariado uma grande soma de dinheiro para pagar suas dívidas, ele pôde recomeçar a carreira que terminou por fazer dele um Senhor prefeito respeitável e respeitado, aplaudido por sua eficiência em suprimir a violência das ruas na época das Rebeliões Gordon.

A significância do caso Wilkes é ainda tão discutível hoje quanto o foi na época de Johnson. As histórias do século XIX tendem a seguir a interpretação dos próprios wilkitas, e, associando "Wilkes e liberdade", insistiram que Wilkes, fossem quais fossem seus defeitos pessoais, estava lutando valentemente em defesa dos direitos democráticos antigos e essenciais contra os abusos do futuro déspota George III. Histórias mais recentes não estão assim tão certas disso, e, à luz delas, a tese do panfleto de Johnson, de que a "crise alarmante" causada pela resolução dos Comuns de 17 de fevereiro de 1769 não foi assim tão alarmante, parece fazer mais sentido do que até mesmo os estudiosos de Johnson estiveram dispostos a admitir no passado. A questão constitucional, que costumava ser aquela sobre a qual havia maior insistência — ou seja, se a Câmara dos Comuns, ao aprovar a resolução, estava na verdade "violando os direitos dos eleitores", como diz uma história mais antiga —, é tão controversa hoje como era naquela época, visto que, na constituição oral britânica, nunca ficou claro quais são, exatamente, os "direitos dos eleitores". O Parlamento ainda dá grande valor a seu poder de decidir, sem interferência externa, quem vai ou não ser um de seus membros; essa é uma posição whig normal, e não é nenhuma surpresa ouvir dizer que, à época, Charles James Fox apoiou a posição do ministério contra Wilkes, nem descobrir que Johnson, quase no final do panfleto, reclama da "neutralidade frígida dos tories", cujo entusiasmo pela exaltação do poder do Parlamento nunca foi muito grande (embora alguns estudiosos, familiarizados apenas com a simples noção de Johnson como um "*tory* fanático", ficarão surpresos ao descobrir que ele fez tal coisa). Agora que o mito do século XIX que classificava George III e seus ministros como possíveis subvertedores da Constituição foi realmente destruído pela historiografia recente, é difícil não concordar com Johnson quando ele diz que a "liberdade" não estava sob nenhum perigo específico naquela época. Mesmo assim, podemos ainda manter a opinião de que a agitação wilkita foi significativa pelo menos como indicação do grande aumento da preocupação com assuntos políticos por parte do cidadão comum que vemos surgir mais ou menos na metade do século XVIII (uma preocupação que Johnson, como vimos em seus escritos anteriores, estimulou). Mas talvez sua grande significância seja ainda como outra manifestação da determinação da comunidade comercial e de seu político favorito, Chatham, de apressar a transformação da Inglaterra em um poder comercial internacional, uma transformação que foi realizada com o passar do tempo e contra a qual Johnson sempre se opôs, talvez com razão.

Johnson achava que *O alarme falso* era seu melhor trecho político, e quando Boswell expressou sua preferência por *Reflexões sobre as Ilhas Falkland*, ele disse: "Há uma sutileza de investigação no primeiro que vale todo o entusiasmo do segundo". O que ele chamava de sutileza deve consistir em, primeiro, a lista de precedentes de história parlamentar que ele cita para mostrar como o poder ilimitado da Câmara dos Comuns para controlar seus próprios membros tinha sido no passado; e segundo, sua recusa constante, em sua discussão do caso, de admitir quaisquer das premissas wilkitas sobre "direitos" vagos pertencentes aos eleitores ou, com efeito, a qualquer entidade política. Ele afasta a questão inteira do marco referencial dos "direitos naturais" e faz com que toda a atividade política resida no difícil fato da existência do poder.

Se "direitos" políticos são um termo sem sentido – a hipocrisia de políticos interessados e de seus trouxas –, a questão a ser tratada só pode ser decidida por motivos de oportunismo; e Johnson tem pouca dificuldade em demonstrar que um dano muito maior foi causado ao princípio representativo pelo procedimento enviesado usado durante décadas na decisão de eleições controversas – um abuso a ser retificado pouco depois pela Lei das Eleições de Grenville – do que pelo caso de Middlesex, e que seria melhor se o "alarme" fosse dirigido contra o primeiro. O panfleto começa (depois do prolífico comentário introdutório afirmando que o aumento de conhecimento científico eliminou muito medo irracional e que seria bom se o conhecimento político pudesse aumentar da mesma maneira e com resultado semelhante) com uma revisão lúcida dos eventos no caso Wilkes até aquele momento, cita uma coleção imponente de precedentes e depois se fixa em um amplo curso de abuso e zombaria dos agitadores, que inclui as deliciosas vinhetas hogarthianas do progresso de uma petição e de um ano eleitoral. O panfleto não esquece de apresentar um argumento astuto (p. 570, a seguir) ao dizer que o que está ocorrendo é "um oposição de camelôs" – i.e., de interesses comerciais –, e termina com um cumprimento ao rei. Ninguém que tenha tentado resumir o panfleto irá afirmar que ele é bem organizado – afinal de contas, Johnson o escreveu em um dia e uma noite, e é possível perceber como a corrente exuberante de insultos fluiu de sua pena rápida e espontaneamente. Mas, a não ser que fiquemos imunizados pelas premissas *whig* que eram profundamente aceitas no século XIX, é uma leitura fácil e deliciosa, nada indigna, em sua vivacidade e habilidade literária, do antigo mestre de Johnson na arte da sátira, Swift.

O texto aqui é baseado na primeira edição (a primeira impressão de Todd) de 1770, incorporando variações da segunda edição, 1770 (a segunda, terceira e quarta impressões de Todd) e da coleção *Political Tracts*, 1776, quando as mudanças feitas são inequivocamente do autor. Há uma grande quantidade de variações na forma de escrever entre as edições de 1770 e 1776 – *desireable/desirable, controul/control, to day/to-day, for ever/forever*; não registrei variações como essas ou semelhantes. A pontuação de 1770, se mais próxima ou não da maneira como Johnson pontua, está tão entremeada de vírgulas que chega a incomodar o leitor moderno, e em alguns nove casos em que 1770 e 1776 diferem nesse aspecto, segui 1776, que é mais próxima do uso moderno.

O ALARME FALSO[5]

Uma das vantagens principais que a atual geração obteve com o aprimoramento e a difusão da filosofia foi libertar-se de terrores

---

[5] "Crise alarmante" era uma das expressões favoritas dos wilkitas. Cf. petição ao rei dos proprietários de Somerset, "Se seu silêncio com relação a essa crise alarmante não for transformado em uma aprovação das medidas [do Ministério]..." (*Middlesex Journal*, ou *Chronicle of Liberty*, nº 95, 7-9 de novembro de 1769); "Os proprietários do Condado de Kent querem se reunir... para considerar os passos adequados necessários a serem dados na atual crise alarmante," anúncio na *London Chronicle* durante todo o mês de novembro de 1769; "A atual crise perigosa e alarmante," "Cicero" em *Public Advertiser*, 20 de outubro de 1769; "essa crise alarmante e perigosa dos negócios públicos," "Dreadnought" em *Public Advertiser*, 20 de novembro de 1769.

desnecessários e de alarmes falsos. As ocorrências incomuns, fossem elas regulares ou acidentais, que em uma época espalhavam o desalento durante as épocas de ignorância, agora são a diversão daqueles que confiam e investigam. Não se lamenta o sol quando ele fica coberto em um eclipse mais do que quando ele se põe; e os meteoros jogam seus clarões de luz sem prognóstico ou previsão.

É possível esperar que o progresso do conhecimento político produza eventualmente os mesmos efeitos. Insatisfação sem causa e violência sediciosa serão menos frequentes e menos terríveis à medida que a ciência do governo seja mais investigada por um estudo diligente da teoria do homem.

Realmente não é de se esperar que a verdade física e a política encontrem a mesma aceitação ou ganhem terreno no mundo com a mesma facilidade. As ideias do naturalista encontram a humanidade em um estado de neutralidade, ou, nos piores casos, não têm nada para encontrar a não ser preconceito e vaidade; preconceito sem malignidade e vaidade sem interesse. Mas as melhorias de um político encontram a oposição por parte de todas as paixões que podem excluir ou suprimir a convicção: por ambição, por avareza, por esperança, e por terror, por ação pública e animosidade privada.

É evidente, seja qual for a causa, que esta nação, com toda sua reputação por seu poder de compreensão e por sua cultura, ainda não fez muito progresso em sabedoria civil. Estamos ainda tão pouco familiarizados com nossa própria condição e somos tão pouco habilidosos na busca da felicidade, que tremem os sem que haja perigo, reclamamos sem que haja agravos e admitimos que nossa tranquilidade seja perturbada e nosso comércio seja interrompido por uma oposição ao governo que surge apenas por interesse e é apoiada apenas por clamores, que, no entanto, têm, até o momento e de tal forma prevalecido sobre a ignorância e a timidez, que muitos a defendem como sendo aceitável e muitas a temem considerando-a poderosa.

O que é alegado por aqueles que foram tão eficientes em espalhar suspeita e incitar a ira de um extremo do reino ao outro pode ser conhecido examinando-se cuidadosamente os documentos que foram imediatamente apresentados como petições ao rei,[6] e exibidos impressos como provas para a população. Portanto, pode não ser impróprio colocar diante do público as reflexões de um homem que não consegue defender a oposição, pois acha que ela é cruel, mas não pode temê-la porque a considera frágil.

A afronta que produziu toda essa tempestade de ultraje, a opressão na qual todas as outras opressões estão incluídas, a invasão que não nos deixou nenhuma propriedade, o alarme que não deixa que qualquer patriota durma tranqüilo, tudo está contido em um voto da Câmara dos Comuns, pelo qual os proprietários* de Middlesex

---

[6] Uma característica do caso Wilkes foi a abundância de petições dirigidas ao rei e ao ministério por grupos dizendo-se representantes dos proprietários dos vários condados, bem assim como de outras instituições. Algumas petições, tais como as das Universidades de Oxford e Cambridge e de alguns condados, afirmaram seu apoio às ações do ministério; muitas outras, como as de Middlesex e da Cidade de Londres, chegaram a ser quase obscenas em seu abuso. Os textos de muitas delas aparecem no *Annual Register* para 1769 e 1770. Cf. SJ em *Life*, II.90 (16 de outubro de 1769): "Esse peticionar é uma nova maneira de afligir o governo, o que é extremamente fácil. Eu me comprometo a preparar petições ou por um quarto de guinéu, ou por meios-guinéus com a ajuda de um pouco de vinho quente. Não deve haver nenhuma pressão para estimular isso."

* No original "freeholder/s". Segundo o *Oxford Concise English Dictionary*, "uma pessoa que tem o controle total de uma propriedade. (hist.) Uma pessoa que

foram destituídos de um direito natural de qualquer britânico, i.e., a representação no Parlamento.

É bem verdade que eles receberam a convocação da eleição, mas essa convocação, infelizmente, foi uma brincadeira maldosa; foram insultados com a forma, mas lhes negaram a realidade, pois havia um homem que não poderia ser escolhido por eles.

> *Non de vi, neque caede, nec veneno,*
> *Sed lis est mihi de tribus capellis.*[7]

Não tenho a intenção de fazer um esboço do caráter do homem que foi assim fatalmente excluído. O próprio Lampoon não gostaria de falar mal daquele de quem ninguém fala bem. É suficiente que ele tenha sido expulso da Câmara dos Comuns e confinado em uma prisão, sendo legalmente condenado por sedição e impiedade.

O fato de esse homem não poder ser nomeado um dos guardiões e conselheiros da Igreja e do Estado é uma afronta que não podemos suportar. Todo amante da liberdade tem dúvidas sobre o destino da posteridade porque o condado principal da Inglaterra não pode tirar seu representante da cadeia.

Não é fácil descobrir por que razão Middlesex deve obter o direito de ser denominado o condado principal;[8] realmente é o condado onde acontece estar a cidade principal, mas a maneira

---

recebeu a terra diretamente do monarca e que com isso adquiriu o direito a votar e a ser eleito para o Parlamento." (N. T.)

[7] Marcial, VI.19. O epigrama zomba do advogado bombástico cuja oratória fez com que um processo sobre a propriedade de três cabras parecesse tão importante quanto um sobre um assassinato.

[8] "O primeiro condado do reino," *North Briton* nº 131, 21 de outubro de 1769 (já não era o jornal de Wilkes, e sim uma continuação dele).

como aquela cidade tratou o favorito de Middlesex[9] ainda não foi esquecida. O condado, ao contrário da cidade, não tem direito a nenhuma consideração particular.

O fato de um homem estar na cadeia por sedição e impiedade seria, pelo que me lembro, motivo suficiente para que ele não saísse da cadeia como legislador. Esse motivo, apesar da mutabilidade da moda, ainda opera na Câmara dos Comuns. Suas noções, por mais estranhas que pareçam, podem ser justificadas por uma observação comum, que poucos deles foram corrigidos por terem sido presos, e que aquele cujos crimes tornaram o confinamento necessário raramente faz qualquer outro uso da compreensão que tiveram para com ele, a não ser fazer ainda com maior astúcia aquilo que fez antes com menos.

Mas disseram ao povo com grande confiança que a Câmara não pode controlar o direito de constituir representantes; que aquele que possa persuadir os eleitores legais a escolhê-lo, seja qual for seu caráter, está legalmente escolhido e tem direito a um assento no Parlamento do qual nenhuma autoridade humana pode depor.

Aqui, no entanto, os patronos da oposição estão um tanto perplexos. São obrigados a confessar que, por uma quantidade de precedentes suficientes para estabelecer um costume do Parlamento, a Câmara dos Comuns tem jurisdição sobre seus próprios membros; que o todo tem poder sobre os indivíduos; e que esse

---

[9] Dos quatro membros da Câmara dos Comuns eleitos da Cidade de Londres nas eleições gerais de 1768, Harley, o Senhor prefeito, recebeu o maior número de votos, 3.729. Dos três candidatos que perderam, Wilkes era o que tinha menos votos, com 1.247.

poder foi exercido às vezes pelo encarceramento, e muitas vezes pela expulsão.

O fato de tal poder estar nas mãos da Câmara dos Comuns em alguns casos é inevitavelmente necessário, já que é exigido por todas as políticas que onde há uma possibilidade de ofensa deve haver uma possibilidade de punição. Um membro da Câmara não pode ser citado por sua conduta no Parlamento diante de nenhum outro tribunal; e, portanto, se a Câmara não puder puni-lo, ele pode atacar com impunidade os direitos do povo e o título do Rei.

Essa isenção de ter que obedecer à autoridade de outros tribunais foi, creio eu, estabelecida pela primeira vez a favor de cinco membros no Longo Parlamento.[10] Não deve ser considerada uma usurpação, pois está implícita nos princípios de governo. Se os poderes legislativos não são coordenados, eles deixam em parte de ser legislativos, e se eles são coordenados já não têm a quem prestar contas, pois a quem deve prestar contas um poder que não tem superiores?

A Câmara dos Comuns é realmente dissolúvel pelo rei, como vem sendo dito à nação ultimamente de uma maneira muito barulhenta.[11] Mas enquanto ela subsistir, é coordenada com os demais poderes, e essa coordenação só termina quando a Câmara, por dissolução, deixa de subsistir.

Como os representantes particulares do povo estão, em seu caráter público, acima do controle das tribunais legais, eles devem estar sujeitos à jurisdição da Câmara, e como a Câmara, no exer-

---

[10] A referência é à tentativa de Charles I, no dia 4 de janeiro de 1642, de prender Pym, Hampden, Hollis, Strode e Haselrig na própria Câmara dos Comuns, um incidente que ajudou a precipitar a Guerra Civil.

[11] Muitas das petições pediam a dissolução do atual Parlamento e uma nova eleição geral.

cício de sua autoridade, não pode ser dirigida nem restringida, suas próprias resoluções devem ser suas leis, pelo menos se não há nenhuma decisão antecedente da legislatura como um todo.

Esse privilégio, que não é confirmado por nenhuma lei escrita ou por algum contrato positivo, e sim pelo poder irresistível da necessidade política, eles vêm exercendo provavelmente desde sua primeira instituição, mas certamente, como seus registros nos informam, desde o 23º dia de Elizabeth, quando expulsaram um membro[12] por abusar de seus privilégios.

É possível que exista dúvida se foi originalmente necessário que esse direito de controle e de punição devesse se estender além das ofensas cometidas no exercício do dever parlamentar, já que todos os outros crimes são cognoscíveis pelos outros tribunais. Mas eles, que são os únicos juízes de seus próprios direitos, exerceram o poder de expulsão em outras ocasiões, e, quando a maldade chegou a certo grau de magnitude, consideraram que uma ofensa contra a sociedade seria uma ofensa contra a Câmara.

Portanto despiram infratores conhecidos de seu caráter legislativo e os entregaram à vergonha ou à punição, nus e desprotegidos, para que eles não pudessem contaminar a dignidade do Parlamento.

É proibido que um homem acusado de delito grave seja eleito para o Parlamento, e os Comuns provavelmente julgaram que, não estando legalmente submetidos às formas da lei, poderiam tratar aqueles cujos crimes fossem, em sua opinião, equivalentes a delitos graves como se fossem criminosos; e que, já que um criminoso notório não podia ser escolhido, um homem tão parecido com um criminoso que não pudesse dele ser distinguido deveria ser expulso.

---

[12] Arthur Hall, M. P. por Grantham (*Commons Journals*, 14 fev. 1580, I.127).

As primeiras leis não tinham leis que controlassem seu cumprimento, a primeira autoridade foi constituída por si mesma. O poder exercido pela Câmara dos Comuns é desse tipo, um poder enraizado nos princípios de governo, e ampliado por alguma prática ocasional, um poder que a necessidade fez justo e que precedentes tornaram legal.

Poderá nos ocorrer que essa autoridade assim sem controle pode, em momentos de excitação e disputa, ser exercida opressiva e prejudicialmente, e que aquele que sofrer injustiça fica sem compensação, por mais inocente e miserável que seja.

A posição é verdadeira, mas o argumento é inútil. Os Comuns devem ou ser controlados ou ser isentos de controle. Se forem isentos, podem causar danos que não poderão ser compensados; se forem controlados, já não são um poder legislativo.[13]

Se a possibilidade de abuso for um argumento contra a autoridade, nenhuma autoridade jamais poderá ser estabelecida; se o abuso atual destrói sua legalidade, não há um governo legal hoje no mundo.

Esse poder, que os Comuns vêm exercendo há tanto tempo, eles ousaram usar uma vez mais contra o Sr. Wilkes, e no dia 3 de fevereiro de 1769 o expulsaram da Câmara "por ter imprimido e publicado um libelo sedicioso e três libelos obscenos e ímpios".[14]

---

[13] Para o sentido da palavra, cf. Locke, *Second Treatise of Government*, Sect. 134: "O Legislativo é o poder supremo da comunidade... e nem o edito de qualquer outro organismo, seja lá em que forma for concebido, ou seja lá por que poder for apoiado, pode ter a força e a obrigação de uma lei, que não tem sua sanção vinda daquele Legislativo..."

[14] *Parliamentary History*, XVI. 545.

Se essas acusações foram justas, a expulsão certamente foi oportuna, e a Câmara teve motivos para determinar que elas realmente eram justas, já que o próprio autor do libelo que eles chamaram de sedicioso confessou em tribunal pleno e foi condenado pela magistratura do rei por ambas as publicações.

Mas os proprietários de Middlesex tinham outra opinião. Ou eles o consideraram inocente ou não se ofenderam com sua culpa. Quando foi emitido um mandado para a eleição de um cavalheiro para Middlesex, no lugar de John Wilkes, Esc., expulso da Câmara, seus amigos o escolheram outra vez, no dia 16 de fevereiro.

No dia 17 foi decidido "que John Wilkes, Fid., tendo sido, nesta sessão do Parlamento, expulso da Câmara,[15] foi, e é, incompetente para ser eleito membro para servir neste atual Parlamento".

Como não havia outro candidato, foi decidido, no mesmo momento, que a eleição do dia 16 estava anulada.

Os proprietários ainda assim continuaram a achar que nenhum outro homem era adequado para representá-los, e no dia 16 de março o elegeram uma outra vez. Sua determinação já estava tão conhecida que nenhum oponente ousou se manifestar.

Os Comuns começaram a descobrir que o poder sem os materiais para sua operacionalização não pode produzir nenhum resultado. Eles poderiam anular a eleição para sempre, mas, se não fosse possível encontrar outro candidato, sua decisão só poderia ser negativa. Apesar disso, eles anularam a última eleição e ordenaram a emissão de outro mandado.

---

[15] No *Parliamentary History*, xvi.576, e no *Commons Journals*, 17 fev. 1769, xxii.228, a frase é "expelled this House".

No dia 13 de abril houve uma nova eleição, na qual o Sr. Lutterel[16] e outros se ofereceram como candidatos. Todos os métodos de intimidação foram utilizados, e até alguns atos de violência foram cometidos para impedir que o Sr. Lutterel se apresentasse. Isso não o dissuadiu, e a eleição ocorreu, com o seguinte resultado:

Sr. Wilkes —— —— 1143
Sr. Lutterel —— —— 296

O xerife declarou o Sr. Wilkes vencedor, mas, no dia 15 de abril, a Câmara decidiu que o Sr. Lutterel tinha sido eleito legalmente.

Daquele dia em diante[17] começou o clamor que continuou até agora. Aqueles que tinham decidido opor-se ao ministério, não tendo nenhuma queixa de maior magnitude, fizeram o possível para inflar essa decisão ao máximo e distorcê-la a ponto de deformá-la, e depois a apresentaram para aterrorizar a nação.

Todos os truques de sedição foram praticados desde então para despertar a insatisfação e acender a indignação. Os jornais todos os dias estão repletos de exortações e ameaças de dissidência. A loucura espalhou-se por todas as categorias e por ambos os sexos; mulheres e crianças clamam pelo Sr. Wilkes, a simplicidade honesta foi enganada até que se transformou em fúria, e só os sábios escaparam de serem contagiados.

Podemos suspeitar que a maior parte dessas pessoas não crê em sua própria posição, e com elas não é necessário lutar. Elas não

---

[16] Henry Lawes Luttrell tinha se demitido de seu assento por um município da Cornualha a fim de disputar Middlesex contra Wilkes em nome do ministério.

[17] [No original, "begun" em vez de "began". (N. T.)] Está assim em todas as edições durante a vida de SJ. O *OED* lista a palavra como uma variação comum de "began" no século XVIII.

podem ser convencidas, pois já estão convencidas, e sabemos bem que não podemos fazê-las se envergonharem.

A decisão, no entanto, pela qual o número menor de votos foi preferido ao número maior, deixou perplexa a mente de alguns cuja opinião seria desonesto desprezar e que, por sua integridade, bem merecem ter suas dúvidas aplacadas.

Toda a questão difusa e complicada pode ser examinada por métodos diferentes, sob princípios também diferentes; e essa verdade, que é facilmente descoberta por um pesquisador, pode não ser percebida por outro igualmente honesto e igualmente cuidadoso.

Aqueles que perguntam se um número menor de votos legais, mesmo em oposição a um número maior, pode eleger um representante, deve receber de todas as bocas a mesma resposta.

A questão, portanto, deve ser se um número menor de votos legais não deve prevalecer contra um número maior de votos ilegais.

Deve ser considerado que os votos só são legais se forem dados legalmente, e que só são dados legalmente os que são dados a um candidato legal.[18]

Então ainda temos que discutir se um homem expulso pode ser por isso desqualificado por um voto da Câmara, para que não seja mais elegível por eleitores legais.

---

[18] No debate na Câmara dos Comuns sobre a situação algo semelhante que ocorreu no distrito administrativo de Mid-Ulster em 1955, o procurador-geral, Sir Reginald Manningham-Buller (mais tarde Lord Chanceler Dilhorne) argumentou que: "Parece um uso errôneo da língua inglesa dizer que uma pessoa desqualificada para ser eleita um Membro desta Câmara, porque obteve a maioria dos votos, foi eleita para esta Câmara. O fato é que ela nunca poderia ser eleita para esta Câmara porque é desqualificada para isso pela Lei do Parlamento" (*Hansard*, 18 de julho de 1955).

Aqui temos que recorrer uma vez mais não às instituições positivas, mas à lei oral de natureza social, ao grande e prolífico princípio de necessidade política. Todos os governos pressupõem súditos, toda autoridade implica obediência. Supor que um tem o direito de comandar o que o outro tem o direito de recusar é absurdo e contraditório. Um estado constituído dessa maneira ficará para sempre como um contrapeso imóvel, com atrações iguais de tendências contrárias, com pesos iguais de poder equilibrando um ao outro.

As leis que não podemos fazer cumprir não podem nem evitar nem corrigir desordens. Uma sentença que não pode ser executada não pode ter nenhum poder para prevenir ou para reformar. Se os Comuns só têm o poder de demitir por uns poucos dias aquele homem que seus constituintes podem mandar de volta imediatamente, se eles podem expulsar, mas não excluir, eles não têm nada mais que uma autoridade nominal, que possivelmente nunca será obedecida.

Os representantes de nossos antepassados tinham uma opinião muito diferente: eles multavam e prendiam seus membros; em casos de grande provocação, eles os desqualificavam legalmente para sempre, e esse poder de declarar a desqualificação legal perpétua é mantida pelo próprio Selden.[19]

---

[19] John Selden, eminente jurista, antiquário e Membro do Parlamento. O crítico anônimo de *O alarme falso*, na *Critical Review*, xxix (janeiro de 1770), 54-57, comenta: "Esse escritor cita o Sr. Selden como um defensor de que o poder de desqualificação legal perpétua seja atribuído aos Comuns. Como ele não cita a passagem específica de Selden em que essa doutrina é encontrada, devemos supor que ele se refere às palavras do discurso daquele grande homem contra Sir Edward Sawyer. Se essa é a passagem em questão, embora ela seja muito prolífica, não podemos achar que se trata do poder de uma desqualificação

Essas alegações parecem ter sido feitas e foram permitidas quando a constituição de nosso governo ainda não tinha sido estudada suficientemente. Esses poderes não são legais, porque não são necessários; e daquele tipo de poder que só a necessidade justifica não se pode admitir nada mais que aquilo que a necessidade imponha.

Os Comuns não podem fazer leis, eles só podem aprovar resoluções, que, como todas as resoluções, só são válidas para aqueles que as fazem, e, ainda assim, somente enquanto eles estejam dispostos a observá-las.

O voto da Câmara dos Comuns, portanto, até agora só tem a força de uma lei na medida em que essa força for necessária para evitar que o voto perca sua eficácia. E para isso ele deve começar por operar sobre eles próprios e só ampliar sua influência para atingir outros, por meio de consequências que surjam da primeira intenção. Aquele que começa a caçar em sua própria propriedade pode perseguir a caça na propriedade de outro.[20]

---

legal perpétua, pois tudo que Selden diz é que, 'para manter os privilégios de nossa Câmara, podemos multar tanto quanto os Lordes. E como eles desqualificam lordes de ocuparem assentos lá, nós também podemos desqualificar legalmente qualquer membro de nossa própria casa de ocupar um assento nela'. Depois de tudo, é muito possível que esse escritor possa ter se referido a alguma outra passagem de Selden que não chegou a nosso conhecimento." Essa passagem ainda não foi encontrada.

[20] Blackstone, *Commentaries*, Book II, cap. 27: "Afirma-se, realmente, que se um homem começa qualquer caçada em seus próprios domínios e a continua nos domínios de outro, e mata [o animal] lá, a propriedade [do animal] é dele próprio. E isso é baseado na razão e na justiça natural; pois a propriedade consiste na posse; e a posse começa quando ele encontra [o animal] em sua própria liberdade e continua por meio da perseguição imediata".

Eles só podem fazer leis para si próprios: um membro, enquanto mantiver seu assento, está sujeito a essas leis; mas quando ele é expulso, a jurisdição termina, pois ele agora já não está sob o domínio deles.

A desqualificação legal, que um voto pode acrescentar à expulsão, não é nada mais do que aquilo que já estava incluído na própria expulsão; é só uma declaração dos Comuns pela qual eles não mais permitirão que aquele que estão censurando se sente com eles no Parlamento; uma declaração feita graças àquele direito que eles necessariamente possuem, de regular sua própria Casa, e de infligir punição a seus próprios infratores.

Portanto, eles não têm outro meio de fazer cumprir a sentença de desqualificação a não ser aderindo a ela. Eles não têm outros meios de punir o candidato que foi desqualificado por se oferecer nem os eleitores por aceitá-lo. Mas se ele tem um rival, o rival precisa prevalecer; e se ele não tem nenhum rival, a eleição será anulada; pois o direito da Câmara de rejeitar anula o direito a ser eleito do homem que foi assim rejeitado.

Alega-se que o poder da Câmara termina com sua sessão, já que um prisioneiro enviado para a prisão por um mandado do Presidente da Câmara não pode ser detido durante o recesso. Aquele poder realmente termina com a sessão na medida em que é operacionalizado pela agência de outros porque, quando eles não estão reunidos, não podem empregar nenhum agente, porque deixam de ter uma existência legal; mas aquele poder que é exercido sobre eles próprios revive com sua reunião, quando o sujeito daquele poder ainda subsiste. Eles podem, na sessão seguinte, recusar-se a readmitir aquele que expulsaram na sessão anterior.

O fato de a expulsão significar exclusão, no caso atual, deve ser, creio eu, facilmente admitido. A expulsão e a convocação para uma nova eleição ocorreram na mesma sessão, e como a Câmara, pelas regras do Parlamento, fica obrigada, naquela sessão, a obedecer a um voto que foi aprovado, o membro expulso não pode ser admitido. Aquele que não pode ser admitido não pode ser eleito, e, como os votos dados a um homem inelegível são dados inutilmente, o maior número de votos dados a um candidato elegível passa a ser a maioria.

Muitas objeções podem ser levantadas a essas conclusões, como ocorre com a maioria das posições morais e com todas as posições políticas. O tema perpétuo da investigação política não é um bem absoluto e sim comparativo. De dois sistemas de governo, ou de duas leis relacionadas com o mesmo tema, nenhuma das duas será como a sutileza teórica desejaria, e, portanto, nenhuma pode abrir seu caminho à força contra o preconceito e a obstinação. Cada uma delas terá qualidades e defeitos, e todos os homens, com uma pequena ajuda do orgulho, podem achar que as suas são as melhores.

Parece ser a opinião de muitos que a expulsão é apenas um aviso de demissão que o representante dá a seus constituintes, com um testemunho contra si próprio incluído em sua sentença. E que, se os constituintes, apesar da censura da Câmara, achando que seu caso é difícil, seus erros insignificantes ou suas qualidades tais que podem compensar por esses erros, decidirem escolhê-lo outra vez, considerando-o ainda merecedor de sua confiança, a Câmara não pode recusá-lo, porque sua punição redimiu-o de seu erro, e o direito dos eleitores não deve ser violado.

Isso é plausível mas não lógico. É um esquema de representação que teria um papel importante em um romance político, mas não pode ser posto em prática entre nós que todos os dias vemos a cabeça altaneira da especulação ser forçada a se curvar diante da experiência rastejante.

Os governos formados por acaso, e que melhoraram gradualmente graças a tais expedientes, como a descoberta sucessiva de seus defeitos parece sugerir, nunca devem ser julgados por uma teoria comum. Eles são construções de materiais diferentes, erguidos por arquitetos diferentes, com base em plantas também diferentes. Devemos nos contentar com eles como são. Se tentarmos reparar suas desproporções, poderíamos facilmente demoli-los, e seria muito difícil reconstruí-los.

As leis são feitas agora, e os costumes já são estabelecidos; essas são nossas regras, e devemos ser guiados por elas.

É indiscutivelmente certo que os Comuns nunca tiveram a intenção de dar aos eleitores a liberdade de devolver-lhes um membro expulso, pois eles sempre exigem que alguém seja escolhido no lugar daquele que foi expulso, e não veem com que direito um homem pode ser escolhido para ocupar seu próprio lugar.

A expulsão, se isso fosse o resultado total, poderia muitas vezes ser desejável. A sedição ou a obscenidade podem não ser crimes maiores na opinião de outros eleitores que não sejam os proprietários de Middlesex. E muitos infelizes, que seus colegas podem ter expulsado, podem voltar perseguidos e, tendo atingido a fama, e com mais confiança, provocar uma segunda expulsão.

É possível dizer que muitos dos representantes do povo praticamente não foram escolhidos. Alguns por herdarem um distrito herdam um assento; e alguns ocupam um lugar pelo favor de outros, a quem talvez eles possam agradecer com o ato que provocou a expulsão. Alguns estão a salvo por sua popularidade, outros, por suas alianças. Nenhum deles temeria a expulsão se essa doutrina fosse aceita, a não ser aqueles que compraram seus votos e que seriam obrigados a comprá-los outra vez a um preço maior.

Mas como as incertezas serão determinadas por coisas certas e os costumes explicados, onde foi possível, pela lei escrita, os patriotas triunfaram com uma citação de um decreto do quarto e quinto de Anne, que permite que aqueles cujos assentos forem desocupados por aceitação de um lugar de lucro possam ser escolhidos outra vez. Isso eles sabiamente consideram uma expulsão, e, por causa da permissão de reeleição que existe nesse caso, inferem que todos os outros tipos de expulsão também dão ao infrator o direito da mesma indulgência. Este é o parágrafo:

"Se qualquer pessoa, *tendo sido escolhida* membro da Câmara dos Comuns, aceitar qualquer favor da Coroa *durante o tempo em que ela continuar a ser membro*, sua eleição será nula e fica declarada nula por este instrumento, e um novo mandado será emitido para uma nova eleição, como se essa pessoa que aceitou o favor estivesse morta naturalmente. *No entanto, essa pessoa estará qualificada para ser eleita outra vez*, como se seu lugar não tivesse sido anulado, como foi explicado acima."[21]

Como é que isso favorece a doutrina de readmissão por uma segunda escolha, não sou capaz de descobrir. O estatuto do Capítulo II, 30, promulgou que "aquele que ocupar um lugar na Câmara dos Comuns sem fazer os juramentos e for aprovado no

---

[21] 4 & 5 Anne, c. 8, Sect. xxvii. SJ omite "of profit" depois de "office" e a última frase começa "Providing nevertheless that such person." [Desde que, no entanto, aquela pessoa...]

teste será desqualificado para sentar-se na Câmara durante aquele Parlamento, e um mandado deve ser emitido para a eleição de um novo membro, no lugar do membro que foi desqualificado, como se esse membro tivesse morrido naturalmente".[22]

Essa última cláusula parece ter sido copiada do decreto de Anne, mas com o destino comum daqueles que plagiam. No decreto de Charles, a morte política continuou durante o Parlamento, e no de Anne não valia a pena matar o homem a quem o próximo sopro iria reviver. No entanto, é aparente que, na opinião do Parlamento, as linhas assassinas[23] o teriam mantido imóvel, se ele não tivesse sido recuperado graças a uma exceção generosa. Um assento que ficava vago não poderia ser ganho outra vez sem a permissão expressa do mesmo estatuto.

O direito de ser escolhido uma vez mais para um assento que tinha ficado vago dessa maneira não era usufruído graças a nenhum direito geral; ele exigia uma cláusula especial e uma provisão especificamente cuidadosa.

Mas que semelhança pode a imaginação conceber entre um homem que desocupa seu assento graças a um favor da Coroa e outro expulso do seu por sedição e obscenidade? A aceitação de um lugar não corrompe o caráter de ninguém; a Coroa que deu esse lugar tem a intenção de dar, com ele, sempre dignidade e às vezes

---

[22] Charles II (i. e., 1679) c. 2, Sessão viii. A frase de SJ é uma paráfrase das provisões da sessão, e não uma citação *verbatim*. O "test" é aquele fornecido no Decreto do Teste (1673), pelo qual era exigido que os ocupantes de postos públicos assinassem uma declaração contra a transubstanciação e recebessem a comunhão na Igreja da Inglaterra.

[23] Uma frase pseudo-arcaica, aparentemente usada pela primeira vez por Spenser. Veja o *OED*. [No original, "dead-doing". (N. T.)]

autoridade. Como é sabido, os Comuns não julgam mal nem a si mesmos nem aos demais por seus postos lucrativos; no entanto, o lucro implica tentação, e pode expor um representante à suspeita de seus constituintes; embora se eles ainda o considerarem merecedor de sua confiança, podem elegê-lo outra vez.

Essa é a consequência. Quando um homem é demitido pela lei, é possível que seus constituintes, com renovada confiança e nova dignidade, se o considerarem incorruptível, o reintegrem em seu posto; o que se conclui, portanto, é que quando a Câmara expulsa um tratante com infâmia pública, ele se vai com a possível permissão de voltar.

Se a tola ilusão, como nos diz o provérbio, é a precursora da destruição,[24] como deve estar próxima a ruína de uma nação que pode ser incitada contra seus governantes por argumentos intencionalmente ilusórios como esse. Posso ser desculpado se entrar em pânico com essa crise alarmante e juntar meus gemidos ao lamento geral dos patriotas que choram.

Outra objeção é que os Comuns, ao pronunciarem a sentença de desqualificação, fazem uma lei e assumem o poder de todo o Legislativo. Muitas citações são então produzidas para provar que a Câmara dos Comuns não pode fazer leis.

Três decretos foram citados, desqualificando membros por motivos diferentes em ocasiões diferentes, e observa-se com profundidade que se os Comuns podem, por seu próprio poder, desqualificar um de seus membros, o ciúme que têm de seus privilégios não teria nunca admitido a sanção concorrente dos outros poderes.

---

[24] *"Quem Juppiter vult perdere, dementat prius."* Atribuído pelo *Oxford Dictionary of Quotations* (2ª edição) a James Duport (1606-79). Veja *Life*, iv.181, nº 3.

Tenho que estar sempre lembrando a esses contestadores insignificantes que aqueles decretos são leis de obrigatoriedade permanente; que dois deles estão agora em vigor, e que o outro só expirou quando tinha cumprido seu objetivo. Leis assim os Comuns não podem fazer. É possível que eles pudessem ter determinado para si próprios o direito de expulsar todos que não fizessem o teste, mas não poderiam deixar atrás de si nenhuma autoridade que obrigasse o Parlamento seguinte a expulsá-los também. Eles podem recusar os diretores da Companhia South Sea,[25] mas não podiam legar essa recusa. Eles podem desqualificar por voto, mas não por decreto; eles não podem saber se a sentença de desqualificação pronunciada hoje pode ser anulada amanhã pela dissolução da própria Câmara. No entanto, enquanto o mesmo Parlamento se reúne, a desqualificação continua, a não ser que o voto seja rescindido, e enquanto continua ela faz com que os votos que os proprietários possam dar ao candidato interdito sejam inúteis e inválidos, já que não pode existir, com relação ao mesmo assunto e ao mesmo tempo, um poder absoluto para escolher e um poder absoluto para rejeitar.

Em 1614 o procurador-geral foi votado inelegível para um assento na Câmara dos Comuns,[26] mas dizem à nação triunfantemente que, embora aquele voto nunca tenha sido revogado, o procurador-geral agora é um membro da Câmara. Não há dúvida de que ele

---

[25] Vários membros foram expulsos da Câmara dos Comuns à época da febre de especulação da Companhia South Sea: cf. *Parliamentary History*, vii.708.
[26] *Parliamentary History*, I.II63 (8 de abril de 1614). Para o uso que os wilkitas fizeram desse precedente, veja *A Vindication of the Right of Election* (Woodfall, 1769), p. 70, e *A Fair Trial of the Important Question* (Almon, 1769), pp. 190-97.

agora possa ser um membro sem a revogação do voto. Porque uma lei tem obrigatoriedade perpétua, mas um voto não significa nada quando aqueles que votaram se foram. Uma lei é um acordo feito reciprocamente pelos poderes legislativos e portanto só pode ser abolida por todas as partes. Um voto é apenas uma resolução, que é obrigatória apenas para aquele que está disposto a cumpri-la.

Assim, levei a cabo essa investigação meticulosa e detalhadamente, porque suspeito que esses debatedores, cuja ocupação é enganar os outros, às vezes enganaram-se a si próprios, e estou disposto a livrá-los de seu constrangimento, embora não espere muita gratidão por minha generosidade.

Outras objeções, no entanto, ainda continuam, pois as objeções políticas raramente têm fim. Foi observado[27] que o vício não é uma causa apropriada para a expulsão, pois se o pior homem na Câmara fosse sempre expulso, com o correr do tempo não haveria mais ninguém lá. Mas nenhum homem é expulso por ser o pior, e sim por ser enormemente ruim; sua conduta é comparada não com a conduta dos outros, mas sim com a norma de comportamento.

A punição da expulsão sendo, em sua própria natureza, incerta, pode ser grande demais ou pequena demais para o erro.

Esse deve ser o caso de muitas punições. O confisco de bens móveis não é nada para aquele que não tem bens. O próprio exílio pode ser um bem acidental; e, na verdade, qualquer punição – a não ser a morte – é muito diferente para homens diferentes.

---

[27] De William Dowdeswell, antigo ministro da Fazenda no governo Rockingham, na Câmara dos Comuns, dia 17 de fevereiro de 1769 (*Parliamentary History*, xvi. 579).

Mas se esse precedente for admitido e estabelecido, nenhum homem pode daqui em diante ter a certeza de que ele será representado por aquele que escolher. Metade da Câmara pode se reunir bem cedo de manhã e agarrar a oportunidade de expulsar o outro, e a maior parte da nação, por meio desse estratagema, pode se ver subitamente sem seus representantes legais.

Aquele que percebe tudo isso vê bem longe. Mas eu posso lhe falar de males ocultos ainda maiores. Há uma possibilidade de maldade que, nessa crise alarmante, ainda não foi mencionada. Todos sabem da malícia, da sutileza, da indústria, da vigilância e da ambição dos escoceses. O número de membros escoceses é quase o suficiente para compor uma Câmara.[28] Proponho que seja considerado por aqueles que apoiam a Lei dos Direitos*[29] se não há motivo para suspeitar que esses intrusos famintos do Norte estão agora conspirando para expulsar todos os ingleses. Podemos então maldizer a hora em que foi decidido que expulsão e exclusão são a mesma coisa. Pois quem pode adivinhar o que poderá ser feito quando os escoceses estiverem sozinhos na Câmara?

---

[28] Isto é, para que haja quórum. É interessante ver SJ, indiretamente, defendendo os escoceses contra o abuso dos wilkitas. Pois, apesar de todas as lendas com respeito à animosidade de SJ contra os escoceses, ele tinha associações, na década de 1760, com muitos políticos escoceses (p. ex., Bute, Wedderburn, Elibank, George Dempster, os seguidores de George III que "regozijaram-se em nome dos bretões" – não apenas "inglês". O *North Briton*, de Wilkes tinha, é claro, sido originalmente dirigido contra os conselheiros escoceses de George.

[29] A Sociedade para a Defesa da Lei de Direitos foi organizada em fevereiro de 1769, sob a liderança de John Horne Tooke e do sargento John Glynn, amigos de Wilkes. A implicação do título é que a ação do ministério na eleição de Middlesex era contrária à Lei de Diretos elaborada à época da Revolução de 1688.

* História inglesa: o decreto que estabeleceu o acordo constitucional de 1689. *(NOCED)* (N. T.)

Escritos Políticos

Portanto, concorde com o costume e a razão, apesar de todas as objeções, reais ou imaginárias; coerente com a prática de tempos antigos e, assim, consequente com os princípios originais de governo, é aquela decisão pela qual tanta violência por insatisfação foi estimulada, que foi tão dolorosamente lastimada e tão afrontosamente ressentida.

Não nos deixemos seduzir, no entanto, e depositar muita confiança na justiça ou na verdade, pois descobrimos muitas vezes que elas não agem em sua própria defesa e dão mais confiança do que ajuda a seus amigos e defensores. Talvez seja prudente fazer uma concessão momentânea à falsidade, supondo que o voto a favor do Sr. Lutterel está errado.

Todos os erros devem ser retificados. Se o Sr. Wilkes foi privado de um assento legal, tanto ele quanto seus eleitores têm motivo para reclamar; mas não será fácil descobrir por que razão, dentre os inúmeros erros sobre os quais uma grande parte da humanidade está reclamando a cada hora, toda a atenção do público deve ser transferida para o Sr. Wilkes e para os proprietários de Middlesex, que podem todos afundar em uma não-existência, sem nenhum outro resultado a não ser que haveria mais espaço para uma nova ralé, e um novo varejista de sedição e de obscenidade. A causa de nosso país pouco sofreria; a ralé, seja de onde for que vierem, será sempre patriota, e sempre apoiará a Lei de Direitos.

A Câmara dos Comuns decide as disputas que resultam das eleições.[30] Será que jamais se supôs que em todos os casos suas

---

[30] Para a maneira escandalosamente partidária em que isso era feito, e sua retificação pelo Decreto das Eleições Controvertidas de George Grenville (introduzida na Câmara dos Comuns dia 7 de março de 1770), veja p. ex. William Hunt, *The History of England*, 1760-1801, 1905 (Vol. X em *The Political History of England*), pp. 108-09.

decisões estavam certas? Todo homem cuja eleição legal é derrotada sente-se, como o Sr. Wilkes, igualmente injustiçado, e a angústia do desapontamento de seus constituintes não é menor que a dos proprietários de Middlesex. Essas decisões muitas vezes parecem ser parciais, e às vezes tiranicamente opressoras. Uma maioria foi dada a um candidato favorito, cancelando votos que sempre foram permitidos, e que, portanto, tinham aquela autoridade pela qual todos os votos são dados, a autoridade do costume ininterrupto. Quando os Comuns determinam quem serão os constituintes,[31] podemos, com alguma propriedade, dizer que eles estão fazendo leis, porque essas determinações até o momento, para evitar confusões, vêm sendo adotadas pelos Parlamentos seguintes. Portanto, um voto da Câmara, quando funciona como lei, para indivíduos é apenas uma lei temporária mas para as comunidades é perpétua.

No entanto, embora tudo isso tenha sido feito, e embora a cada novo Parlamento se espere que grande parte dessas coisas será feita outra vez, isso nunca produziu anteriormente *uma crise alarmante*[32] desse tipo. Descobrimos, por experiência, que, embora um fidalgo rural tenha dado cerveja e carne de veado em vão, e um distrito tenha sido forçado a ver seus interesses mais caros nas mãos daquele em quem não confia, no entanto o estado geral da nação continua o mesmo. O sol se ergueu, o trigo cresceu, e, por mais rumores que tenha havido sobre riscos à propriedade, aquele que lavrou o campo normalmente colheu o que plantou, e aquele que construiu uma casa foi dono da porta. A aflição

---

[31] P. ex., quando, por uma resolução da Câmara em 1718, as qualificações para votar no distrito de Lichfield foram modificadas (*Politics*, p. 34).
[32] Veja n. 5, p. 538 anteriormente.

provocada pela injustiça sofrida, ou supostamente sofrida, por qualquer homem particular, ou por uma única comunidade, foi local e temporária e nem se espalhou a uma grande distância, nem durou muito.

A nação foi um mero espectador, sem dar muita atenção, porque não parecia haver muito perigo. A consequência das pequenas irregularidades não foi sentida, e ainda não tínhamos aprendido a ficar atemorizados com inimigos muito distantes.

Mas a calma e a segurança estão agora chegando ao fim. Estamos mais cautelosos, e nossa compreensão aumentou. Nós não só vemos os eventos em suas causas, mas antes de suas causas; ouvimos o trovão quando o céu está claro e vemos o manancial jorrar antes de cavarmos a terra. Graças à força da genialidade inglesa, a sabedoria política evoluiu não só para a intuição política mas também para a presciência política.

Mas não pode ser dito, temo eu, que, à medida que nos tornamos mais sábios, ficamos mais felizes. Diz-se daqueles que têm aquele poder maravilhoso, chamado segunda visão, que eles raramente vêem qualquer coisa a não ser o mal: a segunda visão política tem o mesmo resultado. Não ouvimos falar de outra coisa a não ser de uma crise alarmante de direitos violados e liberdades que terminam. A manhã surge sobre novos erros, e o sonhador passa a noite em grilhões imaginários.

A esfera de ansiedade agora se ampliou. Aquele que até hoje só se importava consigo mesmo agora se importa com o público. Pois ele aprendeu que a felicidade dos indivíduos está compreendida na prosperidade de todos e que seu país nunca sofre a não ser que ele sofra com ele, embora possa ocorrer que ele não sinta nenhuma dor.

SAMUEL JOHNSON

Alimentados por essa febre de patriotismo epidêmico, o alfaiate tira seu dedal, o vendedor de tecidos deixa cair sua régua e o ferreiro abandona seu martelo; eles se reúnem em uma taverna[33] honesta, consideram a situação da nação, lêem ou ouvem a última petição, lamentam os infortúnios da época, alarmam-se com a terrível crise e aderem ao apoio à Lei de Direitos.

Às vezes realmente ocorre que um intruso com mais benevolência que prudência tenta dispersar sua nuvem de melancolia e acalmar seus corações com um consolo oportuno. Ele lhes diz que, embora nunca seja demais a cautela com o governo, é possível que as acusações que a ele fazemos sejam precipitadas demais; e que, embora o juízo particular seja um direito de todos os homens, não podemos julgar aquilo que desconhecemos. Que, no momento, não achamos que existem quaisquer males que o governo possa aliviar e que o negócio público está nas mãos de homens que têm tanto direito à confiança quanto seus adversários. Que os proprietários de Middlesex, se não podiam escolher o Sr. Wilkes, poderiam ter escolhido qualquer outro homem e que "ele tem confiança de que em nosso território temos uns quinhentos tão bons quanto ele":[34] que mesmo se aquilo que ocorreu em Middlesex tivesse ocorrido em todos os outros condados, i.e., que um homem tivesse sido considerado inelegível, isso não poderia produzir grandes mudanças no Parlamento, nem reduzir o poder das eleições. Que aquilo que foi feito é provavelmente correto e que, se foi errado, não terá

---

[33] A Sociedade para a Defesa da Lei de Direitos se reunia em uma taverna londrina. "Honesta" (como no caso de patriota) sem dúvida é usado ironicamente.

[34] Da balada *Chevy Chase*, estrofe quatro na forma dada por Addison (*Spectator*, nº 70).

muitas consequências, já que um caso semelhante não pode ocorrer facilmente. Que expulsões são muito raras, e, se por uma insolência ilimitada das facções elas se tornassem mais frequentes, os eleitores poderão facilmente conseguir uma segunda escolha.

Tudo isso ele pode ter dito, mas nem metade será ouvida; seus oponentes o atordoarão e a si próprios com ruídos confusos a respeito de pensões[35] e lugares, venalidades e corrupção, opressão e invasão, escravidão e ruína.

Clamores como esses, proferidos por malignidade, e repetidos por ignorância, acusações gerais de maldade indeterminada e sugestões obscuras sobre possíveis projetos, espalhadas entre aqueles que não conhecem seu significado, por aqueles que sabem que eles são falsos, levaram parte da nação – embora apenas uma pequena parte – a infernizar o tribunal com petições ridículas.

O progresso de uma petição é bem conhecido. Um homem público expulso vai até seu condado ou distrito conta a seus amigos sobre sua desqualificação para servi-los, e a seus constituintes sobre a corrupção do governo. Seus amigos logo compreendem que aquele que não pode obter nada não terá nada para dar. Decidem organizar uma reunião, com comida e bebida em abundância, conseguem facilmente reunir uma multidão, e aqueles que acham que sabem o motivo dessa reunião ficam responsáveis por contá-lo àqueles que o desconhecem. Cerveja e clamores unem suas energias,

---

[35] Muitas das reações a *O alarme falso* refletiam com mordacidade sobre a pensão de SJ. P. ex., *The Crisis* (1770) p. 31: "Eu diria a ele (o autor de *O alarme falso*) que consultasse o *Dicionário* de Johnson para a noção de pensionista". O fato de SJ ter introduzido a palavra na versão revisada é sem dúvida uma resposta para demonstrar seu menosprezo.

e a multidão, concentrada e excitada, começa a fermentar com a levedura da sedição. Todos veem mil males, embora não os possam demonstrar, e vão ficando impacientes por uma solução, embora não saibam qual.

O Cícero do dia faz então um discurso, fala muito e esconde mais, e as pessoas acreditam nas coisas que ele conta e nas que esconde. A petição é lida e aprovada unanimemente. Aqueles que estão sóbrios o suficiente para escrever acrescentam seus nomes, e o resto também assinaria se pudesse.

Todos aqueles homens vão para casa e contam aos vizinhos as glórias do dia; como foi consultado e o que aconselhou; como foi convidado para entrar no salão, onde Sua Excelência o chamou pelo nome; como ele foi bem tratado por Sir Francis, Sir Joseph ou Sir George;[36] como ele comeu tartaruga e carne de veado e bebeu em honra dos três irmãos, animado pelos objetivos comuns.[37]

O pobre indolente, cuja loja o tinha prendido, ou cuja esposa o tinha trancafiado, ouve esse conto de luxo com inveja e finalmente pergunta de que se tratava a petição. O narrador nada lembra da petição, a não ser que falava muito sobre temores e apreensões, e

---

[36] Os nomes não são apenas genéricos: entre os requerentes mais barulhentos estavam Sir Francis Vincent, M.P. por Surrey; Sir Joseph Mawbey, M.P. por Southwark (juntamente com Henry Thrale, mas seu oponente político); e Sir George Savile, M. P. por Yorkshire (Sir George Armytage, embora não sendo um M. P. naquele momento, também se distinguia na agitação em seu condado). Acredita-se que SJ foi o autor de uma pequena sátira contra Mawbey publicada na *Gentleman's Magazine*, março de 1769, p. 162 (Boswell, *Life*, org. J.W. Croker, 1831, II.68n.).

[37] Richard Grenville, conde de Temple; George Grenville; e seu cunhado, William Pitt, conde de Chatham. Temple patrocinou Wilkes ativamente, e os outros dois opuseram-se fortemente à política do governo no caso.

algo muito alarmante, e isso, ele tem certeza, é contra o governo; o outro se convence de que ele deve estar certo e deseja ter estado lá também, pois adora vinho e carne de veado, e decide ficar contra o governo enquanto viver.

A petição passa então de cidade em cidade, e de casa em casa, e onde quer que vá os moradores se reúnem em bandos para que possam ver aquilo que será enviado para o rei. Fica fácil coletar nomes. Um homem assina porque odeia os papistas; outro porque jurou destruir as autoestradas com pedágio;[38] um porque irá irritar o pároco; outro porque ele não deve nada ao dono da casa onde mora; um porque é rico; outro porque é pobre; um para mostrar que não tem medo, e outro para mostrar que sabe escrever.

A passagem, no entanto, nem sempre é suave. Aqueles que coletam contribuições para sedição às vezes pedem a um homem de categoria superior e de mente mais esclarecida que assine, e este, em vez de lhes emprestar seu nome, calmamente os reprova por serem sedutores do povo.

Vocês que estão aqui, diz ele, reclamando de venalidade, são os agentes daqueles, que tendo avaliado a si próprios a um preço muito alto, estão apenas zangados porque não foram comprados. Vocês estão apelando do Parlamento para a ralé e convidando aqueles que, nas coisas mais comuns, mal distinguem o certo do errado, a serem juízes de uma questão implicada com a lei escrita e com a lei oral, com os princípios gerais de governo, e os costumes específicos da Câmara dos Comuns; vocês estão lhes mostrando uma afronta

---

[38] A construção de estradas com pedágio tinha sido acelerada à época. Melhoras no transporte na Inglaterra do século XVIII provocaram muita oposição irracional; cf. Tom Tempest, em *Idler* 10.

tão distante que eles não a podem ver, e tão ligeira que eles não a podem sentir; pois por que razão os fazendeiros e donos de lojas de Yorkshire e Cumberland iam querer saber ou se importar com quem representa Middlesex, a não ser através de informações desnecessárias e provocações artificiais?[39] Em vez de passear assim pelo condado para estimular a ira do partido e ocultar as suspeitas de ignorância, é a obrigação de homens como vocês, que têm tempo para investigar, levar o povo de volta para seu trabalho honesto; dizer a eles que a submissão é o dever do ignorante e o contentamento a virtude dos pobres;[40] que eles não têm nenhum conhecimento sobre a arte de governar, nem nenhum interesse nos desentendimentos dos grandes; e quando você encontra algum deles, como existem alguns cujos critérios estão sujeitos a condenação, será seu papel apaziguar essa ebulição espumante, mostrando-lhes que eles têm tanta felicidade quanto se pode receber em sua situação de vida e que um governo – cujo maior crime que os interessados podem descobrir, ou os mal-intencionados podem censurar, é uma representação errônea ou injusta de Middlesex – é um governo que se aproxima mais da

---

[39] A petição de Yorkshire foi uma das maiores e mais divulgadas; parece não ter havido nenhuma petição específica de Cumberland. Mas cf. Richard Rigby, na Câmara dos Comuns, dia 9 de janeiro de 1770: "Se não fosse pela diligência oficiosa desses incendiários, como é possível que os fazendeiros e tecelões de Yorkshire e Cumberland soubessem da eleição de representantes parlamentares em Middlesex, ou se interessassem por ela?" (*Parliamentary History*, xiv. 698). O discurso de Rigby continua descrevendo "o progresso de uma petição" de uma forma curiosamente parecida com a de SJ.
[40] A definição de "os pobres" que SJ dá em seu *Dicionário* deve ser observada: "Aqueles que estão nas categorias mais baixas de qualquer comunidade; aqueles que não podem subsistir a não ser pela caridade de outros; mas a expressão às vezes é usada com certa imprecisão para significar qualquer um que não seja rico". Presume-se que aqui SJ não esteja usando a expressão com imprecisão.

perfeição do que qualquer outro que a experiência conheceu ou a história relatou.

Os escravos da sedição querem mudar de assunto, ouvem o que ele diz com um silêncio mal-humorado, sentem convicção sem arrependimento, e desconcertados mas não envergonhados continuam até a porta seguinte, onde encontram uma recepção mais generosa de um homem com raiva do governo porque acabou de pagar os impostos pelo número de janelas.[41]

É fácil de imaginar que uma petição que quer a dissolução do Parlamento terá, ocasionalmente, seus defensores. Na verdade, as pessoas não esperam que uma Câmara dos Comuns seja muito mais honesta ou muito mais sábia do que outra; não supõem que os impostos serão reduzidos; ou, embora lhes tenham ensinado com tanta frequência a esperar isso, tampouco esperam que o sabão e as velas venham a ser mais baratos; não esperam compensação por agravos, pois não reclamam de nenhum agravo a não ser dos impostos; não desejam ter mais liberdade, pois não sentem nenhuma restrição; com relação à segurança de privilégios ou de propriedades, não se importam nem um pouco, pois não veem nenhuma propriedade invadida nem sabem, até que lhes digam, que algum privilégio foi violado.

Menos que tudo, esperam que algum Parlamento futuro vá reduzir seus próprios poderes, ou comunicar ao povo que a autoridade que ele tem estava em vigor anteriormente.

---

[41] O imposto de janela foi emitido pela primeira vez em 1697, "segundo o número de janelas e aberturas em casas que têm mais de seis janelas e que valem mais de £5 por ano... O imposto prejudicou particularmente a classe média" (*Encyclopedia Britannica*, 11ª edição, s. v.). Foi revogado em 1851.

No entanto, um Parlamento novo é esperado com ansiedade suficiente. O ano das eleições é um ano de alegria; e, o que é ainda mais maravilhoso, é um ano de igualdade. O guloso agora come as iguarias com que sonhava quando não as podia comprar, o bêbedo tem o prazer do vinho sem o custo. O preguiçoso vive durante algum tempo sem trabalhar, e o comerciante, com o fluxo de dinheiro, aumenta seus preços. O mecânico que tremeu na presença de Sir Joseph agora implora que ele volte outra vez para ter uma resposta; e o caçador furtivo, cuja arma foi capturada, agora descobre um jeito de recuperá-la. Até o homem honesto não está insatisfeito de ver que é importante, e de boa vontade retoma, em dois anos, aquele poder do qual ele tinha desistido durante sete.[42] Poucos amam tanto seus amigos que não desejem ser superiores a eles por meio de benefícios pouco caros.

No entanto, apesar de todos esses motivos para aquiescência, os promotores de petições não foram bem sucedidos. Poucos podiam ser persuadidos a lamentar-se de males dos quais não sofriam ou solicitar uma recompensa que não queriam. A petição foi, em alguns lugares, rejeitada; e talvez em todos os lugares à exceção de um,[43] só foi assinada pelas pessoas mais medíocres e vulgares.

Como esse expediente agora inventado ou revivido para importunar o governo e igualmente praticável em todas as épocas por todos aqueles que sejam excluídos do poder e do lucro produziu tão pouco efeito, vamos considerar que a oposição já não é tão

---

[42] O Decreto Septenial, em vigor entre 1716 e 1912, estabelecia que o mandato máximo de um Parlamento era de sete anos. Antes de 1784, era raro que o Parlamento fosse dissolvido muito antes de completar o mandato.

[43] Talvez a petição de Buckinghamshire, que acreditam ter sido minutada por Burke.

terrível. A grande máquina recuou sobre eles. Eles acharam que "os termos que enviaram eram termos de peso" que iriam "surpreender a todos e ofender muitos", mas a consternação agora acabou, e seus inimigos "continuam de pé" como antes.[44]

Com grande propriedade e dignidade, o rei, em seu discurso, descuidou ou esqueceu-se deles.[45] É possível que ele soubesse com facilidade que aquilo que foi apresentado como sendo o sentimento do povo é apenas o sentimento do libertino e do dissoluto; e que, fosse qual fosse o Parlamento que se reunisse, os mesmos requerentes estariam prontos, pelo mesmo motivo, para pedir sua dissolução.

Como uma vez tivemos uma rebelião de palhaços,[46] agora temos uma oposição de vendedores de rua. A tranquilidade da nação vem sendo perturbada por uma facção contra a qual todas as facções deveriam conspirar; pois seu princípio original é o desejo de dirigir acusações contra alguém; sob o nome de zelo, na verdade ela só é estimulada pela malignidade natural dos medíocres contra os grandes.

Quando, na confusão que as invasões inglesas produziram na França, os plebeus, imaginando que tinham encontrado a hora

---

[44] As palavras citadas são uma adaptação de *Paraíso perdido*, VI. 621-27. O relato de Belial a Satã sobre o efeito da "grande máquina" disparada contra o exército de anjos leais.

[45] O Discurso do Trono, a declaração oficial dos planos do Ministério na abertura da sessão do Parlamento, feita no dia 9 de janeiro de 1770, ofendeu profundamente os wilkitas por sua omissão depreciativa de qualquer referência à agitação sobre a eleição em Middlesex. O discurso começou assim: "Meus Lordes e Cavalheiros, é com muita preocupação que me encontro forçado a abrir esta sessão do Parlamento tendo que lhes informar que a cinomose irrompeu entre o gado bovino no reino" (*Parliamentary History*, xiv. 642).

[46] Ou a Revolta dos Camponeses de 1381, comandada por Wat Tyler, ou a insurreição de 1549, comandada por Robert Kett.

de ouro da emancipação, pegaram as armas em suas mãos,[47] os cavalheiros de ambas as nações acharam que a causa era comum e, suspendendo a hostilidade geral, uniram-se para puni-los.

Toda a conduta dessa facção desprezível tem como característica a vulgaridade plebéia e a deselegância selvagem. Desvirtuar as ações e os princípios de seus inimigos é comum a todos os partidos; mas a insolência da afronta e a brutalidade da acusação que prevaleceram ultimamente são peculiares a essa facção.

Uma característica infalível da mediocridade é a crueldade. Essa é a única facção que gritou na condenação de um criminoso e que, quando sua inocência fez com que ele obtivesse o perdão, clamou por seu sangue.[48]

Todos os partidos, por mais raiva que tivessem um dos outros, concordaram em tratar o trono com respeito; mas esses reclamadores de baixa categoria atacaram não só a autoridade de seu soberano, mas também seu caráter[49] e tentaram, certamente sem resultado,

---

[47] A insurreição dos camponeses da Jacquerie em 1358 durante a Guerra dos Cem Anos. "Vilain" (ou "villain" na leitura de 1776) é a forma de escrever "villein" no século XVIII.

[48] Na reunião da eleição de Middlesex, dia 8 de dezembro de 1768, uma briga entre gangues de desordeiros pró e contra Wilkes levou à morte de um tecelão wilkita, George Clerke. Dois presidentes irlandeses, Edward McQuirk e Lawrence Balfe, foram acusados do assassinato e condenados à morte. Como havia alguma dúvida sobre a parte que eles tinham desempenhado no caso, eles receberam o perdão real no dia 10 de março de 1769. Um correspondente na *Gentleman's Magazine* (março 1769, p. 139) protestou contra "a ira desumana com a qual algumas pessoas (e especialmente o próprio Sr. W---es) exigiam o sangue dos dois irlandeses. Junius escreveu violentamente contra o perdão, e o *North Briton* nº 131 (21 de outubro de 1769) fez do perdão de McQuirk um artigo de *impeachment* contra Grafton.

[49] Nas petições de Middlesex e da Cidade de Londres, e é claro na conhecida carta de Junius para o rei de 19 de dezembro de 1769.

afastar os sentimentos do povo do único rei que por quase um século,[50] mais pareceu gostar de seu povo ou mais fez por merecê-los. Insultaram-no com grosserias e ameaças que nunca foram provocadas pelo mau humor tristonho de Guilherme, mesmo quando a metade da nação negou-lhe sua lealdade.[51] Nem pela intolerância perigosa de James, a não ser quando ele finalmente foi expulso de seu palácio;[52] e com essas grosserias e ameaças e hostilidades diretas de rebeliões, aventuraram-se a difamar o pobre Charles, mesmo nos comentários sobre o gabinete de Naseby.[53]

Certamente não é absurdo esperar que a nação vá consultar sua dignidade, se não sua segurança, e negar-se a ser protegida ou escravizada pelos declamadores ou conspiradores de uma taverna urbana. Se Roma tivesse caído devido à conspiração catilinária, ela poderia se conformar com seu destino em virtude da grandeza de seus destruidores; mas o que poderia ter aliviado o infortúnio da Inglaterra se seu governo tivesse sido mudado por Tiler ou por Ket?[54]

---

[50] Isto é, desde Charles II. SJ estava certo: George III ia se tornar o monarca mais querido da história inglesa, por todo o reino.

[51] Em 1689, todas as pessoas que ocupavam postos públicos foram obrigadas a jurar lealdade a Guilherme III e a Mary, sob pena de serem privadas de seus postos. Houve muitas recusas por "não-juradores", mas SJ exagera muito quando diz "metade da nação".

[52] Sobre o grosseiro tratamento dado a James na costa de Kent após sua fuga de Whitehall (12 de dezembro de 1688), veja Macaulay, *History of England*, Cap. X. O relato citado por Macaulay (Harl. MS 6852) poderia ter sido descoberto por SJ quando este estava catalogando a biblioteca harleiana, embora esteja impresso nas histórias de Tindal e de Ralph.

[53] Depois da batalha de Naseby (1645), o "gabinete" de documentos secretos de Charles I foi capturado pelos parlamentares que, para desacreditar o rei, publicaram uma seleção desses documentos com comentários pejorativos. Cf. Clarendon, *History of the Rebellion*, Book IX, Sect. 41.

[54] Veja n. 46, p. 570.

Nunca aconteceu antes que uma parte da nação brigasse com a outra, a não ser por algum interesse importante e claro. Se os meios foram violentos, o fim foi grandioso. A guerra civil foi travada por aquilo que cada exército acreditava ser a melhor religião e o melhor governo. A luta no reinado de Anne foi travada para excluir ou restaurar um rei exilado.[55] O que nós agora estamos disputando, com animosidade quase igual, é se Middlesex será ou não representado por um criminoso saído da cadeia.

O único conforto que nos resta nessa degeneração é que um nível mais baixo já não é mais possível.

Nessa censura desdenhosa, não tenho a intenção de incluir todos os homens. Em todo o estanho, diz o químico, existe prata; e em todo o cobre, há ouro.[56] Mas as massas que se misturam recebem esse nome justamente por sua maior quantidade, e, quando não vale a pena extrair as partículas valiosas, é preciso derreter juntos uma facção e um porco transformando-os nas formas e nos postos que a chance lhes atribuir.

---

[55] SJ apresenta a interpretação popular dos eventos políticos dos últimos anos do reinado de Anne, que culminaram na luta pelo poder entre Oxford e Bolingbroke. Sua expressão é um tanto imprecisa: "o rei exilado," James II, tinha morrido em 1701; o objeto da atividade jacobita à época era seu filho, o Antigo Clamante, que tinha sido apenas príncipe de Gales na época de seu "exílio".

[56] Um lugar-comum da teoria alquímica de transmutação, ainda aceita até certo ponto, mesmo na época de SJ; por exemplo, por Hermann Boerhaave ("Alchemy", *Encyclopaedia Britannica*, 11th ed.).

*Fiunt urceoli, pelves, sartago, patellae.*⁵⁷

Umas poucas semanas irão mostrar se o governo pode ser abalado por um barulho vazio e se a facção que depende de sua influência não enganou tanto o povo quanto a si própria. É vergonhoso o bastante que isso tenha continuado até agora. Ninguém pode realmente se surpreender de que ela tenha sido apoiada por sectários,⁵⁸ os fomentadores naturais da sedição e confederados da ralé, de cuja religião pouco permanece a não ser o ódio de estabelecimentos, e o fato de estarem zangados por descobrir que a separação, que antes era premiada, agora é apenas tolerada;⁵⁹ mas todos os homens honestos devem lamentar que isso tenha sido visto com uma neutralidade frígida pelos *tories*,⁶⁰ há muito estando acostumados a

---

⁵⁷ Juvenal, X. 64. Após a queda de Sejano, sua estátua de bronze foi derretida – "Of head and limbs are made / Pans, cans, and pisspots, a whole kitchen trade" (tradução de Dryden). "Da cabeça e dos membros são feitos/ panelas, latas e urinóis, todo um comércio de utensílios de cozinha".

⁵⁸ Alguns dissidentes militavam do lado de Wilkes, sobretudo Joseph Priestley, que se envolveu em uma polêmica animada com Sir William Blackstone sobre o tema. Veja p. ex. *London Chronicle* 10-12 de outubro de 1769, p. 356, e *A View of the Principles and Conduct of the Protestant Dissenters, with Respect to the Civil and Ecclesiastical Constitution of England*, publicada em dezembro de 1769.

⁵⁹ SJ provavelmente se refere ao alegado patrocínio dos dissidentes pelos regimes de Walpole e Newcastle, em troca de seu apoio.

⁶⁰ Por exemplo, na divisão na Câmara dos Comuns em 1764, sobre a questão da legalidade dos mandados gerais (uma questão que surgiu da polêmica anterior entre os seguidores do governo e os de Wilkes), Sir Lewis Namier calculou que os votos dos "cavalheiros rurais", os *tories* genuínos, ficaram divididos, 41 para um lado e 45 para o outro ("Country Gentlemen in Parliament," *Personalities and Powers*, 1955). A interpretação incorreta tão frequente na historiografia do século XIX sobre o período, segundo a qual os ministros de George III eram principalmente *"tories"*, só recentemente começou a ser corrigida, embora uma afirmação como a de SJ possa ter lançado alguma

caracterizar seus princípios pela oposição à corte, ainda não consideram que finalmente têm um rei que não sabe o nome do partido e que deseja ser o pai comum de todo seu povo.

Como um homem inebriado apenas por vapores logo se recupera ao ar livre, uma nação insatisfeita a ponto de loucura, sem nenhuma causa adequada, voltará a si e à sua lealdade quando uma pequena pausa esfriá-la o suficiente para que possa refletir. Nada, portanto, é necessário nessa *crise alarmante* a não ser considerar o alarme como falso.[61] Fazer concessões é encorajar a intromissão. Deixemos que a corte menospreze a facção e o povo desapontado logo irá zombar dela.

Finis.

---

suspeita sobre isso. Cf. Richard Pares, *King George III and the Politicians* (1953), p. 72: "Embora George III estivesse disposto a colocar *tories* leais a seu serviço, como ele disse a Pitt em 1765, poucos deles vieram; alguns deles o trataram com frieza e menosprezo, outros eram inúteis." SJ descreve corretamente sua atitude tradicional como uma de "oposição à corte" – isto é, fosse qual fosse o governo que estivesse no poder em Westminster, a característica do torysmo inglês do século XVIII era suspeita do poder político centralizado.
[61] Veja n. 5, p. 538.

Reflexões sobre as recentes transações com respeito às Ilhas Falkland (1771)

A crise das Ilhas Falkland no final de 1770 e começo de 1771 teve dois aspectos, um internacional e um doméstico.[1] No seu aspecto internacional, foi parte das consequências da Guerra dos Sete Anos. Anteriormente aliada à França pelo Acordo de Família de 1761, a Espanha tinha entrado na guerra contra a Grã-Bretanha no ano seguinte, para desgosto de Pitt, que tinha se demitido poucos meses antes como secretário de Estado e principal coordenador da guerra porque o Gabinete recusara sua proposta de um ataque súbito à Espanha para aliviar a pressão sobre o aliado da Grã-Bretanha, Frederico, o Grande da Prússia. Apesar da ausência de Pitt, no entanto, a Grã-Bretanha conseguiu, nos meses antes de a Paz de Paris ser concluída, infligir derrotas humilhantes à Espanha, capturando Havana e Manilha e grandes partes dos tesouros espanhóis.

Tudo isso amargurava Carlos III e seu ministro de Relações Exteriores, Grimaldi. Na expectativa do apoio do ministro francês Choiseul, que também estava ansioso para recobrar o que seu país havia perdido para a Grã-Bretanha na guerra, os espanhóis estavam

---

[1] Um estudo detalhado do incidente pode ser encontrado em Julius Goebel, Jr., *The Struggle for the Falkland Islands* (1927).

buscando uma oportunidade de adotar uma linha agressiva. E a encontraram na questão polêmica da soberania das Ilhas Falkland. Não há necessidade de recapitular aqui as ações dos espanhóis de 1769 até 1771 e a reação britânica a elas. Johnson nos deu um relato de magistral lucidez – tanto que, quando, pouco depois da Segunda Grande Guerra, a República Argentina, herdeira da reivindicação espanhola às ilhas, reabriu a polêmica, uma editora empreendedora reimprimiu as *Reflexões* de Johnson, considerando-a a exposição mais clara da história complexa das ilhas.[2]

Quanto às implicações do incidente para a política doméstica, a chave é dada pelo comentário de Johnson (pp. 622, 623, a seguir) de que "Junius sabe seu próprio significado... é um inimigo do ministério, ele os vê se fortalecendo a cada hora", e "o verdadeiro crime do Ministério é que eles descobriram o meio de evitar sua própria ruína". A nomeação do relativamente jovem e desconhecido Lord North como tesoureiro, em fevereiro de 1770, depois de Newcastle, Bute, Grenville, Rockingham, Chatham e Grafton terem sucessivamente segurado as rédeas daquele posto e serem forçados a abandoná-las, foi considerada o último e desesperado recurso do rei, e os líderes políticos mais velhos e seus partidários estavam certos de que North rapidamente cairia em desgraça e um ou mais dentre eles iria reocupar o posto triunfalmente. O incidente das Ilhas Falkland foi o primeiro teste verdadeiro da força do Ministério de North, e seus oponentes fizeram o possível para aproveitar-se dele. Acreditavam que o Ministério estava em um dilema: ou teria que declarar guerra e travá-la sem sucesso, já que

---

[2] Leigh-on-Sea, Essex: Thames Bank Publishing Co., 1948.

a força militar da Grã-Bretanha estava em baixa; ou teria que bater em uma retirada vergonhosa diante da agressão espanhola, com a consequente perda da "honra" nacional.

Mas ocorreram duas coisas que a oposição a North não havia previsto. Quando se chegou à questão última de guerra ou paz, Luís XV decidiu pela paz e demitiu Choiseul: sem o apoio da França de que tinham dependido, os espanhóis não ousaram prosseguir e rapidamente recuaram. E North e seus aliados lidaram com a situação com extrema astúcia, sem perder a calma, sem dar a impressão de desistir de qualquer direito britânico e ao mesmo tempo fazendo o possível para não empurrar a Espanha para uma guerra. Dois pontos na estratégia de North podem ser especialmente destacados. Um, comentado por Johnson, foi o artifício de formular o protesto sobre a captura das ilhas como uma queixa especificamente contra o capitão-geral de Buenos Aires e com isso dar ao governo espanhol a oportunidade de salvar as aparências repudiando os atos do capitão (o que, no final, fizeram). O segundo, cujos detalhes só recentemente foram estudados com cuidado,[3] foi a maneira como North lidou com a crise do gabinete em dezembro de 1770. O ministro responsável pela condução do caso das Ilhas Falkland era o secretário de Estado pelo Departamento do Sul, Lord Weymouth, um membro do grupo "Bedford" aliado a North sem muita convicção. Weymouth tinha estado muito ativo e tinha muito poder no gabinete, e se considerava um pretendente ao cargo de primeiro-ministro, se não até já primeiro-ministro (não havia regras sobre esse posto completamente extra-oficial;

---

[3] L. H. Brown, "The Grafton and North Cabinets" (dissertação, Universidade de Toronto, 1963), pp. 269-92.

quem pudesse atrair para si mesmo a responsabilidade pelos casos mais importantes era "o Ministro").[4] Weymouth estava decidido a declarar guerra. North, no entanto, tinha a maioria do Gabinete do seu lado lutando pela paz, se possível, e por meio de uma série de negociações delicadas Weymouth foi afastado delicadamente do posto (sem alienar o resto do grupo Bedford) e substituído pelo conde de Rochford, um indivíduo menos ambicioso, mais pacífico e geralmente mais responsável. O poder de North consolidou-se, e pelo menos por cinco ou seis anos ele deu à Grã-Bretanha um governo muito estável.

A oposição, é claro, ficou furiosa ao ver que North tinha conseguido arrancar uma vitória das mandíbulas da derrota, e uma grande parte do documento de Johnson é dedicada à réplica desdenhosa do "clamor patriótico" àquilo que a oposição tentou apresentar como sendo um triunfo diplomático para a Espanha. O mais barulhento era Chatham, com sua obsessão eterna com a Espanha[5]

---

[4] Uma carta ao *Public Advertiser* de 2 de abril de 1771 comenta que "diz-se, com boa justificativa que *Reflexões sobre as Ilhas Falkland* foi escrita pelo culto Dr. Johnson, sob a especial direção do Ministro-Aparente" (i. e., North).

[5] Alguns dos comentários de Chatham à época são quase inacreditáveis. Cf. de seus discurso para a Câmara dos Lordes no dia 22 de novembro de 1770: "Meus senhores, os ingleses são um povo ingênuo e honesto; os espanhóis são tão cruéis e astuciosos quanto são orgulhosos e insolentes. A integridade do comerciante inglês, o espírito de nossos oficiais navais e militares seriam degradados por uma comparação com seus comerciantes ou oficiais. Com seus ministros eu muitas vezes fui obrigado a negociar, e nunca encontrei um só momento de honestidade ou dignidade em seu procedimento; nada a não ser astúcia, truques e artifícios baixos; após uma longa experiência de sua falta de honestidade e boa-fé, vi-me forçado a falar com eles em uma linguagem peremptória e decisiva. Com base nesse princípio, submeti meu conselho a um Conselho que tremia, para que fosse feita uma declaração imediata de

(como principal obstáculo para que a Grã-Bretanha se tornasse o poder dominante imperial e comercial no mundo) e os interesses comerciais da cidade de Londres, representados por homens como William Beckford, Barlow Trecothick (que, embora lançando fogo pelas narinas contra a Espanha, no papel de prefeito recusou-se a permitir que o recrutamento compulsório para a Marinha, que estava depauperada, fosse realizado em Londres),[6] Wilkes e John Sawbridge, irmão da *bête noire* de Johnson, a Sra. Catharine Macaulay. A acusação indignada de Johnson de que eles queriam a guerra para lucrar com ela — "Esses são os homens que... se regozijam quando a teimosia ou a ambição acrescentam outro ano à matança e à devastação; e riem, sentados à mesa de seus escritórios, da coragem e da ciência, enquanto somam cifras e mais cifras" — é uma de suas peças mais eficazes.

Dessa vez, Johnson parece ter conseguido apoio para seu argumento em uma questão política. De seus escritos políticos mais conhecidos, apenas *Reflexões sobre as Ilhas Falkland* parece ter evitado a condenação geral, tanto por parte de seus inimigos confessos quanto por parte de seus amigos, que muitas vezes eram honestos demais.[7]

---

guerra à Espanha. Vossas Senhorias sabem bem quais serão as consequências de não seguir esse conselho". Debrett, *History, Debates and Proceedings of Parliament* [1743-74], 1792, v. 345.

[6] Veja Debrett, v. 453, e p. 617 a seguir. Diziam que Trecothick era um seguidor de Rockingham e não de Chatham e, portanto, mais moderado que seu predecessor no cargo, Beckford.

[7] "Não houve nenhum contra-ataque genuíno: um panfleto de 42 páginas, uns poucos ensaios, cartas e resenhas constituíram a única artilharia principal empregada contra ela (as *Reflexões*): Helen Louise McGuffie, "Samuel Johnson and the Hostile Press" (diss. Columbia University, 1961), p. 186 (agora incluída em seu *Samuel Johnson in the British Press, 1749-1784: A Chronological*

Até mesmo um praticante contumaz e detalhista da interpretação *whig* da história política do século XVIII como William Hunt só pôde resumir o incidente assim:

> Durante todo o desenrolar do caso, a oposição atacou o governo, alegando que este era negligente com relação à honra da Inglaterra, que tinha demonstrado falta de agilidade e tinha feito um acordo secreto com a Espanha para abandonar a ilha: até insinuaram que o ministro tinha se submetido à França a fim de evitar que ela apoiasse a Espanha. Seus ataques eram facciosos. O governo não tinha nenhum desejo de atirar-se sem necessidade em uma guerra, mas agiu com vigor e determinação e levou o assunto adiante, tomando liberdades suficientes. Pouco depois as ilhas foram abandonadas por não serem lucrativas, mas o direito britânico a elas não foi abandonado.[8]

Este é também um resumo da posição que Johnson assume em *Reflexões*.

Checklist, 1976). A professora McGuffie menciona uns 550 itens que tratavam de Johnson, publicados de 1770 a 1775 inclusive, a maioria deles ataques dirigidos contra seus escritos políticos desse período (o *Dictionary* e a edição de Shakespeare também sofreram alguns ataques).
As *Reflexões*, no entanto, magoaram Burke profundamente. Dois anos após a morte de Johnson, Burke e Boswell jantaram com Reynolds, e Boswell relata: "Ele [Burke] foi violentamente contra os escritos políticos do Dr. Johnson. Disse que ele (Johnson) atribuiu à oposição uma tentativa de envolver a nação em uma guerra por causa das Ilhas Falkland, o que ele sabia ser uma acusação falsa. Ele [Johnson] imputava a eles a crueldade de sua própria oposição a Walpole. Ele [Burke] foi descontroladamente abusivo para com um Grande Homem já falecido": *Private Papers of James Boswell from Malahide Castle*, org. Geoffrey Scott e F. A. Pottle (New York, 1928-34), xv.234. A acusação de Johnson, é claro, era dirigida primordialmente contra Chatham e seus seguidores na *City* e não à facção de Burke, os rockinghamitas.
[8] *Political History of England, 1760-1801* (1905), p. 114.

O panfleto foi publicado (por Cadell) no dia 16 de março de 1771 (*London Chronicle*). Foi retirado poucos dias depois (veja *Letters* de Johnson 246, 20 de março de 1771) para que uma das folhas fosse cancelada e o Ministério fizesse a famosa correção do gracejo que Johnson tinha feito sobre Grenville (nº 68, p. 628 a seguir) e finalmente liberada mais ou menos no dia 27 de março. Uma segunda edição foi publicada dia 11 de abril; essa edição foi impressa em tipo comum. Com os outros três panfletos da década de 1770, *Reflexões* foi reimpressa, com algumas revisões feitas por Johnson, em *Political Tracts*, 1776. O texto dado aqui segue o da primeira edição, 1771, com correções de 1776 do autor. Variações na maneira de escrever entre as edições de 1771 e de 1776 não são significativas e, portanto, não foram registradas — *enquiry / inquiry, authorised / authorized, stile / style, enterprize / enterprise* e outras semelhantes. "Falkland Island(s)" em toda a edição de 1771 (5 vezes) passa a ser "Falkland's Island(s) em 1776, e "Bucarelli" (duas vezes) passa a ser "Buccarelli". O cabeçalho é "Falkland Islands" em 71 e "Falkland's Islands" em 76. Como no caso de *O alarme falso*, aceitei a pontuação de 1776 em vez da de 1771 nos casos em que ela está mais próxima à prática moderna e simplifica a leitura para o leitor.

Reflexões sobre as recentes transações com respeito às Ilhas Falkland

Conseguir que a ansiedade por uma contenda seja proporcional à importância dessa contenda parece uma tarefa árdua demais para a sabedoria humana. O orgulho de demonstrar sagacidade manteve várias épocas ocupadas com a discussão de questões inúteis, e o orgulho do poder destruiu exércitos para obter ou manter possessões que não eram lucrativas.

Não se passaram muitos anos desde [a época] em que as crueldades da guerra enchiam o mundo com terror e com tristeza; a ira foi finalmente apaziguada ou esgotaram-se as forças, e nas nações fustigadas a paz foi restaurada, com seus prazeres e seus benefícios.[9] Todos se sentiram felizes com essa nova situação, e todos imploraram que ela continuasse; mas como podemos esperar continuidade da felicidade quando todo o sistema do império europeu pode estar em perigo de uma nova concussão em virtude de uma disputa por uns poucos pontos de terra, que, nos desertos do oceano, tinham quase passado despercebidos ao homem e que, se eles não tivessem por acaso estabelecido um marco marítimo,[10] talvez nunca sequer tivesse um nome.

A sorte às vezes se apraz em engrandecer aquilo que a natureza negligenciou, e essa reputação que não pode ser obtida em virtude da excelência ou grandeza intrínsecas, surge às vezes de acidentes inesperados. O Rubicão foi enobrecido pela passagem de César, e agora chegou o momento em que as Ilhas Falkland exigem seu historiador.

Mas o escritor a quem essa tarefa foi atribuída terá poucas oportunidades para o esplendor descritivo ou para a elegância narrativa. De outros países, diz-se com que freqüência mudaram seu governo;

---

[9] A Paz de Paris, entre Grã-Bretanha e França, pondo fim à Guerra dos Sete Anos, foi assinada no dia 10 de fevereiro de 1763.
[10] "Ponto ou lugar conspícuo fácil de distinguir no mar que serve para os marinheiros como direções em seu curso" (*Dictionary*).

essas ilhas, até o momento, só mudaram seu nome. Heróis para conquistar ou legisladores para civilizar, nenhum surgiu por aqui; nada aconteceu aos habitantes dessas ilhas a não ser, às vezes, a visita de navegantes aventureiros que passaram por elas em busca de lugares melhores para viver.

Quando os espanhóis, sob o comando de Colombo, descobriram a América, tomaram posse de suas regiões mais ricas, surpreenderam e assustaram a Europa com o influxo de riquezas repentino e sem precedentes. De um momento para outro ficaram insuportavelmente insolentes, e poderiam talvez ter se tornado irresistivelmente poderosos se seus tesouros gigantescos não tivessem sido espalhados ao vento em virtude da abundância ignorante de uma opulência a que não estavam acostumados.

A maior parte dos potentados europeus viu essa corrente de riquezas fluindo para a Espanha sem tentar mergulhar suas próprias mãos na fonte de ouro. A França não tinha poder ou habilidade naval; Portugal estava ampliando seus domínios no Oriente, sobre regiões geradas para diversão da natureza; a Liga Hanseática, tendo sido planejada unicamente para a segurança do tráfico, não tinha inclinação para descobertas ou invasões; e os estados comerciais da Itália, que enriqueciam com o comércio entre a Ásia e a Europa, e não tinham uma costa marítima, não estavam interessados em buscar, com grande perigo e a longas distâncias, aquilo que podia ser encontrado quase em seus próprios países e com segurança.

Apenas os ingleses ficaram entusiasmados com o sucesso dos navegadores espanhóis o suficiente para tentar descobrir se havia ainda alguma coisa que pudesse recompensar a aventura ou incitar a apropriação. Mandaram então Cabot[11] para o norte, mas no norte não havia nem ouro nem prata. As melhores regiões já estavam ocupadas, no entanto eles continuaram ainda a ter esperanças e a se esforçar. Foram a segunda nação que ousou chegar ao Oceano Pacífico e os segundos circunavegadores do globo.

Com a guerra entre Elizabeth e Felipe, a riqueza da América passou a ser um prêmio legal, e aqueles que tinham menos medo do perigo do que da pobreza acreditaram que as riquezas poderiam ser facilmente obtidas saqueando os espanhóis. Nada é difícil quando os ganhos e a honra se unem para exercer sua influência; o espírito e a força operativa dessas expedições ampliaram nossa visão do novo mundo e nos fizeram conhecer, pela primeira vez, suas costas mais remotas.

Na viagem fatal de Cavendish (1592) o capitão Davis,[12] que, sendo enviado como seu assistente, foi apartado dele ou o desertou, empurrado pela violência do tempo perto do Estreito de Magalhães, parece ter sido a primeira pessoa a ver as terras agora denominadas Ilhas Falkland, mas seu infortúnio não permitiu que ele fizesse nenhuma observação do local, e ele as deixou, como as tinha encontrado, sem nome.

Não muito tempo depois (1594), Sir Richard Hawkins, estando nos mesmos mares com os mesmos planos, viu as ilhas uma

---

[11] Veja n. 43, p. 274 anteriormente. Esses parágrafos iniciais são uma recapitulação do que Johnson tinha dito em "Uma Introdução à Situação Política da Grã-Bretanha," pp. 250-74, anteriormente.

[12] John Davys (escrito assim em *DNB*). O relato é encontrado em *The Last Voyage of Thomas Candish*, no Vol. XI de Hakluyt, *Principal Navigations* (Hakluyt Society, 1904), pp. 359-416.

vez mais, se realmente eram as mesmas ilhas, e, em nome de sua soberana, as chamou de Terra Virgem de Hawkins.[13]

A fama dessa viagem não foi suficiente para conseguir uma aceitação geral do novo nome, pois, quando os holandeses, que tinham agora se tornado fortes o bastante não só para defenderem a si próprios como para atacar seus amos, enviaram (1598) Verhagen e Sebald de Wert ao Mar do Sul, aquelas ilhas, que eles acreditavam não terem sido conhecidas antes, ganharam a denominação de Ilhas de Sebald, e a partir daquela data foram colocadas nos mapas; embora Frezier[14] nos diga que ainda havia dúvidas quanto à sua existência.

O atual nome em inglês foi provavelmente dado às ilhas por Strong[15] (1689), cujo diário, ainda não publicado, pode ter sido encontrado no Museu. O nome foi adotado por Halley e, a partir daquele momento, creio eu, foi introduzido em nossos mapas.

Os navios privados e comissionados que foram colocados em movimento pelas guerras de Guilherme e Anne viram as ilhas e as mencionaram, mas elas ainda não eram consideradas territórios que merecessem uma contenda. Strong afirmou que não havia madeira nelas, e Dampier achou que não havia água.

---

[13] O relato de Hawkins está no Vol. XVII de *Purchas His Pilgrimes* (Hakluyt Society, 1906), p. 106.

[14] Amédée-François Frézier, *Relation du Voyage de la Mer du Sud* (1716): traduzido para o inglês como *A Voyage to the South-Sea* [with] *A Postscript by Dr. E. Halley* (1717).

[15] Capitão John Strong. O diário foi impresso mais tarde em *A Chronological History of the Discoveries in the South Seas* (1816) de James Burney. As ilhas receberam esse nome em homenagem a Anthony Cary, o quinto visconde Falkland, um dos Lordes Comissários do Ministério da Marinha e mais tarde ministro da Marinha.

Frezier descreve a aparência delas com mais clareza, e menciona alguns navios de St. Malo, que as tinham visitado, e a quem ele parece bastante disposto a atribuir a honra de descobrir ilhas que, no entanto, admite terem sido vistas por Hawkins e nomeadas por Sebald de Wert. Penso eu que, em honra de seus compatriotas, ele as chamou de Malouines, a denominação agora usada pelos espanhóis, que até muito recentemente não pareciam achá-las importantes o suficiente para merecerem um nome.

Desde a publicação da viagem de Anson,[16] eles mudaram radicalmente de opinião, descobrindo que uma colônia na Ilha de Pepys[17] ou de Falkland tinha sido recomendada pelo autor como necessária para o sucesso de nossa futuras expedições contra a costa do Chile, e como sendo de tal utilidade e importância que produziria muitas vantagens em tempo de paz, e na guerra nos faria donos do Mar do Sul.

É raro que algum grau de juízo seja suficiente para conter a imaginação, evitando que ela exagere quando se trata de alguma coisa na qual estamos nos concentrando há muito tempo. O relator da viagem de Anson[18] tinha estimulado sua mente com seus vários eventos, tinha compartilhado não só a esperança com a qual a viagem começou como a tristeza sofrida por seus vários fracassos, e achou, então, que nada poderia beneficiar mais a nação do que

---

[16] *A Voyage Round the World in the Years 1740, 1, 2, 3, 4* (1748). Uma versão resumida destes livros em *Gentleman's Magazine*, setembro 1749-março 1750, foi atribuída a SJ (C. L. Carlson, *The First Magazine*, 1938, p. 22).

[17] Disse Ambrose Cowley que essa ilha não-existente, cujo nome foi dado em homenagem ao diarista e secretário do Ministério da Marinha, foi avistada em 1684. A busca por ela continuou até o século XIX.

[18] Reverendo Richard Walter, capelão de Anson.

alguma coisa que pudesse promover o sucesso de um outro empreendimento desse tipo.

Mesmo que os heróis[19] daquela história tivessem realizado e obtido tudo aquilo que ousaram esperar quando abriram suas velas pela primeira vez, ainda assim as consequências teriam produzido muito pouco dano aos espanhóis e muito pouco benefício para os ingleses. Eles teriam ocupado umas poucas cidades; Anson e seus companheiros teriam partilhado o saqueio ou o resgate; e os espanhóis, descobrindo que seus territórios no sul estavam muito acessíveis, os teriam guardado melhor no futuro.

Que uma colônia como aquela pudesse ser útil na guerra, nenhum homem que pense sobre a situação irá negar. Mas a guerra não é tudo na vida; ela ocorre raramente, e todos os homens, sejam bons ou sábios, desejam que sua frequência seja ainda menor. Aquela conduta que sugere a existência de planos de hostilidade futura, se não encorajar a violência, sempre irá gerar malignidade; ela irá para sempre excluir a confiança e a amizade e continuar uma rivalidade fria e sem energia, por meio de uma reciprocidade astuciosa de danos indiretos, sem a bravura da guerra ou a segurança da paz.

A vantagem de uma colônia como aquela em época de paz, a meu ver, não pode ser facilmente demonstrada. Pois que utilidade ela pode ter a não ser como um porto para contrabandistas, um berço para fraudes e um receptáculo para roubos? Narborough,[20]

---

[19] O sarcasmo está de acordo com a atitude normal de Johnson com relação a Anson, um político *whig* ativo muito envolvido na política de Lichfield, bem assim como na de Westminster. Veja p. 386, anteriormente.

[20] Almirante Sir John Narborough. Sua viagem pelo Estreito de Magalhães foi realizada entre 1669-71. Seu *Account of Several Late Voyages and Discoveries to the South and North* foi publicado em 1694.

mais ou menos há um século, acreditava que nenhuma vantagem poderia ser obtida nas viagens ao Mar do Sul, a não ser com um potencial militar e com uma moralidade de um marinheiro que "pudesse comerciar pela força". Sabe-se bem que a proibição de comércio estrangeiro nesses países é severa ao extremo e que um homem que não tenha sido autorizado pelo rei da Espanha só pode comerciar lá pela força ou furtivamente. Qualquer lucro que seja obtido terá que ser conseguido por meio da violência da pilhagem ou pela destreza da fraude.

Talvez o governo não chegue logo a tal pureza e excelência, a não ser que pelo menos exista alguma tolerância para com o ladrão vitorioso e o embusteiro bem-sucedido. Aquele que traz riquezas para seu país raramente é interrogado sobre os meios que usou para obtê-las. Isso, no entanto, é uma dessas formas de corrupção contra a qual a humanidade sempre deve lutar e que, um dia, tenha a esperança de vencer. Há motivos para esperar que, à medida que o mundo for ficando mais esclarecido, a política e a moralidade finalmente se reconciliem e que as nações aprendam a não fazer aquilo que não aceitariam que lhes fosse feito.

Mas a tolerância silenciosa da culpa suspeita é um grau de depravação muito inferior àquele que abertamente incita e manifestamente protege o culpado. Perdoar um pirata pode ser prejudicial à humanidade; mas quão maior é o crime de abrir um porto em que todos os piratas estarão a salvo? O contrabandista não merece mais proteção; se com Narborough ele comercia pela força, ele é um pirata; se comercia em segredo, é apenas um ladrão. Aqueles que honestamente recusam seu tráfico ele odeia, considerando-os obstáculos para seu lucro; e aqueles com quem lida, ele engana, porque sabe que não ousam reclamar. Ele vive com o coração cheio daquela malignidade que o medo de ser descoberto sempre gera naqueles que estão dispostos a defender aquisições injustas contra a autoridade legal; e quando ele volta para casa, com as riquezas assim adquiridas, traz uma mente endurecida pelo mal, orgulhosa demais para ser censurada e ignorante demais para refletir; ele ofende os superiores por sua insolência e corrompe os inferiores com seu exemplo.

Se essas verdades foram esquecidas ou menosprezadas, ou se algum objetivo melhor estava então em consideração, a representação realizada na viagem de Anson teve tanta influência sobre os homens de estado daquela época que (em 1748) alguns barcos foram equipados para obter um conhecimento mais completo das ilhas Pepys e Falkland, e para outras descobertas no Mar do Sul. Essa expedição, embora talvez planejada para ser secreta, não conseguiu ser ocultada por muito tempo do embaixador espanhol, Wall,[21] que se opôs a ela com tanta veemência e defendeu com tanta força o direito dos espanhóis ao controle exclusivo do Mar do Sul, que o ministério inglês desistiu de parte do projeto original e declarou que a incumbência máxima que os barcos teriam seria examinar aquelas duas ilhas.

Essa concessão foi suficientemente liberal ou suficientemente submissa; no entanto, a corte espanhola não ficou nem agradecida por nossa generosidade, nem enternecida pela nossa humildade. Sir Benjamin Keene, que então residia em Madri,[22] foi interrogado por Carvajal[23] com relação à visita intencionada às ilhas Pepys e Falkland

---

[21] Richard Wall (Ricardo Wall y Uzer). Um irlandês a serviço da Espanha.
[22] "Residia" no sentido diplomático – ele era o ministro britânico residente.
[23] José de Carvajal y Lancáster, homem de estado espanhol.

com grande desconfiança e contrariedade; e a expedição intencionada foi descrita se não como uma violação direta da paz recente, pelo menos como um ato inconsistente com intenções amigáveis e contrário às declarações de generosidade mútua que tinham sido trocadas entre a Espanha e a Inglaterra. Foi ordenado a Keene que ele protestasse afirmando que a intenção era apenas de uma mera descoberta, e que nenhuma colônia seria estabelecida. O espanhol prontamente replicou que, se essa era uma viagem de curiosidade incontrolada, poderia ser recompensada com menos dificuldades, pois ele estava disposto a comunicar aquilo que era sabido: que ir tão longe apenas para retornar não era um ato sensato. E seria um sacrifício pequeno em nome da paz e da amizade deixar de fazer uma viagem em que nada seria ganho. Que se nós íamos deixar os lugares exatamente como os encontramos, a viagem era inútil; e que, se tomássemos posse deles, seria um ação militar hostil, e não poderíamos esperar que os espanhóis achassem que íamos visitar as regiões do sul da América apenas por curiosidade depois do plano proposto pelo autor da *Viagem* de Anson.

Uma vez que repudiamos todos os propósitos de colonizar as ilhas, é claro que não pudemos defender a validade de nossa expedição com argumentos proporcionais às objeções de Carvajal. O ministério, portanto, abandonou o projeto, mas não foi exigida nenhuma declaração que anulasse nosso direito de dar prosseguimento a ele no futuro.

A partir desse momento as Ilhas Falkland foram esquecidas ou negligenciadas, até que a direção dos negócios navais fosse confiada ao conde de Egmont,[24] um homem com uma mente vigorosa e

---

[24] John Perceval, 2º conde. Ministro da Marinha, 1763-66, no governo de Grenville e Rockingham.

apaixonada, cujo conhecimento era extenso e cujos projetos eram magníficos, mas que tinha, de alguma forma, viciado seu julgamento em virtude de uma indulgência exagerada para com projetos românticos e especulações etéreas.

A ansiedade que Lord Egmont tinha quando se tratava de algo novo fez com que eles começasse a pesquisar sobre as Ilhas Falkland, e para tal fim enviou o capitão Byron,[25] que, no início do ano 1765, tomou posse formal, diz ele, em nome de Sua Majestade Britânica.

A posse desse lugar não é, segundo a descrição do Sr. Byron, uma aquisição desprezível. Ele calculou que a ilha tinha um perímetro de entre 10 e 12 quilômetros, e a descreveu como uma região realmente despida de florestas, mas que, se esse defeito fosse corrigido, teria toda aquela natureza, e quase tudo que o luxo pode desejar. Em sua opinião, o porto era espaçoso e seguro, e, portanto, merecia receber o nome de Egmont. Não havia falta de água, e a terra foi descrita como tendo todos os tipos de solos excelentes, e coberta com ervas contra o escorbuto que restauravam a saúde do marinheiro. Era fácil também obter provisões, pois eles matavam quase todos os dias cem gansos para cada navio, apenas atirando pedras neles. Não satisfeito com a parte física e os alimentos, ele foi mais longe, em busca do valor do novo domínio. Escavou a terra em busca de minério, descobriu ferro em abundância e não perdeu a esperança de encontrar metais mais nobres.

Um país assim fértil e maravilhoso, por sorte encontrado onde ninguém teria esperado tal coisa, cerca do 50º grau da latitude

---

[25] John Byron ("Jack do mau tempo") mais tarde, contra-almirante. Avô do poeta. Seu *Voyage Round the World in the Years 1764-1766* foi publicado em 1767.

sul, não poderia ser abandonado a não ser por pura indolência. No começo do ano seguinte (8 de janeiro de 1766), o capitão Macbride[26] chegou a Porto Egmont, onde construiu uma pequena fortificação e estabeleceu uma guarnição. Sua descrição foi menos lisonjeira. Descobriu aquilo que ele chama de uma massa de ilhas e terras esparsas, nas quais o solo era nada mais que um pântano, com nenhuma perspectiva melhor que a de montanhas nuas, castigadas por tempestades quase constantes. E no entanto, diz ele, agora é verão, e se os ventos do inverno mantiverem sua proporção natural, aqueles que estiverem a uma distância de apenas dois cabos da praia poderão passar semanas sem nenhuma comunicação com ela. A abundância que deleitou o Sr. Byron e que poderia ter sustentado não só exércitos, mas exércitos de patagões,[27] já não podia ser encontrada. Os gansos eram espertos demais para permanecerem nos lugares em que os homens violavam seus covis, e a tripulação do Sr. Macbride só de vez em quando podia matar um ganso quando o tempo permitia. Todos os quadrúpedes que encontraram eram raposas, que ele supôs terem sido criadas no gelo; mas o número de animais inúteis, como leões-do-mar e pinguins — que ele chama de animais nocivos — era incrível. Ele aceita, no entanto, que aqueles que desembarcarem nas ilhas possam encontrar gansos e narcejas, aipo selvagem e azedas.

Nenhum dos dois viu nenhuma prova de que alguma colônia havia sido estabelecida na ilha, e o Sr. Macbride achou que estava tão a salvo de distúrbios hostis, que quando ergueu sua fortificação de madeira esqueceu de abrir vigias e seteiras.

---

[26] John Macbride, mais tarde almirante.
[27] Byron atravessou a Patagônia a pé e falou sobre os "gigantes" patagões em seu *Narrative of the Hon. John Byron* (1769) Cf. *Life*, v. 387, n. 6.

Quando a guarnição foi construída em Porto Egmont, foi necessário tentar descobrir que tipo de alimentos o solo poderia produzir com o estímulo do cultivo. Foi preparado um jardim, mas as plantas que brotaram murcharam antes de amadurecerem. Foram semeadas algumas sementes de abeto; mas embora essa fosse uma árvore nativa de climas irregulares, os jovens abetos que se ergueram acima do solo morreram como ervas mais frágeis. O frio continuou por muito tempo, e o mar raramente esteve manso.

O gado teve mais sucesso que os legumes. Descobrimos que as cabras, ovelhas e porcos que foram levados para lá davam-se muito bem e multiplicavam-se como em outros lugares.

Nil mortalibus arduum est.[28] Não há nada que a coragem humana não enfrente e pouco que a paciência humana não suporte. A guarnição sobreviveu nas Ilhas Falkland, esquivando-se das rajadas de vento e estremecendo com os vagalhões.

Essa foi uma colônia que nunca poderia se tornar independente, pois nunca seria capaz de se manter sozinha. As provisões necessárias eram enviadas anualmente da Inglaterra a um custo que a Marinha começou a achar que não teria retorno rapidamente. Mas a pena de abandonar um projeto e a falta de disposição de brigar com um criador de projetos que tinha boas intenções fizeram com que a guarnição continuasse, e a Marinha continuou a supri-la com remessas regulares de víveres e provisões.

Não esperávamos que ninguém fosse ter inveja de uma coisa da qual até nós já estamos quase exaustos; e, portanto, supúnhamos que nos deixariam residir nas Ilhas Falkland como senhores incontestes daquela aridez castigada pelas tempestades.

---

[28] Horácio, *Odes*, I.3.37.

Mas dia 28 de novembro de 1769 o capitão Hunt,[29] observando que uma escuna espanhola estava rondando a ilha e fazendo seu reconhecimento, enviou uma mensagem ao comandante, exigindo-lhe que se retirasse. O espanhol pareceu obedecer, mas dois dias depois voltou com cartas escritas pelo governador de Porto Soledad,[30] e trazidas pelo comandante de uma colônia na parte leste das Ilhas Falkland.

Nesta carta, datada de Malouina, 30 de novembro, o governador reclama que o capitão Hunt, quando ordenou à escuna que partisse, assumiu um poder ao qual ele não tinha nenhum direito, ao enviar uma mensagem arrogante aos espanhóis nos próprios domínios do rei da Espanha.

Em outra carta, enviada no mesmo momento, ele supõe que os ingleses estão naquela parte da ilha apenas por acidente, e que estão prontos para partir ao primeiro aviso. Essa carta foi acompanhada por um presente, do qual, diz ele, "se não for nem igual ao meu desejo nem a seu mérito, você deve pôr a culpa por essa falta à situação em que estamos os dois".

Em resposta a essa civilidade hostil, o capitão Hunt notificou-os da ilha que ele reivindicou em nome do rei, como pertencente aos ingleses pelo direito da primeira descoberta e da primeira colonização.

---

[29] Anthony Hunt, capitão da fragata *Tamar*. O relato de Johnson dos eventos que se seguiram a essa data é baseado em documentos exibidos na Câmara dos Comuns por Lord North dia 4 de fevereiro de 1771 (Debrett, *Debates*, v. 464-504). Foram incluídos em *Papers Relative to the Late Negotiation with Spain and the Taking of Falkland's Island from the English* (Almon, 1771).
[30] Felipe Ruiz Puenta.

Essa foi uma afirmação de mais confiança do que certeza. O direito de descoberta realmente parecia ser provável, mas o direito que a primazia da colonização confere não sei se podemos determinar.

No dia 10 de dezembro, o oficial[31] enviado pelo governador de Porto Soledad protestou contra o capitão Hunt por três motivos: por ameaçar atirar nele; por opor-se à sua entrada em Porto Egmont; e por entrar, ele mesmo, no Porto Soledad. No dia 12 o governador de Porto Soledad avisou formalmente ao capitão Hunt que abandonasse Porto Egmont e que se abstivesse de navegar naqueles mares sem a permissão do rei da Espanha.

A isso o capitão Hunt respondeu repetindo sua reivindicação anterior, declarando que suas ordens eram para manter a posse da ilha e, uma vez mais, avisando aos espanhóis que partissem.

O mês seguinte produziu mais protestos e mais respostas, cujo teor foi quase o mesmo. Como as operações de uma inimizade tão inofensiva não produziram nenhum resultado, foram descontinuadas de ambas as partes e permitiram aos ingleses que desfrutassem por algum tempo dos prazeres das Ilhas Falkland sem serem molestados.

Essa tranquilidade, no entanto, não durou muito tempo. Uns poucos meses mais tarde (4 de junho de 1770) a *Industry*, uma fragata espanhola comandada por um oficial cujo nome era Madariaga,[32] ancorou em Porto Egmont, a caminho, como foi dito, de Porto Soledad, e, tendo saído de Buenos Aires há 53 dias, estava com pouca água.

Três dias mais tarde, outras quatro fragatas entraram no porto, e uma grande flâmula, como aquelas que são levadas pelo comandante

---

[31] Mario Plata, tenente de Infantaria.
[32] Juan Ignacio Madariaga.

de uma força militar naval, foi exibida pela *Industry*. O capitão Farmer, da fragata *Swift*, que comandava a guarnição, ordenou à tripulação do *Swift* que desembarcasse para ajudar na defesa; e ordenou ao capitão Maltby para trazer a fragata *Favourite*, que ele comandava, para mais perto da terra. Os espanhóis, facilmente percebendo o motivo de seus movimentos, avisaram-no de que, se ele lançasse sua âncora, eles fariam fogo contra o navio; mas sem dar atenção a essas ameaças, ele avançou em direção à praia. A frota espanhola seguiu, e dois tiros foram disparados, que caíram a pouca distância dele. Ele então mandou saber o motivo para tal hostilidade, e lhe disseram que os tiros eram apenas um aviso.

Os dois capitães ingleses escreveram no dia seguinte a Madariaga, o comodoro espanhol, avisando-o desde a ilha que aquele era um lugar que os ingleses mantinham por direito de descoberta.

Madariaga, que parecia não ter nenhum desejo de envolver-se em complicações desnecessárias, convidou-os (9 de junho) a mandar um oficial que faria uma revista de suas forças, para que eles se convencessem da inutilidade da resistência, e que o fizessem sem coerção. E que, se se recusassem, ele estaria preparado a usar a força.

Um oficial foi enviado e encontrou 600 homens, com uma artilharia de 27 canhões, quatro morteiros e 200 bombas. A frota era composta de cinco fragatas com 20 ou 30 canhões, que tinham sido colocados na direção da fortificação de madeira.

A seguir, ele lhe enviou um memorando formal no qual reafirmava seu direito de dono de toda a região de Magalhães e exortava aos ingleses que se retirassem tranquilamente de uma colônia que eles não poderiam nem justificar por direito nem manter à força.

Ofereceu-lhes também a liberdade de levar com eles tudo aquilo que desejassem, e prometeu um recibo por aquilo que eles deixassem para trás para que não sofressem nenhuma perda.

Suas propostas foram expressas com grande civilidade, mas ele concluiu exigindo uma resposta em quinze minutos.

Como, enquanto ele estava escrevendo, recebeu as cartas de aviso escritas no dia anterior pelos capitães ingleses, disse-lhes que se cria capaz de provar o direito que o rei da Espanha tinha a todos aqueles países, mas que esse não era o momento para altercações verbais. E persistindo em sua determinação, deu aos ingleses apenas quinze minutos para uma resposta.

A essa exigência o capitão Farmer respondeu que, mesmo que o tempo autorizado fosse ainda menor, ele ainda defenderia resolutamente o que estava sob sua responsabilidade; que isso, fosse ameaça ou força, seria considerado um insulto à bandeira britânica e que certamente seria exigida a devida satisfação.

No dia seguinte (10 de junho), Madariaga desembarcou suas forças, e é fácil de imaginar que sua conquista não foi sangrenta. Os ingleses tinham apenas uma fortificação de madeira construída em Woolwich, e levada em partes para a ilha, com uma pequena bateria de canhões. A obstinação de lutar teria sido jogar vidas fora sem utilidade ou esperança. Após a troca de uns poucos tiros, foi proposta uma capitulação.

O comandante espanhol agiu com moderação e exerceu[33] pouco seu direito de conquistador: o que tinha oferecido antes do ataque, concedeu depois da vitória. Os ingleses puderam deixar o local com toda a dignidade, e sua partida só foi atrasada vinte dias pelos

---

[33] No original "exerted" – "...to exhibit, reveal" (*OED*, I.b.). (N. T.)

termos da capitulação. E para garantir sua permanência, o leme da *Favourite* foi removido. O que quiseram levar com eles puderam levar sem serem molestados; e daquilo que deixaram foi feito um inventário pelo qual o oficial espanhol, por meio de um recibo, prometeu se responsabilizar.

Dessa revolução insignificante, tão súbita e tão distante, o ministério inglês não poderia de modo algum ser notificado para que lhe fosse possível evitá-la. A conquista, se é que possa ser chamada assim, demorou apenas três dias; para os espanhóis, ou porque supunham que a guarnição fosse mais forte do que era, ou decididos a não deixar nada para o acaso, ou achando que se sua força fosse maior haveria menos perigo de derramamento de sangue, vieram com um poderio que tornaria qualquer resistência absurda, e imediatamente exigiram e obtiveram a posse.

O primeiro relato de qualquer insatisfação expressa pelos espanhóis foi trazido pelo capitão Hunt, que, chegando a Plymouth no dia 3 de junho de 1770, informou ao Ministério da Marinha que a ilha tinha sido reivindicada em dezembro pelo governador de Porto Soledad.

Essa afirmação, feita por um oficial de tão pouca categoria, sem nenhuma ordem conhecida por parte de seus superiores, poderia ser considerada apenas uma questão de zelo exagerado ou intrusão de um indivíduo, que não merecia, portanto, a atenção pública ou a formalidade de uma declaração.

Em agosto o Sr. Harris,[34] o ministro britânico residente em

---

[34] James Harris, mais tarde conde de Malmesbury; filho de James "Hermes" Harris. Tinha apenas 24 anos à época e era *chargé d'affaires* em Madri durante a mudança de embaixadores; a maneira como lidou com a crise das Ilhas Falkland marcou o começo de sua brilhante carreira como diplomata.

Madri, mandou avisar Lord Weymouth[35] sobre um relato recentemente vindo de Cadiz de que os ingleses tinham tomado posse do Porto Cuizada, o mesmo que chamamos de Porto Egmont, no mar de Magalhães; que, em janeiro, tinham avisado dois navios espanhóis que se afastassem; e que um potencial militar fora enviado em maio de Buenos Aires para expulsá-los.

Talvez ninguém tivesse certeza de que esse relato era verdadeiro; mas a informação, por mais verdadeira que fosse, chegou tarde demais para qualquer ato de prevenção. Era claro que uma frota enviada em maio, antes de agosto, já teria ou tido êxito em sua missão ou fracassado.

Em outubro, o capitão Maltby veio à Inglaterra, e fez o relato que agora resumi a respeito de sua expulsão das Ilhas Falkland.

A partir daquele momento, a nação inteira pôde testemunhar que não se perdeu mais tempo. A Marinha foi revisada, os navios reequipados, e comandantes nomeados; e foi reunida uma poderosa frota, bem tripulada e bem abastecida, com uma rapidez que, depois de tanto tempo de paz, talvez nunca tivesse sido vista antes, e com um vigor que, depois dos desperdícios de uma guerra tão longa, poucas outras nações teriam sido capazes de exercer.

Essa preparação tão óbvia[36] aos olhos da Europa e tão eficaz em seu resultado foi obstruída pelo poder máximo daquela facção barulhenta que há tanto tempo ocupa o reino, às vezes com o rugido

---

[35] Thomas Thynne, 3º visconde Weymouth, mais tarde 1º marquês de Bath, Secretário de Estado pelo Departamento do Sul, outubro 1768. Pediu demissão em dezembro de 1770 por causa da crise das Ilhas Falkland e foi substituído pelo conde de Rochford. Veja p. 577, anteriormente.
[36] No original "illustrious". A primeira definição no *Dictionary* de SJ é "conspicuous". (N. T.)

de ameaças vazias, e outras com gritos de lamentação hipócrita. Todos os homens viram, e todos os homens honestos viram com abominação, que aqueles que desejavam obrigar seu soberano a entrar em uma guerra, tentavam ao mesmo tempo incapacitá-lo para a ação.

O vigor e o espírito do ministério facilmente demoliram a maquinação desses rebeldes pigmeus, e nosso potencial militar foi rapidamente preparado para que tivéssemos probabilidade de que nossas negociações fossem eficazes.

O príncipe de Masserano,[37] em sua primeira conferência com os ministros ingleses sobre essa ocasião, admitiu que tinha recebido informações de Madri dizendo que os ingleses tinham sido expulsos das Ilhas Falkland por Buccarelli,[38] o governador de Buenos Aires, sem quaisquer ordens específicas do rei da Espanha. Mas, quando lhe perguntaram se, em nome do rei, ele [o príncipe de Masserano] desaprovava a violência de Buccarelli, ele se recusou a responder sem ordens superiores.

O cenário das negociações agora tinha sido transferido de Madri, e, em setembro, o Sr. Harris recebeu ordens para exigir de Grimaldi,[39] o ministro espanhol, a restituição das Ilhas Falkland, e um repúdio às hostilidades de Buccarelli.

Era de se esperar que Grimaldi fosse condenar nosso próprio comportamento, por termos ordenado aos espanhóis que saíssem daquela mesma ilha. A isso foi respondido que as forças inglesas

---

[37] Felipe Ferrero y Fresco, príncipe de Masserano. Embaixador em Londres a partir de 1763.
[38] Francisco Bucarelli, capitão-geral de Buenos Aires, em cuja jurisdição o território das Ilhas Falkland se encontrava.
[39] Jerónimo Grimaldi, marquês de Grimaldi. Ministro de Estado.

realmente tinham ordens de avisar outras nações que se afastassem; e que, se elas se recusassem a obedecer, a ordem era continuar tranqüilamente estabelecendo sua colônia e aceitar que os súditos de seja lá que poder permanecessem lá, sem molestá-los. Pela posse assim tomada, só havia um direito disputável adiantado, que poderia ser decidido pacífica e regularmente, sem insultos e força. E se os espanhóis tinham se queixado na corte inglesa, suas razões teriam sido ouvidas e todos os danos reparados; mas que, ao pressupor a justiça de seu próprio direito, e tendo recorrido às armas, sem nenhum aviso prévio ou admoestação, eles tinham violado a paz e insultado o governo britânico; e, portanto, era esperado que lhes fosse dada uma satisfação por meio de um repúdio público e restituição imediata.

A resposta de Grimaldi foi ambígua e fria. Não admitiu que ordens específicas tivessem sido dadas para expulsar os ingleses da colônia. Mas não hesitou em declarar que essa expulsão não seria nada mais que aquilo que os colonos poderiam ter esperado; e que Buccarelli, em sua opinião, não tinha incorrido em nenhuma culpa, já que as injunções aos governadores na América eram não admitir nenhuma invasão nos domínios espanhóis.

Em outubro, o príncipe de Masserano propôs uma convenção para conciliar as diferenças por meio de concessões mútuas, pelas quais tanto o aviso dado aos espanhóis por Hunt quanto a violência usada por Buccarelli deveriam ser repudiados. Essa sugestão foi considerada pouco menos que um novo insulto, e disseram a Grimaldi que a afronta exigia reparação. Que quando qualquer uma das duas partes é submetida a um erro evidente, aquela paridade implícita em convenções e contratos já não existe mais; que nós nos considerávamos insultados abertamente e exigíamos reparação plena e incondicional.

Grimaldi fingiu surpreender-se pelo fato de não termos nos acalmado com suas concessões. Eles tinham, disse ele, concedido tudo o que fora pedido, inclusive a oferta de deixar a ilha no estado em que a encontraram. Mas ele achava que eles também deveriam esperar alguma consideração e que o aviso enviado por Hunt deveria ser repudiado.

O Sr. Harris, nosso ministro em Madri, insistiu que a parte injuriada tinha direito à reparação incondicional, e Grimaldi adiou sua resposta para que um conselho fosse convocado. Alguns dias depois foram enviadas ordens ao príncipe de Masserano. Ordenaram-lhe que afirmasse que o rei da Espanha estava pronto para satisfazer as demandas do rei da Inglaterra, na expectativa de receber dele satisfação recíproca, através do repúdio do aviso de Hunt, já requisitado com tanta freqüência.

Vendo que os espanhóis não estavam dispostos a fazer nenhuma outra admissão, o ministro inglês achou improvável que a guerra pudesse ser evitada. No final de novembro, foi dado um aviso particular do perigo que estavam enfrentando os comerciantes de Cadiz, e os oficiais ausentes de Gibraltar foram chamados de volta a seus postos. Nossa força naval aumentava a cada dia, e não diminuímos em nada nossa demanda original.

A teimosia da corte espanhola continuava, e mais ou menos no final do ano toda a esperança de reconciliação estava a tal ponto extinta, que o Sr. Harris recebeu ordens para retirar-se, com as formalidades normais, de seu posto em Madri.

A moderação é normalmente firme, e a firmeza é comumente bem-sucedida; não tendo complementado nossa primeira requisição com apêndices supérfluos, não tínhamos nada a ceder, e, portanto, só repetimos nossa primeira proposição, preparados para a guerra, embora desejando a paz.

Mais ou menos nessa época, como é bem sabido, o rei da França demitiu Choiseul[40] de seus serviços. Que influência essa revolução da corte francesa teve sobre os conselheiros espanhóis não tenho a pretensão de saber. Choiseul tinha sempre professado uma disposição pacífica, e, por mais que se suspeite, não é certo que ele usava estilos diferentes para falar com partidos diferentes.

Parece ser quase um erro universal dos historiadores supor que, como ocorre na física, também na política todos os efeitos têm uma causa proporcional. Na ação inanimada da matéria sobre a matéria, o movimento produzido só pode ser igual à força do poder que o produziu; mas as operações da vida, sejam da vida pública ou privada, não admitem leis assim. Os caprichos dos agentes voluntários zombam dos cálculos. Nem sempre há uma razão significativa para um grande evento. A teimosia e a flexibilidade, a malignidade e a bondade dão lugar uma à outra alternativamente, e o motivo para essas vicissitudes, por mais importantes que possam ser as consequências, muitas vezes não podem ser entendidas pela mente em que a mudança ocorreu.

Se a alteração que começou a surgir nos conselheiros espanhóis em janeiro teve alguma outra causa que não a convicção da impropriedade de sua conduta passada, e do perigo de uma nova guerra, não é fácil de decidir; mas, seja qual fosse a razão, eles começaram

---

[40] Étienne-François, duque de Choiseul. Ministro das Relações Exteriores e, na verdade, primeiro-ministro da França, 1758-70.

a ficar menos arrogantes, e a ordem para a partida do Sr. Harris foi retirada.

As exigências feitas originalmente pela Inglaterra ainda continuavam, e, no dia 22 de janeiro, o príncipe de Masserano entregou uma declaração na qual o rei da Espanha "repudiava a iniciativa violenta" de Buccarelli e prometia "restaurar o porto e o forte chamados de Egmont, com toda a sua artilharia e provisões, segundo o inventário".

A essa promessa de restituição foi anexado que "esse compromisso de restaurar o Porto Egmont não pode e não deve de nenhuma maneira afetar a questão do direito prévio de soberania da Malouine, também chamadas de Ilhas Falkland".

Essa concessão foi aceita pelo conde de Rochford,[41] que declarou, em nome de seu senhor, que o príncipe de Masserano estando autorizado por Sua Majestade Católica "a oferecer, em nome de Sua Majestade, ao rei da Grã-Bretanha, uma satisfação pelo dano a ele causado ao desalojá-lo do Porto Egmont", e, tendo assinado uma declaração expressando que Sua Majestade Católica "repudia a expedição contra Port Egmont," e se compromete a restaurá-lo deixando-o no estado em que estava antes do dia 10 de junho de 1770, "Sua Majestade Britânica considerará a dita declaração, com a realização plena do compromisso por parte de Sua Majestade Católica, como uma satisfação pelo dano causado à coroa da Grã-Bretanha".

Isso é tudo que foi requisitado originalmente. A expedição está repudiada e a ilha restaurada. Um dano é reconhecido por meio

---

[41] William Henry Zuylestein, 4º conde de Rochford. Substituiu Weymouth como Secretário de Estado do Sul em dezembro de 1770.

da recepção do documento de Lord Rochford, que duas vezes menciona a palavra "dano" e duas a palavra "satisfação".

Os espanhóis estipularam que a concessão de posse não exclui a questão de direito prévio, uma questão que provavelmente não teremos pressa em discutir, e um direito do qual nenhuma resignação formal foi jamais exigida. Essa reserva foi tema para muitos clamores, e talvez o ministério inglês tivesse ficado mais contente se a declaração não incluísse isso. Mas quando obtemos tudo aquilo que pedimos, por que devemos reclamar que não temos mais? No momento em que a posse é concedida, que mal há em que o direito, que aquela concessão supõe ser meramente hipotética, seja transferido para as calendas gregas para uma futura investigação? Estariam os suíços menos livres ou menos seguros porque após sua deserção da casa da Áustria nunca foram declarados independentes antes do tratado de Westfália? O rei da França é menos soberano porque o rei da Inglaterra compartilha seu título?[42]

Se soberania implica direito incontestável, quase nenhum príncipe é soberano de todo seu domínio; se a soberania equivale ao fato de nenhum superior ser reconhecido, nosso rei reina em Porto Egmont com autoridade soberana. Quase todos os territórios recentemente adquiridos são, até certo ponto, controversos, e até que a controvérsia seja decidida, um prazo muito difícil de ser determinado, tudo que podemos ter é a posse real e o domínio verdadeiro.

---

[42] O título honorífico de "rei da França" assumido por Edward III como símbolo de seu direito ao trono francês não foi abandonado pelos soberanos ingleses até 1801.

Isso certamente é uma resposta suficiente para a tagarelice feudal de um homem[43] que a cada dia reduz aquele esplendor de caráter que em uma época iluminou o reino, mais tarde fascinou-o, depois inflamou-o; e para quem será vantajoso se a nação finalmente o abandonar à obscuridade inominável com aquele equilíbrio de acusações e elogios que Corneille permitiu a Richelieu, um homem que, creio eu, tinha grande parte de seu mérito e muitos de seus defeitos.

Chacun parle a son gré de ce grand Cardinal,
Mais pour moi je n'en dirai rien;
Il m'a fait trop de bien pour en dire du mal,
Il m'a fait trop de mal pour en dire du bien.[44]

Aproveitar-se demais de vantagens não é nem generoso nem justo. Se insistíssemos sobre a concessão de um direito antecedente, poderia não ficar bem para nós, nem como moralistas nem como políticos, considerar o que Grimaldi poderia ter respondido. Ele poderia dizer que já nos tinham concedido todas as consequências do direito e que não nos tinham negado o nome. Nós não dissemos que o direito era nosso antes dessa concessão, apenas que qualquer direito que tivéssemos não seria anulado por ela. Por mais

---

[43] William Pitt, o Velho, conde de Chatham. Os discursos de Chatham sobre a disputa das Ilhas Falkland são cheios de retórica "patriótica".
[44] Cf. Corneille, *Oeuvres*, org. Marty-Laveaus (Paris, 1862), x. 86. As primeiras duas linhas do epigrama dizem "*Qu'on parle mal ou bien du fameux cardinal/Ma prose ni mes vers ne diront jamais rien.*" As duas últimas linhas são como SJ as coloca. O comentário de Hume sobre essa passagem foi "Creio que o Sr. Johnson é por demais favorável a Pitt ao compará-lo ao cardeal Richelieu" (*Letters*, org. J.Y.T. Grieg, 1932, II.242), e ele continua a denunciar "nosso Corta-gargantas" em termos muito mais mordazes que os de SJ.

de dois séculos vimos governando grandes pedaços do continente americano graças a um direito que talvez seja válido apenas pela consideração de que nenhum outro poder foi capaz de produzir um direito melhor: o direito de descoberta e colonização prévia. E por esses títulos quase todos os domínios da terra são mantidos, só que a origem desses títulos já não é mais lembrada, e maior obscuridade atrai mais respeito. Se permitirmos que esse direito seja anulado, todo o tecido de nosso império tremerá em suas bases. Quando vocês supõem que foram os primeiros a avistar a ilha em disputa, estão supondo algo que mal podem provar. Pelo menos nós fomos os descobridores gerais da região do Magalhães, e até aqui a mantivemos com todas as suas adjacências. A justiça dessa posse o mundo já admitiu anteriormente, e vocês mesmos, pelo menos tacitamente, também a admitiram, quando, cerca de vinte anos atrás, desistiram de sua expedição planejada e expressamente repudiaram qualquer plano de colonização neste lugar onde agora não estão felizes de colonizar e de reinar, sem extorquir tal confissão de direito original, algo que pode estimular todas as outras nações a os seguirem.

É aceitável atribuir aquela ansiedade dos espanhóis a considerações como essas, considerações que levaram Junius[45] — um dos poucos escritores dessa facção desprezível cujo nome não desonra a página de um oponente — a inferir a importância dessa ilha. O valor da coisa disputada pode ser muito diferente para aquele que a ganha e para aquele que a perde. Os espanhóis, ao cederem as Ilhas Falkland, admitiram um precedente daquilo que consideram

---

[45] Veja a carta de Junius de 30 de janeiro de 1771.

invasão; aceitaram que fosse aberta uma fenda na parte externa de seu império; e, apesar da reserva de direito anterior, admitiram uma exceção perigosa ao título de posse de seus territórios americanos, prescrito por lei.

Essa é a perda da Espanha. Agora, computemos o lucro da Grã-Bretanha. Ao obter um repúdio da expedição de Buccarelli e uma restituição de nossa colônia, mantivemos a honra da coroa e a superioridade de nossa influência. Além disso, o que mais adquirimos? O que senão uma solidão árida e sombria, um ilha que não serve para o uso do homem, com tempestades no inverno e árida no verão? Uma ilha que nem os selvagens do sul honraram com sua habitação; onde uma guarnição deve ser mantida em uma condição que contempla com inveja os exilados na Sibéria; cujos gastos serão perpétuos e o uso só ocasional; e que, se a sorte sorrir sobre nossos esforços, pode tornar-se um ninho de contrabandistas em tempo de paz, e na guerra um refúgio para bucaneiros futuros. De tudo isso o governo agora já deu fé, pois a ilha foi abandonada desde então e talvez tenha sido mantida apenas para calar os clamores, com a intenção, nem mesmo então totalmente disfarçada, de sair de lá pouco tempo depois.

Esse é o país do qual nós agora temos posse e por cuja soberania titular um partido numeroso finge desejar que tivéssemos assassinado milhares. Encarregar qualquer homem de uma loucura assim é quase uma acusação derrotada por sua própria falta de credibilidade. Como eles vêm acumulando falsidades há tanto tempo, é possível que agora estejam apenas acrescentando mais uma à pilha, e que não tencionem fazer tudo aquilo que professam. Mas a essa facção, que mal não pode ser creditado? Até agora eles não mostraram nenhuma virtude e muito pouca sabedoria, além daquela astúcia maliciosa pela qual Hale afirma que crianças podem ser enforcadas.[46]

Como a guerra é a última das soluções, *cuncta prius tentanda*[47] todos os expedientes legais devem ser usados para evitá-la. Como a guerra é o extremo da maldade, é certamente dever daqueles cuja posição lhes confere o cuidado das nações desviá-la de sua responsabilidade. Há doenças de natureza animal que nada, a não ser a amputação, pode remover; assim, pela depravação das paixões humanas, pode haver às vezes uma gangrena na vida coletiva para a qual o fogo e a espada são as soluções necessárias; mas qual é a melhor maneira de demonstrar a habilidade ou a precaução do que na prevenção dessas operações terríveis, enquanto ainda há espaço para métodos mais suaves?

É surpreendente como uma grande parte da humanidade vê a guerra começar com frieza e indiferença. Aqueles que ouvem falar dela à distância, ou lêem sobre ela nos livros, mas nunca apresentaram seus males a suas mentes, consideram-na pouco mais do que um jogo esplêndido; uma proclamação, um exército, uma batalha e uma vitória. Alguns realmente devem perecer no campo mais bem sucedido, mas morrem sobre a cama de honra, "renunciam à vida entre as alegrias da conquista e, cheios da glória da Inglaterra, sorriem na morte".[48]

---

[46] Sir Matthew Hale, *History of the Pleas of the Crown* (1678), Pt. I. cap. III: "*Aetas pubertati proxima* [10 a 12 anos de idade, como Hales explica] presume-se normalmente que é *capax doli* e, portanto, pode ser culpada de uma ofensa capital".

[47] Ovídio, *Metamorphoses*, I.190: "*cuncta prius tentata*".

[48] Addison, *The Campaign* (1705), II. 313-14: "Nas alegrias da conquista ele renuncia à sua respiração/ e, cheio da glória da Inglaterra, sorri na morte".

A vida de um soldado moderno é mal representada pela ficção heroica. A guerra tem meios de destruição mais terríveis que o canhão e a espada. Dos milhares e dezenas de milhares que pereceram em nossas lutas recentes contra a França e a Espanha, só uma parte muito pequena jamais sentiu o golpe de um inimigo; os demais enlangueceram em tendas e navios, no meio da umidade e da podridão; pálidos, apáticos, sem ânimo e impotentes; ofegando e gemendo; sem que deles tivessem compaixão os homens endurecidos pelo continuidade de miséria sem esperança; e eram finalmente jogados em buracos ou atirados no oceano, sem aviso e sem lembranças. Por acampamentos desconfortáveis e guarnições insalubres onde a coragem é inútil e a iniciativa impraticável, as frotas são despovoadas silenciosamente e os exércitos gradualmente se dissolvem.

Assim um povo é gradualmente exaurido, na maior parte das vezes com poucos resultados. As guerras de nações civilizadas geram mudanças muito lentas no sistema imperial. O público mal percebe qualquer alteração a não ser um aumento da dívida; e os poucos indivíduos que se beneficiam possivelmente não são os que têm o direito mais óbvio a essas vantagens. Se aquele que partilhasse do perigo desfrutasse do lucro e depois de sangrar na batalha ficasse rico com a vitória, ele poderia mostrar seus ganhos sem inveja. Mas no final de uma guerra de dez anos,[49] como somos recompensados pela morte de multidões e o gasto de milhões, a não ser contem-

---

[49] Como SJ indica em "Observações sobre a situação atual", as hostilidades entre os franceses e ingleses ocorriam na América — e ele poderia ter acrescentado, na Índia — muito tempo antes do começo oficial da Guerra dos Sete Anos.

plando as glórias[50] súbitas de tesoureiros e agentes, empreiteiros e comissários, cujas equipagens brilham como meteoros e cujos palácios surgem como exalações.[51]

Esses são os homens que, sem virtude, trabalho ou risco, enriquecem à medida que seu país empobrece; eles se alegram quando a obstinação ou a ambição acrescenta um ano mais à carnificina e à devastação; e, de suas mesas, riem da coragem e da ciência enquanto somam algarismos com algarismos, e cifras com cifras, esperando por um novo contrato de um novo armamento e computando os lucros de um cerco ou de algum tumulto.

Aqueles que permitem que suas mentes se concentrem nessas considerações acharão que não é um crime assim tão grande que o ministério não tenha agarrado ansiosamente a primeira oportunidade de correr para o campo de batalha, quando foram capazes de obter por meio de uma negociação tranquila todas as coisas boas que a vitória poderia nos ter trazido.

Realmente, antes de a espada ser desembainhada, todas as nações estão confiantes de que terão uma vitória; e essa confiança mútua produz aquela licenciosidade de derramamento de sangue que com tanta freqüência assola o mundo. Mas é evidente que em duas opiniões que se contradizem uma deve estar errada, e não faltam à história da humanidade exemplos que podem ensinar precaução aos ousados e moderação aos orgulhosos.

---

[50] Thomas Fuller, *Gnomologia* (1732), Nº 4292: "Glória súbita logo desaparece".

[51] (*Paraíso perdido*, I. 710-11: "Uma fábrica enorme/ surgiu como uma exalação". Citado no *Dictionary* sob "exhalation". A referência é, astutamente, a Pandemônio.

Não acreditemos que nossas glórias serão arruinadas se condescendermos em investigar a possibilidade de que, atacando a Espanha, ficássemos menores em vez de maiores. Podemos duvidar, com muita razão, de que teríamos que lutar apenas contra a Espanha mesmo que isso tenha sido prometido por nossos patriotas. Uma guerra declarada por uma informação sem provas de um título antigo de propriedade de um rochedo na região de Magalhães provocaria a indignação do mundo contra nós. Esses invasores nos lugares ermos da natureza, diz nosso aliado, o russo, se eles têm sucesso em sua primeira tentativa de usurpação, farão uma guerra contra nós por um título de posse de Kamschatscha. Esses colonos universais, diz nosso aliado, o dinamarquês, irão brevemente se estabelecer na Groenlândia, e uma frota irá desferir repetidos golpes contra Copenhague até que estejamos dispostos a confessar que ela sempre foi deles.

Em uma luta assim, não é possível que qualquer poder fique do nosso lado, e é muito provável que alguns fiquem contra nós. Os franceses, dizem, estão ocupados com outras coisas; as contendas entre o rei da França e seus próprios súditos são suficientes para impedi-lo de apoiar a Espanha. Mas não é mais do que sabido que uma guerra estrangeira muitas vezes põe fim à discórdia civil? Ela desvia a atenção da população dos agravos domésticos e oferece oportunidades para despachar os turbulentos e os inquietos para funções distantes. Os espanhóis sempre têm um argumento irresistivelmente persuasivo. Se a França não os apoiar contra a Inglaterra, eles apoiarão a Inglaterra contra a França.

Mas vamos nos entregar a um sonho de especulação ociosa, e supor que nos envolveremos com a Espanha, e só com ela; não temos mesmo nem muita certeza de que ganharemos muitos benefícios. A

Espanha não é facilmente vulnerável; seu reino, em virtude da perda ou da cessão de muitos fragmentos de domínio, tornou-se sólido e compacto. É verdade que os espanhóis não têm uma frota capaz de se opor a nós, mas eles não tentarão uma oposição verdadeira. Eles se fecharão em seus próprios territórios, e nos deixarão exaurir nossos marinheiros em um cerco sem esperança. Darão comissões aos mercenários de todas as nações, e estes saltarão sobre nossos comerciantes sem possibilidade de retaliação. Se eles acharem que sua frota da prata[52] está em perigo, proibirão que ela se lance ao mar e viverão durante algum tempo com o crédito do tesouro que toda a Europa sabe estar a salvo; e que, se nossa teimosia continuar até que eles não possam mais ficar sem esse tesouro, conseguirão que ele seja levado até eles secretamente e com segurança por nossos inimigos naturais os franceses, ou pelos holandeses, nossos aliados naturais.

Mas o continente inteiro da América espanhola estará aberto à invasão; não teremos alternativa a não ser marchar para essas regiões ricas e fazer com que seus donos atuais admitam que elas sempre foram nossas por direito remoto. Jogaremos para fora de nossas casas todo o cobre e ferro, e nada a não ser a prata será vista entre nós.

Tudo isso é muito desejável, mas não é certo que pode ser obtido facilmente. Grandes pedaços da América foram acrescentados aos domínios britânicos em virtude da última guerra; mas se a facção acreditar no que diz seu próprio Apolo,[53] elas foram conquistadas na Alemanha. No melhor dos casos, elas são apenas as partes áridas

---

[52] Os navios levando prata e outros tesouros da América do Sul para a Espanha.
[53] Chatham. Veja [de Cobbett] *Parliamentary History*, xv. 1267, discurso de 9 de dezembro de 1762, sobre a Paz de Paris: "Ele disse, com ênfase, que a América havia sido conquistada na Alemanha".

do continente, o refugo de aventuras anteriores, que os franceses, que vieram por último, tinham tomado achando que eram melhor que nada.

Contra os domínios espanhóis nunca, até hoje, conseguimos fazer muita coisa. Uns poucos mercenários enriqueceram à custa deles, mas nenhum projeto de conquista chegou a ter sucesso. Eles são protegidos não por muros armados com canhões, que poderão ser demolidos por outros canhões, e sim pelas tempestades das profundezas e os vapores da terra, pelas chamas da febre chamada de calentura e os ataques da peste.

No reinado de Elizabeth, período privilegiado de grandeza da Inglaterra, nenhum dos empreendimentos contra a América teve qualquer outra consequência que não a de expandir a navegação inglesa. Aqui pereceu Cavendish, depois de arriscar-se tanto; e aqui Drake e Hawkis, por maiores que fossem seu conhecimento e sua fama, e tendo prometido honra a si próprios e novos domínios ao país, mergulharam no desespero e na miséria em sepulcros desonrosos.

Durante o protetorado de Cromwell, uma época cujo retorno as tribos patrióticas ainda desejam mais ardentemente, uma vez mais tentamos invadir os domínios espanhóis; mas aqui, e só aqui, a sorte de Cromwell fez uma pausa. Suas forças foram expulsas de Hispaniola, sua esperança de possuir as Índias Ocidentais desapareceu, e a Jamaica foi tomada apenas para que a expedição inteira não fosse considerada absurda.

O ataque a Cartagena[54] ainda é lembrado, onde, dos baluartes, os espanhóis viram os invasores serem destruídos pela hostilidade dos

---

[54] Onde é hoje a Colômbia. O cerco ocorreu em 1741. A descrição clássica é a de Smollett em *Roderick Random*.

elementos; envenenados pelo ar e aleijados pelo orvalho; quando, a cada hora, batalhões eram destruídos; e nos três dias que se passaram entre o desembarque e o reembarque, meio exército pereceu.

Na última guerra, Havana foi tomada,[55] e a que custo lembramos bem demais. Que meu país nunca seja amaldiçoado com outra conquista assim!

Esses exemplos de malogros, e esses argumentos de dificuldades, talvez possam diminuir o ardor militar da população. Mas o efeito deles sobre os oponentes do governo será diferente. Pois eles querem a guerra, mas não para conquistas. A vitória derrotaria seus objetivos tanto quanto a paz, porque a prosperidade iria continuar naturalmente entregue àquelas mãos que a tinham usado com resultados felizes. Os patriotas se deleitaram com a expectativa de que algum acidente absurdo[56] ou algum comportamento errôneo pudesse difundir a insatisfação e acender a malignidade. Sua esperança é a malevolência, e seu bem é o mal.

De seu zelo pelo país já temos um exemplo. Quando estavam amedrontando a nação com dúvidas sobre se ela deixaria de existir; quando descreviam os exércitos invasores como se estivessem flutuando nas nuvens e frotas hostis surgindo das profundezas; eles criaram obstáculos para o recrutamento de marinheiros e atrapalharam nossos esforços de defesa.[57] Aquele que não crê que esses homens

---

[55] Dia 12 de agosto de 1762, depois de um longo investimento. Diz-se que em um determinado momento cinco mil soldados britânicos e três mil marinheiros ficaram incapacitados por doenças.
[56] No original, "sinistrous". "Absurd; perverse; wrong-headed; in French *gauche*" (*Dictionary*). Diferente da palavra inglesa moderna "*sinister*". (N. T.)
[57] Sobre isso, veja os debates da Câmara dos Comuns de 7 e 14 de dezembro de 1770.

sejam capazes de obter o fracasso que desejam intimidando nossas tropas ou traindo nossos conselhos é desnecessariamente ingênuo.

O fato de a frota ter sido reequipada e tripulada sem que quaisquer hostilidades se seguissem é considerado, por aqueles homens de estado sanguinários, uma afronta à população; e aqueles que ficaram desejando infelicidade e matanças ficaram desapontados e insatisfeitos. Mas como a paz é o fim da guerra, ela é também o fim de preparações para a guerra; e aquele que escolher tomar pela força e com derramamento de sangue aquilo que pode ser igualmente obtido por meios mais suaves pode ser perseguido com justiça como um inimigo da humanidade.

Criticam os ministérios por não ousarem provocar o inimigo, por medo de que o fracasso os desacreditem e os façam perder suas posições. Espero que seus motivos foram melhores; que eles deram alguma atenção à igualdade e à humanidade; e que se consideraram responsáveis pela segurança de seus co-súditos e destruidores de todas as matanças desnecessárias. Mas suponhamos que sua própria segurança tivesse alguma influência em seu comportamento. Mesmo assim, eles não se rebaixarão ao nível de seus inimigos. Embora o motivo possa ser egoísta, o ato foi inocente. Aqueles que ficam ricos ministrando remédios não devem ser equiparados àqueles que obtêm seu dinheiro distribuindo veneno. Se eles mantêm o poder por meio da inocência e da paz, devem para sempre estar a uma enorme distância daqueles malfeitores que o ganhariam por maldade e confusão. Os seguranças de uma cidade podem guardá-la por dinheiro; mas estão bem empregados ao protegê-la daqueles que aguardam o momento para incendiar as ruas e saquear as casas durante a conflagração.

Samuel Johnson

Uma guerra sem sucesso certamente teria tido o efeito que os inimigos do Ministério desejam tão ardentemente: pois quem poderia ter apoiado a vergonha de uma loucura que terminasse em infortúnio? Mas se uma invasão imoderada tivesse sucesso mesmo que imerecidamente, se as Ilhas Falkland tivessem cedido incondicionalmente com todos os direitos anteriores e posteriores, embora o populacho possa ter gritado e as janelas resplandecido, no entanto, aqueles que conhecem o valor da vida e a incerteza da admiração do público teriam murmurado, talvez sem que os escutassem, contra o aumento de nossa dívida e a perda de nossa gente.

Essa sede de sangue, por mais que os promotores visíveis da sedição possam achar que é conveniente esquivar-se da acusação, é admitida abertamente por Junius, o escritor a quem seu partido deve muito de seu orgulho e alguma de sua popularidade. Não podemos dizer sobre Junius, como sobre Ulisses, que ele espalha expressões ambíguas entre as pessoas comuns,[58] pois ele prediz iminente desastre sem reservas e tenta soltar os cães da guerra estrangeira ou civil[59]* sem saber aonde estão indo e sem se importar com quem possam ser suas presas.

Junius algumas vezes nos fez sentir sua sátira, mas não deixemos que a admiração insensata confunda o veneno da seta com a força do arco. Ele às vezes graceja com uma malícia feliz. Mas para aquele que conhece sua companhia não é difícil ser sarcástico em uma

---

[58] *Eneida*, II.98 "*Spargere voces / In vulgum ambiguas.*" Aplicado a Junius na carta de Sir William Draper de 26 de janeiro de 1769 no *Public Advertiser*.
[59] * [No original "cries *havock*"] Shakespeare, *Julius Caesar*, III i. 273 "Cry 'Havoc!' and let slip the dogs of war." (N. T.)

máscara. Enquanto caminha como Jack, o Matador de Gigantes[60] encoberto pela escuridão, ele pode fazer muito dano com pouco esforço. A novidade cativa as pessoas superficiais e imprevidentes; a veemência encanta o insatisfeito e o turbulento. Aquele que contradiz a verdade reconhecida sempre terá um público; aquele que difama a autoridade estabelecida sempre encontrará cúmplices.

Junius explodiu na atenção do público com uma labareda de atrevimento que raramente tinha resplandecido no mundo antes dele, e atraiu o populacho atrás de si como um monstro em uma exibição. Enquanto sua segurança estava garantida por um sigilo impenetrável, ele nada tinha a combater a não ser a verdade e a justiça, inimigos que ele sabe serem frágeis na escuridão, estando então livre para entregar-se a todas as imunidades da invisibilidade. Fora do alcance do perigo, ele foi ousado; fora do alcance da vergonha, ele teve confiança. Como um retórico, ele teve a arte de persuadir e reforçava o que os outros desejavam; como uma pessoa que raciocina, ele convenceu aqueles que não tinham nenhuma dúvida antes; como moralista, ele ensinou que a virtude pode desonrar; e como patriota, deleitou o medíocre insultando seus superiores. Encontrando a sedição no caminho ascendente, ele foi capaz de fazê-la progredir; encontrando a nação em combustão, foi capaz de incendiá-la. Vamos abstrair de sua inteligência a vivacidade da insolência, e retirar de sua eficácia o benefício simpático da malignidade plebeia. Não digo que o deixaremos sem nada. A causa que defendo despreza a ajuda da

---

[60] Que SJ leu em 1768 (*Letters* 197) e considerou um exemplo de literatura infantil melhor do que a Sra. Barbauld e a Sra. Trimmer (*Life*, iv. 8, n. 3).

falsidade. Mas se lhe deixarmos apenas seu mérito, qual será o elogio que lhe faremos?

Não é pela vivacidade de suas imagens, a pungência de suas frases ou a fertilidade de suas alusões que ele atrai os cidadãos de Londres e os camponeses de Middlesex. Eles não tomam conhecimento de estilo e de sentimentos. Eles o admiram por virtudes como as suas próprias, por desprezo pela ordem, e a violência do ultraje, pela fúria da difamação e a ousadia da falsidade. Os seguidores da Lei dos Direitos[61] não percebem as sutilezas da composição, nem a destreza dos sofismas; suas faculdades estão mais bem equiparadas aos gritos de Bellas ou às barbaridades de Beckford;[62] mas dizem a eles que Junius está a seu lado, e, portanto, eles estão seguros de que Junius é infalível. Aqueles que não sabem aonde ele os levaria, decidem segui-lo; e aqueles que não conseguem encontrar sentido nele, esperam que ele signifique rebelião.

Junius é um fenômeno incomum que alguns olharam com admiração e outros com pavor, mas admiração e pavor são paixões transitórias. Em breve ele estará sendo visto de mais perto ou examinado com mais atenção, e aquilo que a loucura imaginou ser um cometa que de sua cauda em chamas lançava pestilência e guerra, a investigação descobrirá que era apenas um meteoro formado pelos vapores da democracia em putrefação, cuja chama foi acesa pela efervescência do interesse lutando com convicção. Que,

---

[61] Veja n. 29, p. 559 anteriormente.

[62] George Bellas, procurador, membro do Conselho Comum de Londres, um dos seguidores mais ativos de Wilkes (veja George Rudé, *Wilkes and Liberty*, 1962). Para William Beckford, o grande admirador de Chatham na City, veja *DNB*. Beckford morreu no dia 21 de junho de 1770, quando ocupava o posto de prefeito de Londres.

após ter mergulhado seus seguidores em um pântano, nos deixará perguntando por que nós sequer o olhamos.[63]

No entanto, embora eu não possa achar que o estilo de Junius esteja a salvo de críticas, embora suas expressões muitas vezes sejam insignificantes, e suas frases fracas, eu nunca deveria tê-lo colocado onde ele mesmo se colocou, se eu não o tivesse julgado por sua moralidade e não por suas faculdades. O que, diz Pope, deve ser o padre, onde um macaco é o deus? O que deverão ser os trabalhadores de um partido cujos chefes são Wilkes e Crosby, Sawbridge e Townshend?[64]

Junius sabe o que quer dizer e pode, portanto, dizê-lo. Ele é um inimigo do Ministério e os vê ficando mais fortes a cada hora que passa. Ele sabe que uma guerra ao mesmo tempo injusta e malsucedida certamente os demitiria e, portanto, em seu zelo pelo país, está zangado porque não houve uma guerra injusta e conduzida sem êxito. Mas há outros cujos pensamentos são expressos menos claramente, e cujos projetos talvez, por essa razão, sejam menos digeridos. Esses declaram que não desejam uma ruptura, no entanto condenam o ministério por não fazer aquilo que naturalmente causaria uma ruptura.

Se um partido decide exigir aquilo que outro decide recusar, a disputa só pode ser decidida por arbitragem; e entre poderes que

---

[63] Um exemplo extraordinário daquilo que SJ pode fazer com uma metáfora ampliada – na verdade, um "conceito".
[64] Pope, *Dunciad*, iii.207-08: "Oh, worthy thou of Egypt's wise abodes/ A decent pries where monkeys were the Gods!" Ele está se referindo ao reverendo John ("Orador") Henley. Para os vereadores John Wilkes, Brass Crosby e John Sawbridge, veja *DNB*. Para James Townsend, veja índice remissivo de *Life*, Vol. vi. Todos eles ocuparam o posto de prefeito de Londres em algum momento.

não têm nenhum superior em comum, não há outro árbitro além da espada.

Não vale a pena perguntar se o Ministério não poderia ter equitativamente exigido mais. O exercício total de um direito é sempre antipático, e quando esses direitos não são facilmente determináveis é sempre perigoso. Nós pedimos tudo que era necessário e persistimos em nossa primeira reivindicação sem retirar ou aumentar nada. Os espanhóis nos acharam decididos e concordaram após uma breve luta.

O verdadeiro crime do Ministério é que eles descobriram os meios de evitar sua própria ruína;[65] mas a acusação contra eles envolve muitas áreas e é confusa, como sempre acontece quando a malignidade e a insatisfação estão envergonhadas de sua queixa. O passado e o futuro estão envolvidos na censura. Ouvimos um clamor ensurdecedor sobre honra e direitos, afrontas e insultos, a bandeira britânica, o leme da *Favourite*, a conduta de Bucarelli, as declarações de Grimaldi, o resgate de Manila,[66] atrasos e reparação.

Por todo o argumento da facção perpassa o erro geral, que nossa colônia nas Ilhas Falkland não só era legal como também inquestionável; que nosso direito não só era certo como reconhecido; e que a imparcialidade de nossa conduta era tal, que os espanhóis

---

[65] Um diagnóstico preciso. A crise das Ilhas Falkland foi um teste da força do novo governo de Lord North. Veja pp. 557, anteriormente.
[66] No dia 25 de setembro de 1762, uma frota britânica desembarcou em Manila e tomou a cidade de surpresa. Os habitantes puderam resgatar sua propriedade pela soma de quatro milhões de pesetas. Uma parte substancial desse pagamento foi na forma de títulos do tesouro espanhol, que, mais tarde, Madri se recusou a honrar. A questão de obter pagamento foi um tema de agitação política na Grã-Bretanha por muitos anos.

não podiam acusá-la ou obstruí-la sem ir contra suas próprias convicções e sem opor-se à opinião geral da humanidade.

Se um dia for descoberto que, na opinião dos espanhóis, nossa colônia foi usurpada, nossa reivindicação arbitrária e nossa conduta insolente, tudo que ocorreu vai parecer uma cadeia ininterrupta de eventos. Dúvidas irão produzir disputas e investigações, investigações exigem atrasos e atrasos causam inconveniência.

Se o governo espanhol tivesse cedido incondicionalmente tudo aquilo que foi pedido, poderíamos ter ficado satisfeitos; mas o que é que a Europa pensaria de sua submissão? Que eles se humilharam diante de nós como um povo conquistado, que, tendo recentemente cedido diante de nossas armas, agora tinham sido obrigados a se sacrificar diante de nossa arrogância. A honra da população é realmente de grande importância; mas devemos lembrar que tivemos que negociar com um rei poderoso e uma nação poderosa que infelizmente aprenderam a pensar que eles, tanto quanto nós, também têm uma honra a manter ou a perder.

Quando informaram ao Ministério da Marinha sobre o aviso dado a Hunt, eles foram informados, imagino, de que Hunt os tinha provocado primeiro, avisando aos espanhóis que se retirassem, e, naturalmente, consideraram que um ato de insolência contrabalançava o outro, sem esperar que algo mais seria feito por nenhum dos dois lados. Se sempre que pequenos comandantes sejam incivis uns para com os outros for necessário fazer apresentações e admoestações, estas não teriam fim, nem a paz poderia ser jamais desfrutada se por provocações temporárias fosse considerado necessário preparar-se para a guerra. Poderíamos então, dizem, ter aumentado nossa força com mais tempo e menos inconveniência;

Samuel Johnson

mas isso é fazer um julgamento apenas pelo evento em si. Nós deixamos de perturbar a população porque não julgamos que um potencial militar fosse necessário.

   Alguns meses depois, como foi relatado, Buccarelli, o governador de Buenos Aires, enviou contra a colônia de Porto Egmont uma força que garantiu a conquista. O comandante espanhol exigiu que os capitães ingleses partissem, mas estes, achando que uma resistência, que eles sabiam inútil, não era necessária, deram aos espanhóis o direito de prescrever os termos da capitulação. Os espanhóis não impuseram condições novas a não ser que a escuna só deveria zarpar após vinte dias; e asseguraram-se de que isso iria ocorrer retirando o leme do navio.

   Para um habitante da terra, nada disso pareceu imoderado ou ofensivo. Se os ingleses tinham a intenção de cumprir o que fora estipulado, como poderiam se ofender com a detenção do leme? Se o leme é para um navio aquilo que o rabo da raposa é para ela nas fábulas, ou seja, a parte em que a honra está colocada e cuja violação nunca deve ser suportada, sinto muito que a *Favourite* tenha sofrido uma indignidade, mas ainda assim não posso achar que isso seja uma causa para que nações devam se matar umas às outras.

   Quando a invasão de Buccarelli ficou conhecida, e a dignidade da coroa foi infringida, exigimos reparação e nos preparamos para a guerra e ganhamos respeito semelhante pela moderação de nossos termos e pelo espírito de nossa ação vigorosa. O ministro espanhol imediatamente negou que Buccarelli tivesse recebido quaisquer ordens específicas para capturar Porto Egmont, nem alegou que ele estivesse justificado por outros meios que não fossem as instruções gerais pelas quais se exige dos governadores americanos que excluam os súditos de outros poderes.

Ter investigado, então, se nossa colônia em Porto Egmont era qualquer violação dos direitos espanhóis teria significado envolver-se em uma discussão que, com a pertinácia dos disputantes políticos, poderia ter continuado indefinidamente. Nós, portanto, pedimos a restituição, não como uma admissão de direito, mas como reparação da honra, que exigia que seríamos restaurados à nossa posição anterior na ilha e que o rei da Espanha repudiaria a ação de seu governador.

Como resposta a esse pedido, os espanhóis esperavam de nós um repúdio das ameaças com as quais tinham sido insultados por Hunt originalmente; e se o direito à ilha fosse incerto, eles certamente esperavam esse repúdio com igual razão. Isso, no entanto, foi recusado, e a superioridade de nossas forças deu validade a nossos argumentos.

Mas nos disseram que o repúdio do rei da Espanha era temporário e enganoso; que o potencial militar de Buccarelli tinha toda a aparência de forças regulares e de uma expedição organizada; e que ele não era tratado em seu país como um homem culpado de pirataria ou como alguém que desobedeceu às ordens de seu senhor.

Que a expedição foi bem planejada, e as forças bem abastecidas, não é nenhuma prova de comunicação entre o governador e sua corte. Aqueles a quem se confia o cuidado de reinos em outro hemisfério devem sempre ter sob sua responsabilidade o poder de defendê-los.

Também muito pouco podemos inferir de sua recepção na corte espanhola. Ele realmente não foi punido, pois o que é que ele fez para merecer punição? Ele foi enviado à América para governar e defender os domínios da Espanha. Achou que os ingleses estavam invadindo e os expulsou. Nenhum espanhol acha que ele excedeu seu dever, nem o rei da Espanha o acusa de se haver excedido. As fronteiras dos domínios naquela parte do mundo ainda não foram estabelecidas; e ele errou, se é que houve um erro, como um súdito cuidadoso, a favor de seu senhor.

Mas toda essa investigação é supérflua. Considerado uma reparação da honra, o repúdio do rei da Espanha, feito à vista de toda a Europa, é de igual valor, seja verdadeiro ou falso. Realmente não há motivo para questionar sua veracidade. Aqueles, no entanto, que não creem nele devem respeitar o peso daquela influência pela qual um grande príncipe foi forçado a repudiar sua própria ordem.

Mas as ordens gerais sob as quais é reconhecido que o governador agiu não são nem repudiadas nem explicadas. Até o mais caloroso dos disputantes não saberia explicar por que razão os espanhóis iriam repudiar a defesa de seus próprios territórios. E se por explicação eles querem dizer um delineamento preciso de seu império do sul e a limitação de seus direitos além daquela linha, não pode ser atribuído a alguma negligência muito culpável que aquilo que vem sendo negado por dois séculos aos poderes europeus não tenha sido obtido em uma disputa apressada sobre uma colônia insignificante.

O Ministério estava bastante familiarizado com as negociações para encher sua cabeça com expectativas tão inúteis. A questão de direito foi inexplicável e indefinida. Eles a deixaram como estava. Ser restaurado à verdadeira posse era facilmente praticável. Essa restauração eles pediram e obtiveram.

Mas eles deviam, dizem seus oponentes, ter insistido por mais coisas; eles deviam ter exigido não só a reparação de nossa honra, mas o ressarcimento de nossos gastos. Tampouco estão todos satisfeitos com a recuperação dos custos e danos da atual contenda; eles querem aproveitar essa oportunidade para mencionar dívidas antigas e recobrar nosso direito ao resgate de Manila.

O resgate de Manila, acho eu, foi mencionado principalmente pelos proclamadores de sedição inferiores. Aqueles que dirigem a facção sabem que isso não pode ser lembrado, pois não seria em seu benefício. Os seguidores de Lord Rockingham lembram que seu ministério começou e terminou sem obter o resgate. Diriam aos adeptos de Grenville que ele nunca poderia aprender a entender nosso direito. O direito das nações[67] fez pouco de seu conhecimento. Não deixemos, no entanto, que ele seja menosprezado em seu túmulo. Se ele estava errado algumas vezes, muitas vezes estava certo.[68]

---

[67] O termo moderno é "direito internacional".

[68] Sobre essa famosa emenda, veja p. 583 anteriormente e *Life*, II.135. A "suavização" da expressão pelo Ministério fez com que o comentário "Ele tinha poderes não possuídos universalmente" ficasse sem sentido, e SJ removeu-o em 1776, e também mudou "às vezes certo" para "muitas vezes certo": se ele não queria censurar Grenville, então podia pelo menos cumprimentá-lo de forma adequada. Como indica G. B. Hill, a versão original também foi provavelmente uma zombaria do predecessor de Grenville como ministro da Fazenda sob Bute, Sir Francis Dashwood, que provavelmente não poderia nem ter contado o dinheiro. Como North dependia do apoio dos seguidores tanto de Grenville quanto de Bute, podemos talvez ter pena dele pelo constrangimento que a franqueza de SJ lhe causou. O Ministério de North foi capaz de fazer mudanças como essa no texto de SJ porque o editor era William Strahan, M. P., um seguidor intransigente de North (que, aliás, garantiu que Strahan iria obter sua justa parte dos contratos de impressão do governo).

Com relação ao reembolso, falam com mais confiança, embora não com mais sensatez. Os gastos com a guerra muitas vezes foram desejados, algumas vezes foram necessários, mas nunca foram pagos; a não ser quando resistir era impossível e não havia outra escolha a não ser submissão ou destruição.

Com respeito a nossos equipamentos recentes, não sei a quem seria adequado cobrar um reembolso. O rei da Espanha repudia a violência que incitou a que nós nos armássemos, e por que deve pagar pelos erros que não cometeu? Buccarelli, embora tivesse aprendido todas as artes de um governador da Índia Oriental,[69] mal poderia ter coletado, em Buenos Aires, uma quantia suficiente para satisfazer nossas demandas. Se ele for honesto, não é exatamente rico; e se estiver disposto a roubar, tem a infelicidade de ter sido colocado em um lugar onde os ladrões já estiveram antes dele.

O rei da Espanha realmente demorou a concordar com nossas propostas, e nosso potencial militar tornou-se necessário em virtude das respostas insatisfatórias e debates dilatórios. O atraso certamente aumentou nossos gastos, e não é improvável que o aumento de nossos gastos tenha posto fim ao atraso.

Mas esse é o processo inevitável dos negócios humanos. A negociação exige tempo. Aquilo que não é aparente à intuição deve ser descoberto pela investigação. Direitos que foram duvidosos durante muito tempo não podem ser estabelecidos em um dia. Queixas recíprocas não são facilmente solucionadas a não ser por meio de

---

[69] Uma alusão a Robert Clive em particular, que SJ detestava e cujo mandato como governador de Bengala resultou em sua aquisição de grandes quantias de dinheiro. Seus inimigos o acusaram dizendo que ele havia extorquido essas somas ilegalmente dos nativos.

acordos recíprocos. Os espanhóis, julgando-se com direito à ilha, e ofendidos pelo capitão Hunt, por sua vez exigiram uma satisfação, que foi recusada; e como nos surpreendermos se suas concessões demoraram a vir! Eles podem nos dizer que uma nação independente não será influenciada por ordens, e sim pela persuasão; que, se nós esperávamos que nossas propostas fossem recebidas sem deliberação, estávamos presumindo aquela soberania que eles não tinham nos concedido; e que se nos armamos enquanto eles estavam deliberando, devemos satisfazer nosso ardor marcial à nossa própria custa.

O Ministério inglês pediu tudo que era razoável e cumpriu tudo que eles pediram. Nossa honra nacional foi promovida, e nosso interesse, se é que temos algum, suficientemente assegurado. Não pode haver ninguém dentre nós a quem essa transação não pareça ter sido concluída de uma maneira feliz, a não ser aqueles que, tendo colocado suas esperanças em calamidades públicas, sentaram como abutres esperando um dia de carnificina. Tendo desgastado todas as artes de sedição doméstica, tendo cansado a violência e exaurido a falsidade, eles ainda se lisonjeiam com alguma ajuda do orgulho ou da malícia da Espanha; e quando não podem mais fazer o povo se queixar de afrontas que não sentiu, tiveram ainda o consolo de saber que males reais eram possíveis, e sua decisão de acusar seus governadores por todos os males é bem conhecida.

A reconciliação, portanto, foi considerada a perda de sua última âncora; e recebida não só com a impaciência do desapontamento, mas também com a fúria do desespero. Quando eles descobriram que todos estavam felizes apesar de suas maquinações, e que o esplendor suave da paz brilhava sobre a nação, a única emoção que sentiram foi a inveja soturna; eles não puderam, como o príncipe do inferno de Milton, abstrair-se um momento de sua maldade;[70] como não têm a inteligência de Satã, também não têm sua virtude; tentaram uma vez mais aquilo que podia ser feito por meio de sofismas sem arte e confiança sem credibilidade. Eles retratam seu soberano desonrado e seu país traído, ou, em seus piores paroxismos de fúria, insultam seu soberano como sendo autor dessa traição.

Suas pretensões eu tentei expor aqui mostrando que não era de se esperar mais do que aquilo que foi cedido, que talvez mais não devesse ser desejado, e que, se tudo tivesse sido recusado, quase não teria havido um motivo suficiente para uma guerra.

É possível que nunca tivesse havido muito risco de uma guerra ou de uma recusa, mas o risco que existiu proveio daquela facção. Nações estrangeiras, sem conhecer a insolência dos Conselhos Comuns[71] e desacostumadas com os uivos do patriotismo plebeu, quando ouviam falar de ralé e de tumultos, de petições e protestos, de insatisfação em Surrey, Derbyshire e Yorkshire,[72] quando

---

[70] *Paraíso perdido*, ix.463-64.

[71] O Conselho Comum e Companhias da Cidade de Londres haviam elaborado um "discurso, protesto e petição" com palavras duras que o Senhor prefeito Beckford apresentou ao rei no dia 14 de março de 1770. O rei respondeu com uma reprimenda. Outro protesto foi apresentado no dia 23 de maio. O rei respondeu que seus sentimentos não tinham mudado. Beckford, então, encaminhou um discurso longo e fastidioso a que o rei não respondeu. Beckford e seus amigos então protestaram pelo silêncio do rei. Aquilo que dizem ser o discurso de Beckford está gravado em um memorial para ele na Prefeitura. Como diz William Hunt (*Political History of England*, 1760-1801, p. 111), "Beckford tentou armar uma cilada para que o rei se envolvesse em uma altercação pessoal e respondesse sem consultar seus conselheiros constitucionais".

[72] Sobre a história do movimento de "Associação" extraparlamentar nos condados ingleses, veja Herbert Butterfield, *George III, Lord North and the People* (1949), e E. C. Black, *The Association* (1963).

viram a cadeia de subordinação rompida e o Legislativo ameaçado e desafiado, naturalmente imaginaram que um governo assim tinha pouco tempo livre para as Ilhas Falkland; supuseram que os ingleses, ao retornar, depois de serem expulsos de Porto Egmont, encontrariam Wilkes investido com o protetorado; ou iriam ver o prefeito de Londres, pois os franceses tinham anteriormente visto seus prefeitos do palácio, o comandante do exército e tutor do rei: que eles seriam chamados para contar a história diante do Conselho Comum; e que o mundo devia esperar guerra ou paz de um voto dos signatários da Lei dos Direitos.

Mas nossos inimigos agora perderam a esperança, e nossos amigos, espero eu, recuperaram-se de seus temores. Imaginar que nosso governo possa ser subvertido pela ralé a quem sua tolerância mimou tanto que se tornaou insolente é temer que uma cidade possa ser alagada pelo transbordamento de seus canais.[73] O mau humor que a covardia ou a malícia pensaram que fosse ou decadência dos órgãos vitais ou falência dos nervos parece finalmente ter sido nada mais que uma *pitiríase*[74] política, uma doença detestável demais para um nome mais simples; efeito de negligência e não de fragilidade, e do qual a vergonha é maior que o perigo.

Entre os perturbadores de nossa tranquilidade estão alguns animais pesados, cujo rugido poderoso nos persuadiu a considerá-los terríveis, mas agora percebemos que o ruído e a força nem sempre vão juntos. O barulho de um selvagem não demonstra nada mais que sua fome.

---

[73] No original "Kennel" "Kennel... 4. The water course of a street" (*Dictionary*) [o curso de água de uma rua]. (N. T.)
[74] Infestação por piolhos.

Depois de todas as nossas confusões, estrangeiras e domésticas, podemos finalmente ter esperança de permanecer tranquilos por algum tempo, distraindo-nos com a visão de nosso próprio sucesso. Ganhamos força política pelo aumento de nossa reputação; ganhamos força real pela reparação de nossa Marinha; mostramos à Europa que dez anos de guerra ainda não nos exauriram; e reforçamos nossa colônia em uma ilha para a qual, vinte anos atrás, não ousávamos sequer olhar.

Essas são as gratificações somente de mentes honestas; mas há um momento em que a esperança chega para todos. Da atual felicidade da população os próprios patriotas podem obter alguma vantagem. Ser inócuo apenas em virtude da impotência pode merecer algum grau de generosidade; nenhum homem odeia tanto um verme como odeia uma víbora; em um determinado momento, eles eram temidos o suficiente para serem odiados, como serpentes que poderiam morder; agora eles demonstraram que só podem sibilar, e podem, portanto, retirar-se furtiva e silenciosamente para seus buracos e mudar sua pele esquecidos e sem que ninguém os moleste.

Finis.

Março de 1771.

O *patriota* (1774)

Como ocorreu com *O alarme falso*, a data da composição de *O patriota* pode ser determinada com precisão. No verão de 1774, quando receberam a notícia (apropriadamente, na casa de Burke, em Beaconsfield) de que o Parlamento havia sido dissolvido inesperadamente e que uma eleição geral iria ocorrer em breve, Johnson e os Thrales apressaram aquela que seria uma lenta viagem de volta do norte do País de Gales. Regressaram a Londres na sexta-feira, dia 30 de setembro, e os Thrales logo mergulharam na campanha para que Thrale mantivesse seu lugar no Parlamento, como MP por Southwark. "Estamos levando uma vida louca", a Sra. Thrale escreveu a Johnson na terça-feira, 4 de outubro (*Letters* 360a), "mas tudo terá terminado amanhã às sete da noite". Johnson também participou ativamente da campanha, escrevendo discursos políticos breves para os eleitores de Southwark em nome de seu amigo,[1] além do panfleto que se segue. Mais tarde, já no outono, Boswell, preocupado com o atraso da publicação de *Journey to the Western Islands of Scotland*, de Johnson, escreveu-lhe para reclamar que seus escritos políticos haviam interrompido seu

---

[1] Discutido em J. D. Fleeman, "Dr. Johnson and Henry Thrale, M.P.," em *Johnson, Boswell, and their Circle* (1965).

trabalho no livro escocês. Johnson respondeu negando a acusação (*Letters* 363): "Meus amigos me pediram que escrevesse *O patriota* na sexta-feira, o texto foi escrito no sábado, e não ouvi mais falar muito dele" – querendo dizer, talvez, que ele não havia sido incomodado com as exigências ministeriais para uma revisão do texto, como ocorreu com "Reflexões sobre as Ilhas Falkland". Segundo o anúncio na *London Chronicle*, a primeira edição foi publicada na quarta-feira, 12 de outubro, portanto, parece que Johnson escreveu o panfleto ou no sábado, 8 de outubro, ou até mesmo no sábado, 1º de outubro, no dia seguinte à sua volta do campo.

É evidente que o panfleto não poderia ter influenciado muito a eleição em Southwark, pois, se a carta pela Sra. Thrale citada acima está correta, a eleição já teria terminado para os Thrales na data em que *O patriota* foi publicado (o discurso de Thrale de agradecimento a seus eleitores, provavelmente escrito por Johnson, apareceu nos jornais no dia 14 de outubro). Mas, é claro, as questões de que trata *O patriota* não são locais e sim realmente muito gerais; a intenção era influenciar todo o eleitorado da Grã-Bretanha, como indica a publicação de uma "segunda edição" no dia 5 de novembro (a votação se arrastou tanto assim em alguns distritos eleitorais). Além disso, o panfleto foi considerado mais que um texto de valor eleitoreiro, pois muito tempo depois de as eleições terem terminado, no dia 8 de maio de 1775, Cadell publicou "a terceira edição". Uma edição apareceu também em Dublin, em 1775, e a peça fez parte da coletânea de obras de Johnson, *Political Tracts*, de 1776.

Entre as peças mais curtas de escrito político de Johnson, *O patriota* é uma das mais satisfatórias em sua fusão eficaz de sabedoria política em geral e comentários sobre questões políticas específicas da época. Entre os últimos, o mais interessante é o contraste que Johnson faz entre o barulho feito sobre o caso Wilkes e a tranquila adoção da Lei de Eleições de Grenville (1770); olhando tudo aquilo com a perspectiva de dois séculos, é impossível não concordar com Johnson de que o último evento foi muito mais significativo em termos de sua consequência para o progresso da causa de representação "democrática" no Parlamento. Quanto ao cenário mais amplo, a explosão da cantilena sobre "patriotismo" já devia ter ocorrido há muito tempo. A partir da década de 1730, a palavra tinha sido o "grito" de todos os grupos de oposição insatisfeitos, por mais disparatados que fossem sua composição ou seus objetivos. Em uma monografia recente sobre o desenvolvimento da Oposição no século XVIII e começo do XIX, (A. S. Foord, *His Majesty's Opposition, 1714-1830*, 1964), um quarto do texto é dedicado a esse fenômeno (Capítulo 2, "The Spirit of Patriotism, de 1725 a 1742" e o Capítulo 3, "The Operation of the Patriot Coalition"), e o leitor logo começa a reagir com enfado e cinismo à recorrência da palavra, como Johnson e seus contemporâneos já tinham feito. No melhor dos casos, o termo pode ser definido como o fez um escritor recente:

> 'Patriotismo': um grupo de ideias associadas na década de 1730 com Wyndham, com Pitt e os "meninos patriotas", com o *Craftsman*, ou com o *Countryman*, e apropriado pelos radicais na década de 1760 e pelos reformadores parlamentares na década de 1780. Essas idéias estão inseparavelmente relacionadas com o nome de Bolingbroke... O programa patriota significou, na prática, leis locais, parlamentos mais curtos, eleições livres, a destruição da influência do rei sobre o Parlamento.[2]

---

[2] Betty Kemp, "Frederick, Prince of Wales" in *Silver Renaissance: Essays in Eighteenth-Century English History*, Alex Natan, org. (1961), p. 53.

Não havia nada de errado com aquelas "ideias" por si mesmas, como o próprio Johnson teria concordado – ele também havia seguido a trilha "patriota" durante algum tempo na década de 1730. Mas só muito raramente essas idéias eram colocadas em "prática": assim que elas cumpriram seu objetivo como "programa" básico da Oposição e contribuíram para que um político da Oposição chegasse ao poder, foram esquecidas, ou, no melhor dos casos, só foi feito um tênue esforço para tentar implementá-las. A palavra tinha alguma utilidade, concede Foord, para ajudar a cristalizar a concepção de "a Oposição" ainda não aceita como uma parte fundamental da Constituição britânica: mas o próprio Johnson não teve nada mais cáustico a dizer sobre ela do que o historiador moderno da Oposição:

> A primeira grande conquista do "espírito de patriotismo" foi a de moldar os insatisfeitos em uma forma heroica. Evocando as sombras de Eliot, Pym e Hampden, eles fizeram de seu oportunismo político uma virtude. [Mas] o mundo de Westminster conhecia a Oposição por aquilo que ela era, uma aglomeração indefinida de facções em busca de posições e despedaçada por visões e princípios conflitantes.

Quando finalmente Johnson escreveu seu panfleto, o termo já se havia contaminado totalmente.

> A partir de 1726 os descontentes fizeram uma grande exibição de seu patriotismo. Na paz, exigiam uma política que fosse mais preocupada em proteger os interesses britânicos. Na guerra, clamavam por medidas mais vigorosas para garantir a vitória. Agora, tanto os seguidores de Chatham quanto os de Rockingham patrocinavam a causa de seus co-súditos

em rebelião armada contra o rei. Alegravam-se publicamente com os triunfos dos inimigos da Grã-Bretanha. Oficiais militares e navais com conexões na Oposição recusavam-se a servir na guerra. Pela mais estrita letra da lei, os descontentes poderiam ter sido culpados de traição. No contexto político eles se expunham a acusações de estar atrapalhando os esforços de guerra, procurando desmembrar o Império e engrandecendo o poder da França e da Espanha. O Dr. Johnson não foi o único homem nesses anos que considerava essa forma de patriotismo "o último refúgio de um canalha" (Foord, pp. 154, 323).

Seria muito ingênuo, então, achar, como aparentemente outros o fizeram, que o "patriotismo" que Johnson condenou era alguma forma de idealismo político.[3] Sua própria contradefinição do verdadeiro patriotismo ainda faz um excelente sentido.

As únicas variações textuais entre as três primeiras edições de *O Patriota* (duas em 1774, uma em 1775) são pequenas diferenças na forma de escrever e na pontuação. O texto a seguir é o da primeira edição, incorporando e registrando as poucas e pequenas mudanças do autor que foram introduzidas na edição de 1776.

---

[3] Por exemplo, Crane Brinton, em uma nota de rodapé surpreendente em seu livro *History of Western Morals* (1959), p. 321: "É uma pena que citamos com tanta frequência a frase de Samuel Johnson, 'Patriotismo é o último refúgio de um canalha, sem saber o que ele realmente quis dizer. 'Patriota', para ele, era o cidadão iluminado do mundo, não o patriota nacionalista. Com efeito – embora muitos de seus admiradores não se ofenderiam com essa afirmação –, acho que o próprio Johnson era um 'patriota' inglês no sentido moderno da palavra". Seria interessante saber em que evidência Brinton baseou esse juízo.

O Patriota. Dirigido aos Eleitores da Grã-Bretanha

Eles gritam pela liberdade em seu humor sem sentido
Porém ainda se revoltam quando a verdade os libertaria
Licenciosidade é o que querem dizer quando gritam liberdade
Pois os que a amam precisam primeiro ser sábios e bons.
           Milton[4]

Aprimorar o momento dourado de oportunidade e agarrar as coisas boas que estão a nosso alcance é a grande arte da vida. Suportamos muitas necessidades que poderiam ter sido supridas em um dado momento; e perdemos muito tempo arrependendo-nos do tempo que foi perdido antes.

No final de cada sete anos vem a estação de Saturno, quando os homens livres da Grã-Bretanha podem se deleitar com a escolha de seus representantes. Esse dia feliz agora chegou, um pouco antes do que poderia ser reivindicado.[5]

Escolher e nomear aqueles por quem as leis serão feitas e os impostos estabelecidos é uma grande honra e uma confiança importante; e é a obrigação de todos os eleitores considerarem como essa honra pode ser bem mantida e essa confiança lealmente recompensada.

---

[4] Isso não era exatamente uma novidade em termos de epígrafes para panfletos políticos no século XVIII, mas SJ deve ter extraído muita satisfação do nome do autor e do título da peça de onde ele foi tirado – trata-se do segundo soneto de Milton, "On the Detraction Which Followed upon My Writing Certain Treatises". [Sobre a difamação que se seguiu por eu ter escrito certos tratados].

[5] A eleição geral anterior havia ocorrido em 1768. Sob o Decreto Septenial, (1716), a próxima não precisaria ser realizada até 1775.

Deve ser profundamente imprimido nas mentes de todos que têm vozes nessa deliberação nacional que nenhum homem pode merecer um assento no Parlamento se ele não for um Patriota. Nenhum outro homem irá proteger nossos direitos, nenhum outro homem pode merecer nossa confiança.

Um *Patriota* é aquele cuja conduta pública é guiada por um único motivo, o amor de seu país; que, como agente no Parlamento, não tem para si mesmo nem esperança nem temor, nem generosidade nem ressentimentos, mas associa todas essas coisas ao interesse comum.

Quem poderá afirmar que, de 500 homens que essa época degenerada pode produzir,[6] poderemos encontrar uma maioria assim virtuosamente envolvida? No entanto, nada de bom resulta do desalento: a vigilância e a atividade muitas vezes têm mais resultados do que se poderia esperar. Tomemos um Patriota quando pudermos encontrá-lo; e que possamos não nos enganar com aparências falsas, e sim distinguir as características certas daquelas que possam enganar: pois um homem pode ter a aparência externa de um Patriota sem as qualidades constituintes; como moedas falsas muitas vezes têm brilho, embora lhes falte o peso.

Alguns reivindicam um lugar na lista de Patriotas por meio de uma oposição acrimoniosa e incessante à Corte.

Essa característica não é, de modo algum, infalível. Patriotismo não está incluído, necessariamente, em rebelião. Um homem pode

---

[6] Pope, *Dunciad*, II.39-40: "But such a bulk as no twelve bards could raise, / Twelve starvelling bards of these degenerate days". [Mas uma carga tão grande que doze bardos não poderiam levantar/ doze bardos subnutridos desses dias degenerados.] Como J. R. Sutherland indica em sua nota sobre essa passagem na Edição Twickenham, a referência provavelmente vem de Homero, *Ilíada*, v. 303.

odiar seu rei e, no entanto, não amar seu país. Aquele a quem recusaram um pedido aceitável ou inaceitável, que acha que seu mérito está sendo menosprezado e vê sua influência diminuindo, logo começa a falar de igualdade natural, o absurdo de "muitos feitos para um",[7] o contrato original, a base da autoridade e a majestade do povo. À medida que sua melancolia aumenta, ele fala de como aumentam os privilégios e dos perigos do poder arbitrário, e talvez até sonhe com eles; no entanto, seu objetivo em toda essa declamação não é beneficiar seu país, mas satisfazer sua malignidade.

Esses, no entanto, são os mais honestos dos oponentes do governo; seu patriotismo é uma espécie de doença; e eles sentem alguma parte daquilo que expressam. Mas a grande parte, a maior parte daqueles que vociferam e se zangam, e investigam e acusam, nem suspeitam, nem temem, nem se interessam pela população. O que esperam é abrir seu caminho para as riquezas pela virulência e pela invectiva, e são veementes e clamorosos apenas para que sejam logo pagos para ficarem quietos.

Um homem às vezes começa como Patriota apenas disseminando o descontentamento e propagando relatórios de influência secreta, de conselhos perigosos, de direitos violados e usurpação invasora.

Essa prática não é uma característica correta de patriotismo. Instigar a população com fúria além da provocação é interromper – ou até destruir – sua felicidade. Aquele que desnecessariamente perturba a paz de seu país não ama seu país. Poucos erros e poucas faltas de um governo podem justificar apelar para a ralé que não

---

[7] Pope, *Essay on Man*, III.242.

deve julgar aquilo que não pode compreender e cujas opiniões não são propagadas pela razão e sim adquiridas por contágio.

A falácia dessa característica do patriotismo é especialmente aparente quando o clamor continua depois que o mal já passou. Aqueles que ainda estão enchendo nossos ouvidos com o Sr. Wilkes, e com os proprietários de Middlesex, queixam-se de uma afronta que agora já terminou. O Sr. Wilkes pode ser escolhido[8] se qualquer pessoa escolhê-lo, e se o precedente de sua exclusão não fizer com que qualquer homem honesto ou decente se sinta em perigo.

Pode haver dúvida se é apropriado chamar uma pessoa de Patriota como uma recompensa por sátiras secretas ou ultrajes abertos.[9] Encher os jornais com insinuações astuciosas de corrupção e intriga, para que circulem no *Middlesex Journal* e no *London Pacquet*, pode realmente ser apenas zelo; mas pode também ser interesse e malícia. Oferecer uma petição que não se espera ser concedida; insultar um rei com um protesto grosseiro[10] só porque não há punição para a insolência legal não é coragem, pois não há perigo; nem patriotismo, porque ela tende a ser a subversão da ordem, e espalha a maldade sobre a terra ao destruir o respeito devido à autoridade soberana.

É a qualidade do patriota ser zeloso e vigilante, observar todas as maquinações secretas e ver os perigos públicos a distância. O verdadeiro "amante de seu país" está pronto para comunicar seus temores e fazer soar o alarme, sempre que perceba a aproximação do mal. Mas ele não soa o alarme quando não há nenhum inimigo;

---

[8] Veja cabeçalho de *O alarme falso*, p. 532 anteriormente.
[9] Sem dúvida uma referência a Junius.
[10] Veja n. 71, p. 631 anteriormente.

ele nunca aterroriza seus conterrâneos, a menos que ele próprio esteja aterrorizado. Podemos, portanto, justificadamente, duvidar do patriotismo daquele que professa estar perturbado por coisas em que não podemos crer; que diz que a última paz foi obtida subornando a princesa de Gales;[11] que o rei aceita com entusiasmo o poder arbitrário; e que, porque os franceses nas novas conquistas desfrutam de suas próprias leis,[12] há um projeto no tribunal para abolir na Inglaterra o julgamento por um júri.

Menos ainda o verdadeiro Patriota espalha opiniões que ele sabe serem falsas. Nenhum homem que ama seu país enche a nação com queixas clamorosas de que a religião protestante está em perigo porque "O Papado estabeleceu-se na extensa província de Quebec,"[13] uma falsidade tão clara e tão desavergonhada, que não precisa que aqueles que estão cientes disso ofereçam nenhuma prova ao contrário, e até para o fanático mais inculto é quase impossível não perceber:

Que Quebec está do outro lado do Atlântico a uma distância grande demais para beneficiar ou prejudicar o mundo europeu;

Que seus habitantes, sendo franceses, sempre foram papistas, que são certamente mais perigosos como inimigos do que como súditos.

---

[11] Augusta de Saxe-Gotha, princesa viúva de Gales, mãe de George III. Suas supostas intrigas com Bute e o controle de seu filho eram parte do mito da Oposição.
[12] Pela Lei de Quebec, 1774, a lei civil francesa continuou válida em Quebec e foram mantidos certos privilégios do clérigo Católico Romano.
[13] Sobre o furor despertado na Grã-Bretanha e na América pelo Ato de Quebec, veja Lecky, *History of England in the XVIIIth Century*, Caps. XI e XII, e *Tributação, não tirania*, pp. 710 a seguir.

SAMUEL JOHNSON

Que, embora a província possa ser ampla, a população é pequena, provavelmente menor que a população encontrada em um dos condados ingleses maiores.

Que a perseguição não é mais virtuosa em um protestante do que em um papista. E que, enquanto culpamos Luís XIV por sua cavalaria e por suas galeras,[14] devíamos, quando o poder chega a nossas mãos, usá-lo com maior eqüidade.

Que, quando o Canadá com seus habitantes foi cedido, foi estipulado que eles desfrutariam de liberdade religiosa; uma condição da qual o rei Guilherme, que não era nenhum propagador do Papado, deu um exemplo em um lugar mais próximo, na rendição de Limerick.[15]

Que, em uma época em que todas as bocas defendem a "liberdade de consciência", seria justo mostrar alguma consideração pela consciência de um papista, que, como outros homens, pode achar que está mais seguro em sua própria religião; e que pelo menos aqueles que gozam de alguma tolerância[16] não devem negá-la a nossos novos súditos.

Se a liberdade de consciência é um direito natural, não temos nenhum poder para negá-la; se ela é uma indulgência, pode ser permitida aos papistas, já que não é negada a outras seitas.

Um Patriota é necessária e invariavelmente alguém que ama o povo. Mas até essa característica pode nos enganar algumas vezes.

---

[14] Perseguição dos protestantes franceses pelos "dragonados" e sentenças para servir como escravos nas galeras depois da revogação do Edito de Nantes em 1685.

[15] Pela Paz de Paris, 1763. Sobre o cerco e o Tratado de Limerick, 1690, veja Macaulay, *History of England*, cap. XVII.

[16] Dissidentes protestantes ingleses, sob o Ato de Tolerância, 1689.

O povo é uma massa muito heterogênea e confusa, de ricos e de pobres, de sábios e de tolos, de bons e de maus. Antes de conceder o título de Patriota a um homem que trata o povo com bondade, devemos examinar para que parte do povo ele direciona sua atenção. Diz-se proverbialmente que aquele que disfarça seu próprio caráter pode ser conhecido pelo caráter de seus companheiros.[17] Se o candidato ao patriotismo tenta infundir opiniões corretas nas categorias superiores e, por meio da influência delas, controlar as categorias inferiores; se ele se associa principalmente com os sábios, com os moderados, com os ordeiros e com os virtuosos, é provável que seu amor pelo povo seja racional e honesto. Mas se sua dedicação for primeiramente ou principalmente para com aqueles que estão abaixo dos padrões normais, que são sempre e facilmente excitáveis; ou para com os fracos, que são naturalmente desconfiados; ou para com os ignorantes, que são facilmente desencaminhados; e para com os dissolutos, que não têm nenhuma esperança a não ser aquela vinda da maldade e da confusão; então, que ele não se vanglorie mais de seu amor pelo povo. Não se pode dizer de uma pessoa que ela ama seu país, por ter assado um boi, ou queimado uma bota,[18] ou assistido a uma reunião em Mile-end, ou registrado seu nome no *Lumber-troop*.[19] Ela pode, entre os bêbados, ser um

---

[17] Há inúmeras versões tradicionais de "Um homem é conhecido pelas companhias que tem" (Ou, em português, "Diz-me com quem andas e te direi quem és." (N. T.))

[18] Queimar uma bota em público era uma das formas de protesto favoritas contra John, conde de Bute. (No inglês boot=bota e o nome Bute são pronunciados da mesma maneira. (N. T.)) Com frequência acrescentavam uma combinação de mulher, para simbolizar a princesa de Gales.

[19] O local de reuniões em Mile End, no leste da cidade de Londres, era um lugar favorito para reuniões dos wilkitas durante as eleições de Middlesex.

"sujeito cordial" e entre artesãos sóbrios, um "cavalheiro que fala livremente"; mas deve haver alguma maneira melhor de distingui-lo antes de considerá-lo um *Patriota*.

Um Patriota está sempre pronto para aprovar reivindicações justas e animar as esperanças sensatas do povo; ele lembra a eles sobre seus direitos e os estimula a indignar-se com invasões e a aumentar a segurança.

Mas tudo isso pode ser feito apenas em aparência, sem patriotismo real. Aquele que estimula esperanças falsas para um objetivo específico só abre caminho para o desapontamento e o descontentamento. Aquele que promete esforçar-se para conseguir algo que, ele sabe, seus esforços serão incapazes de conseguir, só quer enganar seus seguidores por meio de uma afirmação sem base sólida de uma intenção ineficaz.

O verdadeiro Patriota não promete facilmente: ele não se compromete a abreviar parlamentos,[20] a rejeitar leis ou a mudar a forma de representação que nos foi transmitida por nossos antepassados. Ele sabe que o futuro não está em seu poder, e que nem todas as épocas são favoráveis a mudanças.

E ainda com menos frequência ele faz uma promessa vaga e indefinida de obedecer às ordens de seus constituintes.[21] Ele sabe

---

O Lumber-Troop era um de uma série de clubes wilkitas (veja Horace Bleackley, *Life of John Wilkes*, 1917, p. 222).

[20] A rejeição do Decreto Septenial e a convocação de parlamentos anuais ou trienais eram defendidas pelos grupos "reformistas" por muitas décadas. (O próprio SJ o fez em um determinado momento, em "The State of Affairs in Lilliput" (1738), reproduzido nesta edição com os *Parliamentary Debates*.)

[21] O fato de os constituintes darem "instruções" a seus membros do Parlamento (ou pelo menos, como SJ indica, por uma reunião barulhenta de alguns

os preconceitos das facções e a inconstância da multidão. Primeiro, ele iria investigar como interpretar a opinião de seus constituintes. As instruções populares são normalmente a tarefa não daquelas pessoas sábias e controladas, mas dos violentos e apressados; os membros – a não ser os ociosos e os dissolutos – raramente assistem às reuniões realizadas para direcionar representantes. E ele tem certa suspeita de que entre seus constituintes, como entre outros grupos de homens, normalmente os sábios são a minoria.

Ele se considera eleito para promover o bem público e para evitar que seus constituintes, com o resto de seus conterrâneos, não só causem dano aos demais, mas causem dano a si próprios.

Tendo examinado as características comuns do patriotismo e mostrado que elas são do tipo que pode ser fingido por meio de artifícios, ou aplicadas erroneamente, não pode agora ser impróprio considerar se não há alguns modos de falar ou de agir que podem provar que um homem *não é um Patriota*.

Nessa investigação, talvez possamos descobrir evidências mais claras e chegar a uma convicção mais firme: pois normalmente é mais fácil saber o que está errado do que o que está certo; descobrir aquilo que devemos evitar em vez daquilo que devemos buscar.

Como a guerra é um dos males nacionais mais penosos, uma calamidade, no qual todos os tipos de tristeza estão envolvidos; como ela põe em risco a segurança geral, interrompe o comércio e despovoa o país; como ela expõe grandes números de pessoas a

---

deles) foi popular durante as décadas de 1760 e 1770. A resposta clássica a essa prática é o discurso de Burke para os eleitores de Bristol em 1774, que ocorreu mais ou menos à mesma época em que SJ estava escrevendo *O patriota* (Burke, *Works*, Boston, 1865-76, II. 89-98).

privações, perigos, escravidão e morte, nenhum homem que deseje a prosperidade pública estimulará o ressentimento geral agravando afrontas insignificantes ou fazendo cumprir direitos disputáveis de pouca importância.

Pode, portanto, ser afirmado com segurança que não são Patriotas aqueles homens que, quando a honra nacional foi defendida à vista da Europa, e quando os espanhóis, tendo invadido aquilo que eles chamam de seu, foram reduzidos a uma refutação de sua tentativa e ao relaxamento de suas reivindicações, ainda nos teriam instigado para a guerra por um local tristonho e árido no oceano de Magalhães do qual não queríamos fazer uso a não ser como um lugar de exílio para os hipócritas do patriotismo[22].

No entanto, não nos esqueçamos de que pela violência uivante da ira patriótica a nação ficou durante algum tempo exasperada a ponto de enlouquecer e por uma rocha desnuda sob um céu tempestuoso poderíamos estar lutando e morrendo até agora se nossos rivais não fossem mais sábios que nós; e aqueles que agora estão procurando obter o favor do povo, professando, com muito barulho, ter espírito público, teriam, enquanto contavam os lucros de seu artifício, desfrutado o prazer patriótico de ouvir às vezes que milhares tinham sido mortos em uma batalha e às vezes que uma marinha havia sido despovoada pelo ar envenenado e pela comida infectada.

Aquele que deseja ver seu país ter seus direitos roubados não pode ser um Patriota.

---

[22] Uma referência ao incidente das Ilhas Falkland, 1771 (veja pp. 577-633, anteriormente, "Reflexões sobre as Ilhas Falkland", de SJ).

Aquele homem, portanto, que justifica as reivindicações ridículas de usurpação americana[23] e que tenta privar a nação de sua autoridade natural e legal sobre suas próprias colônias não é nenhum Patriota. Aquelas colônias que foram estabelecidas sob a proteção da Inglaterra foram constituídas por uma carta inglesa e foram defendidas pelas armas inglesas.

Supor que, ao estabelecer uma colônia, a nação estabeleceu um poder independente; que, quando, por indulgência e favor, os emigrantes se tornam ricos, não contribuirão para sua própria defesa a não ser quando estejam dispostos a tal; e que eles não serão incluídos, como milhões de seus co-súditos, no sistema geral de representação, envolve tal acúmulo de absurdos que nada a não ser a exibição do patriotismo poderia aceitar.

Aquele que aceita proteção estipula obediência. Nós sempre protegemos os americanos; podemos, portanto, submetê-los ao governo.

O menor está incluído no maior. Aquele poder que pode tirar a vida pode tomar a propriedade. O Parlamento pode promulgar uma lei de pena capital para a América; pode, portanto, estabelecer uma forma e uma taxa de tributação.

Mas há alguns que lamentam a situação dos pobres bostonianos,[24] porque não é possível que todos eles tenham cometido atos

---

[23] Agitação sobre os negócios coloniais americanos vinha ocorrendo desde que Grenville impôs a Lei do Selo, 1765. Nos próximos parágrafos, SJ faz um resumo das opiniões sobre as colônias que ele já havia expressado em "Observações sobre uma carta de um refugiado francês" (1756), pp. 307-21, anteriormente, e irá elaborá-las em "Tributação, não tirania" (1775) p. 685, a seguir.

[24] Após a "Boston Tea Party", em 1773, o governo havia fechado o porto de Boston.

de rebelião e, no entanto, todos estão envolvidos na penalidade que lhes foi imposta. Isso, dizem eles, é uma violação da primeira regra da justiça, condenando o inocente a sofrer pelo culpado.

Isso merece alguma atenção, já que parece ditado pelo princípio de eqüidade e humanidade; no entanto, pode causar desprezo pela ignorância da condição humana e do sistema das coisas que demonstra. Que o inocente seja confundido com o culpado é sem dúvida alguma um mal; mas é um mal que nenhum cuidado ou precaução pode evitar. Os crimes nacionais exigem punições nacionais, das quais muitos, que não incorreram nessas punições por culpa pessoal, são obrigados necessariamente a participar. Se os rebeldes fortificarem uma cidade, o canhão da autoridade legal irá pôr em perigo da mesma maneira os burgueses inocentes e a guarnição criminosa.

Em alguns casos, aqueles que mais sofrem são aqueles a quem não havia intenção de ferir. Se os franceses na última guerra tivessem tomado uma cidade e permitido que os nativos mantivessem suas casas, como é que a cidade poderia ser retomada a não ser com um massacre de nossos amigos? Uma bomba poderia igualmente destruir um inglês ou um francês; e pela fome, sabemos que os habitantes seriam os primeiros a perecer.

Essa inflicção de um mal promíscuo pode, portanto, ser lamentada, mas nenhuma culpa pode ser atribuída. O poder do governo legal deve ser mantido; e quanto às misérias que a rebelião produz, os únicos que podem ser responsabilizados por elas são os rebeldes.

Aquele homem que nega a seus governos os elogios que lhes são devidos e que oculta da população os benefícios que ela recebe também *não é um Patriota*. Aqueles, portanto, que acusam o último Parlamento de falta de espírito público não podem ter direito a esse ilustre título. Uma assembleia de homens, que, apesar de algumas oscilações em seus conselhos e alguma fragilidade de atuação, deve sempre ser lembrada pela nação com gratidão, já que esta deve a eles uma enorme concessão na redução de proteções[25] e uma tentativa sábia e honesta de aprimorar a Constituição na nova judicatura instituída para o julgamento de eleições.[26]

O direito de proteção, que poderia ser necessário quando foi originalmente reivindicado, e que era coerente com aquela liberalidade de imunidades que a constituição feudal adorava, era por sua natureza passível de abuso, e tinha, na verdade, sido mal aplicado algumas vezes, com evasão da lei e derrota da justiça. O clamor talvez não tenha sido proporcional ao mal; e nem se tem muita certeza de que o bem possível resultante desse privilégio não era mais que igual ao mal possível que dele resultava. No entanto, é claro que, se eles deram ou não alguma coisa à população, pelo menos perderam alguma coisa eles próprios. Despojaram sua dignidade de uma distinção muito esplêndida, e mostraram assim que estavam mais dispostos do que seus antecessores a ficar no mesmo nível que seus co-súditos.

---

[25] O estatuto 10 Geo. III, c. 50, que limitava a imunidade de ser preso por dívidas e ação civil concedida aos membros do Parlamento. Veja Lecky, cap. X.

[26] O Ato das Eleições, de Grenville, 1770, que tirou a jurisdição sobre eleições contestadas do partidarismo escandaloso de julgamentos feitos pela totalidade da Câmara dos Comuns e transferiu-a para uma comissão pequena e imparcial. Veja n. 30, p. 560 anteriormente. SJ familiarizou-se com os abusos que descreve a seguir em conexão com as eleições fortemente contestadas em Lichfield (cf. *Politics*, cap. III).

Se for demonstrado que ela é eficaz, a nova forma de julgar as eleições difundirá suas consequências para ainda mais longe do que, pelo que parece, foi previsto. De um modo geral, creio eu, ela é considerada vantajosa unicamente para aqueles que têm assentos no Parlamento; mas, se escolher representantes é um dos direitos mais preciosos dos ingleses, cada eleitor deve achar que aquela lei está aumentando sua felicidade, porque torna o seu voto mais eficaz, já que era inútil escolher quando a eleição poderia ser controlada por qualquer outro poder.

Não é necessário relatar aqui com que arrogante desprezo dos direitos antigos e com que ousadia de autoridade arbitrária os antigos Parlamentos julgavam as disputas sobre eleições. Dizem que a reivindicação de um candidato e o direito dos eleitores mal eram examinados pelas consciências; eram, sim, decididos por partidos, por paixões, por preconceitos ou por brincadeira. Ter amigos no distrito não era muito útil se lhe faltavam amigos na Câmara; encontravam logo uma desculpa para evitar que houvesse uma maioria, e o assento finalmente era daquele que tinha sido escolhido pelos demais senadores e não pelos seus eleitores.

Assim a nação foi insultada com uma eleição de imitação e o Parlamento se encheu de representantes espúrios; um dos direitos mais importantes, o de fazer parte do conselho supremo do reino, foi debatido em meio a gracejos, e ninguém podia confiar no sucesso apenas pela justiça de sua causa.

Agora, uma eleição contestada é julgada com os mesmos escrúpulos e seriedade que qualquer outro título. O candidato, que mereceu a bondade de seus vizinhos, pode agora estar certo de que irá desfrutar o resultado da aprovação deles; e o eleitor, que votou honestamente pelo mérito conhecido do candidato, pode estar certo de que não votou em vão.

Assim era o Parlamento que alguns daqueles que estão agora aspirando a sentar-se em um outro ensinaram à ralé a considerar uma convenção ilegal de homens, inúteis, venais e prostituíveis, escravos da Corte e tiranos do povo.

O desejo de todos que querem o bem da população é que a próxima Câmara dos Comuns possa agir dentro dos princípios da última, com mais constância e ânimo forte. E certamente não é esperar demais que a nação vá se recuperar de sua ilusão e se unir na abominação daqueles que, ao enganar os crédulos com problemas fictícios, ao dominar o fraco com a audácia da falsidade, ao apelar para o julgamento dos ignorantes, ao lisonjear a vaidade da mediocridade, ao caluniar a honestidade e insultar a dignidade reuniram à sua volta tudo que o reino pode prover que seja desprezível, vulgar e libertino; e "elevados pelo mérito até essa eminência ruim"[27] arrogam a si próprios o nome de *Patriotas*.

Finis.

---

[27] Milton, *Paraíso perdido*, II.5-6: "Satan exalted sat, by merit raised/ To that bad eminence". ["Enaltecido Satã estava sentado, elevado pelo mérito/àquela eminência ruim." (N. T.)]

Tributação, não tirania (1775)

Enquanto Johnson estava escrevendo *O patriota* no outono de 1774, a primeira sessão do Congresso Continental Americano estava se reunindo na Filadélfia (5 de setembro a 26 de outubro). A formação desse organismo, que iria continuar a existir até sua substituição em 1789, sob a Constituição recentemente adotada pelo Congresso dos Estados Unidos, foi talvez o ato individual mais decisivo em uma longa série de incidentes que levou à secessão das Treze Colônias da Grã-Bretanha e ao estabelecimento da nova república. A não ser pela Geórgia, os delegados das demais colônias estavam presentes. A iniciativa de convocar o Congresso foi da Casa de Assembleia de Massachusetts, que tinha decidido resistir às medidas de coerção adotadas pelo governo britânico na primavera de 1774 para fazer cumprir as leis comerciais e de navegação naquela província. O Congresso dedicou sua primeira sessão principalmente à formulação dos princípios sob os quais as colônias concordaram em adotar sua posição em suas relações com a Grã-Bretanha – princípios que, logo ficou claro, eram incompatíveis com aqueles sob os quais o governo central se propunha a agir. O governo expressou esses princípios em uma série de documentos escritos de maneira muito convincente e muito bem divulgados; uma série de "resoluções" (às vezes chamadas de "Declaração de Direitos" ou "Lei de Direitos", por analogia com aqueles instrumentos famosos da história britânica do século XVII) que asseguravam, como de direito, a autonomia das colônias em assuntos referentes à legislação fiscal; discursos ao rei e ao povo da Grã-Bretanha, declarando seus agravos e justificando suas ações; e um apelo ao povo da recém-formada província de Quebec para que se juntasse à sua causa. Todas essas resoluções expressas em uma retórica extraordinária (o escritor principal parece ter sido John Dickinson) foram reproduzidas amplamente nos jornais, revistas e panfletos britânicos no final de 1774 e começo de 1775.

Para dar uma resposta quase oficial a esse manifesto extremamente importante e de grande influência, o ministério de North contratou os serviços do escritor mais habilidoso entre seus seguidores, Samuel Johnson. O principal intermediário parece ter sido Sir Grey Cooper, secretário do Tesouro. Não há dúvida de que William Strahan, que imprimiu a obra e foi um Membro do Parlamento fortemente a favor do governo, também ajudou a transmitir os desejos do governo a Johnson e a suavizar a linguagem ousada de Johnson para que ela chegasse aos termos mais conciliatórios que o governo queria empregar. "Que humilhante para o grande Johnson! Ter seu trabalho revisto por Cooper", escreveu Boswell, originalmente na *Life* (mas talvez, como Cooper ainda era uma força política de algum poder, tenha pensado um pouco e riscado o que tinha escrito).[1] Humilhado ou não, Johnson ficou enojado, como escreveu a Strahan no dia 1º de março (*Letters* 381): "Fiquei muito

---

[1] R.W. Chapman, "Boswell's Revises of the Life of Johnson," in *Johnson and Boswell Revised* (1928), p. 37.

sentido de ver que todas as alterações sugeridas são uma prova de timidez. Você pode ter certeza de que eu não desejo publicar aquilo que aqueles para quem escrevo não gostariam de ver publicado", e no dia 3 de março (*Letters* 382) depois de devolver, sem nenhuma mudança, as provas que tinham sido revistas "pela autoridade", diz: "Não tive grande dificuldade em me persuadir a aceitar as alterações, pois por que é que eu deveria, em defesa do Ministério, provocar aqueles a quem em sua própria defesa eles não ousam provocar. – Mas será que homens assim são adequados para serem os governadores do reino?" Muitas das alterações foram feitas na conclusão enfática do panfleto. Johnson discordou: – "Ele termina bastante bem assim como está" – e pediu a Strahan que imprimisse "meia dúzia de cópias na versão original" para ele. Essas cópias nunca foram encontradas; Chapman sugere que "Strahan pode ter tido medo de imprimi-las", embora isso pareça pouco provável. Boswell, no entanto, tinha umas poucas folhas da revisão guardadas, que continham mudanças estilísticas com a letra de Johnson e coisas importantes que tinham sido apagadas (registradas nas notas de rodapé a seguir). Mas falta a conclusão.

As revisões haviam sido encomendadas porque, como Johnson irá observar em sua carta de 3 de março, a política de North naquele momento era uma espécie de conciliação feita com certa má vontade; pouco tempo antes ele tinha introduzido seu próprio projeto de lei sobre "Conciliação" no Parlamento que fazia certas concessões às demandas dos colonos. Mas foi inútil: as coisas tinham ido longe demais para que uma proposta assim fosse eficaz, e os americanos desdenhosamente rejeitaram a iniciativa. Historiadores modernos concordam que em 1775 o movimento pela autonomia americana havia atingido o ponto em que as resoluções do Congresso eram apenas uma formulação de assuntos sobre os quais a opinião americana tinha endurecido há muito tempo, e não a introdução de proposições novas e ainda passíveis de debate. Johnson, ao contrário de North, parece ter entendido isso: se "Tributação, não tirania" foi ineficaz como propaganda, foi porque o momento para propaganda, para discussões, para "diálogo" já havia passado há muito tempo. As resoluções do Congresso eram um manifesto, um preâmbulo para a declaração de independência, se necessário, até para uma declaração de guerra. "Tributação, não tirania", fosse qual fosse a intenção do ministério para ele, era um contramanifesto, uma "Declaração de Direitos" do súdito britânico (e contribuinte) contra os súditos americanos. A questão tinha se fundido: Johnson não estava interessado em persuadir os americanos a mudar de ideia e sim em apresentar uma exposição eficaz do caso britânico para "um mundo honesto", a fim de que a posteridade, se necessário, o julgasse.

E o que era aquele caso? Ele está resumido no título da peça: a tributação não é, como a retórica patriótica americana parecia afirmar, tirania, escravização, correntes. Como muitos daqueles que deploram "Tributação, não tirania" parecem não tê-lo lido cuidadosamente ou estar cientes de que nele Johnson está desenvolvendo um argumento coerente que merece ser levado a sério, pode ser útil apresentar aqui um esboço daquele argumento:

> É autoevidente [começa Johnson] que o organismo governamental supremo de qualquer comunidade tem o direito de arrecadar tributos de seus membros com o objetivo de aumentar o bem-estar da população.

SAMUEL JOHNSON

Os publicistas americanos negam essa proposição aceita universalmente. Muito tem sido dito sobre as privações e (contraditoriamente) da prosperidade e do poder dos americanos, da dificuldade de coagi-los e da perda de nosso comércio provocada pela nossa tentativa de coagi-los. Mas tudo isso não vem ao caso, que é a afirmação que os americanos fazem de que a tributação que a Grã-Bretanha arrecada deles é inconstitucional. Esse ponto precisa ser examinado.

"Um imposto é um pagamento exigido pela autoridade de parte da comunidade para o benefício de toda ela." As colônias americanas não negam que elas se beneficiaram da proteção britânica, mas afirmam que só elas podem decidir qual será sua contribuição — se é que deve haver alguma — para o custo da manutenção dessa proteção. Isso levanta a questão da natureza de uma colônia. Em tempos passados, as colônias que surgiam da mãe pátria imediatamente tornavam-se nações independentes e assim permaneciam. Mas com a organização política e econômica mais complexa da sociedade moderna, isso não ocorre com as colônias modernas; o governo central da nação colonizadora mantém sua onicompetência, embora os poderes de governo local possam ser delegados às colônias mais distantes e mais desenvolvidas. Mas esses poderes continuam a ser apenas delegados e podem ser retomados pelo governo central a qualquer momento se as ações da colônia parecem ameaçar o bem-estar geral.

Afirma-se (seguindo Locke) que a origem do poder de tributação do governo é o consentimento daqueles que são tributados; que esse consentimento é dado através de seus representantes no Parlamento e os americanos não têm tais representantes. Mas essa teoria é errônea: na Grã-Bretanha, só uma pequena proporção dos contribuintes tem alguma voz na escolha dos membros do Parlamento, e, mesmo dentre esses, em uma eleição restrita, "quase a metade deles deverá ser governada não só sem sua escolha, mas contra ela". O governo obtém seus poderes não do mito da representação, mas do consentimento tácito dos governados.

A primeira Resolução do Congresso, de que eles não cederiam a qualquer poder o direito de dispor de sua vida, liberdade e propriedade, é correta, mas insignificante: isso só é assim enquanto eles permanecerem em "um estado de natureza". Mas eles contradizem isso em sua segunda Resolução, que diz que seus antecessores, ao emigrarem, mantiveram seus direitos como ingleses; se eles eram ingleses, tinham não só os direitos, mas também as condições de sujeição à lei inglesa – tinham se tornado sujeitos a serem privados, *sem* seu consentimento, de suas vidas e de sua liberdade (pela lei penal) e de sua propriedade (pela legislação tributária). É bem verdade que eles mantinham seus *direitos* como ingleses de elegerem representantes para o Parlamento, mas o oceano que os separava fazia com que o exercício desses direitos fosse fisicamente impossível. Muita coisa foi dita sobre os direitos que lhes eram conferidos pelos vários decretos provinciais; mas esses direitos, originários de decretos, são tão facilmente revogáveis quanto os próprios decretos – como o são os privilégios de uma corporação. Apelar para uma analogia com a Irlanda, que tem seu próprio Parlamento, não funciona: por estatuto, o Parlamento britânico pode fazer leis para a Irlanda. É verdade que as assembleias locais americanas têm o poder de arrecadar impostos para objetivos locais; mas o mesmo ocorre com qualquer paróquia inglesa, cujos habitantes, apesar disso, continuam sujeitos à tributação pelo Parlamento. A questão de dar representação no Parlamento para os americanos levanta uma série de problemas práticos difíceis de resolver; mas, na verdade, eles não estão assim tão ansiosos por essa representação: "eles não têm a intenção de intercambiar dinheiro sólido por tal honra ilusória".
Com a convocação do Congresso, eles na verdade assumiram a postura de uma nação independente: declararam guerra econômica à Grã-Bretanha e, "sendo agora, em sua própria opinião, estados livres, não só estão recrutando exércitos mas também formando alianças". Sua exortação para que o povo de Quebec se juntasse a eles parece estranhamente contraditória ao lado de sua condenação da concessão do

Parlamento de tolerância religiosa (Papado) a Quebec. Suas queixas sobre injustiça para com os bostonianos são insensatas; os bostonianos desobedeceram à lei deliberadamente e devem ser unidos. O estabelecimento de tribunais da marinha também é necessário para preservar as leis. Sua queixa sobre a nomeação de governadores e magistrados ineficientes é justificada; mas outras partes dos domínios britânicos também sofrem com esse tipo de nomeação.

Argumentou-se que a riqueza extorquida por meio da tributação dos americanos será usada também para escravizar os britânicos. Isso é uma fantasia. No passado, o fluxo de riqueza foi na outra direção, na forma de gastos com a defesa britânica. Os escritores fingem acreditar que a Coroa e não o Parlamento tem o poder de arrecadar impostos. Mas embora eles tenham a esperança de gerar animosidade na mente de seus ouvintes com essa conversa sem nexo, são inteligentes o bastante para não acreditar nela; seu professor na arte de propaganda foi o "mestre da intriga", Franklin. O absurdo do manifesto do Congresso fica evidente se imaginarmos um manifesto análogo elaborado por um Congresso na Cornualha. Especialmente absurda e perniciosa é a conversa vaga sobre "escravidão," que vem com relutância especial dos escravagistas do sul.

Como os americanos "se consideram livres de obediência e acham que não são mais súditos da coroa britânica", a questão, agora, é se devemos ceder a essa reivindicação ou resistir a ela por meio da força. Muita emoção foi consumida e muito alarme gerado para nos dissuadir de usar a força; esquemas engenhosos de conciliação foram sugeridos, que, no entanto, deixam a questão básica de autoridade não-resolvida. No entanto, parece difícil, tendo gasto tanto a fim de evitar que as colônias fossem capturadas pelos franceses, agora deixá-las partir; teria sido melhor dar-lhes a independência antes da guerra com a França (se é que íamos perdê-las de qualquer maneira) ou até devolver o Canadá para os franceses e ver o que acontece com o desejo de independência deles. O Parlamento, no entanto, parece ter decidido a favor da coerção; se isso é verdade, o melhor método será enviar uma força militar tão grande que os intimide o suficiente para que se entreguem sem derramamento de sangue. Aqueles que realmente merecem punição são seus "amigos" britânicos que fomentaram essa discórdia. Se ganharmos, estabeleçamos o governo da América com uma base mais segura. No fim, no entanto, se perdermos, esperemos que algum tipo de relações amigáveis possa ser restaurado entre a nova nação e os britânicos, mesmo que os britânicos fiquem em uma situação de inferioridade.

O objetivo de Johnson, na primeira e mais longa seção do panfleto, é demolir os argumentos superficialmente legalistas e "patrióticos" propostos pelo Congresso para justificar as ações dos americanos – mostrar que eles são de uma hipocrisia absurda e que nem os próprios autores acreditam neles. Os verdadeiros motivos daqueles que as inspiraram são diferentes, e Johnson insinua fortemente que esses motivos são o engrandecimento e o enriquecimento próprios. Deixando de lado a questão de quais seriam os motivos verdadeiros de homens como Sam Adams e Patrick Henry – e houve uma época em que alguns historiadores, sobretudo Beards, teriam concordado com Johnson, ao achar que eles não eram totalmente idealistas –, podemos explorar a questão da validade dos argumentos propostos pelo Congresso. Estes podem ser resumidos em três: os dois primeiros são constitucionais: primeiro, será que o governo central em Westminster e o Parlamento da Grã-Bretanha têm o direito constitucional de fazer cumprir a legislação fiscal nas partes distantes dos domínios britânicos, e segundo, "a tributação sem representação" é legal e equitativa? O Congresso responde "não" e Johnson "sim" a essas duas perguntas. A primeira pergunta foi plenamente debatida na década de 1920 por dois eminentes historiadores americanos: C. H. McIlwain, em *The American Revolution: A Constitutional Interpretation* (1923), defendia a resposta negativa, e R. L. Schuyler, em *Parliament and the British Empire: Some Constitutional Controversies Concerning Imperial Legislative Jurisdiction* (1929) defendia com veemência a proposição de que "A jurisdição do Parlamento nunca foi limitada ao território da Inglaterra. Desde tempos primórdios os parlamentos eram imperiais em termos do alcance de sua autoridade" (p. 33). Um historiador mais recente, Richard Pares, adjudicou entre os dois (*George III and the Politicians*, 1953, p. 32, n. 2), concluindo: "Só posso dizer que, em minha opinião, o professor Schuyler tinha o argumento melhor." E ninguém até agora parece ter enfrentado o desafio de Pares. Quanto à "tributação sem representação", é um evento tão comum e aceito como parte da vida de um indivíduo no século XX (como em todos os séculos anteriores) – mesmo em Massachusetts, onde se protestava em tão altas vozes contra a doutrina[2] –, que até as conotações emocionais da frase praticamente desapareceram; se um político moderno a

---

[2] Além daqueles mencionados por Gipson na passagem que se segue, residentes americanos regularmente tributados sem representação incluem menores de idade, estrangeiros, residentes de um estado empregados em outro e residentes de uma comunidade fazendo compras em outra comunidade que arrecada um imposto de consumo (até 1917, era incluída a ampla categoria das mulheres). Na década de 1950, a Comunidade de Massachusetts repudiou vigorosamente os apelos ao princípio de "nenhuma tributação sem representação" feitos pelos residentes de New Hampshire que estavam empregados em Massachusetts e eram tributados segundo o imposto de renda do estado de Massachusetts, mas não tinham o direito de votar lá. A disputa chegou ao ponto de colocar na prisão por um período indefinido (até que ele concordasse em pagar o imposto) um homem inconformado de New Hampshire que se baseou, literalmente, na história americana.

usasse seriamente iriam rir dele. O falecido L. H. Gipson, um dos historiadores mais respeitados do período, deu sua opinião sobre essas duas perguntas básicas nos parágrafos finais do livro no qual destilou seu enorme conhecimento sobre os eventos que levaram à Revolução Americana (*The Coming of the Revolution, 1763-1775*, 1954, pp. 233-34):

> Nos dias atuais, as posições fundamentais adotadas pela Grã-Bretanha e pela América no ano 1775 foram invertidas. Pois a Grã-Bretanha no século XX repudiou sua posição anterior de que a soberania era indivisível na Europa... Os Estados Unidos, por seu lado, como resultado da conclusão da Guerra Civil, repudiaram, com a mesma intensidade, a ideia da Guerra Revolucionária, segundo a qual cada estado é uma entidade soberana no sistema federal, a favor do conceito unitário de que a soberania se apóia na nação americana como um todo... Finalmente, sobre a questão de tributação sem representação, a posição americana inicial também foi desconsiderada. Com o surgimento do Distrito de Columbia, o estabelecimento de territórios e a aquisição de possessões no estrangeiro, o governo federal, apoiado em seus poderes pela Suprema Corte nos Casos Insulares, assume o direito de tributar pessoas que não são – e talvez nunca o sejam – representadas no Congresso.

Em suma, nas duas questões principais discutidas em *Tributação, não tirania*, os americanos, na prática, chegaram à mesma conclusão que Johnson.

A terceira questão, a afirmação do Congresso de que as políticas seguidas pelos ministérios de George III inevitavelmente levariam à "escravização" do povo britânico, bem assim como dos americanos, parece a Johnson o cúmulo da hipocrisia fantástica: não há evidência alguma dessa tendência; como ele diz, secamente: "A atual geração [dos britânicos, que estão pagando o custo da Guerra dos Sete

Anos] parece achar que está mais arriscada a precisar de dinheiro do que a perder a liberdade". Historiadores há muito exploram o mito da conspiração de George III para ampliar seus próprios poderes e tornar-se um déspota absoluto; e os britânicos que em 1780 perpetraram as Rebeliões Gordon dão ao leitor moderno a impressão de ter estado precisando de menos – e não de mais – liberdade de ação individual.

É difícil, portanto, ver como Johnson pode estar errado em qualquer das três posições que ele defende na primeira parte do panfleto. E que dizer da seção final, onde ele fala sobre o que deveria ser feito sobre a situação americana? Ele discute as várias alternativas. A de "conciliação",³ de transigência, deve ser rejeitada, porque não pode haver um meio-termo sobre a questão básica – ou o Parlamento tem a autoridade final sobre a América ou não tem. Se existe força, então ela deve ser usada, como Lincoln veio a usá-la em uma situação semelhante.⁴ Com efeito, o Parlamento já decidiu

---

³ A descrição de SJ dos argumentos dos "conciliadores" parece muitíssimo com partes do famoso discurso de Burke sobre conciliação. No entanto, o discurso só foi feito quinze dias depois da publicação do panfleto de SJ, e, presumivelmente, argumentos desse tipo eram comuns na vasta literatura de panfletos e periódicos da época.

⁴ "Quando é que a coerção pode ser aplicada por um estado para conter unidades ou grupos subordinados em seu território? O presidente Lincoln estava certo ao pedir a cooperação do Congresso para lhe permitir que salvasse a União Federal usando a força contra os secessionistas do sul, que insistiam que a União era apenas um pacto condicional entre estados plenamente soberanos? O rei e Lord North estavam certos sob as circunstâncias daquele momento quando pediram ao Parlamento que tomasse uma atitude drástica para controlar a insubordinação de elementos radicais na baía de Massachusetts a fim de evitar que o velho Império Britânico se desintegrasse? Em cada um desses casos, unidades subordinadas desafiaram o governo central, exigindo

sobre isso, e, portanto, Johnson o apoia, com a recomendação de que uma força assim tão grande seja usada para amedrontar os americanos e fazer com que eles se submetam sem derramamento de sangue. Se não for usada, então a existência da América como uma nação separada deve ser reconhecida. Embora Johnson dê todos os sinais aparentes de que vai rejeitar essa solução (o que havia sido recomendado com insistência por Dean Tucker, entre outros), a linha de seu raciocínio a essa altura não é muito convincente; ele apenas diz que parece difícil ter de ceder todo esse território depois de ter gasto tantos milhões durante a Guerra dos Sete Anos para salvá-lo dos franceses; seria, em suma, um golpe para o orgulho nacional britânico e talvez para o bolso britânico (embora Tucker negue esse último argumento).

No entanto, quando, em seu breve relato da história da colonização, Johnson observa que em épocas mais primitivas as colônias automaticamente tornavam-se comunidades independentes à época de seu estabelecimento, ele de modo algum desaprova essa prática; pelo contrário, é a história da colonização mais tardia, o tipo de colonização "imperialista" dos séculos XV e XVI, quando as colônias passam a ser extensões da mãe pátria, que ele condena, expressando um desejo profundo de que Colombo tivesse ficado em casa. O tom desconfortavelmente jocoso da última parte do ensaio

---

que esse último aceitasse sua própria interpretação daquilo que era constitucional por um lado e inconstitucional pelo outro. Em cada caso, unidades subordinadas se colocaram como juízes finais da constitucionalidade de medidas particulares, e em cada caso sua posição desafiou o conceito de unidade nacional. Diante desse desafio, George III e North, sabiamente ou não, não hesitaram em agir — exatamente como Lincoln tinha feito": L. H. Gipson, *The Coming of the Revolution*, p. 223.

pode nos fazer perguntar se, embora oficialmente decidido aqui a apoiar a política ministerial de coerção, o que talvez tivesse lhe dado maior prazer naquele momento seria, como ele colocou, "soprá-los para que desapareçam com o vento" [o que seria o equivalente a "deixar tudo isso para lá";] e pode ser significativo (embora, com o fim da peça atamancada pela revisão ministerial, não possamos ter certeza disso) que na verdade ele conclua contemplando a independência americana sem sintomas específicos de alarme. Johnson tinha, na verdade, com considerável pressentimento, discutido a possibilidade vinte anos antes, no meio da Guerra dos Sete Anos, quando foi previsto que as colônias francesas ao norte e oeste das colônias atlânticas poderiam já não ser francesas. "Teremos então," escreveu Johnson, em sua resenha – um tanto negligenciada – na *Literary Magazine*, 1756, das *Geographical Essays* de Lewis Evans,[5] "um aumento de território maior que uma quarta parte da Europa." Mas ele está bastante ciente de como o tema de expansão imperial é complexo e faz uma observação extraordinariamente inteligente: "Esse grande país, pelo qual estamos tão calorosamente estimulados a lutar, não será honestamente nosso mesmo se impedirmos que os franceses o tomem." É possível que possa ser feito nosso, em um sentido, pela emigração das Ilhas Britânicas, mas "como o fim de todas as ações humanas é a felicidade, por que qualquer quantidade de nossos habitantes deveria ser banida de seus negócios e de suas casas para um deserto sem trilhas?... Que vantagem... pode advir equivalente ao exílio dos primeiros cultivadores?" Essas perguntas são mais difíceis do que parecem achar imperialistas ingênuos

---

[5] Pp. 353-375, anteriormente.

como os pittitas. Mas, considerando a felicidade do indivíduo o critério primordial da conveniência da ação política, ele é forçado a concluir:

> Com esse autor, sempre achei que o temor de que as colônias americanas venham a romper sua dependência da Inglaterra é quimérico e inútil. No entanto, embora ele tente, para seu objetivo atual, mostrar como essas suspeitas são absurdas, não deixa de insinuar que há alguma coisa que deve ser temida se elas não forem bem utilizadas. Todos os homens e todas as sociedades têm o direito a toda a felicidade que pode ser desfrutada com a segurança da comunidade. Os americanos não devem ser excluídos dessa afirmação geral.

embora no momento a questão da independência não esteja em jogo, em virtude da ameaça dos franceses.

Apesar de seu alegado "ódio dos americanos" – que parece mais, segundo a evidência de "Tributação não tirania", um ódio da linguagem de alguns de seus publicistas, tanto britânicos quanto americanos – não há razão para pensar que em 1775 – não mais do que ele o tinha feito em 1756 – Johnson seriamente refutava o direito dos americanos de buscarem a felicidade da forma que lhes parecesse melhor. No entanto, ele não tinha certeza de que, no longo prazo, a felicidade deles seria mais facilmente alcançada se eles estimulassem a mitologia política e histórica incorporada nas declarações do Congresso Continental (que veio a ressurgir, de uma maneira mais estranha, dois anos mais tarde na Declaração da Independência); e aqueles historiadores[6] americanos que investiga-

---

[6] Além das obras de Gipson e Schuyler mencionadas anteriormente, Clinton Rossiter, *Seedtime of the Republic* (1953) e Bernard Bailyn, ed., *Pamphlets of the*

ram os mesmos assuntos discutidos em "Tributação, não tirania" parecem concordar que, mesmo hoje, os americanos não estariam em pior situação – e possivelmente poderiam estar em uma situação melhor – se abandonassem essa mitologia, por mais santificada que ela seja pela tradição, sempre que ela entre em conflito com a evidência histórica.

O panfleto surgiu dia 8 de março de 1775, e teve quatro edições em apenas um mês. Foi reimpresso, junto com os outros três textos políticos da década de 1770, em *Political Tracts*, 1776, após uma revisão considerável por parte de Johnson. O nome de Johnson foi imediatamente associado com o panfleto, por exemplo, na notícia sobre ele na *Gentleman's Magazine*. A recompensa de Johnson pelo esforço pode seu sido seu título honorário da Universidade de Oxford (Doutor em Direito Civil) que lhe foi conferido dia 30 de março, três semanas depois da publicação. O prêmio foi uma iniciativa do Chanceler da Universidade, que, talvez não por coincidência, era Lord North. A recepção à obra foi explosivamente hostil: em poucas semanas surgiu uma abundância de panfletos atacando o de Johnson, tais como *An Answer to a Pamphlet Entitled Taxation No Tyranny*, *Tyranny Unmasked*, *The Pamphlet Entitled Taxation No Tyranny Candidly Considered*, e até mesmo um intitulado *Taxation Tyranny!* A reação mais estranha, talvez, tenha sido a reimpressão de "O mármore Norfolk", que Johnson havia escrito 35 anos antes, com um prefácio sarcástico por "Tribunus". Algumas dessas respostas estão registradas na bibliografia de Johnson de W. P. Courtney,

---

American Revolution (1965), Vol. I, General Introduction, pp. 3-202, são particularmente úteis para acompanhar os argumentos ideológicos da época.

1915, e uma lista mais completa é dada em *Samuel Johnson in the British Press, 1749-1784: A Chronological Checklist* (1976), de Helen Louise McGuffie. A posição de Boswell sobre a questão americana (como no caso Wilkes) era contrária à de Johnson, e ele fez uma descrição coerentemente depreciativa do panfleto na *Life*. Mas, do coro de críticas, houve pelo menos dois dissidentes cujas opiniões vale a pena registrar. Um deles foi Sir John Hawkins, um advogado e magistrado experiente:

> Não só "Tributação, não tirania" nunca teve uma resposta, como também o reverso da proposição nunca chegou a ser provado por meio de argumentos baseados em princípios legais, fazendo assim com que fosse necessária uma defesa do raciocínio de Johnson para qualquer outro objetivo que não o de evitar que o ignorante seja enganado (*Life of Johnson*, org. B. H. Davis, 1961, p. 222).

O outro era um grande crítico de literatura e de política, que despejou sobre Johnson alguns dos comentários mais mordazes jamais emitidos, e de um modo geral o considerava o símbolo de tudo contra que ele tinha se rebelado. Mas Coleridge abriu uma exceção (*Table Talk*, 16 de agosto de 1833):

> Gosto mais dos panfletos políticos do Dr. Johnson do que de quaisquer outras partes de suas obras – particularmente seu *Tributação, não tirania* é muito inteligente e vivaz.

Coleridge continua, diluindo o que disse ao acrescentar "embora ele veja apenas a metade de seu tema, e mesmo assim, não de uma maneira muito filosófica"; mas, partindo de Coleridge, isso é um elogio surpreendente. A seguir ele nos dá uma breve dissertação sobre o próprio tema, embora seja difícil perceber de que maneira sua própria conclusão – "Quanto ao fato de o direito de tributar só ser viável com a representação direta, é uma fábula, falsa e traidoramente proposta por aqueles que conhecem muito bem sua falsidade" – é expressa mais filosoficamente do que os comentários do próprio Johnson sobre o tema.

O texto de "Tributação, não tirania" apresenta alguns problemas que foram discutidos por William B. Todd, "Concealed Editions of Samuel Johnson," *The Book Collector*, II, 1953 e D. J. Greene, "*The False Alarm* and *Taxation No Tyranny*: Some Further Observations," *Studies in Bibliography*, XIII, 1960. No último artigo, eu tento demonstrar, por meio de um estudo das muitas variações nas quatro edições de 1775 da obra, que Johnson introduziu um número de mudanças significativas na terceira edição daquele ano, algumas delas puramente estilísticas, outras relacionadas com o objetivo da obra; que essas foram abandonadas inadvertidamente na quarta edição, que, em grande parte, usou a segunda edição para sua versão manuscrita; e que quando Johnson, em 1776, reviu o trabalho para inclusão em sua coletânea *Political Tracts*, seguiu a quarta edição e assim não recapturou suas intenções mais maduras que haviam sido representadas na terceira edição. Seguindo esse raciocínio, mantive as mudanças estilísticas da terceira edição no texto que se segue, já que não parece haver nenhuma justificativa para reintroduzir uma escolha de fraseologia inferior apenas porque Johnson por acaso usou um manuscrito inferior para sua última edição revisada. Inconsistentemente, talvez, não me arrisquei a lidar com as mudanças de argumento substantivo da terceira edição com tanta ousadia; pode ser apenas por meio de uma inadvertência semelhante que Johnson em 1777 deixou de chamar o Congresso Continental "uma reunião sediciosa punível por lei", como tinha feito na terceira edição de 1755; mas, por outro lado, *é possível* que ele tenha se lembrado e decidido que a frase era forte demais, enquanto seria de todo impossível que ele houvesse trocado a palavra "floods" de novo para "streams" e com isso recriado a repetição da palavra "streams" que o uso de "floods" na terceira edição tinha a intenção de retificar.[7] O texto que damos a seguir, então, preserva as coisas incidentais da primeira edição, 1775, juntamente com as revisões substantivas feitas na edição de 1776, e *algumas* das revisões (estilísticas, mas não materiais) encontradas na terceira edição de 1775. Nas notas de rodapé, 75 (1) 75 (2), etc., significam a primeira, segunda, etc. edições de 1775, e 75 sozinho significa o consenso das quatro edições daquele ano.

As cinco páginas de prova da obra preservadas por Boswell[8] são uma evidência ainda maior do hábito de Johnson de fazer revisões detalhadas – e, é claro, da revisão exigida pelo governo. Boswell, em uma anotação manuscrita na parte de trás da página de prova 82, conta a história de como as adquiriu: "Parte dos Manuscritos para prova de "Tributação, não tirania" [*sic*], do Dr. Johnson que encontrei jogada como se fosse papel de rascunho na casa do Sr. Thrale em Streatham em maio de 1778. Preservei-os em virtude das várias pequenas variações, mas principalmente em virtude de um parágrafo sobre William, Duque de Chatham (páginas 95 e 96) que foi riscado antes da publicação. Pelo que me parece, o parágrafo refere-se também a Lord Camden, como ministro da Fazenda". As várias leituras nas provas foram incorporadas nas

---

[7] Veja nota 61, p. 710.
[8] Hoje em poder da Sra. Donald F. Hyde, a quem estou grato pela permissão de usá-las. Veja a ilustração que faz face com a p. 733.

notas de rodapé a seguir (as supressões estão entre parênteses de ponta <> e as inserções marginais e interlineares feitas na letra de Johnson, entre sinais de interpolação ^^).* Pode ser observado que a transcrição dada por Boswell na *Life* II 313-315 contém algumas pequenas imprecisões. As cinco páginas preservadas são 82, 89, 90, 95, 96. A última página da primeira edição, que é a página 91 e contém só três linhas, corresponde ao meio da página 95 da prova; isto é, um total de mais de quatro páginas foi retirado do texto até esse ponto. Além disso, a metade inferior da página 95 e a página 96 inteira da prova foram retiradas do texto publicado; e a cópia de prova continuava além da página 96, porque a última palavra naquela página ("whiggism") é uma palavra que pede continuação. Bem assim como as omissões registradas por Boswell na *Life*, as páginas de prova mostram inúmeras revisões estilísticas feitas por Johnson, que foram incorporadas na primeira edição. Também, e bastante interessante, há duas versões nas provas, que não aparecem como tendo sido corrigidas, que são diferentes daquelas da primeira edição: "every other act", que aparece na edição como "every act", e "miseries", que passa a ser "sufferings" na edição (p. 725, notas d, g no original). A primeira dessas diferenças pode ser resultado de um descuido na composição, mas a segunda parece ser uma mudança feita pelo autor para evitar a repetição de "miseries" dois parágrafos antes. Além disso, não são os dois parágrafos inteiros que estão marcados por Johnson para serem suprimidos, como a descrição de Boswell

---

* As notas referentes a essas inserções e supressões (assinaladas no texto original por letras e não por números) não foram colocadas na tradução, pois se referiam ao texto em inglês. (N. T.)

parece indicar – apenas a parte do primeiro desses parágrafos que vem depois da primeira frase (de "If a new monarchy" [se uma nova monarquia] até "may want a Chancellor" [pode querer um Tesoureiro] está marcada dessa forma). Presume-se, então, que as provas preservadas por Boswell não poderiam ser o conjunto final, devolvido por Johnson a Strahan dia 1º ou 2 de março, mas representam um estágio anterior de revisão. Johnson avisa a Strahan que ele já tinha abrandado o tom de sua conclusão: "O último parágrafo era realmente muito depreciativo, antes havia algo mais que eu mesmo tinha colocado" (*Letters* 381). Boswell registra que Johnson repete um outro texto que tinha sido apagado "por aqueles no poder" (*Life*, II. 313).

"TRIBUTAÇÃO, NÃO TIRANIA"; UMA RESPOSTA ÀS RESOLUÇÕES E AO DISCURSO DO CONGRESSO AMERICANO

Em todas as áreas do conhecimento humano, seja se nos restringirmos à ciência meramente especulativa ou àquela que opera na vida privada ou civil, são aceitos alguns princípios fundamentais, ou axiomas comuns, que, como são amplamente aceitos, duvida-se pouco deles, e como se duvida pouco deles, eles raramente têm sido provados.

O destino dessas verdades gratuitas[9] e reconhecidas é muitas vezes tornar-se menos evidente com as tentativas de explicá-las, por mais necessárias que essas tentativas possam ser em virtude da expectativa errônea de que sejam absurdas ou das sofísticas do

---

[9] Provavelmente no sentido da segunda definição no *Dictionary* de SJ, i.e., "afirmado sem prova".

George Grenville como ministro das Finanças, por Sir Joshua Reynolds. Coleção da Columbia University; doação de Sr. e Sra. John Bass.

interesse. É difícil provar os princípios da ciência porque é sempre possível encontrar noções que sejam mais inteligíveis que aquelas que estão sendo questionadas. É difícil provar os princípios da prática porque, em sua maioria, eles não foram descobertos pela investigação e sim impostos pela experiência, e o demonstrador irá descobrir, depois de uma dedução laboriosa, que ele está tentando fazer que uma coisa que só pode ser sentida seja vista.

Desse tipo é a posição que afirma que "o poder supremo de todas as comunidades tem o direito de exigir de todos seus súditos as contribuições que forem necessárias para a segurança ou a prosperidade públicas",[10] que foi considerada por toda a humanidade como sendo composta de condição primária e essencial de toda a sociedade política, até que começou a ser disputada por aqueles fanáticos da anarquia que negaram ao Parlamento da Grã-Bretanha o direito de arrecadar impostos das colônias americanas.

A favor dessa isenção, pela qual os americanos não estavam submetidos à autoridade de seu soberano legal[11] e ao domínio de sua

---

[10] Se isso é uma citação, a fonte não foi pesquisada. Mas pode ser apenas uma formulação do próprio SJ (de uma posição bastante comum em obras anteriores sobre o governo), e o itálico (aqui aspas duplas) apenas enfatiza sua importância como base do argumento que se segue. A *Monthly Review* (março 1775, p. 253), que dedica um espaço considerável ao exame da proposição, parece tratar a fraseologia como sendo do próprio SJ; o mesmo ocorre com Sir John Hawkins (*Life*, org. B. H. Davis, 1961, p. 218).

[11] Uma interpretação errônea séria da posição de SJ poderia ser provocada se acharmos que "soberano" aqui significa simplesmente o "rei George III." Como utilizado por Jean Bodin e a maioria dos autores subsequentes que escrevem sobre o governo, "sovereign" significa a autoridade final com competência total em qualquer estado, o *suprema potestas*, o "Legislativo" de Locke. Na Grã-Bretanha isso era e é o Parlamento, compreendendo o rei, os Lords e os Comuns.

mãe-pátria, ergueram-se clamores muito altos e foram feitas muitas afirmações precipitadas, que, por aqueles cujas opiniões apenas seguiam o que estava na moda, foram aceitos como argumentos; e o que é estranho, embora sua tendência seja diminuir a honra e o poder ingleses, essas opiniões foram ouvidas por ingleses que desejavam que elas fossem verdadeiras. A paixão, em sua primeira violência, dominou o interesse, como o redemoinho durante algum tempo corre contra a corrente.

Ter preconceitos sempre é ser frágil; no entanto, há preconceitos que, por serem quase laudáveis, foram muitas vezes elogiados e são sempre perdoados. Amar seu país foi sempre considerado uma virtude nos homens, cujo amor não poderia ser outra coisa se não cego, porque sua preferência foi feita sem nenhuma comparação; mas eu nunca tive a sorte de encontrar, em escritores antigos ou modernos, nenhuma menção respeitável àqueles que, com o mesmo tipo de cegueira, odiaram seu país.

Esses preconceitos antipatriotas são os abortos da Loucura impregnada pela Facção, que, sendo produzida contra a ordem normal da natureza, não tem força suficiente para uma vida longa. Eles nascem apenas para gritar e perecer, e deixar aqueles cuja generosidade foi empregada para criá-los para o mal, entregues ao desdém ou ao ódio.

Para desorientar a opinião pública, foram usados muitos artifícios, que, como normalmente ocorre quando a falsidade tem que ser mantida pela fraude, perdem sua força por neutralizarem uns aos outros.

A nação é às vezes apaziguada por uma história terna de homens que fugiram da tirania para rochas e desertos e é persuadida a abandonar todas as reivindicações de justiça e todo sentido de dignidade, por compaixão por um povo inocente que, tendo trabalhado duro por seu pão em um país selvagem e obtido pelo lento progresso da indústria manual os confortos da vida, são agora invadidos por opressão sem precedentes e saqueados de suas propriedades pelas harpias da tributação.

Dizem-nos que sua indústria é obstruída por restrições desnaturadas, e seu comércio limitado por proibições rigorosas; como os proíbem de desfrutar dos produtos de seu próprio solo, a manufaturar as matérias-primas que a natureza espalhou diante deles, ou a carregar seus próprios produtos para o mercado mais próximo; e certamente a generosidade da virtude inglesa nunca irá colocar um novo peso sobre aqueles que já estão sobrecarregados, e nunca ficará feliz com esse controle, que não pode ser exercido a não ser pela crueldade e pelo ultraje.

Mas enquanto estamos nos derretendo em tristeza silenciosa, e em arroubos de piedade delirante, deixando cair tanto a espada como a balança de nossas mãos, um outro amigo dos americanos acha que é melhor despertar outra paixão e tenta despertar nosso interesse ou estimular nossa veneração por meio de relatos de sua grandeza e de sua opulência, da fertilidade de sua terra e do esplendor de suas cidades. Nós então começamos a considerar a questão com mais equilíbrio mental e estamos prontos a concluir que aquelas restrições, que foram consideradas coerentes com o rápido crescimento da prosperidade, não são muito opressivas; e começamos a achar razoável que eles, que assim prosperam sob a proteção de nosso governo, devem contribuir com alguma coisa para esses gastos.

Mas logo nos dizem que os americanos, por mais ricos que sejam, não podem ser tributados; que eles são os descendentes dos homens que deixaram tudo pela liberdade e que eles constantemente preservaram os princípios e a teimosia de seus progenitores; que são obstinados demais para serem persuadidos, e poderosos demais para serem coagidos; que rirão dos argumentos e derrotarão a violência; que o continente da América do Norte contém três milhões, não apenas de homens, mas de *whigs*,[12] de *whigs* desejosos de liberdade e que escarnecem da autoridade; que se multiplicam com a fecundidade de suas próprias cascavéis, de modo que a cada quarto de século seus números duplicam.[13]

Homens acostumados a se considerar amos não gostam de ser ameaçados. Esse tipo de conversa, espero, é comumente ignorada ou desperta paixões diferentes naqueles a quem a intenção era estimular. Em vez de amedrontar o ouvinte inglês e forçá-lo a uma aquiescência inofensiva, ela o predispõe a apressar o experimento de subjugar a teimosia antes de ela se tornar ainda mais renitente e o convence de que é necessário atacar uma nação assim tão fecunda enquanto ainda podemos ter esperança de prevalecer. Quando lhe dizem como é extenso o território que teremos que atravessar para subjugá-los, ele lembra a enorme distância que viajamos, uns anos atrás, em sua defesa.[14] Quando se alega que eles se multipli-

---

[12] "Esse espírito glorioso do whiggismo anima três milhões na América": o duque de Chatham discursando na Câmara dos Lordes dia 20 de janeiro de 1775 (*Parliamentary History*, XVIII, 154).

[13] "Supõe-se que existam agora na América do Norte mais de um milhão de almas inglesas...Se esse milhão se duplicar, suponhamos, uma vez a cada 25 anos, em um século será maior que a população da Inglaterra." Benjamin Franklin, *Observations Concerning the Increase of Mankind and the Peopling of Countries*, 1751 (*Papers of Benjamin Franklin*, 1961, IV. 233). A cascavel como símbolo do radicalismo americano ficou conhecida graças à bandeira "Don't Tread on Me".

[14] I.e., durante a Guerra dos Sete Anos.

carão como a Hidra, ele naturalmente considera que a Hidra foi destruída.[15]

Nada desanima mais um comerciante do que a interrupção de seus lucros. Um povo comerciante, por mais magnânimo que seja, esquiva-se da ideia de um comércio decadente e de um saldo desfavorável.[16] O efeito desse terror já foi tentado. Ficamos atordoados com a importância de nosso comércio americano e ouvimos falar de comerciantes com armazéns que nunca serão esvaziados e de fabricantes passando fome por falta de trabalho.

Nunca negamos que nosso comércio com a América é lucrativo, por mais que as avaliações de sua grandeza tenham sido exageradas ou até enganosas,[17] e que é de nosso interesse preservá-lo; mas certamente ele será preservado mais eficientemente se for mantido sempre sob nosso próprio controle. As concessões poderão aumentá-lo por algum tempo, mas só nossa superioridade pode garantir sua continuidade. Sempre haverá uma parte, e sempre uma parte bem grande, de todas as comunidades que só se preocupa consigo mesma, e cuja preocupação consigo mesma não vai muito mais além do que

---

[15] A ênfase que SJ quer dar talvez fosse mais facilmente entendida se em vez de "que" ele tivesse usado "como".

[16] Para um visão geral das várias ideias expressas por SJ sobre o comércio, veja John H. Middendorf, "Johnson on Wealth and Commerce," in *Johnson, Boswell and their Circle: Essays Presented to L. F. Powell.* (1965), pp. 47-64. Neste parágrafo acima, SJ alude principalmente a um grupo de petições de comerciantes de Londres e outras cidades clamando pela conciliação das colônias, e debatido no Parlamento em janeiro de 1775 (*Parliamentary History*, XVIII, 167-82).

[17] Segundo uma comunicação no *Public Advertiser*, 17 de janeiro de 1769 (talvez por Benjamin Franklin), a perda do comércio britânico como resultado de acordos de não-importação e de não-consumo dos americanos chegava a alcançar, então, £ 7.250.000 (L. H. Gipson, *The Coming of the Revolution, 1763-1775*, 1954, p. 193).

impaciência com a dor imediata, e ansiedade pelo bem mais próximo. Dizem que os cegos têm o tato peculiarmente apurado. Aqueles que só olham um pouco para o futuro talvez tenham uma sensação mais rápida do presente. O desejo de um comerciante não é glória, e sim ganho; não é a riqueza pública, mas o emolumento privado; é raro, portanto, que ele seja consultado sobre guerra e paz ou quaisquer planos de grande extensão e conseqüências longínquas.

No entanto isso, como outras características gerais, às vezes não é como o esperado. Os comerciantes de *Birmingham* se livraram de todas as acusações de forte egoísmo por meio de uma viril recomendação ao Parlamento sobre os direitos e a dignidade de seu país nativo.[18]

A esses homens não tenho intenção de atribuir uma falta de interesse absurda e irracional, e sim lhes dar o elogio racional e justo de terem distinguido aquilo que é real daquilo que é aparentemente bom, de serem capazes de ver, através da nuvem de dificuldades que se interpõe, a felicidade duradoura e sólida da vitória e da colonização.

Se todos esses argumentos persuasivos falharem, o grande ator do patriotismo[19] tenta outro, no qual o terror e a compaixão estão combinados de uma maneira apropriada, não sem uma outra adição

---

[18] Em oposição às petições mencionadas anteriormente, um grupo de comerciantes de Birmingham apresentou uma petição no sentido de que "seus requerentes estão apreensivos que qualquer relaxamento na execução das leis relacionadas com as colônias da Grã-Bretanha tenderão, em última instância, a prejudicar o comércio dessa cidade e de sua vizinhança" (*London Chronicle*, 31 jan.-6 fev. 1775).

[19] Chatham. SJ a seguir faz uma paráfrase do discurso de Chatham do dia 20 de janeiro (n. 16 acima). "Terror e compaixão" (da *Poética* de Aristóteles) levam adiante a figura do "grande ator".

adequada daquela admiração que as épocas recentes trouxeram para o drama. Os heróis de Boston, ele nos diz, se a Lei do Selo não tivesse sido revogada, teriam deixado sua cidade, seu porto e seu comércio, teriam renunciado ao esplendor da opulência e abandonado os prazeres da comunidade, para se espalharem pelo país, onde eles iriam lavrar a terra, pescar nos rios, alinhar as montanhas e *serem livres*.

Certamente essas são palavras corajosas. Se o mero som da palavra liberdade pode funcionar tão poderosamente assim, que nenhum homem daqui em diante duvide da história de Pied Piper. "A transferência da população de Boston para o campo" parece, até para o Congresso, não só "difícil de ser executada" mas também "importante em suas consequências".[20] A dificuldade de execução é mais conhecida pelos próprios bostonianos; a consequência, infelizmente, será apenas que eles deixarão casas boas para homens mais sábios.

No entanto, antes de eles abandonarem o conforto de uma casa aquecida por algo que soa bem e que eles consideram melhor, aquele que os aconselhar a pensar bem se irão realmente encontrá-lo não pode ser considerado um inimigo. Ao se tornarem pescadores e caçadores, lenhadores ou pastores, eles podem até se tornar sel-

---

[20] SJ agora começa uma série extensa de citações dos relatórios dos procedimentos do Congresso Continental. Elas foram divulgadas amplamente nos jornais e revistas londrinos da época. As citações referem-se a *Extracts from the Votes and Proceedings of the American Continental Congress Held at Philadelphia on the Fifth of September, 1774... Containing the Bill of Rights, a List of Grievances, Occasional Resolves, the Association, an Address to the People of Great-Britain, and a Memorial to the Inhabitants of the British American Colonies. Published by Order of the Congress. Philadelphia Printed. London Reprinted for F. Almon.* ... 1774. A frase atual está na p. 9.

vagens, mas não é tão fácil imaginar que estarão livres; pois quem pode ser mais escravo do que aquele que foi expulso pela força dos confortos da vida, obrigado a deixar sua casa para um visitante qualquer, e seja lá o que ele fizer, ou seja lá aonde for, encontra a todo momento algum testemunho novo de sua própria subjeção? Se a escolha do mal fosse liberdade, o delinquente nas galés tem a escolha de trabalho ou de chicotadas.[21] O bostoniano pode abandonar sua casa para morrer de fome no campo; seu cachorro pode se recusar a caçar, e arder sob o chicote, e eles podem então se felicitar uns aos outros sobre os sorrisos da liberdade, "cheia de contentamento e prenhe com alegria".[22]

Tratar tais planos como sendo sérios seria desprezar demais a inteligência dos bostonianos. O truque, realmente, não é novo: o fanfarrão que ameaçou destruir seu oponente em vão algumas vezes conseguiu seu objetivo, fazendo crer que ia se enforcar.

Mas os terrores e a compaixão não são os únicos meios usados pelos que se opõem à tributação dos americanos. Há aqueles que professam usá-los apenas como assistentes da razão e da justiça, que nos dizem que tributar as colônias é usurpação e opressão, uma invasão de direitos naturais e legais e uma violação daqueles princípios que sustentam a constituição do governo inglês.

Essa questão é de grande importância. Não há dúvida de que os americanos são capazes de suportar a tributação; de que sua

---

[21] Cf. "A bravura dos soldados rasos ingleses" (p. 484, anteriormente): "A liberdade é, para as categorias inferiores de todas as nações, pouco mais do que a escolha entre trabalhar ou morrer de fome."

[22] Addison, *A Letter from Italy to... Lord Halifax* (1701), II. 199-120: "Ó Liberdade, tu deusa divinamente brilhante/cheia de contentamento e prenhe com alegria!".

recusa pode ser invalidada é altamente provável; mas o poder não é evidência suficiente da verdade.[23] Examinemos nossas próprias reivindicações e as objeções dos recusantes, com o cuidado proporcional ao resultado da decisão, que deve condenar uma parte por roubo ou a outra por rebelião.

Um imposto é um pagamento cobrado pela autoridade de parte da comunidade em benefício de toda a comunidade. De quem e em que proporção esse pagamento será exigido e para que usos ele será aplicado será decidido apenas por aqueles a quem o governo confiou essa tarefa. No território britânico os impostos são dotados, arrecadados e apropriados pelos estados reunidos no Parlamento.

Todas as comunidades subordinadas de todos os impérios são passíveis de serem tributadas porque todas elas partilham dos benefícios do governo e, portanto, todas devem contribuir com sua proporção do gasto.

Os americanos nunca negaram isso abertamente. Eles parecem admitir que é seu dever pagar o custo de sua própria segurança; tampouco recusam sua contribuição às exigências, sejam elas quais forem, do império britânico; Mas eles fazem com que essa participação da carga pública seja um dever de extensão muito incerta, e obrigação imperfeita, um dever temporário, ocasional e eletivo, do qual eles se reservam o direito de estabelecer o grau, o momento e a duração, de avaliar quando pode ser exigido e quando será desempenhado.

Permitem ao poder supremo nada mais que a liberdade de notificá-los de suas demandas e necessidades. Sobre a notificação, eles

---

[23] "Milton," *Lives*, I.108 (par. 58): "Se nada pode ser publicado a não ser aquilo que a autoridade civil aprovou previamente, o poder deve sempre ser o padrão da verdade".

professam que irão considerar eles próprios até que ponto ela irá influenciar seus Conselhos, e sobre as necessidades alegadas, que esforços farão para aliviá-las. Assumem o poder exclusivo de fixar não só o modo, mas também a quantidade desse pagamento. Estão dispostos a cooperar com todos os outros territórios do rei; mas não irão cooperar por meios que não lhes agradam, e a um preço que não será maior do que aquele que estão dispostos a suportar.

Essa reivindicação, por mais absurda que pareça, essa reivindicação, que pressupõe controle sem autoridade e súditos sem subordinação, encontrou entre os libertinos da política muitos defensores clamorosos e resistentes. As leis da Natureza,[24] os direitos da humanidade, a fé de cartas régias, o perigo da liberdade, as invasões de usurpação, vêm soando como trovões em nossos ouvidos, às vezes por uma facção interessada, e outras pela ignorância honesta.

Disse Fontenelle que, se vinte filósofos firmemente negarem que a presença do sol faz o dia, ele não perderá as esperanças, mas nações inteiras poderão adotar a opinião.[25] Tantos políticos dogmáticos[26] negaram à mãe pátria o poder de tributar as colônias e reforçaram sua negação com tanta veemência em seus clamores, que sua seita já é muito numerosa e a opinião pública adia sua decisão.

---

[24] Cf. "Observações sobre uma carta de um refugiado francês" (p. 318 anteriormente): "Seu discurso sobre a natureza e a Providência provaria que nenhuma legislatura humana tem o direito de fazer quaisquer leis sobre assuntos financeiros e administrativos."

[25] Fonte não encontrada.

[26] [No original "dogmatist" (N. T.)] "Dogmatist.... A magisterial teacher; a positive asserter; a bold advancer of principles" (*Dictionary*). [Um professor da magistratura; uma pessoa que afirma positivamente; um ousado propositor de princípios.]

Nas questões morais e políticas, a contenda entre o interesse e a justiça muitas vezes é monótona e outras arrebatada, mas talvez nunca tenha ocorrido antes que a justiça tenha encontrado muita oposição com interesse do seu lado.[27]

Para a satisfação desta investigação, é necessário considerar como uma colônia é constituída, quais são os termos de migração como ditados pela natureza ou estabelecidos por contrato, e que direitos sociais ou políticos um homem que deixa seu país para se estabelecer em uma plantação distante perde, ou adquire.

A história da humanidade nos informa de dois tipos de migração, e pelo que eu saiba até o momento, de nada mais que dois.

Nos países onde a vida ainda não tinha sido organizada e a política[28] formalizada, às vezes aconteceu que pelas dissensões entre os chefes de famílias, pela ambição de aventureiros ousados, pela pressão acidental do infortúnio, ou pelo mero descontentamento da ociosidade, uma parte da comunidade se separou do resto e números, grandes ou pequenos, abandonaram suas habitações, colocaram-se sob o comando de algum favorito da sorte e, com ou sem o consentimento de seus conterrâneos ou de seus governadores, saíram para ver que melhores regiões poderiam ocupar e em que lugar, por conquista ou por tratados, poderiam obter uma habitação.

Os filhos de empreendimentos como esses que entregaram suas esperanças e suas vidas a suas próprias espadas quando deixaram seu

---

[27] SJ quer dizer que britânicos que apoiam as reivindicações americanas estão se opondo tanto à justiça quanto a seus próprios interesses.

[28] "Policy... I. The art of government, chiefly with respect to foreign powers" [A arte de governar, principalmente com relação a poderes estrangeiros] (*Dictionary*).

país passaram a ser uma outra nação, com planos, perspectivas e interesses próprios. Deixaram de olhar para trás, para sua pátria antiga; não esperaram nenhuma ajuda daqueles que tinham deixado para trás; se conquistaram, o fizeram por conta própria; se foram destruídos, não foram nem lamentados nem vingados por nenhum outro poder.

Desse tipo parecem ter sido todas as migrações do mundo antigo, sejam históricas ou lendárias, e desse mesmo tipo foram as erupções daquelas nações que, vindas do Norte, invadiram o Império Romano e encheram a Europa com novas soberanias.

Mas quando, em virtude da aceitação gradativa de leis mais sábias e de costumes mais tolerantes, a sociedade tornou-se mais compacta e mais organizada, descobriu-se que o poder de todos os povos tinha como base a união, produzida por um interesse comum e operando por meio de esforços conjuntos e conselhos estáveis.

A partir desse momento, a independência perceptivelmente foi definhando. Nenhuma parte da nação tinha a autoridade para agir sozinha. Todos agora tinham os mesmos inimigos e os mesmos amigos; o governo protegia os indivíduos, e exigia-se dos indivíduos que relacionassem seus planos à prosperidade do governo.

É por esse princípio, então, que os estados são formados e consolidados. Todos os homens aprendem a considerar sua própria felicidade como parte da prosperidade pública e a se acharem grandes e poderosos, de acordo com a grandeza e o poder de seus governantes.

Se o continente ocidental tivesse sido descoberto entre os séculos IV e X, quando todo o mundo do norte estava em movimento; e se a navegação, naquela época, estivesse suficientemente avançada para fazer com que uma viagem tão extensa fosse facilmente realizada, haveria poucos motivos para duvidar que a expansão das nações teria encontrado seu caminho – como todo o fervor expansionista – onde houvesse menos resistência; e que os hunos e os vândalos, em vez de lutarem para abrir caminho para o sul da Europa, teriam ido aos milhares e em miríades sob seus vários chefes, rindo de prazer e acenando com fertilidade, para tomar posse das regiões de onde os habitantes nus não teriam sido capazes de rechaçá-los.

Naqueles dias de indulgência cada expedição teria produzido um estado diferente e independente. Os heróis escandinavos poderiam ter dividido o país entre eles e ter espalhado a subdivisão feudal de estados monárquicos desde a baía de Hudson até o oceano Pacífico.

Mas Colombo chegou uns 500 ou 600 anos atrasado para os candidatos da soberania. Quando ele elaborou seu projeto de descoberta, as oscilações da turbulência militar haviam se amainado e a Europa começava a ganhar, uma vez mais, uma forma organizada, por meio de governos estabelecidos e subordinação regular. Nenhum homem podia mais se eleger chefe e comandar seus co-súditos em virtude de sua própria autoridade para saquear ou guerrear. Aquele que cometesse qualquer ato de hostilidade por terra ou por mar sem ser por ordem de algum soberano reconhecido seria considerado um ladrão ou um pirata por toda a humanidade, nomes que então já não eram muito elogiosos, e por isso nenhum homem tinha a ambição de ser chamado assim.

Em uma época mais remota, Colombo teria encontrado um caminho que o levasse a algum lord descontente, ou a algum irmão mais novo de um soberano insignificante, que se teria entusiasmado com sua proposta e teria rapidamente animado com igual fervor uma tropa de seguidores; teriam construído navios, ou os teriam capturado, e teriam saído por aí com ele sem nenhum projeto racional,[29] até onde pudessem manter sua esperança em sua companhia. Mas como a época de excursões nômades e hostilidades acidentais já tinha passado, ele precisou viajar de uma corte para a outra, onde zombaram dele e o trataram como alguém que elaborava projetos fantásticos e que prometia reinos nas nuvens. Mas tampouco alguma parte do mundo até agora tem motivo para se regozijar com o fato de Colombo ter finalmente encontrado alguém que o recebeu e deu-lhe emprego.[30]

No mesmo ano,[31] um ano até então desastroso para a humanidade, a passagem para as Índias foi descoberta pelos portugueses e a costa da América pelos espanhóis. As nações da Europa se animaram com esperança ilimitada, e os descobridores, dando continuidade a seu empreendimento, fizeram conquistas extensas em

---

[29] (No original, "*at all adventures*" – {*à l'aventure*, fr.}. By chance; without any rational scheme" (*Dictionary*, s.v. "adventure") [por acaso; sem nenhum projeto racional (N. T.)].

[30] Como alguns de seus contemporâneos (Voltaire, por exemplo) SJ frequentemente censura as explorações europeias dos séculos XV e XVI. Cf. sua introdução para *The World Displayed* (1759) (sobre o príncipe Henrique, o Navegador): "O que a humanidade perdeu e ganhou com o gênio e os planos desse príncipe nos levaria muito tempo para comparar e muito difícil de avaliar. Muito conhecimento foi adquirido e muita crueldade cometida; a fé na religião foi muito pouco divulgada, e suas leis foram escandalosa e enormemente violadas. Os europeus raramente visitaram um litoral a não ser para satisfazer sua avareza e espalhar a corrupção; arrogar-se controle sem direito e praticar crueldade sem motivo. Teria sido muito melhor para os oprimidos se os planos de Henrique tivessem ficado adormecidos em seu peito, e certamente isso também teria sido melhor para os opressores."

[31] 1498, quando Vasco da Gama chegou à Índia e Colombo (em sua terceira viagem), à costa da Venezuela.

ambos os hemisférios. Mas os aventureiros não se satisfizeram com saqueios; embora houvessem tirado ouro e prata para si próprios, também capturaram ilhas e reinos em nome de seus soberanos. Quando conquistavam uma nova região, nomeavam um governador em virtude do poder que tinha sido dado ao conquistador. E, a não ser por Stukeley de Londres,[32] nunca conheci nenhum europeu que tivesse elaborado um plano de enaltecer-se nos países recentemente descobertos através de um controle independente.

Para garantir a conquista, era sempre necessário implantar uma colônia, e os territórios assim ocupados e estabelecidos eram corretamente considerados meras extensões ou um desenvolvimento do império; ramificações que, por meio da circulação de um único interesse público, se comunicavam com a fonte original de controle e que floresciam e se expandiam basicamente graças à energia da mãe pátria.

A única diferença entre as colônias da Inglaterra e as de outros países seria aquela determinada pela diferença entre a constituição inglesa e a desses outros países. Todo governo é em última instância e essencialmente absoluto,[33] mas sociedades subordinadas podem

---

[32] Thomas Stukeley, ou Stucly. Cf. Thomas Fuller, *The Worthies of England* (org. John Freeman, 1952, p. 130): ao planejar uma colônia na Flórida, "ele enrubesceu para não dizer à rainha Elizabeth que 'ele preferia ser soberano de montículo de terra levantado por uma toupeira do que o mais alto súdito do maior príncipe na Cristandade,' acrescentando, além disso, que 'tinham lhe garantido que ele deveria ser um príncipe antes de sua morte'."

[33] Esse comentário é muitas vezes citado como se fosse a manifestação de um credo pessoal político de SJ e evidência de seu torysmo extremo, ou de seu absolutismo. Mas ele está apenas expondo uma definição aceita da palavra, um lugar-comum universal à época, como a continuação da frase (normalmente ignorada) claramente indica. Cf. *Dictionary*: Government... I. Form of a community with respect to the disposition of the supreme authority... 2. An establishment of legal authority." [Forma de uma comunidade com relação à disposição

ter mais imunidades ou indivíduos maior liberdade na medida em que as operações do governo são dirigidas de forma diferente. Um inglês, no curso comum de sua vida e em suas ações, não sente nenhuma restrição. Uma colônia inglesa tem autoridades muito liberais que regulam seus próprios costumes e organizam seus próprios assuntos. Mas um indivíduo inglês pode ser privado de liberdade pela suprema autoridade e uma colônia pode ser despida de seus poderes por razões que só aquela autoridade pode avaliar.

Na soberania não há gradações. Pode haver realeza limitada, pode haver um consulado limitado; mas não pode haver governo limitado. Em todas as sociedades, deve haver um ou outro poder contra o qual não existe nenhum recurso, que não admite nenhuma restrição, que permeia toda a massa da comunidade, regulamenta e organiza toda a subordinação, promulga ou revoga leis, ergue ou anula judicaturas, amplia ou reduz privilégios, isenta a si própria de questionamento ou controle e só é limitada pela necessidade física.

Esse poder, onde quer que ele subsista, gera e mantém toda a legislação e toda a jurisdição. Dele emanam todos os direitos legais que, sejam ou não eqüitativos, podem ser legalmente

---

da suprema autoridade... 2. Um estabelecimento de autoridade legal. (N. T.)] Sob a segunda definição, SJ cita aquele mais sólido dos *whigs*, Addison: "Todos aqueles que consideraram a natureza do governo sabem que deve haver, em cada forma específica dele, um poder absoluto ilimitado." Isso vem de *Freeholder* Nº 16, e lá é precedido pela declaração de Addison de que ele está discutindo "os princípios primeiros de governo que ... não são de nenhum partido e sim com o qual qualquer homem sensato concorda. " Cf. Blackstone, *Commentaries*, I.49: "Há e deve haver uma autoridade suprema, irresistível, incontrolável, na qual o *jura summi imperii*, ou os direitos de soberania residem."

desfeitos.[34] Ele não é infalível, porque pode errar; mas é irresistível, porque só pode sofrer resistência por meio de rebeliões, por atos que tornam questionável o que será a partir de então o poder supremo.

Uma colônia inglesa é um número de pessoas às quais o rei concede uma carta régia permitindo que se fixem em algum país distante, e dando-lhes o direito de constituir uma corporação que goza daqueles poderes concedidos pela carta régia, para serem administrados nas formas prescritas pela dita carta régia. Como corporação, eles fazem suas próprias leis, mas como uma corporação que existe graças a uma concessão de uma autoridade superior, eles continuam sujeitos ao controle dessa autoridade.

Como os homens estão colocados a uma distância maior do Supremo Conselho[35] do reino, a eles deve ser dada uma liberdade mais ampla de regulamentar sua conduta segundo sua própria

---

[34] Em suas contribuições para as conferências vinerianas sobre direito, dadas por Sir Robert Chambers, SJ dá ênfase à diferença tradicional na jurisprudência inglesa entre "lei" e "equidade": p. ex.: "As decisões de equidade em contradição com aquelas da lei não são *contra legem* e sim *preter legem*, elas não fazem nada que a lei proíba, fazem apenas o que a lei deseja mas não pode desempenhar" (E. L. McAdam Jr., *Dr. Johnson and the English Law*, 1951, p. 119). Seu uso dos termos "equitativamente" e "legalmente" aqui é importante para a interpretação da intenção de SJ ao escrever o panfleto: o Congresso fez sua reivindicação em termos de um caso na lei, e não em equidade, e SJ a rejeita na lei, sem abrir mão de seus possíveis méritos se fosse apresentada como uma reivindicação em equidade.

[35] Parlamento. O uso por SJ dessa frase pouco comum pode ter como objetivo, consciente ou inconsciente, cegar o leitor para o defeito de seu argumento a essa altura. A "autoridade" sob a qual SJ disse, na frase anterior, que uma colônia, como corporação, subsiste, era o rei, que era o único signatário das cartas coloniais, e não o Parlamento. Essa distinção foi muito significativa no caso americano.

sabedoria. Como eles estão impedidos de recorrer facilmente à judicatura nacional, precisam ser encarregados mais extensamente de julgarem-se uns aos outros.

Por essa razão nossas colônias mais importantes e mais ricas veem a aparência externa de uma legislatura comum e sentem seu efeito, uma legislatura que em alguns lugares atuou durante tanto tempo com uma autoridade não-questionada que a origem dessa autoridade acabou sendo esquecida.[36]

Como outras corporações, as colônias devem sua existência política a suas cartas régias. Os cerimoniais da legislação, a administração da justiça, a segurança da propriedade, tudo isso lhes foi legado pela concessão real. Sem sua carta régia não haveria poder entre eles capaz de fazer leis, impor deveres, cobrar dívidas ou punir criminosos.

Uma carta régia é uma concessão de certos poderes ou privilégios dados a uma parte da comunidade para a vantagem de toda a comunidade e é, portanto, por natureza, passível de ser mudada ou revogada. Todos os atos do governo têm como objetivo o bem público. Uma carta régia cuja aplicação prática demonstrou ser prejudicial à nação deve ser rejeitada, porque a prosperidade geral deve sempre ser preferida ao interesse particular. Se uma carta régia é utilizada para objetivos maus, ela é confiscada, assim como uma arma que é empregada para causar dano é tomada.

A carta régia, portanto, pela qual são constituídos os governos das províncias, sempre pode ser legalmente revogada; e nos casos em que é inconveniente por natureza, ou aplicada erroneamente, pode

---

[36] [No original "that it has been forgotten". (N. T.)] Parece mais provável que "been" foi abandonado no texto de 1776 acidentalmente, e não como resultado de uma revisão deliberada de SJ.

também ser equitativamente revogada. Com essa revogação, todo o tecido de subordinação é imediatamente destruído e a constituição afunda, imediatamente, no caos: a sociedade é dissolvida e se torna um tumulto de indivíduos, sem autoridade que os comande, ou sem obrigações a seguir; sem nenhuma punição de erros a não ser por ressentimento pessoal, ou nenhuma proteção de direitos a não ser pela mão do dono do direito.

A colônia é para a mãe-pátria como um membro é para o corpo,[37] obtendo sua atuação e sua força do princípio de vitalidade geral; recebendo do corpo, e comunicando a ele, todos os benefícios e males de saúde e doença; passível, em doenças perigosas, de receber aplicações lancinantes,[38] das quais, no entanto, o corpo deve compartilhar a dor; e exposta, se infectada incuravelmente, à amputação, pela qual o corpo também será mutilado.

A mãe-pátria sempre considera as colônias que lhe são associadas como partes de si mesma; a prosperidade ou o infortúnio de uma é a prosperidade ou o infortúnio das duas; não talvez no mesmo grau, pois o corpo pode subsistir, embora com menos conforto, sem um membro, enquanto o membro necessariamente perece se separado do corpo.

Nossas colônias, portanto, por mais distantes que estejam, foram até hoje tratadas como partes constituintes do Império Britânico. Os habitantes, incorporados por cartas inglesas, têm os mesmos direitos que os ingleses. Elas são governadas por leis inglesas, têm

---

[37] SJ alude à fábula "O corpo e seus membros", de Esopo. A mesma figura é usada em seu "Observações sobre uma carta de um refugiado francês" (p. 321, anteriormente).

[38] SJ pensa sobre essa palavra primordialmente no sentido médico. Cf. *Dictionary*, defs. 1 e 2.

direito às honras inglesas, são reguladas por conselhos ingleses e protegidas por armas inglesas; e parece que, como consequência não tão facilmente evitada, por conseguinte, elas são súditos do governo inglês e sujeitas à tributação inglesa.

Aquele que considera a natureza, a origem, o progresso e a constituição das colônias, que lembra que os primeiros descobridores tinham comissões da coroa, que os primeiros colonos devem a uma carta régia seus procedimentos civis e uma magistratura regular e que todas as imunidades pessoais e seguranças legais, em virtude das quais a condição do súdito foi gradativamente melhorada, foi estendida aos colonos, não irá duvidar que o Parlamento da Inglaterra tem o direito de controlá-los por meio de estatutos e "controlá-los em todos os casos, sejam eles quais forem",[39] e tem, portanto, o poder natural e constitucional de lançar sobre eles qualquer taxa ou imposto, seja externo ou interno, sobre o produto da terra, ou sobre as manufaturas da indústria, nas exigências da guerra ou em um período de paz contínua, para a defesa da América, "com o objetivo de arrecadar receita",[40] ou para qualquer outro fim em benefício do império.

Há alguns, cujo número não é assim tão pequeno e cujo conhecimento não é desprezível, que consideram o poder de tributação uma exceção dentro do controle geral do Parlamento, e afirmam que, sejam quais forem os graus de obediência que sejam exigidos, ou seja que autoridade possa ser exercida em outros atos governa-

---

[39] *Votes and Proceedings*, p. 48, citando o Ato Declaratório, 1766, anexado ao ato que revogou a Lei do Selo.
[40] *Votes and Proceedings*, p. 48 citando aLei da Receita Pública, 1767 (Ato de Townshend) que taxou o vidro, o papel e o chá americanos.

SAMUEL JOHNSON

mentais, ainda há uma certa reverência a ser prestada ao dinheiro e que a legislação ultrapassa seus limites quando viola a carteira.

Sobre essa exceção, que, por uma mente que não esteja totalmente impregnada de política não é facilmente compreendida, alega-se, como motivo incontestável, que as colônias não enviam representantes para a Câmara dos Comuns.

É, dizem os defensores dos americanos, a distinção natural de um homem livre, e o privilégio legal de um inglês, que ele pode chamar suas propriedades de suas, que ele pode desfrutar, com segurança, de heranças ou aquisições, que sua casa é defendida pela lei e que nada pode ser tirado dele sem seu consentimento. Esse consentimento é dado, para cada pessoa, por meio de seu representante no Parlamento. Os americanos que não são representados como uma corporação não podem consentir que lhes sejam cobrados os impostos ingleses, e tampouco como indivíduos o consentirão.

Sobre esse argumento, mais de uma pessoa já observou que sua força se estende igualmente a todas as outras leis, pois um homem livre não deve ser sujeito à punição, nem deve ser chamado para realizar qualquer serviço oneroso a não ser com seu próprio consentimento. O Congresso inferiu, do excêntrico Montesquieu, uma posição segundo a qual "em um estado livre, todos os homens, sendo agentes livres, devem estar envolvidos em seu próprio governo".[41] Seja lá o que for verdade com relação à tributação, é verdade

---

[41] Em seu Discurso aos Habitantes de Quebec (*Votes and Proceedings*, pp. 74-75) o Congresso apresenta isso como um dos "axiomas... santificados pela autoridade de um nome que toda a Europa venera". A fonte é *O espírito das leis*, de Montesquieu (1748), Livro XI, Cap. 6: "Dans um état libre, tout homme qui est censé avoir une âme libre doit être gouverné par lui-même." SJ dá uma tradução mais exata, "governado por si próprio" no segundo parágrafo que se segue.

também com relação a todas as outras leis, isto é, que aquele que é controlado por essa lei sem seu consentimento não é livre, pois ele não está envolvido em seu próprio governo.

Aquele que nega ao Parlamento inglês o direito de tributação nega-lhe também o direito de fazer quaisquer outras leis, civis ou penais; no entanto, no caso das colônias, esse poder nunca foi contestado por elas próprias. Elas sempre aceitaram os estatutos para o castigo de ofensas, e pela reparação ou prevenção de inconveniências; e a aceitação de qualquer lei atrai, atrás de si, por uma corrente que não pode ser rompida, a necessidade indesejável de submissão à tributação.

Que um homem livre é governado por si mesmo, ou por leis para as quais ele deu seu consentimento, é uma posição que soa muito forte; mas todos os homens que a dizem, com qualquer grau de confiança, e todos os homens que a ouvem, com qualquer grau de aquiescência, sentem que ela é falsa se por consentimento estivermos implicando também o poder de recusa. Virtualmente e implicitamente, nós aceitamos as instituições de qualquer governo de quem somos beneficiários e solicitamos sua proteção. Em domínios muito amplos, embora o poder tenha sido difundido com a maior igualdade possível, somente uma parte muito pequena da população é consultada primária ou secundariamente sobre a legislação. Os negócios da população precisam ser feitos por delegação. A escolha dos delegados é feita por um número selecionado, e aqueles que não são eleitores são apenas espectadores ociosos e impotentes do bem-estar público, "totalmente alheios ao governo de si próprios".

A sorte dos eleitores é só um pouco melhor. Com frequência sua escolha está longe de ser unânime, e quando os números quase se equiparam, quase a metade deles deve ser governada não só sem escolha, mas contra sua escolha.

Como é que um homem pode ter aceitado instituições estabelecidas em épocas distantes será difícil de explicar. Na residência mais comum da liberdade, o consentimento de indivíduos é apenas passivo, uma admissão tácita em todas as comunidades dos termos que aquela comunidade concede e necessita. Como todos nasceram súditos de um estado ou de outro, é possível afirmar que todos nós já nascemos dando nosso consentimento para algum sistema de governo. A condição de vida civil não permite nenhum outro consentimento. É o clamor sem sentido dos pedantes da política[42], o sonho delirante do fanatismo republicano.

Mas ouçam vocês, filhos e filhas da liberdade, os sons que os ventos estão trazendo do continente ocidental. Os americanos estão dizendo uns aos outros — se pudermos julgar por sua festividade ruidosa — aquilo que eles recentemente descobriram e aquilo que ainda é uma verdade muito importante. "Que eles têm direito à vida, à liberdade e à propriedade, e que eles nunca concederam a nenhum poder soberano o direito de dispor de nenhuma delas sem seu consentimento."[43]

---

[42] Veja n. 28, p. 685 anteriormente.
[43] Resolução I, *Votes and Proceedings*, p. 4. "Vida, Liberdade e Propriedade" há muito era um *slogan* na política britânica (cf. Locke, *On Civil Government*, seção 131: "Homens... entram em sociedade... com uma intenção mais forte em cada um deles, de preservar a si próprio, sua liberdade e propriedade"). "Liberdade e Propriedade" era o *slogan* vigoroso sob o qual a primeira geração *whig* abriu seu caminho lutando desde o poder de 1689 até a acessão da Casa de Hanover": John Carswell, *The Old Cause* (1958), p. 6. Em 1713 já estava tão desgastado que um grito oposto foi criado, "Nem Liberdade nem Homens de Propriedade!" (Carswell, p. 120). Na Declaração de Independência ameri-

Enquanto essa resolução permanece, os americanos estão livres de singularidade de opinião; sua inteligência ainda não os traiu, tornando-os heréticos. Embora falem como os filhos desnudos da Natureza, eles reivindicam apenas aquilo que é reivindicado por outros homens e retiveram nada mais que aquilo que todos retêm. Estão aqui sobre um terreno sólido, atrás de trincheiras que nunca poderão ser violadas.

A humanidade é muito uniforme. Os americanos têm uma semelhança com os europeus que é o fato de nem sempre saberem quando estão bem. Eles logo abandonam a fortaleza que não poderia ser minada pelo sofisma nem destruída por um discurso emocional. Sua resolução seguinte declara que "seus antepassados, que originalmente estabeleceram as colônias, tinham, à época de sua emigração da mãe-pátria, todos os direitos, liberdades e imunidades que correspondiam aos súditos livres e nascidos no território da Inglaterra".[44]

Isso também é verdade; mas, uma vez que lhes concedemos esse ponto, chega ao fim sua jactância de direitos originais. Eles já não estão em um estado de natureza. Esses senhores de si próprios, esses reis do *Eu*, esses semideuses de independência, caem para o nível de colonos, governados por uma carta régia. Se seus antepassados eram súditos, eles reconheciam um soberano; se tinham direito aos privilégios ingleses, eram responsáveis diante das leis inglesas e – algo que deve entristecer o amante da liberdade ao descobrir – tinham cedido ao rei e ao Parlamento, se não o direito, pelo

---

cana, é claro, Jefferson modificou o *slogan* para "Vida, Liberdade e a Busca de Felicidade." Veja p. 375, anteriormente.

[44] Resolução 2, *Votes and Proceedings*, p. 4.

menos o poder de dispor, "sem seu consentimento, de suas vidas, liberdades e propriedades". Portanto, é preciso que eles provem que o Parlamento em um determinado momento dispensou-os daquela obediência que eles lhe devem como súditos nascidos no país, ou lhes cedeu qualquer grau de independência ou imunidade não desfrutado por outros ingleses.

Eles dizem que pela emigração eles de forma alguma abandonaram, abriram mão ou perderam quaisquer daqueles direitos; mas que "eles tinham e seus descendentes agora têm o direito ao exercício e ao gozo de todos aqueles direitos que suas circunstâncias locais e outra mais lhes permitem exercer e deles desfrutar".[45]

Que aqueles que estabelecem uma colônia por uma carta régia legal, e não cometeram nenhum crime, não abrem mão de nenhum privilégio é prontamente admitido; mas aquilo de que eles não abrem mão por sentença judicial, podem perder por efeitos naturais. Como o homem só pode estar em um único lugar ao mesmo tempo, ele não pode ter as vantagens de residência múltipla. Aquele que desfruta do brilho do sol deve abandonar o frescor da sombra. Aquele que vai voluntariamente para a América não pode se queixar daquilo que deixou na Europa.

É possível que ele tivesse o direito de votar por um cavalheiro ou por um burguês;[46] ao atravessar o Atlântico, ele não anulou esse direito; mas fez com que o exercício desse direito não seja mais possível.* Por sua própria escolha, ele deixou um país onde tinha

---

[45] Resolução 3, *Votes and Proceedings*, p. 4.
[46] [No original "knight" ("of the shire") e "burgess". (N. T.)] Um cavalheiro é um membro da Câmara dos Comuns que representa um condado; um burguês aquele que representa um distrito.
* Sobre esse raciocínio, devo parte dele a uma conversa com Sir John Hawkins.

um voto e uma propriedade pequena por outro onde tem uma propriedade grande, mas nenhum voto. Mas como essa preferência foi deliberada e voluntária, ele ainda é "responsável pelo governo de si mesmo"; ele se reduziu de ser um eleito para ser um daquela multidão numerosa que não tem direito ao voto. Ele verdadeiramente "cedeu seu direito" mas ainda é governado por seu próprio consentimento; porque ele consentiu em lançar seu segundo de interesse próprio na massa geral da comunidade. Não tem motivo para reclamar das consequências de seu próprio ato; ele escolheu, ou tinha a intenção de escolher, o bem maior; ele está representado, como ele mesmo desejou, na representação geral.

Mas os privilégios de um americano desprezam os limites de espaço; eles são parte dele mesmo, e não podem ser perdidos pela partida de seu país; eles flutuam no ar, ou deslizam sob o oceano.

Doris amara suam non intermisceat undam.[47]

Um plantador, seja onde for que se estabeleça, não só é um homem livre, como também é um legislador, *"ubi imperator, ibi Roma"*. Como os colonos ingleses não são representados no Parlamento britânico, eles têm direito a um poder livre e exclusivo de legislação em suas várias legislaturas, em todos os casos de tributação e política interna, sujeito apenas à negativa do soberano, de tal maneira como foi, até aquele momento, usado e acostumado. Nós alegremente consentimos a operação de atos do Parlamento britânico que sejam

---

[47] Virgílio, *Éclogas*, X. 5: "Deixe que a salgada Dóris não misture sua onda com a tua." (O contexto é uma descrição do rio Aretusa, que corre sob o mar imaculado. Dóris é a esposa do deus do mar, Nereu.)

bona fide limitados à regulamentação de nosso comércio externo — excluindo qualquer ideia de tributação, interna ou externa, para arrecadar uma receita pública dos súditos da América sem seu consentimento".[48]

Seu motivo para essa reivindicação é "que a base da liberdade inglesa e de todo o governo[49] é um direito do povo de participar de seu conselho legislativo".

Eles herdam, dizem eles, "de seus antepassados, o direito que seus antepassados possuíam, de desfrutar de todos os privilégios dos ingleses".[50] Que eles herdaram o direito de seus antepassados podemos permitir; mas não podem herdar nada mais. Seus antepassados deixaram um país onde os representantes do povo eram eleitos por homens particularmente qualificados, e onde aqueles a quem faltavam qualificações ou que não usavam as que tinham ficavam limitados pelas decisões de homens a quem eles não tinham delegado poder.

Os colonos são os descendentes de homens que, ou não tinham votos em eleições, ou que voluntariamente abriram mão deles por algo que, em sua opinião, valia mais; portanto, eles têm exatamente aquilo que seus antepassados lhes deixaram, não um voto no fazimento das leis, ou na constituição de legisladores, mas a felicidade de ser protegido pela lei e o dever de obedecer-lhe.

Aquilo que seus antepassados não trouxeram consigo, nem eles nem seus descendentes adquiriram desde então. Ao abandonarem sua parte em uma legislatura, eles não obtiveram o poder de constituir outra, exclusiva e independente, mais do que as multidões que

---

[48] Resolução 4, *Votes and Procedings*, pp. 4-5 (abreviado).
[49] A Resolução 4 diz: "todo governo livre".
[50] Uma maneira diferente de expressar a Resolução 2 acima.

agora são proibidas de votar têm o direito de erguer um parlamento separado para si mesmas.

Os homens erram por falta de sentido, mas erram pela metade por falta de espírito. Já que os americanos descobriram que podem fazer um parlamento, como é que não acham que também têm o poder de fazer um rei? Se eles são súditos, cujo governo está constituído por uma carta régia, não podem formar um corpo de legislatura independente. Se seus direitos são inerentes e originais, eles podem, por seu próprio sufrágio, circundar com um diadema as sobrancelhas do Sr. Cushing.[51]

O Congresso da Filadélfia declarou também "que as colônias de Sua Majestade têm direito a todos os privilégios e imunidade conferidos e confirmados a eles pelas cartas reais, ou a eles assegurados por seus vários códigos de leis das províncias".[52]

A primeira cláusula dessa resolução é facilmente compreendida e será aceita de boa vontade. A todos os privilégios que podem ser concedidos por uma carta régia eles evidentemente terão direito por uma carta régia. A segunda cláusula apresenta uma dificuldade maior; pois como é que uma lei provincial pode assegurar privilégios ou imunidades a uma província? As leis provinciais podem conceder a certos indivíduos daquela província o poder de desfrutar de lucro, ou de ter uma imunidade de funções onerosas; elas podem operar sobre as pessoas a quem elas se referem; mas nenhuma província pode conferir privilégios provinciais a si própria. Elas podem ter direito a tudo que o rei lhes deu, mas é um conceito do outro he-

---

[51] Thomas Cushing, presidente da Corte Geral de Massachusetts.
[52] Resolução 7, *Votes and Proceedings*, pp. 5-6. No original o texto diz "imunidades e privilégios".

misfério que os homens têm direito a tudo aquilo que eles deram a si próprios.

Uma corporação é considerada pela lei como se fosse um indivíduo e não tem mais direito a expandir suas próprias imunidades do que um homem tem de assumir dignidades ou títulos por sua própria escolha.

A legislatura de uma colônia, sem deixar que a comparação a menospreze demais, é apenas o conselho paroquial de uma paróquia maior, que pode lançar um imposto local[53] sobre os habitantes e obrigá-los a pagá-lo; mas ela não pode estender nenhuma influência além de seu próprio distrito, e suas regras específicas poderão ser alteradas pela lei geral, e sejam quais forem seus gastos internos, ainda é responsável pelo pagamento de impostos lançados por uma autoridade superior.

As cartas régias dadas às várias províncias são diferentes, e nenhum direito geral pode ser extraído delas. A carta da Pensilvânia, onde esse congresso de anarquia foi realizado impudentemente, contém uma cláusula aceitando, em termos expressos, a tributação por parte do Parlamento. Se nas outras cartas não for feita nenhuma reserva como essa, ela deve ter sido omitida porque, sendo implícita na natureza do governo subordinado, não foi considerado necessário incluí-la. Aqueles que estão sujeitos a leis estão sujeitos à tributação. Se uma imunidade como essa tivesse sido concedida, ela ainda seria revogável pela legislatura e deveria ser revogada como algo que é contrário ao bem público, que, afinal, é o objetivo final de todas as cartas régias.

---

[53] [No original "cess". (N. T.)] "Um tributo lançado sobre os habitantes de um lugar, avaliado segundo sua propriedade" (*Dictionary*, def. I).

Supondo-se que seja verdade que a carta de Maryland contém uma isenção desse tipo, ela só pode ser reivindicada pelos habitantes de Maryland. Ela não tem nenhuma utilidade para qualquer outra província, e mesmo com respeito aos habitantes de Maryland deve ter sido considerada uma das concessões em que o rei foi enganado, e anulou como sendo prejudicial ao público, ao sacrificar o objetivo geral do império em benefício de uma pequena colônia; ou como uma infração ao sistema de controle, e uma violação do contrato de governo. Mas o Dr. Tucker demonstrou que nem mesmo essa carta promete isenção dos impostos parlamentares.[54]

Na polêmica sob discussão mais ou menos no começo do século, se as leis inglesas eram válidas para a Irlanda, Davenant, que defendia as reivindicações inglesas contra Molyneux,[55] só considerava necessário provar que os irlandeses atuais deviam ser considerados uma colônia.

A conexão necessária de representantes com impostos parece ter penetrado profundamente em muitas daquelas mentes que aceitam sons sem seu significado.

---

[54] Josiah Tucker, Decano de Gloucester, "Tratado III. Uma carta de um comerciante em Londres para seu sobrinho na América relacionada com os distúrbios recentes e atuais nas colônias em *Four Tracts...on Political and Commercial Subjects* (1774), p. 97. n.

[55] William Molyneux, The *Case of Ireland's Being Bound by Acts of Parliament Stated* (1698). Charles Davenant, *An Essay on the Probable Methods of Making a People Gainers in the Balance of Trade* (1699): "Que a maior parte dos atuais habitantes da Irlanda, principalmente aqueles que reivindicam a propriedade da terra, são uma colônia da Inglaterra, e isso está suficientemente claro aqui... E se são uma colônia seria uma estranha deficiência em nossa constituição se nós quiséssemos quaisquer dos poderes necessários para realizar os objetivos do governo" (*The Political and Commercial Works of Charles D'Avenant*, ed. Sir Charles Whitworth, 1771, II. 250).

Nossa nação está representada no Parlamento por uma assembleia com um número de membros coerente com a ordem e o desempenho, escolhidos por pessoas com qualificações tão diferentes e de lugares também tão diferentes, que a forma de escolha parece ter sido, na maioria das vezes, resultado do acaso e estabelecida pela tradição. Dos indivíduos, a grande maioria não tem direito a voto, e dos que votam poucos têm qualquer conhecimento pessoal daquele a quem confiam sua liberdade e sua sorte.

No entanto, essa representação tem o resultado total esperado ou desejado: o de espalhar amplamente o cuidado com o interesse geral e a participação dos conselhos públicos, de modo que os privilégios ou a corrupção de homens específicos só raramente conseguem operar com muito dano para a população.

Por essa razão, muitas cidades[56] ricas e com população densa nem desfrutam de representantes particulares nem os desejam; estão incluídas no sistema geral de administração pública e só estão sujeitas àquilo a que está sujeito o resto do império.

Alega-se que os americanos não têm a mesma segurança e que a legislatura britânica pode malversar sua propriedade; no entanto, se isso fosse verdade, que a riqueza deles é nossa riqueza e que sua ruína é nossa ruína, o Parlamento tem o mesmo interesse em cuidar deles como de qualquer outra parte da nação. O motivo pelo qual nós depositamos qualquer confiança em nossas representantes é que eles devem participar do bem ou do mal que seus conselhos produzirão. Na verdade, a participação deles normalmente não tem conseqüên-

---

[56] Principalmente Birmingham e Manchester, que não tinham sido emancipadas até o Ato da Reforma de 1832. Como diz SJ, não havia nenhuma agitação específica à época, para que elas fossem representadas.

cias imediatas e sim remotas; mas nem sempre é possível que alguma vantagem imediata possa ser estendida a números tais, a ponto de destruir essa confiança. Estamos, portanto, tão a salvo de depravações intencionais do governo quanto a sabedoria humana pode permitir, e sobre essa segurança os americanos podem ousar descansar.

O Velho Membro[57] que escreveu *Apelo* contra o imposto, que "como o produto do trabalho americano é gasto nos produtos manufaturados ingleses, a balança comercial lhes é extremamente desfavorável; seja o que for que seja arrecadado diretamente com os impostos, na verdade é tirado de seu próprio comércio. Se o ministro capta o dinheiro com o qual os americanos deveriam pagar suas dívidas e ir ao mercado, o comerciante não pode esperá-lo como cliente, nem podem as dívidas já contratadas ser pagas. – Suponhamos que obtemos da América um milhão em vez de 100 mil libras, isso seria abastecer nossa demanda atual[58] por meio da ruína futura de nosso comércio".

Parte disso é verdade; mas o Velho Membro parece não perceber que se seus irmãos da legislatura sabem isso tão bem quanto ele, não há nenhum perigo de que os americanos sejam oprimidos, já

---

[57] Em *An Appeal to the Justice and Interests of the People of Great Britain in the Present Dispute with America. By an old member of Parliament*, 4ª edição (Almon, 1774), pp. 32-33. A obra é geralmente atribuída a Arthur Lee; cf. *Life*, III.68, quando SJ reuniu-se com ele e com Wilkes na casa de Dilly. Mas Lee nunca foi Membro do Parlamento, e a atribuição às vezes vem seguida por um ponto de interrogação, como no catálogo do Museu Britânico.

[58] [Numa das versões originais, em vez de "our present" havia "one personal" (N. T.)]. "One personal", que faz pouco ou nenhum sentido, é claramente uma leitura errônea da letra de SJ pelo tipógrafo original. O *Apelo* também diz "exigências" em vez de "exigência"; mas no último caso isso pode ter sido a interpretação de SJ.

que eles devem ser tributados por homens normalmente previdentes que não deixarão que nós percamos por um lado o que ganhamos por outro.

O mesmo Velho Membro descobriu que os juízes anteriormente consideraram ilegal tributar a Irlanda e declara que não há dois casos mais parecidos que os da Irlanda e da América; no entanto, os juízes que ele cita mencionaram uma diferença. A Irlanda, dizem eles, "tem um Parlamento próprio". Quando qualquer colônia tem um parlamento independente, reconhecido pelo Parlamento da Grã-Bretanha, as diferenças entre os casos serão menores. No entanto, pelo 6 Geo. I. cap. 5,[59] os atos do Parlamento Britânico são obrigatórios para a Irlanda.

Alega-se que, quando o País de Gales, Durham e Chester foram despojados de seus privilégios específicos ou governos antigos e reduzidos à condição de condados ingleses, foram-lhes atribuídos representantes.

Àqueles de quem alguma coisa foi tirada, algo deve ser apropriadamente dado em recompensa. No caso dos americanos, suas cartas régias continuam exatamente como eram, e tampouco eles perderam qualquer coisa a não ser aquilo de que a sedição os privou. Se eles fossem representados no Parlamento, algo lhes seria concedido, embora nada tenha sido tomado.

Os habitantes de Chester e Durham e do País de Gales foram convidados a trocar suas instituições peculiares pelo poder do voto, que lhes faltava antes. Os americanos voluntariamente abriram

---

[59] "Um ato para assegurar melhor a dependência do reino da Irlanda da coroa da Grã-Bretanha." Nele, o Parlamento da Grã-Bretanha recebe o poder específico de fazer leis às quais a Irlanda está sujeita.

mão do poder de votar para viver em governos distantes e separados, e o que abandonaram voluntariamente não têm o direito de reivindicar.

Deve ser sempre lembrado que eles são representados pela mesma representação virtual que representa a maior parte dos ingleses; e que se, por uma mudança de lugar, têm menos participação na legislatura do que seria proporcional de acordo com sua riqueza, ganharam aquela riqueza graças à sua mudança e tinham originalmente, como têm agora, a escolha de um voto em seu país de origem ou de riquezas à distância.

Dizem-nos — algo que parece ao Velho Membro e a outros uma posição que nos deve levar a um absurdo inextricável — que ou não temos direito nenhum, ou que temos apenas o único direito de tributar as colônias. Isso significa que, se nós podemos tributá-las, elas não podem tributar a si próprias; e se elas podem tributar-se a si próprias, nós não podemos tributá-las. Respondemos com muito pouca hesitação que, para uso geral do império, nós temos o único direito de tributá-las. Se elas contribuíram com alguma coisa em suas próprias assembléias, aquilo com que contribuíram não foi pago, foi dado; não foi uma taxa ou imposto, e sim um presente. No entanto, elas têm o poder natural e legal de arrecadar dinheiro delas próprias para objetivos provinciais, para prover-se de dinheiro para seus próprios gastos, ao seu próprio critério. Não deixemos que isso seja considerado novo ou estranho; é a condição de todas as paróquias do reino.

Os amigos dos americanos têm opiniões diferentes. Alguns acham que, como não são representados, eles devem tributar a si próprios, e outros, que eles deveriam ter representantes no Parlamento britânico.

Samuel Johnson

Se eles vão tributar a si próprios, que poder deverá permanecer na legislatura suprema? Supõe-se que eles devam estabelecer uma forma específica de arrecadar seu dinheiro. O Parlamento britânico poderá lhes dizer com quanto eles irão contribuir? Se a quantia for determinada, eles agradecerão muito pouco pelo poder de levantá-la; se eles estão livres para conceder ou negar, já não são mais súditos.

Se eles forem ser representados, que número desses oradores ocidentais deverá ser admitido? Isso, suponho, o Parlamento terá que decidir; no entanto, se os homens têm um direito natural e inalienável a serem representados, quem determinará o número de seus delegados? Vamos, no entanto, supor que eles enviem 23, a metade daqueles enviados pelo reino da Escócia, que proveito essa representação lhes trará? Pagar tributos mesmo assim ainda será um agravo. O amor ao dinheiro não diminuirá, nem o poder de conseguir que ele aumente.

Aonde essa necessidade de representação nos levará? Será que todas as colônias insignificantes estarão fora do alcance do governo até que tenham enviado um senador ao Parlamento? Ou podem duas delas, ou até um número maior, ser obrigadas a se unir e a enviar um único representante? O que afinal é a diferença entre aquele que é tributado por compulsão, sem representação, e aquele que é representado por compulsão a fim de ser tributado?

Durante muitos reinados a Câmara dos Comuns esteve em uma situação oscilante: novos representantes dos burgos foram acrescentados de vez em quando, sem nenhum motivo que agora possamos descobrir; mas o número permaneceu fixo por mais de um século e meio, e o poder do rei de aumentá-lo foi questionado. É pouco provável que seja considerado adequado ter um modelo novo[60] de Constituição a favor dos plantadores, que, à medida que enriquecem, podem comprar propriedades na Inglaterra e, sem nenhuma inovação, efetivamente representar suas colônias nativas.

Os amigos dos americanos na verdade pedem, em nome deles, aquilo que não pedem para si mesmos. Os americanos nunca solicitaram esse direito inestimável de representação. Eles não têm interesse em intercambiar dinheiro sólido por um honra assim tão ilusória. Dizem, e dizem de boa vontade, que não podem ser representados convenientemente; porque sua inferência é que não podem ser tributados. Estão longe demais para participar do governo geral e, portanto, reivindicam o privilégio de se governarem a si próprios.

A influência que os princípios contidos nas resoluções do Congresso — por mais extravagantes, indefinidos e obscuros que sejam — tiveram sobre a visão americana foi tal que, da Nova Inglaterra até a Carolina do Sul, todas as províncias se juntaram contra sua mãe-pátria. A loucura da independência[61] espalhou-se de colônia em colônia, até que a ordem se perdeu e o governo foi desprezado, e tudo ficou repleto de anarquia, tumultos, violência e confusão. Não causar distúrbio significa deslealdade, ser leal é uma traição.

O Congresso de Filadélfia, uma assembleia convocada por sua própria autoridade, promulgou[62] uma declaração pela qual a

---

[60] Possivelmente uma alusão tendenciosa ao exército "Modelo Novo" de Cromwell na década de 1640. Veja p. 283, anteriormente.
[61] Não só no sentido de separação administrativa da Grã-Bretanha, mas também com a conotação de anarquia, de alienação de qualquer sistema de obrigações sociais.
[62] Essa é a versão de 1775 (2,4) e 1776. 1775 (1) diz "autoridade, e como uma reunião clandestina punível pela lei, promulgou" e 1775 (3) muda a pala-

comunicação entre a Grã-Bretanha e a maior parte da América do Norte fica suspensa. Deixaram de admitir a importação de produtos ingleses em dezembro de 1774 e decidiram não mais permitir a exportação de seus próprios produtos a partir de novembro de 1775.[63]

Isso pareceria suficiente, mas foram ainda mais longe. Declararam que tratarão como inimigos todos aqueles que não concordarem com eles em termos de dissidência e desobediência, e que não mais negociarão com qualquer um que faça negócios com a Grã-Bretanha.

Ameaçam estigmatizar em sua *Gazette* aqueles que consumirem os produtos ou mercadorias da mãe-pátria, e estão dando buscas em casas onde suspeitam haver bens proibidos.[64]

E professam-se dispostos a fazer cumprir pela força essas declarações hostis. Armaram a milícia de suas províncias e capturaram as lojas públicas de munição. Portanto, já não são mais súditos, pois rejeitam as leis de seu soberano, e em defesa dessa rejeição estão se preparando abertamente para a guerra.

Sendo agora, em sua opinião, estados livres, não só estão recrutando exércitos, mas também formando alianças; não só apressando-se para se rebelarem, mas também seduzindo seus vizinhos para que se rebelem. Publicaram um discurso para os habitantes de Quebec,[65]

---

vra "conventicle" [Reunião clandestina (N. T.)] para "meeting" [Reunião (N. T.)]. Sobre a correção na versão da primeira edição, veja D. J. Greene, *Studies in Bibliography* (1960).
[63] Na verdade, até "dia 10 de setembro de 1775" (*Votes and Proceedings*, p. 17 e p. 723, a seguir).
[64] *Votes and Proceedings*, pp. 20-21.
[65] *Votes and Proceedings*, pp. 66-82.

no qual os incitam abertamente à dissidência e à resistência, e com uma menção muito respeitosa à "sagacidade dos franceses",[66] os convidam a enviarem representantes ao Congresso da Filadélfia, para aquele centro de virtude e veracidade, de onde o povo da Inglaterra é informado que, para estabelecer o Papado, "uma religião repleta de dogmas sanguinários e ímpios",[67] até mesmo em Quebec, um país cujos habitantes são papistas, é tão contrário à Constituição que não pode ser feita legalmente pela própria legislatura, onde um dos artigos de sua associação é feito para privar os franceses conquistados de seu estabelecimento religioso; e de onde os franceses de Quebec são, ao mesmo tempo, adulados para que se rebelem, professando esperar "da liberalidade de sentimento que distingue" sua "nação" que a "diferença de religião não fará com que se predisponham contra uma amizade calorosa," porque "a natureza transcendente da liberdade eleva a todos que se unem nessa causa acima dessas debilidades ignóbeis".[68]

Quebec, no entanto, está a uma grande distância. Eles tinham em mira um golpe do qual pudessem esperar um dano maior e mais imediato. Tentaram infectar o povo da Inglaterra com o contágio da deslealdade. Felizmente, a credibilidade deles não é tão grande que lhes permita ter uma influência proporcional à sua intenção criminosa. Quando falam de suas pretensas imunidades "garantidas pelo empenho de fé ao governo e pelos contratos mais solenes com os soberanos ingleses",[69] achamos que temos a liberdade de

---

[66] *Votes and Proceedings*, p. 76.
[67] *Votes and Proceedings*, p. 28 ("Ao povo da Grã-Bretanha").
[68] *Votes and Proceedings*, p. 79.
[69] *Votes and Proceedings*, p. 27. – [No original, "guarrantied"] "Guarrantied" e "guarantied" (edição 3) eram formas de escrever aceitas à época. Aqui a forma

perguntar quando a fé foi empenhada e quando o contrato foi feito; e quando só podemos descobrir que o rei James e o rei Charles I prometeram aos colonos na baía de Massachusets, agora conhecidos pelo nome de bostonianos, isenção de impostos durante sete anos, chegamos à conclusão, com o Sr. Mauduit,[70] que graças a esse "contrato solene", depois do[71] término do termo estipulado, eles estavam obrigados a pagar impostos.

Quando eles pedem nossa compaixão, dizendo que precisaram ser levados de seu próprio país para serem julgados por certas ofensas, não estamos tão inclinados a ter piedade deles, e sim a aconselhá-los que não cometam ofensas. Enquanto estiverem inocentes, estarão a salvo.

Quando nos falam de leis criadas expressamente para puni-los, respondemos que tumultos e sedição sempre foram puníveis e que a nova lei apenas prescreve a maneira de execução.

Quando dizem que toda a cidade de Boston está sofrendo pelo mau comportamento de uns poucos, ficamos admirados de sua falta de vergonha, pois sabemos que a cidade de Boston e todas as províncias associadas se rebelaram para defender ou justificar os criminosos.

Se fraudes nos impostos de Boston são julgadas por comissão, sem um jurado, aqui elas são julgadas da mesma forma; e por que os bostonianos devem esperar que sejamos mais delicados com eles do que conosco mesmos?

---

de escrever não foi alterada para a forma moderna, "guaranteed", até a edição de 1823 de *Works* de SJ.

[70] Israel Mauduit, *A Short View of the History of the Colony of Massachusetts Bay, with Respect to Their Charters and Constitution*, 3ª edição. (1774).

[71] Parece mais provável que a omissão do artigo em 1776 foi acidental e não deliberada. Veja n. 36, p. 692, anteriormente.

Se eles são condenados sem serem ouvidos, é porque não há necessidade de um julgamento. O crime é evidente e notório. Todo julgamento é a investigação de alguma coisa sobre a qual existe dúvida. Um filósofo italiano observa que nenhum homem deseja ouvir aquilo que já viu.[72]

Se suas assembleias foram dissolvidas subitamente, qual foi a razão? Suas deliberações são inconvenientes e suas intenções, sediciosas. O poder de dissolução é concedido e reservado para esses momentos de turbulência. Seus melhores amigos recentemente solicitaram ao rei que dissolva seu Parlamento, para fazer justamente aquilo que, segundo suas queixas ruidosas, eles estão sofrendo.

Que a mesma vingança envolve o inocente e o culpado é um mal que devemos lamentar, mas a precaução humana não pode evitá-lo nem o poder humano pode sempre repará-lo. Trazer infortúnio para aqueles que não o merecem é parte da culpa conjunta de uma rebelião.

O fato de governadores terem recebido seu mandato apenas para que um grande homem possa se livrar de problemas, e que eles tenham tido juízes que nem sempre tinham um conhecimento dos mais profundos ou a mais pura das integridades, não temos grandes motivos para duvidar, porque esse tipo de infortúnio acontece conosco.[73] Aqueles que são governados às vezes serão

---

[72] Fonte não encontrada. Há provérbios em muitas línguas sobre a superioridade da visão sobre a audição.

[73] SJ expressa isso de uma maneira mais enfática em "Uma introdução à situação política da Grã-Bretanha", p. 278 anteriormente: "Dizem que eles [os canadenses franceses] receberam da França melhores governadores que nossas colônias tiveram a sorte de obter da Inglaterra. Ser um falido no país

mal governados, mesmo quando estão extremamente "envolvidos em seu próprio governo".

Que funcionários ou magistrados inadequados sejam enviados é crime ou insensatez daqueles que os enviaram. Quando a incapacidade é descoberta, ela deve ser removida; se a corrupção é revelada, deve ser punida. Nenhum governo poderia subsistir por um dia se erros individuais fossem motivo para deserção.

Uma de suas queixas não é o tipo de queixa que pode justificar muita comiseração até por parte do coração mais terno. Eles nos dizem que nós mudamos nossa conduta e que agora o Parlamento lança um imposto sobre aqueles que nunca tinham sido tributados pelo Parlamento antes. A isso achamos que podemos facilmente responder que quanto mais tempo eles foram poupados, mais fácil lhes será pagar.

Certamente não é do interesse deles apresentar a inovação como algo criminoso ou hostil; pois eles introduziram na história da humanidade uma nova forma de insatisfação com a autoridade constituída e deram, creio eu, o primeiro exemplo de uma proscrição publicada por uma colônia contra a mãe-pátria.

Quanto àquilo que é alegado sobre os novos poderes concedidos aos Tribunais da Marinha, ou sobre a extensão da autoridade conferida aos juízes,[74] pode ser respondido em umas poucas palavras

---

de origem, ou ser tão abominavelmente corrupto que não possa ser protegido de uma forma decente em seu próprio país, raramente recomenda qualquer homem para o governo de uma colônia francesa."

[74] Em 1768, ordenou-se que fossem estabelecidos, em Halifax, Boston, Filadélfia e Charleston, os ditos tribunais do Vice-Almirantado, cujos juízes tinham poderes ampliados. O objetivo desses tribunais era ajudar a fazer cumprir as leis de navegação e do comércio.

que eles próprios fizeram com que essas regulamentações fossem necessárias; que elas foram estabelecidas para evitar males piores; ao mesmo tempo, deve ser observado que esses poderes não foram ampliados desde a rebelião na América.

Sua ingenuidade sugeriu um meio de persuasão a que talvez possa ser mais difícil resistir. O Congresso da Filadélfia tratou de nos avisar que não podemos olhar com indiferença a contenda americana ou imaginar que a luta é por uma reivindicação que, seja qual for a decisão, é de pouca importância e de consequência remota; que eles estão resistindo às demandas do Parlamento para nosso bem tanto quanto para o bem deles próprios.

Sua perspicácia aguçada possibilitou que eles busquem consequências a uma grande distância; que vejam através de nuvens que são impenetráveis para a indistinção da visão europeia; e que achem, não sei como, que quando eles forem tributados, nós seremos escravizados.

Que a escravidão é uma condição miserável já nos disseram com frequência, e não há dúvida de que muitos ingleses tremerão ao achar que ela está próxima assim, na América; mas como é que ela será trazida para cá, o Congresso precisa nos dizer. A pergunta poderia afligir uma mente comum; mas os estadistas do outro hemisfério podem resolvê-la facilmente. Nossos ministros, dizem eles, são nossos inimigos, e, "se eles carregarem a ponta da tributação, poderão com o mesmo exército escravizar-nos. Pode ser dito, nós não as pagaremos; mas lembrem," dizem os sábios ocidentais, "os impostos da América, e nós podemos acrescentar os homens e particularmente os Católicos Romanos desse vasto continente, estarão então em poder de seus inimigos. E tampouco vocês têm qualquer motivo para esperar que, depois de nos escravizar, muitos dentre nós se recusarão a contribuir para reduzir vocês à mesma condição abjeta."[75]

Suas ameaças são terríveis assim;[76] mas, suspeitando de que elas não soam muito prováveis, o Congresso continua: "Não tratem isso como uma coisa quimérica. Saibam que em menos de meio século os aluguéis pagos para a coroa, em vez de serviços reservados, das inúmeras concessões deste vasto continente, irão derramar grandes rios de dinheiro nos cofres reais. Se a isso for acrescentado o poder de tributar a América como lhes prouver, a Coroa terá mais tesouros do que possam ser necessários para comprar *os restos* de liberdade em sua ilha."

Tudo isso é muito aflitivo; mas em meio ao terror que faz tremer minha estrutura, não posso deixar de desejar que alguma represa seja aberta para essas enchentes de dinheiro. Eu ficaria feliz de ver a América devolver a metade daquilo que a Inglaterra gastou em sua defesa; e do "rio" que irá "correr tão abundantemente em menos de meio século" espero que pelo menos encontremos um pequeno regato para matar a sede da geração atual, que parece achar que está mais em perigo de falta de dinheiro do que de perder a liberdade.

É difícil avaliar com que intenção essas explosões etéreas de malevolência são divulgadas: se esses escritores esperam enganar, é melhor rejeitá-los com desprezo desmenti-los pelo debate.

---

[75] *Votes and Proceedings*, pp. 39-40.
[76] Essa é a versão de 1775 (3); todas as outras edições dizem "These are dreadful menaces" [Essas são ameaças terríveis]. Sobre o texto aqui e nos dois parágrafos seguintes, veja o cabeçalho, p. 670 anteriormente.

Neste último e esplêndido parágrafo existem duas posições que, se nossos temores não dominarem nossa reflexão, podem permitir agüentar a vida por um pouco mais de tempo. Esses agourentos que anunciam calamidades nos dizem não só que nossos atuais ministros planejam nos escravizar, mas que o mesmo objetivo maligno passará para todos seus sucessores e que a riqueza a ser derramada na Inglaterra pelo Pactolus[77] da América irá, sempre que vier, ser utilizada para comprar "os restos da liberdade".[78]

Com relação àqueles que agora comandam os assuntos nacionais, podemos, sem muita arrogância, presumir que sabemos mais do que eles, e com relação àqueles que os irão suceder, sejam eles ministros ou reis, que não sabemos menos.

A outra posição é que a Coroa, se essa oposição louvável não for bem-sucedida, "terá o poder de tributar a América à vontade". Certamente eles fazem uma péssima ideia de nossas apreensões quando pressupõem que não sabemos aquilo que eles próprios sabem, que, como todos os outros súditos britânicos, eles são tributados pelo Parlamento; e que a Coroa não obteve nenhum poder adicional sobre suas possessões através da cobrança de novos impostos, fosse isso certo ou errado.

É uma especulação curiosa, embora inútil, tentar descobrir que resultado esses ditadores da sedição esperam com a divulgação de sua carta entre nós. Se acreditam em suas próprias queixas de opressão, e realmente temem o perigo que descrevem, naturalmente terão

---

[77] O rio no qual Midas se banhava e que assim se tornou uma fonte de ouro. *Observations* de Franklin (1751) (veja n. 13, p. 678, anteriormente) tem muito a dizer sobre a provável riqueza futura da América.
[78] Citado de *Votes and Proceedings*, p. 40. Itálico (aqui aspas duplas) só na edição de 1776.

a esperança de que irão transmitir essas mesmas[79] percepções para seus co-súditos. Mas provavelmente na América, como em outros lugares, os chefes são incendiários que esperam roubar no tumulto de uma conflagração e jogar tições no meio de uma multidão que seja passivamente combustível. Aqueles que escreveram o Discurso, embora não tenham demonstrado nenhuma grande ou profunda sabedoria, provavelmente são sábios o bastante para não acreditar nele: mas aprenderam com algum mestre da maldade[80] como pôr em movimento o motor da eletricidade política; atrair com os sons de liberdade e propriedade, repelir com aqueles do Papado e da escravidão; e dar o grande golpe com o nome de Boston.

Quando comunidades subordinadas se opõem aos decretos da legislatura geral com uma provocação assim audaciosa, e com uma malignidade assim acrimoniosa, nada resta a não ser conquistar ou ceder; aceitar sua reivindicação de independência, ou reduzi-los pela força à submissão e à lealdade.

Poderíamos esperar que fosse impossível encontrar um inglês a quem as ameaças de nossos próprios colonos, que acabaram de ser salvos dos franceses, não deixasse indignado, com uma indignação semelhante à dos citienses, que, ao retornarem da guerra, se encontraram expulsos de suas próprias casas por seus escravos.[81]

---

[79] Todas as edições de 1775 dizem "their own" [suas próprias], em vez de "the same" [as mesmas]. Isso foi modificado em 1776 para evitar a repetição de "their own" que ocorria no começo da frase.

[80] Uma alusão divertida a Franklin, cujo trabalho sobre eletricidade SJ menciona (com admiração) em suas resenhas de obras científicas e das *Geographical...Essays* (1756) de Lewis Evans. Veja p. 360. Ele dá continuação ao "conceito" com as palavras "engine," "attract," "repel" e "give the great stroke". No entanto, Franklin ainda estava na Inglaterra à época da reunião do Congresso Continental.

[81] Veja Heródoto, IV.I.

Que corporações constituídas por favor, e existindo graças à permissão implícita, ousassem proibir o comércio com seu país nativo, e ameaçar indivíduos pela infâmia, e sociedades com pelo menos a interrupção da amizade porque estas ousaram ser mais obedientes ao governo do que a eles, é um grau de insolência que não só merece ser castigado como também cujo castigo é pedido gritantemente pela ordem da vida e pela paz das nações.

No entanto, diante da população, surgiram homens que, seja lá por que deterioração moral ou por que entusiasmo transitório, se comprometeram a defender os americanos, tentaram protegê-los dos ressentimentos e propor a reconciliação[82] sem submissão.

Como as doenças políticas são naturalmente contagiosas, suponhamos por um momento que a Cornualha, tomada por esse frenesi da Filadélfia, decidisse se separar do sistema geral da Constituição inglesa e ser juiz de seus próprios direitos em seu próprio parlamento. Um congresso poderia, então, reunir-se em Truro, e dirigir-se aos outros condados em um estilo não muito diferente da linguagem dos patriotas americanos.

"Amigos e co-súditos,

Somos delegados de várias cidades e paróquias da Cornualha, reunidos para deliberar sobre nossa condição e aquela de nossos constituintes, e tendo, após sério debate e calma consideração, definido o projeto de nossa conduta futura, acreditamos ser necessário declarar as resoluções que nos achamos com direito de formular

---

[82] O famoso discurso de Burke sobre "Conciliação" só foi feito no dia 22 de março, duas semanas depois da publicação de *Tributação, não tirania*. Mas a palavra tinha sido muito usada durante o debate sobre a petição dos comerciantes londrinos em janeiro (veja n. 16, p. 678 anteriormente).

pelos direitos inalienáveis de seres racionais, e a que fomos compelidos por afrontas e opressões, há muito suportadas por nós em silêncio paciente, não porque não sofrêssemos, nem porque não pudéssemos nos desfazer delas, mas porque não estávamos dispostos a causar problemas para um governo estabelecido, e esperávamos que outros, com o passar do tempo, iriam descobrir, como nós, seu verdadeiro interesse e seus poderes originais e todos cooperarem para a felicidade universal.

"Mas como, apesar de estar, há muito tempo, nutrindo essa expectativa favorável, descobrimos que é improvável que a insatisfação geral diminua, ou que termine em uma deserção geral, decidimos erguer sozinhos o estandarte da liberdade.

"*Saibam, então*, que vocês já não devem considerar a Cornualha como um condado inglês, visitado por juízes ingleses, recebendo as leis do Parlamento inglês, ou incluído em qualquer sistema de tributação geral do reino; e sim um estado separado e independente, governado por suas próprias instituições, administrado por seus próprios magistrados e isento de qualquer taxa ou tributo a não ser aqueles que nós mesmos nos impusermos.

"Somos os descendentes reconhecidos dos primeiros habitantes da Grã-Bretanha, de homens que, antes do tempo da história, tomaram posse da ilha despovoada e deserta e, portanto, aberta aos primeiros ocupantes. Dessa ascendência, nossa linguagem é prova suficiente: há menos de um século, ela era diferente da sua.

"Assim são os habitantes da Cornualha; mas quem são vocês? Quem senão os filhos desautorizados e ilegais de intrusos, invasores e opressores? Quem senão os transmissores do erro, os herdeiros da ladroagem? Ao reivindicar a independência, reivindicamos pouca coisa. Poderíamos exigir que vocês saíssem da terra que possuem por usurpação, e que devolvam tudo aquilo que tiraram de nós.

"A independência é um presente da Natureza. Nenhum homem nasce dono de outro. Todo habitante da Cornualha é um homem livre, porque nós nunca renunciamos aos direitos de humanidade; e só aquele que é governado por seu próprio consentimento pode ser considerado livre.

"Vocês podem alegar que o atual sistema de governo foi transmitido durante muitas eras, e que temos uma parte maior na representação do reino do que qualquer outro condado.

"Tudo isso é verdade, mas não é nem irrefutável, nem persuasivo. Olhamos para a origem das coisas. Nossa união com os condados ingleses foi ou compelida pela força ou estabelecida por contrato.

"Aquilo que foi feito com violência, por violência será rompido. Se fôssemos tratados como um povo conquistado, nossos direitos poderiam ser pouco conhecidos, mas nunca poderiam ser extintos. A espada não pode dar nada a não ser poder, um poder que uma espada mais afiada pode tirar.

"Se nossa união fosse por contrato, a quem poderia esse contrato obrigar a não ser aqueles que participaram das estipulações? Nós não demos a nossos antepassados nenhuma ordem para estabelecer os termos da existência futura. Eles podem ter sido covardes porque estavam amedrontados ou idiotas que foram enganados; mas seja lá o que fossem, eles só poderiam fazer contratos para si próprios. O que eles puderam estabelecer, nós podemos anular.

"Contra nossa atual forma de governo, ocupará o lugar de todos os argumentos o fato de não gostarmos dela. Quando somos governados de uma maneira da qual não gostamos, onde está nossa liberdade? Não gostamos de impostos, portanto, não seremos tributados; não gostamos de suas leis, e não as obedeceremos.

"Os impostos lançados por nossos representantes são lançados, vocês nos dizem, com nosso próprio consentimento; mas não daremos nosso consentimento para sermos representados. O número de nossos legisladores foi originalmente um peso e deveria ter sido recusado; agora é considerado uma vantagem desproporcional; quem então irá se queixar[83] se renunciarmos a ele?

"Formaremos um senado nosso, sob um presidente que o rei irá nomear, mas cuja autoridade iremos limitar, adequando seu salário a seu mérito. Não negaremos uma participação adequada na contribuição para os gastos necessários de um governo legal, mas decidiremos nós mesmos que participação é adequada, que gastos são necessários e que governo é legal.

"Até que nosso conselho seja proclamado independente e que não precise mais prestar contas, nós iremos, depois do dia 10 de setembro,[84] manter nosso dinheiro em nossas mãos: vocês não podem ser abastecidos por ninguém mais, e devem, portanto, concordar ou ser envenenados com o cobre de suas próprias cozinhas.

"Se qualquer habitante da Cornualha recusar registrar seu nome nessa associação justa e louvável, ele será empurrado do alto do Monte de St. Michael, ou enterrado vivo em uma mina de estanho; e se qualquer emissário for encontrado tentando atrair os habitante da Cornualha para sua condição anterior, ele será

---

[83] "If" [se] estava inserido depois de "complain" [queixas] nas edições de *Works* de SJ a partir de 1801. Uma suposição melhor poderia ser "that" [que]
[84] Veja n. 62, p. 711.

coberto com alcatrão, e envolvido em penas,[85] e perseguido por cães até sair de nosso território."

"Do Congresso da Cornualha em Truro."

Que mais podemos dizer desse memorial além de que foi escrito como um gracejo, ou escrito por um louco? No entanto, não sei se os admiradores mais veementes da eloquência da Pensilvânia podem encontrar qualquer argumento nos Discursos do Congresso que não tenha sido alegado com força ainda maior pelos cornualhos.

O argumento das tropas irregulares da polêmica, despidas de suas cores e apresentadas desnudas à vista de todos, não é mais do que isso. A liberdade é um direito natural do homem, e quando a obediência é obrigatória, não há liberdade. A resposta é igualmente simples. O governo é necessário para o homem, e quando a obediência não é obrigatória, não há governo.

Se o súdito se recusa a obedecer, é dever da autoridade usar a coerção. A sociedade não pode subsistir a não ser em virtude do poder, primeiro de fazer leis e depois de fazer com que elas sejam cumpridas.

Com relação a uma das ameaças sibiladas pelo Congresso, não coloquei nada semelhante na proclamação da Cornualha; porque ela é violenta demais para que seja uma tolice e tola demais para

---

[85] Cobrir com alcatrão e penas era uma ameaça frequente (e às vezes levada a cabo) para os simpatizantes britânicos e funcionários da alfândega que tentassem fazer cumprir as leis comerciais na América. Veja uma gravura que ilustra o processo, reproduzida em *The Coming of the Revolution*, de L. H. Gipson (1954) Ilustração 24. Gipson registra muitas outras formas de violência das massas.

que seja loucura. Se não impedirmos que nosso rei e seu Parlamento tributem os americanos, eles atravessarão o Atlântico e nos escravizarão.

Não nos disseram como virão: talvez eles criem asas, e aterrissem em nossas costas. Quando as garças começam a bater as asas, é hora de os pigmeus manterem seus olhos bem abertos.[86] O Grande Orador[87] observa que, depois de terem sido tributados, eles estarão em muito boa forma para impor-nos correntes. Se eles estão em tão boa forma como seu amigo os descreve e tão dispostos como eles próprios se descrevem, aumentemos nosso exército e dupliquemos nossa milícia.

Nos últimos tempos, vem surgindo um hábito muito comum de falar de escravidão entre aqueles que estão desafiando qualquer poder que mantenha o mundo em ordem. Se o erudito autor de *Reflections on Learning* observou corretamente, que nenhum homem pode fazer leis para a linguagem,[88] seria inútil proibir o uso da palavra "escravidão"; mas eu poderia desejar que ela fosse dita com mais discrição; ela é introduzida às vezes de uma maneira muito violenta em nossos ouvidos pelo furacão barulhento da eloquência da Pensilvânia e outras vezes desliza com frieza demais em nossos

---

[86] Uma alusão ao mito grego da guerra entre as garças e os pigmeus. Quando menino, SJ fez uma versão encantadora em versos em inglês do poema latino de Addison sobre esse tema (Yale *Works*, VI. 21-27).
[87] Chatham, que tinha feito vários discursos apaixonados sobre a questão da América no começo de 1775.
[88] Thomas Baker, *Reflections upon Learning* (1699): "Palavras, como outras coisas, estão sujeitas ao destino comum de vicissitude e mudança... Nenhum príncipe jamais fez leis para essas coisas. César, que fez leis para Roma, não pôde fazer nenhuma para sua língua" (7ª edição, 1734, p. 13).

corações em virtude da suave comunicação de uma patriota feminina lamentando os infortúnios de seus "amigos e co-cidadãos".[89]

Tal foi o progresso da sedição que aqueles que, há uns poucos anos, questionavam apenas nosso direito de lançar impostos, agora questionam a validade de todos os atos da legislação. Eles se consideram livres de obediência e como se já não fossem súditos da Coroa britânica. Não nos deixam outra escolha senão ceder ou conquistar, renunciar a nosso domínio ou mantê-lo à força.

Muitas tentativas foram utilizadas ou para dissuadir-nos de usar força ou para impedir que o fizéssemos. Às vezes exalta-se o mérito dos americanos, outras exageram-se seus sofrimentos. Falam-nos sobre sua contribuição na última guerra, uma guerra provocada por seus clamores, e continuada para sua proteção, uma guerra em que os únicos vencedores foram eles. A única coisa de que podem se vangloriar: o fato de terem feito alguma coisa por eles próprios e não terem ficado totalmente inativos enquanto os filhos da Grã-Bretanha estavam lutando em sua defesa.

Se não podemos admirá-los, incitam-nos a ter pena deles; ter pena daqueles que não demonstram nenhum respeito por sua mãe-pátria; que não obedeceram a nenhuma lei que podiam violar; que não transmitiram nenhum bem que podiam reter; que se uniram em associações fraudulentas para roubar seus credores; e em combinações para afligir todos aqueles que dependiam de seu comér-

---

[89] Catharine Sawbridge Macaulay, *An Address to the People of England, Scotland and Ireland, on the Present Important Crisis of Affairs* (1775), p. 5: "Não pode ser nenhum segredo para vocês, meus amigos e co-cidadãos..." Ela usa a frase *ad nauseam*. O panfleto da Sra. Macaulay foi, em parte, um ataque direto a *O patriota* de SJ.

cio. Somos censurados pela crueldade de haver fechado um porto quando todos os portos estão fechados para nós. Somos censurados como tiranos por impedir de pescar aqueles que condenaram nossos comerciantes à falência e nossos fabricantes à fome.

Outros nos persuadem a dar-lhes mais liberdade, a retirar restrições e a relaxar a autoridade; e nos dizem que consequências felizes surgirão dessa abstenção: como suas afeições serão conciliadas e em que propagações de beneficência sua gratidão irá vicejar. Eles amarão seus amigos e respeitarão seus protetores. Eles se lançarão em nossos braços e colocarão sua propriedade a nossos pés. Eles não comprarão de ninguém mais aquilo que nós podemos lhes vender; e não venderão a nenhum outro aquilo que nós desejarmos comprar.

Nós os conhecemos há tempo suficiente para não esperar que outras obrigações irão sobrepujar seu interesse pelo lucro. Não é de se esperar nem de um povo mais liberal. Agora eles estão nos mostrando com que generosidade recompensam os benefícios recebidos, a nós que estamos sendo desafiados e proscritos pouco depois de tê-los libertado da França.

Mas se nós permitirmos que eles lancem seus próprios impostos, então nos darão mais do que precisamos. Se os proclamarmos independentes, eles nos pagarão um subsídio quando quisermos. A luta agora não é por dinheiro, e sim por poder. A questão não é quanto iremos coletar e sim por qual autoridade a coleta será feita.

Aqueles que acham que os americanos não podem se mostrar em qualquer forma que possa despertar amor ou piedade vestem-nos em roupas de terror e tentam fazer com que achemos que eles são temíveis. Os bostonianos podem levar para o campo noventa mil⁹⁰ homens. Enquanto conquistamos tudo diante de nós, novos inimigos surgirão por trás, e nossa tarefa terá sempre que recomeçar. Se ocuparmos as cidades, os colonos se refugiarão nas regiões do interior, e com a vitória ganharemos apenas casas vazias e uma grande extensão de terras abandonadas e de desolação. Se os subjugarmos no presente, eles se revoltarão todos na próxima guerra e, sem piedade, nos reduzirão à subjeção e à destruição.

A tudo isso pode ser respondido que, entre perder a América e renunciar a ela, não há muita diferença; não é muito sensato pular ao mar só porque o navio está vazando. Todos esses males podem nos acontecer, mas não precisamos apressá-los.

O Decano de Gloucester propôs, e parece que seriamente, que devemos desistir imediatamente de nossas reivindicações, declará-los donos de si mesmos e abandoná-los de uma vez.⁹¹ A seu ver, nossos ganhos com eles serão os mesmos e nossa despesa menor. Aquilo que eles puderem comprar mais barato da Grã-Bretanha, continuarão comprando, e aquilo que puderem nos vender ao preço mais caro, continuarão vendendo.

No entanto, é um pouco difícil pensar que, tendo há tão pouco tempo lutado e conquistado pela segurança deles, deixemos de governá-los. Se os tivéssemos libertado antes da guerra, quantos

---

⁹⁰ John Wilkes, discurso à Câmara dos Comuns, fevereiro 1775: "Só a província da baía de Massachuset tem neste momento cerca de 30 mil homens, bem- treinados e disciplinados, e podem trazer quase 90 mil para o campo" (*Public Advertiser*, 10 de fevereiro de 1775). O resto do parágrafo de SJ parafraseia substancialmente o discurso de Wilkes.

⁹¹ Josiah Tucker, "Tract IV. The True Interest of Great-Britain Set Forth in Regard to the Colonies," em *Four Tracts* (1774), pp. 195 ff. SJ cita *Othello*, III.3. 266-7 erroneamente: "I'd whistle her off and let her down the wind/ To prey at fortune." [No original: "and whistle them down the wind" = abandoná-los. (N. T.)]

muitos milhões teriam sido salvos. Uma proposta extrema é mais bem respondida por outra. Vamos devolver aos franceses aquilo que tomamos deles. Veremos nossos colonos a nossos pés quando tiverem um inimigo tão próximo deles. Vamos dar armas aos índios, e ensinar-lhes disciplina e encorajá-los a saquear uma plantação de vez em quando.[92] Segurança e lazer são os pais da sedição.

Enquanto essas várias opiniões são ventiladas, parece que a legislatura está decidindo que tentaremos usar a força.[93] Os escritores raramente têm muita habilidade para conquistar reinos, mas têm uma forte tendência a dar conselhos. Não posso deixar de desejar que essa agitação termine sem derramamento de sangue e que os rebeldes possam ser subjugados pelo terror e não pela violência; e, portanto, recomendo uma força tal que possa tirar não só poder, mas a esperança de resistência e que, conquistando sem uma batalha, salve muitos da espada.

Se a teimosia deles continuar sem hostilidades, é possível que ela possa ser amainada desviando os soldados para áreas livres e proibindo qualquer crueldade ou dano pessoal. Foi proposto que os escravos devem ser liberados, um ato que certamente os amantes da liberdade só poderão elogiar. Se eles forem providos com armas de fogo para defesa e utensílios para o cultivo agrícola, e estabelecidos com alguma forma simples de governo no interior do país, eles poderão ser mais gratos e honestos que seus amos.

Que qualquer inglês esteja longe de desejar o sangue de seus co-súditos. Aqueles que mais merecem nosso ressentimento são, infelizmente, os que estão mais próximos. Os americanos, quando

---

[92] É preciso que o leitor se dê conta de que SJ está apresentando essa proposta ironicamente, como uma "proposta impetuosa".
[93] Veja n. 94 a seguir.

a Lei do Selo foi proposta originalmente, sem dúvida não gostaram da ideia, como qualquer nação não gosta de um novo imposto; mas eles nem pensaram em resistir até que foram encorajados e incitados pela inteligência europeia, por parte de homens que eles julgavam ser seus amigos, mais que eram amigos só deles próprios.

Que uma nação ofendida derrame sua vingança sobre aqueles que originalmente planejaram essa maldade. Não importa qual tenha sido sua intenção quando incitaram essa contenda perniciosa, de qualquer maneira são abomináveis. Se eles desejam sucesso para as colônias, são traidores deste país; se desejam sua derrota, são traidores tanto da América quanto da Inglaterra. A eles e somente a eles devem ser imputados a interrupção do comércio e os infortúnios da guerra, a tristeza daqueles que serão arruinados e o sangue daqueles que cairão.

Já que os americanos fizeram que seja necessário que os subjuguemos, que sejam subjugados com o menor dano possível às suas pessoas e a seus bens. Quando forem reduzidos à obediência, que essa obediência seja garantida por leis mais estritas e deveres mais fortes.

Nada pode ser mais prejudicial a uma sociedade que essa clemência errônea, que, quando uma rebelião é subjugada, não exige nenhuma privação e não se estabelece nenhuma segurança, deixando os rebeldes em sua condição anterior. Quem não tentaria o experimento que promete vantagem sem custo? Se os rebeldes obtêm uma vitória, seus desejos são realizados; se são derrotados, sofrem pouco, talvez menos que seus conquistadores; por mais que eles joguem o jogo, a sorte está sempre a seu favor. Enquanto isso, vão enriquecendo, fornecendo víveres para as tropas que enviamos

Samuel Johnson

contra eles, e talvez ganhem mais com a permanência do exército que perdem com a obstrução de seu porto.[94]

Como agora suas cartas régias estão legalmente abandonadas, elas podem ser reformuladas da maneira que seja mais cômoda para a mãe-pátria. Assim, os privilégios que, como a experiência demonstrou, são passíveis de abusos serão eliminados, e aqueles que agora gritam como patriotas, proferem ameaças como soldados e controlam como legisladores cairão para a posição de comerciantes sóbrios e plantadores tranquilos, pacificamente diligentes e seguramente ricos.

Mas há um escritor, e talvez muitos que não escrevem, a quem a restrição desses privilégios perniciosos parece muito perigosa, e que se assustam com a ideia de uma "Inglaterra livre e uma América acorrentada."[95] Crianças fogem de sua própria sombra, e os retóricos têm medo de suas próprias vozes. "Correntes" é, sem dúvida, uma palavra horrível; mas talvez os mestres da sabedoria civil possam descobrir alguma gradação entre correntes e anarquia. As correntes não precisam ser colocadas naqueles que podem ser contidos sem elas. Essa contenda pode terminar na frase mais suave de superioridade inglesa e obediência americana.

---

[94] Em maio de 1774, o general Gage, novo governador de Massachusetts, chegou a Boston com quatro regimentos para fazer cumprir o Ato do Porto de Boston.

[95] Talvez uma referência à abertura do Discurso para o Povo da Grã-Bretanha do Congresso Continental (em *Votes and Proceedings*): "Quando uma nação, levada à grandeza pela mão da Liberdade, e possuída por toda a glória que o heroísmo, a generosidade e a humanidade podem dar, desce à tarefa ingrata de forjar cadeias para seus Amigos e seus Filhos, e em vez de apoiar a Liberdade torna-se defensora da Escravidão e da Opressão..." O autor pode ter sido John Jay (cf. Edmund Cody Burnett, *The Continental Congress*, 1941, p. 52).

Dizem que a subjeção dos americanos pode contribuir para a diminuição de nossas próprias liberdades; uma situação que nenhum político, a não ser os muitos perspicazes, é capaz de prever. Se a escravidão é assim fatalmente contagiosa, como é que ouvimos os gritos mais altos pela liberdade entre os capatazes de negros?[96]

Mas interrompamos por um momento esse sonho de conquista, colonização e supremacia. Lembremos que por estar lutando, segundo um orador, com três milhões de *whigs* e, segundo outro, com noventa mil patriotas da baía de Massachusets, é possível que impeçam nossa carreira de conquistas. Podemos ser obrigados a fazer a paz sob condições iguais, ou ser expulsos do continente ocidental e proibidos de violar uma segunda vez as fronteiras felizes da terra da liberdade. Talvez tenha chegado a hora que Sir Thomas Brown predisse, um pouco de brincadeira e um pouco seriamente,

> Quando a América não mais enviar seu tesouro,
> E sim gastá-lo em seu país, como desejam os americanos.[97]

Se, tendo sido derrotados, nos permitirem estipular condições, espero que o tratado de Boston nos permitirá importar para os cantões confederados os produtos que eles não plantam e os bens

---

[96] Os donos de escravos do sul, sobretudo Patrick Henry e Thomas Jefferson, estavam entre os propagandistas mais inconstantes pela "liberdade" americana. É possível que, quatro anos mais tarde, em sua *Life of Milton*, SJ tenha se referido ao seguinte comentário memorável: "Foi observado que aqueles que clamam mais gritantemente pela liberdade na maioria das vezes não a concedem com liberalidade" (*Lives*, I.157, par. 170).

[97] "A Prophecy Concerning Several Nations," em *Certain Miscellany Tracts*: "When America shall cesase to send forth its treasure/But employ it at home in American pleasure" [Quando a América cessar de enviar seu tesouro/ Mas usá-lo em seu país, como desejam os americanos].

que eles não fabricam e que não podem comprar mais barato de outras nações, pagando como outros as taxas indicadas; que, se um navio inglês saúda um forte com quatro canhões, ele seja respondido com pelo menos dois, e que se um inglês estiver interessado em ter uma plantação, ele só terá de fazer um juramento de lealdade aos poderes reinantes, e que lhe permitam, enquanto ele viver de maneira inofensiva, manter sua própria opinião a respeito dos direitos ingleses, com a consciência tranquila por não ter feito um juramento de abjuração.[98]*

Finis

* *As provas têm mais dois parágrafos:*

> Se pelo sucesso da guerra eles nos expulsarem completamente, o que farão a seguir só pode ser uma suposição. Se uma nova monarquia for fundada, eles vão querer um rei. Aquele que pela primeira vez segurar em sua mão o cetro da América deve ter um nome de bom augúrio. Guilherme ficou conhecido tanto como conquistador quanto como realizador, e talvez a Inglaterra, por mais que seja condenada, possa prover-lhes com um outro Guilherme [i.e., Guilherme Pitt. Rei Guilherme o "realizador" era Guilherme III.] Os *whigs*, na verdade, não estão dispostos a ser governados, e é possível que o rei Guilherme esteja fortemente inclinado a controlar suas medidas; mas os *whigs* já foram enganados, como outros mortais, e tiveram que suportar que seu líder se transformasse em um tirano sob o nome de seu Protetor [i.e., o título de Oliver Cromwell]. O que mais eles irão se dignar a receber da Inglaterra ninguém pode dizer. Em seus rudimentos de império, é possível que eles queiram um Chanceler [Charles Pratt, Lord Camden, o ex-Lord Chanceler].

---

[98] Como pessoas que ocupavam cargos oficiais (incluindo o pai de SJ) tinham que jurar, abjurando lealdade a James II e ao Aspirante ao Trono.

Seus números no momento não são suficientes o bastante para a grandeza que, em uma ou outra forma de governo, era competir com as antigas monarquias; mas, pela regra de progressão do Dr. Franklin, em um século e um quarto eles estarão mais do que iguais aos habitantes da Europa. Quando os *whigs* da América se multiplicarem assim, deixemos que os príncipes da terra tremam em seus palácios. Se eles continuarem a se duplicar uma ou duas vezes, seu próprio hemisfério já não poderá contê-los. Mas não deixemos que nossos opositores da autoridade mais ousados esperem com ansiedade e alegria esse futuro de [whiggismo – *slogan*].

(95)

~~them~~ the appointed customs; that if an English ship salutes a fort with four guns, ~~he~~ shall be answered at least with two, and that if an Englishman be inclined to ~~take~~ a plantation, he shall only take an oath of allegiance to the reigning powers, and be suffered, while he lives inoffensively, to ~~hold~~ his own opinion of English rights, unmolested in his conscience by an oath of abjuration.

If by the fortune of war they drive us utterly away, what they will do next can only be conjectured. If a new monarchy is erected, they will want a king. He who first takes into his hand the scepter of America should have a name of good omen. William has been known both as conqueror and deliverer, and perhaps England, however contemned, might yet supply them with another William. Whigs indeed are not willing to be governed, and it is, possible, that King William may be strongly

Uma página das provas de *Tributação, não tirania*, com correções na letra de Johnson. Generosamente cedido pela sra. Donald F. Hyde.

*Índice remissivo**

A Tabela Cronológica (pp. 51-57) não foi incluída neste índice

A

A Chronological History of the Discoveries in the South Seas (Burney), 587n15

A Cycle of Cathay (Appleton), 83n3

A Whig in Power: The Political Career of Henry Pelham (Wilkes), 219n1

Absolutismo de governos 43, 545, 689-91

Absolutismo real, 18

Acadia (América do Norte), 278n48

Account of Several Late Voyages and Discoveries to the South and North (Narborough), 589n20

Acordo de Família (1761), 577

Adams, Samuel (1722-1803), político americano, 309, 662

Addison, Joseph (1672-1719), escritor e político, 563n34, 611n48, 682n22, 690, 725n85; *Ver também The Spectator*

Agostinho (354-430), Santo, bispo de Hippo, 44

Agricultura, SJ sobre, 227-42

Aix, ilha francesa, 449, 453n3

Aix-la-Chapelle, paz de, 222, 247, 311, 313n1, 470n14, 495; comemorações com fogos de artifícios, 219-26

Albany, Nova York, 366

Albermarle, William Anne Keppel (1702-54), segundo conde de, general e diplomata, 438n4, 440, 442

Alexandre VI (1431?-1503), papa: bulas, 251n6

Aliança Quádrupla, 117
Alfredo (849-901), "o Grande", rei dos ingleses, 283
Alkon, Paul Kent, 43n30
Amherst, Jeffrey Amherst (1717-97), primeiro barão, marechal-de-campo e administrador, 463n7
"Amigos do Rei", 18
An Account of the Constitution and Present State of Great Britain, 249
An American Bookshelf (Wroth), 353n1
An Enquiry into the Conduct of Our Domestick Affairs, from the Year 1721 to the Present Time (Pultney), 165n41
An Essay on the Probable Methods of Making a People Gainers in the Balance of Trade (Davenant), 704n54
An Impartial Account of the Invasion under William, Duke of Normandy (Parkin), 329n5
Anderson, personagem de *Gustavus Vasa*, 157
Ana Bolena (1507-36), rainha consorte da Inglaterra e da Irlanda, 505-09
Anna Ivanovna (1693-1740), czarina da Rússia, 39, 118, 118n31

Anne (1665-1714), rainha da Grã-Bretanha e Irlanda, 66, 79, 271, 504, 573
Annual Register, 540n6
Anson, George (1697-1762), primeiro barão, almirante, navegador e político, 272, 272n39, 378, 391n5; carta de Hardwicke para, 435; e o caso Byng, 379, 383, 385; epigrama de SJ, 385n4; expedição contra a América do Sul e circunavegação, 588; plano com Pitt, 384; *Voyage*, 385n4, 592;
Appleton, William W., 83n3
Areopagitica (Milton), 141
Aristóteles, 680n19
Armada espanhola, 252
Armstrong, John (m. 1758): resenha de SJ para seu *History of Minorca*, 458
Armytage, *Sir* George (1734-83), político, 565n36
Artur (século V?), lendário rei da Inglaterra, 101
Arvida, personagem em *Gustav Vasa*, 159
Aston: *Ver* Hervey Aston
At Twelve Mr. Byng Was Shot (Pope), 377n1

Ato Declaratório (1766), 694n39
Augusta (1719-72), princesa de Gales, mãe de George III, 86, 108n18, 644, 644n11, 646n18
Augusta (1737-1813), princesa de Gales, mais tarde duquesa de Brunswick, irmã de George III: nascimento, 82n2
Augustus Hervey's Journal, editado por Erskin, 386n5
Autoestradas com pedágio, 566, 566n38
Áustria, 464-5, 607

B

Bailes de máscara, 108n18, 130
Bailyn, Bernard, 668n6
Baker, Thomas (1656-1740), 725n88
Banco da Inglaterra, 231
Bandos treinados (Milícia da cidade de Londres), 289n6, 290n7
Banks, _____, cônsul inglês em Cartagena, Espanha, 392
Barbauld, Anna Leticia, *nascida* Aikin (1743-1825), escritora, 620n60
Barber, Franck (1745?-1801), criado e herdeiro de SJ, 261n30
Baretti, Giuseppe Marc' Antonio (1719-89), escritor, amigo de SJ: carta a, 495; pensionista, 33n20
Barnes, D.G., 514
Barth, Karl (1886-1968), teólogo, 44
Bastimentos, ilha, América Central, 121
Bath, conde de: *Ver* Pulteney, *Sir* William
Banho, ordem dos cavaleiros de, 144n7
Bathurst, Allen (1684-1775), primeiro conde, político, 109n20
Bathurst, Richard (m. 1762), médico, amigo de SJ, 261n30
Beaconsfield: *Ver* Disraeli, Benjamin,
Beaconsfield (residência de Burke), 635
Beckford, William (1709-70), político, prefeito de Londres, 451, 534, 581, 581n6, 621, 621n62, 631n71
Bedford, John Russell (1710-71), quarto duque de, político, 66, 579, 580

Behmen Jakob: *Ver* Böhme, Jakob
Bellas, George (m. 1776), advogado e político, 621
Bellin, Jacques-Nicolas (1705?-72), cartógrafo, 353
Bentham, Jeremy (1748-1832), filósofo, 43
Bentley, Richard (1662-1742), 96n4; acadêmico clássico: nora torna-se pensionista, 33n20
Berkeley, Califórnia, 361n9
Berkeley, George (1685-1753), bispo de Cloyne, filósofo e educador: "Para o oeste a sede do império toma seu caminho", 361; sobre estilo de linguagem, 190n43
Bermudas, 361n9
Bernard, F.V., 69, 249
Bertie, *Lord* Robert (1721-82), oficial do exército, 403, 422, 422n6, 427, 432
Besterman, Theodore, editor de Voltaire, 379n2
Bibliography of SJ (Courtney), 669
Birmingham, Inglaterra, 680n18, 705n55
Black, Eugene Charlton, 631n72
Blackstone, *Sir* William (1723-80), escritor sobre Direito e juiz, 133n49, 515, 550n20, 574n58, 690

Blackwell, Thomas (1701-57), acadêmico clássico, 145n8, 307
Blair, Eric Arthur: *Ver* Orwell, George,
Blair, William (m. ca. 1782), escriturário do Selo Privado, 450
Blake, Robert, (1599-1657), almirante, 34
Blakeney, William Blakeney (1672-1761), primeiro barão, general, 382, 383, 390, 390n4, 391, 413, 413n32, 427
Bleackley, Horacce William (1868-1931), 647n19
Blenheim, batalha de, 467, 469
Bligh, Thomas (1685-1775), general, 460n2
Bloom, Edward A., 281, 308
Boadicea (Glover), 415n35
Bodin, Jean (1530-96), teórico político, 675n11
Boerhaave, Hermann (1668-1738), físico e cientista, 573n56
Böhme (ou Behmen), Jakob (1575-1624), teólogo e místico, 135
Bolingbroke, Henry Saint-John (1678-1751), primeiro

visconde, político e escritor, 40, 66-67, 67n6, 68, 126n20, 227, 573n55, 637; na definição de SJ para ironia, 31n18

Bonald, Louis-Gabriel (1754-1840), visconde de, teórico político, 38

Boston, Massachusetts: Ato do Porto de Boston, 650, 731n93; Carta de, 713-15; resistência aos ingleses, 681-83, 727; "Tea Party," 650n24; tribunais da Marinha em, 715n74

Boswell, James (1740-95), amigo e biógrafo de SJ, 23, 26, 28n13, 35, 40n27, 173, 235, 436, 490n1, 536, 672, 674; atenção para assuntos políticos, 27n12; *Life of Johnson* citado, 221, 289n6, 290, 358, 497, 565n36, 656

Bourbon, dinastia francesa, 273

Boyle, Roger: *Ver* Broghill, Lord

Bradbury, Charles, colecionador, 94

Braddock, Edward (1695-1755), major-general, 277, 352, 356-57, 380

Brady, Frank, 27n12

Bragança, dinastia portuguesa, 252n7

Brant, Joseph (Thayendanegea) (1742-1807), cacique moicano, 315n4

Bremen, ducado germânico, 103n12

Brest, base naval francesa, 445

Brett, John (1739-45), editor, 91

Brinton, Crane, 639n3

Bristol, bispo de: *Ver* Yonge, Philip

Bristol, cidade portuária inglesa, 20

Bristol, conde de: *Ver* Hervey, Augustus

British Magazine, 36, 475, 477, 480

Broderick (ou Brodrick), Thomas (m. 1769), comodoro, mais tarde vice-almirante, 433

Broghill, Roger Boyle (1621-79), barão, mais tarde primeiro conde de Orrery, soldado, político e dramaturgo, 178-218, *passim*

Brooke, Henry (1703?-83), dramaturgo e novelista, 67-154, *passim*

Brooke, John, 7

Brown, Lawrence Hilton: "The Grafton and North Cabinets", 579n3

Browne (ou Brown), *Sir* Thomas (1605-82), médico e escritor: citação de seu *Prophecy*, 732

Browne, Tom (1657?-1717), sapateiro, professor de SJ, 165n42

Browning, Reed, 7

Brydges, Henry: *Ver* Carnarvon, marquês de

Bucareli y Ursúa (ou Bucarelli), Francisco de Paula (1767-70), governador de Buenos Aires, 583-623, *passim*

Buckingham, George Villiers (1592-1628), primeiro duque de, cortesão, 256n11

Buenos Aires, Argentina, 579, 597, 601-02, 625, 629

Bultmann, William A., 15n1

Burke, Edmund (1729-97), assistente de Hamilton, 516; critica SJ, 582n7; discurso para os eleitores de Bristol, 648; discurso sobre conciliação, 665n3, 720n82; e a petição de Buckinghamshire, 569n43; e o *whigismo*, 230; notícia da dissolução do parlamento, 635; político, escritor, amigo de SJ, 16, 18, 42, 286; reação à sucessão partidária, 28n13; simpatias políticas diferentes das de SJ, 18n3

Burnett, Edmund Cody, 731n95

Burney, James (1750-1821), comandante naval, mais tarde vice-almirante, 587n15

Bute, John Stuart (1713-92), terceiro conde de, primeiro-ministro, 17, 19, 32, 89, 90n1, 387, 531-32, 559n28, 578, 628n68, 644n11

Butler, James A.: sobre *The Conduct of Ministry*, 377n1, 416n38, 419, 435

Butterfield, *Sir* Herbert, 16n2, 631n72

Byng, George: *Ver* Torrington, visconde

Byng, Hon. John (1704-57), almirante, 245, 377-448, *passim*

Byron, John (1723-86), comandante naval e explorador, 593

Byng and the Loss of Minorca (Tunstall), 377n1

C

Cabo Passaro, batalha de (1718), 381

Cabo Verde, África, 252n6

Cabot (ou Caboto), John (Giovanni) (1450-98), explorador, 274n43, 586
Cabot (ou Caboto), Sebastian (1474-1557), explorador, 274, 274n43
Cadell, Thomas (1742-1802), editor, 583, 636
Calígula (12-41), imperador romano, 453
Cambridge History of English Literature (Vaughan), 135
Camden, Charles Pratt (1714-94), barão, mais tarde primeiro conde, ministro da Fazenda, 101n9, 532, 672, 733
Camden, William (1551-1623), antiquário e historiador, barão, mais tarde primeiro conde, ministro da Fazenda, 101
Campbell, John Campbell (1779-1861), primeiro barão, lord chanceler e biógrafo, 150n16
Campeche (ou Campeachy), baía de, assentamento inglês, 317n
Canadá e canadenses, 248, 259n16, 272, 313, 316, 367, 661; e a expulsão dos franceses, 355n4; migração para o, 315n4; prisioneiros franceses, 443; *Ver também* Quebec
Candide (Voltaire), 248, 378
Candish: *Ver* Cavendish, Thomas
Cape Breton, Nova Escócia, 313, 320, 349-50, 473, 473n20
Capel (ou Capell), Edward (1713-81), crítico, examinador-assistente de peças, 137, 160n34
Cardo (Thistle), ordem dos cavaleiros do, 144n7
Carey, Henry (m. 1743), poeta, 106n15
Carhampton, conde de: *Ver* Luttrell, Henry Lawes
Carlisle, conde de: *Ver* Howard, Charles
Carlos III (1716-88), rei da Espanha e das Índias, 577
Carlson, Carl Lennart, 588n16
Carlyle, Thomas (1795-1881), ensaísta e historiador, 38
Carnarvon, Henry Brydges (1708-71), marquês de, mais tarde segundo duque de Chandon, 82
Carolina, 118, 263, 360, 367, 368, 379; *Ver também* Carolina do Sul
Carolina (1683-1737), rainha consorte da Grã-Bretanha e

Irlanda, 65-91, *passim*, 69n7, 118n30
Carolina do Sul, 710
Carswell, John, 697n43
Carta régia colonial, 691-93
Cartagena, América do Sul: ataque inglês a, 616
Cartagena, Espanha, 392
Cartago, África, 144
Carter, Elizabeth (1717-1806), escritora e amiga de SJ, 236n7, 489
Carteret, John Carteret (1690-1763), segundo barão, mais tarde segundo conde Granville, político, 65, 130n46, 142n2, 168
Carvajal y Lancáster, José de (m. 1754), ministro espanhol, 591, 591n23, 592
Cary, Anthony: *Ver* Falkland, visconde,
Cascavéis, americanos tão fecundos quanto as, 678
Cataraqui (lago Ontario), 369
Catilina (108?-62d.C.), conspirador, 572
Católicos romanos, 44; em Quebec, 716; *Ver também* Lei de Quebec
Cave, Edward (1691-1754), fundador do *Gentleman's Magazine* e amigo de SJ, 32n19, 69-70, 83n4, 168-69, 315n4
Cavendish (ou Candish), Thomas (1560?-92), navegador, 586, 616
Cavendish, William: *Ver* Devonshire, duque de
Cawthorne, Joseph (1762-96), escritor prolífico e pensionista, 33n20
Celsus, Aurelius Cornelius, enciclopedista, 236
César, Caio Júlio, 519, 584, 725n88
Chalmers, Alexander (1759-1834), editor e escritor, 221, 307, 308, 511
Chambers, *Sir* Robert (1737-1803), professor de lei inglesa, juiz e amigo de SJ, 32n19, 35, 515, 691n34
Champlain, Samuel de (1567?-1635), explorador e colonizador, 258n13, 365
Chandos, duque de: *Ver* Carnarvon, marquês de
Chapman, Robert William (1881-1960), 656n1, 657
Charles I (1600-49), rei da Grã-Bretanha e Irlanda, 103n14, 159n33, 257n12, 543n10, 713

Charles II (1630-85), rei da Grã-Bretanha e Irlanda, 263, 268, 498, 555n22, 572n50

Charleston, Carolina do Sul: biblioteca, 360, 360n8; tribunal do vice-almirantado, 715n74

Chatham, conde de: *Ver* Pitt, William (1708-78)

Cherbourg, cidade portuária francesa, 460, 470, 470n15, 472n19, 474

Cherokee, rio, 367

Cherokees, índios, 367

Chesterfield, Philip Dormer Stanhope, quarto conde de, político e escritor, 40, 68, 137, 139, 460, 480; exonerado como administrador, 110n21; oposição aos tratados russo e hessiano, 324

Chetwynd, John (ca. 1680-1767), segundo visconde, político, 138

Chetwynd, Walter (ca. 1680-1732), de Grendon, político, 137

Chetwynd, William (1704-78), de Brocton, examinador de peças, 138, 151n18

Chetwynd, William Richard Chetwynd (1685?-1770), terceiro visconde, político, 138

Chevy Chase (Addison), balada, 563n34

Chicasaws, índios, 367

Child, *Sir* Josiah (1630-99), escritor sobre economia, 228

Chile (ou Chili), 588

China e chineses, 81-87

Chinard, Gilbert, 43n30

Choiseul, Etienne-François Choiseul (1719-85), duque de, ministro-chefe francês, 577, 579, 605, 605n40

Christian II (1480?-1559), rei da Dinamarca, o "duque usurpador" personagem de *Gustavus Vasa*, 136, 157n27

Chtewynd-Stapylton, H.E., 138

Chudleigh, Elizabeth (1720-88), condessa de Bristol, "duquesa de Kingston", 223

Churchill, John: *Ver* Marlborough, duque de

Churchill, Sarah: *Ver* Marlborough, duquesa de

Churchill, *Sir* Winston Leonard Spencer (1874-1965), 271n37

Cibber, Colley (1671-1757), ator, dramaturgo, Poeta Laureado, 160n33

Cibber, Theophilus (1703-58), ator, 160n35

Cincinnato (século V a.C.), patriota romano, 282

Clarendon, Edward Hyde (1609-74), primeiro conde de, ministro da Fazenda e historiador, 498, 572n53; *Life*, 502n

Claudiano (Claudius Claudianus) (fl. 400), poeta romano, 530n3

Cleveland (ou Cleaveland, Clevland), John (1707?-63), secretário do Ministério de Marinha, 388, 391n5, 392n10, 404, 433

Clifford, James Lowry, 8, 9, 91, 347n7, 490n1; sermão de SJ para Aston, 386n5

Clinton, George (ca. 1686-1761), almirante, governador de Nova York, 441

Clive, Robert (1725-74), primeiro barão, 350n13, 629n69

Cobbett, William (1762?-1835): Ver *Parliamentay History*

Cobbham, visconde: Ver Temple, *Sir* Richard

Cobden, Richard (1804-65), político, 234

Colbert, Jean-Baptiste, ministro-chefe francês, 234, 264, 264n25, 265, 266n26

Coleridge, Samuel Taylor (1772-1834), poeta e filósofo, 46n34, 670

Colombo, Cristóvão (1451-1506), explorador, 274, 585, 666, 687

Columella (século I), escritor sobre agricultura, 236n8

Comitê para o vestuário dos prisioneiros de guerra franceses, 491-93

Common Sense, revista da oposição, 68, 91

Companhia das Índias Orientais, 532

Companhia do Mar do Sul, 109n20, 230, 557

Comuns, Câmara dos: Ver Parlamento,

Conciliação com a América, 657, 665, 679n16

Concord, batalha de (1775), 282

Condolência. "Pânfilo" sobre, 74-80

Congresso Continental (1774) ("Congress of Philadelphia"), 46, 655-734, *passim*

Connecticut, assentamento em, 262n23

Conservador, SJ como, 18n3

Considérations sur les causes de la grandeur des Romains e de leur décadence (Montesquieu), 145n8

Convenção de Genebra sobre prisioneiros de guerra, 487

Conway, Henry Seymour (1721-95), marechal-de-campo e político, 450

Cooper, Anthony Ashley: *Ver* Shaftesbury, terceiro conde de

Cooper, *Sir* Grey (m. 1801), secretário do Tesouro, 656

Cooper, Thomas (1759-1840), cientista, advogado e educador, 40n27

Copenhagen, 614

Corneille, Pierre (1606-84), poeta e dramaturgo, 608

Cornélia (século II a.C.), mulher "patriota" de Roma, 145n8

Cornuália e habitantes de, 720-24

Cornwallis, Hon. Edward (1713-76), oficial do exército, 403, 427

Courtney, William Prideaux (1845-1913), 669

Cowley, Ambrose (fl. 1683-6), navegador, 588n17

Craftsman, revista da oposição, 68, 129n42, 637

Crane, Ronald Salmon (1886-1967), 477

Creeks, índios, 367

Cristiern: *Ver* Christian II

Critical Review, 549n19

Croker, John Wilson (1780-1857), político e escritor, 565n36

Cromwell, Oliver (1599-1658), Lord Protetor, 616, 733; como comandante e organizador militar, 114n23, 152n19, 283, 710n59; debate relativo ao título de rei, 167-218, *passim*; dono do poder supremo, 260; e a defesa da Grã-Bretanha, 479; morte de, 263

Crosby, Brass (1725-93), prefeito de Londres, 622

Cruz Vermelha Internacional, 490

Cumberland, William Augustus (1721-65), duque de, 349n10

Cunningham, William (1849-1919), arcediago e economista, 233

Cushing, Thomas (1725-88), político americano, 702
Cyclopaedia of American Literature (Duyckinck E.A. e G.L.), 40n27

D

Daily Advertiser, jornal, 86n8, 91, 138
Daily Gazetteer, jornal, 122-25, 122n36
Dampier, William (1651-1715), navegador e pirata, 587
Daniel, livro de, 360n7
Dashwood, *Sir* Francis (1798-81), primeiro barão Le Despencer, político, 628n68
Davenant, Charles (1656-1714), escritor sobre economia, 228, 704, 704n54
Davies, Thomas (1712?-85), livreiro e editor, 235, 250, 259n17, 307, 338, 476n1, 490
Davis (ou Davys), John (1550?-1605), navegador, 586
Davis, Bertram Hylton: editor do *Life of Johnson*, de Hawkins, 670, 675n10
Davis, Charles, 44, 45n31
Davis, Herbert John, editor do *Prose Works*, de Swift, 471n18
De Lisle (ou Delisle), Joseph-Nicolas (1688-1768), cientista e cartógrafo, 353
De Re Rústica (Columella), 236n8
Debates and Proceedings of Parliament (Debrett), 581n5
Debrett, John (m. 1822), editor, 581n5, 581n6, 596n29
Declaração de Independência, Estados Unidos, 658, 697n43
Decreto do Teste ("Test Act") (1673), 555n22
DeFer, Nicolas (1646-1720), geógrafo e cartógrafo, 353
Dempster, George (1732-1818), agricultor, diretor da Companhia das Índias Orientais, amigo de SJ, 32, 532
Descartes, René (1596-1650), filósofo: insensibilidade dos animais, 481, 481n8
Dettingen, batalha de, 163n39, 348
Devonshire, William Cavendish (1720-64), quarto duque de, político, primeiro-minitro, 409n29
Diary (Egmont), 118n30
Dickinson, John (1732-1808), político americano, 656

Dinamarca e dinamarqueses, 79, 103n12, 135-66, *passim*, 155; *Ver também* Christian II

Dinastia de Aviz (Portugal), 252n7

Discursos do Trono, 107; (1737), 130n46; (1739), 153n20; discursos em resposta a, 108; (1738), 70-80; (1770), 570n45

Disraeli, Benjamin (1804-81), primeiro conde de Beaconsfield, político, primeiro-ministro e escritor, 38

Dissertation on Parties (Bolingbroke), 126n40

Dissidentes (não-conformistas), 575, 645n16

Dodd, William (1729-77), clérigo e falsificador, 380

Dodington, George Bubb (1691-1762), primeiro barão Melcombe, político, 153n22

Dodsley, Robert (1703-64), livreiro e escritor, 356, 359

Dominica, Índias Ocidentais, 313n1

Donne, John (1573-1631), deão de St Paul's, poeta, 500n7

Dowdeswell, William (1721-75), político, 558n27

Dr. Johnson and the English Law (McAdam), 496n1

Drake, *Sir* Francis (1540?-96), almirante e navegador, 34, 40, 260, 616

Draper, *Sir* William (1721-87), general e panfletista, 619n58

Dryden, John (1631-1700), poeta e dramaturgo, 574n57

Du Halde, Jean-Baptiste (1674-1743), 82, 83n4, 84

Duas Sicílias, reino italiano, 117n29

Dudley, Robert: *Ver* Leicester, conde de

Dunant, Jean-Henri (1828-1910), fundador da Cruz Vermelha, 490

Dunciad (Pope), 641n6, 622n64

Dunk, George Montagu: *Ver* Halifax, conde de

Dunkirk (ou Dunquerque), porto e fortificação franceses, 470, 470n16, 474

Duport, James (1606-79), acadêmico clássico, 556n24

Dury, Alexander (m. 1758), major-general, 461n2

"Dúvidas" na *Gentleman's Magazine*, 69-74

Duyckinck, Evert Augustus (1816-78), 40n27

Duyckinck, George Long
(1823-63), 40

E

Eclesíastes, livro de, 210
Éclogas (Virgílio), 700n47
Edgcumbe (ou Edgecumbe), Hon.
George (1721-95), almirante,
mais tarde primeiro conde
de Mount Edgcumbe, 390,
390n2, 391, 391n8, 425, 427
Edimburgo, revolta de Porteous,
130n46
Edito de Nantes: revogação do
(1685), 239n12, 318n5,
645n14
Edward III (1312-77), rei da
Inglaterra, 607n42
Edward IV (1442-83), rei da
Inglaterra, 208
Effingham, Thomas Howard (ca.
1714-63), segundo conde de,
coronel, mais tarde tenente-
general, 403, 427
Egmont, John Perceval (1683-
1748), primeiro conde de,
político, 82n2, 118n30, 593-
95, 597, 601, 606-07, 625-
26, 632
Egmont, John Perceval (1711-
70), segundo conde de,
político, 592

Eleição, parlamentar:
descrição, 569, 640
Elibank, Patrick Murray (1703-
78), quinto lord, advogado,
escritor, amigo de SJ, 32, 532,
559n28
Eliot, *Sir* John (1592-1632),
parlamentar, 638
Elizabete (Elisaveta Petrovna)
(1709-62), czarina da
Rússia, 323, 482n9
Elizabeth I, (1533-1603), rainha
da Inglaterra e da Irlanda, 15,
51, 53, 79, 80, 236, 509n,
544, 616, 689
En lisant Pascal (Chinard), 43n30
Eneida (Virgílio), 619n58
*Englische Geschichte im achtzehnten
Jahrhundert* (Michael), 103n12
*English Economic History, Mainly Since
1700* (Fay), 233n5
Erskine, Hon. David, 386n5
Escócia, 41, 254, 709
Escravidão, 725
Esopo, Fábula do corpo e seus
membros, 693n37
Espanha e espanhóis: Chatham
e, 578-81; conquista da
América, 250-52; economia,
239; Acordo de Família, 577;
Guardas Costeiros, 71

Espírito das leis
 (Montesquieu), 695n41
Essai sur l'Art de la Guerre (Turpin de Crissé), 477n2, 483n12
Essai sur l'histoire générale et sur les moeurs e l'esprit des nations, depuis Charlemagne jusqu'à nos jours (Voltaire), 248
Essay on Man (Pope), 642n7
Estreito de Magalhães, 586, 589n20
Eton College, 165n42
Eubulo, pseudônimo de SJ, 81
European Magazine, 140, 235, 325
Eustácio (fl. século XII), arcebispo de Tessalônica, acadêmico homérico, 76n10
Evangeline (Longfellow), 278n48
Evans, Lewis (ca. 1700-56), geógrafo e cartógrafo, 245, 267, 353-75, 353n1, 354n3, 365, 372n18, 667, 719
Exército, inglês: "Bravura dos soldados rasos ingleses", 475-85; "Projeto de Lei da Milícia", 281-306
Experiments and Observations on Electricity Made at Philadelphia (Franklin), 360n8
F.D. Maurice Lectures (Davis), 44

F

Falkland, Anthony Cary (1656-94), quinto visconde, primeiro lord do Almirantado, 587n15
Falklands, ilhas, 577-633, *passim*
Farmer, George (1732-79), comandante de navio, 598
Fay, Charles Ryle (1884-1961), 233
Felipe II (1527-98), rei da Espanha e das Índias, 252n7, 586
Fermor, George: *Ver* Pomfret, conde de
Fielding, Henry (1707-54), novelista, dramaturgo e magistrado, 20, 151n18
Fiennes (ou Fines), Nathaniel (1608?-69), parlamentar, 167n1, 178-218, *passim*
Filadélfia, 353, 360, 655; *Ver também* Congresso Nacional
Fines: *Ver* Fiennes
Fitzroy: *Ver* Grafton, segundo e terceiro duque de
Flandres, 262, 272, 467
Fleeman, J.D., 33n21, 94, 635n1
Flórida, 353, 368, 689
Fontenelle, Bernard le Bovier de (1657-1757), escritor sobre ciência, 43n30, 684

Fontenoy, batalha de (1745), 90n1, 349, 349n10
Foord, Archibald S., 15n1, 65n4, 637, 638, 639
Forbes, Robert (1708-75), bispo de Ross e Caithness, 40n27
Forte Duquesne (mais tarde Pitsburgo), 277n46, 356
Forte Frontenac (mais tarde Kingston, Ontário), 355n4
Forte Necessity (Virgínia), 312n
Forte St. George (Madras, Índia), 349
Forte St. Philip (San Felipe) (Minorca), 425, 434, 446
Forte Ticonderoga (Nova York), 472
Fortescue, *Sir* John William (1859-1933), 154n23, 482n10
Fowke, Thomas (m. 1765), tenente-general, governador de Gibraltar, 382, 392, 392n9, 431
Fox, Charles James (1749-1806), político, 17, 28, 230, 535
Francisco (1708-65), duque de Lorraine, mais tarde imperador do Sacro Império Romano, 119n32
Francklin, Richard (m. 1765), editor, 129n42
Franklin, Benjamin (1706-90), editor, escritor, cientista, político, 360n8, 661, 678n13; descobertas na eletricidade, 355; futuro da riqueza e da população dos EUA, 734; sobre o embargo inglês, 679n17
Frederick Lewis (1707-51), príncipe de Gales, 17, 32, 66
Frederico, o Grande (Friedrich II ou III) (1712-86), rei da Prússia, 34, 245, 482n9; aliado da Grã-Bretanha, 577; *Memoirs of*, de SJ, 458
Free Enquiry into the Nature and Origin of Evil (Jenyns), 45
Freeport, *Sir* Andrew, personagem de *The Spectator*, 493n6
French, Hon. Edward Gerald (n. 1883), 377n1
French, *Sir* John Denton Pinkstone (1852-1925), primeiro conde de Ypres, marechal-de-campo, 377n1
Frézier, Amédée-François (1682-1773), navegador, 587, 587n14
Friedman, Arthur, editor das obras de Goldsmith, 477, 354n2

Frontenac, Louis de Baude (1620-98), conde de, militar e administrador, 259n16
Fuller, Thomas (1608-61), escritor e clérigo, 613n50, 689n32
Furber, Elizabeth, editora de *Changing Views on British History: Essays on Historical Writing Since 1939*, 15n1

G

Gage, Thomas (1721-87), general e governador de Massachusetts, 731n94
Gales, princesa de: *Ver* Augusta (1719-72)
Gales, princípie de: *Ver* Frederick Lewis
Galissonière: *Ver* La Gallissonière
Gallo-Anglus (pseudônimo), 278n49: carta de, 307-21
Gama, Vasco da (1469?-1524), navegador, 688n31
"Gangue de Bloomsbury", 66
Gay, John (1685-1732), poeta e dramaturgo, 137; epitáfio, 69
Gazette (Filadélfia), 711
Gazette (Londres): *Ver London Gazette*,
Gazetteer: *Ver Daily Gazetteer*

Gee, Joshua (fl. 1729-74), escritor sobre economia, 228
Gênova, 237n10, 414
Geographical, Historical, Political, Philosophical and Mechanical Essays (Evans), 356
George (1653-1708), príncipe da Dinamarca, consorte da rainha Anne, 79
George I (George Lewis) (1660-1727), rei da Grã-Bretanha e Irlanda, 17, 32n19, 499; ascensão ao poder, 65, 104n14, 122n37; compra a Dinamarca, 103n12; e os juramentos de lealdade, 131n47; revive a Ordem do Banho, 144n7
George I, the Baltic and the Whig Split of 1717 (Murray), 103n12
George II (George Augustus) (1683-1760), rei da Grã-Bretanha e Irlanda, 8, 224, 499, 530; apoio à oligarquia, 495; comanda pessoalmente suas tropas, 348n9; coroação de, 495; e Handel, 222; irascibilidade e teimosia de, 85n7; morte de, 65; relação com Mme. von Wallmoden, 80n17, 120n33; visitas a Hanover, 330n6

George III (George William Frederick) (1738-1820), rei da Grã-Bretanha e Irlanda, 8, 536, 664, 675n11; ascensão ao trono, 31, 103n13, 495; batismo de, 82; confrontação com Beckford, 451; coroação de, 495, 496; e a censura ao teatro, 224; e Shebbeare, 387; história política do reinado de, 530; mito da conspiração para ampliar os próprios poderes, 665; SJ sobre, 40n27, 572n50

George III, Lord North and the People (Butterfield), 631n72

Geórgia (colônia americana), 71, 118, 118n30, 275, 316n, 655

Georgian Oxford: University Politics in the Eighteenth Century (Ward), 30n17

Gibbon, Edward (1737-94), historiador e político, 281-90, *passim*

Gibbs, J.W.M., editor das obras de Goldsmith, 476

Gibraltar, 382-448, *passim*, 458

Gildas (516?-570?), historiador, 98n6

Gipson, Lawrence Henry (1880-1971), historiador, 244, 354n1, 375n20, 663n2, 664, 666n4, 668n6, 679n17, 724n84; sobre Evans, 356, 357; sobre SJ, 358

Glastonbury (Somersetshire), 101n9

Gleig, George (1753-1840), bispo de Brechin, escritor e editor, 358

Glover, Richard (1712-85), poeta, 121n35, 415n35

Glynn, John (1603-66), presidente do Supremo Tribunal de Justiça, 178-218, *passim*

Glynn, John (1722-79), *serjeant-at-law*, político, 534

Gnomologia (Fuller), 613n50

God Save the King (Carey), 106n15

God's Grace in History (Davis), 45n31

Godwin, William (1756-1836), escritor, 135

Goebel, Julius, 577n1

Golden, Morris, 471n18

Goldsmith, Oliver (1728?-74), escritor, amigo de SJ, 250, 354n2, 484n13; e *The Idler*, 475-76

Gordon, rebeliões, 535, 665

Gower, John Leveson-Gower (m. 1754), primeiro conde, político, 31n18

Grafton, Augustus Henry Fitzroy (1735-1811), terceiro duque de Grafton, político, primeiro-ministro, 17, 19, 26, 34, 531, 533-34, 571n48, 578; interpretação *whig*, 23

Grafton, Charles Fitzroy (1683-1757), segundo duque de Grafton, *Lord* Chamberlain, 137, 160n34

Granville, conde: *Ver* Carteret, John,

Green, _____, tradutor de Du Halde, 83n4

Green, John Richard (1837-83), historiador, 16, 530n4

Greenwich, hospital, 72

Grenville, George (1712-70), político, primeiro-ministro, 17, 66, 327n2, 532, 560n30, 578, 592n24, 628, 674; Lei das Eleições, 537, 637, 652n26; Lei do Selo, 650n23; paga as dívidas da guerra da Inglaterra de 1765, 531

Grenville-Temple, Richard: *Ver* Temple, conde

Grey, Charles (1764-1845), segundo conde, primeiro-ministro, 17, 24, 28

Grimaldi, Jerônimo Grimaldi (1720-86), marquês de, ministro espanhol do Exterior, 577, 602-04, 608, 623

Groenlândia, 614

Guelph, dinastia (Saxônia), 122n37

Guerra Civil, Estados Unidos, 664

"Guerra da orelha de Jenkins" (contra a Espanha, 1739), 120n34

Guerra dos Sete Anos ("Grande Guerra pelo Império," na América "Guerra francesa e índia"), 22, 90n1, 222, 231, 243-47, 353, 584n9, 612n49, 666

Guerra e amantes da guerra, SJ sobre, 611-19

Guilherme III

Gustavus Vasa (Brooke), 136

Gustavus Vasa (1496-1560), rei da Suécia, personagem da peça de Brooke de mesmo nome, 135-66, *passim*

Guthrie, William (1708-70), escritor, colega de SJ, 83n4

Gwynn, John (m. 1786), arquiteto, 497

Gybbon, Phillip(s) (1678-1762), político, 301n14, 482n10

H

Haddock, Nicholas (1686-1746), almirante, 91, 121, 121n35

Hakluyt, Richard (1552?-1616), geógrafo, 586n12

Hale, *Sir* Matthew (1609-76), juiz, 611

Halifax, George Montagu Dunk (1716-71), segundo conde de, político, 324, 346n7, 682n22

Halifax, Nova Escócia, 346n7, 715n74

Hall, Arthur (fl. 1563-1604), político e tradutor, 543n12

Halley, Edmond (1656-1742), 587n14

Hamilton, Alexander (1757-1804), político americano, 232, 232n4

Hamilton, William Gerard (1729-96), político, conhecido de SJ, 32, 511, 514, 516, 531

Hamlet (Shakespeare), 331n8

Hampden, John (1594-1643), parlamentar, 195, 219, 543n10, 638

Handel, George Frideric (1685-1759), compositor, 108n18

Hanse (Liga Hanseática), 238n11

Hardwicke, Philip Yorke (1690-1764), primeiro conde de, político, ministro da Fazenda, 65, 286, 303n15, 435; e o projeto das milícias, 287; e os tratados russo e hessiano, 324; seu filho responde ao Discurso do Trono, 451

Hardwicke, segundo conde: *Ver* Royston, visconde

Hardy, John P., 460

Harleiana, biblioteca, 572n52

Harley, Robert: *Ver* Oxford, conde de

Harley, Thomas (1730-1804), *Lord* prefeito de Londres, 542n9

Harrington, William Stanhope (1690?-1756), primeiro conde de, diplomata, 128n41

Harris, James (1746-1820), mais tarde primeiro conde de Malmesbury, diplomata, 600n34, 602, 604, 606

Haselrig (ou Heselrig) *Sir* Arthur (m. 1661), parlamentar, 543n10

Hasse, Johann Adolph (1690-1783), compositor, 108n18

Havana, 577, 617

Hawke, *Sir* Edward (1705-81), mais tarde primeiro barão Hawke, almirante, 409-10, 434, 449

Hawkins, *Sir* John (1719-89), magistrado, musicólogo, amigo e biógrafo de SJ, 91-92, 235, 307, 587n13, 670, 675n10

Hawkins, *Sir* Richard (1562?-1622), oficial de marinha, 586, 588

Hazen, Albert Tracy, 8, 169, 171, 457, 459, 498-99

Hecht, J. Jean, 15n1

Henley, rev. John ("Orador") (1692-1756), 622n64

Henri IV (1553-1610), rei da França, 253

Henrietta Anne (1644-70), princesa da Grã-Bretanha e Irlanda, duquesa d'Orléans, 103n14

Henrique (1394-1480), príncipe de Portugal, "o Navegador", 688n30

Henrique VIII (1491-1547), rei da Inglaterra e Irlanda, 208, 505n

Henry Carey (ed. por Wood), 106n15

Henry VII (1457-1509), rei da Inglaterra, 183, 208, 274

Henry, Patrick (1736-90) político americano, 662, 732n96

Herbert, Henry Arthur: *Ver* Powis, conde de

Heródoto, 719n81

Hervey Aston, Hon. e Rev. Henry (1701-48), clérigo, amigo de SJ, 386n5

Hervey, Augustus John (1724-79), mais tarde terceiro conde de Bristol, comandante naval, 385, 386n5, 387, 391n8, 400-01, 404, 426-28

Hervey, Hon. Thomas (1699-1775), amigo de SJ, 386

Hervey, John Hervey (1696-1743), barão, político, escritor, 65, 85n7, 108n18

Hesse-Cassel, Alemanha, tratado com, 237n9, 289, 322-33, *passim*

Hesse-Cassel, Friedrich II (1720-85), conde de, 323

Hill, George Birkbeck Norman (1835-1903), escritor e editor, 40n27, 59, 92, 141n1, 173, 331n8, 416n38, 487, 628n68

Hill, John (m. 1735), major-general, 272n38

His Majesty's Opposition, 1714-1830 (Foord), 15n1, 65n4

Hispaniola, Índias Ocidentais, 261, 616

History of China (Du Halde), 82

History of England (Macaulay), 102n10, 572n52, 645n15

History of England in the XVIIIth Century (Lecky), 644n13

History of the British Army (Fortescue), 154n23

History of the English Corn Laws (Barnes), 514

History of the Rebellion (Clarendon), 572n53

History of Western Morals (Brinton), 639n3

Hobbes, Thomas (1588-1679), filósofo, 43

Hogue: *Ver* La Hogue

Holdernesse, Robert D'Arcy (1718-78) quarto conde de, diplomata, 440

Hollis (ou Holles), Denzil (1599-1680), primeiro barão Hollis, parlamentar, 543n10

Hollis, Thomas (1720-74), "republicano", conhecido de SJ, 488

Homero, 641n6

Honduras, assentamento inglês, 317n

Hooker, Richard (1554?-1600), teólogo, 39, 185n27, 221

Horácio: *Odes I.3*, 595n28; *Odes I.2*, 63

Hosier, Francis (1673-1727), vice-almirante, 121

Hosier's Ghost (Glover), 121n35

Howard, Charles Howard (1629-85), primeiro visconde, mais tarde primeiro conde de Carlisle, general e político, 171

Howard, Thomas: *Ver* Effingham, conde de

Howe, George Augustus Howe (1725?-58), segundo visconde, coronel, 472n19

Howe, Richard (1726-99), comandante naval, mais tarde primeiro conde Howe, 460n2

Hudson, baía de, 687

Hudson, Companhia da Baía de, 231

Hudson, rio, 362

Hume, David (1711-76), filósofo: sobre Chatham, 608n44

Hume, John (1706?-82), bispo de Oxford, 466n11

Hunt, Anthony, comandante da Royal Navy, 596n29

Hunt, William (1842-1931), historiador, 560n30, 582, 596-97, 600, 603-04, 624, 626, 630, 631 n71
Hussardos, 352
Hyde, Donald Frizell (1909-66), 511
Hyde, Mrs. Donald Frizell, 511, 519, 672n8

I

Igreja inglesa (anglicana): canônes de 1640, 295n12
Ilíada (Homero), 76n10, 641n6
Illinois (Welinis), índios, 367
Império turco e os turcos, 118, 352, 359
Imposto das janelas, 568
Index Expurgatorius, 160
"Interpretação *whig*" da história, 15-18
Irlanda, 316, 660, 704; *status* político, 208, 660, 707
Iroqueses, índios ("Cinco Nações," "Seis Nações." "Confederados"), 259n16, 315n4, 364n13

J

Jack, o Matador de Gigantes, SJ lê, 620

Jacquerie, insurreição dos camponeses franceses, 571
Jamaica, 261, 616
James I (1566-1625), rei da Inglaterra e Irlanda, rei James VI da Escócia, 184, 255, 713
James II (1633-1701), rei da Inglaterra e Irlanda, rei James VII da Escócia, 268; e o direito hereditário, 103n14, 268n30; e o exército permanente, 283; juramentos de lealdade, 733n97; morte de, 573n55
James Boswell's Political Career (Brady), 27n12
Jarreteira, ordem dos cavaleiros da, 144n7
Jay, John (1745-1829), político americano, 731n95
Jefferson, Thomas (1743-1826), político americano, presidente, 698n43, 732n95; *Ver também* Declaração de Independência
Jekyll, *Sir* Joseph (1663?-1738), juiz, arquivista-mor, 150n16, 153n22
Jenkins, Robert (fl. 1731-38), comandante de navio mercante, 120n34
Jenkinson, Charles (1727-1808),

mais tarde primeiro conde de Liverpool, político, 32

Jenyns, Soame (1704-87), político e escritor: SJ faz resenha do seu *Free Enquiry into the Nature and Origin os Evil*, 45

João IV, rei de Portugal, 252n7

Johnson, Michael (1656-1731), livreiro, pai de SJ, 133n49

JOHNSON, SAMUEL (SJ) (1709-84)

VIDA: como membro da milícia, 289; D.C.L. (Doutor em Direito Civil), 664; pensão, 32, 563. *Ver* Tabela Cronológica, 51-57

IDEIAS E ATITUDES: pensamento político em geral, 36-47. *Ver também sob os seguintes verbetes*: Escravidão; Exército; Índios; Nominalismo

OBRAS (os números em tipo maior e em negrito indicam textos reproduzidos integralmente neste volume): *Abyssinia, A Voyage to*. *Ver* Lobo *Account of Conferences* [entre Sir William Johnson e caciques iroqueses], resenha de, 315n4

Addison, Joseph, *Battle of the Pygmies and Cranes*, tr., 725n85.

Agricultura. *Ver* "Outras ideias"

Anson, George, epigrama sobre, 217 n.

Apelo ao povo [relacionado com Byng], resenha de, 388-417

Armstrong, John, *History of Minorca*, resenha de, 385n4

Blackfriars Bridge, cartas sobre, 497

Blackwell, Thomas, *Memoirs of the Court of Augustus*, resenha de, 145n8, 307

Blake, Almirante, vida de, 34

"A Bravura dos soldados rasos ingleses," 266n26, 475-85, 682n21

British Magazine, contribuição para, 34, 475-85

Chambers, Sir Robert, conferências de direito para. *Ver* conferências vinerianas.

Boas Maneiras chinesas e inglesas, "Eubulo" sobre, 81-87

Comitê para vestir prisioneiros franceses. *Ver* prisioneiros franceses

"Uma defesa conclusiva dos censores do teatro" 35, 39, 122n36, 135-66, 338n1

Condolência, "Pânfilo" sobre, 63-80, 80
The Conduct of the Ministry Impartially Examined, resenha de, 328n4, 435-48
"Considerações sobre o trigo," 511-72 *Ver ilustração ao lado da página* 517
Reflexões sobre a coroação do rei George III, 36, 223, 495-510
Debates in the Senate of Lilliput. Ver debates parlamentares
Dictionary of the English Language, 220, 244; "planejamento" de 39, 185n27; *Preface*, 185n27, 187n39; definições citadas; aplicações, 693n38; armamento, 267n29; em todas as aventuras, 688n29; imposto territorial, 703n53; dogmático, 684n26; imposto de consumo, 31n18, 133n49; exalação, 613n51; extrato, 218n89; exuberante, 258n14; governo, 689n33; gratuito, 674n9; ironia, 31n8, 67n6; sarjeta, 632n73; magnanimidade, 481n7; irritante, 262n22; pensão, 31n18; políticas, 685n28; os pobres, 567n40; projeção, 362n12; renegado, 31n18, 138; marco marítimo, 584n10; sinistro, 617n56; variedade, 522n2.

Drake, *Sir* Francis, vida de 34, 40, 260n18

Eletricidade, resenha de obras sobre, 360n8

"Epitáfios do Papa, Dissertação sobre", 476n1

"Eubulo." *Ver* Boas maneiras chinesas e inglesas

Evans, Lewis, Geographical... Essays, resenha de 245, 267n28, **353-75**, 667, 719n80

Ilhas Falkland, Reflexões sobre as últimas transações com respeito às, 28n13, 41, 327n2, 536, **577-633**, 636, 649n22

O alarme falso, 23, 27, 41, **529-75**, 583, 635

Fogos de artifício para a paz de Aix-la-Chapelle, carta de "O.N." sobre, **219-26**, 495

"Foreign History" na *Gentleman's Magazine*, 35

"Frederick III [II], King of Prussia, Memoirs of," 34, 109n19, 245, 336, 454n4, 458

Prisioneiros de guerra franceses, Procedimentos do Comitê sobre,

introdução a, 37, 487-94
Refugiado francês, "Observações" sobre uma carta de um, 267n28, 307-21, 650n23, 684n24
"Outras Ideias sobre Agricultura" 40, 227-42, 266n27
Gentleman's Magazine, várias contribuições para, 22n7, 273n41, 565n36, 588n16
Gwynn, John, *London and Westminster Improved*, dedicação a, 497
Harleian Miscellany, prefácio para, 164n40, 221, 338n1
"Historical design," projected, 32n19
"Historical Memoirs" na *Literary Magazine*, 35, 245, 335
The Idler, 34, 457, 475; N° 5, 129n44, 453n3, 458; N° 8, 458; N° 10, 34, 566n38; N° 17, 481n8; N° 20, 35, 458, 462n5; N° 21, 129n44; original N° 22, 466n10, 481n8; N° 24, 473n21; N° 39, 458; N° 89, 477
"Uma introdução à situação política na Grã-Bretanha," 41, 243-79, 310, 335; versão revisada, 249
Irene, 64, 326n1
Jenyns, Soame, *A Free Enquiry into the Nature and Origin of Evil*, resenha de, 29, 45, 337
"Journalist, Of the Duty of a," 457
A Journey to the Western Islands of Scotland, 27, 42, 374n19, 635
Conferências sobre direito. *Ver* conferências vinerianas.
Carta para um Membro do Parlamento (sobre Byng) resenha de, 387-417
Letters, 32, 69, 460, 515, 583, 620n60, 635, 656, 657, 674
"Lilliput, The State of Affairs in," 34, 67, 260n18, 647n20
Literary Magazine, contribuições várias para, 270n33, 315n4, 329n5. *Ver ilustração ao lado da* p. 251
"Literature, Reflections on the Present State of," 478n3
Lives of the Poets. *Ver* Mallet, Milton, Savage, Smith
Lobo, Jeronymo, e Le Grand, Joachim, *A Voyage to Abyssinia*, prefácio para a tradução de, 40, 83n3
London, 34, 68, 89, 108n18,

122n36, 129n42, 133n49, 162n38

Mallet (Malloch), David, vida de, 416n38

Marlborough, resenha das memórias de Sarah, duquesa de, 34

Marmor Norfolciense, 35, 89-134, 140, 359n6,669. *Ver ilustração ao lado da* p. 118

Projeto de lei da milícia, "Comentários sobre," 129n44, 131n47, 281-306, 479n4, 482n10

Milton, vida de, 35, 496, 683n23, 732n96

Monarchy Asserted, edição de (?) 167-73

"Observações sobre a situação atual," 41, 242, 259n16, 308, 335-52, 612n49

"O.N." *Ver* Fogos de Artifício, carta sobre

"Pânfilo." *Ver* Condolência

Parkin, Charles, *An Impartial Account of the Invasion*, resenha de, 329n5

Debates parlamentares, relatórios de, 67, 173, 246n3, 482n10

O patriota, 635-54, 726n88

Payne, John, *New Tables of Interest*, prefácio para, 489

Philosophical Transactions (Royal Society), resenha de, 360n8

Political Tracts (coletânea) 530n3, 538, 583, 669

Papa, Epitáfios. *Ver* "Epitáfios do Papa"

The Preceptor, prefácio para, 164n40, 228, 338n1

Prisioneiros de guerra. *Ver* Prisioneiros franceses.

"A Project for the Employment of Authors." *Ver* "Literature, Reflections on the Present State of" "Queries," na *Gentleman's Magazine*, 70-74

The Rambler, 31, 475; N° 26 e N°27, 81n1, N° 82, 92

Rasselas, 259n15

Expedição de Rochefort, discurso sobre, 338n1, 449-55, 479n5

Savage, vida de, 220n2

Exercício escolar sobre Horácio, *Odes* I. 2, 63

Sermons, 35

Shakespeare, edição de, 137, 169

"Small Tracts and Fugitive Pieces, On the Origin and Importance of." *Ver Harleian Miscellany*, prefácio

Smith, Edmund, vida de, 64
Alguns outros detalhes a respeito do caso do almirante Byng, resenha de, 419-34
"The State of Affairs in 1756." Ver "Observações sobre a situação atual"
Tributação, Não Tirania, 7, 27, 41, 46, 49, 59n12, 267n28, 644n13, 650n23, 655-734; páginas de prova de, 672. Veja ilustração ao lado da p.734
Tratados com a Rússia e Hesse-Cassel, "Observações" sobre, 237n9, 323-33
Tytler, William, Enquiry into the Evidence...against Mary, Queen of Scots, resenha de 34
Universal Chronicle, "Observations" na, 457-74
"Urban, To Mr.," 141n1
The Vanity of Human Wishes, 352n15
Defesa dos Censores. Ver Uma defesa conclusiva dos Conferências Vinerianas sobre direito inglês (Sir Robert Chambers) contribuições para, 35, 496, 691n34
The Weekly Correspondent, 34, 496n2
The World Displayed, prefácio para, 40, 260n18, 688n30

J

Johnson, Sir John 1742-1830), militar e administrador das questões dos índios, 315n4
Johnson, Sir William (1715-74) administrador das questões dos índios, 315n4
Johnson's England (Fortescue), 154n23, 482n10
Johnson's Prefaces and Dedications (Hazen), 169, 457
Johnstone, George (1730-87), comodoro, governador de West Florida, diretor da Companhia das Índias Ocidentais, amigo de SJ, 532
Johnstone, John (1734-95), político, amigo de SJ, 532
Johnstone, Sir James (1726-94), político, amigo de SJ, 532
Jonathan Wild (Fielding), 151n18
Jones, John (m. 1660), parlamentar, regicida, 178-218, passim
Jouy, conde de: Ver Rouillé
"Jovem Pretendente": Ver Stuart, príncipe Charles Edward

Julius Caesar (Shakespeare), 619n59
Junius, pseudônimo de escritor político, 22, 534, 571n48, 578, 609, 609n45, 619, 619n58, 620-22
Jurados especiais, 129, 129n42, 144
Juramentos, oficiais: juramento *et caetera*, 295; SJ e, 289
Juvenal, *Sátira X*, 574; *Sátira XV*, 76n11

K

Kalm, Peter (1715-79), viajante e palestrante, 355
Kamschatka (ou Kamschatscha), 614
Keele, Staffordshire, 138
Keene, Sir Benjamin (1697-1757), diplomata, 128n41, 390, 404, 591-92
Kelly, Hugh (1739-77), autor teatral, escritor prolífico, amigo de SJ, esposa pensionista, 33n20
Kemp, Betty, "Frederick, Prince of Wales", 637n2
Kennicott, Benjamin (1718-83), acadêmico bíblico, pensionista, 33n20

Kent, Inglaterra: joaninhas em, 114
Keppel, Hon. Augustus (1725-86), comandante naval, mais tarde primeiro visconde Keppel, 422
Keppel, William Anne: Ver Albemarle, segundo conde de
Kett (ou Ket), Robert (m. 1549), líder rebelde, 570n46
Kinderhook, Nova York, 366
King George III (Brooke), 7
King's Lynn (Lynn Regis), Norfolk, 95
Kingston, Ontario, 355n4

L

La Gallissonnière, Roland-Michel Barin (1693-1756), marquês de, almirante, 393
La Hogue, batalha de (1692), 269
Lã, importação, 272; produção, 238
La Jonquière, Pierre-Jacques de Taffanel (1680-1753), marquês de, governador de Nova York, 441
La Rochelle, fortaleza francesa, 256n11
Laffeldt (ou Lauffeldt, também Val), batalha de, 349n10

Laissez-faire, 37, 230, 233n5, 234, 309

Langton, Bennet (1737-1801), teórico político, 461n2

Lansdowne, marquês de: *Ver* Shelburne, conde de

Laski, Harold Joseph (1893-1950), teórico político, 129n42

Laud, William (1573-1645), arcebispo de Canterbury, 295n12, 447

Law, William (1686-1761), escritor religioso, 135

Le malade imaginaire (Molière), 439

Leadam, Isaac Saunders (1848-1913), historiador, 281n2

Leavis, Frank Raymond, 37

Lecky, William Edward Hartpole (1838-1903), historiador e político, 16, 530n4, 644n13, 652n25

Lee, Arthur (1740-92), político americano, 706n56; *Ver também* "Velho Membro"

Leed, Jacob, 69, 78n12

Lei da Censura nos Teatros (1842), 137

Lei da Milícia (1662), 281

Lei da Milícia (1757), 281

Lei da Receita (Lei de Townshend), 694n40

Lei da Reforma (1831), 24

Lei das Eleições (1770): *Ver também* Grenville, George

Lei de Quebec, 644, 711

Lei do Acordo (1701), 330n7

Lei do Gim (1736), 153n20

Lei do Imposto Territorial, 297n13

Lei do Motim, 152n19, 301n14, 482n10

Lei do Selo ("Stamp Act") (1763), 650n23, 681, 694n39, 730

Leicester, Robert Dudley (1532?-88), primeiro conde de, cortesão, 80n15

Lennox, Charles: *Ver* Richmond, duque de

Lenthall, William (1591-1662), Speaker da Câmara dos Comuns, arquivista-mor, 178-218, *passim*

Leonidas (Glover), 415n35

Letter from Italy (Addison), 682n22

Leveson Gower, família: *Ver também* Gower, conde

Lewis Evans (Gipson), 354n1

Lewis Evans: His Map of the Middle British Colonies in America (Stevens), 354n1

Lexington, batalha de (1775), 282
"Liberal" como termo
    político, 16
Lichfield, conde de: *Ver* Anson
Lichfield, Staffordshire, 138,
    385, 385n4, 561n31,
    589n19; escolas elementares
    de, 165n42
Life of Goldsmith (Prior), 476
Life of John Wilkes (Bleackley),
    647n19
Life of Johnson (Hawkins), 235,
    675n10
Limerick, Irlanda, Tratado de
    (1690), 645, 645n15
Lincoln, Abraham, presidente
    dos Estados Unidos, 490,
    665, 665n4
Lind, John (1737-81), escritor
    político, pensionista, 33n20
Lisle, John (1610?-64),
    parlamentar, regicida, 178-
    218, *passim*
Lisle, Joseph-Nicolas de: *Ver*
    De Lisle
Literary Magazine, SJ e,
    243-50, 289
Liverpool, conde de:
    Ver Jenkinson
Lives of the Chief Justices of England
    (Campbell), 150n16
Livingston, William (1723-90),
    governador de Nova
    Jersey, 357
Lloyd, Robert (1733-64), poeta
    e diretor de escola, viúva
    pensionista, 33n20
Lobo, Jeronymo (1595?-1678),
    missionário jesuíta, 40
Locke, John (1632-1704),
    filósofo, 38, 147n12,
    191n43, 266n26, 484n13,
    545n13, 659, 675n11;
    compacto original, 42
Lombardia, 232, 239
London Chronicle, jornal, 386n5,
    498n5, 538n5, 574n58, 583,
    636, 680n18
London Evening Post, jornal, 89
London Gazette, 153n20; despacho
    de Byng, 383, 399n20
London Magazine, 99n7
London Pacquet, 643
Longfellow, Henry Wadworth
    (1807-82), 278n48
Longo Parlamento
Lordes, Câmara dos: *Ver*
    Parlamento
Lorraine, ducado europeu,
    117n29, 119
Loughborough: *Ver* Wedderburn
Louisbourg, fortaleza em Cape
    Breton, 314, 462n5

Louisiana, 274, 313, 316, 367n16
Luís XIV (1638-1715), rei da França, 264n25, 267, 645
Luís XV (1710-74), rei da França, 579, 605
Lumber-troops, 646
Luttrell (ou Lutterel), Henry Lawes, segundo conde de Carhampton, militar e político, 533, 547n16
Lynn Regis (King's Lynn), Norfolk, 95
Lyttelton, *Sir* George Lyttelton (1709-73), primeiro barão e escritor, 40, 67, 142n2, 143n4, 165n41, 480

M

Macaulay, Catharine (*nascida* Sawbridge, mais tarde Graham) (1731-91), historiadora e debatedora, 236n7, 489, 581, 726n88
Macaulay, George (ca. 1716-66), médico, marido de Catharine, 489
Macaulay, Thomas Babington Macaulay (1800-59), primeiro barão, historiador e político, 16, 102n10, 572n52, 645n15; dicotomia *macaulyana*, 25; interpretação *whig* da história, 16n2; padrão *esquerda-versus-direita*, 26; sobre a caráter de Marlborough, 271n37; sobre a oposição, 219
Macbride, John (m. 1800), oficial de marinha, 594
Mackenzie, Henry (1745-1831), novelista e ensaísta, 135
Macpherson, James (1736-96), escritor: carta de SJ a, 460
Madariaga, Juan Ignacio, oficial da marinha espanhola, 598
Mahon: *Ver* Porto Mahon
Mallet (ou Malloch), David (1705?-63), poeta e escritor político, 416n38, 420n2, 435, 436
Malone, Edmond (1741-1812), escritor e editor do *Life of Johnson*, 308, 511-13, 515, 517-19; "Considerações sobre as Leis do Trigo", 512
Malouines: *Ver* Ilhas Falklands
Maltby, _____, oficial do Royal Marines, 598, 601
Manchester, 705n56; "Teoria da escola econômica de", 229, 234
Mandeville, Bernard (1670?-1733), escritor sobre política e economia, 233n5

Manila, 623n66, 628
Mann, *Sir* Horace (1701-86), diplomata, 219
Manningham-Buller, *Sir* Reginald, mais tarde primeiro visconde Dilhorne, procurador-geral e ministro da Fazenda, 548n18
Mansfield, William Murray (1705-93), primeiro conde de, presidente do Supremo Tribunal, 150n16, 533
Maquiavel, Niccolò (1469-1527), escritor e político, 228
Maria Theresa (1717-80), rainha da Hungria, imperatriz do Sacro Império Romano, 119n32
Marlborough, His Life and Times (Churchill), 271n37
Marlborough, John Churchill (1650-1722), primeiro duque de, general, 271n37
Marlborough, Sarah Churchill (*née* Jennings) (1660-1744), duquesa de, 272n38; SJ faz resenha de suas memórias, 34
Marmor Maffeianum, 92
Marmora Pisaurensia, 92
Martial, 541n7
Martin, Kingsley (1897-1969), editor e escritor, 129n42

Marx, Karl (1818-83), teórico político, 227
Mary (1542-87), rainha consorte da França, depois rainha dos escoceses, 34
Mary II (1662-94), rainha da Grã-Bretanha e Irlanda, 132n48, 572n51
Maryland, colônia americana, 355, 704
Masham, Abigail (*nascida* Hill) (m.1734), baronesa, 272n38
Massachusetts (ou Massachusets, baía de Massachussetts), 262n23, 313n2, 702n51, 713; na revolução americana, 655, 663n2, 665n4; *Ver também* Boston, que SJ usa indistintamente
Masseran(o), Felipe Ferrero y Fresco (m. 1777), príncipe de, embaixador espanhol em Londres, 602n37, 602-06
Mauduit, Israel (1708-87), político e panfletista, 713
Mawbey, *Sir* Joseph (1730-98), político, 565n36
McAdam, Edward Lippincott. Jr. (1905-69), 35n22, 98n6, 496n1
McGuffie, Helen Louise, 90n1, 581n7, 670

McIlwain, Charles Howard (1871-1974), 663
McLeod, A.A., 69
Melcombe: *Ver* Dodington
"Velho Membro", 706-9; *Ver também* Lee, Arthur
Memoirs of the Court of Augustus (Blackwell), 145n8, 307
Mercury, jornal de Nova York, 357
Meredith, *Sir* William (m. 1790), político e panfletista, 534
Metamorphoses (Ovídio), 611n47
Metodistas, 135
México, 251
México, golfo do, 367
Michael, Wolfgang (1862-1945), historiador, 103n12
Middendorf, John Harlan, 8, 9, 22n6, 233n5, 679n16
Middlesex Journal, 538n5, 643
Migne, Jacques-Paul (1800-75), editor, 98n6
Milícia, 281-306; *Ver também* Exército
Milton, John (1608-74), poeta e escritor político, 141, 631, 640n4, 654; vida de, 34, 223, 496, 496n3, 631; SJ sobre, 732n96
Minden, batalha de (1759), 479

Miner, Earl R., 233n5
Minorca, captura de, 377-488, *passim*; *Ver também* Armstrong, John
Miscellaneous and Fugitive Pieces (Davies), 235, 250, 307, 338, 490
Mississippi (ou Missisippi), rio, 366-69
Mitchell, John (m. 1768), botânico e cartógrafo, 353
Mitchell, Joseph (1684-1738), escritor prolixo, 107n16
Mobile (Moville) (na Louisiana francesa, mais tarde Alabama), 367n16
Modern Philology (Jacob), 69
Mohawck (Mohocks), rio, Nova York, 362
Molière, Jean-Baptiste Poquelin (1622-73), 439
Molyneux, William (1656-98), administrador e escritor político, 704, 704n55
Monarchy Asserted, 167-73
Montagu Dunk, George: *Ver* Halifax, conde de
Montagu, Elizabeth (*nascida* Robinson) (1720-1800), 222
Montesquieu, Charles de Secondat (1689-1755),

barão de, advogado e escritor político, 145n8, 282, 695, 695n41
Monthly Review, 354n2
Montreal, 355, 365n13
Mordaunt, *Sir* John (1697-1780), general, 449
Morris, Robert Hunter (ca. 1700-64), governador da Pensilvânia, 356
Mount Edgcumbe: *Ver* Edgcumbe
Mun, Thomas (1571-1641), escritor sobre economia, 228
Munda, batalha de (45 a.C.), 519
Murray, John J., 103n12
Murray, Patrick: *Ver* Elibank, *Lord*
Murray, William: *Ver* Mansfield, conde de

N

Namier, *Sir* Lewis (1888-1960), historiador, 8, 15, 15n1, 65n4, 530n4, 574n60
Não-jurados, 572
Narborough (ou Narbrough), *Sir* John (1640-88), almirante, 589, 589n20
Nares, *Sir* George (1716-86), *serjeant-at-law**, juiz, 488
Naseby, "gabinete de", 572

New Essays by Goldsmith (Crane), 477
New Hampshire, 371, 663n2
Newbery, John (1713-62), editor, 249, 460, 476
Newcastle-upon-Thyne: carvão de, 73
Newcastle-upon-Thyne, *Sir* Thomas Pelham-Holles (1693-1768), primeiro duque de, mais tarde primeiro duque de Newcastle-under-Lyme, político, primeiro-ministro, 16, 65, 230; coalizão com Pitt, 449; contratação de ajuda militar, 284; e o caso Byng, 383, 435; rompimento com Pitt, 247; sobre o Cabo Bretão, 473n20
Newfoundland, descoberta de, 275
Niágara, rio e cataratas, 362, 443
Nichols, John (1745-1826), gráfico e editor, 81, 449, 450
Nixon. Robert (fl. 1620?): "A Profecia de Cheshire", 89
Nominalismo, 190n43
North Briton, jornal, 532, 541n8, 571n48
North, Frederick North (1732-92), *Lord*, segundo

conde de Guilford, político, primeiro-ministro, 17, 20, 34, 531, 534; Chanceler da Universidade de Oxford, 669; crise no Gabinete sobre as ilhas Falklands, 578; SJ defende, 23, 656

Notes and Queries (McLeod), 69

Nova Escócia, 258n13, 276, 278n48, 347, 347n7, 353; *Ver também* Acadia

Nova França: *Ver* Canadá

Nova Inglaterra, 710

O

Observations Concerning the Increase of Mankind and the Peopling of Countries (Franklin), 678n13

Observations on the Twelfth Article of War... By a Plain Man (Mallet), 416n38

Ochakov, batalha de (1737), 118n31

Oghniágara: *Ver* Niágara

Oglethorpe, James Edward (1696-1785), general, colonizador da Geórgia, 317

Ohio, índios de, 366

Ohio, rio e vale, 277n46, 353-58, 362, 370, 372, 373, 375, 437, 439, 444

Oldmixon, John (1673-1742), historiador e panfletista, 90n1

Oliver, *Dama* (m. 1731), diretora da escola frequentada por SJ, 165n42

Olmütz, Áustria, cerco de, 464

Onslow, *Sir* Richard (1601-64), parlamentar, 178-218, *passim*

Ontário, lago, 362, 369, 370

"Oposição, A," 638

Orwell, George, pseudônimo de Eric Arthur Blair (1903-50), escritor, 29, 140

Oswego, Nova York, 357, 369

Othello (Shakespeare), 728n91

Otis, James (1725-83), político americano, 308

Otway, Joseph, tradutor de Turpin de Crissé, 477n2

Ovídio, 611n47

Owen, John B., 8, 15n1, 65n4, 219n1

Oxford, bispo de: *Ver* Hume, John

Oxford, Robert Harley (1661-1724). primeiro conde, político, Lord Tesoureiro, 470, 573n55

Oxford, Universidade de: Lord North, Chanceler da, 669; política na, 29-31

P

Paine, Thomas (1737-1809), escritor político, 135
Países Baixos (ou Holanda), 117, 156, 269; aversão dos ingleses aos, 260; Gallo-Anglus nos, 318; poder crescente dos, 257
Pamphlets of the American Revolution (Bailyn), 668n6
Pânfilo, pseudônimo de SJ, 63, 68-69, 80-81
Paraíso perdido (Milton), 654n27
Pardo, convenção do, 91, 108n18, 118n30
Pares, Richard (1902-58), historiador, 15n1
Parkin, Charles (1689-1765), antiquário, 329n5
Parlamento: composição, 675n11; Câmara dos Comuns debate com Oliver Cromwell, 167-218; Câmara dos Comuns, investigação sobre o caso Jenkins, 120n34; Câmara dos Comuns, moção para produção de instruções secretas, 109n20; Câmara dos Lordes, moção para investigação sobre a Companhia do Mar do Sul, 109n20; poderes, 695-702; "Conselho Supremo," 691; *Ver também* Discursos do Trono
Parlamento Longo, 543
Parliament and the British Empire: Some Constitutional Controversies Concerning Imperial Legislative Jurisdiction (Schuyler), 663
Parliamentary History, org. William Cobbett: citada, 79n14, 115n23, 130n46, 153n20, 285n3, 545n14, 546n15, 557n25, 557n26, 558n27, 567n39, 570n45, 615n53, 678n12; *Ver também* Debrett
Parliamentary Logick (Hamilton), 511
Parma, ducado italiano, 117n29
Partido Conservador britânico, 23
Pascal, Blaise (1623-62), cientista e teólogo, 43n30, 45, 45n32
Patagônia e patagões, América do Sul, 594
"Patriotas" e "Patriotismo", 31, 103n13, 157n29, 159, 281, 635-55; Henry Brooke e, 154; Fielding e, 20; Lyttelton e Pitt como patriotas, 143
Payne, John (m. 1787), banqueiro e editor, 489

Payne's Universal Chronicle: Ver
    Universal Chronicle
Paz de Paris (1763), 33, 531,
    577, 584n9, 615n53,
    645n15
Pelham, Henry, (1695?-1754),
    político, primeiro-ministro,
    16, 17, 32, 65, 153n22,
    326n1; apoio de George
    II, 495; morte, 247; sobre
    quartéis, 482n10
Pelham-Holles: *Ver* Newcastle-
    upon-Tyne
Penn (ou Pen), *Sir* William
    (1621-70), almirante, 260,
    260n19
Pensilvânia, 263, 354, 725;
    Assembleia da, 354n3; Carta
    da, 703; eloquência da,
    724; fuga de Evans da, 357;
    fundador da, 260n19; refúgio
    dos quacres, 263
Pepperell, *Sir* William (1696-
    1759), comandante militar,
    313n2
Pepys, ilha, 588, 591
Pepys, Samuel (1633-1703),
    administrador naval e diarista,
    588n17
Perceval: *Ver* Egmont, primeiro e
    segundo condes de

Percy, Thomas (1729-1811),
    bispo de Dromore, escritor e
    editor, amigo de SJ, 143n4,
    497, 498
Personalities and Powers (Namier),
    15n1
Peru, conquista do, 239
Petty: *Ver* Shelburne
Philips, Ambrose (1675?-1740),
    poeta, 106
Phthririasis, 632
Pied Piper, 681
Piozzi, Mrs.: *Ver* Thrale, Hester
    Lynch
Pitsburgo: *Ver* Forte Duquesne
Pitt, Thomas (1653-1726),
    mercador, 231
Pitt, William (1708-78),
    primeiro conde de Chatham,
    político, primeiro-ministro,
    17, 531, 565n37, 575n60;
    e o caso Byng, 284, 409n29;
    comparado a Richelieu, 608;
    embargo sobre a exportação
    de trigo, 515; "o Apolo da
    facção," 615; "o Grande
    Orador," 725; Hume sobre,
    608n43; como imperialista,
    232n3, 536; opõe-se aos
    tratados russo e hesseano,
    285, 324, 329n5; como

"patriota," 142n2, 220; elogiado por SJ, 67, 143; e a Espanha, 577-80; porta-voz para os interesses comerciais, 21-23, 232, 536, 580; patrocina projeto de lei da Milícia, 285; sugerido como rei da América, 673, 733; apoia os revolucionários americanos, 639, 678, 725; como líder bélico, 285, 332, 449, 454, 463n7, 479, 615

Pitt, William (1759-1806), o jovem, político, primeiro-ministro, 232n3

Plata, Mario, tenente espanhol de infantaria, 597n31, 600

Plumb, John Harold, 15n1, 65n4, 69n7, 156n25

Plutarco, 282, 519n1

Poetics (Aristóteles), 680n19

Polly (Gay), peça de, 137

Pomfret, George Fermor (1722-85), segundo conde de, 324

Pope, Alexander (1688-1744), poeta, 68, 89, 93, 125n39, 622, 622n64, 641n6, 642n7; sobre *Marmor Norfolciense*, 92; versão de Homero, 76n10

Pope, Dudley, 377n1, 379n2, 409n29, 415n36, 422n6

Porpora, Niccolò Antonio (1686-1766), compositor, 108n18

Port Royal, Nova Escócia, 258n13

Porter, Jervis Henry (1718-63), oficial de marinha, enteado de SJ, 385

Porto Egmont, ilhas Falklands, 593-633, *passim*

Porto Mahon, Minorca, 121, 121n35, 382, 390, 391, 399, 403, 409, 413, 415

Porto Soledad, Falklands, 597, 600

Portobello, Panamá, bloqueio da fortaleza de (1726-28), 121n35

Portsmouth, Hampshire, 121, 381, 384, 420, 427, 436

Portugal, 252; *Ver também* João IV; Henrique, príncipe, "o Navegador"

Posteridade, "consideração pela", 143-46

Potomac (ou Potomack), rio, 362

Pottle, Frederick A., 582n7

Powell, Lawrence Fitzroy (1881-1975), 9

Powis, Henry Arthur Herbert (ca. 1703-72), quarto conde de, tesoureiro do príncipe, 86

Pratt: *Ver* Camden
Priestley, Joseph (1733-1804), cientista e escritor, 574n58
Prior, *Sir* James (1790?-1869), escritor, 476
Prisioneiros de guerra: *Ver* Johnson, Samuel, Prisioneiros franceses
Probus Britanicus, pseudônimo de SJ, 95, 103n13
"Professia Cheshire", 89
Projeto de lei da Milícia (1756), 281-306, *passim*
Protetor, título: *Ver* Cromwell, Oliver
Public Advertiser, jornal, 498n5, 580n4, 619n58, 679n17, 728n90
Puenta, Felipe Ruiz, governador de Porto Soledad, Falklands, 596
Pulteney, *Sir* William (1684-1764), primeiro conde de Bath, político, 65, 67, 68, 134n50; aceita condado, 142n2; e o exército regular, 115n23; riscado da lista de Conselheiros Privados, 110n21
Pym, John (1584-1643), parlamentar, 543n10, 638

Q

Quacres, 263, 293, 303
Quebec, colônia e cidade: apelo americano a, 656; ataque a (1711), 272; advogado o ataque a, 355; capturada, 479; nova-iorquinos presos em, 437, 441; colonizada por Champlain, 258
Quin, James (1693-1766), ator, 160n35

R

Ramillies, batalha de (1706), 469
Raleigh, *Sir* Walter (1552?-1618), cortesão, aventureiro, escritor, 377
Ralph, James (1705?-62), escritor prolixo, 572n52
Ramillies, batalha de (1706), 467
Raynal, abade Guillaume-Thomas-François (1713-96), escritor sobre economia, 228
Ré (ou Rhee), ilha francesa, 257
Realey, Charles Bechdolt, 65n4
Rebecca, navio, 120n34
Rebelião dos camponeses (1381), 570n46
Receita, Lei da (Lei de Townshend), 694n40

Reflections upon Learning (Baker), 725n87
Reforma, Lei da (1832), 24
Rei (título), 167-218, *passim*
Relation du Voyage de la Mer du Sud (Frézier), 587n14
Remains (Camden), 101n8, 101n9
Report on Manufactures (Hamilton), 232
República Argentina, 578
Revolução, americana, 7, 283, 649-52, 655-734, *passim*
Revolução, britânica ("Gloriosa"), 18
Revolução, francesa, 7, 44
Reynolds, *Sir* Joshua (1723-92), artista, amigo de SJ, 582n7
Rhee: *Ver* Ré
Rhode Island, 361n9
Richardson, Jonathan (1694-1771), "o Jovem", pintor, 89
Richelieu, Armand-Jean du Pleiss (1585-1642) cardeal, estadista, 608, 608n44
Richelieu. Louis-François-Armand du Pleiss (1696-1788) duque de, marechal da França, 378, 382, 411, 413
Richmond, Charles Lennox (1735-1806), terceiro duque de, militar e político, 21

Rigby, Richard (1722-88), político, 567n39
Rochefort (ou Rochfort), depósito francês de armas, 449-55, *passim*
Rochelle: *Ver* La Rochelle
Rochford, William Henry Zuylestein (1717-81), quarto conde de, diplomata e político, 580, 601n35, 606, 606n41, 607
Rochfort: *Ver* Rochefort
Rockingham, Charles Watson-Wentworth (1730-82), segundo marquês de, político, primeiro-ministro, 16, 17, 21, 24, 28, 230, 531, 558n27, 578, 581n6, 592n24, 628, 638
Rolt, Richard (1725?-70), escritor, 234
Roma república romana), 145n9
Rossiter, Clinton, 668n6
Rosslyn: *Ver* Wedderburn
Rouge, rio (Red River, Louisiana), 368
Rouillé, Antoine-Louis (1689-1761), conde de Jouy, ministro do governo francês, 442n12
Rousseau, Jean-Jacques (1712-78), escritor, 135, 156n26

Royal Society de Londres, 92, 360n8
Royston, Philip Yorke (1720-90), visconde, mais tarde segundo conde de Hardwicke, político, 451
Rubicão, rio italiano, 584
Rudé, George, 530n4, 621n62
Russell, John: *Ver* Bedford, duque de
Russell, William Russell (1639-83), lord, político, 377
Rússia, 118, 614; tratado britânico com, 284, 323-33; Guerra da Sucessão polonesa, 359
Ryder, *Sir* Dudley (1691-1756), procurador-geral, juiz, 129n43, 153n22
Ryswick, paz de, 270

S

Sainte-Beuve, Charles-Augustin (1804-69), crítico literário, 43n30
Salusbury, Hester Maria (1709-73), mãe de Mrs. Thrale, amiga de SJ, 118n31
Salusbury, John (1707-62) pai de Mrs. Thrale, 346n7
Salústio (86-34 a.C.) historiador romano, 145n8
Samuel Johnson and Moral Discipline (Alkon), 44n30
Samuel Johnson in Grub Street (Bloom), 281, 308
Samuel Johnson the moralist (Voitle), 44
Sandys, Samuel Sandys (1695?-1770), primeiro barão, político, 22n7, 142n2, 231
Santa Lucia, Índias Ocidentais, 313n1, 348
Saunders, *Sir* Charles (1713?-75), contra-almirante, 409
Savage, Richard (m. 1743), poeta, amigo de SJ, 220n2
Savile, *Sir* George (1726-84), político, 565n36
Sawbridge, John (1732?-95), prefeito de Londres, político, 581, 622, 622n64
Sawyer, *Sir* Edmund (1579-1670), parlamentar, 549n19
Saxe-Gotha, Friedrich II (1676-1732), duque de, 86, 86n8
Saxônia, 122n37
Schuyler, Robert Livingston (1883-1966), 663
Scott, Geoffrey (1885-1929), editor de Boswell, 582n7
Scott, *Sir* Walter (1771-1832), escritor, 38
Sebald, ilhas: *Ver* Ilhas Falklands

Secker, Thomas (1693-1768), bispo de Oxford, mais tarde arcebispo de Canterbury, 82n2

Second Treatise of Government (Locke), 266n26, 545n13

Seda, cultivo e manufatura, 239

Sedgwick, Romney, editor da correspondência de Goerge III, 15n1

Seedtime of the Republic (Rossiter), 668n6

Sejanus (m. 31), favorito e ministro romano, 574n57

Selden, John (1584-1654), jurista e antiquário, 92, 549, 549n19

Seneca, rio, Nova York, 362

Septenial, decreto (1716), 569n42, 640n5, 647n20

Servandoni, Jean-Jérome (1695-1766), arquiteto e cenografista, 222

Sevilha, Espanha, tratado de (1729), 128

Shackleton, Robert, 43n30

Shaftesbury, Anthony Ashley Cooper (1671-1713), segundo conde de, filósofo, 84n5

Shakespeare, William, 137, 169, 220, 244, 331n8, 582n7, 619n59, 728n91

Shaw, George Bernard (1856-1950), 137

Shebbeare, John (1709-88), político e escritor, 33n20, 387, 416n38, 436, 437n1, 438n2

Shelburne, *Sir* William Petty (1737-1805), segundo conde, mais tarde primeiro marquês de Lansdowne, político, primeiro-ministro, 17

Sherbo, Arthur, 175n4

Shippen, William (1673-1743), político, 115n23

Sir Robert Walpole (Plumb), 15n1, 65n4

Smart, Christopher (1722-71), poeta, 234

Smith, Adam (1723-90), escritor sobre economia, 231, 233, 273n41

Smith, Charles (1713-77), escritor sobre economia, 516

Smith, David Nichol (1875-1962), 98n6, 477

Smith, Edmund (1672-1710), poeta: vida de SJ, 64n2

Smith, Samuel (fl. 1760), membro do comitê para o vestuário dos prisioneiros franceses, 489

Smollett, Tobias George (1721-71), romancista e historiador:

editor da *British Magazine*, 478; *History of England*, 117n28, 271n35, 277n47; *Roderick Random*, 616n54

Sneyd, família, 138

"Soberano" e "soberania", significado de, 675n11, 690

Sociedade para a Defesa da Lei de Direitos, 534, 563, 621, 632

Soissons, França, congresso de (1728), 128n41

Sophia (1630-1714), eleitora de Hanover, 104n14

Spencer, Charles: *Ver* Sunderland

Spenser, Edmund (1552?-99), poeta, 555n23

Spithead, Hampshire, 121, 405, 412, 420-22

Spurgeon, Caroline Frances Eleanor (1869-1942), 135

St. Contest, François-Dominique-Barberie (1701-54), marquês de, ministro francês do exterior, 441

St. John, Oliver (1598?-1673), presidente do Supremo Tribunal de Justiça, 178-218, *passim*

St. Lawrence, golfo e rio, 355, 356, 362

St. Malo, porto de mar francês, 588

São Vicente, Índias Ocidentais, 313n1

St. John, Henry: *Ver* Bolingbroke

Staffordshire, marqueses de: *Ver* Leveson-Gower, família

Stanhope, James Stanhope (1673-1721), primeiro conde, general e político, 65

Stanhope, Philip Dormer: *Ver* Chesterfield, conde de

Stanhope, William: *Ver* Harrington, conde de

Stanlis, Peter J., 42n28

Stevens, Henry N., 354n1

Stow (ou Stowe), John (1525?-1605), cronista e topógrafo, 498, 505-09

Strahan, William (1715-85), pintor, parlamentar, amigo de SJ, 33, 435, 628n68, 656, 657, 674

Strange, *Sir* John (1696-1754), assistente do procurador-geral e juiz, 129n43, 153n22

Strode, William (1599-1645), parlamentar, 543n10

Strong, John, oficial da Marinha, 587

Stuart, Hon. James (ca. 1699-

1768), tenente-general, 403, 427
Stuart, John: *Ver* Bute, conde de
Stuart, príncipe Charles Edward (1720-88), "o Jovem Pretendente", 349, 380
Stuart, príncipe James Francis Edward (1688-1766), "o Velho Pretendente", 66, 349n12
Stukeley (ou Stucly), Thomas (1525?-78), aventureiro, 689, 689n32
Sucessão austríaca, guerra da, 222, 284, 323, 346n7, 352n15
Sucessão espanhola, guerra da, 271n36, 479
Sucessão polonesa, guerra da, 359n6
Suetônio (fl. século II), historiador romano, 453n2
Suíça e suíços ("Switzers"), 607
Sulla (ca. 138-78 a.C.), ditador romano, 145n8
Sunderland, Charles Spencer (1674-1722), segundo conde de, político, 65
Sutherland, *Dame* Lucy S., 530n4
Sutherland, James Runcieman, editor do *Dunciad*, de Pope, 641n6

Swift, Jonathan (1667-1745), clérigo e escritor, 34, 68, 91-93, 139-40, 270n33, 471n18, 538

T

Tácito (ca. 55-120), historiador romano, 282
Tawightawi (Miami), índios, 367
Taylor, Rupert, 91
Tell, Guilherme, lendário patriota suíço, 282
Temple, Richard Grenville-Temple (1711-79), segundo conde, político, 329n5, 409n29, 533, 565n37; opõe-se ao tratado russo e hesseano, 324; 328n3; patrono de Wilkes, 532
Temple, Sir Richard (1669?-1749). primeiro visconde Cobham, general e político, 66
The American Revolution: A Constitutional Interpretation (McIlwain), 663
The Association (Black), 631n72
The Campaign (Addison), 611n48
The Case of Ireland's Being Bound by Acts of Parliament Stated (Molyneux), 704n55

The Chetwynds of Ingestre (Chetwynd-Stapylton), 138
The City and the Opposition to Government, 1768-1774 (Dame Sutherland), 530n4
The Coming of the Revolution (Gipson), 664, 666n4, 679n17
The Continental Congress (Burnett), 731n95
The Crisis, panfleto, 564n35
The Duke of Newcastle (Browning), 7
The Early Opposition to Sir Robert Walpole, 1720-1727 (Realey), 65n4
The Electress Sophia and the Hanoverian Succession (Ward), 25n11
The First Four Georges (Plumb), 69n7
The First Magazine (Carlson), 588n16
The Fool of Quality (Brooke), 135
The History of England (Hume), 560n30
The Last Voyage of Thomas Candish (Hakluyt), 586n12
The Martyrdom of Admiral Byng (French), 377n1
The New Foundling Hospital for Wit, 89
The Old Cause (Carswell), 697n43
The Political History of England (Leadam), 281n2
The Political Prophecy in England (Taylor), 91
The Question Stated (Meredith), 534
The Reign of George III, 1760-1815 (Watson), 530n4
The Rise of the Pelhams (Owen), 15n1, 65n4, 219n1
The Sentiments of a Tory in Respect to a Late Important Transaction, panfleto, 67n6
The Spectator (Addison e Steele), 493n6
The Struggle for the Falkland Islands (Goebel), 577n1
The Whig Interpretation of History (Butterfield), 16n2
The Windsor Prophecy (Swift), 91
The Worthies of England (Fuller), 689n32
Thomson, James (1700-48), poeta, 103n13, 106n15
Thoughts on the Cause of the Present Discontents (Burke), 18, 126n40
Thoughts on Various Subjects (Swift), 471n18
Thrale, Henry (1728?-81), dono de destilaria, parlamentar, amigo de SJ, 33, 33n21, 529,

532, 565n36, 635, 635n1, 636, 672
Thrale, Hester Lynch (*née* Salusbury, mais tarde Piozzi) (1741-1821), 23, 346n7, 529, 635, 636
Thynne: *Ver* Weymouth
Ticonderoga: *Ver* Forte Ticonderoga
Tiler: *Ver* Tyler
Tindal, Nicholas (1688-1774), escritor prolixo, 572n52
Todd, William B.: *Gentleman's Magazine*, 175n5; *O alarme falso e Taxação, não tirania*, 529n2
Tolerância, ato de, 645n16
Tom Jones (Squire Western) (Fielding), 20
Tooke, John Horne (1736-1812), filólogo e político, 534
Tordesilhas, tratado de (1494), 251n6
Tories e toryismo, 18-25; apoio à agricultura, 230; sobre poder centralizado, 291n9, antipatia pelos holandeses, 270n33; "frigidez" censurada por SJ, 535, 574; isolacionismo, 324; sobre juramentos de lealdade, 131n47; e a Paz de Utrecht, 273n40; sobre o exército permanente e a milícia,

114n23, 129n44, 281n2, 283; apoio a Walpole, 22
Torrington, George Byng (1663-1733), primeiro visconde, almirante, 381
Toscana, gran-ducado italiano, 117n29, 119n32
Toulon, base naval francesa, 380, 381, 390-91, 404, 408, 412, 424, 430n12, 446, 458, 468, 471
Townsend (ou Townshend, James) (1737-87), prefeito de Londres, 622, 622n64
Townshend, Charles Townshend (1674--1738), segundo visconde, político, 65, 285
Townshend, George Townshend (1724-1807), primeiro marquês, general, caricaturista e político, 285, 288
Townshend, Hon. Charles (1725-67), político "Lei da Receita", 694n40
Trecothick, Barlow (1718?-75), prefeito de Londres, 581, 581n6
Trentham, Staffordshire, 138
Trevelyan, George Macaulay (1876-1962), historiador, 16, 530n4
Trevor-Roper, Hugh R., 19n5

Tribunais da Marinha, 661
"Tribunus": *Ver* Webb, Francis
Trigo (cereais) comércio, regulamentação do, 511-27
Trimmer, Sarah, *nascida* Kirby (1741-1810), escritora de livros infantis, 620n60
Tríplice Aliança, 117, 117n26
Trollio, personagem de *Gustavus Vasa*, 160n35
Truro, Cornuália, 720
Tucker, Josiah (1712-99), deão de Gloucester, escritor sobre economia, 666, 704, 704n54, 728n91
Tunstall, William Cuthbert Brian (1900-70), 377n1
Turner, James (m. 1739), gravador, 361n10
Turpin de Crissé, Lancelot (ca. 1716-95), conde, tenente-general e tático, 477n2, 483n12
Tyler (ou Tiler), Walter (Wat) (m. 1381), líder rebelde, 570n46
Tytler, William (1711-92), historiador, 34

U

"Uma mão imparcial", pseudônimo de SJ, 141

Universal Chronicle, 474-90, *passim*
Universal Visiter, 234, 235, 235n6, 478n3
Urban, Sylvanus, pseudônimo do editor do *Gentleman's Magazine*, 74
Utrecht, paz de (1713), 273, 273n40, 314n3, 470n16
Utrecht, união de (1579), 252n8

V

Val (Lauffeld), batalha de (1747), 349
Vansittart, Henry (1732-70), diretor da Companhia das Índias Orientais, governador de Bengala, amigo de SJ, 32, 532
Vansittart, Robert (1728-89), professor régio de Direito Civil em Oxford, amigo de SJ, 32
Vasco da Gama: *Ver* Gama
Vaticano, concílio do, 44
Vaughan, Charles Edwin (1854-1922), 135
"Velho Pretendente": *Ver* Stuart, príncipe James Edward
Venables, Robert (1612?-87), general, 260
Veneza, república italiana, 237n10
Verden, ducado germânico, 103n12

Verhagen (ou Van de Haghen), Steven (1563-1623), navegador, 587
Versalhes, tratado de (1783), 354
Viagens de Gulliver (Swift), 144n7
Vitória (1819-1901), rainha da Grã-Bretanha e Irlanda, 122n37
Villiers, George: *Ver* Buckingham, duque de
Vincent, *Sir* Francis (1717?-75), político, 565n36
Vinho, produção de, 238
Virgílio, 619n58, 700n47
Virgínia, 277n46, 312n
Voitle, Robert, 44
Voltaire, François-Marie Arouet de (1694-1778): ajuda a Byng, 378; *Candide*, 248, 378; *Essai sur les Moeurs*, 274n42; sobre exploração europeia, 249, 688n30; sobre a Louisiana, 274n42; leitura de SJ em, 248n4

W

Walker, *Sir* Hovenden (m. 1728), contra-almirante, 272n38
Wall, Richard (Ricardo Wall y Uzer) (1694-1778), diplomata espanhol e ministro, 591
Wallmoden, Amalie Sophie Marianne (1704-65), condessa de Yarmouth, amante de George II, 68, 80n17, 108n18, 120n33
Walmesley, Gilbert (1680-1751), advogado eclesiástico, amigo de SJ, 64
Walpole, Horatio, (ou "Velho Horace") (1678-1757), primeiro barão Walpole de Wolterton, diplomata, político, 65, 117n28, 156n25
Walpole, Horatio (ou Horace) (1717-97), quarto conde de Orford, escritor, 219, 223, 450, 386n5, 473n20
Walpole, Sir Robert (1676-1745), primeiro conde de Orford político, primeiro-ministro: comparado a Cromwell, 168; política econômica conservadora, 21, 231; agraciado com a Ordem da Jarreteira, 144n7; apoio de George II a, 495; hostilidade de George III a, 15, 17; "o Mecenas de Norfolk," 96; renúncia, 21, 142n2; fundos do serviço

secreto, 134n50; fundo de amortização, 134n51, 143n5; SJ defende, 22; oposição de SJ a, 64-66, 530, 582n7; crise espanhola (1739), 247; exército permanente, 284; reprime investigação, 109n20; apóia dissidentes, 574n59; "Trollio," 160n35

Walter, Rev. Richard (1716?-85), capelão naval, 588n18, "o autor de *Voyage* de Anson," 592

Ward, Edward (Ned) (1667-1731), humorista, 106

Ward, *Sir* Adolphus (1837-1924), historiador, 25n11

Ward, W.R., 30n17

Warren, Peter (1703-52), vice-almirante, 313n2

Washington, George (1732-99), coronel da milícia de Virgínia, mais tarde general, presidente dos Estados Unidos, 277n46

Watson, J. Steven, 530n4, 534

Watson-Wentworth: *Ver* Rockingham, marquês de

Webb, Francis (1735-1815), escritor prolífico: "Tribunus", 90n2

Wedderburn, Alexander (1733-1805), primeiro barão Loughborough, primeiro conde de Rosslyn, político, ministro da Fazenda, 32, 559n28

Weert (ou Wert), Sebald de (fl. 1598-99), navegador holandês, 587

Welinis: *Ver* Illinois, índios

Wert: *Ver* Weert

Wesley, John (1703-91), líder religioso, 135, 136, 487

West, Temple (1713-57), contra-almirante, mais tarde vice-almirante, 409, 409n29, 410, 411

Western, Squire, personagem da peça *Tom Jones*, de Fiedling, 20

Westfália, tratado de (1648), 607

Westminster School, 165n42

Weymouth, Thomas Thynne (1734-96), terceiro visconde, primeiro marquês de Bath, 579, 580, 601, 606n41

Wharton, Thomas Wharton (1648-1715), primeiro marquês de, político, 92

Whigs: posições políticas, 16-25, 535; americanos, 678, 733

Whitehead, Paul (1710-74), poeta satírico, panfletista, 387, 419

Whitlocke (ou Whitelock), Bulstrode (1605-75), parlamentar, diplomata, Guardião do Grande Selo, 178-218, *passim*
Whitworth, *Sir* Charles (1714?-78), escritor, editor das obras de Davenant, 704n55
Wilkes and Liberty (Rudé), 530n4, 621n62
Wilkes, John (1727-97), político, prefeito de Londres, 23-26, 220, 529-75, *passim*, 622, 631, 728n90
William I (1027-87) "o Conquistador," rei da Inglaterra, 733
Guilherme III (1650-1702), rei da Grã-Bretanha e da Irlanda, 102n10, 131n47, 268n31, 572n51
Williams, Zachariah (1673-1755), inventor, amigo de SJ, 385n4
Wolseley, *Sir* Charles (1630?-1714). parlamentar, 178-218, *passim*
Wood (ou à Wood), Anthony (1632-93), antiquário, historiador, 167n1
Wood, Frederick T., 106n15, 508

Wroth, Lawrence C., 353n1, 358, 359
Wyndham, *Sir* William (1687-1740), político, 637

Y

Yarmouth, condessa de: *Ver* Wallmonden, Amalie
Yonge, Philip (m. 1783), bispo de Bristol, 466n11
Yonge, *Sir* William (m. 1755), político e escritor, 326n1
Yorke, Philip: *Ver* Hardwicke, primeiro conde de
Yorkshire: maior que Massachusetts, 371; petição ao rei, 567n39
Young, Arthur (1741-1820), escritor sobre agricultura, 516-17
Young, Edward (1683-1765), clérigo, poeta e dramaturgo, 106, 107n16
Young Sam Johnson (Clifford), 91
Ypres, conde: *Ver* French, *Sir* John

Z

Zorndorf, batalha de (1758), 466n9
Zuylestein: *Ver* Rochford, conde de

Impresso nas oficinas da
SERMOGRAF - ARTES GRÁFICAS E EDITORA LTDA.
Rua São Sebastião, 199 - Petrópolis - RJ
Tel.: (24)2237-3769